Rund ums Kochen

DAS PERFEKTE HANDBUCH

Rund ums Kochen

DAS PERFEKTE HANDBUCH

Lioba Waleczek (Herausgeberin)

Jürgen Schulzki
Ruprecht Stempell
Martin Kurtenbach
(Fotografie)

Anton van Doremalen
François Büns
(Foodstyling)

p

**Die Rezepte sind,
falls nicht anders angegeben,
für 4 Personen berechnet.**

HEEL Verlag
Gut Pottscheidt
53639 Königswinter
www.heel-verlag.de

Autorenverzeichnis:
Salate und Gemüse: Maryna Zimdars
Pilze: Christa Waleczek
Getreide: Claudia Nölling-Schweers
Gewürze und Kräuter: Susanne Pütz
Fisch und Meeresfrüchte: Nanny Roosen
Geflügel: Claudia Nölling-Schweers
Fleisch und Wild: Monika Alt
Innereien: Sabine Zitzmann
Wurst und Schinken: Sabine Zitzmann
Käse: Marianne Bongartz
Früchte: Maryna Zimdars
Nüsse und Samen: Anna Bauer
Zucker, Honig etc.: Anna Bauer
Kaffee und Tee: Sabine Zitzmann
Wein: Winfried Konnertz
Spirituosen: Hans-Günter Semsek
Foodstyling: Anton van Doremalen, François Büns

Gesamtabwicklung: ditter.projektagentur
Idee und Grundkonzeption: Michael Ditter
Koordination: Irina Ditter

Lektorat: Michael Konze
Verlagslektorat: Petra Hundacker, Caroline Klän

Gestaltung: Malzkorn Kommunikation & Gestaltung
Layout: Georg Windheuser, Simone Sticker
Karten: Stefanie Baldus
Lithografie: F. Teckemeyer, Klaussner Medien Service

Diese Ausgabe erscheint bei

Parragon Books Ltd
Queen Street House
4 Queen Street
Bath BA1 1HE, UK

ISBN 1-40547-637-0

Printed in China

Inhalt

RUSSIAN CAVIAR
Ruchika
ASETRA

POMMERY
POMMERY

MOËT
1993
BRUT IMPERIAL
MOËT & CHANDON
CHAMPAGNE

Locke's
SINGLE MALT
IRISH WHISKEY
KILBEGGAN

Finca La Pendenciana
Artequeso
MANCHEGO ARTESANO

Vorbemerkung

Die Küche des westlichen Kulturkreises ist maßgeblich von einem nahezu unüberschaubar reichen Warenangebot bestimmt. Darüber hinaus sind uns fremde Kulturen und deren Gerichte so vertraut wie niemals zuvor. Längst gehört es zu unserem Alltag, den Speiseplan nicht allein mit landestypischen, sondern auch mit internationalen Kulinaria zu gestalten.

Der kulinarische Sinn akzeptierte zwar zu keiner Zeit geographische Grenzen, doch sind Köstlichkeiten aus aller Welt heute in weit größerem Maße als in der Vergangenheit vielen Menschen verfügbar. Nicht alles, was schmeckt, ist unbedingt gesund. Indessen weiß man heute auch ohne besondere ernährungswissenschaftliche Vorbildung, dass gesundheitliche Aspekte und hervorragender Geschmack einander nicht ausschließen.

Umso wichtiger ist es, sich auszukennen. Nur dann nämlich ist auch angesichts eines unübersichtlichen Angebots hinreichend Orientierung möglich und die richtige Wahl keine Sache des Zufalls. Das »Kulinarische Handbuch« bietet als warenkundliches Kompendium unverzichtbares Basiswissen zur Gestaltung einer ebenso abwechslungs- wie genussreichen Ernährung. Charakteristische Rezeptvorschläge ergänzen die grundlegenden Informationen zu den unterschiedlichen Produkten und zahlreichen Hinweisen zu deren Verwendung. So eröffnet das »Kulinarische Handbuch« nicht nur den Blick auf die typischen Eigenschaften, sondern auch auf die vielfältigen Kombinationsmöglichkeiten kulinarischer Produkte.

Lioba Waleczek

SALATE
UND GEMÜSE

Einleitung

Gemüse ist ein Sammelbegriff für jene Kulturpflanzen, die aufgrund ihres hohen Nährwerts entweder als Beilage oder, wie in Asien und im Mittleren Osten, als Grundnahrungsmittel dienen. Aufgrund seiner gesundheitlichen Bedeutung sollte Gemüse allerdings auch bei uns Hauptbestandteil einer jeden Mahlzeit sein. Neben den zahlreichen Vitaminen und Mineralstoffen enthält Gemüse nämlich genau wie Obst auch so genannte sekundäre Pflanzenstoffe. Das sind bioaktive Stoffe wie Carotinoide, Flavonoide oder Phenolsäuren, die positiv in den Stoffwechsel des Menschen eingreifen. Gemeinsam mit den übrigen Vitalstoffen hemmen sie schädliche Bakterien, schützen vor Infektionen, stärken das Immunsystem und beugen Herz-Kreislauf-Erkrankungen vor. Darüber hinaus sind sie in der Lage, sowohl den Cholesterin- und Blutglucosespiegel als auch den Blutdruck günstig zu beeinflussen, und wahrscheinlich können sie auch das Risiko, an Krebs zu erkranken, mindern.

Dank modernster Anbautechniken, Transport- und Kühlsysteme sowie stetig neuer Züchtungen kann der gesundheitsbewusste Verbraucher seinen Bedarf an Gemüse aus einem reichhaltigen heimischen und exotischen Angebot über das ganze Jahr hinweg optimal decken. Selbst mitten im Winter erhält man in nahezu jedem Einkaufsmarkt frisch geerntetes Gemüse, das meist über Nacht aus den wärmeren Regionen Europas, aus Nordafrika und Israel in den kühlen Norden gebracht wird.

Sowohl von gesundheitlichen als auch von kulinarischen Gesichtspunkten her betrachtet sollte man ausschließlich frische Ware kaufen. Welkes, schlaffes oder gar beschädigtes Gemüse – braune Flecken, Verletzungen der Schale, Schimmelstellen – hat nicht nur einen Großteil seiner wertvollen Wirkstoffe verloren, sondern schmeckt auch nicht mehr. Leider sind die EU-Richtlinien und die Handelsklassenverordnung keine Hilfe beim gezielten Gemüseeinkauf, denn diese beschränken sich lediglich auf das attraktive Äußere. Inhalts- und Aromastoffe sowie mögliche chemische Rückstände bleiben bedauerlicherweise unberücksichtigt.

Wer sein Gemüse täglich auf dem Markt oder beim Gemüsehändler um die Ecke kauft, braucht sich um eine langfristige Lagerung keine Gedanken zu machen. Zur Überbrückung ist jedoch bei den meisten Sorten eine mehrtägige Aufbewahrung im Kühlschrank durchaus möglich. Dazu sollte das Gemüse am besten in einem luftdurchlässigen Folienbeutel verpackt oder in ein feuchtes sauberes Tuch gewickelt werden.

Frisches Gemüse sollte möglichst rasch und schonend zubereitet werden. Denn mit jedem weiteren Lagerungstag wie auch bei unsachgemäßer Zubereitung gehen wertvolle gesundheitsfördernde Nährstoffe verloren. Vor der eigentlichen Weiterverarbeitung wird das Gemüse in mehreren Schritten geputzt, gewaschen, geschält und – je nach Sorte, Reifegrad und Gericht – zerkleinert. Beim Putzen werden Erd- und Sandreste, Wurzeln, Strünke sowie die äußeren Blätter entfernt. Anschließend wird es in stehendem oder unter fließendem kaltem Wasser kurz gewaschen. Geschält und klein geschnitten wird das Gemüse erst danach, damit möglichst viele Inhaltsstoffe erhalten bleiben. Die anschließende Garzeit hängt ebenfalls von der Sorte und Größe der Gemüsestücke ab. Als Faustregel gilt: Je kleiner das Gemüse, desto schneller ist es gar und desto weniger Garflüssigkeit wird benötigt.

299
299
Naranjas
199
MÂCHE ATLANTIC

Eichblatt & Co.

Der *Eichblattsalat* zählt zur Familie der *Gartensalate (Lactuca sativa)* und ist damit ein Verwandter des *Kopf-* und *Eisbergsalats*. Er sieht entweder kräftig grün aus oder hat an den gezackten Blatträndern eine attraktive rotbraune Färbung. Der Salat kommt hauptsächlich aus Frankreich, Italien und den Niederlanden auf den deutschen Markt, wird aber auch in Deutschland, hier überwiegend im Freiland, angebaut. Er lässt sich hervorragend mit anderen Blattsalaten und Früchten kombinieren. Während Knoblauch sein zart nussiges Aroma unterstreicht, überdecken dagegen Schalotten, Zwiebeln und frische Paprikafrüchte tendenziell eher seinen besonderen Geschmack. Hauptsaison hat er zwischen September und April sowie im Juni und Juli. Da Eichblattsalat sehr bald welk wird, sollte er so schnell wie möglich verbraucht werden.

Romana, auch unter der Bezeichnung *Römischer Salat* bekannt, gehört ebenfalls zu den Gartensalaten. Seine länglichen, relativ festen Blätter schmecken würzig und wesentlich herzhafter als Kopfsalat. Romana wird hauptsächlich aus Italien, Frankreich und Spanien importiert. Er bleibt bis zu einer Woche frisch und verträgt sich gut mit anderen Blattsalaten. Meisterköche zupfen ihn in Stücke oder schneiden ihn quer in Streifen, bevor sie ihn mit einem feinen Dressing mischen. Der Römische Salat wird übrigens – wie ebenfalls eine ganze Reihe anderer Salate – nicht nur roh gegessen, sondern bewahrt sein charakteristisches Aroma auch in gedünsteter Form.

Die *Endivie (Cichorium endivia)* ist kein Gartensalat, sondern gehört wie der Chicorée und der Radicchio zu den Zichoriengewächsen. Die Salatpflanze mit den buschigen, gekräuselten Blättern und dem zartbitteren Geschmack wurde schon von den alten Ägyptern verzehrt. In jenen Zeiten zählte man sie allerdings eher zu den Kräutern. Auch bei den Griechen und Römern war die Endivie beliebt. In Mitteleuropa wurde sie allerdings erst im 16. Jahrhundert eingeführt. Die krause Variante des Salats, auch *Frisée* genannt, hat geschlitzte Blätter und stammt vorwiegend aus der Sommerernte. Der *Escariol* mit seinen glatten, breiten Blättern ist eine delikate Winterendivie. Eingeschlagen in ein feuchtes Tuch, hält sich der Salat zwei Tage im Gemüsefach des Kühlschranks. Er wird meist in Streifen geschnitten oder in kleine Stücke gezupft. Zu seinem leicht bitteren Aroma, das sich durch kurzes Wässern verringern lässt, passt als Dressing besonders gut eine Senfsauce. Interessante Begleiter sind Kresse, Knoblauch, ausgelassener Speck und Croûtons.

Ziegenkäse auf Salat

250 g gemischte Blattsalate
250 g Tomaten, in Vierteln
4 TL Balsamico-Essig
Salz und Pfeffer aus der Mühle
1 TL Senf
2 EL Walnussöl
4 EL Pinienkerne
4 EL Olivenöl
4 Ziegenfrischkäse, ca. 50 g
Petersilie zum Garnieren

Waschen Sie die Salate gründlich und legen Sie sie in kleinen Stückchen auf den Teller. Geben Sie die Tomaten darüber. Vermengen Sie den Essig mit Salz, Pfeffer, Senf und Walnussöl zu einer Sauce. Rösten Sie die Pinienkerne in einer Pfanne an. Danach erhitzen Sie das Olivenöl und bräunen den Käse kurz an. Geben Sie jeweils zwei Ziegenkäse auf den Salat. Träufeln Sie das Dressing darüber und dekorieren Sie die Teller mit der Petersilie und den Pinienkernen.

Auf das Dressing kommt es an

Die Raffinesse eines Salats steht und fällt mit dem Dressing. Ob schlicht und einfach oder raffiniert und erlesen, wichtig sind Qualität und Ausgewogenheit der Zutaten. Essig und Öl, Dijon-Senf, Salz und Pfeffer sind die Zutaten der klassischen französischen Salatsauce – der Vinaigrette. Sie schmeckt vor allem zu den verschiedenen Blatt- und Gemüsesalaten. Ebenfalls dafür geeignet sind leichte Salatdressings aus Sahne – süß oder auch sauer –, Crème fraîche oder Joghurt, die auf Wunsch mit etwas Senf, Meerrettich, Ketchup, frischen Salatkräutern oder anderen Gewürzen verfeinert werden können. Zu Salaten aus Kartoffeln, Nudeln oder gekochtem Gemüse passt auch eine Mayonnaise, die sich ebenfalls vielseitig variieren lässt.

Vinaigrette zubereiten

Benötigt werden: Öl und Essig, ungefähr im Verhältnis 1:3 (je nach Essigsorte und Intensität), Salz, Pfeffer, Zitronensaft, Senf.

Alle Zutaten bis auf das Öl werden in einer Schüssel (oder einem Schüttelbecher) miteinander vermengt, das Öl hinzugegeben und das Ganze zu einer Emulsion verrührt. Man kann die Vinaigrette durch ein Eigelb binden. Nach Vorliebe lässt sich das Dressing durch weitere Gewürze und Kräuter verfeinern.

Kopfsalat gibt es auch in einer roten Sorte, die aromatischer als der sog. **Grüne Salat** ist.

Eichblattsalat wird wegen seines nussigen Aromas und seiner zarten Blätter geschätzt.

Beim **Eis-** bzw. **Eisbergsalat** (auch in roter Varietät) sind feste Salatherzen typisch.

Der **Batavia-Salat** wird meist in Treibhäusern gezüchtet und gehört zu den Eis-Salaten.

Romana oder **Römischer Salat** eignet sich hervorragend zum Dünsten.

Glatte Endivie – charakteristisch sind dicke Blattrippen und breite ungeteilte Blätter.

Der **Frisée** hat stark geschlitzte Blätter und ist wie alle Endiviensalate leicht bitter.

Der tief dunkelrote **Lollo rosso** überzeugt durch seinen nussigen Geschmack.

Der grüne, zuweilen gelbgrüne **Lollo bionda** ähnelt der roten Sorte im Geschmack.

Feldsalat

Der *Feldsalat (Valerianella locusta)* ist ein typischer Wintersalat, der in Rosetten aus rund zehn grünen ovalen Blättern wächst und zwischen Oktober und April Saison hat. Die Bezeichnung Feld- oder *Ackersalat* deutet auf seinen häufigsten Standort hin. In manchen Regionen Deutschlands heißt er auch *Rapunzel*, *Vogerlsalat* oder *Nüsslesalat.* Die anspruchslose Pflanze mit dem feinen, nussigen Geschmack ist in Europa und Asien weit verbreitet, wird jedoch erst seit Beginn des 19. Jahrhunderts kultiviert und roh als Salat gegessen. Botaniker ordnen sie der Familie der Baldriangewächse zu, und der eine oder andere schätzt seine nervenstärkende Wirkung. Wie fast alle grünen Blattgemüse ist der Feldsalat nämlich reich an Magnesium, dem wichtigsten Mineralstoff gegen Stress.

Vor der Züchtung der modernen Wintersalate, die heute unsere Salatbuffets zieren, war der Feldsalat in der kalten Jahreszeit ein unentbehrlicher Vitaminlieferant, denn er enthält beachtliche Mengen an Vitamin A, B1, B2, Niacin und C. Die zarten kleineren Rosetten sind aromatischer als die großen; am besten schmeckt der Salat, wenn er aus biologischem Anbau stammt. Beim Putzen sollte man unbedingt darauf achten, dass die einzelnen Büschel nicht auseinander fallen, denn Feldsalat wird bevorzugt unzerteilt serviert. Weil der frische Salat einen hohen Sandanteil aufweist, erfordert das Verlesen und Putzen etwas Geduld. Doch es lohnt sich. Geputzt, gewaschen und in ein feuchtes Tuch eingeschlagen, hält sich Feldsalat im Kühlschrank bis zu zwei Tage.

Feldsalat und delikate Ergänzungen

Feldsalat lässt sich dank seines herzhaften Aromas sehr gut mit anderen Zutaten kombinieren. So harmoniert er nicht nur mit anderen kräftigen Blattsalaten, sondern auch mit Orangen- oder Grapefruitfilets, Birnenstückchen, Tomatenachteln oder gehackten hart gekochten Eiern. Fleischliebhaber genießen ihn am liebsten mit gebratenen Putenstreifen oder Geflügelleber. Wer die Variante mit Fisch bevorzugt, nimmt kurz gebratene Garnelen oder geräuchertes Forellenfilet. Auch die klassische Variante, zubereitet mit ausgelassenen Speckwürfeln und Croûtons, begeistert immer noch viele Gourmets. Wieder andere lieben ihn mit einem lauwarmen Dressing aus gekochten Kartoffeln. Gehackte Walnüsse oder Walnussöl unterstreichen sein äußerst feines nussiges Aroma.

Rucola mit Parmesan

2 Bund Rucola
1 Fenchelknolle
4 EL Olivenöl
2 El Balsamico-Essig
Salz und schwarzer Pfeffer
100 g Parmesan
50 g Pinienkerne

Zupfen Sie den Rucola klein. Waschen Sie die Blätter gründlich und trocknen Sie sie gut. Legen Sie die Salatblätter auf vier flache Teller. Schneiden Sie die Fenchelknolle in zwei Hälften und geben Sie sie gehobelt über den Rucola. Verrühren Sie Öl, Essig, Salz und Pfeffer zu einem Dressing und träufeln Sie dieses über den Salat. Parmesan in feinen Spänen darüber reiben und bestreuen Sie den Salat abschließend mit den in einer Pfanne ohne Fett gerösteten Pinienkernen.

Der nussig schmeckende **Feldsalat** oder **Rapunzel** ist zwar relativ aufwändig zu putzen, aber ein echtes Geschmacks-Highlight. Erntesaison ist im Winter und Vorfrühling.

Die **breitblättrige Rauke** nennt man auch **Ölrauke**, da ihre Samen (z. B. in Indien) zur Ölgewinnung dienen.

Feinblättrige Rauke erfährt in der gehobenen Küche einen regelrechten Boom.

Löwenzahn

Lange kämpfte der *Löwenzahn* (*Taraxum officinale*) gegen seinen Ruf als Unkraut und bloßes „Hasenfutter" an, und erst in jüngster Zeit entdeckten Gourmets ihn als köstliche Delikatesse. Inzwischen gehören Löwenzahnblätter in jede gute Wildkräuter-Salatmischung und erfreuen sich darüber hinaus als eigenständige Salatpflanze großer Beliebtheit. Die kräftig grünen Blätter sind ähnlich gezackt wie Rucola und schmecken ebenfalls leicht bitter. Wild wachsender Löwenzahn, der vor allem in den Sommermonaten angeboten wird, besitzt ein intensiveres und herberes Aroma als die zahlreichen Kultursorten. Diese werden vor allem während des Winters in dunklen Treibhäusern gezogen und sind gut an ihrer hellgrünen Färbung von den wild wachsenden Arten zu unterscheiden.

Rucola

Rucola (Eruca vesicaria) oder – etwas prosaischer – *Rauke* ist ein einjähriges Kraut mit tiefgrünen, länglichen, lanzenförmigen Blättern und einem eigenwilligen, leicht scharfen und nussigen Geschmack, der dem heimischen Löwenzahn ähnelt. Es gehört zur Familie der Kohlgewächse und ist mit der Senf- und Rettichpflanze verwandt.

Das aromatische Kraut wurde bereits von den Römern angebaut, die die Pflanze nicht nur als Würzmittel verwendeten, sondern ihr auch eine gewisse Heilkraft zuschrieben. Sie ist vorwiegend im Mittelmeerraum und in Ostasien heimisch, wächst aber auch in anderen Regionen. Erst vor wenigen Jahren hat die deutsche Gastronomie sie als Delikatesse wieder entdeckt. Bis dahin galt Rauke bei uns – anders als in Italien oder Frankreich – als schlichtes Wildkraut, das allenfalls in der Vollwertküche Verwendung fand. Unter der italienischen Bezeichnung Rucola ist es mittlerweile in jedem Supermarkt zu kaufen und darf auch in gehobenen Restaurants auf keiner Menükarte fehlen. Je nach Kultursorte kann Rucola sehr unterschiedliche Schärfegrade im Geschmack aufweisen, wobei das Spektrum von mild bis nachhaltig scharf-pikant reicht.

Für Salat sollte Rucola zart und leuchtend grün sein; fleckige Blätter sind ein Zeichen für schlechte Qualität. Hauptsaison hat die Rauke vom Frühjahr bis in den Herbst hinein. Die Pflanze ist sehr empfindlich und welkt ausgesprochen leicht. In Papier oder Frischhaltefolie hält sie sich im Kühlschrank ungefähr drei Tage.

Die beliebte Salatpflanze wird vor der Zubereitung verlesen, gewaschen und von den groben Stielen befreit. Schließlich wird sie entweder solo oder mit Tomate oder anderen Salaten wie Kopfsalat, Radichio oder Feldsalat feinwürzig angemacht. In Kombination mit einem Dressing aus Aceto Balsamico und Olivenöl ist Rucola zwar schlicht zubereitet, doch geschmacklich ein Hochgenuss. Püriert mit Pinienkernen und Parmesan, entsteht eine pestoähnliche Sauce, die ausgezeichnet zu Fleisch, Fisch oder Nudelgerichten passt. Auch als Pizzabelag erfreut sich Rucola größter Beliebtheit. Kombiniert mit Parmaschinken und gehobeltem Parmesan avanciert sie zu einer delikaten Salatvorspeise, die durch eine fruchtige Note, etwa Mangostückchen oder gelbe Cherrytomaten, ideal ergänzt wird. Wer den nussigen Eigengeschmack der Rucola unterstreichen möchte, verwendet am besten Walnussöl.

Chicorée

Die Bitterstoffe des **Chicorées** stecken vor allem im unteren Schaftteil, der vor der Zubereitung entfernt werden muss.

Roter Chicorée ist eine Kreuzung aus weißem Chicorée und rotem Radicchio.

Chicorée – die Staude aus dem Dunkeln

Gibault beschreibt in seiner 1912 erschienenen „Histoire des Legumes“, wie im Jahre 1840 das Bleichen des Chicorées entdeckt, ausprobiert und später von dem belgischen Botaniker Brézier verbessert wurde. Alles begann beim Umgraben, als ein belgischer Bauer rein zufällig auf eine wilde Zichorienwurzel stieß und herausfand, dass die Blätter essbar waren. Seine Entdeckung hielt er sein Leben lang geheim. Erst nach seinem Tod lüftete seine Frau das Geheimnis. Heute ist der Chicorée-Anbau hoch entwickelt.

Im Mai wird Chicorée ausgesät, im Spätherbst schneidet man dann die Blätter stark zurück. In speziellen landwirtschaftlichen Betrieben werden die Wurzeln nun dicht an dicht in die Erde eingegraben. In völliger Dunkelheit wachsen schließlich neue Triebe heran, die nach etwa drei Wochen geerntet werden können. Der Spross wird knapp über der Wurzel abgeschnitten, gewaschen, geputzt und lichtgeschützt verpackt.

Chicorée (Cichorium intybus; Brüsseler Endivie), der in Europa, Zentralrussland und Westasien verbreitet ist, wird heute für den deutschen Markt hauptsächlich in Belgien, aber auch in den Niederlanden angebaut. Chicoréesprosse werden entweder unter einer Erdschicht oder unter einer lichtundurchlässigen Folie angebaut, in den Niederlanden hat man ein Verfahren entwickelt, bei dem die Sprosse in Wasserkulturen gezüchtet werden.

Bereits der römische Historiker Plinius berichtet über den Einsatz von Chicorée für medizinische Zwecke, aber auch über das Bleichen der Blätter für Salat. Zu Beginn des 18. Jahrhunderts wurde der Anbau der wilden Zichorie durch Friedrich den Großen in Preußen stark gefördert. Die Wurzeln wurden getrocknet, geröstet und zu Kaffee-Ersatz gemahlen.

Die Chicoréepflanze hat einen länglich-ovalen festen, zartgelben Blattkopf mit hellgrünen Spitzen und wird ohne Tageslicht in zwei Phasen – Anzucht der Wurzeln und Treiben der Sprosse – gezogen.

Die knackig-frischen Blätter des Chicorées sind leicht bitter im Geschmack. Geschlossene Sprosse mit hellgelben Blatträndern sind ein Zeichen für Frische, grüne Spitzen deuten auf Überlagerung. Ernährungswissenschaftler empfehlen Chicorée, weil er neben Eiweiß viele Mineralien und Vitamine enthält. Der für den bitteren Geschmack verantwortliche Bitterstoff Intybin wurde in den heute gängigen Züchtungen sehr verringert, er wirkt positiv auf Leber, Galle und Darm.

Seit mehreren Jahren ist eine Kreuzung aus Chicorée und Radicchio auf dem Markt – *Roter Chicorée* –, der etwas milder als die weiße Züchtung schmeckt.

Vor der weiteren Verwendung wird Chicorée unter fließendem kaltem Wasser gewaschen, geputzt und mit einem Kegelschnitt vom bitteren Kegel befreit. Die einzelnen Blätter werden gelöst und zum Dippen verwendet oder als dekorative essbare Schiffchen gefüllt. Klein geschnitten und mit sauren oder süßen Früchten gemixt, schmecken sie ausgezeichnet als Salat. In Suppen, gedünstet und überbacken oder mit Schinken und Käse umhüllt, eventuell raffiniert gewürzt mit Curry, Ingwer oder Zitronensaft, ist er ideal für die warme Küche. Da gegarter Chicorée allerdings bitterer schmeckt als roher, empfiehlt es sich, das Gemüse vor der eigentlichen Zubereitung in Wasser oder Brühe zu blanchieren.

Radicchiosalat

400 g Radicchio rosso
100 g Speck
1 EL Olivenöl
2 EL Balsamico-Essig
Salz und schwarzer Pfeffer nach Geschmack

Der Radicchio wird zunächst gewaschen, geputzt und trocken geschleudert. Zupfen Sie die Blätter in mundgerechte Stücke und verteilen Sie sie auf vier tiefen Tellern. Den Speck klein schneiden und in Olivenöl anbraten. Mit Essig ablöschen, salzen, pfeffern und mit dem Bratfett über den Radicchiosalat geben. Umgehend servieren.

Radicchio aus der Pfanne

300 g Radicchio rosso
2 Eier
5 EL Semmelbrösel
Mehl
Speiseöl
Salz und schwarzer Pfeffer nach Geschmack

Entfernen sie die äußeren Blätter vom Radicchio. Die kleinen Köpfe unter fließendem Wasser waschen, trocken tupfen und längs halbieren. Geben Sie die verquirlten Eier, das Mehl und die Semmelbrösel getrennt voneinander in drei tiefe Teller und wenden Sie die Radicchiohälften erst in Mehl, dann in den Eiern und zuletzt in den Semmelbröseln. Geben Sie reichlich Öl in eine tiefe Pfanne und braten Sie den panierten Radicchio goldbraun aus. Zum Abtropfen auf Küchenpapier legen und mit Salz und Pfeffer würzen.

Radicchio

Der *Radicchio (Cichorium intybus var. foliosum)*, ein Verwandter des Chicorées und des Endiviensalats, kommt ursprünglich aus Italien, wo er seit dem 16. Jahrhundert angebaut wird. Typisch sind seine weinroten, weiß gerippten und angenehm bitter schmeckenden Blätter. Für dieses typische Aroma ist der Bitterstoff Intybin verantwortlich, der hauptsächlich in den Blattrippen des Salats steckt. Ein Großteil der Ware, die bei uns angeboten wird, stammt auch heute noch aus Italien. Weitere Anbauländer sind Frankreich, Belgien und die Niederlande.

Das optisch auffällige Salatgemüse gibt es mittlerweile in verschiedenen Sorten: In Deutschland erhält man hauptsächlich den *Radicchio di Verona*: kleine runde Köpfe mit einem Gewicht zwischen 100 und 400 g. In Italien steht dagegen der längliche *Radicchio di Treviso* hoch im Kurs, der wesentlich bitterer als die kugelige Form schmeckt. Daneben gibt es noch gelbgrüne und weiß-rote Varianten.

Beim Einkauf sollte man auf unbeschädigte und geschlossene Köpfe ohne braune Stellen achten. Vor der Zubereitung wird der Salat zunächst von den äußeren Blättern und dem Strunk befreit. Wer mag, kann die Blätter anschließend kurz in lauwarmes Wasser legen, damit die Bitterstoffe entzogen werden. Diejenigen, die den herben Geschmack hingegen besonders mögen, können die Wurzelenden fein raspeln und unter die Salatsauce mischen, denn in den Enden stecken die meisten Bitterstoffe. Radicchio lässt sich hervorragend mit anderen grünen Blattsalaten mischen, was nicht zuletzt sehr dekorativ aussieht. Einzelne Salatblätter lassen sich auch gut mit würzig-cremigen Dips füllen. Seine Hauptsaison hat der Salat zwischen Oktober und Mai, doch dank der Importe ist er das ganze Jahr über im Angebot der Gemüsehändler.

Radicchio ist eine Varietät des Chicorées. Der länglich geformte **Radicchio di Treviso** gilt als eine der delikatesten Sorten.

Radicchio rosso – generell gilt für den Radicchio, dass die bitteren hellen Stilansätze vor der Verwendung entfernt werden sollten, wenn ein entsprechend milderer Geschmack gewünscht wird.

Spinatkuchen vom Blech

Für den Teig:

500 g Mehl
30 g zerbröckelte Hefe
1 Messerspitze Zucker
200 ml Olivenöl
Salz

Für den Belag:

750 g Salat
4 Knoblauchzehen
4 EL Olivenöl
50 g Pinienkerne
Salz und schwarzer Pfeffer

200 g Mehl, Hefe und Zucker in eine Schüssel geben und mit etwas lauwarmem Wasser verrühren. Lassen Sie dann die zugedeckte Teigmasse 20 Min. gehen. Geben Sie danach das restliche Mehl, Olivenöl und Salz zu dem Teig und kneten Sie ihn glatt. Heizen Sie den Backofen auf 175 °C vor und rollen Sie den Teig auf einem gefetteten Blech aus. Den Spinat 30 Sekunden in reichlich kochendes Salzwasser geben und zusammenfallen lassen. Knoblauch hacken und zusammen mit dem Spinat und den Pinienkernen kurz in der Pfanne anbraten. Mit Salz und Pfeffer würzen, die Spinatmasse auf dem Teig verteilen und mit etwas Olivenöl beträufelt etwa 40 Min. im Ofen backen.

Spinat blanchieren

Die Blattrippe entfernen: Das Blatt in der Mitte falten und die Blattrippe herausreißen.

Die Spinatblätter nach und nach in kochendes Wasser geben und ca. zwei Minuten blanchieren.

Spinat in einen Topf mit wenig Wasser geben, garen lassen, bis er weich ist, und ausdrücken.

Spinat

Spinat (Spinacia oleracea) ist eine rasch wachsende einjährige Pflanze, die wahrscheinlich bereits in vorchristlicher Zeit in Persien kultiviert wurde. Daher überrascht es nicht, dass die persische Küche eine ebenso raffinierte wie vielfältige Verwendung dieses Gemüses kennt. Etwa im 11. Jahrhundert brachten ihn die Mauren nach Spanien, von wo aus er sich in ganz Europa verbreitete. Weil das dunkelgrüne Blattgemüse schnell und einfach anzubauen ist, wurde es bald überall populär und ist heute nahezu weltweit in den gemäßigten Zonen verbreitet. Spinat, den man im europäischen Raum vor allem in Italien, Frankreich und Deutschland anbaut, kann man das ganze Jahr über kaufen. Je nach Jahreszeit sind unterschiedliche Sorten im Handel, nämlich Frühlings-, Sommer- und Winterspinat. Im Frühling und Sommer sind die Blätter fein und zart, während gröbere aromatische Blätter den Winterspinat auszeichnen. Der gesundheitliche Wert des Spinats ist allseits bekannt: Roh enthält er reichlich Vitamin A, B und C, Folsäure, Kupfer und Eisen; von letzterem jedoch nicht so viel wie einst angenommen wurde. Einer der Inhaltsstoffe ist die Oxalsäure, die eine weniger positive Begleiterscheinung hat: Sie sorgt für eine vermehrte Ausschwemmung des Calciums und vermittelt das Gefühl „stumpfer Zähne“.

Erntefrischer Spinat hat knackig frische Blätter und sollte möglichst rasch verwendet werden, da er sich auch gekühlt nur wenige Tage hält. Welke, trockene oder gelbliche Blätter und holzige Stängel sind ein sicheres Merkmal für alte Ware. Vor der Verwendung muss Spinat mehrmals gründlich gewaschen werden. Nachdem die groben Stiele entfernt wurden, kann man ihn entweder roh als Salat zubereiten oder mit dem letzten Tropfwasser etwa acht Minuten dünsten. Da frischer Spinat beim Blanchieren oder Garen stark zusammenfällt, gilt folgende Faustregel: 1 bis 1,5 kg Rohware ergibt etwa 500 g oder drei Portionen. Gekochten Spinat sollte man möglichst nicht wieder aufwärmen, da sich beim erneuten Erhitzen das im Spinat enthaltene Nitrat in das schädliche Nitrit umwandelt.

Sauerampfer

Sauerampfer ist ein wild wachsendes Kraut mit pfeilförmigen, säuerlich schmeckenden Blättern. Für das typische Aroma ist der hohe Oxalsäureanteil verantwortlich, der sich – in größeren Mengen genossen – negativ auf den Calciumhaushalt des menschlichen Körpers auswirkt. Im Frühjahr kommt das Wildkraut als Gartensauerampfer auf den Markt und lässt die Herzen von Feinschmeckern höher schlagen. Denn gehackt oder in feine Streifen geschnitten, schmecken die zarten Blätter ausgezeichnet im Salat, allerdings nie als „Solist“. In der berühmten „Frankfurter Sauce“ bestimmt Sauerampfer neben anderen Kräutern das typische Aroma. Als besondere Delikatesse gilt die traditionelle Sauerampfersuppe aus Frankreich, und nicht zu verachten ist auch die „Sauce à l'oseille“, in der pürierter Sauerampfer die Hauptzutat ist.

Frischer Spinat enthält viele Mineralstoffe und Vitamine.

Gefüllte Gemüsezwiebeln

4 Gemüsezwiebeln
Salz
300 g Blattspinat, tiefgekühlt
100 g Delikatess-Hinterschinken
Salz und Pfeffer nach Geschmack
4 EL Crème fraîche
4 EL Sahne
250 g Gouda (mittelalt)
1 EL Butter

Zwiebeln schälen und 45 Min. in kochendes Salzwasser geben. Gut abtropfen und etwas auskühlen lassen. Schneiden Sie von der Zwiebel einen Deckel ab und höhlen Sie den Rest der Zwiebel bis auf etwa drei Schichten aus. Das Innere der Zwiebel fein zerhacken. Den Spinat klein schneiden und mit Zwiebeln und gewürfeltem Schinken vermengen. Mit Salz und Pfeffer würzen. Crème fraîche mit Sahne und Käse verrühren und etwa 2/3 davon unter den Spinat geben. Die Spinatmasse in die ausgehöhlten Zwiebeln füllen und diese in eine gefettete Auflaufform stellen. Die restliche Sahne-Käse-Mischung auf die Zwiebeln geben und mit den Zwiebeldeckeln verschließen. Im vorgeheizten Backofen bei etwa 190 °C bis 200 °C 25 Min. backen.

Der **rotstielige Mangold** aus Italien verliert beim Erhitzen seine leuchtend rote Farbe, sein Geschmack ähnelt dem der weißstieligen Art.

Die unterschiedlichen **Mangoldarten** unterscheidet man nach **Blatt-** bzw. **Schnittmangold** und **Rippenmangold**, dessen Stiele sich gut füllen lassen.

Mangold

Mangold (Beta vulgaris var. cicla), wie der Spinat ein Gänsefußgewächs und botanisch eng mit der Roten Rübe verwandt, wird bereits seit dem Altertum angebaut. Die Römer brachten das delikate Blattgemüse nach Nord- und Mitteleuropa, und im Mittelalter eroberte es auch den Fernen Osten. Heute sind Frankreich und Italien die Hauptexportländer.

Im Unterschied zum Spinat, mit dem er oftmals verglichen wird, wächst Mangold üppiger, mit großen Blättern und saftigen weißen oder roten Stielen. Auch sein Aroma ist kräftiger als das des Spinats. Man unterscheidet zwischen dem Stiel- oder Rippenmangold – er besitzt dicke weiße oder rote Stiele mit relativ schmalen Blättern – und dem Schnitt- oder Blattmangold, der ähnlich wie Spinat dünnere Stiele und vergleichsweise breite Blätter aufweist. Hochsaison beider Arten ist von Juli bis September.

Essbar sind sowohl die Blätter als auch die Blattrippen. Mangold sollte man wie Spinat möglichst erntefrisch – mit knackigen Stielen und frischen Blättern – kaufen und am besten sofort verbrauchen, da seine wertvollen Inhaltstoffe (u. a. zahlreiche Vitamine, Eisen, Magnesium und Calcium) beim Lagern rasch verloren gehen. Die Stiele und Rippen des Gemüses werden geschält und ähnlich wie Spargel, Stangensellerie oder Schwarzwurzeln zubereitet. Die Blätter werden erst von den Rippen gelöst und können dann so wie Spinat verwendet werden. Stiele und Blätter lassen sich natürlich auch gemeinsam zu einem Gemüsegericht verarbeiten, allerdings sollte man beachten, dass die Stiele eine längere Garzeit benötigen als die Blätter und daher zunächst einige Minuten getrennt gegart werden sollten. Hervorragend schmeckt Mangold mit einer leichten Sahne- oder Käsesauce. Liebhaber der asiatischen Küche verwenden ihn gerne für leichte Pfannengerichte aus dem Wok. Aber auch Fleisch und Geflügel lässt sich gut mit Mangold umwickeln oder füllen. Eine Köstlichkeit ist eine ursprünglich italienische Kreation: süße Mangoldtorte mit Aprikosenmarmelade und Pinien.

Rotkohl oder **Blaukraut** ist ein enger Verwandter des Weißkohls, dem er in Form und Geschmack ähnelt. Sein relativ hoher Vitamin-C-Gehalt macht ihn zu einer besonders gesunden Kohlart.

Blumenkohl wird in unterschiedlichen Farben angeboten, auf den Gemack wirkt sich dies nur wenig aus. Die grüne Sorte ist aber sehr viel reicher an Vitamin C und anderen Mineralstoffen.

Kohlrabi charakterisiert sein nussiges Aroma, die unterschiedlichen Farben, in denen er angeboten wird, wirken sich kaum auf den Geschmack aus.

Weißer und **grüner Chinakohl** wird in verschiedenen Formen angeboten, dominierend ist seine längliche Form. Botanisch ist der Chinakohl eine Kreuzung aus Speiserübe und Paksoi.

Brokkoli hat als ebenso schmackhaftes wie überaus gesundes Gemüse nicht nur auf Speisekarten, sondern auch auf Diätplänen Konjunktur. Selbst bei Krebserkrankungen geht man seit einiger Zeit davon aus, dass eine spezielle Brokkoli-Diät therapieunterstützend wirkt.

Kohl

Kohlsorten (Brassica oleracea) gibt es in Hülle und Fülle, doch *Weiß-*, *Spitz-* und *Rotkohl* sind in Deutschland die drei bedeutendsten Kohlarten. Diese drei Sorten stehen dem Kohlliebhaber das ganz Jahr über zur Verfügung. Beim *Rotkohl*, auch *Rotkraut* oder *Blaukraut* genannt, kann der Verbraucher je nach Jahreszeit zwischen Sommer- und Winterkohl wählen. Während sich der Frührotkohl gut für Rohkost eignet, wird der Herbstrotkohl in erster Linie geschmort und – mit Äpfeln, Marmelade bzw. Gelee und exotischen Gewürzen verfeinert – als Beilage zu gebratener Gans und Wildgerichten serviert. Der *Weißkohl* (auch unter der Bezeichnung *Weißkraut, Kappes* bekannt) mit seinen weißgrünen Blättern sowie seine längliche Variante, der Spitzkohl, lassen sich ebenso vielseitig verwenden wie der Rotkohl: Zu den beliebtesten Gerichten gehören die mit Hackfleisch gefüllten Kohlrouladen (in Bayern Krautwickerl genannt) und natürlich das Sauerkraut: geraspeltes rohes Weißkraut, das durch Einsalzung und anschließende Pressung konserviert wird, weil bei diesem Prozess Milchsäure entsteht.

Von *Chinakohl*, der vermutlich seit dem 5. Jahrhundert im Reich der Mitte angebaut wird und heute auch in Europa in Deutschland, Frankreich, Italien und den Niederlanden kultiviert wird, sind sowohl die Blätter als auch die Stiele genießbar. Der ideale Vitaminspender – er enthält sehr viel Vitamin C – kommt von August bis März auf den Markt, ist leicht verdaulich und besitzt nicht den typischen Kohlgeschmack. Auch er ist vielseitig verwendbar: roh als Salat oder wie Wirsing und Weißkohl geschmort und gedünstet.

Eng mit dem Chinakohl verwandt ist das Blattstielgemüse *Paksoi* (auch *Chinesischer Senfkohl* oder *Pak Choi* genannt), das hauptsächlich in China, Korea und Japan wächst. Da es sehr empfindlich ist, wird es kaum exportiert. Seit einiger Zeit wird Paksoi auch in den Niederlanden angebaut; der dort kultivierte Kohl hat keinen geschlossenen Kopf und sein Geschmack erinnert an den von Mangold.

Kohlrabi gibt es in den Farben Weiß, Hellgrün und Violett, wobei die Farbe nichts mit dem Geschmack zu tun hat. Er

Paksoi oder **Pak Choi**, auch unter dem Namen **Chinesischer Senfkohl** bekannt, ähnelt im Geschmack dem Mangold.

Weißkohl kommt je nach Jahreszeit als Sommer- oder Winterkohl in den Handel. In Deutschland schätzt man ihn besonders in fermentierer Form als Sauerkraut – in der Kombination mit Eisbein ein Pars pro Toto für des Deutschen Vorliebe für deftige Speisen.

Die formschön ziselierten Röschen der **Romanesco-Sorten** bestechen durch ihr Äußeres. Besonders attraktiv sehen die rotvioletten Köpfe aus.

schmeckt eher nussartig als nach Kohl und kann roh, gedünstet, gefüllt und überbacken genossen werden. Beim Einkauf sollte man auf eine glatte Schale ohne Risse und auf frische Blätter achten. Kleine Knollen sind meist zart, während größere oft holzig sein können.

Blumenkohl (Karfiol, Brüsseler Kohl) wird heute weltweit angebaut. Deutsche Ware gibt es von Mai bis Oktober, in der übrigen Zeit kommt der Kohl aus Frankreich und Italien. Eine rare und teure Spezialität sind die weißen, grünen oder violetten Mini-Blumenkohlköpfe, die in Frankreich speziell für die gehobene Gastronomie angebaut werden. Aus Italien, Frankreich und den Niederlanden stammt eine gelbgrüne, Vitamin-C-reiche Sorte mit einer spitzeren Struktur, der *Romanesco* (Türmchenkohl). Wie bei Blumenkohl sind auch beim *Brokkoli* Blütenstiele und -knospen genießbar. Frischer Brokkoli, der in Deutschland, Italien, Frankreich und Spanien angebaut wird, sollte keine gelben Stellen haben und höchstens zwei Tage im Kühlschrank aufbewahrt werden.

Orecchiette mit Brokkoli

500 g Brokkoli
Salz
1 rote Chili
4 Knoblauchzehen
4 eingelegte Sardellenfilets
100 ml Olivenöl
25 g Pinienkerne
1 Dose Pizza-Tomaten
schwarzer Pfeffer
300 g Orecchiette (Öhrchennudeln)
60 g geriebener Käse

Den gewaschenen Brokkoli in kochendem Salzwasser 3 Min. blanchieren. Danach herausnehmen und gut abtropfen. Das Kochwasser aufbewahren. Knoblauch, Chili und gewaschene Sardellenfilets fein hacken und zusammen mit den Pinienkernen in erhitztem Olivenöl anschwitzen. Die Tomaten hinzufügen und mit Pfeffer und Salz würzen. Alles 15 Min. köcheln lassen. Währenddessen das Brokkoliwasser erneut zum Kochen bringen und die Orechiette bissfest garen (ca. 12 Min.). Die Nudeln nach dem Abgießen noch feucht in die Sauce geben. Heben Sie die Brokkoliröschen und 2 EL Käse darunter und lassen Sie alles zugedeckt bei schwacher Hitze einige Min. ziehen. Mit dem restlichen Käse bestreuen und servieren.

Aus dem Wok

Pfannenrühren im Wok ist ursprünglich eine Spezialität der Thailänder und hervorragend geeignet, frisches Gemüse bissfest und low fat zuzubereiten. Verwendet werden kann, was der Markt hergibt: von grünem Spargel über Spinat, Möhren, Zucchini, Pilzen, Staudensellerie, Brokkoli- oder Blumenkohlröschen bis hin zu Zuckerschoten. Gerührt wird mit einem großen Holzspatel oder speziellen Stäbchen. Ein Holzlöffel tut´s aber auch. Das Garen im Wok ist denkbar einfach: Zunächst die verschiedenen Gemüsesorten mit einem scharfen Messer in Scheiben, Stäbchen, Würfel oder Rauten schneiden. Anschließend den Wok erhitzen, mit etwas Öl einstreichen und mit dem Garen des Gemüses anfangen. Man beginnt immer mit dem Gemüse, das die längste Garzeit benötigt.

Strauchtomaten gefüllt mit Feta

500 g Cocktailtomaten
Salz und schwarzer Pfeffer nach Geschmack
200 g Feta
1 Bund Basilikum
2 EL Olivenöl

Tomaten von den Stielansätzen befreien. Oben einen Deckel abschneiden und die Kerne entfernen. Das Tomaten-Innere etwas salzen. Kleine Feta-Kugeln ausstechen und in die Tomaten füllen. Jeweils mit einem Basilikumblatt seitlich verzieren. Über die gefüllten Tomaten etwas Olivenöl und Pfeffer geben.

Alljährlich Ende August begeht man im spanischen Buñol eine ganz besondere Festivität, die so genannte Tomatina. Sich gegenseitig mit Tomaten zu bewerfen, gehört ebenso dazu wie den traditionellen Tomatentanz aufzuführen!

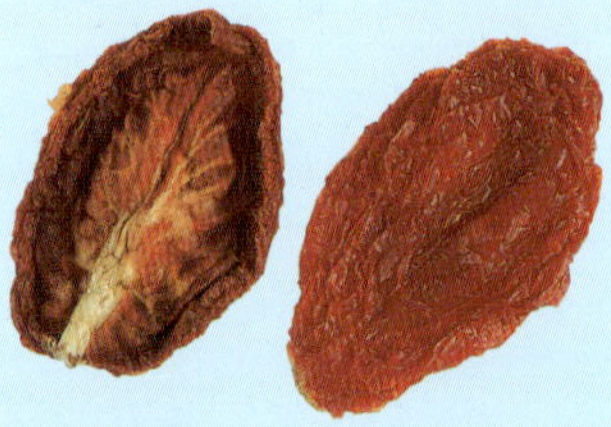

Getrocknete Tomaten

Sonnengetrocknete Tomaten sind in der Regel Eiertomaten, die halbiert an der Sonne getrocknet werden, bis sie eine ledrige Struktur erhalten. In Italien konserviert man aber auch gerne die runden, besonders dünnschaligen Cocktailtomaten – die Pomodori a grapolo. Dazu werden die Früchte an den Stielen aufgefädelt und bis in den Winter hinein kühl und luftig aufgehängt. Wer getrocknete Tomaten wegen des ausgeprägten Aromas als delikate Zutat für sich entdeckt hat, kann zwischen getrocknet pur und eingelegt in Olivenöl wählen. Ein bis zwei sonnengetrocknete Tomaten, winzig klein geschnitten, verleihen einem Gericht den typischen Tomatengeschmack. Noch intensiver wird das Aroma, wenn die Trockenprodukte etwa 30 Minuten vor der Verwendung in warmem Wasser eingeweicht werden.

Tomaten

Tomaten (Lycopersicon esculentum) stammen ursprünglich aus den Andenregionen Südamerikas und wurden von den Einheimischen „tomatl“ (plumpe Frucht) genannt. Zu Beginn des 16. Jahrhunderts gelangten die leuchtend roten Früchte aus der Familie der Nachtschattengewächse nach Europa und wurden zunächst nur als Zierpflanze kultiviert, weil man davon überzeugt war, dass sie giftig sei. Erst um 1850 verwendete man die Tomate auch in der Küche; die Italiener und Spanier waren die ersten, die den Biss in die Tomate wagten. Inzwischen ist die beliebte Frucht aus den internationalen Küchen nicht mehr wegzudenken.

Dank vieler Züchtungsversuche hat der Verbraucher heute die Qual der Wahl. Grundsätzlich gilt jedoch für alle Sorten: Freilandtomaten sind weitaus aromatischer als Treibhausfrüchte, und kleine Exemplare besitzen mehr Geschmack als große. Besonders würzig schmecken die runden, glatten Strauchtomaten, die vor allem in den Sommermonaten angeboten werden. Sie lassen sich hervorragend in Scheiben schneiden, füllen und garen. Fleischtomaten dagegen sind dicker, wiegen zwischen 100 und 250 g, enthalten weniger Saft und Kerne und haben ein schwächer ausgeprägtes Aroma. Der Geschmack der länglichen, sehr fleischigen Flaschen- oder Eiertomaten entfaltet sich besonders gut beim Kochen, weswegen sich diese Sorte hervorragend zu Suppen und Saucen verarbeiten lässt. Die dünnschaligen Kirsch- und Cocktailtomaten – die Minis unter den Tomaten, die es auch in Gelb gibt – sind nicht nur sehr intensiv und süßlich im Geschmack, sondern auch äußerst dekorativ. Grüne Tomaten eignen sich zum Einlegen und für Chutneys. Sie enthalten den solaninähnlichen Stoff Tomatin, der durch Kochen in Wasser und Essig jedoch unwirksam wird.

Die Tomate gilt als die Sommerfrucht überhaupt: erfrischend, aromatisch, kalorienarm, preiswert und unglaublich vielseitig verwendbar. Tomaten stellen nicht nur frisch und roh begehrte Energielieferanten dar, sondern bieten auch püriert oder passiert, im Ketchup und konserviert noch eine Vielzahl wertvoller Inhaltstoffe.

Die Früchte müssen beim Einkauf fest und unbeschädigt, gleichmäßig gefärbt und nicht zu weich sein. Verhärtungen des Fruchtfleischs um den Stielansatz herum verraten schlechte Qualität. Fleischtomaten dürfen nur hellrot sein, tiefrote Früchte sind bereits zu reif. Tomaten sollten möglichst nicht zu kühl, also im Kühlschrank lagern, denn dort verlieren sie ihr Aroma. Ideal sind etwa 14 bis 16 °C. Früchte mit grünen Stellen reifen unter diesen Bedingungen nach. Tomaten sollte man stets separat legen, da sie beim Nachreifen einen Stoff abgeben, der andere Gemüse im Geschmack beeinträchtigt.

Kulinarisch erfreuen sich die roten Früchte grenzenloser Beliebtheit. Der Fastfood-Fan genießt sie aus der Flasche als Kechtup, der Feinschmecker häutet, entkernt und verarbeitet sie zu zart schmelzendem Concassé. Fitnessbewusste lieben sie wegen ihrer gesunden Inhaltsstoffe, und nicht zu vergessen ist der begeisterte Liebhaber der italienischen Küche, die heute ohne die „pomi doro“ (Goldäpfelchen) undenkbar erscheint.

Die dünnschaligen **Kirsch- oder Cocktailtomaten** sind vor allem wegen ihres süßlichen Aromas beliebt.

Ochsenherztomaten zählen zu den Fleischtomaten; man schätzt ihr festes Fleisch und den Umstand, dass sie nur wenige Kerne haben.

Grüne Tomaten eignen sich zum Einlegen und für Chutneys. Dabei handelt es sich um unreife Früchte, keine Sorte.

Die relativ fleischigen **Flaschentomaten** werden überwiegend zur Weiterverarbeitung verwendet. Tomatenmark und konservierte Tomaten (ganz, passiert oder in Stücken) stellt man fast ausschließlich aus dieser Sorte her.

Die gelbe **Cherrytomate** mit ihrem intensiven Aroma eignet sich hervorragend zum Dekorieren.

Die so genannten **Strauchtomaten** haben ein überaus intensives würziges Aroma. Sie sind ideal für den frischen Verzehr.

Eiertomaten sind aufgrund ihres kräftigen Aromas und festen Fleisches in allen mediterranen Ländern fester Bestandteil von Salaten und Vorspeisen. Da sie sich sehr gut schälen lassen und wenige Kerne enthalten, werden sie auch häufig eingekocht und so für Pastasaucen und Pizzabeläge verwendet.

Paprika-Tomaten sehen dem Gemüsepaprika verblüffend ähnlich, sind aber keinesfalls eine Kreuzung.

Auberginen

Auberginen (Solanum melongena) gehören zu den Nachtschattengewächsen und sind damit verwandt mit Kartoffeln, Tomaten und Paprika. Sie stammen ursprünglich vermutlich aus Asien, sind aber mittlerweile auch im europäischen Raum und in Nordamerika verbreitet. Je nach Herkunftsland unterscheiden sich Auberginen in Form, Größe und Farbe. In Deutschland ist die keulenförmige Frucht beliebter als die eiförmige. Manche erreichen die Größe einer Kantalupmelone, andere wiederum sind kleiner und länglicher. Neben der violetten gibt es auch weiße, grüne, lavendelfarbene und hellbraune Sorten. In Geschmack und Konsistenz sind sich alle Auberginensorten allerdings sehr ähnlich. Genießbar ist die Gemüsefrucht übrigens ausschließlich im gegarten Zustand. Auberginen enthalten das hochgiftige Solanin. Schon 400 mg dieses Stoffes sind für den Menschen tödlich. Der Saft vor allem ausgereifter Früchte – also jene mit ausgeprägten Samenkernen im Innern – schmeckt bei manchen Sorten leicht bitter. Viele entwässern daher die Frucht, indem sie die in dicke Scheiben geschnittenen Auberginen etwa 30 Minuten lang stark einsalzen und anschließend mit kaltem Wasser abspülen.

Die Hochsaison der Auberginen liegt zwischen Mai und Oktober. Bei der Auswahl lohnt sich der Frischetest: Reife Früchte geben bei sanftem Druck etwas nach. Qualitativ hochwertige Ware hat eine glatte glänzende Schale ohne braune Stellen. Unreife Früchte reifen bei Zimmertemperatur nach, während reife sich im Kühlfach des Kühschranks etwa drei Tage halten.

Glaubt man den Südeuropäern, so existieren im Mittelmeerraum weit über hundert wohlschmeckende Rezepte. Auf keiner Vorspeisenplatte darf beispielsweise die Auberginencreme, ein Klassiker unter den Auberginen-Rezepten, fehlen. Ein überaus beliebtes Gericht ist auch Moussaka, der griechische Auflauf aus Auberginen, Tomaten und Kartoffeln. Aber auch gegrillt, in Öl angebraten oder mit Hackfleisch gefüllt, weiß die Eierfrucht Gourmets zu begeistern. Da das zarte Fleisch der Aubergine nicht über ein intensives Eigenaroma verfügt, benötigt es würzige Begleiter. Neben Olivenöl, Knoblauch und Kräutern sorgen orientalische Gewürze für eine pikante Note.

Eingelegtes Gemüse

Viele Gemüsesorten eignen sich hervorragend zum Einlegen. Grundvoraussetzung: Alle Zutaten müssen ganz frisch sein. Beliebte Gemüsesorten zum Einlegen sind Auberginen, Zucchini, Artischocken, Paprika und Pilze. Das gewaschene und eventuell zerkleinerte Gemüse wird zunächst für einige Minuten gegrillt. Anschließend gibt man die Stücke in ein sauberes Glas und füllt es mit hochwertigem Öl auf. Dieses bildet eine luftdichte Schutzschicht um sämtliche Zutaten, sodass der Inhalt bis zu einigen Monaten genießbar bleibt. Das Gemüse sollte allerdings immer mit Öl bedeckt sein. Es empfiehlt sich daher, die Gläser nach einigen Tagen zu kontrollieren und gegebenenfalls etwas Öl nachzugießen.

Gefüllte Auberginen (vegetarisch)

2 große Auberginen
2 rote Zwiebeln, gewürfelt
3 fein gehackte Knoblauchzehen
7 EL Olivenöl
1 Dose Kidneybohnen
40 g Sultaninen
50 g Pinienkerne
150 g Fetakäse, in feinen Würfeln
1 TL Oregano, getrocknet
Salz und Pfeffer nach Geschmack
200 ml trockener Rotwein
4 Tomaten, gehäutet, entkernt, gewürfelt
2 EL Tomatenmark

Waschen Sie die Auberginen und halbieren Sie sie der Länge nach genau durch den Stiel. Schaben Sie das Fruchtfleisch fast vollständig heraus und hacken Sie es klein. Heizen Sie den Backofen auf 180 °C vor. Schwitzen Sie die Zwiebeln und den Knoblauch in etwas Olivenöl an, geben Sie die abgetropften Bohnen dazu und erhöhen Sie kurz die Wärmezufuhr. Mit einem Kartoffelstampfer die Menge grob zerkleinern. Mischen Sie dann die Sultaninen, Pinienkerne, das zerhackte Fruchtfleisch und den Feta unter das Gemüse. Mit Oregano, Salz und Pfeffer würzen und die Masse in die ausgehöhlten Auberginen füllen. Olivenöl in einem Bräter erhitzen, um die gefüllten Auberginen darin anzubraten. Fügen Sie Rotwein, Tomaten und Tomatenmark hinzu, decken Sie den Bräter zu und lassen Sie alles 20 Min. im Ofen schmoren. Erhöhen Sie dann die Hitze auf 200 °C und bräunen Sie die gefüllten Auberginen 8 bis 10 Min. lang. Halten Sie die Auberginen danach auf einer Platte warm und pürieren Sie den Tomatenfond, der dann zu den Auberginen gereicht wird.

Auberginenauflauf

1 kg Tomaten
8 Knoblauchzehen
3 EL Olivenöl und Olivenöl zum Frittieren
4 reife Auberginen
2 Zucchini
4 grüne Paprika
8 mittelgroße Kartoffeln, festkochend
Salz und Pfeffer nach Geschmack

Tomaten in kleine Würfel schneiden. Dünsten Sie vier Knoblauchzehen in Olivenöl an, geben Sie die Tomaten dazu und lassen Sie alles 20 Min. köcheln. Die Auberginen und Zucchini werden in Scheiben geschnitten und gesalzen. Die Paprikaschoten in Ringe, die geschälten Kartoffeln in Scheiben schneiden und auf Küchenpapier trocknen lassen. Olivenöl erhitzen und darin die Kartoffelscheiben knusprig anbraten. Kartoffeln mit Papier abtupfen und in eine Auflaufform geben. Garen Sie die Auberginen und die Zucchini in dem gerade verwendeten Öl. Kurz abtropfen lassen und über die Kartoffeln schichten.
Paprikaringe und die restlichen vier Knoblauchzehen in Öl braten, abtropfen lassen und über das Gemüse schichten. Zum Schluss salzen, pfeffern und die Tomatensauce darüber geben. 15 Min. bei 180 °C garen.

Auberginen gibt es in allen erdenklichen Größen, Formen und Farben, ohne dass sich die Unterschiede sehr auf den Geschmack auswirken. Diese **Mini-Aubergine** eignet sich besonders für eine gefüllte Vorspeise.

Kits White Tomate erinnern in Form und Größe so sehr an Tomaten, dass man im englischsprachigen Raum eine entsprechende Bezeichnung für die kleinen weißen Auberginen wählte.

Slim Jim gehört zu den länglich wachsenden Varietäten, die man zunächst vor allem in Thailand anbaute. Dort gibt es Sorten, die bis zu einem Meter lang werden!

Die **Pala-Aubergine** charakterisiert ihre an Melonen erinnernde ovale bis rundliche Form und die weißen Streifen auf ihrer Schale.

Auberginen sind im gesamten asiatischen und mediterranen Raum eines der beliebtesten Gemüse. Roh darf man sie allerdings nicht verzehren, da sie das hochgiftige Solanin enthalten.

Das **Fruchtfleisch** der Aubergine ist weiß, neigt aber schnell zur Verfärbung. Die Kerne der Frucht sind essbar, sollten aber milchig-weiß beim Aufschneiden sein, bräunliche Verfärbungen deuten auf eine Überlagerung. Auberginen haben einen Wasseranteil von ca. 92 %, sie sind zwar vitaminarm, enthalten aber Kalium, Mangan und Kupfer.

Zucchini

Zucchini (Curcurbita pepo) ähneln äußerlich zwar den Gurken, botanisch betrachtet sind sie jedoch die unreifen Früchte eines Gemüsekürbisses. Ihr Name basiert auf der Verkleinerungsform des italienischen Wortes „zucca" (Kürbis). Noch vor 20 Jahren galten sie in Deutschland als Exoten, mittlerweile sind sie mit ihrem hellgrünen und leicht nussig schmeckenden Fruchtfleisch aus dem ganzjährigen Angebot unserer Märkte und Gemüsetheken nicht mehr wegzudenken. Von Mai bis Oktober kommen die 10 bis 20 Zentimeter langen Früchte von unseren südlichen Nachbarn und im Winter aus den Treibhäusern der Niederlande. Und auch viele Hobbygärtner in unseren heimischen Gefilden züchten die Zucchini mittlerweile in ihren Gärten.

Die in Deutschland bekannteste und am häufigsten angebotene Sorte ist die dunkelgrüne „Elite" mit ihrer silbergrau gesprenkelten Schale. Italienische Züchtungen fallen dagegen durch ihre längliche gestreckte Form auf. Neben den hell- bis dunkelgrünen Sorten sind gelegentlich auch gelbschalige im Handel. Sie sind ein wenig gerader geformt und haben ein etwas festeres Fruchtfleisch, doch im Geschmack sind sie nahezu identisch.

Beim Einkauf sollte man darauf achten, dass die Zucchini fest und unbeschädigt sind. Locker in Papier eingewickelt, hält sich das Gemüse im Kühlschrank bis zu einer Woche. Vor der Zubereitung muss man die Früchte nur kurz waschen sowie den Stiel- und Blütenansatz entfernen; die Schale wird mitgegessen. Zucchini lassen sich vielseitig zubereiten: Sie schmecken roh, gegrillt, mariniert, gefüllt, geschmort, gebraten, gratiniert, aber auch in Suppen, Saucen und Aufläufen. Ebenfalls den Würzmöglichkeiten sind keine Grenzen gesetzt. So runden nicht nur mediterrane Kräuter (Salbei, Rosamrin und Thymian), sondern auch orientalische und asiatische Gewürze wie Ingwer, Curry oder Safran den Geschmack dieses Gemüses raffiniert ab.

Nur für eine kurze Zeit im Sommer werden auf den Märkten so genannte Baby-Zucchini inklusive ihrer oranggelben Blüten angeboten. Mit einer Füllung versehen oder in Teig ausgebacken gelten diese zart aromatischen Blüten als besondere Delikatesse.

Zucchiniblüten, ebenso dekorativ wie schmackhaft, lassen sich zu kleinen Köstlichkeiten weiterverarbeiten. Zum Füllen sind die größeren männlichen Blüten zu empfehlen.

Gefüllte Zucchini mit Sauerampfersauce

400 g Kartoffeln
4 mittelgroße Zucchini
2 EL Butter
150 g Kürbisfleisch
50 g Ziegenfrischkäse
3 Eigelb
80 g Kürbiskerne
Salz und Pfeffer nach Geschmack

Für die Sauce:
1 Zwiebel
1 EL Butter
4 EL Sauerampferblätter
150 g Crème fraîche
Salz
Zucker

Kochen Sie die Kartoffeln ca. 20 Min. Höhlen Sie die Zucchinihälften aus und geben Sie das Fruchtfleisch 5 Min. zu den Kartoffeln. Die ausgehöhlten Zucchini werden vorsichtig von außen mit Butter angeschwitzt und danach in eine gefettete Auflaufform gelegt. Dünsten Sie die Kürbiswürfel in der verbliebenen Butter und gießen Sie dann etwas Kartoffelwasser dazu. Geben Sie den Ziegenfrischkäse in die Zucchinihälften. Gießen Sie die Kartoffeln und das Zucchinifleisch ab, lassen Sie alles gut trocken und drücken Sie es durch eine Kartoffelpresse. Eigelb, Kürbiskerne und die Kürbiswürfel unterrühren und mit Salz und Pfeffer würzen. Drücken Sie die Masse mithilfe eines Spritzbeutels in die Zucchinihälften. Für die Sauce: Zwiebelwürfelchen in Butter anschwitzen, den in Streifen geschnittenen Sauerampfer hinzugeben, kurz mitschwitzen lassen und mit Crème fraîche abschmecken. Mit Salz und einer Prise Zucker würzen.

Essbare Blüten

Stiefmütterchen, Rose, Salbei, Tagetes und Kapuzinerkresse (v. l. n. r.).

Viele Blüten sind essbar, doch Vorsicht: nicht alle sind für den Menschen genießbar. Essbare Blüten lassen sich raffiniert zubereiten und sind zudem ein dekorativer Blickfang auf dem Teller. Großblättrige Blüten, zum Beispiel die der Zucchini oder der Kapuzinerkresse, lassen sich wunderbar füllen – mit würzigen, zarten Farcen aus Fleisch oder Käse. Besonders gut eignen sich die großen männlichen Zucchiniblüten, während die kleinen weiblichen ideal zum Ausbacken sind. Die Blüten der gelben Taglilie wiederum werden gedämpft und luftgetrocknet, bevor sie in den Handel kommen. Getrocknete Lilienblüten duften angenehm, schmecken sehr aromatisch. Bei Vegetariern sind sie als Zutat sehr beliebt und gelten als ideale Begleiter für Gerichte aus Tofu, Chinakohl und Fleisch. Die Blütenblätter von Veilchen, Rosen und Primeln werden meist kandiert angeboten.

Zucchini sind botanisch gesehen die noch unreifen Früchte eines Gemüsekürbisses. Dieser Herkunft verdanken sie ihren Namen, denn im Italienischen bedeutet „zucca" nichts anderes als Kürbis.

Die Sorten der kleinen runden Zucchini, meist **Rondini** oder **Mini-Zucchini** genannt, zählen auch zu den Gemüsekürbissen, eignen sich aber nicht zum rohen Verzehr.

Kürbis-Zucchini sind nichts anderes als eine ausgereiftere Form einer besonderen Zucchinizüchtung, die ihren Namen in erster Linie ihrer Form verdanken.

Gelbe Zucchini werden bei uns noch relativ selten angeboten. Auf den Geschmack hat die Farbe der Schale keine Auswirkung.

Kürbisse

Man unterscheidet Hunderte von Kürbissorten, darunter sind natürlich auch eine Vielzahl reiner Zierkürbisse, die nicht essbar sind. Botanisch gehören die Früchte der so genannten Riesenkürbispflanze zu den Beeren und können ein Gewicht von zuweilen weit über 70 kg erreichen. Besonders beliebt ist der zu den Moschuskürbissen gehörende dünnschalige Hokaido-Kurbis (Abb. links), der zunächst vor allem in Indien, China und Mittelamerika von Bedeutung war, aber auch hierzulande mittlerweile fast überall angeboten wird. Sein süßes Aroma prädestiniert ihn für Suppen und Gemüsespezialitäten. Sein angenehm milder und doch intensiver Geschmack harmoniert mit äußerst vielen Gewürzen, sowohl Ingwer als auch frisches Basilikum und Muskat sind ideale Ergänzungen.

Grüne und rote Paprikafrüchte einer italienischen Züchtung.

Leuchtende Paprika aus Ungarn, dem klassischen Herkunftsland.

Rote Paprika reifen stets an der Pflanze aus.

Das Pflücken erfolgt noch immer manuell.

Ein optimales Aroma haben nur die vollreif gepflückten Früchte.

Der in Südeuropa und Ungarn angebaute Paprika wird überwiegend exportiert.

Gemüsepaprika

Die Früchte des *Gemüsepaprikas (Capiscum annuum)* gehören – wie die Kartoffel und Tomate – zu einem Nachtschattengewächs, das ursprünglich in Mittel- und Südamerika beheimatet war. Die heutigen Hauptanbaugebiete liegen in den Mittelmeerländern, im Balkan und in den Niederlanden.

Die verschiedene Färbung des Gemüses – angeboten werden neben grünen, gelben und roten auch orange und dunkelviolette Früchte – verweist nicht auf unterschiedliche Sorten, sondern auf unterschiedliche Reifegrade. So sind grüne Paprika unreif geerntete Früchte, während gelbe und rote Früchte im halbreifen bzw. vollreifen Zustand gepflückt wurden. Eine Ausnahme bilden die tiefvioletten Paprika: Diese relativ neue Züchtung aus den Niederlanden ist zunächst violett und verwandelt sich mit zunehmender Reife in eine grüne Frucht. Die unterschiedlichen Farben der Paprikafrüchte verraten jedoch nicht nur etwas über den Reifegrad, sondern auch etwas über ihr Aroma. So schmecken grüne Früchte würzig bis herbbitter, während die gelben, orangefarbenen und roten eher süßlich sind.

Gemüsepaprika lässt sich in der Küche ausgesprochen vielseitig verwenden. Roh und in schmale Streifen geschnitten, passt er zu den verschiedensten Salaten, gegrillt, gehäutet und mariniert bildet er eine delikate Ergänzung südeuropäischer Antipasti-Platten. Ebenfalls aus dem mediterranen Raum stammt der leicht-würzige Gemüseeintopf Ratatouille aus Paprika, Tomaten, Auberginen, Zucchini, Knoblauch und mediterranen Kräutern.

Ein anderer Klassiker unter den Paprikagerichten, nämlich mit Hackfleisch oder Reis gefüllte Paprika, kommt aus Ungarn, wo man bereits seit Jahrhunderten nicht nur mit Gemüsepaprika, sondern auch mit seiner scharf-würzigen Variante, dem fein gemahlenen Gewürzpaprika, kunstvoll umzugehen weiß (siehe S. 94).

Frische Paprika, die es das ganze Jahr über zu kaufen gibt, müssen glatt und glänzend aussehen, sich fest anfühlen und einen festen Stiel haben. Im Kühlschrank halten sich die extrem Vitamin-C-reichen Früchte bis zu zwei Wochen.

Gefüllte Lamm-Paprika

8 bunte Paprika
1/2 Rezept Lammhack-Souflaki
250 ml Fleischbrühe (Instant)

Die Paprika kurz in heißem Wasser blanchieren. Schneiden Sie von jeder Schote den Deckel und das spitze Ende ab. Kerne und Trennhäute entfernen. Geben Sie die Füllung aus Lammhack hinein, legen Sie den Deckel wieder darauf und stellen Sie die Paprika nebeneinander in einen Topf. Gießen Sie die Fleischbrühe dazu, kurz aufkochen lassen und dann Hitze verringern. Die Paprika sind fertig, wenn sie weich sind.

Botanisch sind **Paprika** Beeren und somit Früchte – keinesfalls Schoten, wie es umgangssprachlich oft heißt.

Je nach Reifegrad weisen Paprika eine rote, gelbe oder grüne Färbung auf. Rote und gelbe schmecken eher mild.

Diese eckig spitze Variante baut man heute in ganz Europa an, sie ähnelt im Aussehen dem Gewürzpaprika.

Baby- bzw. **Mini-Paprika** eignen sich auch wegen ihres Aromas besonders gut für eine Verwendung als Vorspeise.

Achtung, die **Sivri** ähneln im Aussehen den Früchten des scharfen Gewürzpaprikas.

Avocado

Die *Avocado* ist die Beere eines Lorbeergewächses *(Persea americana)* und stammt ursprünglich aus Zentralamerika. Heute wird sie in vielen tropischen und subtropischen Gebieten angebaut, vor allem in Israel, Südafrika, Kamerun und auf Madeira. In ihrer Form ähnelt sie einer Birne, ihre Schale ist je nach Sorte hell- bis dunkelgrün glänzend oder auberginenfarben bis schwarz. Das zartgelbe bis grünliche Fruchtfleisch der Avocado ist im vollreifen Zustand weich bis cremig und schmeckt nussig. Schale und brauner Samenkern der stark ölhaltigen Frucht sind nicht genießbar. Zu den bekanntesten Sorten gehören die grüne ovale Ettinger oder Fuerte, die grüne runde Nabal und die fast schwarze Hass mit ihrer runzeligen Schale. Eine besondere Delikatesse sind die winzigen, kernlosen Cocktail-Avocados aus Israel.

Avocados kommen großenteils noch hart in den Handel und reifen bei Zimmertemperatur innerhalb von drei bis vier Tagen nach. Bei reifen Früchten gibt die Schale auf leichten Fingerdruck nach, das Fruchtfleisch lässt sich wie Butter verstreichen und der Kern leicht entfernen. Im Kühlschrank halten sich die reifen Steinfrüchte mehrere Tage lang.

Das Fruchtfleisch aufgeschnittener Avocados verfärbt sich durch den Kontakt mit Sauerstoff schnell braun. Dies kann man dadurch vermeiden, dass man die Schnittstellen sofort mit frisch gepresstem Zitronensaft beträufelt. Avocados verfeinern, zu schmalen Scheiben oder kleineren Würfeln geschnitten, nicht nur Salate, Suppen und Desserts. Ob klassisch mit einer Vinaigrette serviert oder aber mit Meeresfrüchten gefüllt, bilden die fein aromatischen Fruchthälften auch eine überaus köstliche Vorspeise. Großer Beliebtheit erfreut sich auch die mexikanische Avocadocreme Guacomole: ein würzig-scharfer Dip aus püriertem Fruchtfleisch, Knoblauch, Koriander, Cayennepfeffer und Zitronensaft, der nicht nur zu Tortillachips, sondern auch zu gefüllten Tacos und Fleischgerichten gereicht wird.

Gesundheit

Avocados besitzen zwar weitaus mehr Kalorien als viele andere Gemüse- und Obstarten – 100 g enthalten 160 kcal –, sind aber aus gesundheitlichen Gesichtspunkten wahre Wunderfrüchte: Das cremige Fleisch der Steinfrucht besteht zu 30 Prozent aus Fett, das besonders reich an einfach und mehrfach ungesättigten Fettsäuren ist. Eine Portion Avocado von etwa 200 g deckt bereits den Tagesbedarf an Linolsäure und den halben Tagesbedarf an Linolensäure, weswegen bei einigen Herzerkrankungen Avocados zur Diät gehören. Die Frucht enthält außerdem reichlich Kalium, Folsäure und Magnesium sowie die Vitamine E, B6 und Biotin. Sie sorgt so nicht nur für gesunde Zellwände und „starke Nerven", sondern auch für glatte, weiche und rosige Haut. Ihr Zauberstoff aber heißt Mannoheptulose, ein einzigartiges Kohlenhydrat, das den Blutzuckerspiegel senken hilft.

Avocado-Dip

1 reife Avocado
2 EL Zitronensaft
2 kleine Tomaten
1 rote Zwiebel
1 große Knoblauchzehe
1 Chili
Salz und Pfeffer nach Geschmack
Paprikapulver
Koriander

Halbieren Sie die Avocado und lösen Sie das Fruchtfleisch mit einem Löffel ab und zerdrücken Sie das Mus in einem kleinen Gefäß. Um unansehnliche Braunfärbung zu verhindern, geben Sie Zitronensaft auf das Fruchtfleisch. Tomaten, Zwiebel, Knoblauch und Chili klein schneiden. Mischen Sie alles unter das Avocadomus und schmecken Sie den Dip mit Gewürzen ab.

Der Avocadobaum benötigt ein tropisches oder subtropisches Klima.

Bevor die Früchte in den Handel gelangen, werden sie nach Größen sortiert.

Hass, Pinkerton und Fuerte (v. li. n. re.)

Die knollige **Maja** ist eine mittelfrühe, vorwiegend fest kochende deutsche Sorte.

Die mehlig kochende **Bintje** ist ideal für Püree, Klöße und Eintopf.

Die holländische Frühkartoffel **Agata** ist nicht für eine mehrmonatige Lagerung geeignet.

Die gelbfleischigen **Cilena** gehören zu den Frühkartoffeln.

Die deutsche Züchtung **Agria** hat ein intensives Aroma.

Die **Vitelotte** zählt zu den Trüffelkartoffeln und ist eine französische, nussig schmeckende Spezialität.

Linda ist eine fest kochende Kartoffel, ideal für Bratkartoffeln.

Marabell ist schwach mehlig und überwiegend fest kochend.

Die **Blaue Mini-Kartoffel**, auch als rheinische Kartoffel bezeichnet, ist besonders fest fleischig.

Süßkartoffel

Die Süßkartoffel, auch unter dem Namen Batate im Handel erhältlich, stammt aus den Tropen, gelegentlich auch aus Spanien und Portugal. Botanisch gesehen gehören die länglichen, recht süßlich schmeckenden Wurzelknollen mit oft rötlicher Schale übrigens nicht zu den Kartoffeln, sondern zur Familie der Windengewächse. Wie ihre Namensverwandten können sie – geschält oder auch ungeschält – auf unterschiedliche Art zubereitet werden. Besonders fein schmecken Bataten glasiert oder mit einem Hauch von Muskatnuss, Piment oder Zimt.

Kartoffeln

Kartoffeln (Solanum tuberosum) sind die stärkereichen Sprossknollen eines ursprünglich in den südamerikanischen Anden beheimateten Nachtschattengewächses. Um 1560 kam es nach Europa, wo es zunächst wegen seiner schönen Blüten als Zierpflanze gehalten wurde. Sir Francis Drake brachte die Pflanze einige Jahre später als Nahrungsmittel nach England, und im 18. Jahrhundert förderte Friedrich der Große bekanntlich den Anbau der eiweiß- und vitaminreichen Knolle in Preußen. Inzwischen gehört die Kartoffel in weiten Teilen der Welt zu den Grundnahrungsmitteln, und allein in Deutschland gibt es mehr als 130 Sorten.

Die Palette umfasst je nach Reifezeit frühe, mittelfrühe und späte Sorten, wobei die früh geernteten Sorten meist fest kochend oder vorwiegend fest kochend sind. Im Herbst geerntete Sorten hingegen haben aufgrund der längeren Reifung einen höheren Stärkegehalt und sind daher hauptsächlich mehlig kochend. Die ersten deutschen Frühkartoffeln kommen Anfang Juni auf den Markt. Sie sollte man möglichst bald – innerhalb einiger Wochen – verzehren, während sich späte Sorten kühl, trocken und dunkel einige Monate lagern lassen.

Kartoffeln von guter Qualität müssen fest und unbeschädigt, ohne grüne Flecken und Keimansätze sein und dürfen keine runzeligen oder feuchten Stellen haben. Die Auswahl der Sorte hängt von der Art der Zubereitung ab: Fest kochende Sorten (Sieglinde, Hansa, Nicola) eignen sich für Gratins, Salate und Bratkartoffeln; vorwiegend fest kochende (Christa, Hela, Clivia) schmecken als Pell- und Salzkartoffeln, Puffer und Rösti; mehlig kochende Kartoffeln (Bintje, Datura, Aula) sind ideal für Pürees, Suppen und Eintöpfe, Klöße und Knödel sowie als Folienkartoffeln. Als eine besondere Rarität gelten unter anderem die Bamberger Hörnchen, die allerdings recht teuer sind und nur relativ selten angeboten werden. Bratkartoffeln aus dieser Sorte sind ein Geheimtipp und ein besonderer Gaumenschmaus.

Kartoffelkuchen

1 kg Kartoffeln
1 EL Butter
100 g Emmentaler
Salz und Pfeffer nach Geschmack
1 Knoblauchzehe
1 TL Paprikapulver
2 Packungen tiefgekühlte Kräutermischung
3 Eier
3 EL Saure Sahne

Kochen Sie die Kartoffeln mit der Schale ca. 10 Min. lang. Nach dem Pellen mit einer Reibe in feine Streifen raspeln. Heizen Sie den Backofen auf 180 °C vor. Fetten Sie dann eine Rodonkuchenform mit Butter ein und geben Sie etwas geriebenen Käse hinein. Vermengen Sie Salz, Pfeffer, Knoblauch, Paprikapulver und die Kräuter mit dem restlichen geriebenen Käse. Diese Käsemischung gut mit den geriebenen Kartoffeln mischen, in die Kuchenform geben und andrücken. Eier und Saure Sahne verquirlen und über die Kartoffeln geben. Im Backofen ca. 45 Min. goldbraun backen. Vor dem Stürzen einige Min. abkühlen lassen, dann gelingt es besser.

Wurzelgemüse

Neben der Kartoffel bereichern auch andere essbare Wurzel- und Knollengemüse die Speisekarte, darunter Möhren, Pastinaken, Knollensellerie, Weiße Rüben, Teltower Rübchen und die Rote Bete. Die weltweit verbreiteten *Möhren (Daucus carota),* auch *Mohrrüben* oder *Karotten* genannt, sind entweder als Bundmöhren mit Kraut oder als Waschmöhren ohne Grünzeug im Handel. Mit Karotten sind eigentlich nur die kleinen runden *Frühmöhren (Pariser Karotten)* gemeint, die als Frischware kaum in den Handel gelangen, sondern industriell zu Tiefkühlprodukten oder Konserven verarbeitet werden. Sommer- und Herbstmöhren dagegen sind länglich mit spitzen oder stumpfen Enden und unterschiedlich dick. In Streifen, Scheiben oder Würfel geschnitten, lassen sie sich gut mit Erbsen, Spargel, Bohnen, Lauch, Staudensellerie, Äpfeln, Nüssen und Orangen kombinieren.

Eng verwandt mit der Möhre ist die *Pastinake (Pastinaca sativa),* die angenehm süß, würzig und roh leicht nussig schmeckt. Mit ihrer länglichen oder rundlich-gedrungenen Form sieht sie den ausgewachsenen Petersilienwurzeln sehr ähnlich. Hauptsaison hat sie von November bis Februar. Man sollte möglichst nur kleine bis mittelgroße und unbeschädigte Wurzeln kaufen, größere Exemplare können bitter und holzig sein. Ebenfalls zu den Wurzelgemüsen gehört der *Knollensellerie (Apium graveolens),* der von Juli bis September aus heimischen Freilandkulturen auf den Markt kommt. Die Knollen, auch *Wurzelsellerie* genannt, sind hell bis erdfarben und fast faustgroß, ausgewachsene Exemplare sind etwas dunkler und bis zu einem Kilogramm schwer. Roh und in Stifte geschnitten, ist Sellerie als Waldorfsalat längst ein Rezept-Klassiker und beliebter Bestandteil so mancher Party-Buffets. Aufgrund seines würzigen Geschmacks gibt er Suppen, Saucen und Schmorgerichten eine intensivere Note.

Die kleinen *Weißen Rüben (Brassica rapa)* und die etwas größeren gelbfleischigen *Steckrüben (Brassica napus)* sind ein Knollengemüse, das zur Kohlfamilie gehört. Verwandte der Weißen Rübchen sind die „Teltower Rübchen“ mit grüner Schattierung – sie kommen von Frühsommer bis Spätherbst in den Handel – und die französischen Navets mit rosa bis purpurner Schattierung. Allen gemeinsam ist der typisch pfeffrige Geschmack.

Rote Bete (Beta vulgaris) wird das ganze Jahr über angeboten, ab Mai die jungen kleinen Knollen, ab August die etwas dickeren. Am bekanntesten ist sie als Sauer- oder Vollkonserve, doch sie hat auch frisch und fein geraspelt als Rohkost ihre Liebhaber.

Es gibt fast 150 **Yam-Arten**, besonders gut schmeckt der der Cush-Cush-Yam. Verbreitet sind Asiatischer Yam und der Wasser-Yam.

Bundmöhren und andere Karotten gehören weltweit zu den wichtigsten Gemüsesorten überhaupt.

Seinen leicht scharfen Geschmack verdankt das **Radieschen** Senfölen.

Geschälte **Rote Bete** eignet sich hervorragend zum Dekorieren.

Weißer Rettich, auch **Radi** genannt, wird – frisch geraspelt oder in hauchdünne Scheiben geschnitten – vorwiegend in Bayern gegessen.

Knollensellerie zeichnet ein deftig-würziger Geschmack aus.

Staudensellerie ist eher milde und lässt sich auch gut roh für Salate verwenden.

Die stärkereiche **Taroknolle** wird ähnlich wie unsere Kartoffel in Salzwasser gekocht.

Die **Pastinake** zählt zu den ältesten Gemüsen in Europa, ihr Geschmack erinnert an Haselnuss.

Grüner Spargel muss in der Regel nur im unteren Drittel geschält werden.

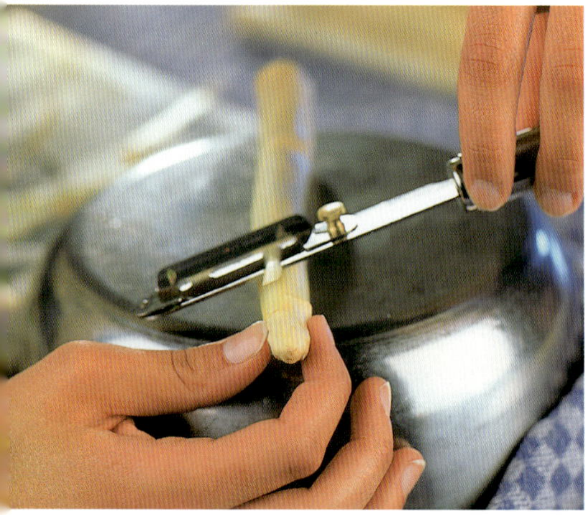

Weißer Spargel ist hingegen sorgfältig ganz zu schälen, da seine Schale erheblich dicker ist.

Grün-weiße Spargelsoufflés

Für das Soufflé:

250 g grüner Spargel, unteres Drittel geschält
250 g weißer Spargel, geschält
Salz
40 g Butter
50 ml Gemüsebrühe
2 mittelgroße Eier
4 Eigelb von mittelgroßen Eiern
2 EL Crème double
Pfeffer aus der Mühle
Fett für die Förmchen
Schnittlauch

Für den Schaum:

3 Eigelb von mittelgroßen Eiern
200 ml Spargelfond (nach dem Garen des Spargels aufbewahren)
Saft einer Zitrone
Salz und Pfeffer nach Geschmack
geriebene Muskatnuss

Schneiden Sie von den geschälten Spargelstangen jeweils das untere Viertel ab und würfeln Sie es. Würfel in Salzwasser (350 ml) bissfest kochen, abschrecken und beiseite stellen. Kochwasser auf etwa 200 ml einkochen lassen. Schneiden Sie den restlichen Spargel in dünne Scheiben und schwitzen Sie diese farblich getrennt in zwei Töpfen mit der Hälfte der Butter an, geben Sie die Brühe dazu und dünsten Sie den Spargel weich. Pürieren Sie beide Sorten und lassen Sie die Masse abkühlen. Rühren Sie jeweils ein Ei und zwei Eigelb und einen Esslöffel Crème double unter das weiße und grüne Püree. Mit Salz und Pfeffer abschmecken.

Heben Sie dann die weißen Spargelwürfel unter das grüne Püree und die grünen unter das weiße. Vier Soufflé-Förmchen oder Tassen fetten und Pappdeckel zurechtschneiden, sodass sie genau in die Mitte der Förmchen passen und sie teilen. Füllen Sie die Förmchen mit beiden Pürees und ziehen Sie den Pappdeckel vorsichtig heraus. Heizen Sie den Backofen auf 160 °C vor und füllen Sie eine Auflaufform mit heißem Wasser. Stellen Sie die Förmchen hinein und lassen Sie das Soufflé ca. 30 Min. stocken.

Für den Schaum: Kochen Sie Wasser in einem für ein Wasserbad geeigneten Topf. Geben Sie das Eigelb, den Spargelfond und den Zitronensaft in einen kleineren Topf und rühren sie alles über dem Wasserdampf schaumig. Mit Salz, Pfeffer und einer Prise Muskat abschmecken. Die fertigen Soufflés vorsichtig aus ihren Formen lösen und auf Teller stürzen. Den Spargelschaum ringsherum verteilen und mit etwas Schnittlauch dekorieren.

Spargelanbau

Spargel wächst hierzulande in Gegenden, in denen ideale klimatische Bedingungen für die Kultivierung herrschen, also überall dort, wo ein sandiger, warmer Boden den Anbau des edlen Gemüses ermöglicht. Ein Großteil der Anbauflächen liefert weißen Spargel, erst in den letzten Jahren wird zunehmend auch die grüne Variante kultiviert. Wichtige nord- und mitteldeutsche Anbaugebiete sind die Gegend um Lübeck, die Region bei Braunschweig sowie die Umgebung von Mainz und Bornheim. Süddeutsche Anbaugebiete liegen um Bruchsal, Schwetzingen, Ulm, Schrobenhausen und Abensberg.

Violett-grüner Spargel wächst bei Sonne sehr schnell in die Höhe.

Bei warmer Witterung kann einmal täglich geerntet werden.

Der Grüne Spargel wird größtenteils in Italien, Spanien, Frankreich und Griechenland angebaut.

Weißer Spargel wächst auf sandigen Böden und wird sofort

– bis heute manuell – gestochen, wenn das Erdreich aufbricht.

Qualitativ hochwertig sind gleichmäßig gewachsene Stangen.

Die Spargelköpfe sind besonders reich an Vitaminen, Mineralstoffen und Spurenelementen, zum Beispiel Magnesium und Zink.

Auf diese Weise trennt man die Flanmasse in den Förmchen voneinander.

Schritt für Schritt: Sauce Hollandaise

Zutaten: 200 g Butter, 3 Eigelb, 3EL Zitronensaft, Salz, Pfeffer.

Zunächst wird die Butter geschmolzen.

Eigelb und Zitronensaft im warmen Wasserbad schaumig rühren.

Nach und nach die flüssige Butter unter Rühren langsam hinzufügen.

So lange weiterschlagen, bis die Sauce cremige Konsistenz hat.

Mit Salz und Pfeffer würzen und direkt servieren.

Spargel

Spargel (Asparagus officinalis) ist ein Liliengewächs, das wie Artischocken, Fenchel und Staudensellerie zu den Stiel- und Sprossengemüsen gehört. Der wunderbare Geschmack und das zarte Fruchtfleisch seiner essbaren Triebe (Sprosse) begeistern die Feinschmecker jedes Jahr aufs Neue. Vermutlich kam die Spargelpflanze aus dem östlichen Mittelmeerraum, wenngleich ihre Herkunft nicht eindeutig belegt ist. Heute wird sie in vielen Ländern mit gemäßigtem und warmem Klima kultiviert, darunter in Deutschland, Frankreich, Spanien, Griechenland, Belgien und in den Niederlanden, aber auch in Afrika, Süd- und Mittelamerika. Je nach Art des Anbaus werden weißer und grüner Spargel sowie helle Spargelstangen mit grünen oder violetten Köpfen geerntet: *Weißer Spargel*, auch *Bleichspargel* genannt, wächst – vor Licht geschützt – in aufgeworfenen Erddämmen. Kurz bevor die Köpfe die Erde durchdringen, werden die weißen Stangen „gestochen". Geerntet wird per Hand und ganz früh am Morgen, was sich im Preis der edlen Stange niederschlägt.

Grüner Spargel entsteht, wenn die auf ebenen Beeten oberirdisch wachsenden Sprossen für längere Zeit dem Licht ausgesetzt sind. Sie sind zwar weniger zart, dafür aber aromatischer als die bleiche Variante. Weißer Spargel mit gefärbten Köpfen wiederum gedeiht im Hügelbeet und wird nur kurze Zeit der Sonne ausgesetzt.

Bei weißem Spargel kann der Verbraucher zwischen Stangenspargel, Brechspargel – Spargel ohne Köpfe – und Kopfabschnitten wählen. Als Faustregel gilt: Je gleichmäßger und dicker die Stangen aussehen, desto höher ist die Qualität. Sehr dünne Spargelstangen bringen relativ viel Abfall beim Schälen und deuten darauf hin, dass sie während der Wachstumsphase zu trocken gehalten wurden. Frischer Spargel hat saftige Schnittflächen, feste und geschlossene Spargelköpfe. Ungeschält und in einem feuchten Tuch eingewickelt, bleibt er im Gemüsefach des Kühlschranks bis zu vier Tage frisch. Da die Spargelsaison nur sehr kurz ist – sie reicht von Ende April bis St. Johannis am 24. Juni –, lohnt sich das Einfrieren. Geschält und in einem Gefrierbeutel verpackt, hält sich der Spargel etwa sechs Monate.

Spargel putzen ist ganz einfach: Die unteren Enden werden abgeschnitten und die Stangen mit einem speziellen Schäler von oben nach unten geschält – in der Kopfregion dünn, nach unten hin dicker. Anschließend wird er gebündelt und möglichst aufrecht in Salzwasser 10 bis 15 Minuten gegart. Gekochter Spargel schmeckt hervorragend mit verschiedenen Saucen, Schinken und Neuen Kartoffeln, aber auch als Salat und in Suppen oder gratiniert und mit anderen Zutaten kombiniert. In Baden bekommt der Gourmet den Klassiker „Spargel mit Schinken" zusammen mit Kratzete (zerkleinerten Pfannkuchen), Flädle oder Strübli serviert. In Sachsen mischt man ihn unter das berühmte „Leipziger Allerlei", und in Bayern wird das Luxusgemüse gerne mit einer Eiersauce kombiniert.

Cynar

Ein nicht nur in Italien beliebter Aperitiv ist der Cynar: ein mit etwa 16 Vol-% vergleichsweise alkoholarmer Branntwein, der aus den Blättern der Artischocke gewonnen wird. Nur Hartgesottene trinken den sehr bitter schmeckenden Cynar pur auf viel Eis. Mit Softdrinks, Saft oder Ginger Ale vermischt, ist er jedoch für viele ein wahrer Hochgenuss.

Gefüllte Artischocken

4 mittelgroße Artischocken
Saft einer Zitrone
Salz

Für die Füllung:
2 Avocados
100 ml Sahne
50 g Mascarpone
150 g Salami
1 EL Zitronensaft
2 EL frisch geriebener Parmesan
1 TL grüner Pfeffer
Salz und Pfeffer nach Geschmack

Schneiden Sie mit einem Sägemesser die Spitze der Artischocken ca. 1 1/2 cm breit ab, brechen Sie den Stiel vorsichtig heraus und benetzen Sie die Schnittflächen mit Zitronensaft, damit sie sich nicht braun verfärben. Schneiden Sie die übrigen Blattspitzen mit einer Schere ab. Geben Sie die Artischocken mit dem restlichen Zitronensaft in kochendes Wasser. Nach 20 Min. herausnehmen und in einem Sieb abtropfen lassen. Nach dem Abkühlen werden die inneren, hellen Blätter herausgezupft und das so genannte „Heu" mit einem Löffel vom Artischockenboden abgekratzt.
Füllung:
Die Avocados halbieren, den Kern entnehmen und das Fruchtfleisch in eine Schale

Artischocke

Die *Artischocke (Cynara scolymus)* ist eine Pflanze, die wegen ihrer essbaren Blütenköpfe angebaut wird. Bereits die Griechen und die Römer kannten dieses Distelgewächs und schätzten es als Delikatesse. Daran hat sich bis heute nichts geändert. Noch immer ist das edle Gemüse – genau genommen die geernteten Knospen des Blütenkopfs – unter Kennern eine beliebte Köstlichkeit. Das Angebot auf unseren Märkten und in den Gemüseläden stammt meist aus Frankreich und Italien.

Der Artischocken-Liebhaber kann zwischen verschiedenen Sorten wählen: Die französische *Camus de Bretagne*, die hauptsächlich zwischen Juli und Oktober zu kaufen ist, wird bis zu 500 g schwer und hat ein großköpfiges und stumpfkugeliges Aussehen. Die kleine bis mittelgroße Variante – *Petit Violets (Lila Artischocke)* – ist ebenfalls in der Bretagne zu Hause, hat eine längliche Form und wiegt zwischen 70 und 250 g. Aus Südfrankreich und Italien kommen die *Mini-Artischocken*, die zwischen Mai und August auch bei uns immer häufiger zu finden sind. Die bis zu 35 g leichten Köpfe werden geerntet, bevor sie das Heu ausbilden. Mitunter sind die Minis so zart, dass sie roh oder nur kurz gegart im Ganzen genossen werden können. Weitere Sorten sind die mittelgroße, kugelförmige *Romaneschi*, die *Catanesi* mit ihrer zylindrischen Form und die rötlich schimmernden *Violetti di Toscana*; sie alle werden in Italien angebaut und von Juli bis November geerntet.

Nur etwa 20 Prozent der mittelgroßen und großen Sorten sind genießbar, denn ihre Blattspitzen sind hart und faserig. Genießer zelebrieren das Essen der Artischocken, denn am Ende erwartet sie ein Hochgenuss – die Artischockenherzen und Blütenböden mit ihrem zarten und feinen Aroma, das kombiniert mit einer Sauce Hollandaise, Zitronenmayonnaise oder mit einer Vinaigrette besonders gut zur Geltung kommt. Französische Feinschmecker schätzen Artischockenböden gefüllt mit Champignons und Käse oder „artichauds à la vinaigrette". In Italien bevorzugt man „carciofi alla romana", also gedämpft mit Knoblauch und Minze. In Griechenland werden sie mit dicken Bohnen und in Spanien als Eintopf mit Pinienkernen serviert. Wem die Zubereitung frischer Artischocken zu aufwendig ist, kann alternativ zu Böden und Herzen in Gläsern oder Dosen greifen, die jedoch geschmacklich auch nicht annähernd mit der frischen Ware zu vergleichen.

Nachdem man den Stil und harte Blätter rund um den Stilansatz entfernt hat, wird das Herz sichtbar – der delikateste Teil.

Mit einem Esslöffel oder einem Kugelausstecher muss das hartfaserige Heu entfernt werden, bevor man die Artischocke füllen kann.

geben. Pürieren Sie das Fruchtfleisch mit Sahne und Mascarpone und rühren Sie dann die restlichen Zutaten (bis auf den Pfeffer) darunter. Geben Sie die Füllung in die ausgehöhlten Artischocken und bestreuen Sie sie mit grünem Pfeffer.

Artischocken sind die essbaren Blütenknospen eines Distelgewächses. Noch im Mittelalter galten sie als Aphrodisiakum. Das leicht bittere Aroma der Artischocke rührt vom Bitterstoff Cynarin her.

Fenchel

Der *Gemüsefenchel (Foeniculum vulgare)*, ein zartes, weiß bis weißlich-grünes Gemüse, besteht aus dem zwiebelartigen Knollen der Fenchelpflanze. Er ist im Mittelmeerraum zu Hause, wo er in trockenen und steinigen Gegenden wild wächst. Die Knolle mit dem typischen Anisaroma hat nicht nur in kulinarischer Hinsicht etwas zu bieten, sie gilt auch als eines der ältesten Heilmittel, das schon in der Antike hoch geschätzt war. In unseren Breiten verdanken wir die Einführung der Knolle den Benediktinerinnen, die den Fenchel bei Verdauungsproblemen und Erkältungsbeschwerden einsetzten.

Heute sind Süditalien, Südfrankreich, Spanien, Griechenland und Nordafrika Hauptanbaugebiete. Je nach Sorte hat das Gemüse eine längliche oder runde Form und wiegt zwischen 250 und 300 g. Das Fenchelgrün sollte beim Einkauf frisch und strahlend grün, die Knollen dagegen makellos weiß aussehen; die Schnittstellen sollten nicht braun und eingetrocknet sein. Lediglich das Fenchelgrün und die Knolle selbst, nicht jedoch die faserigen, aus der Knolle wachsenden grünen Stiele, eignen sich zum Verzehr.

Die Zubereitungsmöglichkeiten des Gemüses sind überaus vielseitig: Roh, in feinen Streifen geschnitten oder geraspelt, verleiht es gemischten Salaten eine besondere Note. In einer Sahne- oder Zitronensauce angerichtet, passt es zu Kurzgebratenem, in Scheiben gedünstet zu Fisch und Geflügel, und auch mit Schinken und Käse überbacken hat gegarter Fenchel jede Menge Liebhaber und Liebhaberinnen. Knoblauch, Muskat und Zitronensaft sind beim Würzen ideale Begleiter. Das Blattgrün, möglichst fein gehackt, wird immer erst an das fertige Gericht gegeben.

Fenchelgratin mit Pinienkernen

4 Fenchelknollen
2 EL Butter
2 EL Mehl
400 ml Milch
100 ml Sahne
Salz und schwarzer Pfeffer
Geriebene Muskatnuss
150 g Mozzarella
50 g Pinienkerne
Fett zum Einfetten

Die Fenchelknollen werden gewaschen, halbiert und der Strunk entfernt. In kochendem Wasser 20 Min. lang garen, abtropfen lassen und in eine feuerfeste Form legen. Zerlassen Sie die Butter, geben Sie das Mehl hinzu, bis eine hellgelbe Mehlschwitze entsteht. Dann unter ständigem Rühren Milch und Sahne hinzugeben und die Sauce einkochen lassen. Danach mit Salz, Pfeffer und Muskat abschmecken und über den Fenchel gießen. Schneiden Sie den Mozzarella in Scheiben und legen Sie ihn auf den Fenchel. Etwa 10 Min. im 250 °C heißen Backofen gratinieren. Währenddessen die Pinienkerne ohne Fett anrösten und vor dem Servieren über das Gratin streuen.

Das Aroma des **Minifenchels** ist so fein, dass er eine ideale Salatergänzug darstellt.

Den **Gemüsefenchel** kennzeichnet ein zarter, leicht süßer Anisgeschmack.

Speziell abgerichtete Trüffelhunde haben die Trüffelschweine ersetzt.

Hunde sind keine Pflanzenfresser – für Pilze, und seien sie noch so edel, interessieren sie sich nicht.

Trüffeln

Die *Trüffel* gilt als Königin aller Pilze. Von den Gourmets ist sie denn auch mit allerlei Ehrennamen versehen worden: Schwarzer Diamant, Edelstein der armen Böden oder Essbares Gold. Trüffeln sind die einzigen Speisepilze, die unter der Erdoberfläche gedeihen. Ihre knollenartigen Fruchtkörper entwickeln sich im Verborgenen aus dem Pilzgeflecht, das sich mit einer Reihe von Bäumen (vor allem Eicheln), Sträuchern und Kräutern in deren Wurzelbereich verbindet. Von diesen Pflanzen nehmen die Pilzfäden oft so viele Nährstoffe, dass die Wirtspflanzen verkümmern. Trüffelpilze lieben kalkreiche, gut durchlüftete Böden, in denen sich das Wasser nicht staut, so z.B. sanfte Hänge mit steinigem Untergrund. Die Witterung sollte im Sommer nicht allzu warm und im Winter nicht zu frostig sein, wie es in den berühmten Trüffelgebieten in Frankreich, dem Périgord, und in Italien, im Piemont, der Fall ist. Dort wachsen die beiden aromatischsten und teuersten aller Trüffelsorten.

Die *Périgord-Trüffeln (Tuber melanosporum),* auch *Schwarze Trüffeln* genannt, können die Größe eines Apfels erreichen, sind in der Regel aber viel kleiner. Ihre Oberfläche ist mit kleinen, tiefschwarzen Warzen bedeckt. Im Innern verlaufen feine weißliche Adern durch die schwarzviolette Grundsubstanz. Schwarze Trüffeln verströmen einen vielschichtigen Duft, der unter anderem an Moschus erinnert. Sie gedeihen auch in Umbrien in der Umgebung von Norcia und Spoleto.

Die *Weißen Trüffeln (Tuber magnatum)* in der Umgebung der piemontesischen Städte Alba und Acqualagna werden größer als die Périgord-Trüffeln und können bis zu 1 kg schwer werden. Sie haben eine glatte, ockerfarbige bis graubraune Oberfläche und er-

Kulturgeschichte

Schon die Römer schätzten die Trüffel überaus. Damals hielt man sie für eine Erdknolle, die sich mit Hilfe von Blitz und Gewitterregen bildet, eine Art Mineral, sozusagen eine „Tochter der Götter". Aus dem Mittelalter gibt es keine Zeugnisse, erst gegen Ende des 14. Jahrhunderts tauchen wieder Notizen über Trüffelgeschenke an hoch gestellte Personen auf. Wahre Trüffelorgien muss es zur Zeit Ludwig des XIV. in Frankreich gegeben haben. Erst Mitte des 18. Jahrhunderts beschäftigte man sich, besonders in Frankreich, mehr und mehr mit der botanischen Herkunft der Trüffeln und erkannte sie als Fruchtkörper eines Pilzgeflechts.

Probleme der Züchtung

Die vielen, teilweise aufwändigen Versuche, Trüffeln zu züchten, sind bisher weitgehend fehlgeschlagen. Einzig das Anpflanzen neuer Eichenwälder scheint einen begrenzten Erfolg zu haben. Früher steckte man die Eicheln einfach in die Erde und wartete zehn Jahre auf ein Ergebnis; heute nimmt man Eichensetzlinge, deren Wurzelbereich mit Trüffelpilzgeflecht geimpft wurde. Wegen der vielen Unwägbarkeiten auf dem Lebensweg der Trüffeln und ihrer mühsamen Ernte können die begehrten Edelpilze immer noch nicht in ausreichender Menge angeboten werden und sind nach wie vor sehr teuer.

Périgord- oder **Schwarze Trüffeln** können zwar die Größe eines Apfels erreichen, sind aber in der Regel viel kleiner.

In Italien und Frankreich gibt es in den Trüffelregionen spezielle Messen, auf denen das Schwarze Gold gehandelt wird. Der Preis ist nicht nur abhängig von der jeweiligen Qualität, sondern auch vom Ernteertrag. Trüffeln sind rare Köstlichkeiten, denn sie lassen sich nicht züchten.

Weiße Trüffeln stammen vor allem aus dem Piemont und dort aus der Umgebung von Alba und Acqualagna.

innern entfernt an eine Kartoffel. Das Innere ist haselnussfarben bis rötlich und wie bei der Schwarzen Trüffel von feinen weißen Äderchen durchzogen. Im reifen Zustand hat der Pilz einen leichten Knoblauchduft.

Nicht ganz so aromatisch, aber etwas preiswerter sind die *Sommertrüffeln (Tuber aestivum)*, die in ganz Europa gedeihen. Die Ernte kann von Mai an die gesamte warme Jahreszeit hindurch erfolgen. Sommertrüffeln ähneln im Aussehen den Périgord-Trüffeln, sind aber viel kleiner. Die *Chinesische Trüffel (Tuber indicum)*, auch als *Asiatische* bezeichnet, ist zwar günstig im Preis, weist aber nicht annähernd das Aroma der europäischen Sorten auf.

Da man den unterirdischen Wachstumsort der Trüffelfruchtkörper nur schwer erkennen kann, verwendet man von alters her so genannte Trüffelschweine zum Auffinden der Fundorte. Da diese selbst einen großen Appetit auf die feinen Knollen haben, gelingt es nicht immer, ihnen den Pilz zu entreißen. Anstelle der Schweine werden heute deshalb immer häufiger abgerichtete Hunde als Trüffelsucher eingesetzt.

Trüffeln passen am besten zu Eier-, Reis- und Nudelgerichten oder zu Geflügel. Getrüffelter Hummer-Risotto, Trüffeln in Blätterteig, Tagliatelle mit gedünsteten Trüffeln, getrüffelte Poularde sind nur einige der Köstlichkeiten, die dem Gourmet das Wasser im Mund zusammenlaufen lassen. Schon wenige Gramm verfeinern auch Pilzgerichte aus Zuchtchampignons, Austernpilzen oder gemischten Waldpilzen. Vor dem Gebrauch müssen die frischen Pilze mit einem Tuch oder Pinsel von Erdresten befreit werden. Weiße Trüffeln werden – fein geraspelt oder in dünne Scheiben geschnitten – meist roh verwendet, Schwarze Trüffeln hingegen vertragen Hitze etwas besser und verlieren auch gekocht ihr Aroma nicht so schnell.

Trüffelomelette

2 kleine, Schwarze Trüffeln
5 Eier
3 EL Sahne
40 g Butter
Salz
2 EL fein gehackte Kräuter (z. B. Brunnenkresse oder Basilikum)

Bürsten Sie die Trüffeln unter lauwarmem Wasser gründlich, aber vorsichtig ab. Dann die abgetrockneten Trüffeln mit einem Sparschäler oder Trüffelhobel in dünne Scheiben schneiden. Eier und Sahne miteinander vermengen und mit Salz abschmecken. Die Butter in einer großen Pfanne zerlassen und darin die Trüffelscheiben bei geringer Hitze einige Min. anbraten. Gießen Sie dann die Eiersahne dazu, streuen Sie die Kräuter darauf und rühren Sie mit einem Holzlöffel so lange, bis die Masse zu stocken beginnt. Sobald die Unterseite goldbraun ist, wenden Sie das Omelette. Wenn die andere Seite auch schön gebräunt ist, können Sie das feine Omelette servieren.

Steinpilz oder Herrenpilz

Pilzkenner geraten beim Anblick von Steinpilzen ins Schwelgen, erinnern sich an die vielfältigen Verwendungsmöglichkeiten und unvergessene Gaumenfreuden: an die Steinpilzlasagne aus dem Aostatal, den Steinpilzcarpaccio vom Vierwaldstätter See, den Schmorfasan mit Steinpilzen, Kastanien und Speck aus Südfrankreich, an Gulasch mit Steinpilzen aus Thüringen und an viele andere Köstlichkeiten.

Ihren Namen haben die *Steinpilze (Boletus edulis)* offenbar aufgrund ihres Aussehens erhalten: Ihre bräunlichen runden Hüte könnten ungeübte Augen im Wald zwischen Laub und Moos für Steine halten. Stattliche Exemplare bringen bis zu ein kg auf die Waage, bei einem Hutdurchmesser von 30 cm und einer Stiellänge von ca. 23 cm. In der Wahl ihrer Standorte sind Steinpilze ausgesprochen vielseitig. So wachsen sie in Nadel- und Mischwäldern, unter Buchen, Eichen, Haselnusssträuchern und Kastanien, aber auch neben Heidekraut oder an Wegrändern auf Grasstreifen. Die Pilze duften angenehm nach Waldmeister, und bei der Zubereitung entwickelt sich ein leicht nussiger Geschmack. Wie bei allen Pilzen enthält ihr weißes Fruchtfleisch viele wertvolle Eiweißstoffe, Vitamine (u. a. Niacin und Vitamin C), zahlreiche Mineralstoffe wie Kalium, Calcium, Phosphor, Magnesium, Eisen, Jod, Mangan und verschiedene Spurenelemente. Kalorienbewusste Gourmets schätzen Steinpilze auch wegen ihres geringen Brennwerts: 100 g Pilze besitzen lediglich einen Brennwert von 34 kcal. Dass die Herrenpilze nicht das ganze Jahr über verfügbar sind – ihre Saison liegt zwischen Sommer und Spätherbst –, macht sie um so begehrenswerter und kostbarer. Abhilfe schafft hier die Konservierung. Getrocknet, eingefroren oder in Öl eingelegt, halten sich Steinpilze mehrere Monate.

Kleine Pilzkunde

Was wir in Pilzgerichten schätzen, ist nur ein geringer Teil der Pilzpflanze, nämlich der so genannte „Fruchtkörper“ aus Stil und Hut. Der weitaus größere Teil des Pilzes befindet sich unter der Erde. Er besteht aus einem Geflecht zarter, mikroskopisch dünner Pilzfäden. Diese entnehmen dem Boden organische Stoffe aus verwitternden Pflanzenteilen und bauen mit Hilfe von Wasser daraus ihre eigene eiweiß- und mineralstoffreiche Körpersubstanz. Vielen Pilzen, so auch den Steinpilzen, genügen die abgestorbenen Stoffe in der Erde nicht. Ihre Pilzfäden umspinnen die kleinen Wurzelhaare der von ihnen bevorzugten Bäume mit einem dichten Geflecht und entnehmen ihnen die lebensnotwendigen Nährstoffe. Als „Gegenleistung“ liefern sie Wasser und darin gelöste Mineralstoffe an den Baum. Wenn die Witterungsverhältnisse günstig sind, schließen sich in geregelten Zeitabständen – meistens im Herbst – viele Pilzfäden zusammen, wachsen sehr schnell in die Höhe und schießen als Pilzhut aus der Erde. Ihnen gilt das Interesse der Sammler und Gourmets. Wegen der anspruchsvollen Lebensweise des unterirdischen Pilzgeflechts ist es bisher noch nicht gelungen, etwa Steinpilze zu züchten. Sie und viele ihrer Verwandten müssen durch Sammeln herbeigeschafft werden.

Konservierung

Steinpilze lassen sich vielseitig konservieren. Die häufigste Methode ist das Trocknen. Dazu werden die Pilze zuvor in feine Scheiben geschnitten. Getrocknete Steinpilze sind besonders aromatisch, man kann frische Steinpilze aber auch problemlos einfrieren. Eine weitere Methode ist das Einlegen. In Olivenöl oder in einem guten Essig werden die Edelpilze haltbar gemacht und dabei gleichzeitig mit Kräutern wie Rosmarin, Thymian, Basilikum oder Knoblauch gewürzt.

Steinpilze (rechts im Bild) duften angenehm nach Waldmeister und entwickeln bei der Zubereitung ein intensives nussiges Aroma.

Steinpilze vom Grill

8 große Steinpilze
Saft einer Zitrone
100 ml Olivenöl
1 EL gehackte Petersilie
1 Knoblauchzehe
Salz und schwarzer Pfeffer nach Geschmack
Zitronenscheiben

Die Steinpilzkappen sorgfältig mit einem feuchten Tuch putzen. Vermengen Sie Zitronensaft, Olivenöl, Petersilie, Salz und Pfeffer zu einer Marinade und pressen Sie den geschälten Knoblauch ebenfalls hinein. Legen Sie die Pilze in eine Schale und lassen Sie sie in der darüber gegossenen Marinade bei Zimmertemperatur 30 Min. ziehen (dabei das Wenden nicht vergessen). Danach nehmen Sie die Pilze heraus, tropfen sie ab und legen Sie auf den Holzkohlegrill. Auf beiden Seiten ungefähr 5 Min. bei mittlerer Hitze grillen. Legen Sie dann die Pilze auf eine Platte, träufeln Sie etwas Marinade darüber und garnieren das Ganze mit Zitronenschnitzen.

Steinpilz-Canapés mit Wachteleiern

Zutaten für 20 Stück
20 g getrocknete Steinpilze
80 g weiche Butter
Salz
weißer Pfeffer aus der Mühle
10 eingelegte Wachteleier (aus dem Glas)
5 Scheiben Toastbrot
20 g Champignonscheiben
20 Dillstängel

Weichen Sie die Steinpilze etwa eine Stunde in lauwarmem Wasser ein. Dann herausnehmen, leicht ausdrücken und sehr fein pürieren. Die Pilze mit der weichen Butter vermengen und mit Salz und Pfeffer abschmecken. Wachteleier abtropfen und in Hälften scheiden.
Toasten Sie die Brotscheiden leicht an und schneiden Sie daraus 20 Kreise, die Sie mit der Pilzbutter bestreichen. Eine Champignonscheibe und ein halbes Ei mit dem Dotter nach oben auf jede Brotscheibe legen und leicht andrücken. Canapés mit Dill garnieren und servieren.

Champignons

Champignons sind hierzulande die wahrscheinlich bekanntesten und am häufigsten verzehrten Pilze. Angeboten werden allerdings nahezu ausschließlich die Zuchtchampignons; ihre wild wachsenden Verwandten, der Wiesenchampignon, der Schafchampignon und der Anischampignon, sind fast ganz in Vergessenheit geraten. Dabei sind diese Wildarten um ein Vielfaches aromatischer als die Zuchtform. Man findet sie nur in guten Feinkostläden – oder in der Natur.

Der *Wiesenchampignon (Agaricus campestris)* benötigt zum Gedeihen der Pilzfäden Graswurzeln und offenbar auch den Dünger, den das Rindvieh auf der Weide hinterlässt. Seine Lamellen sind zunächst kräftig rosa gefärbt, später schokoladenbraun. An Druckstellen läuft das Fleisch rosa an, bei älteren Exemplaren kann der Hut sich grau-rosa färben. Auch der *Schafchampignon* oder *Feldchampignon (Agaricus arvensis)* wächst auf gras- und wiesenartigen Flächen, z. B. an Feldrändern. Das Fleisch verfärbt sich mit zunehmendem Alter ockergelb und duftet nach Mandeln. Der *Dünnfleischige Anischampignon* oder *Waldchampignon (Agaricus silvicola)* gedeiht in Laub- und Nadelwäldern in ganz Europa; er duftet nach Anis und Bittermandel.

Anders als diese wild wachsenden Sorten zieht man *Zuchtchampignons (Agaricus bisporus)* nicht im Freien, sondern in unterirdischen Höhlen, Bunkern oder nicht mehr genutzten Tunneln auf. Das Substrat besteht aus zerkleinerten Pflanzenteilen wie Laub und Stroh, denen mit der Feuchtigkeit auch Dünger beigemischt werden kann. Zuchtpilze haben gegenüber den wild wachsenden Formen generell einen großen Vorteil: von Umweltbelastungen der freien Natur wie etwa saurem Regen oder sogar Radioaktivität bleiben sie verschont. Neben den bekannten weißen Champignonarten werden seit einigen Jahren auch bräunliche Formen angeboten, die man *Crème-Champignons* oder *Egerlinge* nennt. Letztere haben eine etwas festere Konsistenz und schmecken meist weitaus herzhafter als die hellen Varianten.

Champignons verfeinern roh, gedünstet oder gebraten fast alle gängigen Speisen. Zusammen mit Gewürzen wie Thymian, Majoran, Rosmarin, Paprika, Petersilie, Basilikum und besonders Knoblauch veredeln sie Eier und Fleischspeisen. In rohem Zustand feinblättrig geschnitten, passen sie besonders gut zu Feldsalat oder Rucola. Mit Räucherspeck und Schalotten gebraten, können sie wegen ihres hohen Eiweißgehalts ein Fleischgericht ersetzen.

Warmes Pilz-Carpaccio mit Linsensprossen

100 g Feldsalat
400 g frische Champignons
1 kleine Knoblauchzehe
2 EL Sonnenblumenöl
Salz
weißer Pfeffer aus der Mühle
1/2 Bund glatte Petersilie
75 g frische Linsensprossen
2 EL Weißweinessig
1 EL Zitronensaft
Honig
2 EL Traubenkernöl

Richten Sie den Feldsalat auf Salattellern dekorativ an. Champignons in Scheiben schneiden, Knoblauch schälen und pressen. Erhitzen Sie etwas Sonnenblumenöl in einer Pfanne, braten Sie kurz den Knoblauch darin an und geben Sie dann die Pilze hinein. Mit Salz, Pfeffer und klein gehackter Petersilie abschmecken.
Linsensprossen waschen und sorgfältig abtropfen lassen. Essig, Zitronensaft, Pfeffer, Salz und Honig miteinander verrühren und das Traubenkernöl ebenfalls vermengen.
Zum Schluss werden die gebratenen Champignons fächerartig auf den Tellern angeordnet, die Sprossen darauf verteilt und das Dressing darüber gegossen.

Zuchtchampignons dominieren den Markt. Zwar ist ihr Aroma weniger intensiv, doch verfügen sie über den großen Vorteil, dass sie frei von Schadstoffen durch Umweltbelastungen sind.

Frische Wiesenchampignons gehören zu den wildwachsenden Arten und haben wie ihre braunen Verwandten eine feste Konsistenz und einen intensiv würzigen Geschmack.

Pfifferlinge

Pfifferlinge gehören zu den begehrtesten Wildpilzen und werden im Sommer und Herbst in reicher Menge auf den Märkten angeboten. Ihre gelborange gefärbten Fruchtkörper, die sich im dunkelgrünen Moos des Waldbodens leuchtend hervorheben, sind eine Augenweide für jeden Pilzfreund. In der Küche sind sie vielseitig verwendbar. Ihr fruchtiger Duft erinnert an Aprikosen oder Pfirsiche, ihr würzig-pfeffriger Geschmack (daher der Name!) ist als Begleiter von Rind- und Wildfleisch bekannt und geschätzt. In herbstlichen Mischpilzgerichten sind sie ein wichtiger Bestandteil.

Außer dem *Echten Pfifferling (Cantharellus cibarius)* findet man den *Starkduftenden Pfifferling (Cantharellus xanthapus)*, der etwas bräunlicher auf der Oberseite und auf der Unterseite blasser gefärbt ist, den lilabraunen *Trompetenpfifferling (Cantharellus tubaeformis)* mit ockergelbem Stiel und den *Samtigen Pfifferling (Dantharellus friesii)* mit seinem zarten Obstgeruch und dem säuerlich scharfen Geschmack. Im Handel wird allerdings überwiegend der *Echte Pfifferling* angeboten, seine Verwandten sind eher selten.

Pfifferlinge sind ausgesprochen kalorienarm – 100 g enthalten 12 kcal – und zeichnen sich wie alle Pilze durch einen hohen Anteil an Eiweißen und Mineralstoffen, vor allem Kalium, aus. Am aromatischsten schmecken die noch kleinen, festen Pfifferlinge, bei denen der Hut noch nicht trichterförmig auseinanderlappt.

Hase mit Pfifferlingen

Für das Fleisch:

8 Hasenläufe
400 g Räucherspeck mit Schwarte
Salz und Pfeffer aus der Mühle
2–3 EL Mehl
2 Zwiebeln
1 EL Senf
2 EL Johannisbeergelee oder Preiselbeerkompott
250 ml Rotwein

Für die Pfifferlinge:

300 g Pfifferlinge
Salz und Pfeffer nach Geschmack
1 Zwiebel
1 EL Butter
1 EL gehackte Petersilie

Die Hasenläufe werden gehäutet und jeweils in zwei Teile gehackt. Gewürfelten Speck anbraten. Hasenläufe salzen und pfeffern, in Mehl wenden und im Speckfett anbraten. Geben Sie die Zwiebelscheiben, Senf und das Johannisbeergelee dazu, füllen Sie nach Geschmack mit Rotwein und Wasser auf und lassen Sie alles eine Stunde schmoren, bis das Fleisch gar ist. Nehmen Sie das Fleisch heraus, passieren Sie die Sauce und stellen beides warm. Würzen Sie die Pfifferlinge mit Salz und Pfeffer und braten Sie sie mit den Zwiebelwürfeln in der Butter. Richten Sie die Hasenläufe auf einer Platte an, geben Sie die Sauce und die Pfifferlinge darüber und bestreuen sie das Ganze mit gehackter Petersilie.

Pilze säubern und verarbeiten

Pilze sollten nach dem Einkauf möglichst gleich verarbeitet werden, obgleich sie auch für einige Tage eine Lagerung im Kühlschrank vertragen. In diesem Fall sollte man sie in eine offene Schale oder in eine Papiertüte legen. Pilze niemals in Plastiktüten oder Plastikbehältern aufbewahren, da sie darin leicht verderben.
Zuchtpilze muss man in der Regel weder waschen noch reinigen, höchstens mit trockenem Küchenkrepp abwischen. Die Hüte müssen nicht geschält werden, lediglich an den Stielen wird die Schnittfläche etwas nachgeschnitten. Wildpilze dagegen müssen von Erdkrümeln und Pflanzenrückständen gesäubert werden. Der meiste Schmutz lässt sich trocken mit einem Küchenpinsel entfernen. Waschen sollte man Pilze nur, wenn es unumgänglich ist. In diesem Fall werden sie möglichst rasch unter fließendem Wasser gereinigt und mit Küchenpapier trocken getupft. Manche Wildpilzarten sind von den Maden der Pilzfliege befallen. Ein Längsschnitt durch Stiel und Hut gibt schnell Aufschluss!

Den vielen Sorten des **Pfifferlings** ist eines gemeinsam: ein mehr oder weniger stark ausgeprägter würzig-pfeffriger Geschmack, wie schon der Name kundtut.

Eingelegte Austernpilze

4 Stängel Basilikum
1/2 Bund Petersilie
5 EL Öl
Jodsalz
schwarzer Pfeffer aus der Mühle
500 g Austernpilze
4 kleine Tomaten,
Öl zum Ausfetten
2 TL Balsamico-Essig

Zupfen Sie einige Basilikumblätter ab und legen Sie sie beiseite. Die Petersilie und den Rest des Basilikums fein zerhacken, mit Öl vermengen und mit Salz und Pfeffer abschmecken. Die Pilze etwa 30 Min. in dieser Marinade unter gelegentlichem Wenden ziehen lassen.
Währenddessen die Tomaten über Kreuz einritzen, in eine geölte Grillschale geben und etwa 5 Min. grillen.
Beträufeln Sie die Pilze mit Essig und grillen Sie sie etwa 2 Min. unter häufigem Wenden mit den Tomaten. Garnieren Sie die Pilze mit den Basilikumblättern und servieren Sie sie mit den Tomaten.

Pilze sammeln

Die Grundvoraussetzung für ein erfolgreiches Sammeln von Pilzen ist ein gutes Pilzbestimmungsbuch mit klaren Abbildungen. Außerdem ist es ratsam, als „Anfänger" die gesammelten Pilze einem Fachmann zu zeigen. Denn es gibt eine Reihe von giftigen Doppelgängern, die oft nur anhand geringfügiger Abweichungen von den essbaren Arten zu unterscheiden sind. Wann sammelt man? Die meisten Pilze bilden ihre Hüte im Spätsommer und Herbst aus bei mildem, feuchtem Wetter. Aber auch in den übrigen Jahreszeiten, sogar im Winter, kann man fündig werden. Wo sammelt man? Die Standorte sind im Bestimmungsbuch angegeben. Der versierte Pilzsammler merkt sich die Orte einer reichen Ernte für die nächste Saison. Wie sammelt man? Ein lose geflochtener, flacher Weidenkorb ist unerlässlich. Niemals darf man die Pilze in Plastiktüten stecken. Pilze werden immer mit speziellen Pilzmessern abgeschnitten, niemals aus dem Boden gerupft, weil dadurch das zarte Pilzgeflecht beschädigt wird. Mit einem Küchenpinsel oder mit Küchenkrepp reinigt man die Pilze schon am Fundort, bevor man sie in den Korb legt. Mehrere Lagen trennt man mit Farnwedeln voneinander.

Asiatische Pilze

Die asiatischen Pilze sind in der Regel Zuchtpilze. Der *Shiitake-Pilz* oder *Tongku-Pilz (Lentinus edodes)* wird auf dem Stamm des mit den Eichen verwandten Shii-Baumes kultiviert. Sein aromatischer Duft, sein lauchartiger Geschmack und sein festes Fleisch machen ihn auch in Westeuropa zu einem beliebten Speisepilz. Frisch oder getrocknet wird er in der Feinschmeckerküche vielseitig verwendet. In Japan und China gilt er außerdem als Heilpflanze zur Senkung des Cholesterinspiegels und zur Stärkung der Abwehrkräfte gegen grippale Infekte. *Enokitake-Pilze* sind winzige Zuchtpilze aus China. Sie wachsen in Büscheln und eignen sich als aparte Beilage zu asiatischen Gemüsen, Salaten und Suppen. *Mu-Err-Pilze (Auricularia auricula judae),* wegen ihrer halbkreisförmig gewellten Form auch *Holz-* oder *Judasohren* genannt, wachsen auf alten Baumstämmen. Sie sind relativ geschmacksneutral und passen deshalb zu pikanten wie auch zu süßen chinesischen Gerichten. In Ostasien wird dieser Pilz in großem Stil gezüchtet, er bildet den Hauptanteil der chinesischen Trockenpilze. In der chinesischen Heilkunde schätzt man ihn als „Blutverdünner".

Verlorene Eier mit Waldpilzen

250 g Kartoffeln
250 ml Olivenöl
1 EL gehackte Petersilie
2 Knoblauchzehen
1 Frühlingszwiebel
100 g Puffbohnen
100 g grüne Erbsen
12 grüne Spargel
200 g gemischte Waldpilze

Für die Vinaigrette:
125 ml Olivenöl
2 EL Weinessig
2 TL Zitronensaft
1 Bund Petersilie
Salz und Pfeffer

Für die Sabayone:
Eigelb
Sahne
Weißwein
etwas Fenchelkraut

Die geschälten Kartoffeln in Scheiben schneiden und in Olivenöl anbraten. Die gehackte Petersilie, Knoblauch (eine Zehe, fein gehackt) und Frühlingszwiebel darauf streuen. Bei schwacher Hitze 25 bis 30 Min. garen. Puffbohnen kochen, schälen und enthäuten, Erbsen und Spargel garen. Putzen Sie die Waldpilze und braten Sie sie mit dem Rest des Knoblauchs kurz in Olivenöl an. Für die Vinaigrette und die Sabayone werden alle Zutaten einfach vermengt. Die Sabayone wird im Wasserbad zubereitet.
Kartoffeln dekorativ auf vier Teller legen und je eine Lage Spargel, Erbsen und Puffbohnen darauf. Bedecken Sie alles mit den Pilzen und geben Sie die Sabayone darüber. Zum Abschluss die Vinaigrette umgießen und servieren.

Zuckererbsen weisen einen hohen Zuckergehalt auf – und sind unreif geerntete Erbensenhülsen bzw. -samen.

Weiße Bohnen wie die **Limabohnen** werden durch das Kochen weich bis mehlig, sie eignen sich für Salate.

Schwarze Bohnen sind ebenso weich kochend und haben ein kräftig-würziges Aroma, man verwendet sie für Eintöpfe.

Die abgebildeten „Helda"-Bohnen zählen zu den **Stangenbohnen**, ihrer Form halber nennt man sie auch **Breite Bohnen**.

Wachtelbohnen, auch **Bunte Bohnen** genannt, sind mild im Geschmack.

Sojabohnen wachsen wie Erbsen in Hülsen, die getrockneten Früchte müssen eingeweicht werden und sind roh nicht für den Verzehr geeignet.

Als **Keniabohnen** bezeichnet man die samenlosen, sehr dünnen Bohnenhülsen, die aus Afrika importiert werden.

Geschälte **Rote Linsen** schmecken äußerst zart. Ungeschält entwickelt sich ihr Aroma deutlich intensiver.

Grüne Linsen bzw. **Tellerlinsen** eignen sich ausgezeichnet für Suppen und Eintöpfe.

Hülsenfrüchte

Frische Bohnen & Zuckerschoten

Bohnen gehören wie die *Erbsen* zu den Hülsenfrüchten. Die bekannteste Bohnensorte ist die *Gartenbohne (Phaseolus vulgaris),* die in den verschiedensten Unterarten als rankende *Stangenbohnen* oder niedrig wachsende *Buschbohnen* nahezu weltweit kultiviert wird. Die länglichen, meist grünen Hülsen werden jung geerntet und mitsamt der noch zarten Hülse als schmackhaftes Gemüse verzehrt. Unter Feinschmeckern besonders geschätzt sind die französischen *Prinzessbohnen* – kleine, dünne und kernlose Hülsen mit feinem Aroma – sowie die zarten *Keniabohnen*, die im Winter auf den Märkten angeboten werden.

Ebenfalls zu den Gartenbohnen gehören die *Brechbohne* mit ihrer saftigen und fleischigen Hülse und die zartgelbe *Wachsbohne.* Grüne Bohnen dürfen niemals roh gegessen werden, da sie das gesundheitschädliche Phasin enthalten; dieser Stoff wird erst nach etwa 10-minütigem Garen zerstört.

Bei Gourmets ausgesprochen beliebt sind die zarten *Zuckerschoten*, auch *Zuckererbsen* oder *Kaiserschoten* genannt. Sie sind eine süßlich schmeckende Unterart der *Erbse (Pisum sativum)* und werden wie Grüne Bohnen samt Hülse verzehrt. Sie bereichern von Dezember bis September das Gemüseangebot, wichtige Importländer sind Kenia, Israel und Ägypten. Auch Zuckerschoten sollten aus gesundheitlichen Gründen vor der Weiterverarbeitung mindestens zwei bis drei Minuten blanchiert werden. Mit einer Prise Zucker und etwas Butter ungefähr fünf Minuten gegart, sind sie ein schnellstens zubereitetes, delikates Gemüse.

Getrocknete Bohnen & Erbsen

Bohnen und Erbsen werden nicht nur frisch als Gemüse verwendet. Auch die getrockneten Samen der ausgewachsenen Hülsen sind seit jeher ein begehrtes, da ausgesprochen nahrhaftes Lebensmittel, das sich auch unter den Gourmets zunehmender Beliebtheit erfreut. Mittlerweile bietet der Handel unzählige Sorten getrockneter Bohnen an: Die kleinen weißen *Perlbohnen* eignen sich hervorragend für Eintöpfe und Suppen. Die mittelgroße, weiße *Cannellino-Bohne* kommt aus Italien und wird vor allem als Salat mit Zitronensaft, Knoblauch und Olivenöl zubereitet. Vor allem in Frankreich schätzt man die blassgrünen *Flageolet-Bohnen*, die man mit Lamm kombiniert oder als Salat reicht. *Rote Kidneybohnen* sind mehlig kochend, schmecken süßlich und sind eine typische Zutat im mexikanischen Chili con carne. Die rötlich gesprenkelten *Borlotti-Bohnen* aus Italien kochen weich bis cremig, sie werden gern mit Radicchio gemischt und gehören unbedingt in die Minestrone.

Auch unter den *Trockenerbsen*, den getrockneten Samen der Felderbsen, gibt es verschiedene Sorten. Zu den handelsüblichen Sorten, die geschält und ungeschält angeboten werden, sind neben den grünen und gelben *Pal-* und *Markerbsen* auch die grauen *Kapuzinererbsen* zu rechnen. Geschälte Sorten eignen sich für Pürees und Erbsensuppen, während ungeschälte zu deftigem Eintopf verarbeitet werden. Zunehmenden Zuspruch bei Feinschmeckern finden die gelben *Kichererbsen* mit ihrem fein-nussigen Geschmack. Vor allem die mediterrane und arabische Küche weiß aus diesen Verwandten unserer Erbse wahrhaft köstliche Gerichte zu zaubern.

Rote Kidneybohnen verwendet man traditionell für Eintöpfe.

Markerbsen schmecken besonders süß und ähneln äußerlich den **Palerbsen.**

Erbsen gibt es in den verschiedensten Sorten, in unterschiedlichen Formen und Farben, neben weißen, gelben und grünen auch marmorierte.

Als Trockenfrüchte weisen **Gelbe Erbsen** wie ihre andersfarbigen Verwandten einen höheren Nährstoffgehalt auf als frische.

Die nussig schmeckenden **Kichererbsen** eignen sich hervorragend zum Pürieren, beispielsweise für Hummus und Felafel.

Die so genannten **Schälerbsen** haben gegenüber den **Markerbsen** ein noch süßeres Aroma.

Linsen

Linsen (Lens culinaris) sind die meist flachen Samen eines krautigen Schmetterlingsblüters, der vorwiegend in Spanien, Russland und Vorderasien kultiviert wird. Die außerordentlich anspruchslose Nutzpflanze ist sehr nährstoffreich und weist einen hohen Proteinanteil auf. Gourmets galten Linsen lange Zeit als Nahrung armer Leute, doch in den letzten Jahren haben sich die verschiedenen Sorten auch in der gehobenen Küche einen Stammplatz erobert.

Die bekanntesten Sorten sind die grünlichen und braunen Linsen, die in verschiedenen Größen – von der *Tellerlinse* bis zur *Berglinse* – angeboten werden. Da die meisten Aromen in der Schale stecken, gilt: Je kleiner die Linse, desto besser ist ihr Geschmack. Als besonders delikat gilt die dunkelgrüne *Puy-Linse*, die in Frankreich angebaut wird. Aus dem Orient stammen die fein aromatischen *Gelben* und *Roten Linsen*; letztere kommen bei uns meist geschält – ungeschält besitzen sie eine violette Färbung – in die Geschäfte. Anders als die grünen und braunen Linsen müssen sie nicht eingeweicht werden und sind bereits nach ca. 20 Minuten gar.

Linsen sind äußerst vielseitig zu verwenden. Sie lassen sich als Eintopf mit Kartoffeln und Kümmel, mit Trockenaprikosen und Walnüssen oder süßsauer zubereiten, aber auch mit Essig oder Zitronensaft und Kräutern zu Salat verarbeiten. Viele schätzen sie püriert als Beilage zu gepökelten Fleischgerichten oder auch kombiniert mit Pasta, Kartoffeln oder Reis. Auch das Keimen von Linsen und eine entsprechende Weiterverwendung ist zu empfehlen, vervielfältigt sich doch beim Keimen der Gehalt an Vitaminen und Mineralstoffen (die Keimdauer beträgt 3 bis 5 Tage).

Deftige Gemüsesuppe

200 g weiße Bohnen
1 Zwiebel
1 Knoblauchzehe
2 Kartoffeln
3 Möhren
1 Stange Bleichsellerie
4 EL Olivenöl
2 Zucchini
2 Tomaten
150 g Erbsen
125 g Gerstengraupen
Salz und Pfeffer nach Geschmack
50 geriebener Parmesan
1 EL gehacktes Basilikum

Die weißen Bohnen werden über Nacht in Wasser eingeweicht. Zwiebeln und Knoblauch klein hacken, Kartoffeln und Möhren schälen und den Sellerie abziehen. Alles in kleine Würfel schneiden. Dünsten Sie die Zwiebeln und den Knoblauch in Olivenöl glasig. Geben Sie die Gemüsewürfel dazu und braten Sie sie kurz an. Die weißen Bohnen und zwei Liter Wasser dazugeben, zudecken und bei schwacher Hitze eine Stunde köcheln lassen. Die Zucchini in dünne Scheiben schneiden. Die Tomaten werden blanchiert, gehäutet, entkernt und gewürfelt. Geben Sie die Zucchini, Tomaten, Erbsen und Gerstengraupen zur Suppe, schmecken Sie das Ganze mit Salz und Pfeffer ab und lassen Sie alles 20 bis 25 Min. unter gelegentlichem Rühren weiter kocheln. Für den besonderen Geschmack vor dem Servieren mit Basilikum und Parmesan bestreuen.

GETREIDE, NUDELN, REIS

Einleitung

Zu den wichtigsten Grundnahrungsmitteln zählt von jeher *Getreide* aller Art, denn seit Beginn des Ackerbaus vor etwa 10.000 Jahren wird der tägliche Speiseplan der Menschen in aller Welt durch die verschiedensten Getreideprodukte bereichert. In den Entwicklungsländern stellen Gerichte aus Getreide bis heute das Hauptnahrungsmittel dar und decken 90 Prozent der täglichen Ernährung. *Hirse* und *Sorghum* sind die Getreidesorten des afrikanischen Kontinents. Der *Maisanbau* wird traditionell vor allem in Nord- und Südamerika gepflegt. *Roggen* und *Hafer* gelten als typisch für das nordöstliche Europa. In Asien spielt seit jeher der Reisanbau die größte Rolle, während im südlichen Europa und im Nahen Osten *Weizen* und *Gerste* bevorzugt werden.

Was aber ist eigentlich Getreide, dieses überaus nahrhafte Wunderwerk der Natur, verpackt in Form unscheinbarer Körner? Nichts anderes als die essbaren Samenkörner von Pflanzen aus der Familie der Gräser. Mögen die unterschiedlichen Sorten auch zuweilen überaus stark im Hinblick auf ihr Äußeres und ihren Geschmack voneinander abweichen, der Aufbau jedes einzelnen Samenkorns ist mehr oder weniger identisch. Im Wesentlichen besteht es aus drei Teilen: der äußeren Schale, dem Mehlkörper und dem Keim. Die äußere Schale, Kleie genannt, setzt sich aus mehreren Zelluloseschichten zusammen und enthält viele Vitamine sowie Mineral- und Ballaststoffe. Der Mehlkörper (*Endosperm*) ist der größte Bestandteil des Getreidekorns und Sitz der Kohlehydrate. Er enthält in erster Linie Stärke und sorgt dafür, dass das Getreide satt macht. Im unteren Teil des Korns befindet sich der Embryo der neuen Pflanze. Hier erreicht das Getreidekorn die höchste Konzentration an Eiweiß, Vitaminen, Mineralstoffen und Fett.

Getreide oder Cerealien (nach Ceres, der römischen Göttin der Feldfrucht) enthalten also in idealer Menge Nähr- und Vitalstoffe und sind ungeschält besonders vollwertig, da gerade in den Randschichten des Korns ein Großteil der gesunden Vitamine und Mineralstoffe gespeichert ist.

So vielfältig wie die Getreidesorten sind die Möglichkeiten der Zubereitung. So gibt es praktisch kaum eine Mahlzeit, die ohne Getreideprodukte auskommt. Sei es das Frühstück mit Brot, Brötchen oder anderen Backwaren, dazu ein Vollkornmüsli, eine Schale Cornflakes aus Maisflocken oder im angelsächsischen Raum ein Teller Haferporridge. Sei es das Mittagessen mit einer Portion Pasta als Vorspeise, einer Reisbeilage zum Hauptgericht, das ergänzt wird durch einen Salat mit Getreidesprossen. Sei es die Kaffeetafel mit feinen Kuchen- und Gebäckspezialitäten und last but not least das Bier zu einem deftigen Abendbrot oder der Genuss eines guten Whiskys am Ende eines Tages. Diese Auswahl ist – zugegeben – sehr beliebig, aber sie macht eines deutlich: Getreide ist aus der täglichen Küche nicht wegzudenken.

Reis benötigt viel Wärme und Feuchtigkeit.

Getreide & Mehl

Weizen ist das bedeutendste Brotgetreide der Erde und wird bereits seit Jahrtausenden kultiviert.

Buchweizen wird heute besonders in Sibirien, China, Japan und Korea angebaut. Er ist Hauptbestandteil des russischen Nationalgerichts Blini.

Roggen eignet sich durch seinen hohen Kleberanteil sehr gut zum Backen. Er verfügt über viele Vitamine der B-Gruppe und Mineralstoffe.

Nacktgerste weist im Gegensatz zur Spelzgerste einen hohen Vitamingehalt der B-Gruppe sowie Kieselsäure auf.

Nackthafer gilt wie alle Hafersorten als Energiespender par excellence, er enthält essentielle Fettsäuren und ist ebenso vitamin- wie mineralstoffreich.

Dinkel oder **Spelz** ist anspruchslos und winterhart, in kalten Regionen ersetzt er den mit ihm verwandten Weizen. Dinkel liefert eiweißreiches Mehl mit hohem Kleberanteil.

Als **Grünkern** bezeichnet man unreif geernteten Dinkel, der nach der Ernte geräuchert wird. Schmackhaft ist er ebenso als Bratling wie als Kloß oder in Aufläufen.

Hirse ist das mineralstoffreichste Getreide. Hirseflocken eignen sich vorzüglich für pikante und süße Aufläufe, Müslis, Puddings und Klöße.

Getreidesorten

Getreide existiert in vielen verschiedenen Sorten. Sehr große Bedeutung kommt dem *Weizen (Triticum)* zu, bei dem zwei Arten unterschieden werden. Hartweizen hat einen besonders hohen Anteil an Klebereiweiß und wird daher vor allem zur Herstellung von Teigwaren genutzt. Der Weichweizen dagegen ist das wichtigste Brotgetreide der Welt. Das daraus gewonnene Mehl ist besonders quellfähig und gibt den Backwaren ein großes Maß an Elastizität. Ein weiteres wichtiges Brotgetreide ist der *Roggen (Secale)*, dessen Korn beträchtliche Kaliumvorräte, Mineralstoffe und Vitamine gespeichert hat. Da sein Mehl im Vergleich zum Weizen weniger Klebereiweiß enthält, mischt man zum Backen am besten beide Sorten. Außerdem ist Roggen ein wichtiges Grundprodukt der Kornbrennerei.

Auch die *Gerste (Hordeum)* findet ihre Abnehmer in Europa vor allem unter den Herstellern von Flüssigem, nämlich den Bierbrauern, Whiskybrennern und den Produzenten von Getreidekaffee. Aber zumindest in der deftigen Küche ist die Gerste nicht gänzlich unbekannt, denn Graupen, die vorwiegend als nahrhafte Einlage für Suppen und Eintöpfe verwendet werden, sind nichts anderes als geschälte und polierte Gerstenkörner.

Hafer (Avena) ist wegen seiner essentiellen Fettsäuren und seines hohen Eiweiß- und Vitamingehalts (vor allem Vitamin B1) sowie seiner Mineralstoffe ein Energiespender par excellence. In Form von Haferflocken ist er in jedem guten Müsli zu finden. Ein Getreide mit langer Tradition ist der *Dinkel (Triticum spelta)*, der lange Zeit in unseren Breiten kaum noch verwendet wurde, bis er mit dem Aufkommen der Vollkornbäckerei eine neue Blüte erlebte. Dinkel ist besonders gut verdaulich und ein hervorragender Mineralstoffträger, der den Körper mit Calcium und Phosphor versorgt. Unter Grünkern versteht man die noch grünen Dinkelkörner.

Ein weiteres, auch ernährungswissenschaftlich interessantes Getreide ist die extrem nährstoffreiche *Hirse (Panicum)*, die dank der Vollwertküche zu neuem Ansehen gelangte. Nicht vergessen darf man natürlich auch den vielseitig verwendbaren *Mais (Zea mays)*, dessen frische Körner als Gemüse verzehrt werden können, während man die getrockneten als Mehl verwendet, etwa für Polenta oder Tortillas.

Gerste gehört zur Familie der Süßgräser und ist ebenso anspruchslos wie widerstandsfähig.

Mehlsorten

Spricht man von „Mehl“, ist in aller Regel *Weizenmehl* gemeint. Grundsätzlich aber kann jedes Korn, sei es Mais, Roggen, Hafer, Gerste oder Dinkel, zu Mehl verarbeitet werden. Dabei wird es in mehreren Stufen zunächst zu Schrot, Grieß, Dunst (oder Feingrieß) und schließlich zu pulverförmigem Mehl zermahlen.

Welche Mehlsorte in der Küche benutzt wird, hängt vom Verwendungszweck ab. Für zartes und leichtes Gebäck wie Plätzchen und Tortenböden eignet sich am besten weißes, fein gemahlenes Weizenmehl. Grundlage pikanter, kräftiger Brotsorten ist das Roggenmehl. Ein typisches Produkt aus Maismehl sind Tortillas.

Der ernährungsbewusste Käufer unterscheidet beim Kauf von Mehl aber nicht nur die Sorten. Sein Augenmerk richtet sich auch auf den Ausmahlungsgrad des Mehls, der als Typenzahl auf der Packung vermerkt ist. Sie gibt an, wie viele Mineralstoffe das Mehl hat. Steht auf der Packung z.B. „Weizenmehl Type 405“, bedeutet dies, dass 100 g des Packungsinhalts 405 mg Mineralstoffe enthalten. Je höher also die Typenzahl, desto vollwertiger das Mehl. Gängig sind bei Weizenmehl neben der hellen Type 405 die dunkleren Typen 1050 und 1700. Bei Roggen gibt es vor allem niedrig ausgemahlene Mehle wie die Type 997.

Wichtig ist auch die Kontrolle des Mindesthaltbarkeitsdatums. Das öligere Vollkornmehl ist grundsätzlich leichter verderblich und muss schneller verarbeitet werden. Auf jeden Fall empfiehlt sich die Aufbewahrung in einem luftdicht verschlossenen Behälter im Kühlschrank.

Weitere, vor allem in der afrikanischen und orientalischen Küche verwendete Mehlsorten sind die aus *Hirse* bzw. *Sorghum* (eine Hirseart) gewonnenen Mehle sowie *Bulgur*. Bulgur, Hauptbestandteil der Getreideküche des Mittleren Ostens, wird aus gekochtem und getrocknetem Hartweizen geschrotet und – ähnlich wie das aus Hartweizengrieß hergestellte Couscous – zusammen mit Fleisch, Gemüse und Gewürzen zu einem deftigen Eintopf zubereitet.

Polenta

Polenta (ital. = *das Gemehlte*) ist ein kohlenhydratreiches, sättigendes Gericht, das beispielsweise in der norditalienischen Speisenfolge meist vor der Hauptspeise rangiert, aber auch hervorragend zu würzigem Fleisch und pikanten Saucen schmeckt. Die Polenta besteht aus Maisgrieß (ital. *farina gialla*) oder Buchweizengrieß (ital. *farina nera scaracena*).

Man serviert sie in warmer, überbutterter Form zusammen mit geriebenem Parmesan. Oder man lässt die Masse auf einem feuchten Holzbrett erkalten, schneidet sie mit einem Faden in Scheiben und brät diese in Öl oder Butter schön knusprig. Äußerst schmackhaft sind auch über einem offenen Feuer oder auf einem Grill geröstete Polentascheiben.

Käse-Polenta

1 TL Salz
250 g Maisgrieß
2 EL Olivenöl
150 g Fontina
Butter für die Form
weißer Pfeffer aus der Mühle
50 g Butter

Ein Liter gesalzenes Wasser in einem großen Topf zum Kochen bringen. Maisgrieß unter Rühren langsam dazugeben und 5 Min. kochen. Den Brei bei schwacher Hitze unter stetigem Rühren ca. 20 Min. ziehen lassen, eventuell noch Wasser dazugeben. Geben Sie den fertigen Maisbrei in eine mit kaltem Wasser ausgespülte runde Auflaufform, streichen Sie ihn glatt und lassen Sie ihn erkalten. Die Polenta aus der Form stürzen und waagerecht zweimal durchschneiden. Den Käse in dünne Scheiben raspeln.

Fetten Sie die runde Auflaufform mit Butter ein und füllen Sie sie mit einer Polenta-Scheibe. 1/3 der Käsescheiben darauf verteilen, pfeffern und die nächste Scheibe Polenta darauf legen. Die Arbeitsschritte wiederholen und zuletzt die Polenta mit dem restlichen Käse belegen. Butterflöckchen darauf verteilen. 15 bis 20 Min. bei 225 °C backen und sofort servieren.

Das aus einem Hefeteig hergestellte **Fladenbrot** wird gerne mit Sesam oder Schwarzkümmel bestreut.

Ciabatta, ein Hefebrot, besteht auf Hartweizenmehl und ein Esslöffel Olivenöl.Seine großporige Krume entsteht durch langes Gehen des Teigs.

Roggenschrotbrot wird aus einem Sauerteig gebacken und ist sehr kräftig im Geschmack.

Weißbrot ist in vielen Ländern die beliebteste Brotsorte, sie eignet sch hervorragend zum Kreieren neuer Sorten.

Mehrkornbrot gibt es in den verschiedensten Mischungen darunter Hafer, Roggen, Buchweizen, Gerste, Hirse und Leinsamen.

Kaum eine Brotsorte wird so mit einer Nation assoziiert wie die **Baguette**, ein Hefebrot mit knuspriger Krume.

Pumpernickel ist eine westfälische Spezialität aus grob geschrotetem Roggen. Nach 20-stündiger Backzeit bei niedriger Temperatur hat es schließlich seinen charakteristischen süßlich-bitteren Geschmack.

Walnussbrot passt hervorragend zu Käsesorten aller Art und nicht minder gut zu Salaten.

Brot

Brot – hinter diesen vier unscheinbaren Buchstaben verbirgt sich eines der unentbehrlichsten und abwechslungsreichsten Grundnahrungsmittel der Welt. Ihm kommt im täglichen Leben der Menschen große Bedeutung zu, was nicht zuletzt umgangssprachliche Redewendungen wie „sich sein Brot verdienen“ oder „Brötchengeber“ unter Beweis stellen. Ob als runder Laib, in Kastenform, als dünner Fladen, Zopf oder längliches Gebilde, ob weich oder knusprig, süß oder pikant – dem Brot sind keine Grenzen gesetzt. Allein in Deutschland unterscheidet man an die 400 Sorten. In anderen Ländern ist die Auswahl meist kleiner, dafür aber kommen aus Frankreich, Italien oder der Türkei Brotklassiker wie *Baguette*, *Ciabatta* oder das Fladenbrot *Pide*, die sich mittlerweile auch außerhalb ihrer Heimat großer Beliebtheit erfreuen.

Über die Konsistenz und den Geschmack eines Brotes entscheiden die Zutaten. Hier ist das Triebmittel ausschlaggebend, denn es sorgt dafür, dass die meist einfachen Zutaten eines Brotteigs aufgehen. Gängige Triebmittel in der Brotbäckerei sind Hefe und Sauerteig. Bei Letzterem handelt es sich um einen gärenden Vorteig aus Roggenmehl, der sich im Kühlschrank unbegrenzt hält und mittels Wasser und Mehl immer wieder ergänzt werden kann. Er wird hauptsächlich Backwaren mit kräftigem Geschmack aus Roggenmehl zugesetzt. Hefe dagegen findet bevorzugt bei hellen Broten aus Weizenmehl Verwendung. In Deutschland sind neben den klassischen Broten aus ein oder zwei Mehlsorten zudem die *Mehrkornbrote* und -brötchen auf dem Vormarsch. Sie enthalten neben der Mehlmischung auch ganze Getreidekörner, Sonnenblumenkerne, Leinsamen und Ähnliches und sind dadurch besonders reich an Ballaststoffen.

Genauso vielseitig wie die Sorten sind die Verwendungsmöglichkeiten von Brot. Bei uns ist es, versehen mit Aufstrichen und Belägen, der Hauptbestandteil von Frühstück und Abendbrot. Mehr und mehr setzt es sich auch als Beilage und Vorspeise durch. In Südeuropa gilt das Brot als unabdingbarer Bestandteil jeder warmen Mahlzeit. Solange kein Brot auf dem Tisch steht, ist er nicht gedeckt, heißt es hier. Auch bei vielen weltlichen und religiösen Festen gehören gehaltvolle, speziell geformte Festtagsbrote wie der *Dresdner Christstollen*, *Fougasse* aus der Provence, der portugiesische *Bolo Rei* oder Italiens *Panettone* zum Festtagsmenue einfach dazu.

Das knusprige Schüttelbrot ist eine würzige Spezialität aus Südtirol, die man auch nördlich der Alpen zu schätzen weiß.

Brotbacken

Um ein gutes Brot zu backen, benötigt man seine Hände, Geduld, einen Ofen und wenige schlichte Grundzutaten. Trotzdem ist es mit der Formel „Man nehme Mehl, Wasser, Salz und ein Triebmittel (Hefe, Sauerteig, Backferment)" allein nicht getan. Man muss jedoch kein Meisterbäcker sein, um ein frisch duftendes, noch warmes Brot aus dem eigenen Ofen auf den Tisch zu bringen, wenn man folgende Punkte beachtet: Brotteig ist etwas Lebendiges, das auf seine Umgebung reagiert. Am liebsten mag er eine warme Küche; Geräte und Zutaten sollten Zimmertemperatur haben, das Mehl ist möglichst frisch gemahlen zu verwenden. Und die Mengen müssen stimmen, denn nur ein ausgewogenes Mischungsverhältnis führt zum gewünschten Ergebnis. Doch auch, wenn sich der gewünschte Erfolg nicht auf Anhieb einstellt: Wer einmal erlebt hat, wie der Druck der knetenden Hände die unscheinbaren Ingredienzen in einen aufgehenden, duftenden Teig verwandelt, wird immer wieder einmal den Wunsch haben, sein eigenes Brot zu backen.

Selbst gebackenes Brot

1. Zutaten je nach Rezept: Mehl, Treibmittel (Hefe, Sauerteig, Backpulver) und Wasser.

2. Einen Vorteig herstellen. Hefe mit ca. 3 EL Mehl zu einem Brei verrühren und etwa 1 Stunde an einem warmen Ort gehen lassen.

3. Den mit Wasser verdünnten und verrührten Vorteig in eine Vertiefung des mit Salz vermischten Mehls geben.

4. Mit dem Handballen alle Zutaten kräftig ca. 10–15 Minuten durchkneten, bis der Teig weich ist. Er darf nicht klebrig sein!

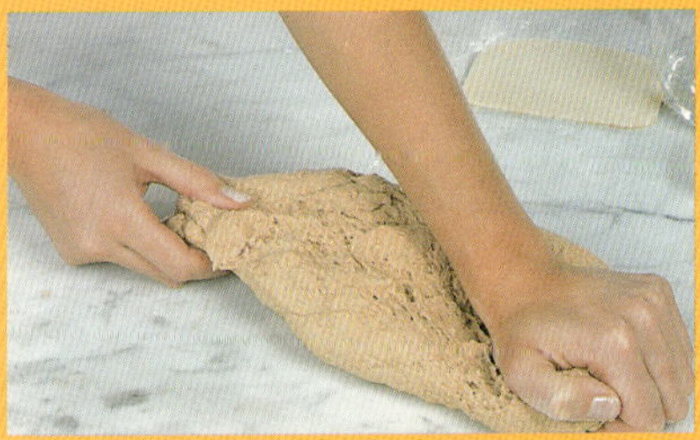

5. Den Teigstrang mit einer Hand festhalten und mit der anderen Hand nach außen drücken. Klebt der Teig noch, Mehl hinzufügen.

6. Den Vorgang mehrmals wiederholen; dann den Teig zu einem Laib formen.

7. Den Teig an einem warmen Ort gehen lassen, bis er ungefährr das doppelte Volumen hat.

8. Teig nochmals kräftig durchkneten und zum Backen vorbereiten: den Laib formen, die Form einfetten oder mit Backpapier belegen.

9. Um eine schöne Kruste zu erzielen, wird das Brot kurz vor Backende mit Wasser, Milch oder Eigelb bestrichen. Man kann es auch nach dem Backvorgang mit Mehl bestäuben.

Canapés mit Frischkäse

350 g Frischkäse mit Kräutern
1 EL gehackter Dill
1 Prise Salz
1 Messerspitze Paprikapulver, edelsüß
1 TL gemahlener Kümmel
1 EL süße Sahne
20 Cracker
5 schwarze Oliven
einige Dillfähnchen

Frischkäse mit Dill, einer Prise Salz, Paprikapulver, Kümmel und Sahne gut vermengen, bis eine glatte Creme entsteht. Streichen Sie die Paste auf die Cracker. Schneiden Sie die entsteinten Oliven in dünne Scheiben und garnieren Sie die Canapés vor dem Servieren damit. Abschließend mit Dill dekorieren.

Tunfisch-Sandwich

1 Dose Tunfisch in Öl
1 EL Kapern
2 hartgekochte Eier
4 Blätter Kopfsalat
8 Scheiben Sandwichbrot
4 EL schwarze Olivenpaste
Oliven zum Garnieren

Tropfen Sie das Öl aus der Tunfischdose ab und zerkleinern Sie den Fisch mit einer Gabel. Schälen Sie die Eier und schneiden Sie sie in dünne Scheiben. Den Salat waschen und gut trocknen. Entfernen Sie die Rinde von den Brotscheiben und streichen Sie Olivenpaste darauf. Verteilen Sie den Tunfisch auf vier Brotscheiben und bedecken Sie ihn mit Eierscheiben und jeweils einem Salatblatt. Legen Sie die restlichen Brotscheiben darauf. Schneiden Sie jedes Sandwich einmal diagonal durch. Garnieren Sie die Sandwiches mit Oliven.

Brotsuppe

200 g reife Eiertomaten
1 Selleriestange
1 Knoblauchzehe
100 ml Olivenöl
2 Lorbeerblätter
Salz und schwarzer Pfeffer nach Geschmack
4 Scheiben Ciabatta
4 Eier
50 g geriebener Parmesan
1 EL gehackte Petersilie

Blanchieren, häuten, entkernen und würfeln Sie die Tomaten. Schneiden Sie den geputzten Sellerie in dünne Scheiben, Knoblauch schälen und fein zerhacken. Schwitzen Sie das Gemüse in 4 EL Olivenöl an, geben Sie einen Liter Wasser und die Lorbeerblätter dazu. Mit Salz und Pfeffer würzen und die Brühe ca. 30 Min. köcheln lassen. Dann die Brühe durch ein Sieb in einen Topf gießen. Die Rinde vom Brot entfernen, es in kleine Stücke schneiden und im restlichen Öl anrösten. Verteilen Sie es auf vier Suppenteller. Bringen Sie die Gemüsebrühe wieder zum Kochen. Die Eier hineinschlagen und pochieren. Ein Ei in jeden Teller geben und mit der heißen Brühe übergießen. Etwas Parmesan und Petersilie darüber streuen und heiß servieren.

Nicht nur der Münchner Karl Valentin liebte die „Semmelknödeln", denen er einen hinreißenden Sketch widmete, insbesondere in Süddeutschland und Österreich werden diese Klöße geschätzt. Die **Bayerischen Semmelknödel** bestehen aus in Milch zu einem Teig aufgequollenem Weißbrot, Petersilie und Zwiebeln.

Burger de Luxe

3 Zwiebeln
3 Tomaten
1/2 Salatgurke
5 EL Olivenöl
3 EL Weißweinessig
1 Messerspitze Zucker
Salz und Pfeffer aus der Mühle
1 kg Rinderhackfleisch
2 Eier
4 EL Olivenöl
4 große Hamburger-Brötchen
je 2 EL Mayonnaise und Tomatenketchup

Die geschälten Zwiebeln würfeln und 1/3 beiseite legen. Schneiden Sie die Tomaten in kleine Stücke und die Gurke in dünne Scheiben. Verrühren Sie etwas Wasser mit Öl, Essig, Zucker, Salz und Pfeffer. Geben Sie die Würfel der beiden übrigen Zwiebeln, die Tomaten und die Gurken in die Marinade, mischen Sie alles gut und lassen Sie es 1 1/2 Stunden ziehen. Heizen Sie dann den Backofen auf 200 °C vor. Kneten Sie unter das Hackfleisch die restlichen Zwiebeln, Eier und etwas Salz und Pfeffer. Formen Sie aus dem Teig acht gleich große, flache Frikadellen. Erhitzen Sie das Olivenöl in zwei großen Pfannen und braten Sie die Frikadellen auf jeder Seite ca. 5 Min. Herausnehmen und abgedeckt warm stellen. Die Brötchen im Backofen erwärmen und dann halbieren. Legen Sie jeweils etwas Salat und eine Frikadelle auf die unteren Brötchenhälften und bestreichen sie die Frikadelle mit Ketchup und Mayonnaise. Darauf geben Sie den restlichen Salat, wieder jeweils eine Frikadelle, Ketchup und Mayonnaise. Die oberen Brötchenhälften darauf legen und servieren.

Fladenbrot orientalisch

1 Würfel Hefe (42 g)
1 Prise Zucker
400 g Mehl
1 TL Salz
125 ml Olivenöl
14 frische Salbeiblätter
2 EL grobkörniges Meersalz

Zerbröckeln Sie die Hefe in 250 ml warmem Wasser und lösen Sie sie unter Zugabe des Zuckers darin auf. Rühren Sie 4 Esslöffel Mehl hinein und lassen Sie den Vorteig 15 Min. abgedeckt an einem warmen Ort gehen. Sieben Sie das restliche Mehl in eine Schüssel, drücken Sie eine Mulde in die Mitte und geben Sie den Vorteig hinein. Mit Salz und 3 bis 4 EL Olivenöl zu einem geschmeidigen Teig verkneten. Formen Sie den Teig zu einer Kugel, decken Sie ihn ab und lassen Sie ihn eine Stunde gehen, sodass er doppelt so groß wird. Kneten Sie die fein gehackten Salbeiblätter sorgfältig unter den Teig. Streichen Sie ein Backblech mit Olivenöl ein. Rollen Sie den Teig auf einer mit Mehl bestreuten Arbeitsfläche ca. 2 cm dick aus. Legen Sie den Teig auf das Blech, drücken Sie ihn mit den Fingern leicht ein, bestreichen Sie ihn mit etwas Olivenöl, streuen Sie das Salz darauf und backen Sie das Brot 20 bis 25 Min. im 250 °C heißen Backofen. Dann schneiden Sie das Brot in quadratische Stücke. Warm serviert schmeckt es besonders gut.

Rechts: **Bocadillo** ist eine deftige spanische Brotspezialität.

Kleine Pasta-Geschichte

Wer die Pasta erfunden hat, die Chinesen oder die Italiener, darüber streiten sich die Gelehrten. Tatsächlich finden sich in Marco Polos Bericht seiner Reise nach China im Jahre 1270 enthusiastische Schilderungen fernöstlicher Nudel-Köstlichkeiten, die die Schlussfolgerung nahe legen, Marco Polo habe die Pasta dort kennen gelernt und nach Italien importiert. Tatsache ist aber auch, dass Nudeln bereits den alten Griechen und Römern geläufig waren. *Vermicelli* beispielsweise – sehr dünne Spaghetti – waren in Italien lange vor dem 13. Jahrhundert populär. Dies erlaubt die Annahme, dass die italienische Pasta unabhängig von fernöstlichen Einflüssen kreiert und im Laufe der Jahrhunderte in unzähligen Varianten weiterentwickelt wurde. Während Sizilien als Geburtsort der röhrenartigen *Makkaroni* gilt, wird die klassische *Pasta lunga* (Spaghetti und Tagliatelle) der Provinz Neapel zugeschrieben. Neben Ligurien entwickelte sie sich seit dem 15. Jahrhundert allmählich zu einer Hochburg der industriellen Pastaherstellung.

Nudeln

Sorten & Warenkunde

Der Italiener nennt sie temperamentvoll „Pasta", der Deutsche spricht weitaus prosaischer von „Nudeln". Beide meinen das Gleiche: einen an sich simplen Teig kreativ in Form gebracht. Unterschieden werden zwei Grundsorten: *Hartweizenpasta* aus Hartweizengrieß, Wasser und Salz sowie *Eiernudeln*, die unter zusätzlicher Beigabe von Eiern hergestellt werden. Auf den ersten Blick klingt dies fade. Warum Nudeln trotzdem eine herrliche Erfindung sind? Weil sie sich problemlos zu jeder Tages- und Nachtzeit in kochendem Salzwasser mit Leben füllen und sich mit ein wenig Fantasie und Liebe in eine köstliche Vor- oder Hauptspeise verwandeln lassen. Von der passenden Sauce begleitet und von frisch geriebenem Parmensan gekrönt, wird die einfache Pasta oder Nudel in Windeseile zur beglückenden Speise.

Bunte Ruote – Räder. Sie werden gerne für Suppen verwendet.

Tortellini – kleine mit Gemüse oder Fleisch gefüllte Nudelteigringe, ihre größeren Verwandten heißen Tortelloni.

Makkaroni – Nudelröhren. Es gibt sie in den unterschiedlichsten Längen und Dicken.

Tagliatelle – Bandnudeln, ursprünglich aus der Provinz Emiglia-Romagna, beliebt sind Versionen mit Spinat.

Farfalle – Schmetterlinge. Sie gehören zu den beliebtesten Nudelformen.

Vollkorn-Fusilli – Spiralen. Diese verschieden langen und dicken Nudeln stammen ursprünglich aus Süditalien.

Penne – zählen zu den Hohlnudeln. Sie eignen sich gut für kräftige, sämige Saucen.

Lasagne – Teigplatten. Sie werden mit besonderen Füllungen übereinander geschichtet.

Conchiglie – Muscheln.

In Italien, dem Pastaparadies, kennt man rund 600 verschiedene Sorten bzw. Formen, gebräuchlich sind glücklicherweise erheblich weniger. Wer nicht alle beim Namen nennen kann, muss sich nicht grämen. Die bekanntesten sind sicherlich die Spaghetti, prominentes Beispiel für lange, relativ dünne Nudeln. Unter die Kategorie *Bandnudeln* fallen die weißen und grünen *Tagliatelle*. *Makkaroni*, *Penne* oder *Rigatoni* sind den *Röhrennudeln* zuzurechnen. Farfalle oder Orechiette zählen zu den *Formnudeln*. *Ravioli* und *Tortellini* gehören zu den gefüllten Nudeln. Auch in der asiatischen Küche spielen Nudeln seit jeher eine wichtige Rolle. Hergestellt aus Weizen- oder Reismehl, Mungobohnen oder Buchweizen werden sie in der Regel zu „endlosen" Fäden geformt, die ein langes Leben symbolisieren sollen.

Makkaroni – lange, eher dünne Variante der Nudelröhren.

Vollkornspätzle – kleine Spatzen. Für diese, oft hausgemachte, schwäbische Spezialität sind die ungleich geformten Teigstückchen charakteristisch.

Lungkownudeln bestehen aus Mungobohnen-Teig oder Weizenmehl und spielen in der asiatischen Küche eine große Rolle.

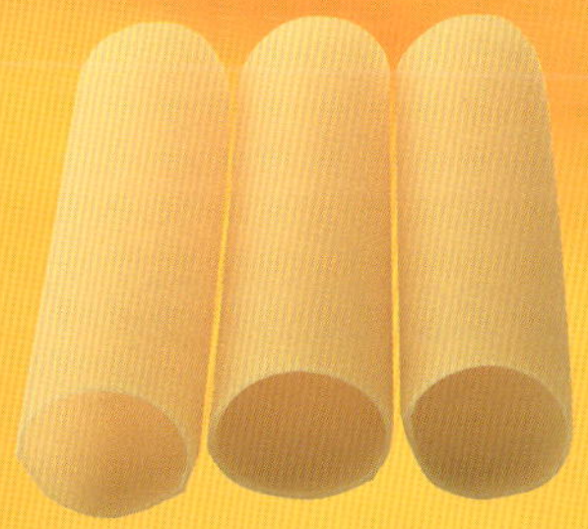

Canneloni – Nudelröhren. Sie werden mit unterschiedlichen Füllungen (vegetarische oder mit Fleisch) gefüllt und garen wie Lasagne im Backofen.

Chinesische Eiernudeln (Mie) werden in ganz Asien gerne für Suppen und pfannengerührte Gerichte verwendet.

Pasta a Riso – wie Reiskörner geformte Nüdelchen. Sie werden für Suppen und Eintöpfe verwendet.

Spaghetti – wörtlich Bindfaden oder dünne Schnur. Vor allem im Ausland gilt sie als Mutter aller Pastagerichte.

Neben industriell hergestellten Nudeln findet man zunehmend auch hausgemachte.

Eine der beliebtesten Sorten aus frisch zubereitetem Nudelteig sind die Tagliatelle.

Selbst gemachte Nudeln

1. Für 1 kg Weizenmehl rechnet man 10 Eier. Mehl sieben, salzen und Eier in die Vertiefung geben.

2. Teig kräftig kneten, bis er geschmeidig ist (darf nicht kleben, ggfs. Mehl zufügen). Teig ruhen lassen.

3. Auf der bemehlten Arbeitsplatte den Teig auf ca. 5 mm Dicke ausrollen, bemehlen.

4. Teig mithilfe von Backpapier oder Küchentuch wenden und dann bis auf ca. 3 mm ausrollen.

5. Mit großem Messer den Teig in ca. 8 mm breite Streifen schneiden (Tagliatelle – für Fettuccine 5 mm).

6. Parallel über den Stiel eines Kochlöffels legen und mit drehender Bewegung zu Nestern formen.

7. Die Nester nebeneinander in eine flache Schüssel legen.

8. Ungefähr 1 Stunde trocknen lassen, anschließend in Salzwasser garen. Guten Appetit!

Farfalle mit Spargel und Gorgonzolasauce

350 g Farfalle (Schmetterlingsnudeln)
Salz und Pfeffer nach Geschmack
400 g grüner Spargel
2 EL Butter
1 Prise Zucker
2 Schalotten, gewürfelt
1 große Knoblauchzehe, fein gehackt
2 TL Thymian-Blättchen
200 ml Sahne
200 ml Milch
200 g Gorgonzola
1 Fleischtomate, gehäutet, entkernt, gewürfelt
1 EL Schnittlauchröllchen

Nudeln in kochendem Salzwasser al dente kochen. Der an den Enden geschälte und in Stücke geschnittene Spargel wird ebenfalls in kochendem Wasser mit Salz, Zucker und einem Esslöffel Butter gekocht. Nehmen Sie den Spargel heraus, vermengen Sie ihn mit den Nudeln und stellen Sie alles warm. Geben Sie die Schalotten, den Knoblauch und den Thymian in einen Topf und schwitzen sie alles mit dem Rest der Butter an. Geben Sie Sahne und Milch dazu und erhitzen Sie alles. Reduzieren Sie die Hitze, sobald die Sauce kocht und rühren Sie den gewürfelten Käse darunter, bis eine sämige Sauce entsteht. Kräftig mit Pfeffer würzen. Vermengen Sie die Sauce mit den Nudeln und dem Spargel und streuen Sie die Tomatenwürfel darauf. Mit Schnittlauch dekoriert servieren.

Lasagne italiano

1 Zwiebel
2 Knoblauchzehen
1 Möhre
1 Selleriestange
2 EL Olivenöl
400 g Hackfleisch
500 ml passierte Tomaten
Salz und schwarzer Pfeffer nach Geschmack
2 TL Oregano
600 ml Béchamelsauce
300 g Mozzarella
12 grüne Lasagnescheiben
50 g geriebener Parmesan
Fett für die Form

Zwiebel und Knoblauch werden geschält und fein gehackt. Die Möhre schälen, den Sellerie abziehen und beides in kleine Würfel schneiden. Dünsten Sie das Gemüse in Olivenöl an, geben Sie dann das Hackfleisch dazu und braten sie es kross an. Mischen Sie die Tomaten darunter, würzen Sie mit Salz, Pfeffer und Oregano und lassen Sie alles 15 Min. köcheln. Dann die Béchamelsauce erhitzen. Schneiden Sie den Mozzarella in dünne Scheiben. Fetten Sie die Auflaufform ein und überziehen Sie den Boden dünn mit Béchamelsauce. Schichten Sie abwechselnd eine Lage Lasagnescheiben, Hackfleischsauce, Mozzarellascheiben, Lasagnescheiben und Béchamelsauce aufeinander. Die Béchamelsauce sollte mit dem darüber gestreuten Parmesan die letzte Lage bilden. 25 bis 30 Min. im 200 °C heißen Ofen überbacken. Lasagne vor dem Schneiden ca. 5 Min. ruhen lassen.

Spaghetti carbonara

200 g Frühstücksspeck
400 g Spaghetti
Salz und schwarzer Pfeffer nach Geschmack
2 EL Olivenöl
4 Eier
4 EL Sahne
100 g geriebener Parmesan

Speck in kleine Würfel schneiden. Die Spaghetti in Salzwasser bissfest garen. Währenddessen werden die Speckwürfel in Olivenöl in einer Pfanne knusprig gebraten. Verquirlen Sie die Eier mit der Sahne und rühren Sie den Parmesan darunter. Spaghetti abgießen und gut abtropfen lassen und in die Pfanne zum Speck geben. Gießen Sie die Ei-Parmesan-Sauce darüber. Alles gut vermischen. Sobald das Ei zu stocken beginnt, nehmen Sie die Pfanne vom Herd. Die Spaghetti mit Pfeffer würzen und heiß servieren.

Delikate Saucen

Was die Sauce zur Pasta betrifft, sind der Fantasie des Kochs keine Grenzen gesetzt. Aber ganz gleich, ob auf Fleisch- oder Gemüsebasis, wichtig ist zu wissen, welche Pastasorte mit welcher Sauce harmoniert. Pastaformen wie zum Beispiel Penne oder Rigatoni vertragen sich am besten mit dicken Saucen, die gut haften bleiben. Pasta lunga, also Spaghetti und Tagliatelle, passen zu Saucen mit leichter Konsistenz. Mit ein wenig Erfahrung findet man schnell heraus, welche Sauce zu welcher Pasta serviert werden sollte. Zu den Klassikern zählt natürlich die „Sauce Bolognese", ein Ragout aus Hackfleisch, Tomatenmark, Gemüsen und verschiedenen Gewürzen. Eine sommerliche Köstlichkeit ist „Pesto alla Genovese", eine Mischung aus frischem Basilikum, Pinienkernen, Knoblauch, Pecorino und Olivenöl. Beliebt ist auch die „Carbonara" aus gebratenem Pancetta oder durchwachsenem Schweinespeck in einer Eier-Käse-Sauce. Oft ist aber eine frugale und ganz einfache Öl-Knoblauch-Variante („aglio et olio") am schmackhaftesten, besonders dann, wenn die Pasta hausgemacht ist.

Schafskäse-Maultaschen

- *120 g Mehl*
- *120 g Hartweizengrieß*
- *3 Eier*
- *1/2 TL Salz*
- *3 Bund Koriandergrün*
- *100 g Erdnüsse*
- *5 EL Olivenöl extra vergine*
- *4 EL Pecorino, fein gerieben*
- *Salz und Pfeffer nach Geschmack*
- *2 EL Butter*

Geben Sie Mehl und Grieß auf die Arbeitsfläche und drücken Sie ein Mulde hinein. Geben Sie ein Eigelb, zwei ganze Eier, Salz und zwei Esslöffel Wasser in die Vertiefung. Alles von der Mitte her verrühren und mit den Händen ca. 8 Min. zu einem geschmeidigen Teig kneten. In Frischhaltefolie wickeln und mindestens eine Stunde ruhen lassen.

Für die Füllung:
Koriandergrün klein schneiden und mit den Erdnüssen, einem Esslöffel Olivenöl und zwei Esslöffel geriebenem Pecorino in die Moulinette geben. Mit etwas Salz und Pfeffer würzen.
Vierteln Sie den Nudelteig und rollen Sie ihn stückweise mit der Nudelmaschine zu langen Streifen aus. Verquirlen Sie das übrig gebliebene Eiweiß mit Wasser und streichen Sie damit die Teigstreifen ein. Geben Sie die Füllung teelöffelweise auf die eine Hälfte des Teiges und klappen Sie die andere Hälfte darüber. Gut andrücken und mit einem Teigrädchen so zerteilen, dass die Füllung immer in der Mitte ist. Das restliche Olivenöl und die Butter leicht erhitzen. Garen Sie die Teigtaschen etwa 3 Min. in kochendem Salzwasser. Gut abtropfen lassen, auf heißen Tellern verteilen, und mit der Buttermischung begießen. Den restlichen Pecorino darüber streuen.

Schwäbische Nudelspezialitäten

Auch Deutschland hat seine Nudelspezialitäten, allen voran das Schwabenland. Hier sind an erster Stelle die schwäbischen Spätzle zu nennen, ungleichmäßige Teigstückchen aus Mehl, Ei, Salz und etwas Wasser, die direkt vom Brett ins kochende Salzwasser geschabt werden. Besonders zu Wildgerichten mit sämigen Saucen schmecken Spätzle ausgezeichnet.
Maultaschen dagegen werden bevorzugt in Suppen serviert. Wie der Name schon sagt, handelt es sich um quadratisch geformte Taschen aus Nudelteig, ähnlich den italienischen Ravioli, die je nach Geschmack mit den verschiedensten Füllungen aus Fleisch, Gemüse und Zwiebeln versehen sind. Sie machen aus einer leichten Suppe ein sättigendes Gericht.

Käsespätzle

- *375 g Mehl*
- *3 Eier*
- *1 TL Salz*
- *150 g geriebener Emmentaler*
- *2 Zwiebeln*
- *3 EL Butter*

Rühren Sie aus Mehl, Eiern, Salz und Wasser einen zähflüssigen Teig an. Bringen Sie das Salzwasser zum Kochen. Drücken Sie den Spätzleteig entweder durch eine Spätzlepresse oder schaben Sie ihn von einem Holzbrett ins Wasser. Wenn die Spätzle oben schwimmen, mit einem Schaumlöffel abschöpfen und abtropfen lassen. Schichten Sie die Spätzle auf eine vorgewärmte Platte und geben Sie jeweils eine Lage Emmentaler dazwischen. Zwiebeln klein schneiden, in der Butter andünsten und auf die Spätzle geben.

Die manuelle Reisernte erfolgt Halm für Halm.

Die Rispen müssen goldgelb sein, bevor man sie ernten kann.

Auf die Ernte folgt zunächst eine Trocknungsphase.

Reis

Sorten & Warenkunde

Reis (*Oryza*) ist ein Sumpfgras, das zum Gedeihen viel Wärme und Feuchtigkeit benötigt. Der meiste Reis wird in Asien produziert, aber auch in Europa gibt es einige bedeutende Anbaugebiete, so in der spanischen Provinz Valencia, in Südfrankreich und im italienischen Piemont. Auf der ganzen Welt existieren etwa 7000 Reissorten. Ihr Ursprung ist vor mehr als 6000 Jahren in Südostasien zu suchen. Heute ist Reis nach Weizen die weltweit am häufigsten angebaute Getreideart, wobei 94 Prozent des weltweiten Ertrags in Asien geerntet werden.

Man unterscheidet *Wildreis* und *Kulturreis*. Wildreis – heute eine Delikatesse – ist der Samen eines Wassergrases, das in Nordamerika beheimatet ist und von den Indianern hoch geschätzt wurde. Als Kulturreis bezeichnet man den schlanken, länglichen *Langkornreis*, der locker und körnig kocht, sowie den weich und klebrig kochenden *Mittel-* und *Rundkornreis* mit kurzen, dicken Körnern. Je nach National- oder Regionalküche wird der eine oder andere Reistyp bevorzugt. So favorisiert der indische Koch den Langkornreis, ein italienisches Risotto gelingt am besten mit Rundkornreis. Und zu einem japanischen oder chinesischen Essen gehört unbedingt ein Reis mit klebrig-klumpender Konsistenz, denn nur diesen kann man mit Stäbchen essen.

Im Handel werden verschiedene Sorten in unterschiedlicher Verarbeitung angeboten. Während *Vollwertreis* noch alle Nährstoffe enthält, hat geschliffener und polierter weißer Reis einen Teil seiner Nährstoffe eingebüßt. Zu den delikatesten Reissorten zählen der italienische *Carnaroli* – Grundlage eines guten Risottos –, der äußerst aromatische, in Indien und Pakistan hoch bezahlte *Basmatireis* sowie *Jasminreis*, ein langkörniger *Duftreis* aus Thailand und Vietnam.

Asiatische Reisgerichte

Die asiatische Küche bietet eine überbordende Fülle an köstlichen Reisgerichten. Das ist kein Wunder, denn die verschiedenen Reissorten sind neben Nudeln ihr Hauptbestandteil. Im Nordosten Thailands, in Kambodscha und Laos spielt Klebreis eine große Rolle; man formt ihn zu Bällchen, die mit den Fingern gegessen werden. Auch die japanische Sushiküche kommt ohne Klebreis nicht aus. Für indische Spezialitäten wie Pulao (Reis mit Rosinen und Cashewnüssen) wird Basmatireis benutzt. Eines der populärsten Reisgerichte, Nasi Goreng, stammt aus Indonesien und Malaysia. Es besteht aus gekochtem Reis, der mit Zwiebeln und Sojasoße angebraten wird und mit Chili, Gemüsestreifen, Garnelen und Hühnerbruststücken verfeinert werden kann. Man serviert Nasi Goreng mit einem gebratenem Ei und/oder mit Rindfleischscheiben. Dazu wird Sambal, eine scharfe Würzpaste, gereicht.

Reissorten

Schwarzer Wildreis stammt Samen eines Wassergrases.

Langkornreis zählt zu den Kulturreissorten, kocht locker und körnig.

Jasmin Vollkornreis gehört zu den Duftreissorten.

Gewaschene Zuckerschoten und Spargel gut abtropfen lassen. Entfernen Sie die harten Enden des Spargels, schneiden Sie die Köpfe ab und legen Sie sie beiseite. Den Rest des Spargels in Stücke schneiden. Bringen Sie die Fleischbrühe zum Kochen und blanchieren Sie darin kurz die Spargelköpfe und Zuckerschoten. Dann beides mit einem Schaumlöffel herausnehmen, in Eiswasser abschrecken und beiseite stellen. Kochen Sie die Spargelstücke in der Brühe 20 Min. weich. Dann über einem Topf mit der Kochbrühe durch ein Sieb passieren und warm halten. Zwiebel schälen und fein hacken, in 20 g Butter glasig dünsten. Dann den Reis langsam dazugeben, in der Butter anschwitzen und mit Weißwein ablöschen. Wenn der Wein verdampft ist, 1/3 der heißen Spargelbrühe unter Rühren dazu gießen. Diesen Vorgang zweimal wiederholen. Rühren Sie nach etwa 15 Min. die restliche Butter ein und heben Sie die Spargelköpfe und die Zuckerschoten unter den Risotto. Mit Salz und Pfeffer würzen, vom Herd nehmen und alles noch einige Min. zugedeckt ruhen lassen.

Spargel-Risotto

500 g grüner Spargel
200 g Zuckerschoten
1 l Fleischbrühe
1 kleine Zwiebel
50 g Butter
300 g Rundkornreis
300 ml Weißwein
Salz
weißer Pfeffer nach Geschmack

Risotto – beste Sorten

Als Basis eines guten Risottos ist der beste Reis gerade gut genug, denn nur dann erhält es die ideale Beschaffenheit – cremig und al dente zugleich. Kenner des Gerichts schwören daher auf den Carnaroli-Reis. Am weitesten verbreitet sind die Sorten Arborio bzw. Roma. Die Körner des Vialone Nano wiederum sind kürzer und dicker als die der anderen Sorten, und so kann das Korn noch mehr Flüssigkeit absorbieren, ohne breiig zu werden. Wie beim Carnaroli schätzt man hier insbesondere dessen cremige Konsistenz.

Tilda Basmati gilt in Indien als besonders hochwertige Spezialität.

Ungeschälter **Naturreis** enthält viele Vitamine und Mineralstoffe.

Der für **Risotto** verwendete Rundkornreis kann viel Flüssigkeit aufnehmen.

Shinode Mittelkornreis aus Japan.

Naturreis ist entspelzter Reis.

Reismehl eignet sich zum Andicken von Saucen und Suppen.

Klebreis ist für Sushi und die asiatische Küche unentbehrlich.

GEWÜRZE

Einleitung

Die Kunst des Würzens ist so alt wie das Kochen selbst. Funde jahrtausendealter Essens- und Getränkeüberreste belegen, dass bereits die Menschen der mittleren Steinzeit ihre kargen Speisen nicht nur mit Salz, sondern auch mit wilden Kräutern, Beeren und Früchten, getrockneten Samen oder mit Zwiebelgewächsen und Wurzeln geschmacklich zu verbessern suchten. Mit dem Entstehen der ersten Hochkulturen entwickelten sich Gewürze aller Art schnell zu begehrten Luxusgütern, die über so genannte Gewürzstraßen aus Indien und dem Orient bis nach Ägypten, Griechenland und in das Alte Rom gelangten. Dort ging man – wer es sich leisten konnte – mit heimischen wie exotischen Kräutern, Pulvern und Extrakten wahrhaft verschwenderisch um: Pfeffer, Zimt, Kardamom, Senfkörner und andere kräftige Gewürze wurden in solchen Mengen verwendet, dass das eigentliche Nahrungsmittel nicht mehr zu erschmecken war – ein durchaus gewollter Effekt, da empfindliche Lebensmittel wie Fleisch oder Fisch aufgrund der schlechten Lagerbedingungen vielfach schon verdorben waren. Doch bereits damals dienten Gewürze nicht allein zur Verfeinerung von Speisen. Schon die Ägypter entdeckten, dass die ätherischen Öle, Scharf-, Gerb- und Bitterstoffe der Gewürzpflanzen oftmals auch eine konservierende und medizinische Wirkung besitzen. Empfindliche Nasen wiederum schätzten so manches Gewürz aus einem ganz anderen Grund: Um unangenehme Gerüche zu überdecken, verbrannte man in kleinen Schalen Muskatnüsse, Nelken und Zimtstangen oder rieb seinen Körper mit wohl riechenden Pflanzenextrakten ein.

Auch im Mittelalter waren exotische Düfte und Geschmacksrichtungen heiß begehrt – just dieser Vorliebe verdanken zahlreiche Handelsstädte wie Genua und Venedig, später Lissabon und London, ihren Aufstieg, Glanz und immensen Reichtum. Und auch die Entdeckung unbekannter Seerouten, Länder und Kontinente ist zum Teil auf die kulinarischen Gelüste der Europäer zurückzuführen: Als in der zweiten Hälfte des 15. Jahrhunderts der zunehmend teurer bezahlte Nachschub an Gewürzen aus Indien wegen politischer Entwicklungen abzubrechen droht, erkunden Seefahrer wie Kolumbus, Vasco da Gama, Cabral und Magellan im Auftrag des portugiesischen Königshauses neue Seewege, über die sich die kostbaren Güter direkt nach Europa bringen lassen. Kolumbus entdeckte auf seinen Reisen zwar keinen neuen Weg nach Indien, dafür aber den neuen Kontinent Amerika mit seinen Gewürzen Paprika, Cayennepfeffer, Piment, Vanille und Kakao.

Heute ist der Einsatz von Gewürzen so problemlos und preiswert wie nie. Supermärkte bieten mittlerweile eine breite Palette heimischer und exotischer Gewürze. So kann man aus einem einzigen Ausgangsprodukt wie etwa einem Huhn eine große Vielfalt von Gerichten zaubern: ein ungarisches Paprikahuhn oder ein Huhn à la Estragon, ein indisches Chicken Curry oder marrokkanisches Hühner-Couscous oder ein mexikanisches Pollo mole.

Bei aller Liebe für fremde Gewürze und kräftige Aromen – in einem Punkt unterscheidet sich der Umgang mit ihnen vor allem in der Gourmetküche deutlich von den Rezepturen des Alten Roms oder des Mittelalters: Nach dem Motto „Weniger ist mehr" besteht die Kunst des Würzens heutzutage darin, mit Hilfe weniger ausgewählter Gewürze eine reizvolle Ergänzung zu den Grundzutaten zu liefern, ohne deren Eigenaroma zu überdecken.

Thymian

Echter *Thymian (Thymus vulgaris)*, auch *Gartenthymian* genannt, ist ein typisches Kraut der Mittelmeerregion, das in kaum einer südländischen Kräutermischung fehlt. Das mehrjährige Strauchgewächs wird bis zu 30 cm hoch, seine linearen bis elliptischen, am Rande eingerollten, aromatisch duftenden Blättchen schmecken würzig-scharf. Thymian lässt sich hervorragend aufbewahren, denn auch getrocknet, gefroren oder in Öl eingelegt, behält er seinen charakteristischen kräftigen Geschmack.

Thymian

Das würzige Kraut passt hervorragend zu weißen Bohnen, südländischen Gemüsesorten (Auberginen, Tomaten, Oliven, Paprika, Zucchini), Hackfleisch, gegrilltem Fleisch (vor allem zu Lamm) und Fisch. Da Thymian längere Garzeiten verträgt, eignet er sich auch für Suppen und Eintöpfe (Kartoffeln, Linsen u. ä.). Aufgrund seiner verdauungsfördernden Wirkung wird er auch gerne für fette Schmorgerichte und andere deftige Speisen verwendet.

Ein Verwandter des Gartenthymians ist der dunkelgrüne *Zitronenthymian*, dessen frisches, leicht zitroniges Aroma Geflügel, Kalbfleisch und Meeresfrüchte verfeinert. Zitronenthymian ist wesentlich empfindlicher als der klassische Gartenthymian. Seine Blätter verlieren beim Trocknen einen Großteil ihres würzigen Geschmacks. Zudem vertragen sie keine Hitze, sodass das frische Kraut erst kurz vor dem Servieren hinzugegeben werden sollte.

Basilikum

Basilikum (Ocimum basilicum) gehört nicht nur zu den beliebtesten, sondern auch zu den ältesten Würzzutaten. Schon die alten Griechen schätzten das intensiv duftende Gewächs als Gewürz- und Heilmittel und verliehen ihm den Namen Königskraut (*basileus* = König). Wahrhaft königlich ist auch die Geschichte seiner Verbreitung: Alexander der Große soll die einjährige Pflanze mit den dunkelgrünen, verkehrt eiförmigen, abgerundeten Blättern auf seinen Feldzügen in Indien kennen gelernt und nach Südeuropa gebracht haben. Von dort ließ Karl der Große sie später auch in unsere Breiten importieren.

Hauptanbaugebiet des Basilikums ist nach wie vor der Mittelmeerraum, wo das warme, trockene Klima dem Kraut ein besonders kräftiges Aroma verleiht. Dank zahlreicher Züchtungen gibt es mittlerweile viele Basilikumvarianten, die sich in Farbe, Form und Geschmack leicht unterscheiden. Die italienischen Sorten zeichnen sich durch große, längliche und vergleichsweise dunkle Blätter aus, griechische und spanische Pflanzen (auch *Buschbasili-*

kum genannt) besitzen eher kleine, rundliche, hellgrüne Blätter. *Zitronenbasilikum* verströmt ein leicht zitroniges Aroma, und violettblättriges *Opal-Basilikum* erinnnert im Geruch an Gewürznelken. In einigen Asia-Shops erhält man manchmal so genanntes *Thai-Basilikum*, dessen länglich-spitze Blätter je nach Sorte anisähnlich oder zitronig duften.

Basilikum wird ebenso als frisches Kraut wie auch in getrockneter und gerebelter Form angeboten. Getrocknetes Basilikum ist allerdings wegen des vergleichsweise dumpfen Geschmacks nur ein schwacher Ersatz für das intensive, süßlich-kühle Aroma der frischen Blätter. Diese passen nicht nur ideal zu Tomatengerichten (Caprese), sondern verfeinern auch Blattsalate, Gemüse (Zucchini, Auberginen, Ratatouille), Pasta, Fisch und helles Fleisch (Hühnchen, Kalbfleisch). Besonders gut harmoniert Basilikum mit Olivenöl und

Rotes Basilikum

Zitronensaft. Da sein Aroma bei Hitze schnell verloren geht, sollten die Blätter nie mitgekocht, sondern erst kurz vor Ende der Garzeit hinzugegeben werden.

Aus der Provence und Italien stammt die pikante Sauce Pistou bzw. Pesto, die aus Basilikum, Olivenöl, Knoblauch und geriebenem Käse hergestellt wird. Damit würzt man vorrangig Gemüseeintöpfe. Mit gemahlenen Pinienkernen verfeinert und mit Olivenöl verdünnt, verwandelt sich die Creme in die gleichnamige, allseits beliebte Pastasauce.

Kräuter trocknen

Zum Trocknen eignen sich vor allem Kräuter mit einem kräftigen Geschmack. Dazu gehören neben Thymian auch Oregano, Rosmarin, Lorbeer, Minze und Bohnenkraut. Die Kräuter werden vor der Blüte geerntet und in kleinen Bündeln kopfüber für etwa eine Woche an einen schattigen, trockenen und luftigen Ort gehängt. Die Temperatur sollte während dieser Zeit 30 °C nicht überschreiten, da nur so die ätherischen Öle, die für das Aroma sorgen, erhalten bleiben. Sind die Blätter vollständig getrocknet, werden sie von den Zweigen abgestreift und möglichst unzerkleinert in dunklen, verschließbaren Gefäßen aufbewahrt.

Caprese

500 g Strauchtomaten
1 Büffelmilch-Mozzarella (ca. 300 g)
1 Bund Basilikum
4 EL Olivenöl
Salz und schwarzer Pfeffer nach Geschmack

Die Tomaten waschen, den Stielansatz entfernen und in Scheiben schneiden. Den Mozzarella ebenfalls in Scheiben schneiden. Legen Sie den Mozzarella auf vier Tellern aus und belegen Sie ihn mit den Tomaten. Basilikum kurz waschen, abtrocknen und die Blätter über den Salat verteilen. Verquirlen Sie das Olivenöl mit Salz und Pfeffer und geben Sie es über den Salat.

Basilikumpesto

2 EL Pinienkerne
3–4 Knoblauchzehen
2 Bund Basilikum
1/2 TL Salz
1 EL geriebener Parmesan
1 EL geriebener Pecorino
100 ml Olivenöl

Die Pinienkerne werden in einer Pfanne ohne Fett goldbraun geröstet und nach dem Abkühlen grob gehackt. Knoblauch schälen und grob hacken. Das Basilikum waschen, gut trocken und die Blätter in Streifen schneiden. Geben Sie Salz hinzu und zermahlen Sie alles im Mörser zu einer Paste. Parmesan und Pecorino nach und nach dazugeben. Zuletzt das Olivenöl langsam dazuschütten und so lange rühren, bis eine cremige Sauce entsteht.

Alle Zutaten in einen Mörser geben.

Zu einer feinen Paste zerstoßen.

Den Käse und das Öl unterrühren.

Salbei

„Wer Salbei baut, den Tod kaum schaut" – so oder ähnlich lauten alte Lobpreisungen des südländischen Krauts, das über Jahrhunderte hinweg nicht als Gewürz, sondern als vielseitige Arzneipflanze genutzt wurde. Der heilenden Wirkung seiner ätherischen Öle hat der *Salbei* sogar seinen Namen zu verdanken (lat. *Salvia* von *salvare* = heilen). Wohl erst im Mittelalter entdeckte man die Blätter als Würzkraut, von dessen kräftigem Geschmack viele Speisen, aber auch Bier und Wein profitieren.

Salbei (salvia officinalis) ist ein immergrünes Kleinbuschgewächs, das vorrangig in den warmen Mittelmeerländern beheimatet ist. Seine samtigen, silbrig-grünen Blätter besitzen einen ausgeprägt herben, leicht bitteren Geschmack, der ein wenig an Kampfer erinnert. Mittlerweile gibt es auch Züchtungen mit weiß-grünen, rötlichen oder auch weiß-rot-grünen Blättern. Diese Sorten sind allerdings weniger aromatisch und daher eher zum Garnieren als zum Würzen geeignet.

Salbei gehört zu den Kräutern, die möglichst frisch verwendet werden sollten. Getrocknete Blätter verlieren schnell ihr Aroma, und gerebelte Ware schmeckt sogar oft etwas seifig. Ähnlich wie Rosmarin oder Lorbeer entfaltet Salbei erst durch Anbraten sein volles Aroma, die rohen Blätter schmecken eher streng als aromatisch und sind recht zäh. Salbei passt hervorragend zu Pasta, Fleisch-, Geflügel- und Fischgerichten. Vor allem die italienische Küche beherrscht den Umgang mit dem herb-aromatischen Kraut perfekt. Saltimbocca (mit Parmaschinken und Salbei belegte Kalbsschnitzel), Fegato alla Veneziana (Gebratene Kalbsleber mit Salbei) und Gnocchi in Butter-Salbei-Sauce gehören mittlerweile zu den Klassikern der italienischen Küche. In der Provence kocht man nach einem feucht-fröhlichen Abend – vielleicht eingedenk der Heilwirkung des Salbeis – gerne eine Agio Boulido: eine rustikale Knoblauch-Salbei-Suppe, die verkaterten Geistern wieder auf die Beine helfen soll.

Saltimbocca

8 kleine dünne Kalbsschnitzel à 75 g
8 Scheiben Parmaschinken
16 Salbeiblätter
Mehl zum Wenden
50 g Butter
Salz und schwarzer Pfeffer nach Geschmack
100 ml trockener Weißwein

Waschen Sie die Schnitzel, tupfen Sie sie mit Küchenpapier trocken und klopfen Sie sie flach. Legen Sie jeweils eine Scheibe Schinken und zwei Salbeiblätter darauf, klappen Sie die Schnitzel zusammen und stecken Sie sie mit einem Zahnstocher fest. Dann werden die Schnitzel in Mehl gewendet (überschüssiges Mehl abklopfen). Zerlassen Sie die Butter in einer großen Pfanne und braten Sie die Schnitzel bei starker Hitze auf beiden Seiten etwa 2 Min. lang an. Mit Salz und Pfeffer würzen und etwas Wein darauf träufeln. Wenn der Wein verdampft ist, die Schnitzel aus der Pfanne nehmen und auf eine vorgewärmte Platte legen. Der Bratensatz wird mit dem restlichen Wein unter Rühren gelöst, durch ein Sieb passiert und über die Schnitzel gegossen.

Bereits im Mittelalter beliebt und seit einigen Jahren wieder neu entdeckt – die so genannten Müslis: in Teig ausgebackene Salbeiblätter. Seinen Namen verdankt diese leichte Vorspeise, die in Italien manchmal als Appetizer gereicht wird, ihrem Aussehen: Die von Teig umhüllten Salbeiblätter mit dem nackten Pflanzenstengel ähneln kleinen Mäusen.

Frittierte Salbeiblätter

3 Eier
2 TL Olivenöl
250 ml Malzbier
Salz und Pfeffer nach Geschmack
200 g Weizenmehl
24 Salbeiblätter
Erdnussöl für die Friteuse
Salz

Die Eier trennen. Verrühren Sie Eigelbe, Olivenöl, Bier, Salz und Pfeffer und rühren Sie dann langsam das Mehl unter. Lassen Sie den Teig mindestens 30 Min. ausquellen. Die Salbeiblätter werden gewaschen und gut abgetrocknet. Erhitzen Sie das Erdnussöl in einer Friteuse oder einem großen Topf auf 170 °C. Die Salbeiblätter durch den Teig ziehen und im Fett goldbraun ausbacken. Auf Küchenkrepp abtropfen lassen und salzen.

Rosmarin

Rosmarin (Rosmarinus officinalis) ist wie kaum ein anderes Gewürz fest mit der italienischen und französischen Küche verbunden. In beiden Ländern ist sein würziges Aroma nahezu unverzichtbar für die Zubereitung von Lamm, Kaninchen, Wild und anderen Schmorgerichten.

Der bis zu 150 Zentimeter hohe Kleinstrauch ist ein typisches Macchiagewächs Südeuropas, dessen dunkelgrüne, nadelartige Blättchen einen intensiven, leicht harzigen Duft verströmen. Rosmarin gibt es sowohl in frischer Form als auch getrocknet und gemahlen zu kaufen. Die frischen Zweige besitzen ein zarteres Aroma als das getrocknete Kraut, das sehr dominant, zuweilen sogar streng ist und daher nur sparsam verwendet werden sollte.

Wie Salbei wird Rosmarin immer mitgekocht oder mitgebraten, da sich die relativ harten Blätter nicht zum rohen Verzehr eignen. Außerdem kommen die ätherischen Öle des Krauts durch Hitzeeinwirkung wesentlich besser zur Geltung. Das herb-würzige Aroma harmoniert nicht nur perfekt mit Lamm und Wild, sondern passt auch zu Geflügel, gebratenem Fisch, südländischen Gemüsesorten (Tomaten, Auberginen, Zucchini) und Kartoffeln. Bei Gerichten mit kurzen Garzeiten empfiehlt es sich, einen ganzen Zweig in das Bratfett zu geben, den man dann vor dem Servieren wieder herausnimmt. Bereits verholzte Rosmarinzweige kann man, nachdem man die Blätter abgestreift hat, als Grillspieße für Fleisch- und Gemüsestücke verwenden.

Wer auch bei Salaten nicht auf den Geschmack von Rosmarin verzichten möchte, kann auf Rosmarinöl zurückgreifen. Es verleiht weißen Bohnen, Kichererbsen, Kartoffeln und einigen Gemüsesalaten (Möhren, grüne Bohnen) ein unvergleichliches Aroma. Auch hier gilt allerdings: wegen des intensiven Geschmacks sparsam einsetzen und besser mit anderen Ölsorten mischen.

Rosmarinkartoffeln

800 g Kartoffeln
4 Knoblauchzehen
4 Zweige Rosmarin
80 ml Olivenöl
Salz und schwarzer Pfeffer nach Geschmack

Waschen, schälen und würfeln Sie die Kartoffeln. Knoblauch schälen und grob hacken. Rosmarinzweige abzupfen und auch grob hacken. Streichen Sie eine flache, feuerfeste Form mit Olivenöl aus und geben Sie eine Lage Kartoffelwürfel hinein. Mit etwas Knoblauch, Rosmarin, Salz und Pfeffer würzen. Schichten Sie die Zutaten, bis sie aufgebraucht sind. Zuletzt das Olivenöl auf die Kartoffeln träufeln und etwa 45 Min. bei 200 °C backen, dabei mehrmals die Kartoffeln wenden.

Das herb-würzige Aroma des **Salbeis** passt vor allem zu italienischen Fleisch- und Nudelgerichten. Kurz vor der Blüte besitzen die samtigen Blätter den intensivsten Geschmack.

Rosmarin ist für viele mediterrane Lamm-, Geflügel- und Fischgerichte ein absolutes Muss. Da die schmalen Blätter ein starkes Aroma haben, sollte man sie allerdings recht sparsam dosieren.

Majoran & Oregano

Die vielseitig einsetzbaren Gewürzkräuter Majoran und Oregano stammen von botanisch eng miteinander verwandten Sträuchern. Beide Pflanzen tragen zarte, dunkelgrüne Blättchen, die sowohl frisch als auch getrocknet ein kräftig-würziges Aroma besitzen. Die *Majoranpflanze (Origanum majorana)* kommt ursprünglich aus Nordafrika und Vorderasien, wird aber seit dem Mittelalter auch in unseren Breiten angebaut. Die Blätter schmecken herb, leicht pfeffrig und etwas bitter. Das im Aroma noch etwas kräftigere *Oreganokraut (Origanum vulgare)*, auch *Wilder Majoran* oder *Dost* genannt, wächst wild vorrangig im Mittelmeerraum, gedeiht aber auch in wärmeren Regionen Nordeuropas und wird seit längerem auch in Nordamerika kultiviert.

Vor allem deftige Gerichte wie Gänsebraten und Eintöpfe sowie Hülsenfrüchte profitieren von Majoran – nicht nur aus Geschmacksgründen: Majoran enthält bestimmte Bitter- und Gerbstoffe, die eine magenberuhigende und verdauungsfördernde Wirkung haben. Geradezu unerlässlich ist Majoran für die Wurstherstellung: Weder bei der Thüringer Bratwurst noch bei Blut- und Leberwürsten darf das „Wurstkraut" fehlen. Aber auch leichtere Speisen wie Gemüsesuppen, Kalbfleisch und Tomatengerichte erhalten durch Majoran eine pikante Note.

Getrockneter Oregano gilt als das klassische Pizzagewürz. Doch er verleiht nicht nur der Pizza ihren besonderen Geschmack – Oregano ist ein ausgesprochen vielseitiges Kraut. Neben Tomaten und anderen südländischen Gemüsesorten würzt er Hackfleisch, Schmorbraten, Lamm und gebratenen Fisch. Eine ideale Verbindung geht Oregano mit gebackenem, in Olivenöl und Knoblauch eingelegtem Schafskäse ein. Zudem harmoniert er ausgezeichnet mit anderen südländischen Kräutern wie Rosmarin, Salbei und Thymian – vermeiden sollte man allerdings die Kombination mit seinem nächsten Verwandten, dem Majoran.

Aphrodisiakum

In der Antike schätzte man Majoran nicht nur als Küchenkraut, sondern auch als Glücks- bzw. Liebessymbol. So wurde Brautpaaren am Tag der Hochzeit ein geflochtener Majorankranz überreicht. Verschmähte Liebhaber wiederum suchten die Angebetete zu gewinnen, indem sie die Tür der Dame mit Majoranöl bestrichen. Auch die griechische Heilkunde sah in dem Gewürz ein für Liebesangelegenheiten hilfreiches Mittel und empfahl „lustlosen" Ehemännern einen mit Majoran aromatisierten Wein. Die liebesfördernde Wirkung des Krauts kam den Mythen zufolge nicht von ungefähr – schließlich war die Pflanze keiner Geringeren als der Liebesgöttin Aphrodite geweiht.

Das „Wurstkraut" **Majoran** würzt nicht nur Brat- und Leberwürste. Auch Gemüsegerichte erhalten durch die leicht herb schmeckenden Blätter eine feine Note.

Das mediterrane Kraut **Oregano** lässt sich vielseitig einsetzen. Es verfeinert nicht nur Schmorbraten, Lamm und Fisch, sondern auch Gemüsegerichte. Und auf der Pizza darf Oregano natürlich auch nicht fehlen.

Baguette mit Tomaten und Basilikum

Für 15 Stück

1 Topf oder großer Bund Basilikum
50 ml Olivenöl
6 Strauchtomaten
2 fein gehackte Knoblauchzehen
Salz und Pfeffer nach Geschmack
2 EL Petersilie, fein gehackt
1/2 TL Oregano, fein gehackt
1 kleines Baguette

Frische Lorbeerblätter verwendet man vor allem für marinierte Speisen. Die wohlduftenden, aber bitter schmeckenden Blätter können allerdings nicht mitgegessen werden und werden vor dem Servieren entfernt.

Getrocknete Lorbeerblätter haben ein weitaus intensiveres Aroma als frische und sollten daher nur sparsam eingesetzt werden.

Schneiden Sie ca. 15 gewaschene Basilikumblätter in feine Streifen, legen Sie sie in eine Schale, gießen Sie das Olivenöl darüber und lassen Sie alles eine Stunde bei Zimmertemperatur ziehen. Unterdessen die Tomaten an der Spitze kreuzweise einritzen und ca. 15 Sekunden in kochendes Wasser tauchen. Herausnehmen, sofort kalt abspülen, die Haut abziehen und den Stielansatz entfernen. Halbieren und entkernen Sie die Tomaten und schneiden Sie sie in Würfel. Pressen Sie die Tomatenwürfel vorsichtig in einem feinmaschigen Sieb aus, damit sie etwas trockener werden. Füllen Sie sie in eine Schale, geben Sie den Knoblauch dazu und gießen Sie das Olivenöl mit dem Basilikum darüber. Mit Salz und Pfeffer abschmecken und die restlichen Kräuter unterrühren. Schneiden Sie das Brot in Scheiben und braten Sie es in einer Pfanne, bis es knusprig ist. Mit Küchenpapier abtupfen. Je einen Löffel von der Tomaten-Kräuter-Mischung auf eine Scheibe Brot geben und mit einem Blatt Basilikum garnieren.

Lorbeer

Die lederartigen, stark duftenden *Lorbeerblätter (Laurus nobilis)* stammen von einem immergrünen, oft in Pyramidenform geschnittenen Baum- oder Strauchgewächs, das im Mittelmeerraum beheimatet ist, ursprünglich aber aus dem vorderen Orient stammt. Ihr herbes, leicht bitteres Aroma war bereits bei Griechen und Römern geschätzt. Doch sie verwendeten nicht nur die dunkelgrünen, bis zu 10 cm langen Blätter, sondern auch die hellen Blüten des Baums.

Lorbeer findet in vielen Küchen der Welt Verwendung. Eine besondere Rolle spielt er jedoch bei französischen Gerichten. Lorbeerblätter kommen frisch, getrocknet oder gemahlen in den Handel und sind vielseitig einsetzbar. Frische Blätter, die ein wenig nach Zitrone und Muskat duften, würzen marinierte Speisen wie Gemüse, Oliven oder Käse. Vor dem Servieren werden sie wieder entfernt, da sie wegen ihres bitteren Geschmacks für den rohen Verzehr nicht geeignet sind. Getrocknete ganze Blätter – ihr Aroma ist herber und doppelt so kräftig wie das der frischen – passen auch zu Schmorgerichten aller Art, Saucen, Suppen und Eintöpfen. Je länger das Gewürz mitkocht, desto intensiver entfaltet sich sein Aroma; meist genügt daher ein einziges Blatt. Gemahlener Lorbeer ist ideal für Füllungen, Ragouts und Pasteten.

Lorbeerblätter lassen sich hervorragend mit anderen Gewürzen und Kräutern kombinieren. Zusammen mit Petersilie und Thymian bilden sie zum Beispiel den Grundstock des Bouquet garni, eines klassischen Kräutersträußchens für langsam garende Speisen, das je nach Gericht durch weitere Kräuter ergänzt werden kann. Die frischen oder getrockneten Gewürze werden zusammengebunden in den Kochtopf gegeben und nach der Garzeit wieder herausgenommen.

Kulturgeschichte

Lorbeer, eines der Attribute des griechischen Gottes Apoll, gilt seit der Antike als Symbol der Weisheit, des Sieges und des Ruhms. Nicht nur Sportler, sondern auch Künstler und Feldherren wurden mit einem Kranz aus den Zweigen des Mittelmeergewächses geehrt. In Delphi, der wichtigsten Kultstätte Apolls, war die Symbolkraft der Pflanze allgegenwärtig: So saß Pythia, die von Apoll inspirierte Seherin, während ihrer Weissagung auf einem mit Lorbeerzweigen verzierten Dreifuß und kaute auf einem Blatt des heiligen Gewächses. Erhielten die Ratsuchenden von dem Orakel eine günstige Prophezeiung, schmückten sie sich als Zeichen der Dankbarkeit mit einem Lorbeerkranz.

Im Griechischen bezeichnete man den Lorbeer als *dáphnee* und verwies damit auf die Nymphe Daphne. Sie nämlich hatte sich auf der Flucht vor den Nachstellungen des liebeskranken Gottes Apollon in einen Lorbeerstrauch verwandelt. Woraufhin Appollon die Angewohnheit angenommen haben soll, zur Erinnerung an seine Geliebte Lorbeerzweige bei sich zu tragen.

Lavendel

Außerhalb Frankreichs dürften viele den *Echten Lavendel (Lavandula angustifolia)* vor allem als Duftpflanze kennen, deren ätherische Öle eine wichtige Rolle bei der Herstellung von Parfüms und Seifen spielen. Von der provencalischen Küche inspiriert, verwendet man das mediterrane Gewächs jedoch auch bei uns immer häufiger als Gewürzkraut, das würzig-kräftigen Speisen eine besondere Note verleiht.

Lavendel ist ein mehrjähriger Halbstrauch, der äußerlich dem Rosmarin ähnelt. Sowohl die schmalen, graugrünen Blätter als auch die leuchtend blauvioletten Blüten der Pflanze – sie sehen wie kleine Getreideähren aus – besitzen ein intensives Aroma. Hauptanbaugebiet der dekorativen Duft- und Würzpflanze ist die Provence, wo der blühende Lavendel von Juni bis August ganze Landstriche blauviolett einfärbt.

Für die Küche lassen sich nicht nur die Triebspitzen und jungen Blätter, sondern auch die Blütenknospen der Pflanze verwenden. Ihr herber Geschmack, der von den in ihr enthaltenen ätherischen Ölen bestimmt wird, passt zum Beispiel zu geschmortem Lamm, Fischsuppen und Gemüsesuppen. Außerdem verfeinert er Marinaden (eingelegte Oliven, Schafskäse) und Süßspeisen (Eis, Fruchtgelee). Lavendel sollte nur in geringen Mengen eingesetzt werden, da sein intensiver Duft und Geschmack schnell alle anderen Geschmackskomponenten übertönt. Das gilt vor allem für getrocknete Ware, deren Aroma noch kräftiger ist.

Duftöl

Das Lavendelöl, das zudem eine beruhigende Wirkung haben soll, wird mittels Wasserdampfdestillation aus den Blüten und Stängeln der Pflanze gewonnen. Für die Herstellung von einem Liter der intensiv duftenden Essenz benötigt man 200 bis 300 Kilogramm Blüten. Verwendet wird hierfür ausschließlich *Spik* oder *Speik Lavendel (Lavandula latifolia)*; er hat das kräftigste und feinste Aroma. Das süß-balsamische Öl mit dem blumigen, etwas kräuterartigen Geruch ist Bestandteil zahlreicher Parfüms und Seifen.

Kräuter der Provence

Die *Herbes de Provence* sind eine äußerst aromatische und sehr beliebte Mischung mediterraner Gewürzkräuter. Den Grundstock bilden Thymian, Rosmarin, Basilikum, Bohnenkraut und Lavendelblüten. Je nach Region und Gericht werden außerdem Majoran, Lorbeer, Koriander, Ysop, Orangenschale oder auch etwas Muskat hinzugefügt. Die meist gerebelt angebotene Mi-schung eignet sich zum Würzen von Geschmortem, Gemüsegerichten (Ratatouille) und kräftigen Suppen.

Kerbel

Das zarte Frühlingskraut *Kerbel (Anthriscus cerefolium)* erfreut sich vor allem in der französichen Gourmetküche großer Beliebtheit. Dort wird das milde, leicht nach Anis schmeckende Gewürz zum Beispiel neben Petersilie, Schnittlauch und Estragon der bekannten Kräutermischung „Fines herbes“ beigemengt. Die einjährige Doldenpflanze kommt ursprünglich aus Südostrussland, wächst heute aber in ganz Europa. Ihre hellgrünen, mehrfach eingekerbten Blättchen sehen ähnlich wie glatte Petersilie aus – mit ihr ist das Kraut auch botanisch verwandt –, sind jedoch filigraner und besitzen auch ein feineres Aroma.

Kerbel ist eine klassische Zutat für Kräutersaucen, Salatdressings oder auch Kräuterbutter. Er passt außerdem hervorragend zu Eier-, Quark- und Joghurtspeisen. Doch auch andere leichte Gerichte wie gedünsteter Fisch, Gemüse (Möhren), Kartoffeln, geschmorte Pilze und feine Rahmsuppen lassen sich mit Kerbel verfeinern.

Kerbel sollte möglichst frisch verwendet werden. Getrocknet oder eingefroren verliert er viel von seinem Geschmack. Auch Hitze verträgt er nicht gut, deshalb wird das fein gehackte Kraut meist erst kurz vor Beendigung der Garzeit oder anschließend zur Garnierung über das Gericht gestreut. Kerbel gehört zu den Kräutern, die sich sehr gut mit anderen Gewürzkräutern kombinieren lassen. So harmoniert er nicht nur perfekt mit Petersilie, Schnittlauch und Estragon, sondern auch mit Sauerampfer, Dill, Basilikum und Brunnenkresse.

Gerichte mit Kerbel

Das wahrscheinlich bekannteste Kerbelgericht ist die Kerbel-Rahmsuppe, die es je nach Region in unterschiedlichen Varianten gibt. Ebenfalls sehr delikat schmecken mit Kerbel gefüllte Tomaten: Das ausgehöhlte Gemüse wird mit dem klein gehackten und leicht gewürzten Kraut gefüllt und anschließend im Ofen überbacken. Gemeinsam mit anderen milden Kräutern und Ricotta bildet Kerbel eine zart-würzige Füllung für kleine Teigtaschen wie Ravioli oder Pansoti. Einen nicht nur kulinarischen, sondern auch optischen Hochgenuss bieten „Kräuternudeln“: Die Kerbelblättchen zwischen zwei hauchdünne Teigstreifen legen, dann das Ganze nochmals möglichst dünn ausrollen, sodass die Kräuter durch den Teig hindurchscheinen. In kleinere Stücke schneiden, kochen und mit leicht gebräunter Butter und geriebenem Parmesan servieren. Für dieses Gericht lassen sich auch andere Kräuter wie etwa Basilikum und Dill verwenden

Im Aussehen der Petersilie ähnlich, doch im Geschmack wesentlich zarter und feiner – nicht ohne Grund gehört **Kerbel** zu den derzeit beliebtesten Kräutern der Gourmetküche.

Kerbel-Spargelsuppe mit Zuckerschoten

800 g weißer Spargel
1 große Kartoffel
2 Schalotten
2 TL Sonnenblumenöl
750 ml Hühnerbrühe
100 g Zuckerschoten
Salz und Pfeffer nach Geschmack
etwas geriebene Schale einer unbehandelten Zitrone
1 Bund Kerbel, grob gehackt

Die unteren, holzigen Enden vom Spargel entfernen, den Spargel gut schälen und in Stücke schneiden. Die Kartoffel und die Schalotten schälen und in Würfel schneiden. Erhitzen Sie das Sonnenblumenöl in einem Topf und schwitzen Sie die Schalotten darin an. Geben Sie den Spargel und die Kartoffelwürfel dazu. Die Hühnerbrühe hinzufügen und 15 Min. köcheln lassen. Die Zuckerschoten kurz vor Schluss dazugeben. Würzen Sie die Suppe mit der Zitronenschale, Salz und Pfeffer und geben Sie vor dem Anrichten den gehackten Kerbel dazu.

Estragon

Der fein-würzige, und doch recht markante Geschmack von *Estragon (Artemisia dracunculus)* wird seit Jahrhunderten in ganz Europa, vor allem in der französischen Küche geschätzt. Estragon ist zum Beispiel die wichtigste Zutat der berühmten französischen Sauce Béarnaise. Ursprünglich war die mehrjährige Staudenpflanze in Südrussland und Zentralasien beheimatet. Von dort gelangte sie entweder durch die Araber oder während der Kreuzzüge nach Europa.

Die langen schmalen Blätter riechen würzig-scharf und schmecken leicht pfeffrig und anisartig. Estragon gibt es in zwei verschiedenen Sorten: Der *Russische* oder *Sibirische Estragon* hat behaarte, blasse Blätter und ist im Aroma herb, oft auch leicht bitter. Der *Französische Estragon* – von Feinschmeckern auch *Echter Estragon* genannt – gilt vielen als edler, weil feiner und ausgewogener im Geschmack. Seine Blätter sind dunkler, nicht behaart und leicht gefiedert.

Estragon passt zu Huhn, hellem Fleisch, Fisch, Quark und Omeletts. Besonders gut entfaltet das Kraut sein Aroma in Butter- oder Sahnesaucen. Als wichtiger Bestandteil der Kräutermischung „Fines herbes" verleiht Estragon auch Kräutersaucen und Salaten eine delikate Note. Nicht fehlen darf er in der Frankfurter „Grünen Soße", jener schon von Goethe geliebten Sauce aus Joghurt, Crème fraiche und sieben würzigen Küchenkräutern.

Estragon sollte möglichst frisch verwendet werden, da er getrocknet viel von seinem Aroma verliert. Die Blätter werden fein gehackt und kurz mitgegart; durch die Wärme kann sich das würzige Aroma voll entfalten. Wird Estragon mit weiteren Kräutern verwendet, sollte man nur geringe Mengen davon nehmen, denn sein kräftiger Geschmack überdeckt leicht andere Gewürze.

Die Sauce Béarnaise, benannt nach der südwestfranzösischen Landschaft Béarn, gilt als eine der delikatesten Saucen der europäischen Küche: Eigelb, geklärte Butter und Weißwein werden im Wasserbad zu einer luftig-schaumigen Creme aufgeschlagen, die dann mit fein gehackten Estragonblättern gewürzt wird. Die warme Sauce ist der ideale Begleiter zu kurzgebratenem Rinderfilet, sie passt aber auch zu gedünstetem Fisch, Lamm und Spargelgerichten.

Estragon wird vor allem in der französischen Küche hoch geschätzt. Die Sauce Béarnaise wäre ohne das delikate Kraut undenkbar.

Sauce Béarnaise

Reduktion:
5 Pfefferkörner
2 EL Essig (5 %)
4 EL Weißwein
1 TL Kerbel, gehackt
1 TL Estragon, gehackt

Sauce:
250 g Butter
4 Eigelb
Salz
Cayennepfeffer
Zitronensaft
1 EL Bratensaft
je 1 EL gehackte Petersilie, Kerbel und Estragon
etwas Worcestersauce

Spargel:
1 kg weißer oder grüner Spargel
Salz
Zucker
10 g Butter

Zerstoßen Sie die Pfefferkörner in einem Mörser und geben Sie sie mit dem Weißwein, Essig und Kräutern in einen kleinen Topf. Alles aufkochen und die Hitze auf die Hälfte reduzieren. Durch ein feines Sieb gießen.

Entfernen Sie die holzigen Ende vom Spargel und schälen Sie ihn (bei weißem vollständig, bei grünem nur das untere Drittel). Geben Sie reichlich Wasser in einen Topf, kochen Sie es mit Salz, Zucker und Butter auf und garen Sie den Spargel für 10 bis 15 Min. darin. Den Spargel abtropfen lassen und bei 90 °C im Backofen warm halten.

Die Butter in einem kleinen Topf erhitzen, bis das Fett flüssig, aber noch nicht braun ist. In einem großen Topf Wasser zum Kochen bringen. Geben Sie die Eigelbe in einen kleineren Topf oder einen Rührkessel und gießen Sie 1/2 Eierschale der Reduktion dazu. Stellen Sie den Topf auf den größeren mit dem kochenden Wasser und schlagen Sie das Eigelb mit dem Schneebesen so lange, bis es schwer vom Schneebesen abtropft.

Nehmen Sie den kleinen Topf vom Wasserdampf und geben Sie die Butter tropfenweise dazu (sie sollte etwa die selbe Temperatur wie die Sauce haben). Sollte die Butter dabei etwas fest werden, kann auch die abgesetzte Molke untergerührt werden. Wenn das Fett vollständig untergerührt ist, wird die Sauce mit Salz, einer Messerspitze Cayennepfeffer, Zitronensaft und einem Spritzer Worcestersauce gewürzt.

Zuletzt den Bratensaft unterrühren und die Kräuter unterheben. Halten Sie die Sauce bis zum Verzehr warm und servieren Sie sie zusammen mit dem Spargel.

Saures Gurken-Gemüse

100 g Salatgurke, gewaschen und gewürfelt
50 g Senfgurke, gewürfelt
80 g Perlzwiebeln, halbiert
50 g Staudensellerie, fein gehackt
Salz und Pfeffer aus der Mühle
1 EL süßer Senf
1 EL Dill, gehackt
4 EL Olivenöl
4 hart gekochte Eier
Gurkenscheiben und Dill zum Garnieren

Vermengen Sie das Gemüse in einer Schale, würzen Sie es und vermischen Sie es mit Senf, Dill und Olivenöl. Würfeln Sie die Eier und geben Sie sie unter die Gemüsemischung. Füllung Sie die Mischung in eine Glasschale und garnieren Sie sie mit etwas frischem Dill.

Lange nur als Würzzutat für Fisch und dazugehörige Saucen gehandelt, verfeinert man mit **Dill** heute auch viele andere Speisen wie Gemüse- und Kartoffelgerichte.

Dill

Dill (Anethum graveolens) verbinden viele hierzulande mit Fischsaucen und eingelegten Gurken; nicht umsonst heißt Dill vor allem in der norddeutschen Küche auch Gurkenkraut. Das einjährige Doldengewächs, das ursprünglich aus dem Mittelmeerraum stammt, ist mittlerweile in ganz Europa heimisch. Das intensive Aroma seiner fein gefiederten Blätter wie auch die bräunlichen Samenkörner wurden aber schon in der Antike geschätzt. Die Römer beispielsweise würzten damit Geflügel, Grillfleisch, Hülsenfrüchte und Wein. Heute spielt das Kraut hauptsächlich in der nordeuropäischen Küche eine Rolle.

Der süßliche Geschmack der Blätter, der leicht an Anis und Fenchel erinnert, harmoniert hervorragend mit Fisch (Lachs, Hering, Makrelen) und Meeresfrüchten. So findet sich das Kraut in diversen Fischsaucen – besonders gut zur Geltung kommt Dill in Rahm- und milden Senfsaucen –, ebenso wird er zum Marinieren und Beizen verwendet. Dill passt aber auch gut zu leichten Fleischragouts, Gemüse (Zucchini), Eiergerichten, Salaten (Gurke, Blattsalate) und Quarkspeisen.

Dillkraut sollte möglichst frisch verwendet werden, getrocknet schmeckt es fade, fast heuartig. Da es sehr hitzeempfindlich ist, gibt man es am besten erst unmittelbar vor dem Servieren hinzu. Wichtig: die feinen Blätter nicht hacken, sondern schneiden, sonst werden sie matschig.

Die ovalen Samenkörner des Krauts – sie schmecken ähnlich wie die Blätter, jedoch etwas mehr nach Kümmel als nach Anis – sind das klassische Gewürz für eingelegte Gurken. Sie eignen sich außerdem für andere Marinaden sowie für Kohl- und Fleischeintöpfe. In den skandinavischen Ländern verleihen die gemahlenen Samen verschiedenen Brotsorten eine pikante Note.

Rehleber auf Wildkräutersalat

1 Bund Löwenzahn
1 Bund Sauerampfer
1 Bund Brunnenkresse
1 Bund Gänseblümchen
4 Löwenzahnblüten
1 Bund Basilikum
600 g Rehleber
50 g Butterschmalz
1 rote Zwiebel, in feinen Würfeln
5 EL Himbeeressig
125 ml Gemüsebrühe
Salz und Pfeffer nach Geschmack
1 Prise Zucker

Basilikum und Wildkräuter waschen und mit Küchenpapier abtupfen. Befreien Sie die Rehleber von Häuten und Gallengängen, braten Sie sie kurz von beiden Seiten im heißen Butterschmalz an und stellen Sie sie im vorgeheizten Ofen warm. Stellen Sie aus den Zwiebelwürfeln, Himbeeressig, Brühe, Salz, Pfeffer und Zucker eine Vinaigrette her. Verteilen Sie die Wildkräuter auf einem großen Teller. Legen Sie jeweils ein bis zwei warme Leberscheibchen darauf. Den Salat mit Gänseblümchen und Löwenzahnblüten garnieren und mit der Vinaigrette beträufeln.

Kresse

Die Bezeichnung „Kresse“ umfasst drei verschiedene Gewürzkräuter, die nur teilweise miteinander verwandt sind: *Gartenkresse*, *Brunnenkresse* und die *Kapuzinerkresse*. Der gemeinsame Name kommt allerdings nicht von ungefähr. Alle drei Pflanzen haben einen ähnlichen Geschmack – würzig-frisch mit einer leicht pfeffrigen Note – und werden in der Küche auch ähnlich verwendet.

Die bekannteste und gängigste Kresse ist die *Gartenkresse (Lepidium sativum)*. Das überaus schnell wachsende, anspruchslose Würzkraut mit den weißen Stängeln und den dunkelgrünen Blättchen wird das ganz Jahr über frisch in kleinen Keimkästen angeboten. Es lässt sich aber problemlos auch selbst auf feuchter Watte ziehen. Gartenkresse passt hervorragend zu kalten Kräutersaucen, Salaten, hart gekochten Eiern und Quark. Wichtig: Gartenkresse sollte nicht gehackt oder gewaschen werden.

Die mit der Gartenkresse verwandte *Brunnenkresse (Nasturtium officinale)*, auch Wasserkresse genannt, gedeiht an Quellen und Bächen. Die ebenfalls dunkelgrünen, aber größeren und fleischigeren Blätter schmecken etwas intensiver als die der Gartenkresse. Klein geschnitten eignen sie sich für Salate, Kräutersaucen und Quark, passen aber auch zu Räucherlachs, kaltem Fleisch und Suppen.

Botanisch nicht mit diesen beiden Kräutern verwandt ist die *Kapuzinerkresse (Tropaeolum majus)*. Die Holländer brachten sie im 17. Jahrhundert von Peru nach Europa, wo sie zunächst als Heil- und Zierpflanze genutzt wurde. Essbar sind sowohl die großen rundlichen Blätter mit dem kresseartigen Geschmack als auch die orangegelben Blüten, die ebenfalls ein frisch-pfeffriges Aroma besitzen. Die Blätter würzen klein gehackt Salate, Saucen, Eiergerichte und Quark, die trompetenförmigen Blüten werden oft als Dekoration für Salate und Desserts verwendet.

Für alle drei Kräuter gilt: möglichst frisch verwenden, da die Blätter und Blüten schnell zusammenfallen und welken. Sie sollten nicht erhitzt werden, da sie dadurch ihr Aroma verlieren, und auch zum Trocknen sind sie nicht geeignet.

Nicht nur zur Verzierung von kalten Platten und Salaten geeignet: Die frischen scharf-aromatischen Blätter der **Gartenkresse** enthalten viel Vitamin C.

Sowohl die grüne als auch die rote Variante der **Shiso-Kresse** schmeckt leicht scharf und wird in Japan zum Würzen von Sushi-Gerichten verwendet.

Die **Kapuzinerkresse** bietet gleich doppelten Genuss: Essbar sind nicht nur ihre runden, scharf schmeckenden Blätter, sondern auch die schönen Blüten.

Knoblauch

Bei kaum einem anderen Gewürz scheiden sich die Geister so sehr wie beim *Knoblauch (Allium sativum)*: Während sich die einen mit einem bloßen Hauch des würzig-scharfen Aromas begnügen oder die Knolle völlig meiden, können andere nicht genug von ihr bekommen. Die gegensätzliche Wertschätzung hat den Knoblauch schon immer während seiner jahrtausendealten Geschichte als Würzmittel begleitet: So ließen sich die Pyramidenbauer im Alten Ägypten mit Knoblauch bezahlen, und in Asien wurden Lobeslieder über seine Würz- und Heilkraft verfasst, andernorts verachtete man die Zwiebel mit dem unangenehmen „Nachduft" als Lebensmittel armer Leute, das in der feinen Küche zu meiden sei. Nicht zuletzt aus medizinischen Gründen ist diese Meinung heute überholt: Der regelmäßige Genuss frischen Knoblauchs schützt vor Darmerkrankungen, Bluthochdruck und Arteriosklerose.

Knoblauch ist wie seine botanischen Verwandten Zwiebel, Lauch, Schnittlauch und Schnittknoblauch ein Liliengewächs, dessen Urheimat in Zentralasien liegt. Die Knolle besteht aus mehreren weiß, rosa oder violett gefärbten Zehen, die kreisförmig um eine ovale Hauptzwiebel angeordnet sind. Ihr Geschmack ist den schwefelhaltigen ätherischen Ölen zu verdanken, die zwar einerseits für den ungeliebten Knoblauchgeruch verantwortlich sind, andererseits aber die gesunden Wirkstoffe der Zwiebel enthalten. Das beste Aroma besitzt junger Knoblauch, dessen Außenhaut noch weich ist: Er ist saftig, vergleichsweise mild und wird in der mediterranen Küche geschmort oder gegrillt auch als Gemüse genossen.

Die mediterrane und asiatische Küche sind ohne Knoblauch nicht denkbar: Er würzt Schmorgerichte mit Lamm, Kaninchen, Geflügel, aber auch Gemüse, Suppen, Salate und Saucen (Pesto, Aioli). Während man die Zehen rund ums Mittelmeer gerne mit Olivenöl, Zitronensaft und frischen Kräutern kombiniert, verwendet man Knoblauch in Asien oft zusammen mit Ingwer, Zitronengras, frischem Koriander und Chilis. Die Zehen werden ganz, beziehungsweise zerdrückt oder klein gehackt kurz angebraten und dann mitgeschmort. Je länger sie mitgaren, desto mehr verliert sich ihr kräftiges Aroma.

Würzige Knoblauchsuppe

1 Knoblauchzehe
3 dicke Scheiben Weißbrot ohne Rinde
300 ml Milch
3 EL Olivenöl
3 Tomaten, gehäutet, entkernt, gehackt
1,5 l Fleischbrühe
1/2 Chili
2 Eier
1 Prise scharfer Paprika
5 Stiele glatte Petersilie, klein gehackt

Die Knoblauchzehe wird geschält und in einem Mörser zerstoßen. Weichen Sie die Weißbrotscheiben in der lauwarmen Milch ein. Erhitzen Sie etwas Olivenöl in einem mittelgroßen Topf und dünsten Sie darin den Knoblauch und die Tomaten an. Nehmen Sie das Weißbrot aus der Milch, drücken Sie es aus und geben Sie es dazu. Alles vermischen, mit der Fleischbrühe ablöschen und auffüllen. Die Chili fein hacken, dazugeben und alles 10 Min. bei geringer Hitze köcheln lassen. Die Suppe durch ein Sieb passieren und noch einmal kurz aufkochen. Verquirlen Sie die Eier mit der Paprika, nehmen Sie die Suppe von der Herdplatte und rühren Sie die Eier darunter. Mit Petersilie bestreuen und servieren.

Geröstetes Knoblauchbrot

4 Scheiben Bauernbrot
2 Knoblauchzehen
5 EL Olivenöl
Salz und schwarzer Pfeffer nach Geschmack

Toasten Sie die Brotscheiben. Schälen und halbieren Sie den Knoblauch und reiben Sie jede Brotscheibe mit einer Knoblauchhälfte ein. Träufeln Sie ein Esslöffel Olivenöl über die Brote und würzen Sie diese nach Geschmack mit Salz und Pfeffer.

Minze

Die *Minze (Mentha)* gehört zu den ältesten Küchenkräutern der Welt. So nutzten bereits in vorchristlicher Zeit nicht nur die Völker rund ums Mittelmeer, sondern auch Japaner und Chinesen die dunkelgrünen Blätter als Duft-, Heil- und Würzmittel. Heute ist das mehrjährige Staudengewächs in allen gemäßigten Regionen der Erde zu finden.

Botaniker unterscheiden mehr als 50 verschiedene Minze-Arten, die sich teilweise aus Kreuzungen oder Bastardierung entwickelt haben. Sie alle besitzen, wenn auch in unterschiedlichen Mengen, ein mentholhaltiges Öl, das für den spezifischen erfrischenden Duft, Geschmack und die Heilkraft des Krauts verantwortlich ist. Den höchsten Mentholgehalt hat die *Pfefferminze (Mentha piperita)*, die bekannteste und aromatischste Sorte ihrer Gattung. Ihre eiförmigen, behaarten Blätter werden vor allem für den gleichnamigen Tee sowie zur Produktion des Pfefferminzöls verwendet. Doch auch als Küchengewürz kommt die Pfefferminze zum Einsatz.

Nicht ganz so kräftig, aber dafür etwas delikater im Geschmack sind die *Grüne Minze (Mentha spicata)* und deren Varianten *Krause Minze*, *Arabische Minze* (auch *Marokkanische Minze*), *Apfelminze* und *Ananasminze*. Sie unterscheiden sich unter anderem in der Blattform und im Aroma. Wie auch die Pfefferminze verleihen sie Lamm, Fisch, Gemüse (Erbsen, Möhren, Kürbis) und Kräutersaucen, aber auch Obstsalaten und anderen Süßspeisen einen fruchtigen, erfrischenden Geschmack. Ähnlich wie die Zitronenmelisse wird die Minze auch gern für Bowlen und Cocktails genutzt. Besonders beliebt ist das Kraut in asiatischen und orientalischen Ländern. Dort würzt es Currys, Linsengerichte, Tabbouleh, Chutneys, Joghurtgetränke (Raita) und kräftige Saucen.

In der Küche sollte Minze möglichst frisch verwendet werden, getrocknete Blätter eignen sich eher für die Teezubereitung. Durch zu langes Erhitzen verliert das Kraut an Geschmack und wird daher am besten erst gegen Ende der Garzeit hinzugefügt. Es lässt sich hervorragend mit Knoblauch und anderen Gewürzen wie Petersilie, Koriander, Ingwer, Kümmel, Cayennepfeffer und Nelke kombinieren, darf dann aber nur sparsam eingesetzt werden, da es die anderen Aromen leicht überdeckt.

Hühnerbrust auf Orangensauce

2 Hühnerbrüste
Olivenöl, Salz, Pfeffer
2 kleine Schalotten, fein gehackt
2 Möhren, in dünne Scheiben geschnitten
1 kleines Glas Sherry
Saft von 3 Orangen und 1 Limone
1 Zweig Minze, fein gehackt
Orangenspalten

Die Brustfilets waschen, abtupfen und mit Salz und Pfeffer bestreuen. Erhitzen Sie das Olivenöl in einer Bratpfanne. Legen Sie die Filets hinein und braten Sie sie mit den Schalotten und Möhrenscheiben 5 bis 6 Min. auf beiden Seiten. Nehmen Sie die Filets aus der Pfanne und stellen Sie sie beiseite. Der Bratfond wird mit Sherry abgelöscht und kurz aufgekocht. Gießen Sie den Orangen- und Limonensaft dazu und geben Sie die Minze hinein. Lassen Sie die Sauce einkochen und gießen Sie sie dann durch ein Sieb. Legen Sie die Filets in die Sauce und lassen Sie sie bei mäßiger Hitze garen. Mit Orangenspalten garnieren.

Englische Mintsauce

Aus England kommt eine Kräutersauce, die für manchen Gaumen südlich der britischen Inseln gewöhnungsbedürftig ist: die aus gehackten Minzblättern, Zucker, Essig und Wasser zubereitete Mintsauce. Die süßlich-frische Paste ist in Großbritannien die klassische Würzsauce für Lammgerichte, wird aber auch zu Fisch, Geflügel und Pasteten serviert. Wer sich nicht selbst an die Herstellung wagen will, kann die aromatische Sauce mittlerweile auch bei uns als Fertigprodukt kaufen.

Mojito-Cocktail

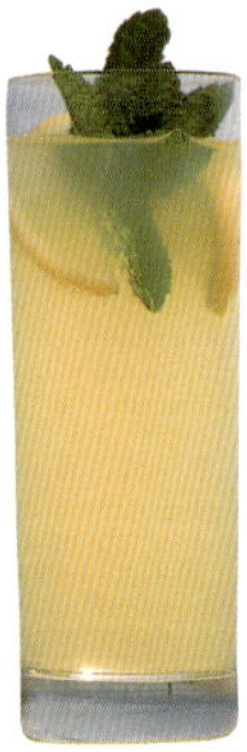

6 cl weißer Rum
2 cl Limettensaft
1 TL Puderzucker
Zerstoßenes Eis
Sodawasser
Frische Minze
1 Minzezweig zum Dekorieren

Ein paar Minzeblätter zerdrücken und mit Rum, Limettensaft, Zucker und etwas Soda übergießen. Glas mit zerstoßenem Eis füllen und das Getränk gut mixen.

Vor allem in asiatischen und orientalischen Ländern ein beliebtes Gewürz: frische **Minze**.

Zitronenmelisse

Zitronenmelisse (Melissa officinalis) ist ein mediterranes Staudengewächs, das zur Familie der Lippenblütler gehört und ein sehr erfrischendes Aroma besitzt. Sobald man die hellgrünen, herzförmigen Blätter reibt oder zerdrückt, entfalten sie einen intensiven Zitronenduft. Wahrscheinlich wurde die Pflanze im Mittelalter aus dem Orient nach Deutschland und Frankreich gebracht, wo man sie dann in den Klostergärten als Heil- und Würzkraut kultivierte.

Das kräftige Aroma der Melisse passt nicht nur zu Fisch, hellem Fleisch, Salaten und Reisgerichten, sondern verleiht auch fruchtigen Süßspeisen, Gebäck, Bowlen und Cocktails eine kühle und erfrischende Note. Oftmals verwendet man ganze Blättchen auch als Dekoration für Eis- und Obstdesserts.

Zitronenmelisse gibt es frisch oder getrocknet zu kaufen; für die Küche ist jedoch die frische Ware vorzuziehen, da sie ein feineres Aroma besitzt. Die Blätter sollten möglichst unzerkleinert erst kurz vor dem Servieren hinzugefügt werden, da sich das zitronig-herbe Aroma durch Erhitzen verflüchtigt. Sparsam verwendet, harmoniert Melisse auch mit anderen Gewürzen. So verfeinert sie beispielsweise Kräutersaucen wie die Frankfurter Grüne Sauce, deren Bestandteile Sauerampfer, Petersilie, Schnittlauch, Kresse, Pimpernelle, Kerbel und Dill durch sie einen ganz besonderen Akzent verliehen bekommen.

Mit den frischen oder getrockneten Blättern lässt sich ein erfrischend schmeckender Tee zubereiten, der zudem beruhigt und krampflösend wirkt. Eine ähnlich heilsame Wirkung wird dem Melissen- oder Karmelitergeist zugesprochen, der aus Extrakten der Pflanze hergestellt wird. Zitronenmelisse ist außerdem Bestandteil zahlreicher Kräuterliköre wie etwa der edlen Tropfen Chartreuse und Bénédictine.

Orangen-Kuchen

Für den Mürbeteig:

300 g Weizenmehl
1 Ei
100 g Zucker
1 Messerspitze Jodsalz
etwas abgeriebene Schale von einer unbehandelten Zitrone
200 g kalte Butter oder Margarine
Mehl zum Ausrollen
Fett für die Form

Für den Belag:

3 mittelgroße Orangen
2 EL Zucker
1 EL Butter
1 EL Puderzucker
1 Zweig Zitronenmelisse

Sieben Sie das Mehl in eine Schüssel, fügen Sie Ei, Zucker, Salz und die Zitronenschale dazu und geben Sie die Butter darauf. Kneten Sie das Ganze zügig zu einem glatten Teig. Formen Sie eine Kugel, wickeln Sie den Teig in Frischhaltefolie und lassen Sie ihn 30 Min. im Kühlschrank ruhen. Rollen Sie ihn dann auf einer mit Mehl bestreuten Arbeitsfläche aus und legen Sie ihn in eine ausgefettete Springform. Formen Sie einen ca. vier Zentimeter hohen Rand und stechen Sie den Boden mehrfach mit einer Gabel ein. Heizen Sie den Backofen auf 200 °C vor. Orangen schälen und in dünne Scheiben schneiden. Karamellisieren Sie den Zucker in einer Pfanne und lassen Sie die Butter darin schmelzen. Die Orangenscheiben werden darin gewendet und auf dem Teigboden verteilt. Backen Sie den Kuchen etwa 20 Min. im vorgeheizten Backofen. Danach aus der Form nehmen, mit Puderzucker bestreuen und mit Melisseblättchen garniert noch heiß servieren.

Melissengeist

Fast bekannter als das aromatische Kraut ist ein daraus gewonnenes Destillat, das sich unter der Bezeichnung Melissengeist oder Eau-des-Carmes vielerorts großer Beliebtheit erfreut. Erfunden wurde das hochprozentige Heilmittel – der Alkoholgehalt liegt bei 70 bis 80 Prozent – um 1611 von Mönchen eines französischen Karmeliterklosters; bereits im 19. Jahrhundert begann die industrielle Produktion des begehrten Präparates. Aufgrund der hohen Nachfrage wird Melissengeist heute meist nicht mehr nur aus Melisse, sondern auch aus anderen, in der Zusammensetzung ähnlichen Pflanzenstoffen hergestellt. Äußerlich angewendet soll es die Durchblutung und Wundheilung fördern, in Tropfenform eingenommen hilft es – so versprechen die Beipackzettel – gegen Migräne, Muskelverspannung und Erkältungen.

Die zartgrünen Blätter der **Zitronenmelisse** werden auch gerne als Dekoration benutzt.

Verwendet wird lediglich der untere, etwas verdickte Teil der Halme.

Zitronengras

Noch vor wenigen Jahren war *Zitronen-* oder *Lemongras (Cymbopogon citratus)* in Europa weitgehend unbekannt. Doch mit dem zunehmenden Interesse an der thailändischen und indonesischen Küche hat sich das geändert, und mittlerweile findet man das tropische Gewürz auch bei uns nicht nur in Asia-Shops, sondern ebenfalls in den Lebensmittelabteilungen gut sortierter Kaufhäuser.

Zitronengras ist ein schilfartiges, in Südostasien beheimatetes Gras, das ein wenig wie helle Frühlingszwiebeln aussieht. Das intensive Zitronenaroma verdankt es einem Stoff namens Citral, der auch in den ätherischen Ölen der Zitronenschale enthalten ist. Die tropischen Grashalme kommen entweder frisch, getrocknet oder gemahlen in den Handel; letztere Form wird auch unter der Bezeichnung *Sereh-Pulver* angeboten. Das beste Aroma besitzen jedoch die frischen Pflanzen.

Verwendet wird in erster Linie der untere weiße Teil des Zitronengrases. Er verfeinert – ganz oder in feine Scheiben geschnitten – Suppen, Eintöpfe und Marinaden, aber auch Geflügel, Fisch und Meeresfrüchte. Der obere, hellgrüne Teil des Halms ist zu faserig zum Essen und wird daher vorwiegend zur Aromatisierung von Suppen oder Saucen genutzt und vor dem Servieren wieder entfernt. Der süß-zitronige, leicht an Gras erinnernde Geschmack des Gewürzes harmoniert besonders gut mit Knoblauch, Zwiebeln, Pfeffer, Chilis und frischem Koriandergrün. Da Lemongras ein sehr intensives Aroma besitzt, sollte es nur sparsam verwendet werden.

Das schilfartige **Zitronengras** wächst in den Tropen Südostasiens.

Paprika-Koriander-Suppe mit Sesamcroûtons

Asiatische Küche

Der Trend zu asiatischen Gerichten und Aromen hat die europäische Küche gleich mehrfach erweitert: Einzug gehalten haben nicht nur zahlreiche exotische Gewürze wie Zitronengras, Korianderkraut, Thai-Basilikum oder diverse Fischsaucen, sondern auch neue Kochgeräte wie der Wok oder der Dampfkorb aus geflochtenem Bambus. Mit diesen beiden Kochutensilien verknüpft ist eine überaus gesunde Zubereitungsform: Die klein geschnittenen Zutaten werden im Bambuskorb – ganz ohne Fett – gedämpft oder aber in der heißen Wokpfanne unter ständigem Rühren angebraten und innerhalb weniger Minuten fertig gegart. Dank dieser kurzen und schonenden Garmethoden bleiben Vitamine und Mineralstoffe weitgehend erhalten.

Koriander

Koriander (Coriandrum sativum) zählt kulturgeschichtlich zu den ältesten Gewürzen der Welt. Bereits das Alte Testament erwähnt die Samen des einjährigen Doldengewächses, und auch die Ägypter und Römer verwendeten Koriander als Gewürz. Ursprünglich ein Mittelmeerkraut, wird Koriander heute weltweit angebaut. Wie bei seinen botanischen Verwandten Fenchel und Dill dienen dabei sowohl die Blätter als auch die Samenkerne als Würzmittel.

Die hellgrünen, fein gefiederten Blätter des Krauts, die auch unter dem Namen *Cilantro* oder *Chinesische Petersilie* bekannt sind, sehen wie glatte Petersilie aus. Ihr Aroma ist allerdings für den mitteleuropäischen Gaumen gewöhnungsbedürftig: Der recht strenge, scharf-bittere Duft und Geschmack wird vielfach als muffig und wenig appetitlich empfunden. In den asiatischen, orientalischen und mittelamerikanischen Ländern hingegen wird Koriandergrün so oft und vielseitig verwendet wie bei uns die Petersilie. Die frischen, gehackten Blätter würzen Salate, Suppen und Saucen, aber auch Currys, Geflügel und Fisch. Damit sich das Aroma nicht verflüchtigt, sollten sie erst kurz vor Beendigung der Garzeit hinzugefügt werden. In Indien und Thailand verwendet man auch die klein geschnittenen Wurzeln des Krauts. Ihr Geschmack ist besonders intensiv.

Ein ganz anderes Aroma haben die gelbbraunen Samen des Korianders, die entweder ganz oder als Pulver zu kaufen sind: Sie schmecken süßlich-würzig mit einem Hauch von Zitronat und sind vielseitig verwendbar. So würzen sie nicht nur Gemüse, Hülsenfrüchte, Eintöpfe, Fleisch und Fisch, sondern auch Süßspeisen, Brot und Gebäck wie etwa Spekulatius. Gemahlener Koriander ist außerdem wichtiger Bestandteil der asiatischen Gewürzmischungen Curry und Garam masala.

Koriandersamen vertragen sich mit vielen asiatisch-orientalischen Gewürzen, darunter Ingwer, Kreuzkümmel, Korianderkraut und Minze, aber auch mit Knoblauch, Petersilie und Zitrone. Ihr Aroma entfaltet sich besonders gut, wenn man die ganzen Körner zusammen mit anderen Gewürzen einige Minuten in Öl anröstet, bevor man die eigentlichen Zutaten (Fleisch, Fisch, Gemüse) hinzugibt.

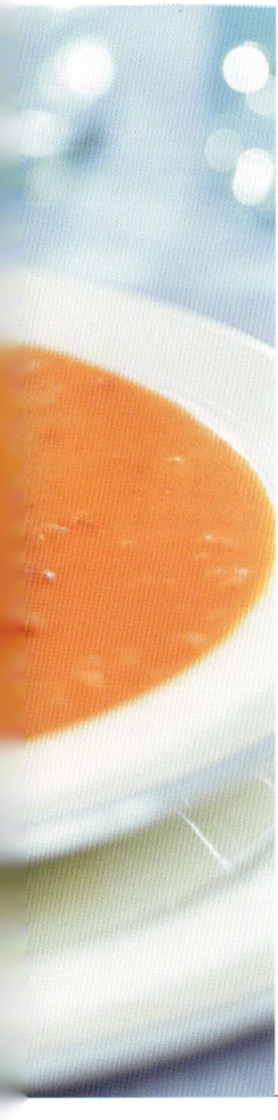

Croûtons:

1 Ei
Salz, weißer Pfeffer nach Geschmack
2 Scheiben Vollkorn-Toastbrot
5 EL Sesamsamen

Suppe:

1 kleine Zwiebel
300 g rote Paprika
100 g gelbe Paprika
20 g Sonnenblumenmargarine
1/2 Bund Koriander
50 g Süße Sahne
600 ml Gemüsebrühe
Salz
weißer Pfeffer nach Geschmack

Backofen auf 200 °C vorheizen. Legen Sie ein Backblech mit Backpapier aus. Das Ei wird in einen tiefen Teller geschlagen, verquirlt und mit Salz und Pfeffer gewürzt. Geben Sie den Sesam in einen flachen Teller und wenden Sie die Toastscheiben zuerst im Ei und dann im Sesam. Legen Sie die Scheiben auf das Blech und rösten Sie das Brot etwa 10 Min. in mittlerer Höhe an. Das Brot dabei nach 5 Min. wenden. Nehmen Sie das Brot vom Blech und lassen Sie es abkühlen.

Paprika und die geschälte Zwiebel in feine Würfel schneiden. Erhitzen Sie die Margarine in einem Topf und dünsten Sie das Gemüse darin etwa 10 Min. an. Der Koriander wird klein gehackt und darunter gemischt. Gießen Sie die Sahne dazu und lassen Sie alles kurz aufkochen. Gießen Sie ca. 100 ml Brühe an und pürieren Sie das Gemüse in der Flüssigkeit sorgfältig mit einem Mixstab. Geben Sie die restliche Brühe hinzu. Die Suppe noch 5 Min. köcheln lassen und danach die Sesamcroûtons darüber geben.

Frischer **Koriander** darf in asiatischen Gerichten nicht fehlen – auch wenn manche sein Aroma für gewöhnungsbedürftig halten.

Ingwer

Ingwer (Zingiber officinale), eines der ältesten und weltweit begehrtesten Gewürze, spielte in der deutschen Küche lange Zeit kaum eine Rolle. Allenfalls für Ingwerplätzchen und anderes süßes Gebäck wurde er verwendet. Mit der zunehmenden Beliebtheit asiatischer Gerichte hat sich das geändert, und mittlerweile gilt auch bei uns vor allem die frische Ingwerwurzel als etwas eigenwillige, aber delikate Zutat, die in keiner Küche fehlen sollte.

Die Ingwerpflanze stammt ursprünglich aus Südostasien, wird aber seit vielen Jahrhunderten auch in anderen tropischen Ländern kultiviert. Als Würzmittel verwendet man die gelbfleischigen, knorrig verzweigten Wurzelstöcke der Pflanze. Sie enthalten bis zu drei Prozent ätherische Öle, die dem Wurzelfleisch einen scharfen, fruchtigen, ein wenig an Zitrone erinnernden Geschmack verleihen. Neben den frischen Wurzelstöcken – sie besitzen das intensivste Aroma – gibt es Ingwer auch getrocknet, gemahlen, kandiert sowie in Essig oder Sirup eingelegt. Außerdem ist er fester Bestandteil verschiedener Gewürzmischungen wie Currypulver, Garam masala und Quatre épices.

Frischen Ingwer, der übrigens hervorragend mit Knoblauch und Koriander harmoniert, findet man vor allem in asiatischen Fisch-, Fleisch- und Gemüsegerichten. Die geschälte und dann klein gewürfelte bzw. geraspelte Wurzel wird während des Bratens bzw. Dünstens hinzugegeben. Auch Marinaden werden gerne mit Ingwer abgeschmeckt. Da frischer Ingwer ein sehr kräftiges Aroma besitzt, sollte er nur in Maßen verwendet werden, zuviel davon lässt das Gericht schnell bitter werden.

Gemahlener Ingwer schmeckt wesentlich dezenter und wird meist zum Verfeinern süßer Speisen wie Gebäck, Soufflés und Fruchtschalen verwendet, eine pikante Note verleiht er Fisch, Geflügel und Reisgerichten. In Sirup oder Essig eingelegter Ingwer würzt süß-saure Gerichte und ist – in hauchdünne Scheiben geschnitten – eine Beilage japanischer Sushi- und Sashimi-Gerichte.

Gesundheit

Seit Alters her wird Ingwer als vielseitiges Heilmittel geschätzt. Bereits der griechische Arzt Dioskurides empfahl das Wurzelfleisch in seiner Heilmittelkunde als Medikament gegen Vergiftungen, und im Mittelalter schrieb man dem Gewürz eine lebensverlängernde und aphrodisierende Wirkung zu. Letzterer vertraute offenbar schon Kleopatra: Die ägyptische Königin bediente sich zwecks Umgarnung des römischen Feldherrn Mark Anton – so die Legende – eines Liebestrunks aus Muskat und Ingwer. Unbestritten sind die Kreislauf und Appetit anregenden Eigenschaften der Ingwerwurzel. Ihre ätherischen Öle wirken verdauungsfördernd und fiebersenkend. Der regelmäßige Genuss von Ingwer soll außerdem Erkältungen vorbeugen und Rheumaschmerzen lindern.

Gemahlener Ingwer

Ragout aus Ingwer und Pflaumen

600 g reife Zwetschgen
200 g Zucker
1 EL Butter
125 ml Himbeeressig
1/2 Zimtstange
3 Nelken
1 TL frischer Ingwer, gerieben
125 ml Rotwein
1 Packung Zitro-Back
50 g Sultaninen, gewaschen
50 g geröstete Pinienkerne

Zwetschgen waschen und entsteinen. Den Zucker in einem breiten Topf langsam karamellisieren lassen, die Butter dazugeben und mit dem Himbeeressig ablöschen. Alles bei schwacher Hitze aufkochen, damit der Karamell sich auflöst, aber nicht zu braun wird. Geben Sie die Gewürze und die Zwetschgen dazu und wenden Sie alles im Sirup. Fügen Sie nun den Rotwein, das Zitronenaroma und die Sultaninen hinzu. Zudecken und 3 Min. vorsichtig dünsten. Gießen Sie den Sud in einen zweiten Topf und lassen Sie ihn etwas einkochen. Gießen Sie den Sud wieder über die Zwetschgen und streuen Sie die Pinienkerne darüber. Servieren Sie das Ragout lauwarm in tiefen Tellern.

Eine frische **Ingwerwurzel** hat eine glatte, leicht glänzende Haut, festes Fleisch und ein intensives, zitronenartiges Aroma.

Brauner Kardamom ist weitaus billiger als der grüne **Echte Kardamom**.

In den Fruchtkapseln befinden sich je nach Sorte bis zu 40 Samen. Zerstoßen oder gemahlen sind sie wichtiger Bestandteil der Curry-Mischungen.

Kardamom

Mit *Kardamom (Elettaria cardamomum)*, nach Safran und Vanille das teuerste Gewürz der Welt, verbinden die meisten Europäer recht wenig; man kennt ihn oft nur als Zutat von Lebkuchen und anderem Weihnachtsgebäck. In asiatischen und arabischen Ländern ist das anders: Dort gehört Kardamom zu den wichtigsten Würzmitteln überhaupt. Und auch die skandinavische Küche weiß ihn zu schätzen.

Kardamom ist ein tropisches, schilfartiges Gewächs mit lanzettförmigen Blättern, das zur Familie der Ingwerpflanzen gehört. An den bis zu fünf Meter hohen Stauden wachsen Fruchtkapseln heran, deren dunkelbraune bis schwarze Samen – das eigentliche Gewürz – ein süßlich-scharfes, etwas bitteres, aber erfrischendes Aroma besitzen. Die Kapseln werden sofort nach der Ernte getrocknet und dann entweder ganz oder als Samenpulver in den Handel gebracht.

Botaniker und Gourmets unterscheiden verschiedene Kardamomsorten: Der *Echte Kardamom*, auch *Malabarkardamom* genannt, hat seine Heimat in Südindien und Sri Lanka, wird aber heute auch in Vietnam, Thailand, Kambodscha, Tansania und Guatemala angebaut. Seine hellgrünen Früchte enthalten etwa 20 dunkle Samen. Aus optischen Gründen werden die Kapseln manchmal auch gebleicht und kommen dann als weiße Ware auf den Markt. Neben dem *Echten Kardamom* gibt es auch *Braunen* oder *Schwarzen Kardamom*, der von botanisch verwandten Pflanzen stammt. Seine dunkelbraunen Kapseln sind größer als die grünen und enthalten dementsprechend mehr Samenkörner. Diese schmecken herber und rauchiger und gelten als qualitativ weitaus schlechter als die des *Malabarkardamoms*.

In den asiatischen und orientalischen Ländern sind die zerstoßenen Fruchtkapseln wichtiger Bestandteil der Currymischungen. Ebenso profitieren Fleisch, Fisch, Reis, aber auch Desserts, Brot und Gebäck von der erfrischenden Würze des Kardamoms. Viele Araber geben außerdem einige Samen in den gemahlenen Kaffee. In Skandinavien – der einzigen westlichen Region mit ausgeprägter Kardamomtradition – verwendet man Kardamom nicht nur zur Aromatisierung von Glühwein und Kompott, sondern auch zur Verfeinerung von Wurstwaren und Fleischgerichten.

Das süßlich-scharfe **Mango Chutney** kommt ursprünglich aus Indien. Es besteht aus Früchten oder Gemüse, die mit Essig, Zucker und Gewürzen eingekocht wurden.

Die indische Gewürzmischung **Garam masala** gibt es in unzähligen Varianten. Zu den wichtigsten Zutaten gehören Zimt, Nelke, grüner Kardamom, Kreuzkümmel und Muskat.

Auch optisch bieten Gewürze aus aller Welt einen unvergleichlichen Genuss.

Gewürzmischungen

Currypulver ist eine scharfe Gewürzmischung, die bis zu 40 Zutaten enthält, darunter Cayennepfeffer, Koriander, Ingwer und Gelbwurz.

Chilipulver ist eine Mischung aus getrockneten, gemahlenen Chilis und weiteren Gewürzen wie Cayennepfeffer, Kreuzkümmel, Knoblauch und Piment.

Sojasauce ist vergorene Sojabohnenmasse, die mehrere Jahre in Fässern heranreift.

Worcestersauce ist eine englische Würzsauce aus Malzessig, Melasse, Sardellen, Zwiebeln und Gewürzen.

Austernsauce gewinnt man aus dem Fleischextrakt der Auster.

Sambal Oelek besteht aus frischen Chilis, Zucker und Salz.

Tabasco wird aus roten Chilis, Salz und Essig hergestellt.

Chilisauce besteht aus Reisessig und Chili (40 %); sie hat meist eine dickliche Konsistenz.

Nelke

Nelken (Syzygium aromaticum), genauer Gewürznelken, sind die getrockneten Blütenknospen eines tropischen Myrtengewächses, das auf den indonesischen Gewürzinseln (Molukken) beheimatet ist. Die intensiv riechenden Knospen des immergrünen Baums gelten seit jeher als ein in aller Welt begehrtes Würz- und Duftmittel: So wurden in der chinesischen Han-Dynastie die Höflinge und Beamten dazu verpflichtet, vor einer Audienz beim Kaiser Nelken zu kauen, damit dieser nicht durch den schlechten Atem seiner Gesprächspartner belästigt würde.

Über verschiedene Handelsrouten kamen die wohl riechenden Knospen über Sri Lanka und Unterägypten in das antike Rom. Von dort gelangten sie bald in die übrigen europäischen Länder, wo sie neben Muskat, Pfeffer und Zimt zu einem der begehrtesten und teuersten Gewürze avancierten. Anbau und Ausfuhr der Nelkenknospen wurden jahrhundertelang von den jeweiligen Kolonialherren der Gewürzinseln schärfstens kontrolliert. Heute werden Gewürznelken auch auf Sansibar und Madagaskar angebaut.

Nelken sind sehr vielseitig einsetzbar: Ihr scharfes, leicht brennendes Aroma passt zu Süßspeisen wie Obstkompott, Kuchen oder Weihnachtsgebäck (Lebkuchen), aber auch zu Schmorgerichten mit Fleisch, Wild und Geflügel, Eintöpfen, Gemüse (Rotkohl), Marinaden oder Pasteten. Geradezu unentbehrlich sind die nagelförmigen Blütenknospen für Glühwein, Feuerzangenbowle und Punsch. Ihr Geschmack verträgt sich sehr gut mit anderen Gewürzen wie Knoblauch, Pfeffer und Zwiebeln. Nicht umsonst werden Nelken verschiedenen kräftigen Würzmischungen beigemengt wie Garam masala und Quatre épices. Es gibt sie als getrocknete Knospen und als Pulver zu kaufen. Gemahlen verlieren sie allerdings schnell ihre Würze. Es empfiehlt sich daher, Gewürznelken vor Gebrauch selbst zu mahlen oder aber ganze Knospen mitzukochen und vor dem Servieren wieder zu entfernen. Da ihr Aroma recht intensiv ist, sollte man sie allerdings sparsam verwenden.

Nelkenpulver eignet sich zur Veredelung von Kleingebäck und zum Würzen herzhafter Fleischfüllungen.

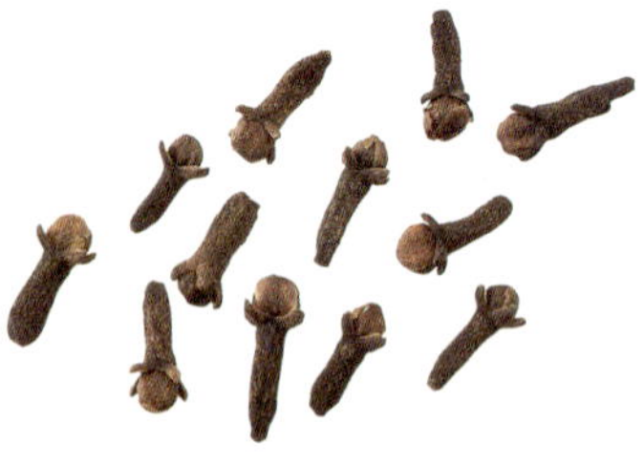

Getrocknete Nelkenknospen verfeinern nicht nur Süßspeisen, sondern auch herzhafte Gerichte.

Nelkenzigaretten

In Indonesien kennt und liebt man so genannte Nelkenzigaretten (kretek), bei denen der Tabak mit den kleinen Stielen der Nelkenknospen vermengt wird. Die beruhigenden Eigenschaften des ätherischen Nelkenöls sollen die Wirkung des Tabaks mildern.

Anis

Ausgrabungen belegen, dass *Anis (Pimpinella anisum)* schon in der frühen Bronzezeit bekannt war. Damit dürfte es zu den ältesten Gewürzen der mediterranen Welt gehören. In der Antike schätzte man es nicht nur als Gewürz für Brot und anderes Gebäck, sondern auch als vielseitiges Heilmittel. So wusste schon der römische Schriftsteller Plinius von den beruhigenden und verdauungsfördernden Eigenschaften des Gewürzes und empfahl die Samen unter anderem bei schlechtem Atem und Albträumen.

Anis, auch Süßer Kümmel genannt, ist ein einjähriges Doldengewächs, das ursprünglich im östlichen Mittelmeerraum beheimatet war, heute aber in nahezu allen wärmeren Regionen der Erde angebaut wird. Anders als bei seinen Verwandten Dill und Koriander bilden allein die länglich-ovalen Samen der Pflanze das Würzmittel. Ihr süßlich-herbes Aroma ist vor allem in Europa, der Türkei und Nordafrika beliebt.

In der europäischen Küche ist Anis ein typisches Gewürz für Süßspeisen, Brot und Gebäck. Er reichert aber auch Kompott, Obstsalate, Aufläufe, Milch- und Grießspeisen sowie Kleingebäck (Anisplätzchen), Printen, Lebkuchen und andere Backwaren mit seinem unverkennbaren Lakritzgeschmack an. In Nordafrika und Asien verwendet man Anis zudem für Suppen, Gemüse, Fisch und Geflügel. Anis gibt es sowohl als ganze Samen als auch gemahlen zu kaufen. Da das pulverisierte Gewürz allerdings viel von seinem Aroma einbüßt, benutzt man für die Küche am besten getrocknete Samen, die kurz vor Gebrauch in einem Mörser zerstoßen werden.

Sternanis ist die getrocknete Frucht eines etwa zehn Meter hohen, mit der Magnolie verwandten immergrünen Baums (Illicium verum Hooker filius). Ihr Aroma ähnelt dem des Anis.

Anissamen duften weitaus intensiver als Anispulver. Bei Bedarf werden sie in einem Mörser zerstoßen.

Anis-Schnäpse

Eine Spezialität der Länder rund ums Mittelmeer sind alkoholische Getränke, die mit dem würzig-süßen Öl der Anissamen aromatisiert werden. Zu den bekanntesten Sorten gehören der Pastis aus Frankreich, der spanische Anis del Mono, Rakı aus der Türkei und der griechische Ouzo. Sie alle werden pur oder aber mit eiskaltem Wasser verdünnt genossen. Enthält die Spirituose mehr als 44 Prozent Alkohol, verfärbt sich das klare Getränk – genauer das Anisöl – durch die Beigabe des Wassers milchig-weiß.

Muskat

Neben Pfeffer, Nelken und Zimt gehört die *Muskatnuss (Myristica fragrans)* zu den ehemals begehrtesten exotischen Gewürzen, um derentwillen spanische und portugiesische Seefahrer im 16. Jahrhundert neue Seerouten erkundeten.

Muskatnüsse stammen von dem immergrünen Muskatbaum, der auf den tropischen Gewürzinseln im Osten Indonesiens beheimatet ist. Seine goldgelben Früchte, die im Aussehen an Aprikosen erinnern, platzen im reifen Zustand auf und geben gleich zwei Gewürze frei: einen Fruchtkern, in dem sich ein eiförmiger Samen befindet – die Muskatnuss –, und einen den Fruchtkern umhüllenden Samenmantel, der getrocknet und gemahlen ebenfalls ein beliebtes Würzmittel ist: die so genannte *Muskatblüte* oder *Macis*. Diese orangefarbene Haut schmeckt ähnlich würzig wie die Nuss, ist aber noch aromatischer und delikater als diese.

Nach der Ernte werden die vom Fruchtfleisch und Samenmantel befreiten Fruchtkerne zunächst mehrere Wochen lang in der Sonne getrocknet. Erst dann schlägt man die Kerne auf, nimmt die hellbraunen Samen heraus und badet sie in einer Kalklösung, die sie vor Ungeziefer schützen soll. Anschließend kommen sie im Ganzen oder gemahlen in den Handel. Da Muskatpulver – anders als gemahlene Muskatblüte – schnell sein Aroma verliert, sollte man besser auf die Nüsse zurückgreifen, die man dann bei Bedarf frisch reibt.

Muskatnuss wie auch die etwas teurere Muskatblüte lassen sich vielseitig nutzen: Sie würzen zum einen Gemüse (Spinat, Mangold, Blumenkohl, Rosenkohl), Kartoffel- und Nudelgerichte, Fleisch, Wurstwaren und Pasteten, verfeinern zum anderen aber auch Süßspeisen wie Obstkompott und Gebäck. Da ihre ätherischen Öle hitzeempfindlich sind, sollte man Muskat erst gegen Ende der Garzeit hinzugeben.

Muskat sollte immer erst vor dem Gebrauch gerieben werden, da das Pulver schnell sein Aroma verliert.

Papayatörtchen

3 reife Papayas
2 Limetten
150 g Zucker
2 Nelken
1 TL geriebene Ingwerwurzel

Zum Garnieren:
1 Becher Crèmedouble (125 g)
1 Limette (heiß gewaschen)

Die Papayas werden geschält, die Kerne herausgeschabt (Kerne aufbewahren) und das Fruchtfleisch grob zerschnitten. Schneiden Sie mit einem Julienneschneider feine Streifen aus den Limetten. Pressen Sie den Limettensaft aus und gießen Sie ihn über das Papayafleisch. Blanchieren Sie die Limettenjulienne kurz in kochendem Wasser und gießen Sie sie durch ein Sieb (gut abtropfen lassen). 1/4 l Wasser mit Zucker und Nelken aufkochen und 2 bis 3 Min. lang zu einem Sirup einköcheln lassen. Nach dem Abkühlen die Sirupmenge ungefähr halbieren. Entfernen Sie die Nelken und mischen Sie die aufbewahrten Papayakerne unter die Hälfte des Sirups. Geben Sie die mit Limettensaft marinierten Fruchtstücke in ein Sieb und heben Sie den Saft auf. Verrühren Sie die andere Hälfte des Sirups mit der Limettenjulienne, geriebenem Ingwer und dem abgetropften Fruchtsaft. Hacken Sie das Papayafleisch mit einem großen Messer sehr fein und formen sie daraus einen kleinen Berg. Drücken Sie eine kleine Mulde hinein. Papayakerne aus dem Sirup nehmen und in die Mulde füllen. Der Ingwersirup wird um das Törtchen herumgeträufelt. Kleine Crèmedouble-Nocken auf dem Sirup anordnen.

Quatre épices

Quatre épices ist eine traditionelle französische Würzmischung, deren Grundstock – wie der Name schon verrät – aus vier Gewürzen besteht: weißem oder schwarzem Pfeffer, Muskat, Nelke und Ingwer. Je nach Region und persönlichen Vorlieben kann dieser Mix durch Piment oder Zimt ergänzt werden. Die Mischung eignet sich zum Würzen deftiger Eintöpfe, Schmorgerichte und Pasteten.

Wacholder

Wacholderbeeren (Juniperus communis) sind die Früchte des immergrünen Wacholderstrauches, der zur Familie der Zypressen gehört und auf der gesamten nördlichen Erdhalbkugel heimisch ist. Die Bezeichnung „Beeren" ist eigentlich falsch, denn bei den erbsengroßen, dunkelvioletten Früchten handelt es sich um die beerenartig ausgebildeten Zapfen des Nadelgehölzes. Die so genannten Scheinbeeren sind zunächst grün und erhalten erst im Laufe der Reifezeit – sie beträgt zwei bis drei Jahre – die bekannte blaubeerähnliche Färbung. Nach der Ernte werden sie getrocknet und kommen dann als ganze Frucht in den Handel. Ihrer botanischen Herkunft entsprechend duften die blauschwarzen Beeren etwas nach Nadelholz, ihr Geschmack ist würzig-aromatisch, süßlich und leicht harzig. Sie sind die klassische Zutat für Wildbraten aller Art – von Kaninchen und Geflügel über Reh und Hirsch bis zu Wildschwein –, eignen sich aber auch zum Würzen anderer deftiger Fleischgerichte sowie für Pasteten, Marinaden, Beizen, Fischsud oder Sauerkraut. Der bekannte Westfälische Wacholderschinken verdankt seinen aromatischen Geschmack übrigens nicht den Beeren, sondern dem Holz des Strauchs, das zur Räucherung des Schinkens verwendet wird.

Die getrockneten Beeren werden vor dem Gebrauch zerdrückt und gleich zu Beginn der Schmorzeit in den Topf gegeben. Aufgrund ihres intensiven Aromas reichen pro Gericht fünf bis sieben Beeren. Wacholder harmoniert sehr gut mit anderen kräftigen Gewürzen wie Knoblauch, Lorbeer, Nelken, Pfeffer und Thymian.

Gin

In destillierter Form verwandeln die würzigen Beeren des Wacholderstrauchs so manchen Kornbranntwein in einen edlen und wohl duftenden Tropfen. Der weltweit berühmteste Vertreter der Wacholderschnäpse ist der aus England stammende Gin, ein Abkömmling des holländischen Genevers, den Wilhelm von Oranien im 17. Jahrhundert nach London mitbrachte. Der aus Gerste und Roggen gebrannte Doppelkorn – je nach Marke hat er einen Alkoholgehalt zwischen 38 und 45 Prozent – wird nicht nur pur genossen, sondern ist auch eine Grundlage zahlreicher Mixgetränke wie Gin Tonic, Gin Fizz (Gin, Sodawasser, Zitronensaft, Zucker). Zudem erhalten auch viele Cocktails durch einen Schuss Gin ihren charakteristischen Geschmack.

Gin – unentbehrlich für viele Cocktails.

Gebratenes Fasanenbrüstchen mit Ananas

1 Babyananas
4 Fasanenbrüstchen
Salz, Pfeffer nach Geschmack
4 Wacholderbeeren, zerstoßen
50 g Butterschmalz
80 g Zucker
20 g frische Butter
1 EL Zitronensaft
½ EL Cointreau
100 ml Wildfond
1 Brühwürfel Bratensaft

Babyananas in Viertel schneiden und waschen. Die Fasanenbrüstchen werden gewaschen, mit Küchenkrepp abgetrocknet und mit Salz, Pfeffer und Wacholderbeeren eingerieben. Braten Sie die Brüstchen 10 bis 12 Min. im heißen Butterschmalz. Karamellisieren Sie den Zucker in einem flachen Bratentopf und rühren Sie die Butter darunter. Die Ananasviertel an den Schnittflächen darin bräunen und wieder herausnehmen. Geben Sie den Zitronensaft, Cointreau und Wildfond zum Karamell und lassen Sie alles einkochen. Geben Sie den Brühwürfel Bratensaft dazu, verrühren Sie die Sauce sorgfältig und würzen Sie sie mit Salz und Pfeffer. Die Ananasstücke werden auf vier Fleischspieße gesteckt. Legen Sie die gebratene Fasanenbrust auf einen Teller und stecken Sie den Spieß in das Fleisch.

Entenbrustsatays

2 kleine Flugentenbrüste (ca. 300 g)
2 TL roter Curry
Salz
1 TL schwarzer Pfeffer nach Geschmack
1/4 TL gemahlener Kreuzkümmel
2 EL Sojaöl

Die Entenbrüste jeweils längs halbieren. Erhitzen Sie eine Bratpfanne und braten Sie die Entenbrüste wenige Min. auf beiden Seiten scharf an. Nehmen Sie das Fleisch heraus und lassen Sie es abkühlen. Verrühren Sie die restlichen Zutaten zu einer Marinade. Schneiden Sie die Entenbrüste in dünne Scheiben und lassen Sie sie mindestens 12 Stunden in der Marinade im Kühlschrank ziehen. Stecken Sie dann das Fleisch so auf die Holzspieße, dass die Hautseite immer zueinander zeigt. Vorsichtig auf dem Grill oder in einer Pfanne kross braten.

Kreuzkümmel

In Deutschland, Frankreich und den Niederlanden kennt man *Kreuzkümmel (Cuminum cyminum)* vorrangig als Würzmittel in Brot und Käse. Dabei darf er nicht mit dem normalen Kümmel verwechselt werden, auch wenn die länglich-ovalen Samen ähnlich aussehen. Im Geschmack sind die beiden Kümmelarten kaum miteinander zu vergleichen. Kreuzkümmel – auch unter der Bezeichnung Cumin bekannt – besitzt ein würzigeres, scharfes, leicht bitteres Aroma. Seinen strengen Duft empfinden so manche Europäer gar als unangenehm. Etwas milder ist der *Schwarze Kreuzkümmel* (auch *Schwarzer Kümmel*), der in Pakistan und im Iran wächst und bei uns nur in Spezialgeschäften erhältlich ist.

Wie sein Namensvetter ist Kreuzkümmel ein Doldengewächs, dessen Heimat im östlichen Mittelmeerraum liegt. Geschätzt wird er vor allem in der orientalischen, indischen, nord- und mittelamerikanischen Küche. Araber und Inder würzen damit Suppen, Gemüse und Fleischgerichte (Lamm, Hammel, Hackfleisch), aber auch Reis, Hülsenfrüchte und Joghurtgetränke. Unentbehrlich ist Cumin für nordafrikanische Couscous-Gerichte und Tajines, asiatische Currys oder das texanische Chili con carne. Kreuzkümmel verträgt sich sehr gut mit anderen Gewürzkomponenten wie Knoblauch, Koriander (Blätter und Samen), frischer Minze oder Chilis und ist dementsprechend häufig in Gewürzmischungen (Cajun, Chili, Harissa, Garam masala u. a.) vertreten.

Kreuzkümmel wird getrocknet und als Pulver angeboten, Letzteres ist ein durchaus guter Ersatz für die Samen, die oft nur in orientalischen oder asiatischen Geschäften zu bekommen sind. Sie werden vor Gebrauch in einem Mörser zerstoßen und kurz in etwas Öl angeröstet, damit sich ihr Aroma entfaltet; der während des Anbratens etwas aufdringliche Geruch des Cumins verschwindet übrigens schnell. Trotzdem gilt: sparsam einsetzen, da die Würzkraft des Kreuzkümmels sehr groß ist.

Kulturgeschichte

Der scharf-herbe Kreuzkümmel, eines der ältesten Gewürze der Welt, wurde in früheren Zeiten nicht allein zum Würzen verwendet. Während man die Samen im alten Ägypten zur Mumifizierung von Pharaonen nutzte, glaubte man im antiken Griechenland und Rom, dass der strenge Geruch des Gewürzes Gespenster, aber auch irdische Plagegeister wie Skorpione und Mücken vertreiben könne. Einen ganz anderen Nutzen sollen römische Schüler in der Antike aus dem Gewürz gezogen haben: Sie rauchten das streng riechende Kraut, um überarbeitet und schonungsbedürftig auszusehen.

Die leuchtend roten Blütennarben der Krokussorte Crocus sativus gehören seit zwei Jahrtausenden zu den begehrtesten und teuersten Gewürzen der Welt.

Safran

Seit jeher besitzt Safran den Ruf, das teuerste Gewürz der Welt zu sein. In der Antike und im Mittelalter zahlte man für das begehrte Würz-, Heil- und Färbemittel nahezu jeden Preis, und noch heute kostet ein Kilogramm der leuchtend roten Fäden bis zu 13000 Euro. Dass Safran dennoch Bestandteil so vieler Rezepte rund um den Globus ist, liegt an seiner großen Ergiebigkeit: Um einem Gericht den typischen Safrangeschmack und die gelbe Färbung zu verleihen, genügen 15 bis 20 Fäden – um die 0,1 g.

Safranfäden sind die zarten Blütennarben der blauvioletten Krokusart *Crocus sativus*. Die ursprünglich in Kleinasien heimische Pflanze kam durch die Mauren und Kreuzfahrer auch nach Europa, wo heute ihre wichtigsten Anbaugebiete liegen: Spanien – der von dort kommende Safran gilt als der beste –, Frankreich, Italien und Griechenland. Die Ernte der kostbaren Fäden erfolgt per Hand. Sobald die kleinen Safrankrokusse im Herbst zu blühen beginnen, werden die Narben vorsichtig aus den zuvor abgeschnittenen Blüten herausgenommen und getrocknet. Für 100 g Safran müssen bis zu 15 000 Blüten geerntet werden. Anschließend kommen die Fäden als Ganzes oder gemahlen in den Handel.

Safran ist ein wichtiger Bestandteil der orientalischen und asiatischen Küche. Currys, Couscous, Reis, Suppen und Eintöpfe profitieren davon. Auch bei vielen europäischen Gerichten ist das aromatisch-herbe Gewürz mit der intensiven Gelbfärbung kulinarisch wie optisch unentbehrlich, so etwa beim Risotto Milanese, der Paella und der Bouillabaisse. Darüber hinaus pflegt man es zu Fisch-, Huhn- und Lammgerichten hinzuzugeben, aber auch zu süßen Speisen wie Kuchen, Plätzchen

Bis heute erfolgt die Ernte der kostbaren **Safranfäden** per Hand. Im Spätherbst werden die blauvioletten Blüten gepflückt und anschließend die drei Narben vorsichtig herausgenommen. Die zeitaufwändige Arbeit wird vor allem von Frauen und Kindern in Heimarbeit erledigt.

oder Pudding, denen es eine appetitliche sattgelbe Färbung verleiht.

Da die dunkelroten Safranfäden zuweilen mit gelbem Kurkumapulver oder den hellorangen Blättern der Ringelblume gestreckt werden, empfiehlt es sich, Safran unzerkleinert zu kaufen. Vor dem Gebrauch werden die Fäden im Mörser zu Pulver gerieben oder in Brühe eingeweicht. Anschließend gibt man das Gewürz (samt Brühe) in das Gericht und gart es kurz mit. Safran sollte man nicht allein aus Kostengründen sparsam verwenden – zu viel davon verleiht dem Gericht leicht eine bittere Note.

Risotto Mailänder Art

1 kleine Zwiebel
50 g Rinderknochenmark
50 g Butter
300 g Risotto-Reis
250 ml trockener Weißwein
1 l Fleischbrühe
Safran
50 g geriebener Parmesan
Salz, weißer Pfeffer nach Geschmack

Hacken Sie die geschälte Zwiebel sehr fein, zerlassen Sie die Hälfte der Butter in einem Topf und dünsten Sie die Zwiebel darin glasig. Geben Sie den Reis hinzu und schwitzen Sie ihn unter Rühren an. Löschen Sie das Ganze mit dem Wein ab und lassen Sie die Flüssigkeit bei mittlerer Hitze verdampfen. Erhitzen Sie die Fleischbrühe in einem weiteren Topf und gießen Sie ein Drittel davon zum Reis. Kochen Sie alles unter stetigem Rühren so lange, bis der Reis die Brühe fast aufgesaugt hat. Wiederholen Sie diesen Vorgang zweimal. Der Risotto sollte insgesamt ca. 20 Min. köcheln. So wird er cremig, aber nicht zu matschig. Lösen Sie die Safranfäden in ein wenig heißem Wasser auf und rühren Sie sie mit dem Rest der Brühe und dem Parmesan unter den Risotto. Mit Salz und Pfeffer abschmecken.

Kurkuma

Eine ähnlich sattgelbe Färbung wie Safran besitzt das südostasiatische Gewürz *Kurkuma (Curcuma longa)*, auch *Gelbwurz* oder *Indischer Safran* genannt. Nur ist es sehr viel preiswerter, weswegen geriebenes Kurkuma zuweilen dem teuren Safran beigemischt wird. Dabei ist die Pflanze keineswegs mit Safran verwandt, sondern gehört zur Familie der Ingwergewächse. Wie bei Ingwer wird das Würzmittel aus den Wurzelstöcken gewonnen, die nach der Ernte gekocht, getrocknet und dann gemahlen werden. Im Gegensatz zu Ingwer besitzt Kurkuma jedoch keinen ausgeprägten Eigengeschmack. Ihr mild-bitteres, leicht erdiges Aroma taucht meist als untergeordneter Bestandteil asiatischer Gewürzmischungen (u. a. Curry) auf. In Europa wird Kurkuma in erster Linie zur Gelbfärbung bestimmter Lebensmittel wie Senf, Saucen und Marinaden verwendet.

Kurkuma

Paprika & Chilis

Die Familie der Paprikapflanze versorgt uns sowohl mit Gemüse als auch mit scharf-aromatischen Würzmitteln. Das in Mittel- und Südamerika heimische Nachtschattengewächs wurde von Kolumbus Ende des 15. Jahrhunderts nach Europa gebracht und dort wegen seiner leuchtend bunten Früchte – botanisch korrekt übrigens keine Schoten, sondern Beeren – zunächst als Zierpflanze genutzt. Erst einige Jahrzehnte später lernte man die Pflanze auch als schmackhaftes Gemüse und feuriges Gewürz schätzen. Seine Schärfe verdankt der „Spanische Pfeffer" dem Stoff Capsaicin, der vorwiegend in den Samenkernen und den Fruchtscheidewänden enthalten ist. Zu den bekanntesten Produkten der Pflanzenfamilie gehören das *Paprikapulver* und der *Cayennepfeffer*.

Paprikapulver gewinnt man aus den reifen roten Früchten des *Gewürzpaprikas (Capsicum anuum)*. Die im Vergleich zum Gemüsepaprika schmalen spitzen Früchte werden getrocknet und dann gemahlen. Farbe, Aroma und Schärfegrad des Pulvers hängen davon ab, welche Teile des Paprikas verwendet wurden: Je mehr Samen und Scheidewände mitgemahlen werden, desto schärfer ist das Gewürz. Der tiefrote *Edelsüßpaprika* zum Beispiel hat ein mild-süßliches Aroma, der gelblich-rote *Rosenpaprika* hingegen ist ausgesprochen scharf und hat einen leicht bitteren Nachgeschmack. Paprikapulver ist ähnlich wie Schwarzer Pfeffer ein universell einsetzbares Gewürz. Untrennbar verbunden ist es mit ungarischen Spezialitäten wie Salami, Gulasch und Paprikahuhn. Es passt aber auch zu anderen Schmorgerichten, Gemüse, Quark und Käse. Paprika sollte man nie in heißem Fett anbraten – er schmeckt dann schnell bitter –, sondern erst später hinzugeben.

Cayennepfeffer, auch Chili(pfeffer) genannt, wird aus den getrockneten Früchten der Art *Capsicum frutescens* gewonnen und ist wesentlich schärfer als sein Verwandter, der Gewürzparika. Die länglichen Früchte würzen – entweder fein gemahlen oder grob geschrotet – vor allem indische und orientalische Gerichte. Sie sind außerdem unentbehrlich in scharfen Gewürzmischungen wie Tabasco, Chilisauce, Sambal Oelek und Curry. Da die Schärfe des Cayennepfeffers während des Kochens zunimmt, sollte er vorsichtig dosiert werden. Das im Handel unter dem Namen Chilipulver erhältliche Pulver – es soll von texanischen Siedlern erfunden worden sein – besteht nicht allein aus Cayennepfeffer, sondern ist ein Mix aus verschiedenen Capsicumarten, Kreuzkümmel, Oregano, Knoblauch und Piment.

Ebenfalls zur Capsicum-Familie gehören die verschiedenen kleinen Früchte, die in Essig oder Salzlake eingelegt angeboten werden. Auch bei ihnen hängt das Aroma und die Schärfe von der Art und dem Reifegrad ab. Die olivfarbenen Anaheimfrüchte zum Beispiel schmecken vergleichsweise mild, während Peperoncinis oder Vogelaugenpfeffer extrem scharf sind.

Pfefferschoten sind je nach Reifegrad unterschiedlich scharf.

Am schärfsten sind die ausgereiften roten **Habanero-Chilis**.

Frische Chilis verfeinern Marinaden, Suppen und Schmorgerichte.

Getrocknete Chilis eignen sich hervorragend für scharf-würzige Pastagerichte.

Rosenpaprika ist die schärfste Variante aller Paprikapulver.

Edelsüßpaprika hat nur eine geringe Schärfe.

Cayennepfeffer besteht aus getrockneten roten Chilis.

Küchentipp

Viele Chiliarten enthalten einen sehr hohen Anteil an Capsaicin, einer äußerst scharfen Substanz. Sie werden etwas milder, wenn man die Früchte eine Stunde lang wässert oder die Samen entfernt. Achtung: Nach dem Schneiden der Schoten unbedingt die Hände gründlich waschen. Vorher darf man keinesfalls mit den Fingern das Gesicht oder gar die Augen berühren, da Capsaicin zu extremen Reizungen führt. Empfindliche Menschen sollten beim Schneiden Gummihandschuhe tragen.

Spaghetti peperoncino

400 g Spaghetti
Salz, schwarzer Pfeffer nach Geschmack
1 Bund glatte Petersilie
4–6 Knoblauchzehen
2–3 getrocknete Chili
75 g geriebener Parmesan

Kochen Sie die Spaghetti in reichlich kochendem Salzwasser bissfest. Hacken Sie die gewaschene Petersilie. Schälen und hacken Sie den Knoblauch und braten Sie ihn zusammen mit den ganzen Chilis in Olivenöl an. Entfernen Sie die Chilis. Spaghetti abgießen und mit dem heißen Knoblauchöl vermischen. Richten Sie die Nudeln in vorgewärmten Teller portionsweise an, mahlen Sie Pfeffer darüber und streuen Sie die Petersilie über die Nudeln. Sofort servieren. Reichen Sie den Parmesan getrennt dazu. Wenn Sie gerne scharf essen, können Sie die Chilis im Öl lassen.

Sowohl grüne als auch rote Peperoni sind sehr scharf.

Aus diesen kleinen Früchten wird Cayennepfeffer gewonnen.

Kürbissuppe

1 Schalotte, fein gewürfelt
500 g Kürbisfruchtfleisch, gewürfelt
2 EL Butter
1 TL frischer Ingwer, gerieben
1 rote Chili, entkernt, fein gehackt
1/2 TL Currypulver
1 Messerspitze gemahlene Nelken
50 ml Weißwein
200 ml Geflügelbrühe
Salz, Pfeffer nach Geschmack
1/2 TL Rohrzucker
1 TL Limettensaft
1 Messerspitze Muskatnuss

Schwitzen Sie die Schalotten und das Kürbisfleisch in einem Topf in der Butter an. Geben Sie Ingwer, Chili, Nelken und Curry hinzu. Weißwein und die Geflügelbrühe hinzugießen, aufkochen und mit den restlichen Gewürzen abschmecken. Ca. 15 Min. bei kleiner Hitze köcheln lassen. Die Suppe vom Herd nehmen und pürieren. Erneut kurz aufkochen lassen und servieren.

Pfeffer

Pfeffer, neben Salz das weltweit meist genutzte Gewürz, ist die Frucht des tropischen Pfefferstrauchs, der im Süden Indiens beheimatet ist. An dem Rankgewächs wachsen kleine, in Rispen angeordnete Beeren heran, die sich im Laufe der Reife von grün nach rot verfärben. Ihren typischen scharf-würzigen Geschmack erhalten sie durch das Alkaloid Piperin, das vor allem im Fruchtfleisch der Beere enthalten ist. Das bekannteste aller Pfeffergewächse ist der *Piper nigrum*, dessen Früchte zu gleich drei verschiedenen Pfeffer-Produkten verarbeitet werden: schwarzem, weißem und grünem Pfeffer.

Um Schwarzen Pfeffer zu erhalten, werden die noch unreifen grünen Beeren des Strauchs getrocknet, wodurch sie nach einigen Tagen schwarz und runzelig werden. Ihr vielschichtiges Aroma entfalten die dunklen Körner am besten frisch gemahlen, bereits geschroteter oder pulverisierter Pfeffer ist meist nur noch scharf.

Weißen Pfeffer gewinnt man, indem man die reifen roten Beeren in Salzlake einlegt, bis sich das Fruchtfleisch von dem weißlichen Samen der Frucht löst. Die freigelegten Samen werden getrocknet und kommen anschließend als ganzes Korn oder gemahlen in den Handel. Weißer Pfeffer, der etwas milder ist als die schwarze Variante, kann wie diese nahezu universell eingesetzt werden. Aus optischen Gründen wird er vor allem für helle Saucen, Geflügel und Fisch verwendet.

Grüne Pfefferkörner sind die noch unreif geernteten Beeren, die gefriergetrocknet oder aber in Essig oder Salzwasser eingelegt werden. Sie sind wesentlich milder als Schwarzer oder Weißer Pfeffer, dafür aber im Geschmack weitaus aromatischer. Grüner Pfeffer passt zu Steaks, Saucen, Ragouts und Marinaden, verleiht aber auch Fruchtdesserts eine pikante Note.

Nicht zur Familie des Pfefferstrauchs gehört der so genannte rote oder rosa Pfeffer (*Schinus molle*): Er ist die Frucht eines Sumachgewächses, das in Südamerika wächst. Die getrockneten Beeren schmecken pikant-würzig und besitzen nur eine geringe Schärfe.

Pfeffermühlen

An die Schärfe und das Aroma von frisch gemahlenem Pfeffer reicht kein fertiges Tütchenpulver heran. Deswegen gehören Pfeffermühlen zur Grundausstattung der Küche. Die Mühlen aus Holz, Edelstahl oder Plexiglas besitzen ein Keramik- oder ein Edelstahlmahlwerk, das in der Regel stufenlos einstellbar ist; gemahlen wird von pulverfein bis grob gemörsert. Welches Mahlwerk nun tatsächlich das bessere ist, lässt sich pauschal nicht entscheiden. Beim Kauf einer neuen Mühle sollte man darauf achten, dass die Körner mühelos nachgefüllt werden können.

Grüner Pfeffer wird gefriergetrocknet oder eingelegt angeboten.

Bunter Pfeffer ist eine Mischung aus schwarzem, weißem, grünem und so genanntem roten Pfeffer.

Pfeffergerichte

Das wohl bekannteste Pfeffergericht ist das Pfeffersteak, das Gourmetrestaurants auch als „filet au poivre“ anbieten. Vor dem Braten reibt man das Rindersteak oder -filet mit einer Panade aus geschrotetem schwarzem Pfeffer ein. Serviert wird es pur oder zusammen mit dem dunklen Bratenjus. Eine scharf-würzige Sauce nicht nur für kräftige Steaks, sondern auch für zartes helles Fleisch bietet die Pfeffersauce aus Sahne, Cognac und grünen Pfefferkörnern. Ausgesprochen pikant ist die Kombination der scharfen Beeren mit Fruchtdesserts aus Erdbeeren, Melonen oder anderem saftig-säuerlichem Obst. Ebenfalls eine Delikatesse: mit geschrotetem schwarzem Pfeffer bestäubtes Vanilleeis aus Echter Bourbon-Vanille.

Schwarzer Pfeffer gehört zu den meistverwendeten Gewürzen der Welt.

Weißer Pfeffer eignet sich vor allem für helle Saucen, Fisch- und Geflügelgerichte.

Das beste Aroma besitzt **schwarzer Pfeffer**, wenn er erst direkt vor Gebrauch gemahlen wird.

Senf

Im mediterranen Raum fand *Senf (Sinapis alba)* bereits vor Jahrtausenden Verwendung als Würz- und Heilpflanze und war auch bald in ganz Europa verbreitet. Im Mittelalter bildeten Senfkörner eines der wichtigsten Würzmittel der ärmeren Schichten, deren Verbrauch erst zurückging, als im 16. Jahrhundert exotische Gewürze in größeren Mengen nach Europa kamen.

Senfkörner sind die Samenfrüchte der Senfpflanze – sie zählt zur Familie der Kreuzblütler –, die in länglichen Früchten heranwachsen. Botaniker unterscheiden etwa 40 Sorten, zu den bekanntesten gehören der Weiße Senf mit gelblichen Samen und der Schwarze Senf *(Brassica nigra)* mit dunklen Früchten. Ihr typisches Aroma erhalten Senfkörner übrigens nur, wenn sie zerdrückt und mit kalter Flüssigkeit vermengt werden. Erst dann entwickeln sich innerhalb weniger Minuten Senföle, die für den scharf-säuerlichen Geschmack verantwortlich sind. Aufgrund unterschiedlicher chemischer Zusammensetzung ist Schwarzer Senf dabei wesentlich schärfer als Weißer.

In der Küche lassen sich Senfkörner vielseitig verwenden: Ganze Körner würzen nicht nur Marinaden und eingelegtes Gemüse (Gurken), sondern – zerdrückt und kurz angeröstet – auch Curries und Hülsenfrüchte. Gemahlene Körner, das so genannte Senfmehl, gibt man zu Saucen, Dressings und Fleischgerichten. Die zweifelsohne wichtigste Verwendung der Samenkörner ist jedoch bereits seit Jahrhunderten die Verarbeitung zu Tafelsenf: Dazu werden gemahlene oder zerstoßene Senfsamen in Wasser, Essig oder Traubenmost eingeweicht und dann zu einer feinen oder grobkörnigen Paste verarbeitet. Schärfe, Geschmack und Farbe sind dabei abhängig von dem Anteil schwarzer Samen und weiteren Zutaten, zu denen die verschiedensten Gewürze und Kräuter, aber auch Zucker, Honig, Sherry, Wein oder Whisky gehören können.

Die Anzahl der angebotenen Senfsorten ist schier unerschöpflich, zu den weltweit berühmtesten gehören die in Frankreich produzierten Arten. Als besonders delikat gilt der *Dijon-Senf*, der aus überwiegend schwarzen Samen und dem Most unreifer Trauben hergestellt wird. Er empfiehlt sich zur Verfeinerung von Saucen und zur Würze von Geflügel und Wild. *Süßer Senf* ist eine mild-würzige Spezialität aus Bayern, die hervorragend zu Weißwürsten und Leberkäse passt. Liebhaber feuriger Aromen kommen bei scharfem oder extrascharfem Senf (auch Düsseldorfer Senf genannt) auf ihre Kosten. Er eignet sich zum Beispiel für Würstchen, Eisbein und andere deftige Gerichte.

Kulturgeschichte

„Senf schärft den Verstand", davon jedenfalls war bereits der berühmte griechische Philosoph Pythagoras überzeugt, der um 570 v. Chr, auf der Insel Samos geboren wurde und neben Babylonien auch Ägypten bereist haben soll. Auch Senf hat eine „lange Reise" hinter sich. Schon vor 3000 Jahren in China angebaut, gelangte die Pflanze über Kleinasien nach Griechenland und zu den Römern, die sie schließlich über die Alpen gen Norden brachten. Zunächst schätzte man Senfkörner in Form von gemahlenem Pulver, das über die Speisen gestreut wurde. Erst im Mittelalter begann man das Potenzial dieses Würzpulvers richtig einzuschätzen.

Im 13. Jahrhundert sicherte sich die Stadt Dijon das alleinige Recht zur Senfherstellung. Die Nachfrage von Senf war so groß, dass sogar eine eigene Zunft ins Leben gerufen wurde.

Auch sprachlich verdanken wir den Senf den Römern, „Senf" geht auf das lateinische Wort „sinapis" zurück.

Das Französische „moutarde" ebenso wie das Englische „mustard" erinnern daran, dass Senf früher oft mit Most und nicht mit Essig, wie heute üblich, zubereitet wurde, das Lateinische „mustum ardens" bedeutet nämlich nichts anderes als „brennender Most".

Senfsorten

Düsseldorfer Senf ist eine besonders scharfe Variante, die vorwiegend aus braunen Senfkörnern hergestellt wird.

Senf á L'Ancienne gehört zu den Senfsorten, bei denen die weißen und schwarzen Körner nur grob zerdrückt werden.

Dijon-Senf, die berühmteste aller Senfsorten, gibt es in verschiedenen Schärfegraden. Er verfeinert Fleisch- und Salatsaucen.

Bayrischer süßer Senf darf bei einem Weißwurst-Essen nie fehlen. Die Körner werden nur grob zermahlen und mit Zucker gesüßt.

onsenf ist ein heller, fein- er Senf, der mit Estragon ert wurde. Auch andere r eignen sich dafür.

nfkörnern würzt man nicht rinaden und eingelegtes e, sondern – grob zerstoßen Curries.

Meerrettich

Ein botanischer Verwandter des Senfs ist der *Meerrettich (Armoracia rusticana)*, auch Kren oder Bauernsenf genannt. Sein weißes Wurzelfleisch enthält ebenfalls Senföle, die ihm ein beißend scharfes Aroma verleihen. Die geschälte und fein geriebene Wurzel wird mit Pflanzenöl, Sahne, Essig oder Äpfeln zu einer würzigen und mehr oder weniger scharfen Creme verarbeitet.

Meerrettich ist ausgesprochen gesund und enthält sehr viel Vitamin C.

Kaninchenkeulen mit pikanter Estragon-Senf-Sauce

4 frische Kaninchenkeulen, pariert
Salz und Pfeffer nach Geschmack
4 EL Dijon-Senf
3 EL Olivenöl
3 rote Zwiebeln, grob gewürfelt
3 Knoblauchzehen, fein gehackt
1 TL Tomatenmark
250 ml trockener Weißwein
1 Zweig Thymian
3 Zweige Estragon, in Stücke geschnitten
200 g Sauerrahm
1 TL Rohrzucker
200 ml Weinbrand
2 EL Estragonblättchen, fein geschnitten

Das Fleisch waschen, abtrocknen und mit Salz, Pfeffer und Dijon-Senf einreiben. Olivenöl in einem Bratentopf erhitzen und die Kaninchenkeulen scharf anbraten. Das Fleisch aus dem Topf nehmen und warm halten. Geben Sie Zwiebeln und Knoblauch in den Bratensud und schwitzen Sie sie glasig an. Geben Sie das Tomatenmark dazu. Füllen Sie das Ganze mit Weißwein auf und geben Sie Thymian und Estragon dazu. Legen Sie die Kaninchenkeulen in diesen Fond und lassen Sie alles 45 Min. bei geringer Hitze schmoren. Wenden Sie dabei hin und wieder die Keulen. Wenn die Keulen durch sind, herausnehmen und in Alufolie warm halten.
Gießen Sie den Fond durch ein Sieb in einen Topf und verkochen Sie ihn mit dem Sauerrahm. Die Sauce mit Zucker abschmecken und falls nötig mit Salz und Pfeffer nachwürzen. Einen Schuss Weinbrand in die Sauce geben. Erhitzen Sie die Keulen noch einmal in der Sauce und servieren Sie sie mit Estragonblättchen bestreut.

Essigsorten

Rotweinessig ist im Verhältnis zum **Weißweinessig** intensiver im Geschmack.

Sherryessig wird aufgrund seines kräftigen Geschmacks gerne für Bittersalate verwendet, er eignet sich aber auch bestens zum Marinieren von dunklem Fleisch.

Apfelessig schätzt man vor allem wegen seines fruchtig-milden Aromas. Er passt hervorragend zu Salaten, deren Eigengeschmack durch kräftige Essigsorten leicht überdeckt würde, z. B. Feldsalat.

Reisessig wird aus vergorenem Reiswein hergestellt und ist bei der Zubereitung von Sushi unverzichtbar. Während die chinesischen Produkte sehr scharf sind, bevorzugt man in Japan eine mildere Variante.

Erdbeeren mit Balsamico-Essig

500 g frische Erdbeeren
2 EL feiner Zucker
2–3 EL Balsamico-Essig
einige Minzeblättchen

Die gewaschenen Erdbeeren abtropfen lassen. Zupfen Sie die Stiele ab und halbieren oder vierteln Sie die Erdbeeren je nach Größe. Geben Sie sie in eine Schale, zuckern Sie sie und träufeln Sie den Balsamico-Essig darüber. Vermischen Sie alles vorsichtig. Mit Frischhaltefolie abdecken und mindestens eine Stunde ziehen lassen. Vor dem Servieren alles noch einmal vorsichtig mischen und mit Minzeblättchen garnieren.

Mindestens zwölf Jahre reift ein guter Aceto Balsamico in Holzfässern.

Herstellung

Der „Aceto Balsamico Tradizionale“ ist eine besonders kostspielige Essigsorte aus den italienischen Provinzen Modena und Emilia Romana – für ein Fläschen mit 0,1 Liter Inhalt muss man mindestens 60 Euro zahlen – und wird aus dem Most süßer Trebbiano-Trauben gewonnen. Er durchläuft ein ebenso kompliziertes wie langwieriges Herstellungverfahren. Anders als üblicher Weinessig wird der Most vor dem Gären zunächst langsam zu einem sirupartigen Konzentrat eingekocht. Nach der Gärung und der anschließenden Umwandlung in Essig reift die edle Essenz mindestens zwölf Jahre in unterschiedlichen Holzfässern, wodurch sie ihr unvergleichliches Aroma erhält. Weitaus erschwinglicher ist der „Aceto Balsamico di Modena“. Hinter diesem – nicht geschützten – Begriff verbergen sich teilweise durchaus schmackhafte Gemische aus echtem Tradizionale und Weinessig, aber auch schlechte Mixturen aus Weinessig und Traubenmost, die mittels Zuckercouleur die typisch braune Farbe des Originals erhalten.

Aceto Balsamico

Aceto Balsamico Tradizionale gilt als beste Essigsorte und ist entsprechend teuer.

Als König unter den Essigen gilt der Aceto Balsamico. Mit diesem dunklen, süßlich schmeckenden Weinessig verfeinern Feinschmecker nicht nur Salate, sondern auch gedünstetes Gemüse, Pasta- und Bratensaucen, gegrilltes Fleisch oder auch frische Erdbeeren. Beim Einkauf des vielseitig verwendbaren Essigs ist allerdings eines zu beachten: Hinter dem wohlklingenden Namen verbergen sich Balsamessige der unterschiedlichsten Qualität, und längst nicht überall, wo Aceto Balsamico draufsteht, ist auch wirklich echter italienischer Aceto Balsamico drin. Diesen findet man ausschließlich in Kugelflakons mit der geschützten Bezeichnung „Aceto Balsamico Tradizionale“.

Aromaessig & Co.

Aromatisierte bzw. mit Kräutern oder Extrakten versehene Essigsorten gibt es in vielen Varianten. Neben den fruchtigen Sorten (z. B. Himbeeressig) erfreut sich vor allem der mit frischen Kräutern versehene größter Beliebtheit.

Für einen selbst zubereiteten Essig benötigt man nur ein Glas mit Schraubverschluss, die entsprechenden Kräuter, Basisessig und etwas Geduld. Geben sie z. B. Estragon, Lorbeerblätter und Pfefferkörner in ein Glas und füllen Sie es mit Rot- oder Weißweinessig auf. Das verschlossene Glas lässt man an einem warmen Ort zwei Wochen ruhen. Danach seiht man seinen Inhalt durch und gibt einen frischen Estragonzweig hinzu. Fertig!

Essig muss in einer gut verschließbaren Flasche aufbewahrt werden.

Oben: Bereits seit Jahrtausenden wird aus den reifen Früchten des Olivenbaums das Olivenöl gepresst.

Das ebenso aromatische wie gesunde Öl kommt sowohl gefiltert als auch naturtrüb auf den Markt.

Von oben nach unten:

Zwischen November und Februar werden die Oliven geerntet.

Eine Olivenmühle zermahlt die Früchte samt der Steine zu einem dicken Brei, der anschließend auf Flechtmatten gestrichen wird. 30–40 dieser Matten werden übereinander gelegt und mit einer Hydraulikpresse ausgepresst.

Das Ergebnis ist eine trübe Emulsion aus Öl und Fruchtwasser.

Erst wenn diese Flüssigkeit zentrifugiert und gefiltert wurde, erhält man reines und klares Olivenöl.

Charakteristisch für den Mittelmeerraum: der grünlich-silbern schimmernde Olivenbaum

Olivenöl

Schon vor 4500 Jahren nutzten Ägypter, Phönizier und Griechen den goldgelben Saft, der aus den Steinfrüchten des Olivenbaums gewonnen wird, auf geradezu universelle Weise. So war das Öl nicht nur ein wertvolles Nahrungs-, Heil- und Kosmetikmittel, sondern diente auch als Opfergabe, Salbungsöl, Brennstoff für Öllampen und Schmiermittel. In römischer Zeit wurden die knorrigen Ölbäume mit den silbrig schimmernden Blättern bereits im gesamten Mittelmeerraum kultiviert, und europäische Seefahrer brachten sie schließlich auch in die Neue Welt. Wichtigste Produzenten des aromatischen Pflanzenöls sind jedoch nach wie vor die Mittelmeerländer, allen voran Spanien, Italien und Griechenland.

In puncto Farbe, Duft und Geschmack ist Olivenöl ein vielseitiges Produkt. Ob hellgelb oder olivgrün, mild oder intensiv, fruchtig-süß oder nussig-herb – all diese Charakteristika sind ähnlich wie beim Wein nicht nur von Klima und Anbaugebiet, sondern auch von Sorte, Reifegrad und Verarbeitung der kleinen ovalen Steinfrüchte abhängig. Ihre Ernte erfolgt je nach Region zwischen Oktober und Februar, wenn die noch grünen Früchte langsam zu reifen beginnen. Die entweder von Hand gepflückten oder maschinell vom Baum geschüttelten Oliven kommen in eine Ölmühle, wo sie zunächst gewaschen und samt Steinen zu einem Brei zermahlen werden. Anschließend wird das in den Früchten enthaltene Öl durch Pressverfahren und Zentrifugierung weitgehend von den übrigen Bestandteilen der Frucht getrennt. Diese Methode, die ohne Wärmezufuhr oder chemische Zusätze vonstatten geht, nennt man Kaltpressung – auch wenn dabei Temperaturen bis zu 36 °C entstehen. Nach der Filterung wird das Öl abgefüllt und in den Handel gebracht.

Man unterscheidet bei Olivenöl verschiedene Qualitatsstufen: Das hochwertigste und teuerste Öl ist das Native Olivenöl extra, auch Extra vergine genannt. (In Italien, dem Ursprungsland des Olio di oliva extra vergine, gibt es die Bezeichnung Natives Olivenöl nicht.) Es wird mittels besonders schonender Verarbeitung von ausnahmslos unbeschädigten Früchten gewonnen und hat einen Säuregehalt von maximal ein Prozent. Als besonders fein und aromatisch gelten Öle aus der Toskana, Ligurien, Andalusien und Kreta. Etwas preisgünstiger, aber durchaus akzeptabel ist natives Olivenöl mit einem Säuregehalt von bis zu zwei Prozent. Qualitativ minderwertig sind hingegen Öle, die nur mit der Bezeichnung Olivenöl gekennzeichnet sind. Nach der Kaltpressung werden sie aufgrund unbefriedigenden Geschmacks oder zu hohen Säuregehalts zunächst raffiniert und anschließend mit nativem Öl vermengt, um das in der Raffination verlorene Aroma wieder hinzuzufügen.

Das aromatische Olivenöl ist in der mediterranen Küche schlicht unverzichtbar. Milde Sorten verfeinern Salate, Rohkost, Vinaigrettes und feine Saucen, kräftige Varianten eignen sich für Pasta, Fleisch- und Fischgerichte, Marinaden oder auch das beliebte Bruschetta. Kühl und dunkel gelagert, hält sich Olivenöl bis zu zwei Jahre. Einmal angebrochen sollte kalt gepresstes Öl innerhalb weniger Wochen, raffinierte Sorten nach spätestens sechs Monaten aufgebraucht sein. Im Kühlschrank aufbewahrtes Öl wird nach einiger Zeit trübe, ohne jedoch dadurch an Qualität zu verlieren.

Ob natur, eingelegt oder gefüllt: Oliven dürfen auf keiner mediterranen Vorspeisenplatte fehlen.

Kapern

Eine weitere mediterrane Delikatesse sind die olivgrünen Blütenknospen des dornigen *Kapernstrauchs (Capparis spinosa).* Kapern verfeinern nicht nur Salate, sondern auch die verschiedensten Saucen und Pasten. Die Knospen werden von Hand geerntet, getrocknet und dann – ähnlich wie Oliven – für mehrere Wochen in Salz, stark gesalzenen Essig oder Öl eingelegt. Erst dadurch erhalten sie ihren würzig-herben Geschmack. Anschließend konserviert man sie in Salz- oder Essigwasser. In Feinkostläden erhält man zuweilen auch eingelegte Kapernfrüchte, die sich aus den Blüten des Strauchs entwickeln. In Südeuropa sind sie eine beliebte Vorspeise und werden oft zusammen mit Oliven und anderen Antipasti serviert. Für beide Kapernvarianten gilt: je kleiner die Frucht, desto delikater der Geschmack.

Kapernäpfel

Kapern

Gesunde mediterrane Küche

Bewohner des Mittelmeerraums leiden nachweislich weitaus seltener an Herz-Kreislauf-Erkrankungen, Magengeschwüren und Krebs als Mittel- und Nordeuropäer. Einen Grund dafür sehen Wissenschaftler in der spezifisch mediterranen Ernährungsweise: Viel vitamin- und ballaststoffreiches Gemüse und Obst, kaum tierische Fette, frische Kräuter, maßvoller Genuss von Rotwein und – vor allem – der regelmäßige und reichliche Verzehr von Olivenöl. Das leicht verdauliche Pflanzenöl senkt nachweislich den Blutdruck, verbessert die Gallen- und Lebertätigkeit und beeinflusst – dank seines hohen Anteils an ungesättigten Fettsäuren – die Cholesterinwerte äußerst positiv. Die Folge: weniger Arteriosklerose, Herzinfarkte, Schlaganfälle und andere Zivilsationskrankheiten. Darüber hinaus schützen die Antioxydantien, die im Olivenöl enthalten sind, die menschlichen Zellen vor den so genannten freien Radikalen, die Krebs auslösen können.

Oliven

Etwa 90 Prozent der jährlichen Olivenernte wird zu Olivenöl verarbeitet, nur die restlichen zehn Prozent kommen als Früchte auf den Markt. Wie bei den Ölen gibt es auch unter den Früchten Farb- und Geschmacksunterschiede, die von der Sorte, dem Reifegrad und von klimatischen Faktoren abhängen. Grüne, das heißt unreif geerntete *Oliven (Olea europaea)* haben ein festes Fruchtfleisch und schmecken herb bis leicht bitter. Bräunliche und schwarze bzw. halbreif oder vollreif gepflückte Früchte sind milder, weicher und ölhaltiger. Zu den besten Sorten gehören die kleine schwarze *Nicoise* und die grüne *Picholine* aus Frankreich, die dunkle *Kalamata* aus Griechenland und die schwarze *Ponentine* aus Italien.

Um die zunächst noch harten und extrem bitteren Früchte des Olivenbaums genießen zu können, müssen sie zuvor in einer Sodalösung eingelegt werden, die in einem Gärungsprozess die Bitterstoffe weitgehend entzieht und das Fruchtfleisch mürbe und damit zarter macht. Erst nach zwei bis drei Monaten – schwarze Oliven brauchen nicht ganz so lange wie grüne – sind sie verzehrfertig und haben ihren typischen herb-würzigen Geschmack. Anschließend werden sie noch in einer Salzlake konserviert oder in Öl, Zitronensaft, Kräutern, Knoblauch und Chilis eingelegt. Im Handel finden sich auch entkernte Oliven, die mit Mandeln, Paprikapaste oder Anchovis gefüllt sind.

Während die aromatisierten Früchte in erster Linie ein beliebter Appetizer sind, werden die neutral eingelegten Oliven auch als Zutat für warme und kalte Speisen verwendet: Sie dienen – oft in Kombination mit Schafskäse, Zwiebeln, Kapern und Thunfisch – als Garnierung von Salaten und Pizzen, würzen aber auch Schmorgerichte und verschiedene Saucen. Eine französische Spezialität ist die Olivenpaste Tapenade – eine kräftig-würzige Creme aus schwarzen Oliven, Kapern, Sardellen und Knoblauch, die hervorragend zu frischem Brot und hart gekochten Eiern passt.

Oliven mit Paprikafüllung – lange Zeit die einzige Olivensorte, die bei uns erhältlich war.

Eingelegte Oliven gibt es in ungemein großer Auswahl.

Oliven mit Mandeln – die klassische Füllung in mediterranen Ländern.

Schwarze Oliven sind weicher als grüne und etwas milder.

Maiskeimöl ist neutral im Geschmack und enthält viel Vitamin E.

Sonnenblumenöl kann aus geschälten und ungeschälten Kernen gewonnen werden, woraus unterschiedliche Färbungen resultieren.

Andere Öle

Unter Speiseölen versteht man flüssige Fette, die, anders als Butter oder Schmalz, aus Pflanzen gewonnen werden, bevorzugt aus ölhaltigen Samen, Keimen und Kernen, aber auch aus Nüssen und dem Fruchtfleisch von Steinobst. Die Extraktion der Öle geschieht entweder durch das schonende Verfahren der Kaltpressung, durch den Einsatz von großer Hitze oder mit Hilfe von Lösungsmitteln.

Bei der Kaltpressung wird die Ölsaat zerkleinert, teilweise auch geröstet und dann rein mechanisch ausgepresst. Die dadurch gewonnenen Öle haben einen artspezifischen Eigengeschmack und mehr Vitamine, sind allerdings vergleichsweise teuer und nicht sehr lange haltbar. Zu den meistgeschätzten Sorten gehören neben dem Olivenöl die mildaromatischen Sesam-, Sonnenblumen- und Kürbiskernöle sowie das intensiv-nussige Walnussöl. Sie eignen sich vor allem für Salate, Rohkost, Vinaigrettes, aber auch für gedünstetes Gemüse, Meeresfrüchte, Fisch und Geflügel. Bei warmen Speisen empfiehlt es sich, das Gericht erst vor dem Servieren mit einigen Tropfen Öl zu verfeinern.

So genannte raffinierte Öle durchlaufen nach der Pressung – dank Erwärmung des Saatguts und besonderen Zusätzen ist die Ausbeute hier wesentlich höher – eine mehrstufige Raffination, während der das Rohöl gereinigt, gebleicht und von unerwünschten Geschmacks- und Duftnoten befreit wird. Diese Öle schmecken meist neutral, sind aber unempfindlicher und eignen sich daher besser zum Anbraten, Schmoren und Fritieren.

Nahezu alle Pflanzenöle zeichnen sich durch einen hohen Anteil einfach und mehrfach ungesättigter Fettsäuren aus und gelten daher im Vergleich zu den tierischen Fetten – sie enthalten vorwiegend gesättigte Fettsäuren – als ausgesprochen gesund. Mehrfach ungesättigte Fettsäuren wie Linol- oder Linolensäure senken den Cholesterinspiegel, und auch einfach ungesättigte Fettsäuren beeinflussen die Fettwerte im Blut positiv, indem sie die Ablagerung des schädlichen LDL-Cholesterins in den Blutgefäßen verringern. Bei Distel-, Lein-, Walnuss- und Sonnenblumenöl überwiegen die mehrfach ungesättigten, beim Oliven- und Rapsöl die einfach ungesättigten Fettsäuren. Letztere sind gesünder.

Sesamöl wird in der orientalischen Küche vor allem für Nachspeisen verwendet.

Charakteristisch für das **Kürbiskernöl** ist sein intensives und dennoch sanftes Nussaroma.

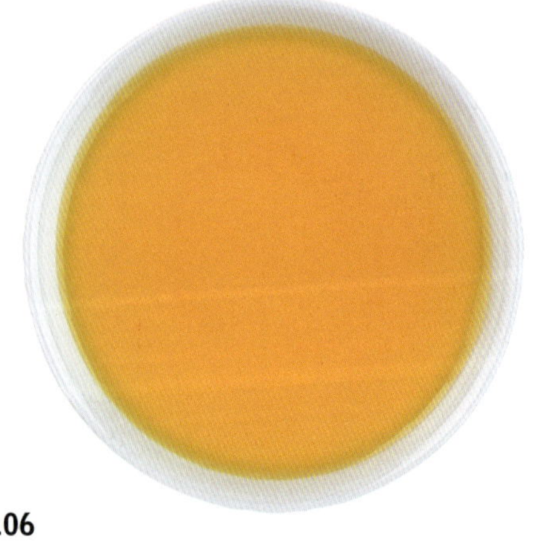

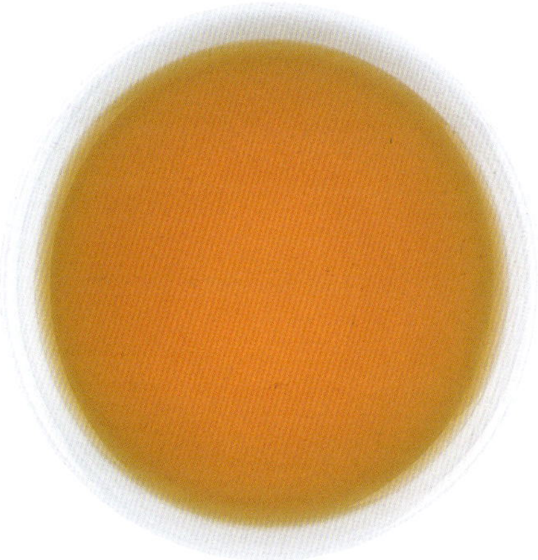

Natives Olivenöl ist in der mediterranen Küche ein absolutes Muss.

Traubenkernöl schmeckt mild-fruchtig und eignet sich vor allem für Salate.

Das sehr aromatische **Haselnussöl** eignet sich bestens zur Zubereitung kalter Speisen.

Alioli

4 Knoblauchzehen
Salz
ca. 200 ml Olivenöl

Knoblauch schälen und mit wenig Salz in einem Mörser zerstampfen. Wenn der Knoblauch püriert ist, das Olivenöl tropfenweise und unter Rühren dazugeben, bis eine feste, gleichmäßige Paste entsteht. Falls nötig etwas nachsalzen.

Das aus der Leinpflanze (Flachs) gewonnene **Leinöl** hat ein kräftiges, leicht bitteres Aroma.

Das geschmacksneutrale **Sojaöl** kann gut erhitzt werden und eignet sich zum Braten und Kochen.

Das **Walnussöl** mit seinem delikat-nussigen Aroma lässt sich gut mit neutralen Ölen mischen.

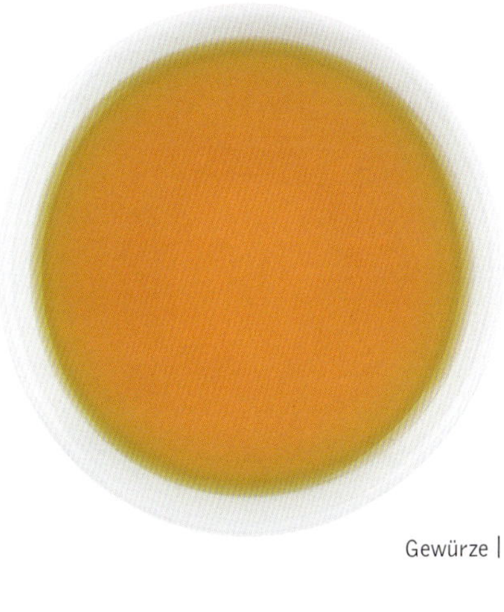

FISCH UND MEERESFRÜCHTE

Einleitung

Fische und Meeresfrüchte waren wohl von Anbeginn ein wichtiger Bestandteil der menschlichen Ernährung. Die ältesten Spuren, die hierauf hindeuten, sind Knochenreste von einem Katzenwels, die bei Ausgrabungen in einer von Menschen bewohnten Höhle in Kenia entdeckt wurden. Man schätzt ihr Alter auf 1,5 Millionen Jahre. Eine große Menge versteinerter Muschel- und Schneckenschalen überdauerte in einer steinzeitlichen Höhle in der Nähe von Nizza in Südfrankreich und legt die Vermutung nahe, dass schon unsere Vorfahren frische Austern zu schätzen wussten.

Die ersten bildlichen Darstellungen vom Fischfang sind im vierten Jahrtausend v. Chr. im alten Ägypten entstanden. Man erkennt darauf Männer, die mit Speeren, Angeln, Reusen und Netzen den Bewohnern des nassen Elements nachstellen. Im antiken Griechenland war man geradezu verrückt nach frischem Fisch und Meeresfrüchten. Bezeichnenderweise bezieht sich eines der frühesten erhaltenen Rezepte überhaupt auf die Zubereitung eines schuppigen Leckerbissens: „Schneide den Kopf vom Bandfisch ab. Wasche den Fisch und schneide ihn in Stücke. Gib Käse und Öl darüber“, rät Mithaikos von Sizilien, der im 5. Jahrhundert v. Chr. als eine Art Phidias der Küche verehrt wurde. Bei den Griechen standen ebenso wie im alten Rom die Seefische im Zentrum des Interesses. Dekadente Römer ließen sich die begehrten Delikatessen in wassergefüllten Eimern von einer Läuferstafette in die Stadt bringen.

Lange Zeit war der Konsum von frischem Fisch ein Privileg der Küstenbewohner, bis man gelernt hatte, mit Hilfe von Konservierungsmethoden wie Trocknen, Räuchern oder Pökeln das leicht verderbliche Fleisch haltbar zu machen. Erst in unserer Zeit jedoch ist dank der modernen Kühltechnik der frische Fisch auf dem Teller eine Selbstverständlichkeit geworden.

So spielt Fisch heute für die menschliche Ernährung eine wichtigere Rolle denn je – und das nicht nur unter kulinarischen Aspekten. In aller Regel ein unverfälschtes Naturprodukt, enthält vor allem Seefisch eine Vielzahl an Vitaminen und lebenswichtigen Mineralien. Er ist außerdem reich an besonders hochwertigem Eiweiß, das der menschliche Körper besser verwerten kann als jedes andere. Gesund ist am Fisch sogar das Fett, das je nach Art in unterschiedlicher Menge vorhanden ist: Es enthält die so genannten Omega-3-Fettsäuren, die nach neuesten Erkenntnissen den Cholesterinspiegel senken und dadurch das Risiko von Herz-Kreislauf-Erkrankungen verringern.

In allererster Linie aber lieben wir Fische und Meeresfrüchte wegen ihres unvergleichlichen Geschmacks. Der Umgang mit ihnen in der Küche ist nicht schwer, und für ein gelungenes Fischgericht ist im Grunde nur eines nötig: größt mögliche Frische.

An den Küsten Europas hat frischer Fisch seit jeher einen prominenten Platz auf dem Speisezettel.

PEIX-BLAU
PEIX-BLAU TARRAGONA
GONA
EXTRA

Konservierung von Fischen

Um den leicht verderblichen Fisch länger haltbar zu machen, werden verschiedene Konservierungsmethoden eingesetzt, die allesamt eine lange Tradition aufweisen. Die einfachste und älteste ist das Lufttrocknen; auf diese Art werden z. B. *Klippfisch* und *Stockfisch* produziert. Das wichtigste Hilfsmittel beim Konservieren ist Salz, das dem Gewebe Flüssigkeit entzieht. Besonders Fische mit fetthaltigem Fleisch lassen sich gut in Salz konservieren. *Sardellen* etwa werden trocken eingesalzen, ebenso der vor allem in Norwegen beliebte *Gravlaks*; der berühmte *Matjeshering* schwimmt in einer Salzlake. Größter Beliebtheit erfreuen sich auch die verschiedensten Marinaden, eine Form der Konservierung, wie sie etwa bei *Bismarckheringen* oder *Kronsardinen* angewandt wird. Dazu wird der Fisch zunächst für einige Tage in ein Bad aus Essig und Salz eingelegt, anschließend kommt er in eine mit Zucker und Gewürzen abgeschmeckte Marinade. Von allen Konservierungsmethoden ist das Räuchern sicherlich diejenige, die die delikatesten Ergebnisse zeigt: *Lachs*, *Aal*, *Forelle*, aber auch *Hering* und *Schellfisch* nehmen im Rauch ein köstliches Aroma und die für Räucherfisch typische goldgelbe Farbe an.

Sardellen kommen vorwiegend konserviert in den Handel. Die qualitativ hochwertigsten stammen aus Spanien.

Sardellen & Sardinen

Sardellen und *Sardinen* gehören zur Familie der *Heringsfische*. Beide bevorzugen gemäßigte Wassertemperaturen und leben in oftmals riesigen Schwärmen im Mittelmeer und im nordöstlichen Atlantik. Zur Laichzeit unternehmen sie ausgedehnte Wanderungen. Die beiden Fischarten sehen sich sehr ähnlich: Ihr Körper ist lang gestreckt und schlank, der gerade Rücken glänzt blau-grünlich, die Seiten und der leicht gewölbte Bauch silbrig weiß. Sardellen erreichen im Durchschnitt etwa zwölf Zentimeter Länge. Sardinen werden etwas größer; ihr charakteristisches Kennzeichen sind der symmetrisch gegabelte Schwanz und die unregelmäßigen, schillernden Flecken auf der Oberseite. Als Sardine werden übrigens nur die Jungfische bezeichnet, größere Tiere nennt man *Pilchard*.

Sowohl Sardellen als auch Sardinen kommen bei uns vorwiegend in konservierter Form in den Handel: Sardellen werden in Salz eingelegt – sie heißen dann *Anchovis* – und Sardinen in Öl. Sardinen waren Anfang des 19. Jahrhunderts die ersten Fische, die in Dosen konserviert wurden. Ölsardinen sind von sehr unterschiedlicher Qualität. Geschmacklich am besten sind in nativem Olivenöl eingelegte Fische.

Die besten Anchovis kommen aus Spanien. Sie stammen von den Fangschiffen, die am Golf von Biscaya in den Häfen von Zumai und Ondarroa anlanden. In Spanien, Südfrankreich und Italien werden die kleinen Fische gern als Vorspeise gegessen. Ein Klassiker der provenzalischen Küche ist die „Pissaladière“, eine Art Pizza mit Anchovis, Zwiebeln und Oliven. In Salz eingelegte Sardellen lassen sich aber auch als vielseitig einsetzbares Würzmittel verwenden. Dazu entfernt man gegebenenfalls das Salz von den eingelegten Filets und zerdrückt sie. Das so entstandene Püree würzt eine schlichte Tomatensauce oder gibt einer Fischsuppe Aroma, es passt aber auch hervorragend zu einem kräftigen Lammbraten.

Unentbehrlich sind Anchovis auch als Bestandteil der Tapenade, einer würzigen Paste aus Oliven, Kapern, Sardellen und Olivenöl, die als Beigabe zu Gemüse, hart gekochten Eiern oder Teigwaren serviert wird. Ebenfalls eine sehr würzige Sauce ist die Anchoiade, ein scharfes Püree aus Anchovis und Knoblauch, in Olivenöl gesimmert.

Charakteristisch für die Sardelle ist der vorstehende Oberkiefer.

Die Sardine erkennt man leicht an ihrem kielförmigen Bauch.

Die einzelnen Sardellenfilets werden von Hand vorsichtig in kleine Gläser gefüllt.

Die geschmacklich besten Ergebnisse erzielt man mit hochwertigem Olivenöl.

Frische Sardellen und Sardinen

Im Gegensatz zu den Mittelmeerländern stehen bei uns frische Sardellen und Sardinen nicht hoch im Kurs, und man bekommt sie in unseren Breiten daher nur selten. Dabei schmecken sie ausgezeichnet und eignen sich aufgrund ihres relativ hohen Fettgehalts hervorragend zum Grillen. Kleine, sehr frische Fische braucht man nicht einmal auszunehmen, nur die Schuppen müssen entfernt werden. Insbesondere Sardellen sind auch im Ganzen frittiert köstlich. In Mehl gewälzte Doppelfilets mit Kopf und Schwanz, also ausgenommen und ohne Mittelgräte, werden in reichlich Olivenöl gebraten. Eine erfrischende Vorspeise geben marinierte Filets ab, die so genannten *Boquerones*.

Weinblätter mit Sardinen und Olivensauce

Sauce:

100 g Magermilchjoghurt
50 g Salatmayonnaise
20 Oliven, mit Paprika gefüllt
2 Knoblauchzehen, gepresst
2 TL eingelegte, grüne Pfefferkörner
Jodsalz

Sardinen:

25 Sardinen (ca. 800 g)
weißer Pfeffer aus der Mühle
25 eingelegte Weinblätter
25 dünne Scheiben Frühstücksspeck
4 EL Olivenöl

Verrühren Sie den Joghurt mit der Mayonnaise. Schneiden Sie die Oliven in dünne Scheiben und geben Sie sie dazu. Den gepressten Knoblauch und die abgetropften Pfefferkörner ebenfalls dazugeben. Verrühren Sie alles gut und salzen Sie die Sauce.
Bestreuen Sie die Sardinen komplett mit Pfeffer. Die Weinblätter kurz abspülen und gut abtropfen lassen. Umhüllen Sie jede Sardine zuerst mit einer Speckscheibe und dann mit einem Weinblatt, sodass Kopf und Schwanz noch zu sehen sind. Bestreichen Sie die Sardinen mit Öl und grillen oder braten Sie sie ca. 5 Min. auf jeder Seite. Zwischendurch wenden. Servieren Sie die Sardinen mit der Olivensauce.

Geräucherter Fisch

Das Räuchern dient dazu, den leicht verderblichen Fisch länger haltbar zu machen. Im Räucherofen über brennendem oder glühendem Holz verliert er Wasser und nimmt mit dem Rauch bakterizide Stoffe auf. Gleichzeitig erhalten die geräucherten Fische einen charakteristischen Geschmack. Zum Räuchern eignen sich vor allem Fische mit fettreichem Fleisch.

Man unterscheidet zwei Formen des Räucherns: die Heißräucherung und die Kalträucherung. Bei der Heißräucherung hängt der Fisch bis zu vier Stunden in einem auf mindestens 60 °C erhitzten Ofen. Danach ist er etwa eine Woche haltbar. Bei der Kalträucherung bleibt der zunächst gesalzene und dann gewässerte Fisch bis zu sechs Tage im etwa auf 20 °C erwärmten Räucherofen. Die so konservierten Fische halten sich mindestens zwei Wochen.

Der beliebteste Räucherfisch überhaupt ist der kalt geräucherte Lachs. Verwendung finden vorwiegend Fische aus norwegischen Zuchtbetrieben, die ein konstantes Angebot zu mäßigen Preisen gewährleisten. Eine ostpreußische Spezialität ist der Stremellachs; dabei handelt es sich um heiß geräucherte Stücke oder Streifen vom Lachs. Eine spezifisch englische Delikatesse ist der Kipper, ein kalt geräucherter Hering. Der Kopf wird entfernt, der Fisch vom Rücken her gespalten. Die Räucherzeit ist relativ kurz, sodass der Kipper rasch verzehrt werden muss. Er wird in aller Regel gebraten als Bestandteil des englischen Frühstücks serviert. Hierfür findet im Übrigen auch kalt geräucherter Schellfisch gerne Verwendung. Heiß geräucherter Nord- oder Ostseehering, wie man ihn in Deutschland bevorzugt, trägt den Namen Bückling. Er wird vor dem Räuchern nicht ausgenommen, und auch der Kopf wird nicht entfernt. Aus enthäuteten Streifen vom Dornhai, die sich beim Räuchern spiralförmig aufrollen, werden die so genannten Schillerlocken hergestellt.

Einer der wenigen Süßwasserfische, die sich zum Räuchern eignen, ist aufgrund seines fettreichen Fleisches der Aal. Er wird mit Salz eingerieben, um die Schleimschicht zu entfernen, ausgenommen und bleibt nur wenige Stunden im Rauch. Der magerste Räucherfisch ist die Forelle. Verarbeitet werden in aller Regel Regenbogenforellen. In den Handel kommen sie meist ausgenommen und aus der Haut gelöst.

Der geräucherte Hering heißt in Deutschland **Bückling**. Mit frischem Roggenbrot und etwas grobem Salz ein schnell zubereiteter Imbiss.

Die echten **Kieler Sprotten** müssen aus der gleichnamigen Bucht stammen. Nicht nur in Norddeutschland weiß man sie zu schätzen.

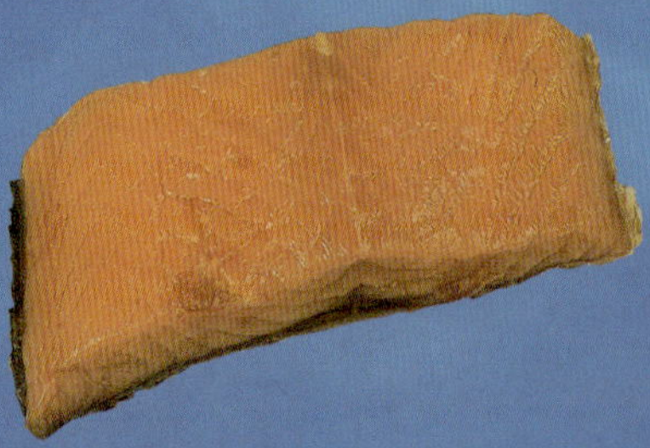

Geräuchertes **Stremellachsfilet** ist eine Spezialität aus Ostpreußen und wird traditionell in einzelnen Stücken geräuchert.

Rotbarsch ist im Vergleich zu anderen geräucherten Fischen ausgesprochen mager und leicht bekömmlich.

Das zarte Fleisch des **Heilbutts** ist auch geräuchert eine Delikatesse.

Sprotten & Räucherfische

Wie die Sardine und die Sardelle ist auch die *Sprotte* ein Heringsfisch. Sie hat einen langgestreckten Körper mit ausgeprägtem Kielbauch. Der Rücken ist bläulich, und über die Seiten verläuft ein bronzefarbenes Band. Sprotten gibt es im Nordostatlantik, in der Nord- und Ostsee und im Schwarzen Meer. Die etwa 16 Zentimeter langen Fischlein leben in Küstennähe und in der Nähe von Flußmündungen.

Aufgrund ihres fettreichen Fleisches eignen sie sich hervorragend zum Räuchern und sind als so genannte Kieler Sprotten bei uns bekannt und sehr geschätzt. Als Echte Kieler Sprotten dürfen im Übrigen nur jene bezeichnet werden, die den Fischern in der Kieler Bucht ins Netz gehen. In den Herbst- und Wintermonaten haben die Sprotten die beste Qualität. Vor der Räucherung werden sie nicht ausgenommen, sondern nur gewaschen, geschuppt und für etwa eine Stunde in milde Salzlake gelegt. Anschließend garen sie im Räucherofen bei Temperaturen zwischen 70 und 90 °C. Die appetitliche goldgelbe Farbe entsteht gegen Ende des Räucherprozesses, wenn das bis dahin brennende Holz mit feuchten Spänen zugedeckt wird. Dadurch entwickelt sich dichter Rauch, der dem Fisch gleichzeitig ein intensives Aroma verleiht. Abhängig von der Art und Größe der Fische kann das Heißräuchern bis zu vier Stunden dauern.

Goldgelb und saftig – die **Makrele** mit ihrem fettreichen Fleisch eignet sich hervorragend zum Räuchern.

Äußerst delikat schmecken in Wacholderrauch geräucherte **Forellen** Eine cremige Meerrettichsahne bildet eine ideale Ergänzung.

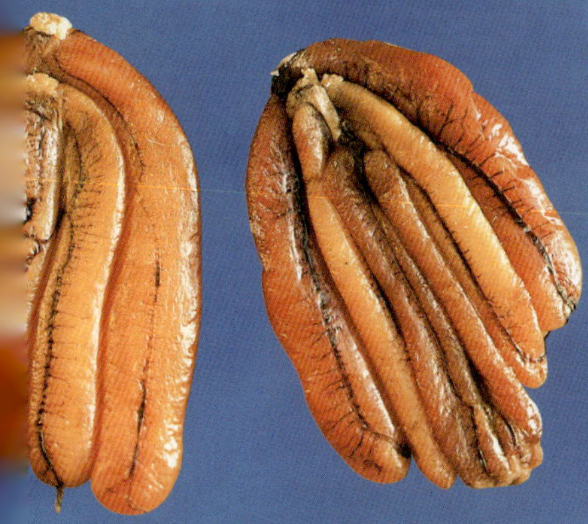

Eine nicht alltägliche Spezialität ist geräucherter **Rogen**, man schätzt ihn insbesondere in den skandinavischen Ländern.

Durch sein fettreiches Fleisch eignet sich Aal vortrefflich zum Räuchern, besonders köstlich sind die Aale aus dem Steinhuder Meer.

In den Herbst- und Wintermonaten haben die **Sprotten** die beste Qualität. In den Handel gelangen sie zumeist in kleinen Spankisten.

Große orangefarbene oder rote Punkte auf der Oberseite kennzeichnen die **Scholle**, die bis zu 90 Zentimeter lang und drei Kilogramm schwer werden kann.

Unter der grau-braunen Haut des **Steinbutts** verbirgt sich überaus aromatisches, festes Fleisch.

Plattfische

Im Gegensatz zu allen ihren Artgenossen bewegen sich *Plattfische* im Wasser nicht aufrecht, sondern auf der Seite liegend. Beide Augen befinden sich auf der Oberseite, und nur diese ist dunkel gefärbt, die Unterseite ist weiß oder cremefarben. Vor allem zwei Exemplare dieser Ordnung lösen bei Gourmets höchstes Entzücken aus: die Seezunge und der Steinbutt. Sie sind die begehrtesten Speisefische überhaupt und daher entsprechend teuer.

Die verschiedenen Plattfischarten sind weit verbreitet. So findet man Seezungen und Schollen im Atlantik und im Mittelmeer, den Steinbutt darüber hinaus auch im Pazifik. Ein Bewohner der nördlichen Meere ist der Heilbutt.

Die *Seezunge* verdankt ihr köstliches Fleisch einer Diät aus Krebs- und Weichtieren, Seesternen und kleinen Fischen. Große Exemplare können bis zu 60 cm lang und 3 kg schwer werden; auf den Teller kommt sie allerdings überwiegend als Portionsfisch oder in Form von ausgelösten Filets. In Frankreich genießt man sie gern als „Sole normande" in einer Sahnesauce mit Meeresfrüchten, in den Mittelmeerländern bevorzugt man sie im Ganzen gegrillt; die klassische Zubereitung schlechthin aber ist „Sole meunière": in Mehl gewendet und in Butter gebraten.

Der rautenförmige *Steinbutt* trägt auf seiner graubraunen Haut keine Schuppen, sondern kleine, knochenartige Knötchen, die wie Steine wirken. Er kann etwa 1 m lang und bis zu 25 kg schwer werden; in den Geschäften erhält man jedoch meist Exemplare von 40 bis 80 cm Länge und einem Gewicht zwischen 5 und 1 kg. Unter der Bezeichnung Babysteinbutt sind auch Portionsfische erhältlich. Das feste, weiße Fleisch bleibt beim Garen saftig und aromatisch. Man kann den Fisch filetieren oder im Ganzen zubereiten. Gegrillt oder gedünstet (wozu im Fachhandel ein spezielles Kochgeschirr, die Turbotiere, erhältlich ist), besonders aber

Flach in der Form und unauffällig in der Farbe bietet die Seezunge Feinschmeckern höchsten Genuss. Die Römer bezeichneten sie als „Jupitersandale".

in einer Salzkruste gegart, kommt sein delikater Geschmack gut zur Geltung.

Der größte aller Plattfische ist der *Heilbutt*. Bis zu 4 m Länge kann er erreichen und bringt dann 300 kg auf die Waage. Im Handel werden vor allem ausgelöste Filets und Koteletts mit Haut und Mittelgräte angeboten. Heilbuttfleisch ist weiß und von sehr zarter Struktur, sodass es sich hervorragend für schaumige Mousselines und Klößchen eignet.

Die *Scholle* ist an den großen orangefarbenen oder roten Punkten auf der Oberseite gut zu erkennen. Bis zu 90 cm lang und 3 kg schwer können die größten Exemplare werden. In den Handel kommen überwiegend Portionsfische, aber auch einzeln tiefgekühlte Filets erfreuen sich inzwischen einiger Beliebtheit. Die Scholle eignet sich vor allem zum Grillen und Braten, wobei die so genannte Maischolle mit Speck ein Klassiker ist.

Plattfische vorbereiten

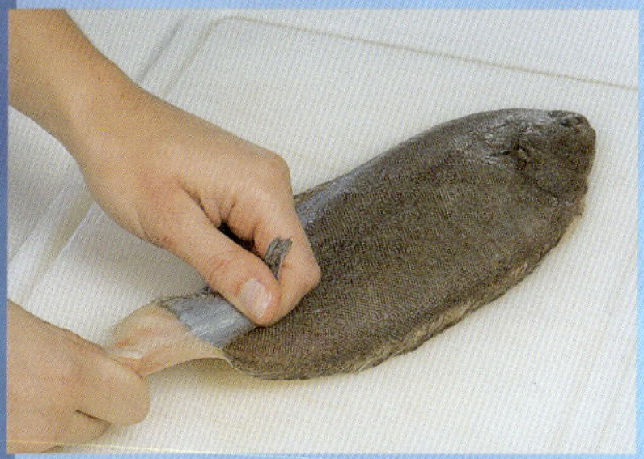

Um den Fisch zu enthäuten, zunächst die Haut vor der Schwanzflosse einritzen und mit der Messerspitze etwas ablösen.

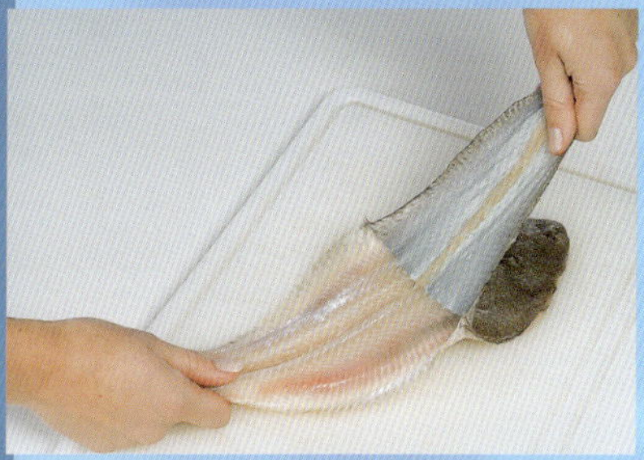

Das Hautende fest mit der Hand fassen und die gesamte Haut Richtung Kopf abziehen.

Zum Filetieren den Fisch entlang der Mittelgräte einschneiden und die beiden Filetstücke abheben.

Anschließend den Fisch wenden und auf der anderen Seite ebenso verfahren.

Allgemeine Tipps

Um den delikaten Geschmack von Plattfischen möglichst rein zu erhalten, gart man sie am besten mit Haut und Gräten; sie eignen sich zum Dünsten, Grillen oder Braten. Ideal sind Portionsfische von ca. 350 bis 400 g. Kleinere Plattfische kann man auch hervorragend füllen. Dazu wird der Fisch an einer Seite aufgeschnitten und die Mittelgräte entfernt. Vor allem aus den schmalen Filets der Seezungen lassen sich hervorragend kleine Fischröllchen herstellen. Achten Sie dabei darauf, dass die Hautseite innen liegt. Sie zieht sich während des Garens etwas zusammen und hält so die Röllchen schön in Form.

Gefüllte Schollenröllchen

Schollenröllchen:

600 g Schollenfilets
Saft von 1/2 Limette
Salz
weißer Pfeffer aus der Mühle
100 g Krabben (Shrimps) aus dem Glas
100 g Avocadofruchtfleisch
2 EL mittelscharfer Senf
2 EL Semmelbrösel
3 EL fein geriebener Parmesan oder Pecorino
Mehl zum Wenden
4 EL Sonnenblumenöl

Weitere Zutaten:

400 g Chinakohl
1 kleine Zwiebel
1 Knoblauchzehe
2 EL Butter
Salz
weißer Pfeffer aus der Mühle
frisch geriebene Muskatnuss
3 EL Crème fraîche

Die Fischfilets werden kalt abgespült, trockengetupft und mit Limettensaft beträufelt. Einige Min. ziehen lassen. Tupfen Sie den Fisch danach erneut trocken und schneiden Sie die Filets der Länge nach in 5 cm breite Streifen. Diese werden auf der Innenseite mit Salz und Pfeffer gewürzt. Tropfen Sie die Krabben ab und geben Sie sie in eine Schüssel. Schneiden Sie das Avocadofleisch klein und geben Sie es zusammen mit dem Senf zu den Krabben. Die Masse wird mit einem Zauberstab fein püriert. Rühren Sie die Semmelbrösel und den Käse darunter. Bestreichen Sie die Fischstreifen mit der Krabbenpaste, rollen Sie sie zusammen und stecken Sie sie mit Zahnstochern fest. Wenden Sie die Röllchen in Mehl.

Erhitzen Sie Öl in einer Pfanne und braten Sie die Röllchen darin kurz von allen Seiten an. Heizen Sie den Backofen auf 180 °C vor. Schneiden Sie den Chinakohl in sehr feine Streifen. Hacken sie den Knoblauch und die Zwiebel fein und dünsten Sie beides in heißer Butter in einem Topf an. Geben Sie den Chinakohl dazu und dünsten Sie ihn unter Rühren mit. Würzen Sie mit Salz, Pfeffer und Muskat. Geben Sie die Röllchen aufrecht stehend in eine ofenfeste Form. Das Gemüse geben Sie zwischen die Fischröllchen und streichen dann die Crème fraîche über das Ganze. Backen Sie das Gericht 25 Min. bei mittlerer Hitze auf der mittleren Einschubleiste.

Bouillabaisse

1 kg küchenfertige Meeresfrüchte (Krebse, Garnelen, Scampi, Muscheln)
1 kg küchenfertige Mittelmeerfische (z. B. Petersfisch, Rotbarbe, Heilbutt, Knurrhahn, Seeteufel)
2 große Zwiebeln, fein gehackt
6 EL Olivenöl
4 kleine Tomaten
1 Bouquet garni (Petersilie, Thymian, Lorbeerblatt)
1 Streifen Orangenschale
3 Knoblauchzehen, zerdrückt
1–2 g gestoßener Safran
Salz und schwarzer Pfeffer aus der Mühle
2–4 cl Pernod
4 Scheiben geröstetes Bauernbrot

Meeresfrüchte und Fisch kalt abspülen. Die Zwiebeln werden in einem großen Topf in 4 EL Olivenöl angedünstet. Die Tomaten werden blanchiert, enthäutet und in kleine Würfel geschnitten. Geben Sie die Tomaten zu den Zwiebeln, fügen Sie dann das Bouquet garni, die Orangenschale, den Knoblauch und den Safran hinzu. Salzen und pfeffern sie alles. Geben Sie dann die größeren Krustentiere und die Fische mit festerem Fleisch in den Topf, beträufeln Sie sie mit dem restlichen Olivenöl und gießen Sie soviel kochendes Wasser dazu, bis alle Zutaten bedeckt sind. Bringen Sie alles zum Kochen und lassen sie es 5 Min. vor sich hin köcheln. Geben Sie die restlichen Krustentiere und Fische dazu, lassen Sie alles 5 bis 7 Min. weiter kochen. Schmecken Sie die Suppe mit Pernod, Salz und Pfeffer ab. Legen Sie vier tiefe Teller mit dem gerösteten Brot aus und verteilen Sie die Bouillabaisse darüber.

Seiner Vorliebe für Heringe wegen nennt man den Petersfisch auch Heringskönig.

Petersfisch

Obwohl der *Petersfisch* wie ein Plattfisch aussieht, gehört er nicht wie dieser zur Ordnung der Knochenfische. Sein Körper ist oval, hochrückig und dünn, von grauer Farbe, die wie mit Gold durchsprenkelt wirkt. Auf beiden Flanken trägt er einen charakteristischen kreisrunden Fleck, dem er seinen Namen verdankt: Der Legende nach handelt es sich bei den dunklen Punkten um die Fingerabdrücke des Apostel Petrus, der ihn auf Jesu Geheiß aus dem Wasser genommen hatte und in seinem Maul Münzen fand, mit denen er seine Steuern bezahlen konnte.

Der Petersfisch ist im Ostatlantik, im Mittelmeer, Schwarzen Meer und Pazifik verbreitet. Er gilt als gefräßig und lebt als Einzelgänger oder in kleinen Schwärmen. Seine Nahrung besteht hauptsächlich aus Sardinen, Sprotten und Heringen, deren Schwärmen er folgt. Diese Vorliebe hat ihm auch den Beinamen Heringskönig eingetragen. Im Durchschnitt 20 bis 50 cm lang und zwischen 2 und 3 kg schwer, ist er mit seinem grätenarmen, wohlschmeckenden Fleisch ein sehr beliebter Speisefisch. Die Vorkommen sind nicht groß, was ihn entsprechend rar und teuer macht.

Beim Einkauf eines ganzen Fisches ist zu beachten, dass der große Kopf und der Darmtrakt etwa zwei Drittel des Gesamtgewichts ausmachen. Man sollte daher die benötigte Fischmenge entsprechend großzügig bemessen. Beim Säubern ist Vorsicht geboten, denn der Petersfisch besitzt eine hoch aufragende Rückenflosse mit scharfen Stacheln, die unangenehme Verletzungen hervorrufen können. Damit der delikate Eigengeschmack des Petersfischs erhalten bleibt, sind von allen Zubereitungsarten die einfachsten noch immer die besten: in Butter braten, dünsten oder in einer Papierhülle im eigenen Saft garen lassen. Wird der Fisch im Ganzen gegart, sollte man sich auf keinen Fall die vergleichsweise großen und wohlschmeckenden Bäckchen entgehen lassen!

Seezungenfilets auf Auberginen

8 kleine Seezungenfilets à 150 g
2 EL Zitronensaft
Salz, Pfeffer aus der Mühle
8 EL Mehl
1 Lorbeerblatt
1 kleine Knoblauchzehe, geschält
8 EL Butterschmalz
2 kleine Auberginen
5 EL zerlassene Butter
1 EL gehackte glatte Petersilie

Legen Sie die Filets auf eine Arbeitsplatte und beträufeln Sie sie mit Zitronensaft. Salzen und pfeffern Sie den Fisch. Verteilen Sie 4 EL Mehl auf einer Porzellanplatte. Erhitzen Sie den Knoblauch mit dem Lorbeerblatt mit 4 EL Butterschmalz in einer großen Pfanne. Wenden Sie die gewürzten Filets im Mehl und legen Sie sie sofort in das heiße Fett. Von jeder Seite jeweils eine Minute braten. Nehmen Sie den Fisch aus der Pfanne und legen Sie die Filets schräg in die Mitte einer großen vorgewärmten Porzellanplatte und halten Sie sie warm. Das Fett durch ein mit Küchenkrepp ausgelegtes Sieb filtern, die Pfanne reinigen und das Fett zusammen mit weiteren 5 EL Butterschmalz wieder hineingeben und erhitzen.

Halbieren Sie die Aubergine der Länge nach und schneiden Sie sie in 7 mm dicke Scheiben. Mit Pfeffer und Salz würzen. Wenden Sie die Auberginen im Mehl und braten Sie sie im heißen Fett knusprig.

Richten Sie die Auberginen dachziegelartig um die Seezungenfilets an. Den Fisch mit Butter beträufeln und mit Petersilie bestreuen.

Fischsuppe

Bouillabaisse oder Bourride, Cacciucco, Brodetto oder Zarzuela – Fischsuppen haben auf allen mediterranen Speisezetteln einen Stammplatz. Meist enthalten sie verschiedene Sorten Fisch und Meeresfrüchte, Tomaten, Zwiebeln und kräftige Gewürze. Suppen dieser Art waren ursprünglich ein typisches Fischeressen, für das alles Verwendung finden konnte, was aus dem Fang nicht verkauft worden war. Mittlerweile genießen die Bouillabaisse und ihre Verwandten jedoch auch bei Gourmets höchstes Ansehen.

Brassenarten

Dunkle Querbänder ziehen sich über den Rücken der großen **Geißbrasse**. Ihr Fleisch kommt überwiegend tiefgekühlt in den Handel.

Einem goldenen Streifen zwischen den Augen verdankt die **Goldbrasse** ihren Namen. In Frankreich nennt man sie **Dorade royale.**

Ein steiles Stirnprofil kennzeichnet die **Zahnbrasse.** Auf ihren bläulich-silberfarbenen Seiten befinden sich kleine dunkle Punkte.

Die **Rotbrasse** erkennt man am rötlich gefärbten Schuppenkleid. Mund- und Kiemenhöhlen hingegen sind tiefschwarz.

Garen in der Papierhülle

Das Garen in einer Papierhülle ist eine äußerst schonende Methode, die sich sowohl für kleine ganze Fische als auch für Filets oder Fischkoteletts eignet. Das dünne Papier schützt den Fisch vor der Backofenhitze, sodass das Fleisch besonders saftig bleibt. Und so wird es gemacht: Einen Bogen Pergamentpapier mit flüssiger Butter oder Olivenöl einpinseln, den gewürzten Fisch darauf legen und nach Wunsch mit Kräutern und anderen Aromazutaten versehen. Anschließend das Pergamentpapier rundum fest verschließen und das Päckchen im vorgeheizten Backofen bei 175 °C je nach Größe etwa 15 bis 25 Minuten garen. Erst bei Tisch öffnen.

Brassen

Die Familie der *Meerbrassen* ist groß, und einige ihrer Mitglieder sind als Speisefische hoch geschätzt, allen voran die *Goldbrasse* oder *Dorade royale*. Charakteristisch ist für alle Arten dieser Ordnung die ovale Körperform mit hohem Rücken und flachen Seiten. Achtung beim Säubern: Im vorderen Teil der langen Rückenflosse verbergen sich Stacheln. Die meisten Brassen sind Pflanzen- oder Allesfresser, die wärmere und gemäßigte Meere bewohnen. Vor allem im Mittelmeer und an der östlichen Atlantikküste finden sich größere Vorkommen.

Das mit Abstand begehrteste Mitglied der Brassenfamilie ist die Goldbrasse, auch Dorade royale genannt. Der namengebende goldfarbene Streifen zwischen den Augen wird umso blasser, je länger der Fisch tot ist. Das feste, delikate Fleisch der bis zu 70 cm langen Goldbrasse ist grätenarm und entwickelt zwischen Juli und Oktober sein bestes Aroma. Bei der *Rotbrasse* oder *Dorade rosé* sind Körper und Flossen rötlich gefärbt, Mund- und Kiemenhöhlen dagegen tiefschwarz. Sie gilt vor allem im Mittelmeerraum als gern verwendeter Speisefisch.

Die *Streifenbrasse* oder *Dorade grise* trägt ein dunkelgraues Schuppenkleid, und nur zwischen den Augen zeichnet sich deutlich ein blau grünes, irisierendes Band ab. Das Fleisch des maximal 50 cm langen Fischs eignet sich besonders zum Grillen. Die *Sackbrasse*, deren Fleisch sehr schmackhaft ist, kommt bei uns leider nur relativ selten auf den Markt. Der bis zu 75 cm lange Fisch schimmert grau-rosa und zieht sich im Winter in tiefere, küstenfernere Gewässer zurück.

Ein markanter Kopf charakterisiert die *Zahnbrasse*, deren kräftig bezahnte Kiefer darauf hinweisen, dass wir es bei ihr mit einem Raubfisch zu tun haben. Das Schuppenkleid ist bläulich-silbern mit rosa Brustflossen. Dunkle Querbänder auf Rücken und Seiten sind das charakteristische Kennzeichen der *Marmorbrasse*. Sie ist auch im Schwarzen Meer, im Roten Meer und im Pazifischen Ozean heimisch. Ihr Fleisch ist weniger fein, von leicht grauer Farbe und fester Konsistenz.

Goldbrasse in Salzteig

1 Goldbrasse (ca. 1,2 kg)
weißer Pfeffer aus der Mühle
1 unbehandelte Zitrone
3 Stängel Dill
3 Eiweiß
2 kg grobes Meersalz
Fett für das Blech

Fisch gründlich waschen und mit Küchenkrepp trocken tupfen. Reiben Sie ihn innen und außen mit Pfeffer ein. Schneiden Sie die Zitrone in dicke Scheiben und legen Sie diese mit dem Dill in die Bauchhöhle. Schlagen Sie das Eiweiß halbsteif. Rühren Sie dann das Meersalz nach und nach hinein, bei Bedarf etwas Wasser dazugeben. Falten sie dicke Alufolie in drei Lagen zu einem ca. 5 cm breiten Streifen. Insgesamt fünf Streifen herstellen und ineinander stecken. Biegen Sie die Streifen zu einer Fischform, die größer als die Brasse ist. Setzen Sie die Form auf ein gefettetes Backblech und füllen Sie sie mit einem Drittel des Salzteigs. Legen Sie den Fisch darauf und bestreichen Sie ihn gleichmäßig mit dem restlichen Salzteig. Backen Sie den Fisch im 200 °C heißen Backofen für 40 Min.

Meersalz

Besonders hochwertiges Salz wird auch heute noch auf traditionelle Art aus dem Meer gewonnen. Berühmt ist vor allem das Salz aus Guérande in der Bretagne, das in zwei Qualitäten geerntet wird: *Gros Sel* und *Fleur de Sel*. In flachen Becken am Meeresufer verdunstet Meerwasser. Dabei lagern sich Salzkristalle ab, die von Hand „geerntet" werden. Gros Sel ist das einfache grobe Meersalz, das sich am Boden der Becken ablagert, als Fleur de Sel bezeichnet man das Salz, das täglich von der Oberfläche der Becken abgeschöpft wird. Fleur de Sel wird wegen seines besonderen Geschmacks hoch geschätzt, macht aber nur vier Prozent der Gesamternte aus. Die graue Färbung von Meersalz ist kein Qualitätsmangel, sondern vielmehr ein Gütesiegel; sie geht auf den tonhaltigen Boden der Salinenbecken zurück.

Garen in der Salzkruste

Ganze Fische lassen sich sehr gut in einer Salzkruste im Backofen garen. Diese Zubereitungsart verstärkt das Eigenaroma des Fischs und macht weitere Gewürze überflüssig. Pro Kilogramm Fisch werden etwa 2 kg grobes Meersalz benötigt. Am besten eignet sich grobes, ungereinigtes Salz, das noch etwas Feuchtigkeit enthält: Die Hälfte des Salzes auf ein Backblech oder in eine große feuerfeste Form geben und darauf den vorbereiteten Fisch legen. Mit dem restlichen Salz bedecken und im vorgeheizten Backofen bei 250 °C etwa 30 Minuten garen. Den Fisch aus dem Ofen nehmen und 5 Minuten ruhen lassen, dann die Salzkruste aufbrechen und den Fisch zerlegen. Achtung: Den fertig gegarten Fisch auf keinen Fall längere Zeit in der Salzkruste stehen lassen; er nimmt das Salz auf und wird ungenießbar.

Ist der Fisch frisch?

Es gibt mehrere untrügliche Merkmale, an denen man die Frische eines Fischs überprüfen kann. Wichtig ist zunächst der Blick auf die Augen: Ein frischer Fisch hat klare, gewölbte Pupillen, sie sollten weder getrübt noch eingesunken sein. Heben Sie dann einen Kiemendeckel an: Sind die Kiemen leuchtend rot, ist dies ebenfalls ein gutes Zeichen. Die Haut sollte feucht glänzen. Drückt man mit dem Daumen auf den Fisch, darf kein Abdruck zurückbleiben. Und schließlich der Geruchstest: Frischer Fisch riecht angenehm nach Meer und Tang, aber niemals fischig. Schwieriger ist der Frische-Test, wenn man lediglich Portionsstücke kauft. Achten Sie in diesem Fall vor allem auf den guten Geruch. Das Fleisch sollte ein leicht glasiges Aussehen haben, trockene Ränder und Verfärbungen sind Alarmzeichen.

Tipp:
Wenn Sie den Fisch zu Hause noch einige Zeit frisch halten müssen, bewahren Sie ihn am besten locker in Frischhaltefolie gewickelt und mit Eis bedeckt bei 0 °C im Kühlschrank auf. Ganze Fische unbedingt vorher ausnehmen. Fetter Fisch wie Hering, Lachs oder Makrele verdirbt im Übrigen rascher als die Sorten mit magerem Fleisch.

Dämpfen im Bambuskorb

Das Dämpfen im Bambuskorb ist eine Garmethode, die in den Küchen Asiens zu Hause ist. Der Fisch kommt dabei nicht direkt mit dem heißen Wasser in Kontakt, sondern gart schonend im heißen Dampf. Die Aromen der beigefügten Kräuter oder Gewürze – zum Beispiel Kaffirlimonenblätter oder Zitronengras – können so optimal vom Fleisch aufgenommen werden. Die geflochtenen Bambuskörbchen sind inzwischen auch bei uns im gut sortierten Fachhandel oder in Asia Shops zu bekommen. Ein ganzer Fisch von etwa 500 g braucht in dem Dämpfkörbchen etwa 15 bis 20 Minuten, Portionsstücke oder Filets sind schon nach wenigen Minuten gar.

Fisch vorbereiten

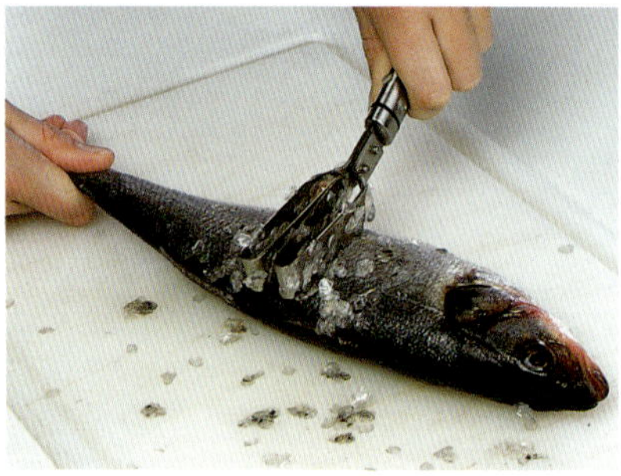

1. Fast alle Fische müssen vor der Zubereitung geschuppt werden. Dies kann mit einem speziellen Instrument, dem Entschupper, erfolgen.

2. Auch ein großes Küchenmesser kann beim Entschuppen gute Dienste leisten. Gearbeitet wird immer vom Schwanz in Richtung Kopf.

3. Normalerweise werden Fische durch den Bauch ausgenommen. Der Schnitt erfolgt vom Schwanz in Richtung Kopf.

4. Zunächst die Kiemen entfernen, denn sie würden beim Garen dem Gericht einen bitteren Geschmack verleihen.

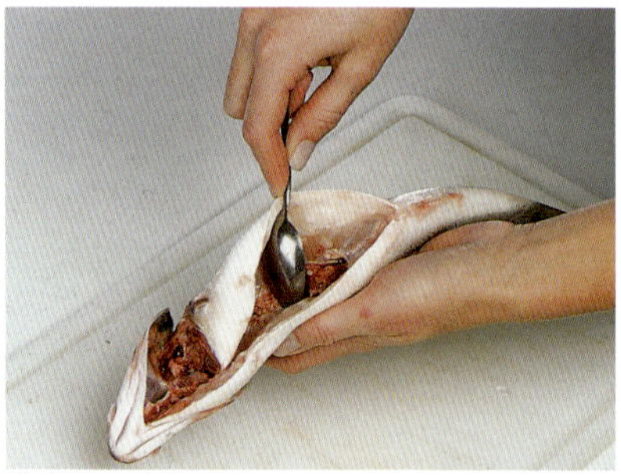

5. Zum Schluss werden die Eingeweide möglichst unbeschädigt herausgenommen. Dazu kann man einen Löffel verwenden.

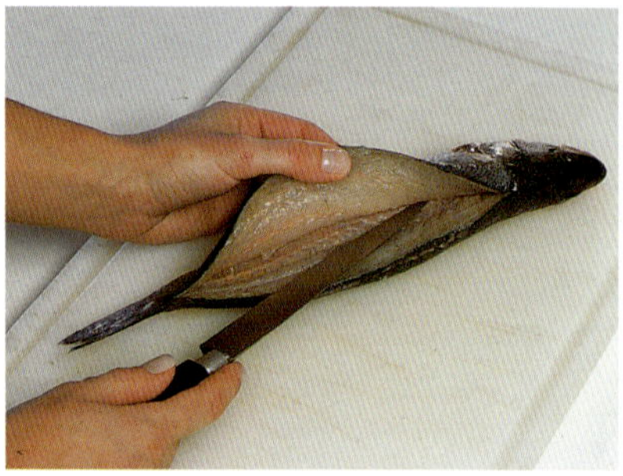

6. Für manche Gerichte ist der Fisch vom Rücken her auszunehmen.

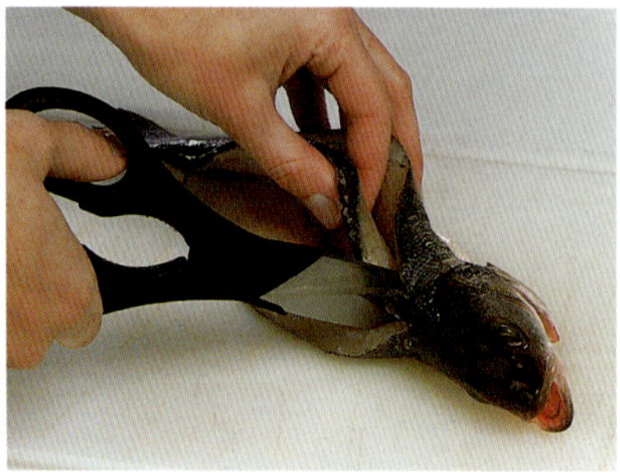

7. Um die Mittelgräte zu entfernen, muss sie direkt hinter dem Kopf sowie vor dem Schwanz durchtrennt werden.

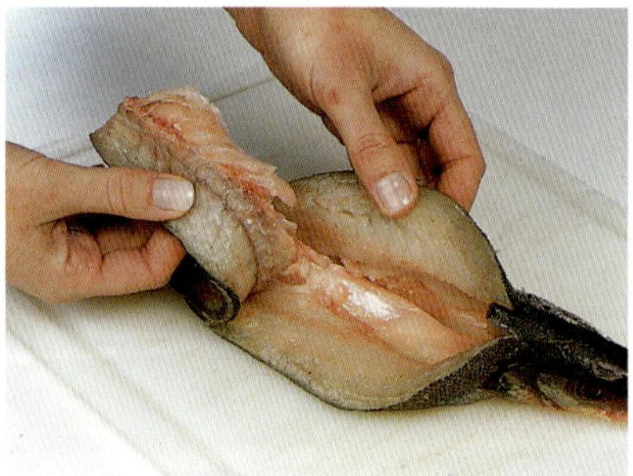

8. Nun lassen sich problemlos die Gräte und die Eingeweide entfernen.

Red Snapper

Der Fisch mit der auffallend rosa roten Farbe ist im westlichen Atlantik zu Hause. Man fischt ihn in den wärmeren Gebieten, von South Carolina (USA) bis Brasilien und in der Karibik. Gelegentlich kommt der *Red Snapper* auch bei uns auf den Markt. Hier wird er auch unter dem Namen *Roter Schnapper* oder als *Rotkarpfen* angeboten; mit einem Karpfen hat er allerdings außer einer gewissen Ähnlichkeit in Körperform und Schuppenkleid nichts gemein. Das Hauptabsatzgebiet dieses delikaten Fischs sind die USA, wo er der beliebteste Speisefisch überhaupt ist.

Der Red Snapper erreicht ein Durchschnittsgewicht von 2 bis 3 kg, und mit seinem festen, weißen Fleisch, das nur wenige große Gräten enthält, eignet er sich für die unterschiedlichsten Zubereitungsweisen. So gehört er zum Beispiel zu den Fischarten, die sich sehr gut füllen lassen. In den USA kennt man unzählige Rezepte für den begehrten Meeresfisch. Die vielleicht interessantesten stammen aus der kreolischen Küche der Südstaaten, bei der europäische und afrikanische Einflüsse eine besonders reizvolle Verbindung eingegangen sind. Mit Gewürzen wie Sasafras-Blättern, Cayennepfeffer und Limetten weiß sie den Fisch besonders delikat zuzubereiten.

Wesentlich häufiger als sein großer, roter Verwandter geht den Fischern der *Gray Snapper* ins Netz. Er wird zwar im Schnitt nur etwa 500 g schwer, besitzt aber ebenfalls gutes und schmackhaftes Fleisch. Ebenfalls zur Familie der Snapper zählt der *Emperor* oder *Kaiserschnapper*, der im indopazifischen Raum verbreitet ist. Vor allem vor den Küsten Australiens gibt es bedeutende Vorkommen dieses schmackhaften Fischs, der in seinem äußeren Erscheinungsbild dem Red Snapper recht ähnlich ist, aber bis zu 1 m lang werden kann.

Pomfrets

Der englische Name *Pomfret* hat sich auch bei uns als Bezeichnung für die *Brachsenmakrele* eingebürgert. In Frankreich heißt dieser schmackhafte Fisch übrigens *Hirondelle de mer*, was so viel heißt wie „Meerlerche". Er ist sowohl im Atlantik als auch im Pazifischen Ozean heimisch. Das Verbreitungsgebiet der Atlantischen Brachsenmakrele reicht von Norwegen über Madeira bis ins Mittelmeer, ihre pazifische Verwandte ist von der Beringsee über Japan bis Südkalifornien anzutreffen.

Der ovale bis trapezförmige Körper der Brachsenmakrelen ist seitlich stark abgeflacht und von auffallend silbrig schimmernden Schuppen überzogen. Pomfrets erreichen im Durchschnitt etwa 60 cm Länge, die atlantische Art wird zuweilen größer. Es sind Tiefenfische, die nachts an die Meeresoberfläche kommen und kleine Schwarmfische und Tintenfische jagen.

Ihre Liebhaber hat die Brachsenmakrele vor allem im asiatischen Raum, wo sie wegen ihres festen, wohlschmeckenden Fleischs allergrößte Wertschätzung genießt. Vor allem die kleinen *Sickle Pomfrets*, die meist mit einem Gewicht von nur 150 g gehandelt werden, sind sehr beliebt und schnell zubereitet. Als Edelfische gelten hingegen die größeren *Silver Pomfrets*, denen man aufwändige Zubereitungsarten angedeihen lässt.

Doch ganz gleich, von welcher Größe – die fast grätenlosen Brachsenmakrelen lassen sich auf unterschiedlichste Weisen zubereiten. So schmecken sie hervorragend im Ganzen in Butter gebraten oder mit asiatischen Gewürzen gedämpft.

In China werden sie vor der weiteren Zubereitung gerne geräuchert, was ihnen eine rötlich-braune Färbung und ein besonderes Aroma verleiht.

Der **Red Snapper** ist grätenarm und bestens für alle Zubereitungsarten geeignet. In Amerika ist er der beliebteste Speisefisch überhaupt.

Die **Brachsenmakrele** ist bei uns oft unter ihrem englischen Namen **Pomfret** im Handel. Man schätzt ihr festes, wohlschmeckendes Fleisch vor allem auch in den asiatischen Ländern.

Loup de Mer

Als *Loup de Mer* kennt man ihn an der französischen Mittelmeerküste, an der Atlantikküste wird dieser Fisch aus der Familie der Zackenbarsche *Bar* genannt. In Deutschland heißt er auch Wolfsbarsch. Unter welchem Namen auch immer – er ist ein hoch geschätzter Speisefisch, und seit einigen Jahren gibt es vor allem in Frankreich Erfolg versprechende Versuche, ihn in Aquakulturen zu züchten.

Der delikate Meeresfisch wird bis zu 1 m lang und kann ein Gewicht von 12 kg erreichen. Der schlanke, lang gestreckte Körper ist grau-metallisch gefärbt, die Oberseite dunkel, der Bauch fast weiß, und vollständig von recht großen Schuppen bedeckt, die sogar den Kopf des Fischs überziehen. Er ist im Nordostatlantik, im Mittelmeer und im Schwarzen Meer heimisch, wo er in Küstennähe kleine Schwarmfische und Kalmare jagt. Im Sommer zieht er auch in die Flussmündungen hinauf. Die beste Saison für Wolfsbarsch sind die Monate August und September.

Der Loup de Mer ist einer der wenigen Fische, die auch im kommerziellen Fang nicht mit Netzen, sondern mit der Angel gefischt werden. So bleibt das Angebot gemessen an der Nachfrage gering und der Preis entprechend hoch. Vorsicht ist geboten beim Säubern und Vorbereiten, denn der Wolfsbarsch trägt wie alle Stachelflosser im vorderen Teil seiner Rückenflosse spitze Stacheln, die unangenehme Verletzungen verursachen können. Auch die Kiemendeckel sind mit kleinen Dornen versehen, die vor dem Schuppen entfernt werden sollten.

Besonders im Ganzen gegrillt oder im Backofen gegart, ist der Loup der Mer eine Delikatesse. Dazu legt man Kräuter in den Bauch, schneidet die Seiten ein und bestreicht den Fisch mit gutem Olivenöl. Aber auch als Blickfang für ein kaltes Buffet macht der Loup der Mer eine gute Figur, wenn man ihn im Ganzen pochiert und mit einer gut gewürzten Mayonnaise serviert.

Fische schuppen

Fast alle Fische müssen vor der Zubereitung geschuppt werden. In der Regel besorgt diese Arbeit, ebenso wie das Ausnehmen, der Fischhändler. Wenn Sie jedoch in der glücklichen Lage sind, frisch geangelten Fisch zu bekommen, müssen Sie es vielleicht selbst übernehmen.

1. Den Fisch flach auf eine glatte Arbeitsfläche legen. Am Schwanzende festhalten, notfalls ein Tuch zu Hilfe nehmen.

2. Die Schuppen vom Schwanz her in Richtung Kopf von der Haut abschaben. Dazu gibt es im Fachhandel ein besonderes Instrument, der Rücken eines großen Küchenmessers ist aber ein guter Ersatz.

3. Zwischendurch den Fisch immer wieder abspülen. Wenn Sie vermeiden wollen, dass sich die abgelösten Schuppen in der ganzen Küche verteilen, arbeiten Sie gleich im mit Wasser gefüllten Waschbecken.

Zackenbarsch mit pikanter Füllung

Lassen Sie den Barsch vom Fischhändler durch den Rücken entgräten und ausnehmen.

10 g getrocknete Steinpilze
100 g kochte, geschälte Garnelen
1 EL gehackter Thymian
1 Ei
1–2 EL Semmelbrösel
geriebene Muskatnuss
1 Zackenbarsch (ca. 1,4 kg)
Salz und schwarzer Pfeffer aus der Mühle
1 Gemüsezwiebel
Fett für die Form
30 g Butter
250 ml Weißwein

Weichen Sie die Steinpilze 15 Min. in heißem Wasser ein und hacken Sie sie fein. Die Garnelen ebenfalls fein hacken. Vermischen Sie beides mit Thymian, Ei und Semmelbrösel und würzen Sie die Masse mit Muskat. Waschen Sie den Fisch und tupfen sie ihn trocken. Reiben Sie ihn von außen und innen mit Salz und Pfeffer ein und füllen Sie ihn mit der Pilz-Garnelenmischung. Verschließen Sie die Öffnung mit einem Zahnstocher. Schneiden Sie die geschälte Zwiebel in Ringe und geben Sie sie in eine gefettete Auflaufform. Legen Sie den Fisch darauf und verteilen Sie die Butterflöckchen auf seiner Oberfläche. Gießen Sie dann den Wein an. Den Fisch ca. 45 Min. im 180 °C heißen Ofen garen und dabei mehrmals mit der Garflüssigkeit begießen.

Zackenbarsche

In den gemäßigten und tropischen Meeren ist die artenreiche Familie der *Zackenbarsche* zu Hause. Einige von ihnen gelten nicht nur als hervorragende Speisefische, sie sind auch große Verwandlungskünstler, die blitzschnell die Farbe wechseln können, um Feinde zu täuschen oder Beute anzulocken. Ihr Lebensraum sind Korallen- und Felsriffe, weshalb sie schwer zu fangen sind. Sie ernähren sich vorwiegend von Krebs- und Weichtieren und besitzen festes, äußerst wohlschmeckendes Fleisch.

In unseren Breiten ist der *Braune Zackenbarsch* am bekanntesten. Er ist im Mittelmeer und an der französischen und spanischen Atlantikküste heimisch. Vor allem in Italien schätzt man ihn sehr. Unter den zahlreichen Rezepten für seine Zubereitung besticht ganz besonders eines durch Schlichtheit und Raffinesse: „Carpaccio di Cernia“. Dazu wird das zarte, weiß-rosa Fleisch roh in hauchdünne Scheiben geschnitten und nur mit Pfeffer, Salz sowie etwas Olivenöl und Zitronensaft gewürzt.

Das attraktivste Mitglied der Familie ist der *Juwelenzackenbarsch*. Auf seiner leuchtend roten Haut funkeln blau-grüne Punkte. Er ist im Roten Meer und im Pazifik zu finden. Dort schätzt man ihn zum Grillen und als schmackhafte Zutat in Eintopfgerichten. Ein Bewohner des tropischen Westatlantiks ist der *Nassau-Zackenbarsch*. Er hat vor allem in den USA einige Bedeutung als Speisefisch. In den warmen Gewässern am Golf von Mexiko und entlang der südamerikanischen Küste gedeiht der *Riesenzackenbarsch*. Er kann ein Gewicht von mehr als 300 kg erreichen. Feinschmecker werden jedoch die kleineren Exemplare bevorzugen, denn je größer der Fisch, desto gröber ist auch die Struktur des Fleischs.

Den **Juwelenzackenbarsch** kennzeichnet seine auffällige Färbung.

Ein Star auf den Speisekarten rund ums Mittelmeer: der **Loup de Mer** oder **Wolfsbarsch.**

Als *vientre* bezeichnet man das langfaserige Bauchfleisch. Wegen seiner dreieckigen Form heißt es auch *oreja* (Ohr).

Kabeljau

Der *Kabeljau* ist gemessen an den in den Handel gebrachten Mengen der wichtigste Speisefisch in Europa und Nordamerika, und das schon seit Jahrhunderten. Es ist bekannt, dass bereits die Gallier ihn vor der bretonischen Küste fischten. Kulinarisch wurde dieser Fisch allerdings lange Zeit nicht besonders geschätzt. Erst in den letzten Jahren hat hier ein Wandel eingesetzt, und allmählich kommt der Kabeljau auch bei den Spitzenköchen immer häufiger auf den Teller.

Die Fanggebiete liegen im Nordatlantik und in der Nordsee. Der relativ schlanke Körper kann bis 2 m lang werden und Rekordgewichte von mehr als 45 kg erreichen. Die Färbung wechselt je nach Standort von rötlich-braun bis ins grünlich Gefleckte, mit weißer, geschwungener Seitenlinie. Er hat eine auffallend große Kiemenöffnung. Der Jungfisch bis 1 m Länge wird als Dorsch bezeichnet.

Kabeljau besitzt besonders fettarmes Fleisch von lockerer Konsistenz. Er eignet sich gut zum Pochieren, sowohl im Ganzen als auch in Filets geschnitten, und wird dann gern mit reichhaltigen Saucen oder mit brauner Butter serviert.

Ebenfalls zu empfehlen ist das Überbacken im Ofen, etwa mit Kartoffeln, Kräutern und Sahne.

Zur Beliebtheit des Kabeljaus hat sicherlich beigetragen, dass man diesen Fisch hervorragend trocknen kann. Auf diese Art konserviert, lässt er sich leicht transportieren und ist monatelang haltbar. Vor dem Trocknen werden die Fische ausgenommen und die Köpfe entfernt. Wird der Fisch nun ohne weitere Zutaten an der Luft getrocknet, entsteht der so genannte *Stockfisch*. Zur Herstellung von *Klippfisch* hingegen salzt man den frisch gefangenen Kabeljau vor dem Trocknen zunächst ein und entfernt meist auch die Hauptgräten.

Die alten Konservierungsmethoden erfreuen sich in Skandinavien und in den romanischen Ländern nach wie vor großer Beliebtheit. Vor allem in Portugal, Spanien, Italien und Norwegen gibt es eine Vielzahl von Rezepten für die Zubereitung von Stock- und Klippfisch, die alle eines gemeinsam haben: Man muss den getrockneten Fisch vor der Weiterverarbeitung stundenlang wässern, am besten unter einem langsam fließenden Wasserhahn. Stockfisch braucht bis zu drei Tage Einweichzeit, Klippfisch kann schon nach 24 Stunden weiterverarbeitet werden. In Italien verarbeitet man den Stockfisch zu „Baccalà alla Vicentina" mit Zwiebeln, Sardellen, Öl und Knoblauch, in Spanien schätzt man ihn „A la Vasca", also auf baskische Art, und rund um das Mittelmeer beliebt sind die kleinen, frittierten Stockfisch-Klößchen.

Nicht nur als Stockfisch-Lieferant begehrt: der **Kabeljau**.

Stockfisch in scharfer Knoblauchsauce

800 g Stockfisch
1 ganze Knolle Knoblauch
1 getrocknete rote Pfefferschote
5 EL Olivenöl
Schwarzer Pfeffer

Der Stockfisch wird in gleich große Stücke geschnitten und mindestens einen Tag gewässert. Das kalte Wasser sollte viermal gewechselt werden. Danach noch einmal gründlich waschen und abtropfen lassen. Schneiden Sie die Pfefferschoten und die Knoblauchzehen in Scheiben und bräunen Sie sie in einem flachen Topf in Olivenöl. Dann herausnehmen und beiseite legen. Legen Sie die Fischstücke mit der Haut nach unten in das Öl und dünsten Sie sie unter ständigem Rühren bei schwacher Hitze. Durch das Rühren verbindet sich die Gelatine der Fischhaut mit dem Olivenöl zu einer sämigen Sauce. Schmecken Sie den Fisch mit dem Pfeffer ab und geben Sie die goldbraunen Knoblauchzehen und die Pfefferschoten darüber.

Exotischer Fischwok

500 g Kabeljaufilets
1 Knoblauchzehe
1 Stück frische Ingwerwurzel, walnussgroß
Saft von einer Zitrone
5 EL Sojaöl
125 ml trockener Weißwein
400 g Zucchini
300 g Möhren
1 Bund Frühlingszwiebeln
5 EL scharfe Sojasauce
1 EL Tomatenketchup
1 TL Speisestärke
Sambal Olek

Die Kabeljaufilets werden kalt abgespült, trockengetupft und in mundgerechte Stücke geschnitten. Legen Sie die Fischstücke in eine flache Schale, hacken Sie Ingwer und Knoblauch klein und verteilen Sie beides auf dem Fisch. Verrühren Sie den Zitronensaft mit 4 EL Öl und dem Wein und gießen Sie das Ganze ebenfalls darüber. Im Kühlschrank 30 Min. marinieren lassen. Währenddessen wird das Gemüse zubereitet. Schneiden Sie die Zucchini und geschälten Möhren in bleistiftdicke Stifte. Schneiden Sie das Grün der Frühlingszwiebeln in Ringe und die weißen Zwiebelchen in schmale Spalten.

Erhitzen Sie das restliche Öl in einer großen beschichteten Pfanne oder einem Wok. Nehmen Sie die Fischstücke aus der Marinade, lassen Sie sie abtropfen und braten Sie sie im Öl goldbraun. Danach herausnehmen und warm stellen. Geben Sie das Gemüse ins Bratfett und braten Sie es unter gelegentlichem Wenden für 5 Min. Geben Sie den Fisch und die Marinade dazu und bringen Sie alles zum köcheln. Verrühren Sie die Sojasauce mit dem Ketchup und der Stärke in einem Schälchen und geben Sie die Mischung in den Wok, um die Flüssigkeit zu binden. Lassen Sie das Ganze kurz aufwallen und nehmen Sie es vom Herd. Mit Sambal Olek abschmecken.

Lachs

„Auch beim erkorensten Mahle bist du der leckerste Bissen" – mit diesen Worten preist der römische Schriftsteller Ausonius im 4. Jahrhundert n. Chr. die Vorzüge des edlen Fisches. *Lachs* galt schon immer als eine besondere Delikatesse, und in früheren Zeiten waren die Flüsse Europas reich damit gesegnet. Durch Verschmutzung und Schiffbarmachung von Wasserwegen wurden die Bestände im 20. Jahrhundert fast vernichtet. Heute kann die immense Nachfrage nur durch die Produktion in Aqua-Farmen befriedigt werden, die Zuchtlachs in standardisierter Qualität liefern. Echter, frisch gefangener Wildlachs hingegen ist ein Leckerbissen mit großem Seltenheitswert geworden.

Lachse sind Wanderfische, die nur auf der nördlichen Halbkugel heimisch sind. Die meiste Zeit ihres Lebens verbringen sie im offenen Meer, und nur zum Laichen suchen sie Flüsse und Bäche auf. Nach den Verbreitungsgebieten unterscheidet man *Pazifischen* und *Atlantischen Lachs*, wobei Ersterer in aller Regel nur in den USA und Kanada erhältlich ist.

Der spindelförmige Körper macht den Lachs zu einem exzellenten Schwimmer. Erwachsene Tiere sind silbrig-grau gefärbt und tragen kleine, unregelmäßige schwarze Flecken. Bis zu 1,5 m Länge und 35 kg Gewicht kann der Fisch erreichen, im Durchschnitt sind es 3 bis 4 kg. Die begehrte rosa Färbung des Fleisches erhält der Wildlachs durch die Nahrung, Garnelen und Krebstierchen; der Zuchtlachs bekommt spezielle Futtermischungen, die denselben Effekt hervorrufen.

Lachsfleisch ist nicht nur wohlschmeckend, sondern auch fettreich. Das macht es besonders geeignet zum Räuchern und Grillen. Aber auch gebraten oder pochiert und sogar roh lässt es sich hervorragend verarbeiten. In Skandinavien beliebt ist der *Gravlaks*, der mit Salz, Zucker und Kräutern trocken mariniert wird.

Wildlachs – Zuchtlachs

Der Zuchtlachs aus Farmhaltung und sein wild lebender Verwandter unterscheiden sich äußerlich nicht auffallend voneinander. Zuchtlachs ist meist dicker und der Körper wirkt weniger muskulös. Er kommt vor allem aus Norwegen, Irland und Schottland und schmeckt am besten von Oktober bis Dezember. Der Wildlachs ist schlanker, beweglicher und hat zumeist stärkere Flossen. Gefangen wird er vor allem vor der irischen Küste, und frisch gibt es ihn nur in den Monaten Juni und Juli.

Zuchtlachs

Wildlachs

Lachs-Gratin mit Meerrettich und Wodkajus

70 g weiche Butter
5 TL frisch geriebener Meerrettich
90 g frische Semmelbrösel
Salz und Pfeffer aus der Mühle
4 Lachssteaks à 140 g
1 große Stange Lauch
2 EL Butter
Saft von einer Zitrone
200 ml frisch gepresster Orangensaft
4 EL Wodka
1/2 TL Mondamin
1 EL fein gehackten Dill

Heizen Sie den Backofen auf 200 °C vor.

Rühren Sie die Butter in einer Schale mit dem Schneebesen schaumig und geben Sie nach und nach Meerrettich, Semmelbrösel und Gewürze dazu. Würzen Sie den Lachs mit Salz und streichen Sie die Meerrettichmasse darauf. Geben Sie den Fisch auf ein gefettetes Backblech und stellen Sie ihn beiseite. Den gewaschenen Lauch in Ringe schneiden. Zerlassen Sie die Butter in einem Top und dünsten Sie darin den Lauch ca. 8 Min. Schalten Sie den Backofengrill dazu und backen Sie den Fisch auf mittlerer Schiene ca. 5 Min. In der Zwischenzeit den Orangen- und Zitronensaft aufkochen, den Wodka mit dem Mondamin verrühren und unter Rühren zum Saft gießen. Nehmen Sie die Wodkajus vom Herd und rühren Sie den Dill darunter. Verteilen Sie den gedünsteten Lauch in tiefen Tellern, geben Sie in jeden Teller ein Lachsgratin und gießen Sie etwas Wodkajus rundherum.

Nigri-Sushi

3 EL Reis- oder Weinessig
50 g Zucker
10 g Salz
30 ml süßer Sake
100 g japanischer Reis (ersatzweise Milchreis)
1 Stück Blatt-Tang, ca. 2 x 2 cm
400 g frisches Lachsfilet am Stück
1 Rezept Sushi-Reis
Wasabi
12 Streifen Lauch, ca. 8 cm lang, blanchiert
milde Sojasauce nach Geschmack

Kochen Sie Essig, Salz, Zucker und Sake in einem Topf. Nehmen Sie die Sauce vom Herd und lassen Sie sie auf Zimmertemperatur abkühlen. Waschen Sie den Reis unter fließendem Wasser und geben Sie ihn in einen Topf. Gießen Sie ca. 300 ml Wasser zum Reis und geben Sie den Tang dazu. Das Ganze 30 Min. einweichen lassen. Bringen Sie es dann zum Kochen, schalten Sie die Temperatur zurück und lassen Sie den Reis köcheln, bis er das Wasser aufgesogen hat. Stellen Sie die Temperatur auf die kleinste Stufe und lassen Sie den Reis 15 Min. ziehen. Nehmen Sie den Tang heraus, füllen Sie den Reis in ein flaches Gefäß um, verteilen Sie die Sushi- Sauce darüber und rührne Sie alles gut durch. Den Reis auf Zimmertemperatur abkühlen lassen.

Schneiden Sie das Lachsfilet schräg in dünne rechteckige Scheiben von ca. 6 x 8 cm Größe. An feuchten Händen bleibt der Reis übrigens nicht kleben. Geben Sie einen Esslöffel Reis in eine Hand und formen Sie ihn zu einer länglichen Rolle. Bestreichen Sie jeweils ein Fischstück mit etwas Wasabi, legen Sie es mit der Wasabi-Seite nach unten auf den Reis und drücken Sie es vorsichtig an, sodass der Reis ganz bedeckt ist. Wickeln Sie einen Lauchstreifen um das Sushi-Röllchen und binden Sie es mit einer Schleife zu. Reichen Sie Sojasauce zum Sushi.

Sushi

Sushi, in den letzten Jahren bei uns sehr in Mode gekommen, stammt aus Japan, wo Fisch ein Grundnahrungsmittel ist, das man gerne auch roh verzehrt. Die Herstellung zu Hause erfordert etwas handwerkliches Geschick und vor allem: äußerst frischen Fisch. Besonders geeignet sind Lachs, Tunfisch und Tintenfisch. Die Unterlage für die rohen Fischstückchen besteht aus gesäuertem Reis, der entweder zu kleinen Klößchen geformt oder zusammen mit dem Fisch und Algenblättern mit Hilfe einer Bambusmatte aufgerollt und anschließend in Scheiben geschnitten wird. Als Beigabe serviert man eingelegten Ingwer und Sojasoße mit Wasabi (pulverisierter Meerettich). Die Herstellung von Sushi ist in Japan eine hoch entwickelte Kunst, und die appetitlichen Häppchen sind für Gaumen und Augen gleichermaßen ein Genuss.

Seehecht gedünstet

600 g Seehecht
Mehl zum Wenden
1 kg Kartoffeln
1 große Zwiebel
1 Knoblauchzehe
1 Bund Petersilie
4 reife Tomaten
Salz und Pfeffer aus der Mühle
5 EL Olivenöl
1 Tasse Fischbrühe

Der Fisch wird gewaschen, gesalzt und abgetupft. Schälen Sie die Kartoffeln und schneiden Sie sie in dicke Scheiben. Die Zwiebel ebenfalls in Scheiben schneiden. Hacken Sie den Knoblauch und die Petersilie fein. Schneiden Sie die Tomaten kreuzweise ein, blanchieren Sie sie kurz in heißem Wasser und ziehen Sie die Haut ab. Schneiden Sie den Seehecht in Stücke, wenden Sie diese im Mehl und braten Sie den Fisch in einer Pfanne mit Olivenöl goldbraun. Geben Sie den Fisch in einen Schmortopf und stellen Sie ihn beiseite. Braten Sie zuerst die Kartoffeln und dann die Zwiebeln an, fügen Sie Petersilie, Knoblauch und die klein geschnittenen Tomaten dazu und geben Sie die Mischung aus der Pfanne über den Fisch. Mit Salz und Pfeffer abschmecken und dann die Fischbrühe darüber gießen. Ungefähr 12 Min. bei schwacher Hitze garen lassen.

Fisch dünsten

Für zarten, empfindlichen Fisch empfiehlt sich das Dünsten. Dabei gart der Fisch bei sanfter Hitze mit wenig Fett, Aromazutaten und etwas Flüssigkeit – Weißwein, Fischfond oder Sahne – zugedeckt im eigenen Saft. So kann er nicht austrocknen, und obendrein entsteht wie von selbst eine köstliche Sauce, die bei gedünstetem Fisch auf keinen Fall fehlen sollte. Je nach Rezept kann man auch Gemüse oder Meeresfrüchte mitgaren. Für diese Garmethode eignen sich kleinere Portionsfische, vor allem aber Filets und Kotelettstücke mit der Mittelgräte.

Gegrillter Schwertfisch

2 Scheiben Schwertfisch à 300 g
Salz und schwarzer Pfeffer aus der Mühle
1 kleine Zwiebel
2 Lorbeerblätter
1 Zweig Rosmarin
250 ml Olivenöl
2 Knoblauchzehen
1 EL Kapern
2 EL Zitronensaft
1 EL gehackte Petersilie

Der Schwertfisch wird gewaschen, trocken getupft, mit Salz und Pfeffer eingerieben und in eine Schale gelegt. Schneiden Sie die Zwiebel in dünne Scheiben. Geben Sie die zerbröckelten Lorbeerblätter, den Rosmarin und die Zwiebelringe auf den Fisch. Gießen Sie 200 ml Olivenöl darüber und lassen Sie den Fisch einige Stunden abgedeckt im Kühlschrank marinieren. Dabei mehrmals wenden. Nehmen Sie den Fisch dann aus der Marinade und grillen Sie ihn auf dem heißen Grillrost bei mittlerer Hitze auf jeder Seite ca. 10 Min. Während des Grillens öfter mit dem Marinadeöl bestreichen. Schälen Sie den

Knoblauch und hacken Sie ihn sehr fein. Kapern ebenfalls hacken. Vermischen Sie beides mit dem restlichen Olivenöl, Zitronensaft, Petersilie, Salz und Pfeffer. Geben Sie diese Sauce über den fertigen Fisch.

Einen beeindruckenden Anblick bietet der **Schwertfisch.**

Schwertfisch

In allen gemäßigten und wärmeren Meeren der Welt ist der *Schwertfisch* zu Hause. Unverkennbar ist der ausgeprägte Oberkieferfortsatz, dem der Fisch seinen Namen verdankt und der bis zu einem Drittel der Gesamtlänge ausmachen kann. Sein torpedoförmiger Körper mit langen, gut ausgebildeten Brustflossen macht ihn zu einem der besten Schwimmer überhaupt. Die völlig schuppenlose Haut ist dunkelgrau, die Bauchseite hell gefärbt. Schwertfische werden im Durchschnitt zwischen 2 und 3,5 m lang, sie können aber im Extremfall auch bis zu 4,5 m Länge erreichen und dann ein Gewicht von ca. 600 kg auf die Waage bringen. Nicht zuletzt diese eindrucksvolle Größe macht sie zu einem bevorzugten Jagdobjekt von Hochseeanglern.

Rund um das Mittelmeer gilt das Fleisch des Schwertfischs als besondere Delikatesse. Es ist muskulös und fest und ähnelt sowohl in Farbe als auch Konsistenz eher feinem Kalbfleisch als Fisch. Die einfachste Methode der Zubereitung ist zugleich die beste: in Scheiben geschnitten, über Holzkohlenfeuer gegrillt und nur mit gutem Olivenöl, Zitronensaft, Salz und Pfeffer serviert.

Seehecht

Was in den Küchen des nördlichen Europa der *Kabeljau*, ist in den südlichen Ländern der *Seehecht*, der zur selben Familie gehört. Die Hauptfanggebiete dieses schmackhaften Speisefischs liegen im Atlantik vor den Küsten Frankreichs, Spaniens und Portugals.

Der Seehecht hat einen lang gestreckten Körper; der Kopf ähnelt dem eines Hechtes, mit großem Maul und kräftigen Kiefern. Sein Rücken glänzt grün-grau metallisch, Seiten und Bauch silbrig. Mund und Kiemenhöhlen sind schwarz. Er wird maximal 1 m lang und kann dann ca. 10 kg auf die Waage bringen. Der gefräßige Räuber jagt Schwarmfische wie Heringe, Sardinen und Makrelen sowie Weichtiere.

Sein Fleisch ist weiß, sehr mager und von lockerer Struktur, sodass es sich besonders für schonende Garmethoden eignet, etwa dem Dünsten in einer grünen Sauce, wie bei einem Klassiker der spanischen Küche, „Merluza a la Vasca“. Überhaupt kann es in Spanien kein anderer Fisch mit dem Seehecht an Beliebtheit aufnehmen. Besonders im Norden des Landes gibt es eine Vielzahl von Rezepten, und alle Teile des Fischs finden Verwendung: So kennt die baskische Küche „Kokotxa en salsa verde“, das gedünstete Fleisch von der Kehle des Seehechts, in Navarra schätzt man die Bäckchen, in Rotwein geschmort. In der Hauptstadt Madrid wird er gerne gefüllt serviert, zum Beispiel mit Garnelen. Begehrt ist auch der Seehechtrogen, der als Kaviarersatz vor allem zum Garnieren von Tapas Verwendung findet. Selbstverständlich genießt der Seehecht auch in anderen Regionen Europas einen hervorragenden Ruf als exzellenter Speisefisch.

Der **Seehecht** mit seinen kräftigen Kiefern gilt als gefräßiger Räuber.

Bottarga

Bottarga schätzt man vor allem in Süditalien. Es ist der gesalzene Rogen von Tunfisch oder Meeräsche, gepresst und in der Sonne getrocknet. Dabei wird er so fest, dass man ihn reiben oder in feine Scheibchen schneiden kann. Er entwickelt einen salzig kräftigen Eigengeschmack. Ein sizilianischer Klassiker sind Spaghetti mit Bottarga, Olivenöl und Peperoncini.

Mattanza

Ein blutiges Ritual mit jahrhundertelanger Tradition – seine Ursprünge reichen wohl bis zu den Phöniziern zurück – findet alljährlich im Frühjahr an der Küste Siziliens statt: die Mattanza. Ein Tunfischschwarm wird in eine große Netzreuse getrieben, die die Fischer von ihren Booten aus immer enger ziehen. Wenn Hunderte von Fischen auf engstem Raum zusammen sind, beginnt der Kampf mit Harpunen und Gaffen. Kein ungefährliches Handwerk, denn die Fische können mit ihrer kräftigen Schwanzflosse ernste Verletzungen verursachen.

Obwohl **Roter Tunfisch** frisch unvergleichlich besser schmeckt, kennt man ihn hauptsächlich in Öl konserviert.

Weißen Tunfisch (Bonito) charakterisiert helles, festes Fleisch.

Tunfisch

Ebenso wie der Schwertfisch ist der *Tunfisch* weltweit in allen wärmeren Meeren verbreitet. In Schwärmen oder Gruppen ist er auch im Mittelmeer anzutreffen. Im Frühjahr kommen die Fische zum Laichen in küstennahe Gebiete und in die Nähe der großen Inseln. Auf Nahrungssuche folgen sie dann den sich erwärmenden Meeresströmungen nach Norden. Über den Golf von Biscaya bis nach Irland geht die große Wanderung, und erst mit dem einsetzenden Herbst kehren sie Richtung Süden zurück.

In Europa am weitesten verbreitet ist der *Große* oder *Rote Tunfisch*. Er kann bis zu 3 m lang und mehr als 600 kg schwer werden. Sein Fleisch ist dunkelrot, die Haut glänzend tintenblau. Er ist ein hervorragender Schwimmer, der Geschwindigkeiten bis zu 50 km/h erreichen kann.

Der *Weiße Tunfisch*, auch *Albacore* genannt, ist wegen seines hellen Fleischs überaus begehrt, vor allem für die Herstellung von Konserven. Er wird bis zu 1 m lang und 30 kg schwer. Charakteristisch sind die langen, sichelförmigen Brustflossen.

Der kleinste unter den Tunfischen ist der *Echte Bonito* mit nur etwa 80 cm Länge; man erkennt ihn an den dunklen Längsstreifen am Bauch. Vor allem für Japan und die USA hat er eine enorme kommerzielle Bedeutung.

Im Gegensatz zu den meisten anderen Fischen sind Tunfische Warmblüter und müssen nach dem Fang sofort fachgerecht verarbeitet werden. Ihr Fleisch ist relativ fettreich, von fester Struktur und ausgezeichnetem Geschmack. Die magersten Stücke kommen aus dem Rücken, besonders fettreich ist die Bauchseite, die in Japan für Sashimi sehr geschätzt wird. Frischer Tunfisch eignet sich für alle Arten der Zubereitung: dünsten, braten, grillen und auch schmoren. Da das Fleisch leicht austrocknet, darf es auf keinen Fall zu lang garen – in der Mitte sollte es möglichst noch leicht glasig sein.

Nur ein kleiner Teil der Fänge kommt frisch in den Handel, der weitaus größere wird noch an Bord der Fangschiffe weiterverarbeitet und ist als Konserve auf dem Markt erhältlich. Achten Sie beim Kauf von Tunfisch in Dosen auf Hinweise wie „auf traditionelle Art gefischt“ oder „Dolphin safe“. Sie sollen garantieren, dass der Fisch ohne den Einsatz der umstrittenen Treibnetze gefangen wurde.

Roher Tunfisch sollte immer eine frische rote Färbung aufweisen.

Konservierter Tunfisch schmeckt köstlich mit Zwiebelwürfelchen und Zitrone.

Die spanische Atlantikküste bietet ideale Bedingungen zum Lufttrocknen der Tunfische

Zum Servieren schneidet man die Mojama in dünne Scheiben und genießt sie am besten pur, nur mit etwas gutem Olivenöl beträufelt.

Mojama

Mojama ist eine Spezialität, die in Spanien vor allem aus dem Fleisch des *Roten Tunfischs* hergestellt wird. Der frisch gefangene Fisch wird zerlegt und enthäutet und die Filets zunächst gut eingesalzen. Nach einigen Tagen wäscht man das Salz ab und trocknet das Fleisch an der Sonne, bis es dunkelbraun und hart geworden ist. Es schmeckt am besten in dünne Scheiben geschnitten und mit Olivenöl beträufelt.

Die Tunfischscheiben werden mit grobem Meersalz gründlich eingerieben.

Die fertig getrockneten Stücke sind von braunroter Farbe.

Tunfisch in Tomatensauce

800 g frischer Tunfisch, mit etwas Essig beträufelt
4 EL Olivenöl
2 gehackte Zwiebeln
1 gehackte Knoblauchzehe
500 g Tomaten, gewürfelt
Salz
Pfeffer
Zucker
3 Stiele Petersilie, gehackt

Schneiden Sie den Fisch in 4 cm dicke Scheiben. Waschen und salzen Sie ihn. Erhitzen Sie Olivenöl in einen Schmortopf und bräunen Sie darin die Zwiebeln und den Knoblauch an, geben Sie den Fisch dazu und braten Sie ihn bei schwacher Hitze einige Min. von jeder Seite. Nehmen Sie den Fisch aus der Form. Geben Sie die Tomaten in den Bratenfond, würzen Sie mit Salz, Pfeffer und einer Prise Zucker und schmoren Sie das Ganze an. Dann die Sauce durch ein Sieb passieren. Geben Sie die Fischstücke wieder in den Schmortopf und gießen Sie die Sauce darüber. Vor dem Servieren 10 Min. im Backofen erhitzen. Danach mit Petersilie bestreuen.

Gehäuteter **Seeteufel** auf einem Markt in Spanien.

Knurrhahn, Drachenkopf & Seeteufel

Knurrhahn, Drachenkopf, Seeteufel – drei Fische mit sprechenden Namen. Der Knurrhahn wird so genannt, weil er in der Lage ist, mit seiner Schwimmblase knurrende Geräusche zu erzeugen. Beim Drachenkopf ist der Grund augenfällig: Der große Kopf mit den höckrigen Panzerplatten lässt ihn aussehen wie ein grimmiges, urtümliches Ungeheuer. Beide Fische zeichnen sich durch äußerst schmackhaftes Fleisch aus. Wegen des großen Kopfs und des mächtigen Gerippes ist der verwertbare Anteil jedoch vergleichsweise gering. Aus diesem Grund finden die beiden Speisefische vorzugsweise für Suppen Verwendung. Unverzichtbar sind sie beispielsweise für die echte Bouillabaisse. Der Dritte im Bund, der Seeteufel, hat ein so Furcht erregendes Äußeres, dass ihn die Fischer in früheren Zeiten aus Angst wieder über Bord warfen, wenn er ins Netz gegangen war. Ebenso wie Drachenkopf und Knurrhahn wird er vorwiegend im Atlantik und im Mittelmeer gefangen. Den unverhältnismäßig großen Kopf beherrscht ein riesiges Maul mit gefährlich spitzen Zähnen. Der Seeteufel ist ein gefräßiger Geselle, der mitunter Fische verschlingt, die ihm selbst an Körpergröße nicht viel nachstehen; auch tauchende Seevögel verschmäht er nicht. Doch so abschreckend er auch aussehen mag, das Fleisch dieses Fischs ist bei Feinschmeckern sehr begehrt. Weiß, süß und außergewöhnlich fest, erinnert es in Geschmack und Konsistenz an Hummer.

In den Handel kommt der Fisch zumeist gehäutet und ohne den Kopf, der mehr als die Hälfte des Fanggewichts ausmachen kann. Er besitzt nur eine knorpelige Mittelgräte, die sich leicht entfernen lässt. Das Fleisch ist relativ unempfindlich. Die Filets eignen sich zum Braten, Dünsten, Grillen und sogar das in Würfel geschnittene Fleisch zerfällt beim Braten nicht. Das ganze Schwanzstück kann man pochieren oder im Backofen garen, zum Beispiel mit Tomaten und aromatischen Kräutern. Ausgezeichnet schmeckt der Seeteufel auch roh als Carpaccio.

Gemüse-Lasagne mit Seeteufel

200 g Lauch, in Scheiben geschnitten
3 Zucchini, gewürfelt
4 Möhren, gewürfelt
1 Fenchelknolle, gewürfelt
2 Zwiebeln, gewürfelt
3 EL Butter
Mehl zum Bestäuben
150 ml Fischfond
125 ml trockener Wermut
2 Knoblauchzehen, zerdrückt
500 ml Sahne
2 Eigelb
Salz, weißer Pfeffer
1 EL scharfer Senf
Saft von einer Zitrone
80 g Semmelbrösel
Lasagneblätter
500 g Seeteufelfilet
je 1 Bund Dill und Petersilie, gehackt
Butterflöckchen zum Backen

Blanchieren Sie das Gemüse, außer die Zwiebeln, kurz. Dünsten Sie die Zwiebel in Butter an und bestäuben Sie sie mit Mehl. Löschen Sie mit Fischfond und Wermut ab und reduzieren Sie die Temperatur. Geben Sie eine Knoblauchzehe und 2 EL des Gemüses dazu und lassen Sie die Sauce 20 Min. zugedeckt bei kleiner Hitze köcheln. Wenn sie zu dick wird, mit etwas Fischfond verlängern. Die Sauce durch ein Sieb geben, Sahne und Eigelb hinzufügen und alles dick einkochen lassen. Mit Salz, Pfeffer, Senf und Zitronensaft abschmecken und neben dem Herd zugedeckt stehen lassen. Heizen Sie den Backofen auf 200 °C vor.

Rösten Sie die Semmelbrösel mit einer Knoblauchzehe und einem Esslöffel Butter und stellen Sie sie beiseite. Kochen Sie kurz die Lasagneblätter, damit sie weich werden, nehmen Sie sie heraus und trocknen Sie sie ab. Vermischen Sie das Gemüse mit der Hälfte der Sauce. Fetten Sie ein ofenfeste Form mit Butter ein und bestreuen Sie sie mit frischen Semmelbröseln. Legen Sie den Boden mit den Lasagneblättern aus. Streuen Sie die Knoblauchbrösel darauf und geben Sie ein Drittel des Gemüses darüber. Nudelplatten darüber legen und wieder mit Knoblauch-Semmelbrösel bestreuen. Füllen Sie eine Schicht Seeteufelfilets hinein, salzen Sie den Fisch und streuen Sie etwas Dill darüber. Dann ein weiteres Drittel des Gemüses darauf verteilen. Geben Sie eine weitere Nudelschicht mit Knoblauchbröseln darauf, schichten Sie den Rest des Gemüses darauf und geben Sie eine letzte Schicht Nudeln darüber. Diese dünn mit der Sauce einstreichen und Butterflöckchen darauf verteilen.
Die Lasagne im Ofen 20 Min. goldgelb backen.

Mit seinem riesigen, bezahnten Maul sieht der **Seeteufel** ausgesprochen Furcht erregend aus.

Hinter den gepanzerten Wangen des **Drachenkopfs** verbergen sich die zarten Bäckchen.

Der **Knurrhahn** findet vor allem in mediterranen Fischsuppen Verwendung.

Rochen in Kapernsauce

1 kg Rochenflügel
1 Schalotte, fein gehackt
Salz und schwarzer Pfeffer aus der Mühle
1/2 TL gemahlener Kreuzkümmel
4 EL Olivenöl
125 ml Weißwein
80 g kalte Butter
40 g kleine Kapern
1 EL gehackte Petersilie
einige Kapernäpfel zum Garnieren

Die Rochenflügel werden kalt abgespült, trockengetupft und in Portionsstücke geschnitten.
Zermahlen Sie die Schalotte mit 1/2 TL Salz, Pfeffer, Kreuzkümmel und 2 EL Olivenöl in einem Mörser zu einer glatten Paste. Bestreichen Sie Fischstücke von beiden Seiten mit dieser Paste und lassen Sie sie 20 Min. bei Zimmertemperatur ziehen. Erhitzen Sie das restliche Öl in einer großen beschichteten Pfanne und braten Sie den Fisch darin auf beiden Seiten 5 bis 6 Min. bei kleiner Hitze. Nehmen Sie den Fisch aus der Pfanne und legen Sie ihn auf vorgewärmte Teller. Löschen Sie den Bratensatz mit Rotwein ab und rühren Sie die Butter in Flöckchen hinein, um die Sauce zu binden.
Mischen Sie die Kapern und die Petersilie darunter und schmecken Sie die Sauce mit Salz und Pfeffer ab. Über den Fisch verteilen, und das Gericht mit Kapernäpfel garnieren.

Knorpelfische

Haie und Rochen sind so genannte Knorpelfische: Im Gegensatz zu den Knochenfischen – sie bilden den Großteil aller Fischarten – besitzen sie keine Gräten, sondern ein knorpeliges Skelett. Ihre schuppenlose Haut ist dick und lederartig, und tatsächlich lässt sie sich auch zu Leder verarbeiten (Chagrinleder). Während bei den Knochenfischen die Kiemen von einem festen Deckel geschützt werden, weisen bei den Knorpelfischen nur die schmalen Spalten auf der Unterseite auf die Atemorgane hin.

Nur die Flügel des **Rochens** sind von kulinarschem Wert.

Schillerlocken sind die geräucherten Bauchlappen vom Dornhai.

Rochen

Einer der schönsten Fische überhaupt ist der *Rochen*, der mit seinem breiten Flossensaum mühelos durch das Wasser zu gleiten scheint. Die eigenartige Körperform ist bedingt durch die stark vergrößerten Brustflossen, die fest mit dem Körper verwachsen sind. Der Rochen ist ein Bewohner der kühleren Meere und jagt in Bodennähe kleinere Fische, Krebse, Weichtiere und Stachelhäuter. Rochen sind in fast allen Weltmeeren heimisch, der größte ist der Riesenmanta mit einer Spannweite von bis zu 8 m und 2 t Körpergewicht.

Nur wenige Arten sind zum Verzehr geeignet, allen voran der Glattrochen und der Nagel- oder Keulenrochen, über dessen Rücken drei Reihen großer Dornen verlaufen. Daneben werden auch Stern- und Spitzrochen vermarktet. Vor allem in Frankreich wird Rochen häufig angeboten, aber auch in England und im Mittelmeerraum ist er ein geschätzter Speisefisch. In den Handel kommen in der Regel nur Teile des Schwanzstücks und die so genannten Flügel, also die abgetrennten Brustflossen. Sie werden pochiert, gehäutet und mit brauner Butter und Kapern als „Aile de raie aux beurre noisette et aux capres" serviert. Als besonderer Leckerbissen für Eingeweihte gilt die Rochenleber.

Mit einem Fettgehalt von nur 0,2 Prozent ist Rochenfleisch ausgesprochen mager. Es enthält Harnstoff, der sich nach dem Tod der Tiere in Ammoniak verwandelt. Wenn Sie frisch gefangenen Rochen kaufen, an dem Sie einen entsprechenden Geruch wahrnehmen, ist das Problem leicht zu beheben. Lagern Sie den Fisch 1 bis 2 Tage im Kühlschrank; der Ammoniak verfliegt von selbst, und eventuelle Reste werden beim Garen neutralisiert. Gleichzeitig verbessert sich durch die Lagerung auch die Struktur des Fleischs.

Hai

Von den über 200 **Haifisch**-Arten finden ungefähr ein Dutzend in der Küche Verwendung.

Als gefährlicher Raubfisch ist der *Hai* weithin gefürchtet, dass er auch kulinarische Qualitäten hat, scheint dagegen weniger bekannt zu sein. Haie sind in allen Weltmeeren anzutreffen, von den weit über 200 Arten finden aber nur etwa ein Dutzend in der Küche Verwendung. Während manche von diesen in anderen europäischen Ländern durchaus geschätzte Speisefische sind, wird ihr Fleisch in Deutschland zumeist unter Bezeichnungen vermarktet, die die Herkunft weitgehend verschleiern. Das Fleisch des Knorpelfischs ähnelt in Farbe und Struktur dem Tun- oder Schwertfisch und wird oftmals auch fälschlicherweise als solche angeboten. Mit kräftigen Kräutern gewürzt, eignet es sich besonders zum Grillen, Braten und Schmoren.

Der häufigste Hai in unseren Breiten ist der *Dornhai*. Seinen Namen verdankt das Tier einem großen Dorn, der vor jeder Rückenflosse sitzt. Der Dornhai kann bis 1,2 m lang werden und ist oft in großen Schwärmen unterwegs. Das frische Fleisch wird bei uns als Filet vom „See-Aal" vermarktet; es hat eine leicht graue Färbung und wird erst beim Garen weiß. Die Bauchlappen des Dornhais kommen geräuchert als „Schillerlocken" in den Handel.

Vor allem in Italien wird in den Wintermonaten häufig *Glatthai* serviert. Das qualitativ gute Fleisch wird, wie bei allen anderen Haien, zumeist enthäutet und ohne Kopf und Schwanz angeboten. Der 1,5 bis 2 m lange Fisch kommt im Mittelmeer und im Atlantik vor. Ebenfalls für sein wohlschmeckendes Fleisch bekannt ist der *Grauhai*, der bis zu 5 m lang werden kann. Der *Hundshai* besitzt äußerlich eine große Ähnlichkeit mit dem Glatthai, weshalb die beiden oft verwechselt werden. Sein Fleisch verströmt einen strengen Geruch und erinnert an den von Hunden, erst bei der Zubereitung verliert er sich. Der *Heringshai* wird wegen seines hochwertigen, delikaten Fleischs auch als *Kalb-* oder *Speckfisch* bezeichnet. Der bis zu 4 m lange Fisch ist sowohl im Atlantik wie auch im Pazifischen Ozean heimisch.

Im Mittelmeer und im Ostatlantik sind die relativ kleinen *Katzenhaie* recht verbreitet. Sie kommen in England als *Rock Salmon* oder *Rock Eel* auf den Markt. Der *Hammerhai* ist anhand seines hammerförmig verbreiterten Schädels leicht zu erkennen. In tropischen und gemäßigt warmen Meeren zu Hause, kann er 4 bis 5,5 m Länge erreichen. Besonders geschätzt wird er in Japan und China, wo vor allem seine Flossen als Delikatesse gelten.

Endiviensalat mit Schillerlocken

1 Kopf Endiviensalat
3 gekochte Pellkartoffeln vom Vortag
300 g Schillerlocken
2 EL Keimöl
2 EL Weißweinessig
1 EL Zitronensaft
1 kleine Zwiebel, fein gehackt
Salz
1 Prise Zucker
schwarzer Pfeffer aus der Mühle
1 EL Schnittlauchröllchen
1 EL gehackte Petersilie
1 EL gehackter Dill
100 g Schmand

Den Salat putzen, in schmale Streifen schneiden und in lauwarmem Wasser einige Min. ziehen lassen, um dem Salat die Bitterstoffe zu entziehen. Dann in ein Sieb umfüllen, kalt abspülen und gut abtropfen lassen. Die Kartoffeln in kleine Würfel, die Schillerlocken in 2 cm große Stücke schneiden. Alles unter den Endiviensalat heben. Das Öl mit dem Essig und dem Zitronensaft aufschlagen, die Zwiebel dazugeben und das Dressing mit Salz, Zucker und Pfeffer würzen. Über den Salat gießen und gut vermischen. Den Salat auf vier Teller verteilen. Die frischen Kräuter in den Schmand rühren und auf jede Salatportion einen Klacks Kräutercreme setzen. Sofort servieren. Dazu passt am besten frisches Baguette.

Haifischflossen

In der chinesischen Küche kommt getrockneten Haifischflossen ähnliche Bedeutung zu wie den Trüffeln in Europa. Verwendung finden vor allem die Rückenflossen von *Hammer-* und *Tigerhaien*, die zunächst gewässert und dann so lange gekocht werden, bis sich die Haut ablöst. Anschließend wird das Fleisch entfernt, sodass der Knorpel übrig bleibt, der nun getrocknet wird. Je nach Qualität unterscheidet man zwischen „most superior" von der Spitze der Flosse, „very superior" aus dem Mittelstück und „superior" aus dem körpernahen Teil der Flosse. Aus den so vorbereiteten Teilen wird zusammen mit Ingwer und Frühlingszwiebeln die begehrte Haifischflossensuppe gekocht.

Moscardini, winzige Kraken, sind Bestandteil des Meeresfrüchtesalats.

Der **Kalmar** hat kurze Mundarme und zwei besonders lange Fangarme zum Greifen.

Besonders in ihrer eigenen Tinte geschmort, schmeckt das weiße Fleisch der **Sepien** delikat.

Im Ganzen gebraten oder gegrillt, schmecken die kleinen **Sepien** am besten.

Kraken sind wahre Verwandlungskünstler ur passen sich jedem Untergrund farblich perfe

Calamaretti heißen in Italien die ganz kleinen Kalmare. Ihr Fleisch ist besonders zart.

Tintenfische

Tintenfische sind keine Fische, sondern Weichtiere und stehen als solche den Schnecken näher als den Fischen. In ihrem Innern tragen sie kein stützendes Skelett, sondern meist nur einen porösen Kalkschulp bzw. einen Chitinstreifen. Sie besitzen acht bis zehn Fangarme mit Saugnäpfen, mit denen sie blitzschnell ihre Beute ergreifen können, und – daher der Name – eine Tintendrüse, aus der sie bei Gefahr ein bräunliches Sekret verspritzen, um Angreifer zu täuschen. Kulinarisch von Interesse sind unter den Tintenfischen Sepia, Kalmar und Krake.

Der Tintenfisch schlechthin ist die *Sepia*, auch *Gemeiner Tintenfisch* genannt. Ihr Körper ist oval bis rund, mit leicht abgeflachtem Querschnitt, und von einem schmalen Flossensaum vollständig umgeben. Acht ihrer zehn Fangarme sind kurz, zwei lang. Charakteristisch ist die zebraartige Musterung auf der Körperoberseite, die unterschiedliche Färbungen annehmen kann. Die Heimat des etwa 25 bis 30 cm langen Gemeinen Tintenfischs ist der Atlantik, wo man ihn von Norwegen bis zur afrikanischen Küste antreffen kann. Ein kleinerer Verwandter, die *Zwergsepia*, ist vor allem im Mittelmeer heimisch und erreicht gerade einmal eine Länge von 3 bis 6 cm.

Die Sepia wurde oft mit dem *Kalmar* verwechselt; bei genauerem Hinsehen fällt die Unterscheidung jedoch leicht: Im Gegensatz zur rundlich geformten Sepia hat der Kalmar einen lang gestreckten, torpedoförmigen Körper mit rundem Querschnitt. Wie die Sepia besitzt er acht kurze und zwei lange Tentakel, am Hinterleib sitzen zwei dreieckige Flossen. Die bis zu 50 cm langen Kalmare werden vorwiegend im Atlantik und im Mittelmeer gefangen.

Das größte Mitglied der Familie ist der *Krake* oder *Oktopus*. Seine Fangarme können bis zu 8 m lang werden; sein Körper ist um ein Vielfaches kürzer als die Tentakel und enthält weder Schulp noch Chitinstreifen. Die Tiere passen ihre Körperfarbe der Umgebung an, und so gibt es sie in den unterschiedlichsten Farbschattierungen.

Die Verwendung in der Küche ist für alle drei Tiere ähnlich; essbar sind Körper und Fangarme, deren festes, weißes Fleisch sehr mager ist. Darüber hinaus wird auch die so genannte Tinte, die Sepia, genutzt, etwa zum Einfärben von Nudeln oder für den Riso Nero in Italien; in Spanien schätzt man „Calamares en su tinta", wofür der Fisch in Ringe geschnitten in einer süßscharfen Tintensauce weich geschmort wird. Aufgrund ihrer Körperform sind vor allem Kalmar und Sepia wie geschaffen zum Füllen, wofür oft die klein geschnittenen Tentakel verwendet werden. Sehr kleine Tiere lassen sich hervorragend im Ganzen braten oder frittieren. Frittieren kann man aber auch größere, in Ringe geschnittene Exemplare, eine Zubereitungsweise, die als „Calamares alla romana" bekannt ist. Unverzichtbar sind Tintenfische außerdem als Zutat in mediterranen Fischsuppen.

Besonders begehrt ist der **Echte Krake**, den man an der doppelten Reihe von Saugnäpfen erkennt.

Der Krake muss lange gekocht werden, bis seine Arme weich sind.

Beim Kochen der Kraken verfärbt sich ihre Haut dunkelrot. Nach 30 bis 40 Minuten im würzigen Sud kann der Krake je nach Rezept weiterverarbeitet werden.

Tintenfische gefüllt

16 gekochte Miesmuscheln
16 Tintenfische
4 Scheiben Weißbrot
1 Frühlingszwiebel, in Ringe geschnitten
3 EL Olivenöl
16 Calamares
6 getrocknete Feigen
50 g schwarze Oliven
2 Zehen Knoblauch
Salz und schwarzer Pfeffer
500 ml Fischfond, 500 ml Rotwein
3 Möhren, 3 Kartoffeln, jeweils gewürfelt
je ein Zweig Thymian und Rosmarin

Lösen Sie die Muscheln aus der Schale und zerschneiden Sie sie. Die Tintenfische werden ausgenommen, gehäutet, gewaschen, der Kopf und die Arme abgeschnitten, und die Arme klein gehackt. Weißbrotscheiben zerbröseln. Dünsten Sie die Frühlingszwiebel im Olivenöl. Geben Sie die gehackten Fangarme der Calamares, Feigen, Oliven und eine zerdrückte Knoblauchzehe dazu. Mischen Sie die Hälfte des Weißbrots darunter, salzen und pfeffern Sie das Ganze und füllen Sie die Masse in die Tintenfische. Geben Sie den Fischfond, Wein, das Gemüse und die Kräuterblätter in einen Topf und kochen Sie alles offen, bis die Flüssigkeit zur Hälfte eingekocht ist. Das Gemüse sollte noch al dente sein. Mischen Sie den Rest des Weißbrots darunter und salzen und pfeffern sie das Ganze. Füllen Sie das Gemüse mit Sud in eine Tonform und legen Sie die Calamares darauf, bis sie noch ein wenig aus der Masse herausgucken. 30 Min. im Ofen schmoren lassen.

Forelle & Saibling

Unter den Süßwasserfischen gibt es mit Sicherheit keinen, der es an Beliebtheit mit der *Forelle* aufnehmen könnte. Ursprünglich in den kalten, sauerstoffreichen Bächen und Seen Mittel- und Nordeuropas weit verbreitet, ist der Bestand an Forellen wegen der zunehmenden Gewässerverschmutzung stark zurückgegangen, sodass die Nachfrage heute zum größten Teil aus Teichwirtschaften befriedigt wird. Das trifft auch auf einen nahen Verwandten der Forelle zu, den *Saibling*.

Aufgrund ihrer Unempfindlichkeit hat sich für die Aufzucht in Aquakulturen vor allem die *Regenbogenforelle* durchgesetzt. Man erkennt sie leicht an einem regenbogenfarbigen Streifen, der sich über die Seiten zieht. Regenbogenforellen stammen ursprünglich aus Nordamerika und sind erst Ende des 19. Jahrhunderts in Europa heimisch geworden. Die Stammform ist ein Wanderfisch, der küstennahe Meeresregionen bewohnt und nur zum Laichen Flüsse und Bäche aufsucht; daneben gibt es auch eine Form, die ausschließlich im Süßwasser lebt. Regenborgenforellen können bis 70 cm Länge erreichen und wiegen dann maximal 7 kg.

Ein Wanderfisch ist auch die so genannte *Meerforelle*. Mit ihrem rosafarbenen Fleisch und dem silbrigen Schuppenkleid hat sie große Ähnlichkeit mit einem Lachs. Der bis zu 1,4 m lange Fisch ist vom Weißmeer bis Nordspanien verbreitet und steigt zum Laichen aus dem Meer in Flüsse und Bäche auf. Ihr machen – ebenso wie der *Bach-* und der *Seeforelle* – die Umweltbelastungen ihres Lebensraums schwer zu schaffen. Die *Bachforelle*, die man an den dunklen bis rötlichen Punkten auf ihrer Oberseite leicht erkennt, wird bis 40 cm lang und bevorzugt die kühlen, sauberen Bäche Mitteleuropas. Der natürliche Lebensraum der Seeforelle dagegen sind die großen, tiefen Seen in den Alpen und in Skandinavien. Sie kann bis zu 1,4 m lang werden.

Hier ist auch der *Seesaibling* heimisch, der je nach Lebensraum sehr unterschiedlich gefärbt sein kann und lachsrosa Fleisch besitzt. Sein Verbreitungsgebiet reicht von Mittel- und Nordeuropa über Russland und Japan bis nach Nordamerika. Der verwandte *Bachsaibling* wurde ebenso wie die Regenbogenforelle erst Ende des 19. Jahrhunderts in Europa heimisch. Der grünlich-graue Fisch mit den unregelmäßigen lachsrosa Flecken ist heute als Teichbesatz sehr beliebt.

Sowohl die Forelle wie auch der Saibling gehören zur Lachsfamilie. Wie der große Verwandte besitzen sie zartes, aromatisches Fleisch, das allerdings weniger fett ist. Die Säure von Zitrone, Weißwein und Essig passt gut zu Forelle und Saibling, und geschmacklich harmonieren diese Fische am besten mit frischen grünen Kräutern wie Petersilie, Kerbel, Dill und Sauerampfer. Klassische Zubereitungen sind Forelle Blau (in Essigsud) und Forelle Müllerin (mit Mehl bestäubt und in reichlich Butter und manchmal auch mit Mandelblättchen knusprig gebraten). Sowohl Forellen als auch Saiblinge eignen sich aber auch sehr gut zum Pochieren und werden dann gern mit einer gehaltvollen Sauce zu Tisch gebracht.

Forellenfilets auf Vollkornbrot

4 Scheiben Vollkornbrot
2 EL weiche Butter
4 kleine geräucherte Forellenfilets
4 EL Doppelrahm-Frischkäse
4 TL Crème fraîche
2 TL mittelscharfer Senf
4 EL Dill, gehackt
4 EL Keta-Kaviar
2 halbierte Zitronenscheiben
4 Fähnchen Dill

Bestreichen Sie die Brote mit Butter. Halbieren Sie die Forellenfilets quer und legen Sie sie auf die Brote. Verrühren Sie Frischkäse, Crème fraîche, Senf und den gehackten Dill und bestreichen Sie die Filets mit dieser Creme. Zuletzt die Brote mit dem Kaviar belegen und mit jeweils einer halben Zitronenscheibe und Dill servieren.

Forelle Müllerin Art

4 Forellen à 350 g
Salz und weißer Pfeffer
4 EL Zitronensaft
1 Bund Petersilie
Mehl zum Wenden
6 EL Butterschmalz
75 g Butter
1 Zitrone

Die Forellen werden zunächst gewaschen und trockengetupft. Dann innen und außen mit Salz und Pfeffer einreiben und mit Zitronensaft beträufeln. Spülen Sie die Petersilie ab, schütteln Sie sie trocken und geben Sie ein paar Stängel in die Bauchhöhle der Fische. Wenden Sie die Fische in Mehl und klopfen Sie das überschüssige Mehl ab. Erhitzen Sie das Butterschmalz in zwei großen Pfannen und braten Sie die Forellen darin bei kleiner Hitze etwa 8 Min. von jeder Seite. Geben Sie die Butter in ein Pfännchen und lassen Sie sie leicht anbräunen. Richten Sie die Forellen auf vorgewärmten Tellern mit den Zitronenachteln und dem Rest der Petersilie an. Übergießen Sie den Fisch mit der braunen Butter.

Forelle blau kochen

Rundgebunden wird die Forelle mit Hilfe einer großen Nadel und Küchengarn.

Man sticht die Nadel durch Schwanzflosse und Kiemen und zieht den Faden etwas an.

Im Essigsud den Fisch gar ziehen lassen. Dabei bekommt er seine blaue Farbe.

Saibling und Forelle

Die Haut der **Forelle** ist silbrig gefärbt mit kleinen dunklen Sprenkeln, das ist Fleisch hell.

Durch besondere Fütterung wird das Fleisch der **Lachsforelle** rosafarben.

Den **Saibling** charakterisieren eine dunkle Haut und hell-rosafarbenes Fleisch.

Barsch

Die weit verzweigte Familie der *Barsche* – zu der im Übrigen auch der Zander gehört – umfasst mehr als 100 Arten und ist fast überall auf der Welt anzutreffen. In Mittel- und Nordeuropa und in Asien ist der *Flussbarsch* zu Hause, ein guter Speisefisch, der seinen Namen nicht ganz zu Recht trägt, ist er doch nicht nur in Flüssen, sondern auch in stehenden Gewässern anzutreffen. Nach den unterschiedlichen Lebensräumen, die der Fisch bevorzugt, unterscheidet man den *Krautbarsch*, der sich zwischen Wasserpflanzen am wohlsten fühlt, den *Jagdbarsch*, der am liebsten seiner Beute im freien Wasser nachstellt, und schließlich den *Tiefenbarsch*, der in Wassertiefen von ca. 50 m anzutreffen ist.

Bis zu 40 cm lang und ca. 3 kg schwer kann der etwas gedrungene Körper werden; die Oberseite ist dunkelgrau bis olivgrün mit dunklen Querstreifen, die Seiten gelblich, der Bauch weißlich rosa. Vor den Genuss seines festen, saftigen Fleischs hat die Natur einige Mühe gesetzt: Seine Haut ist von gezahnten Schuppen bedeckt, die sich nur schwer entfernen lassen. Leichter geht es, wenn man den Fisch einige Sekunden in kochendes Wasser taucht. Eine gute Alternative besteht darin, die Haut samt Schuppen abzuziehen und die Filets zu verarbeiten.

Fisch braten

Verwenden Sie vorzugsweise eine beschichtete Pfanne und ein Fett, das nicht so leicht verbrennt, etwa Öl oder geklärte Butter. Ganze Portionsfische oder Filets in Mehl wenden und bei mittlerer Hitze braten, dabei immer wieder mit dem Bratfett beschöpfen. Man sollte den Fisch allerdings nicht zu früh wenden, da er sonst eventuell auseinander bricht.

Kleine Barsche werden meist frittiert, die Filets lassen sich braten, dämpfen oder dünsten. Trotz seiner unbestrittenen Qualität kommt der Flussbarsch in unseren Breiten nur in geringen Mengen auf den Markt, mit einer Ausnahme: In der Schweiz ist er unter der Bezeichnung Egli eine beliebte Spezialität.

Große wirtschaftliche Bedeutung hat die Haltung von Barschen in Aquakulturen in vielen Ländern der so genannten Dritten Welt. Von den *Buntbarschen* dieser tropischen und subtropischen Regionen hat sich bei uns vor allem der *Victoriabarsch* durchgesetzt. Seine appetitlich rosafarbenen Filets gelangen per Luftfracht nach Europa.

Auffälliges Kennzeichen des **Zanders** ist die geteilte Rückenflosse. Aus dem ungarischen Plattensee stammen die hochwertigsten Exemplare.

Zander

Der *Zander* ist ein schlanker Raubfisch, der ursprünglich in den Flüssen und Seen Osteuropas zu Hause war, in Russland, im Baltikum und im gesamten Donaugebiet. Größte Wertschätzung brachte man dem Zander zur Zeit der K.u.K.-Monarchie in Österreich entgegen: Aus dem Plattensee wurde der *Fogosch* in großen Mengen auf die Wiener Märkte gebracht, und sogar von der weit entfernten Wolgamündung wurden die begehrten Fische eingeführt. Nach Deutschland kam der delikate Speisefisch im 18. Jahrhundert, als bayrische Mönche ihn im Ammersee aussetzten, um die beliebte Fastenspeise stets frisch auf den Teller bringen zu können. Heute ist er in ganz Mitteleuropa verbreitet, und unter allen Süßwasserfischen der erklärte Liebling der Spitzenköche.

Aufgrund seines lang gestreckten Körpers mit dem großen, gefährlich bezahnten Maul, wird der Zander oft mit dem Hecht verwechselt. Er ist grünlich- bis silbrig-grau gefärbt mit dunklen Bändern oder Zacken, sein Rücken trägt zwei Flossen, deren vordere spitze Stacheln enthält. Bis zu 70 cm lang wird der wendige Räuber, der seiner Beute, kleinen Fischen wie Ukelei, Plötze und Stint, aktiv nachstellt. Er liebt wärmere, saubere Gewässer mit festem Grund und ist bei uns vor allem im Allgäu sowie in den Seenplatten Brandenburgs und Mecklenburg-Vorpommerns zu Hause; geringe Vorkommen gibt es auch noch im Main. Und seit das Wasser des Rheins wieder sauberer ist, leben auch hier wieder einzelne Exemplare.

Das feine Zanderfleisch ist mager und grätenarm. Beim Garen nimmt es einen nussartigen, leicht süßlichen Geschmack an. Die Zubereitungsmöglichkeiten reichen von rustikal bis fein: In Ungarn schätzt man es mit Paprika, Zwiebeln und Sauerkraut, bei uns bevorzugt man die saftigen Filets mit einer sahnigen Weißweinsauce. Sehr gut schmecken die Filets auch, wenn sie mit der Haut gebraten werden. Knusprig gebraten ist diese eine Delikatesse für sich.

Pürierter Lachs auf Zander mit Curry-Rosmarin-Sauce

Für den Fisch:

4 Zanderfilets à 100 g
Salz
100 g Lachsfilet
2 Eigelb von mittelgroßen Eiern
1 EL Crème fraîche
1 mittelgroße Möhre, geschält
1/2 Stange Lauch, davon nur das Weiße
1 TL Curry
1/2 TL Paprikapulver, edelsüß
1 Messerspitze Cayennepfeffer
6 EL Olivenöl extra vergine
2 EL Butterschmalz

Für die Sauce:

1 Schalotte
1 TL Butter
1/2 TL Curry
100 ml Fischfond (aus dem Glas)
50 ml Weißwein
1 TL Rosmarinblättchen
1/4 TL Pfeffer, grob gemahlen
100 g Crème double
Salz

Schalotte fein würfeln und in einem Topf in Butter glasig schwitzen. Geben Sie den Curry dazu und gießen Sie den Fischfond und den Weißwein dazu. Würzen Sie mit Rosmarin und Pfeffer und lassen Sie die Sauce auf ein Viertel der Flüssigkeitsmenge einkochen. Geben Sie die Crème double dazu und lassen Sie alles noch etwas einkochen. Dann mit Salz abschmecken und beiseite stellen.

Die Zanderfilets werden gut gewaschen und abgetrocknet und ein wenig gesalzen. Pürieren Sie das Lachsfilet und vermischen Sie es gut mit dem Eigelb und der Crème fraîche. Schneiden Sie die Möhre am besten mit der Brotschneidemaschine vorsichtig in Längsstreifen und diese genau übereinander gelegt quer in sehr feine Streifen. Der Lauch wird ebenfalls in feine Streifen geschnitten. Vermischen Sie beides in einer Schüssel mit Curry, Paprika und Cayennepfeffer und breiten Sie das Gemüse dann auf einem flachen Teller aus.

Streichen Sie die Lachsfarce mit einem Messer jeweils aus eine Seite der Zanderfilets. Legen Sie nun die Filets mit der bestrichenen Seite auf die Gemüsestreifen, drücken Sie sie leicht an und streichen Sie sie mit dem Messer etwas glatt. Öl und Butterschmalz in einer Pfanne mäßig erhitzen, die Zanderfilets mit der „panierten" Seite ins Fett legen und für ca. 4 Min. sanft braten, bis sie leicht gebräunt sind. Dann den Fisch umdrehen und von der anderen Seite ebenfalls 4 Min. braten. Währenddessen erhitzen Sie die Sauce und schäumen sie mit dem Mixstab auf. Geben Sie die aufgeschäumte Sauce auf vier vorgewärmte Teller und richten sie die Filets darauf an.

Fischfond

Zum Pochieren von ganzen Fischen oder Filets und auch zur Zubereitung von Saucen und Suppen ist ein guter Fischfond in der Küche unersetzlich. Dazu wird die Karkasse, die Haut und der Kopf zusammen mit Suppengrün, Zwiebeln, Gewürzen, Weißwein und Wasser ausgekocht. Der Fond wird durch ein feines Sieb gegossen und ist dann verwendungsbereit. Tiefgekühlt lässt er sich gut auf Vorrat halten. Für eine klassische Weißweinsauce, die zum Beispiel gut zu zarten Zanderfilets passt, werden Schalotten in Butter angedünstet, mit Wein und Fischfond abgelöscht, reduziert und schließlich mit Sahne gebunden. Zusätzliches Aroma geben je nach Verwendung Kräuter, Safran oder Senf.

Die beiden markanten Bartfäden dienen dem **Wels** zum Aufspüren von Nahrung.

Wels

Ein Riese unter den Süßwasserfischen ist der *Wels*: Bis zu 3 m lang kann er werden, und ein solch rares Prachtexemplar bringt dann etwa 250 kg auf die Waage. Unter kulinarischen Aspekten sind allerdings die kleineren Exemplare entschieden vorzuziehen.

Mit seinem mächtigen Kopf und dem walzenförmigen Körper ist der Wels – oder *Waller*, wie er vor allem in Süddeutschland auch genannt wird – in jedem Fall eine imposante Erscheinung. Als charakteristisches Kennzeichen trägt er am Oberkiefer zwei sehr lange Bartfäden, die ihm zum Aufspüren der Nahrung dienen. Sein Rücken ist sehr dunkel, fast schwarz, die Seiten heller mit dunklen Flecken, der Bauch schmutzig weiß. In den wärmeren Seen und Flüssen Mittel- und Osteuropas fühlt er sich wohl. Hier lebt er als Einsiedler in Bodennähe und stellt Fischen, Krebsen und Fröschen nach, doch auch Wasservögel und andere kleine Tiere verschmäht er nicht, wenn er sie bekommen kann. In der kalten Jahreszeit nimmt er keine Nahrung zu sich und hält, im weichen Untergrund eingegraben, Winterruhe.

Am besten schmeckt das Fleisch von Tieren, die nicht schwerer als 3 kg sind. In Konsistenz und Geschmack dem Seeteufel vergleichbar, ist es allerdings fettreicher und eignet sich daher gut zum Braten und Grillen. Das fast grätenlose Fleisch verträgt kräftige Gewürze und rustikale Zubereitungsmethoden aller Art. Aber auch ganz schlicht in einem Wurzelsud pochiert schmeckt es vorzüglich.

In den USA ist *Catfisch*, eine *Zwergwels*-Art, der wichtigste Zuchtfisch. Zwergwelse werden höchstens 50 cm lang und sind relativ anpsruchslos und robust. Sie werden inzwischen auch in Europa erfolgreich in Teichwirtschaften gehalten. In Amerika liebt man vor allem die saftigen Filets, die vorzugsweise paniert und ausgebacken auf den Tisch kommen.

Aale werden mittlerweile überwiegend in Fischfarmen gezüchtet.

Nicht nur geräuchert, sondern auch frisch zubereitet ist Aal ein kulinarischer Hochgenuss.

Wie viel Fisch pro Person?

Je nachdem, wie viel verwertbares Fleisch eine Portion Fisch enthält, müssen beim Einkauf unterschiedliche Mengen berücksichtigt werden: Wenn Sie Filets servieren, reichen 150 bis 250 g pro Person, bei ganzen Fischen sollten Sie mit 250 bis 350 g rechnen. Für Scheiben mit Mittelgräte und für Plattfische müssen sogar 300 bis 400 g veranschlagt werden. Bei getrockneten Ausgangsprodukten wie Stock- oder Klippfisch, die zunächst eingeweicht werden, reichen ca. 150 g pro Person aus.

Aal

Frischen, nicht geräucherten Aal bezeichnet man als **Grünen Aal**.

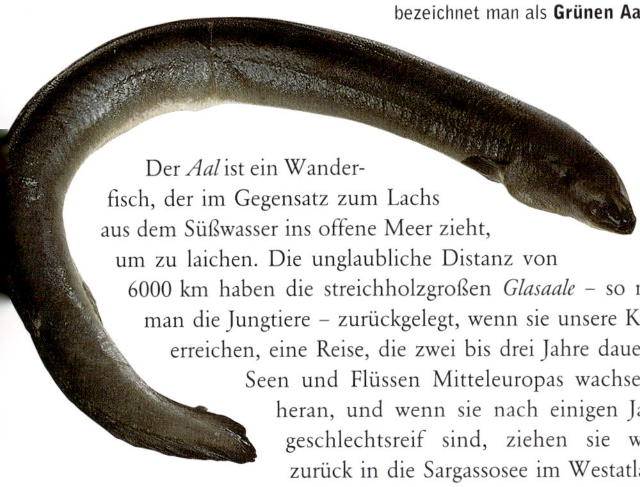

Der *Aal* ist ein Wanderfisch, der im Gegensatz zum Lachs aus dem Süßwasser ins offene Meer zieht, um zu laichen. Die unglaubliche Distanz von 6000 km haben die streichholzgroßen *Glasaale* – so nennt man die Jungtiere – zurückgelegt, wenn sie unsere Küsten erreichen, eine Reise, die zwei bis drei Jahre dauert. In Seen und Flüssen Mitteleuropas wachsen sie heran, und wenn sie nach einigen Jahren geschlechtsreif sind, ziehen sie wieder zurück in die Sargassosee im Westatlantik, um dort selbst zu laichen und dann zu sterben.

Der schlangenförmige Fisch mit der seltsamen Lebensgeschichte genoss bei den alten Ägyptern gottähnliche Verehrung. Priester fütterten die Aale mit den Eingeweiden der Opfertiere und schmückten sie mit Gold und Edelsteinen. Im alten Griechenland war der Aal bereits zur Delikatesse für reiche Feinschmecker avanciert: Es ist überliefert, dass der Preis eines Aals bis zu drei Tageslöhne eines Handwerkers betragen konnte. Die mit Abstand größte Wertschätzung genießt der Fisch heute in Japan, wo Aale in großen Mengen gezüchtet werden. Auf den Markt kommen dort vor allem kleinere Exemplare von ca. 150 g, die so genannten *Gelbaale*.

In Europa schätzt man das fettreiche Aal-Fleisch vor allem geräuchert, in Belgien und Frankreich gibt es aber auch viele Rezepte für frischen Aal: mit Kräutern in grüner Sauce, in Rotwein oder Bier geschmort oder zusammen mit anderen Fischen in der „Matelote", einer Art Eintopf. In Deutschland findet er vor allem für die berühmte Hamburger Aalsuppe Verwendung; daneben wird er auch gern kalt in Aspik serviert.

Eine Spezialität, die besonders in Spanien und Italien geschätzt wird, sind die Glasaale, spanisch Angulas, italienisch Cieche (wörtlich: Blinde). Sie werden mit Olivenöl, Knoblauch und Peperoncini in Tonschalen im Ofen gebacken.

Meeraal in Dillsauce

800 g frischer Aal
Salz, weißer Pfeffer
2 EL Zitronensaft
1 Bund Suppengrün
75 ml Weißweinessig
5 weiße Pfefferkörner
1 Zwiebel, gespickt mit
1 Lorbeerblatt und
2 Gewürznelken
40 g Butter
2 EL Mehl
125 ml Weißwein
2 Bund Dill, fein gehackt
125 g Sahne
1 Eigelb

Der Aal wird kalt abgespült, trockengetupft und in Stücke zerteilt. Würzen Sie den Fisch mit Salz, Pfeffer und Zitronensaft und lassen Sie ihn 15 Min. ziehen. Geben Sie 1 l Wasser, das Suppengrün, den Essig, die Pfefferkörner und die gespickte Zwiebel in einen Topf und bringen Sie alles zum Kochen und lassen Sie es 10 Min. köcheln. Reduzieren Sie dann die Hitze, geben Sie den Aal in das simmernde Wasser und lassen Sie ihn bei schwacher Hitze 20 Min. lang gar ziehen. Nehmen Sie dann die Fischstücke heraus und stellen Sie sie warm. Seihen Sie den Fischsud ab und messen Sie 600 ml davon ab. Zerlassen Sie die Butter, geben Sie das Mehl dazu und lassen Sie es hellgelb anschwitzen. Gießen Sie die 600 ml Fischsud unter Rühren hinzu, geben Sie den Weißwein dazu und lassen Sie alles 5 Min. köcheln. Rühren Sie den Dill unter die Sauce und würzen Sie mit Salz und Pfeffer. Verquirlen Sie die Sahne mit dem Eigelb und binden Sie damit die Sauce. Nicht mehr aufkochen lassen. Legen Sie die Aalstücke hinein und lassen Sie sie noch 5 Min. bei kleiner Hitze in der Sauce ziehen. Vor dem Servieren mit Salz und Pfeffer abschmecken, mit Salzkartoffeln servieren.

Aal vorbereiten

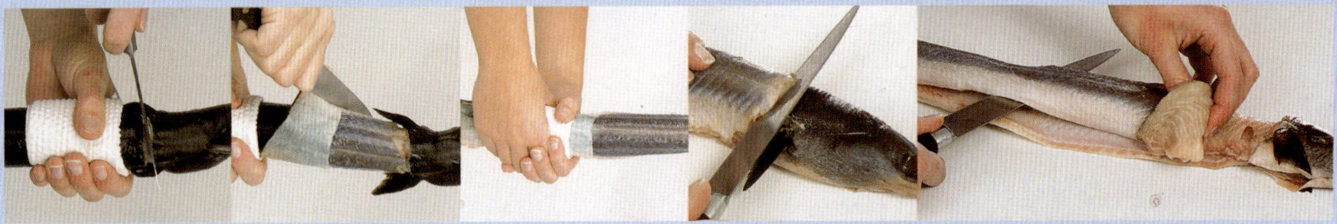

1. Hinter dem Kopf und den Brustflossen die Haut einschneiden und etwas ablösen.

2. Um diese Stelle eine Kordel legen und gut verknoten. An einem stabilen Haken befestigen.

3. Mit Hilfe eines Küchentuchs die Haut fassen und kräftig nach hinten abziehen.

4. Das Fleisch hinter den Kiemen in Richtung Schwanz einschneiden.

5. Das Filet abheben und mit der anderen Seite ebenso verfahren.

Hechtklößchen in grüner Sauce

500 g Hechfilet
Salz, weißer Pfeffer
3 Eiweiß
1 TL Speisestärke
250 g Sahne
1 Schalotte, fein gehackt
60 g Butter
2 EL Mehl
1 l Gemüsebrühe
250 ml Weißwein
250 g Fischfond
200 g Crème fraîche
Zucker
1 TL Zitronensaft
2 Bund Dill, fein gehackt

Das Hechtfilet wird gewaschen, trockengetupft und in Klarsichtfolie gewickelt. Lassen Sie es 20 Min. im Kühlschrank durchkühlen und schneiden Sie es dann in kleine Würfel. Die Fischwürfel salzen und pfeffern. Pürieren Sie jeweils ein Drittel des Fischs mit einem Eigelb im Mixer und streichen Sie die Masse dann durch ein Haarsieb. Verquirlen Sie die Speisestärke mit der Sahne und rühren Sie die Mischung unter die Fischmasse. Lassen Sie das Ganze 1 Std. zugedeckt im Kühlschrank ruhen.

Dünsten Sie während dessen die Schalotten in der Butter, bis sie glasig sind, geben Sie das Mehl darüber und schwitzen Sie es hell an. Geben Sie die Hälfte der Gemüsebrühe dazu und bringen Sie das Ganze unter Rühren zum Kochen. Bei kleiner Hitze 15 Min. köcheln lassen. Kochen Sie in einem zweiten Topf den Rest der Gemüsebrühe mit dem Wein und dem Fischfond auf. Stechen Sie mit zwei Löffeln Nocken von der Fischmasse und lassen Sie sie vorsichtig in den Fond gleiten. Lassen Sie die Hechtklößchen bei kleiner Hitze 10 bis 12 Min. gar ziehen. Rühren Sie dann die Crème fraîche in die Sauce und schmecken Sie sie mit Salz, Pfeffer, Zucker und Zitronensaft ab. Geben Sie den Dill hinzu. Richten Sie die Klößchen auf vorgewärmten Tellern an und umgießen Sie sie mit der Dillsauce. Sofort servieren. Zu den Klößchen passen am besten körniger Reis oder neue, in Butter geschwenkte Kartoffeln.

Der **Hecht** ist grätenreich, aber sehr schmackhaft.

Hecht

Ein großes Maul mit 700 spitzen Zähnen verhilft dem *Hecht* nicht nur im sprichwörtlichen Karpfenteich zum Erfolg. Der gefräßige Räuber lebt in festgrundigen, klaren Flüssen, Seen und Teichen, wo er zwischen Wasserpflanzen versteckt seiner Beute auflauert: Fischen, Fröschen, kleinen Wasservögeln und bisweilen sogar seinen Artgenossen, wenn er ihrer habhaft werden kann.

Je nach Standort spielt die Färbung seines länglichen Körpers ins Grünliche oder Bläuliche, von unregelmäßigen hellen Sprenkeln durchzogen, der Bauch ist heller gefärbt. Jungfische weisen oft eine auffallend grüne Färbung auf, weshalb sie auch *Grünhechte* genannt werden. Hechte können bis zu 1,5 m lang und 35 kg schwer werden, in der Küche sind allerdings wegen der besseren Fleischqualität kleinere und dementsprechend jüngere Exemplare bis etwa 3 kg vorzuziehen. Die beste Saison für Hecht ist der Herbst und frühe Winter.

Das Fleisch ist zart und schmackhaft, aufgrund seines niedrigen Fettgehalts trocknet es allerdings leicht aus. Empfehlenswert sind deshalb alle Zubereitungsarten, die dem Fisch zusätzlich Fett zuführen; so kann man ihn sehr gut mit einer sahnigen oder buttrigen Farce füllen. Ebenfalls sehr zu empfehlen ist das Bardieren mit Speck. Den so im Ofen gebackenen Fisch serviert man vor allem im Elsass gern auf einem Bett aus Weinsauerkraut.

Köstlich sind auch schaumige Hechtklößchen, pochiert und in feiner Sahnesauce serviert – als „Quenelles de brochet" ein Klassiker der feinen französischen Küche. Dazu wird das Fleisch püriert und durch ein feines Sieb gestrichen. Auf diese Weise hat man auf elegante Art gleichzeitig das Problem mit den Gräten gelöst, die vor allem ältere Fische in großer Anzahl enthalten. Sie sind relativ dünn und gegabelt und sollten bei der Zubereitung von Hechtfilets auf jeden Fall vorher mit der Pinzette sorgfältig entfernt werden.

Richtig pochieren

Das Pochieren ist eine Gar-Methode, die sich vor allem für zartfleischige Fische anbietet. Kleine Fischstücke werden ebenso wie Filets immer in den heißen Pochiersud gelegt, große Stücke oder ganze Fische dagegen werden kalt aufgesetzt und im Sud zum Kochen gebracht. So garen sie gleichmäßig durch, ohne auszulaugen. Zum Pochieren eignet sich ein Wurzelsud ebenso wie ein guter Fischfond.

Nicht nur zur Weihnachtszeit geschätzt – der fast schuppenlose **Spiegelkarpfen**.

Karpfen

Der Lieblingsfisch der Chinesen wird im Reich der Mitte schon seit mehr als 2500 Jahren erfolgreich gezüchtet. Damit dürfte er der Fisch sein, der auf die längste Zuchttradition überhaupt zurückblickt. Bereits im Altertum wurde er im Römischen Reich angesiedelt, und seit dem Mittelalter hat sich sein Verbreitungsgebiet auf ganz Europa ausgedehnt. Besonders geschätzt war er als klösterliche Fastenspeise, und das hatte seinen Grund: In der Fastenzeit durfte ein Fisch den Tellerrand nicht überragen, und aufgrund seiner hochrückigen Körpferform füllte der Karpfen den Teller der Mönche weitaus besser als etwa eine schlanke Forelle.

Die Urform, aus der durch Zuchtwahl und Auslese alle anderen Karpfen entstanden sind, ist der *Schuppenkarpfen*, dessen Körper vollständig mit großen, festsitzenden Schuppen bedeckt ist. Der *Spiegelkarpfen* hat nur noch wenige, unregelmäßig verteilte Schuppen, während die Haut des *Leder-* oder *Nacktkarpfens* nahezu schuppenlos ist.
Wildlebende Karpfen können ein Alter von bis zu 40 Jahren erreichen und sind dann ca. 1 m lang und 30 kg schwer. Bei Zuchtfischen bevorzugt man im Allgemeinen Exemplare von ca. 30 cm Länge, die dann zwischen 1 und 2 kg wiegen. Der natürliche Lebensraum des Karpfens sind wärmere, langsam fließende oder stehende Gewässer mit weichem Grund und reichem Pflanzenbewuchs. Seine Nahrung bilden Pflanzenteile und kleine Bodentiere.

Aufgrund der weiten Verbreitung des Karpfens sind die Rezepte für seine Zubereitung ebenso zahlreich wie unterschiedlich. Allein in China reicht die Palette von mild und süßsauer bis zu den scharfen, mit Chili gewürzten Rezepten der Sezuan-Küche. In den Küchen Europas ist vor allem der im Ganzen blau gekochte Karpfen ein Klassiker, daneben erfreut er sich auch in Stücken frittiert größter Beliebtheit. Für den so genannten Polnischen Karpfen wird der Fisch ebenfalls in große Stücke geteilt und in einer Dunkelbiersauce mit Gewürzen geschmort.

Silvesterkarpfen

Karpfen können ein hohes Alter erreichen. Aus diesem Grund galten sie bereits im alten China als Symbol für Beständigkeit und durften bei keinem Festmahl zum Jahreswechsel fehlen.
Auch bei uns hat der Karpfen zu Silvester und vor allem Weihnachten in vielen Regionen Tradition, aber aus einem anderen Grund: Im christlichen Abendland galt der Heilige Abend ursprünglich als Fastentag, an dem der Genuss von Fleisch untersagt war.

Karpfen polnisch

1 Karpfen, küchenfertig (ca. 1,5 kg)
Salz und schwarzer Pfeffer aus der Mühle
1 Lorbeerblatt
5–6 schwarze Pfefferkörner
4 zerstoßene Wacholderbeeren
1 Stange Lauch, in Ringe geschnitten
1 Möhre gewürfelt
1 Zwiebel, geviertelt
6 EL Weinessig
60 g Butter
2 EL Mehl
250 ml Bratenfond
250 ml dunkles Bier

Karpfen gründlich waschen. Trennen Sie Kopf und Schwanzflosse ab und bringen Sie beides mit 2 l kaltem Wasser, 1 TL Salz, dem Lorbeerblatt, Pfefferkörnern, Wacholderbeeren, Lauch, Möhren und Zwiebeln zum Kochen. Gießen Sie den Essig dazu und lassen Sie alles ca. 20 Min. lang köcheln. Teilen Sie inzwischen den Karpfen in portionsgerechte Stücke. Geben Sie den Fisch in den Sud und lassen Sie ihn bei kleiner Hitze 20 bis 25 Min. gar ziehen. Zerlassen Sie die Butter in einem Topf und schwitzen Sie das Mehl darin goldbraun an. Löschen Sie mit dem Bratenfond und dem Bier ab und lassen Sie die Sauce 15 Min. köcheln. Mit Salz und Pfeffer abschmecken. Heben Sie die Karpfenstücke mit einem Schaumlöffel aus dem Sud, lassen Sie sie kurz abtropfen und legen Sie sie auf vorgewärmte Teller. Gießen Sie die Sauce darüber und streuen Sie Petersilie darauf.

Buchweizenblini mit Lachs und Kaviar

20 g frische Hefe
3 EL lauwarmes Wasser
100 g Buchweizenmehl
100 g Weizenmehl
1 TL Salz
150 ml lauwarme Milch
125 ml Vollmilchjoghurt
2 Eier
Butterschmalz zum Braten
1 Döschen Kaviar
12 Scheiben Räucherlachs
12 schwarze, entsteinte Oliven
12 Wachteleier, hart gekocht
12 Stängel Schnittlauch
12 Fähnchen Dill

Hefe in lauwarmem Wasser auflösen. Geben Sie die beiden Mehlsorten mit dem Salz in eine Schüssel und geben Sie die angerührte Hefe und dann Milch und Joghurt dazu. Trennen Sie die Eier und geben Sie die Eigelbe ebenfalls dazu. Alles so lange rühren, bis der Teig Blasen wirft. Decken Sie die Schüssel mit einem Küchentuch zu und lassen Sie den Teig an einem warmen Ort mindestens 30 Min. gehen. Schlagen Sie in der Zwischenzeit das Eiweiß steif und heben Sie den Eischnee vorsichtig unter den Teig, nachdem er gegangen ist. Erhitzen Sie etwas Butterschmalz in einer beschichteten Pfanne. Teilen sie den Teig in zwölf Portionen und braten Sie daraus im heißen Fett kleine runde Blini. Achten Sie darauf, dass das Fett nicht zu heiß ist, damit sie nicht außen zu dunkel werden und innen noch roh sind. Lassen Sie die Blini auf Küchenkrepp abtropfen.
Geben Sie je einen Teelöffel Kaviar auf eine Scheibe Räucherlachs, rollen Sie den Lachs zusammen und legen Sie ihn auf das Blini. Die Wachteleier schälen, halbieren und jeweils zwei Hälften auf dem Blini arrangieren. Mit Schnittlauch und Dillfähnchen garnieren.

Stör

Einst an allen Küsten Europas zu Hause, ist der *Stör* heute sehr selten geworden. Neben der Wasserverschmutzung hat ihm vor allem sein Ruf als Kaviarproduzent das Leben schwer gemacht. Wie der Lachs ist der Stör ein Wanderfisch, der zum Laichen in die Flüsse aufsteigt. So kam er noch im 19. Jahrhundert in der Elbe und in der Donau vor. In nennenswertem Umfang ist er heute nur noch im Schwarzen und im Kaspischen Meer anzutreffen. Sehr kleine Bestände gibt es auch in der Gironde (Frankreich) und im Guadalquivir (Spanien).

Der lang gestreckte Körper des Störs trägt mehrere Reihen von Knochenplatten, die ihm im Verein mit dem gepanzerten Kopf und der schnabelartigen Schnauze ein urtümliches Aussehen verleihen. Der größte und begehrteste der Störe ist der *Beluga* oder *Hausen*. Er kann bis zu 9 m lang werden und liefert den feinsten Kaviar. Mit nur etwa 2 m Länge deutlich kleiner ist der *Osietra*. Der dritte im Bunde der Kaviarfische ist der *Sevruga*, der selten länger als 1,5 m wird. Mit Ausnahme des räuberischen Belugas sind die Störe Allesfresser.

Jedoch nicht nur wegen der kostbaren Eier schätzt man den Stör – auch sein Fleisch ist köstlich. Schon bei den alten Römern stand es hoch im Kurs; sie schmückten bei Stör-Gerichten eigens die Tafel mit Blumen, und wenn der fertig zubereitete Fisch in den Speiseraum hereingetragen wurde, kündigte ein Pfeifer sein Erscheinen an. Störfleisch ist vielseitig verwendbar; man kann es räuchern wie Lachs, vor allem die russische Küche kennt aber auch zahlreiche Rezepte für den frischen Fisch. Im Zarenreich hoch geschätzt, war der Stör unter der Herrschaft der Kommunisten auf den Speisekarten sehr rar geworden und gewinnt erst allmählich seinen vergangenen Ruhm zurück, und das nicht nur in seiner Heimat, sondern auch im europäischen Ausland.

Als Inbegriff des Luxus gilt der gesalzene Rogen des Störs, der Kaviar, der vor allem in Russland produziert wird. Gefangene Störweibchen werden zu diesem Zweck in eine Verarbeitungsstation gebracht, wo sie zunächst nummeriert werden, sodass sich später der Ursprung jeder Kaviardose im Handel zurückverfolgen lässt. Der entnommene Rogen wird durch ein grobes Sieb gepresst, um Geweberückstände restlos zu entfernen; dann wird er abgespült und graduiert. Ausschlaggebende Kriterien sind dabei nicht nur Größe und Farbe, sondern ebenso Geschmack, Festigkeit und Unversehrtheit der kostbaren kleinen Körnchen. Um ihn haltbar zu machen, wird dem Rogen Salz zugefügt. Die Menge muss exakt bestimmt sein, denn bei zu wenig Salz würde er rasch verderben, zu viel lässt ihn austrocknen.

Frischer Kaviar ist sehr empfindlich und sollte bei einer Temperatur von konstant –2 °C aufbewahrt werden. Um die Lagerung zu vereinfachen, wird inzwischen häufig auch pasteurisierter Kaviar in Gläsern angeboten, der allerdings geschmacklich an den frischen nicht heranreichen kann.

Nicht nur als Kaviarlieferant geschätzt – der **Stör.**

Kaviar

„Es muss nicht immer Kaviar sein“, aber eine Portion dieser schwarz glänzenden Delikatesse ist fraglos immer etwas ganz Besonderes. *Kaviar* wird möglichst auf Eis serviert und mit einem speziellen Löffel aus Horn oder Perlmutt gereicht; Silber oder Edelstahl verleiht ihm einen fischigen Geschmack. Auf der ganzen Welt schätzt man ihn in erster Linie pur, nur mit etwas gebuttertem Toast. Weit verbreitet ist inzwischen aber auch die beliebte russische Version mit Blini – kleine dünne Buchweizenpfannkuchen – und saurer Sahne.

Der begehrteste aller Kaviarsorten stammt vom Rogen des *Beluga-Störs*. Er ist großkörnig und von dunkelgrauer Färbung. *Osietra-Kaviar* hat etwas kleinere und festere Körner und zeichnet sich durch ein nussiges Aroma aus. *Sevruga-Kaviar* stammt von der kleinsten Störart. Die kleinen, mittel- bis stahlgrauen Körner sind dünnschalig und daher sehr empfindlich und besitzen ein kräftiges Aroma. Neben dem begehrten echten Kaviar aus Russland wird heute auch der Rogen einiger anderer Fische mit Erfolg vermarktet: der so genannte *Deutsche Kaviar* besteht aus rot oder schwarz gefärbtem Seehasenrogen, *Keta-Kaviar* ist eine Sammelbezeichnung für Produkte von Lachsfischen wie Lachs, Forelle und Felche.

Persischer **Osietra-Kaviar** steht dem russischen in nichts nach.

Beluga – besonders große Körner von dunkelgrauer Farbe kennzeichnen den teuersten Kaviar.

Russischer Osietra-Kaviar – mittleres Korn, bräunlich gefärbt, mit nussartigem Aroma.

Sevruga – kleinkörnig und sehr empfindlich, aber dafür von besonders kräftigem Geschmack.

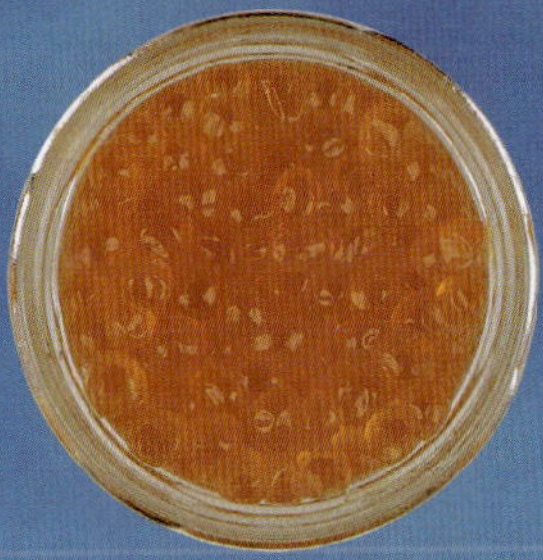

Der so genannte **Keta-Kaviar** besteht aus besonders großkörnigen Lachsrogen.

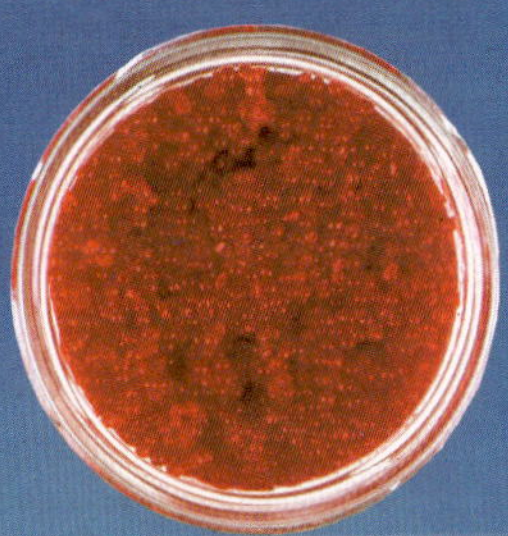

Gefärbten und gesalzenen Seehasenrogen bezeichnet man als **Deutschen Kaviar**.

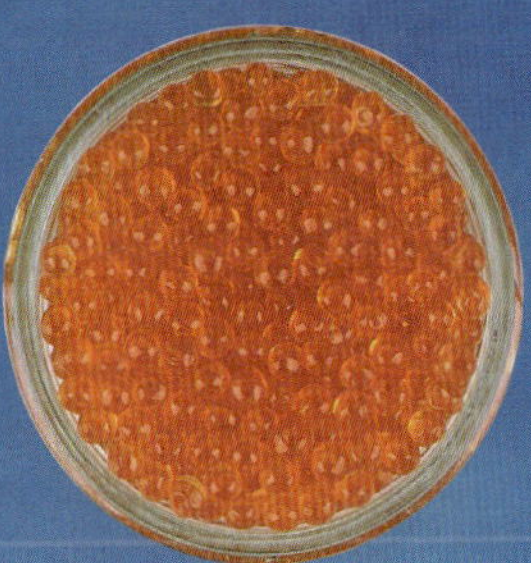

Aus verschiedenen Lachsfischarten wird **Kaviarersatz** gewonnen, auch aus der Forelle.

Gefüllte Radieschen

2 Bund große Radieschen
150 g Quark
2 EL fein gehackte glatte Petersilie
Salz, Pfeffer aus der Mühle
3–4 EL Kaviar oder Kaviarersatz

Schneiden Sie die Blätter von den Radieschen, lassen Sie dabei ca. 1 cm Grün stehen. Die Wurzel am unteren Ende leicht schräg abschneiden. Verrühren Sie den Quark mit der Petersilie, Salz und Pfeffer. Höhlen Sie die Radieschen vorsichtig mit einem Perlenausstecher aus und füllen Sie den Quark hinein. Verteilen Sie den Kaviar auf den gefüllten Radieschen. Vor dem Servieren ca. 30 Min. im Kühlschrank kalt stellen.

Im Hafen von Andraix auf Mallorca werden Langusten in Reusen gefangen.

1. Rund ums Mittelmeer stellt man den auf dem Meeresboden kriechenden Langusten mit beköderten Reusen oder Netzen nach.

2. Hier ist ein Prachtexemplar ins Netz gegangen. Die Europäischen Langusten können bis zu 3 kg schwer und 50 cm lang werden.

3. Der fachmännische Griff am Rückenpanzer vermeidet einen schmerzhaften Kontakt mit den ausgesprochen stacheligen Fühlern.

Langusten

Unter dem stacheligen Panzer verbirgt sich feines weißes Fleisch.

Zum Leidwesen der Feinschmecker in aller Welt versteckt sich die *Languste* gern in Felsspalten oder Korallenriffen, sodass es nicht leicht ist, dieser Delikatesse habhaft zu werden. In unseren Breiten stellt man dem begehrten Krustentier vor allem mit beköderten Reusen nach, in tropischen Gewässern wird es häufig auch von Tauchern aufgespürt und mit der bloßen Hand gefangen.

Gut geschützt durch einen dicken Panzer mit harten Stacheln, kann die Languste getrost allen anderen Feinden trotzen. Auch wenn ihr die eindrucksvollen Scheren des Hummers fehlen, so besitzt die Languste doch am vordersten ihrer fünf Beinpaare ein scharfes Werkzeug zum Öffnen von Muschelschalen. Ansonsten ernährt sie sich von Schnecken und anderen kleinen Tieren, die sie während ihrer nächtlichen Beutezüge aufspürt. Unentbehrlich sind dabei die immensen Fühler, die länger werden können als der Körper. Mit ihrer Hilfe produziert die Languste auch knackende Geräusche, die sowohl der Verständigung wie der Abschreckung von Feinden dienen.

Langusten bewohnen die felsigen Küstengebiete aller gemäßigten, tropischen und subtropischen Meere. Von Norwegen über Schottland bis zum Mittelmeer ist die *Europäische Languste* zu Hause. Man erkennt sie an der tiefroten Färbung ihres Panzers und einer Doppelreihe deutlich ausgeprägter weißer Flecken auf den Schwanzsegmenten. Sie kann bis zu 3 kg schwer und 50 cm lang werden, handelsüblich sind jedoch Gewichte zwischen 800 und 1500 g. Deutlich größer und bis zu 5 kg schwer wird die *Portugiesische* oder *Mauretanische Languste*. Das Verbreitungsgebiet dieser hell ziegelrot gefärbten Art reicht von der portugiesischen Küste über Nordafrika bis zum Mündungsgebiet des Kongo. Auch an der amerikanischen Westküste gedeihen die gepanzerten Leckerbissen; sie sind bekannt für ausgedehnte Wanderungen, die sie bisweilen in Gruppen von mehreren hundert Tieren auf der Suche nach besseren Ernährungsbedingungen unternehmen. Dabei überwinden sie Entfernungen von bis zu 100 km.

Langusten werden in der Regel lebend vermarktet. Gekühlt und in Kisten mit feuchter Holzwolle verpackt, können sie eine Zeit lang überleben. Beim Händler angekommen, werden sie in Wasserbecken gesetzt. Um zu prüfen, wie frisch eine Languste ist, heben Sie das Tier hoch: Wenn es heftig mit dem Schwanz schlägt und dabei vielleicht noch knarrende Geräusche ausstößt, ist das ein gutes Zeichen. Die beste Zeit für Langusten ist von April bis September; danach kommen nur noch gezüchtete Exemplare auf den Markt.

Langusten werden in sprudelnd kochendem Wasser getötet; diese Methode ist in Deutschland übrigens die einzig zulässige. Die Wassermenge muss großzügig bemessen sein, damit das Tier sofort stirbt und die Flüssigkeit beim Einlegen der Languste nicht zu stark abkühlt. Hineingelegt wird es immer mit dem Kopf voran. Die Weiterverarbeitung richtet sich nach dem jeweiligen Rezept. Essbar ist das Schwanzfleisch, das aus dem Panzer gelöst wird.

Ganz schlicht gekocht oder gegrillt, gilt die Languste weltweit als Delikatesse, kalte oder warme Saucen sind eine beliebte Ergänzung. Besonders im Mittelmeerraum erfreuen sich aromatische Schmorgerichte großer Beliebtheit, wozu Langustenstücke in einer würzigen Brühe gegart werden. Doch auch kalt als Bestandteil von feinen Salaten ist sie auf vielen Speisekarten zu finden.

Langustentopf

4 EL Olivenöl
2 große Zwiebeln, gehackt
500 g Kaisergranat
1 EL Tomatenmark
2 Langusten (1kg)
2 Knoblauchzehen, gehackt
5 große Tomaten, gehäutet, gewürfelt
2 EL Cognac
Salz und schwarzer Pfeffer
2 Stiele Petersilie gehackt
4 Scheiben getoastetes Graubrot

Dünsten Sie eine der Zwiebeln mit 2 EL Olivenöl. Schneiden Sie die Kaisergranate in Stücke und geben Sie sie mit dem Tomatenmark dazu und lassen Sie alles 5 Min. dünsten. Löschen Sie mit kaltem Wasser ab und lassen Sie das Ganze 30 Min. köcheln. Nehmen Sie dann die Kaisergranate heraus und pressen Sie sie durch eine Pürierpresse in die Brühe. Gießen Sie nun die Brühe durch ein feines Sieb. Kochen Sie die Langusten mit 3 l Wasser 20 Min. lang, nehmen Sie sie heraus und lassen Sie sie abkühlen. Schneiden Sie die Langusten in Stücke und brechen Sie die Schale auf. Braten Sie in einem Topf die andere Zwiebel und den Knoblauch mit etwas Olivenöl goldbraun. Geben Sie die Tomaten dazu, lassen Sie sie kurz köcheln und schmecken Sie sie dann mit dem Cognac ab. Gießen Sie die Brühe dazu und geben Sie auch die Langustenstücke in den Topf. Lassen Sie alles 15 Min. bei schwacher Hitze ziehen. Zuletzt salzen und pfeffern und mit Petersilie bestreuen. Geben Sie das Graubrot in die Teller und gießen Sie die Suppe darüber.

Hummer

Der König der Krustentiere fühlt sich auch in kühleren Gewässern wohl, und so erstreckt sich sein Verbreitungsgebiet in Europa von den Küsten des Mittelmeers bis weit hinauf in den Nordatlantik. Über die besten Fänge können sich die irischen Fischer freuen. Die Hochburg der Hummerfischerei liegt allerdings auf der anderen Seite des Atlantiks: Dort lebt der *Amerikanische Hummer*. Als „Maine Lobster" ist er nicht nur im gleichnamigen US-Bundesstaat ein Markenartikel und Exportschlager, inzwischen floriert auch im benachbarten Kanada das Geschäft mit dem edlen Krustentier. Etwa die Hälfte des europäischen Bedarfs wird durch Importe aus der Neuen Welt gedeckt. Da sich der *Europäische Hummer* und sein amerikanischer Verwandter sehr ähnlich sehen, ist der Unterschied für den Verbraucher nur schwer auszumachen.

Der Europäische Hummer kann bis zu 60 cm lang und 5 kg schwer werden, der Amerikanische wird noch etwas größer. In den Handel kommen allerdings vorwiegend Exemplare bis zu etwa 1 kg. Das prächtige Hummerrot stellt sich im Übrigen erst nach dem Kochen ein; der Panzer eines frischen hiesigen Hummers ist dunkelblau oder grünlich, bisweilen auch braun, der Amerikanische spielt eher ins Schwarzrötliche. Wegen der großen Nachfrage unterliegt der Hummerfang strengen Schutzbestimmungen. Die Saison in Europa ist Mai/Juni, in Amerika dauert sie von Juni bis September.

Der wehrhafte und angriffslustige Geselle trägt zwei große Scheren, mit denen er die Beute greift und Muschelschalen aufbricht; die rechte ist gewöhnlich etwas größer und dicker als die linke. Um zu verhindern, dass sich die Tiere beim Transport damit gegenseitig Verletzungen zufügen, werden die Scheren mit kräftigen Gummibändern zusammengehalten.

Was macht nun diesen gepanzerten Meeresbewohner für Gourmets in aller Welt so begehrt? Während die einen auf das milde, feste Fleisch aus dem Schwanzstück (vor allem weiblicher Hummer) schwören, ist es für die anderen der Inhalt der Scheren, wobei hier die männlichen Tiere bevorzugt werden, deren Scheren größer sind.

Hummer vorbereiten

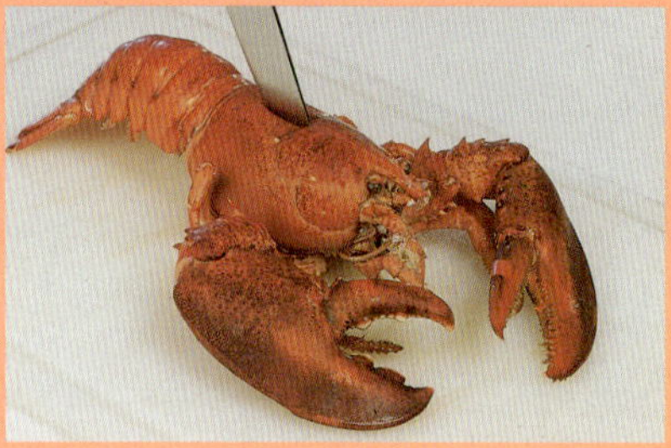

1. Mit einem schweren Küchenmesser den Hummer längs halbieren.

2. Den Hummer gut festhalten und vom Kopf in Richtung Schwanz arbeiten.

3. Deutlich sichtbar sind nun das weiße Fleisch und der orangefarbene Corail, der Rogen.

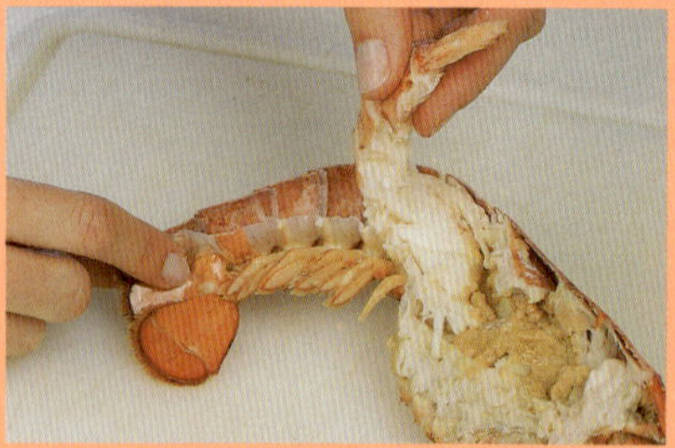

4. Das Schwanzfleisch vorsichtig aus der Schale heben.

5. Mit der Rückseite der Messerklinge die Scheren anknacken.

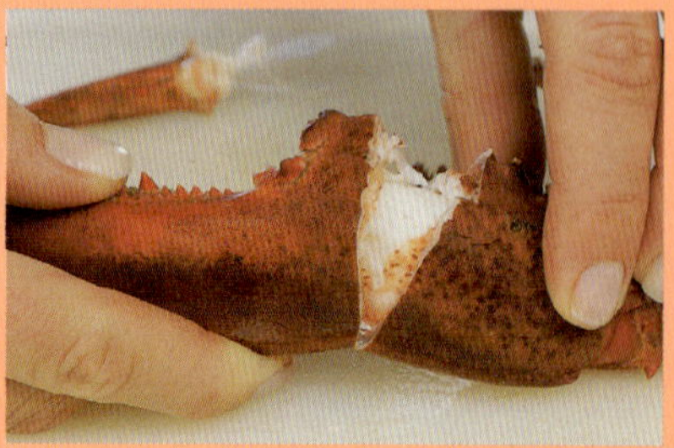

6. Die Scherenhälften behutsam auseinanderziehen und das Fleisch entnehmen.

Rot wird **Hummer** erst im Kochtopf.

Hummer-rezepte

Wie die Languste ist auch der Hummer schon ohne weitere Beigaben ein großer Genuss. Dennoch hat die feine Küche eine ganze Reihe von Rezepten kreiert, die seinen Wohlgeschmack durchaus noch steigern können. Ein Klassiker der französischen Küche ist „Homaro thermidor"; dazu wird das Krustentier mit einer Schalotten-Sahne-Sauce in der eigenen Schale überbacken. Ebenfalls aus Frankreich stammt der „Homard à l'Américaine" (oder „Armoricaine" nach seiner bretonischen Herkunft; darüber streiten sich die Gelehrten). Er schwimmt in einer kräftigen Sauce aus Hummerfond, Tomaten, Knoblauch und Weinbrand. „Lobster Newburgh" liebt man in Amerika, er wird mit Cognac-Sahne-Sauce zubereitet. „Bisque de Homard" nennt sich eine legierte Hummersuppe, und einen Hummercocktail bereitet man mit ausgelöstem kaltem Hummerfleisch, Cocktailsauce und etwas grünem Salat zu.

Hummer mit Käsesauce

Für 2 Personen:

1 Hummer (1,5–2 kg)
2 EL Butter
2 EL Mehl
200 ml Milch
80 g Käse, gerieben, z. B. Greyerzer oder Cheddar
Salz und Pfeffer aus der Mühle
Tabasco
Worcestershiresauce
Zitrone und Kräuter zum Garnieren

Füllen Sie einen sehr großen Topf mit Wasser und bringen Sie es zum Kochen. Geben Sie den Hummer mit dem Kopf zuerst hinein und lassen Sie ihn 20 bis 25 Min. leicht kochen. Nehmen Sie den Hummer mit einer Schaumkelle aus dem Wasser und lassen Sie ihn etwas abkühlen. Erhitzen Sie die Butter und schwitzen Sie darin das Mehl an. Gießen Sie die Milch unter Rühren dazu, lassen Sie die Sauce aufkochen und geben Sie den Käse dazu. So lange rühren bis der Käse geschmolzen ist. Mit Salz, Pfeffer, Tabasco und Worcestershiresauce pikant abschmecken.

Heizen Sie den Grill des Backofens vor. Halbieren Sie den Hummer der Länge nach mit einem großen scharfen Messer und entfernen Sie den Darm. Legen Sie die Hälften mit der Fleischseite nach oben auf eine Platte. überziehen Sie es mit der Sauce und lassen Sie das Ganze unter dem Grill leicht bräunen. Mit Zitrone und Kräutern garnieren und servieren.

Scampi & Garnelen

Scampi und Garnelen werden häufig verwechselt, obwohl diese kleinen, rosigen Krustentiere sehr leicht voneinander zu unterscheiden sind: *Scampi* gehören zur Hummerfamilie und tragen wie jene an ihrem vordersten Beinpaar große, gut ausgebildete Scheren. Die Greifwerkzeuge der Garnelen dagegen sind so winzig, dass man sie allenfalls auf den zweiten Blick erkennen kann.

Garnelen werden rund um den Globus gefischt und sind die wirtschaftlich wichtigsten Krustentiere. Es gibt sage und schreibe 3.500 verschiedene Arten, von denen immerhin etwa 10 Prozent kommerzielle Bedeutung haben. Ihre Verbreitung erstreckt sich von flachen Küstengewässern und Wattgebieten bis zur Tiefsee, vom kalten Nordmeer bis in die Tropen. Sie leben auch im Brack- und Süßwasser und werden vor allem in Südostasien erfolgreich gezüchtet, unter anderem auf Reisfeldern.

Mit Ausnahme der kleinen *Nordseekrabbe*, die im Wattenmeer heimisch ist und korrekterweise als *Sandgarnele* bezeichnet werden müsste, kommt bei uns nur Importware auf den Markt. Garnelenfleisch ist leicht verderblich, und so wird es überwiegend tiefgekühlt angeboten. Je nach Herkunftsland sind die Handelsnamen unterschiedlich und für den Verbraucher bisweilen auch irreführend: Crevettes, Gambas, Langostinos, Hummerkrabbenschwänze, Krabben und nicht zuletzt Shrimps und Prawns. Die Bezeichnung Shrimps hat sich durchgesetzt für kleinere Garnelen, größere werden als Prawns bzw. King Prawns gehandelt.

Garnelen in der Schale werden besonders im Mittelmeerraum gerne auf dem Grill zubereitet oder gebraten, das ausgelöste Schwanzfleisch eignet sich für die verschiedensten Zwecke, etwa als Bestandteil von Salaten und in Nudel- oder Reisgerichten, wie beispielsweise der berühmten spanischen Paella.

Scampi sind unter ihrem italienischen Namen weitaus bekannter als unter der deutschen Bezeichnung Kaisergranat bzw. Tiefseekrebs. Je nach Geschlecht bis zu 24 cm lang, sind die scherenbewehrten Krustentiere im Ostatlantik von Norwegen bis zur marokkanischen Küste vertreten, ebenso im westlichen Mittelmeer. Als Faustregel gilt wie bei anderen Krebstieren auch: je kälter das Gewässer, desto feiner der Geschmack. Ob im Ganzen zubereitet oder ausgelöst, die Verwendung in der Küche ist ähnlich wie bei Garnelen, die Scheren sind kulinarisch wertlos. Im Vergleich zu Garnelen sind Scampi dennoch teurer, da sie nicht in großen Mengen auf den Markt gelangen.

Die **Riesengarnele** trägt extrem lange Fühler und sägeartige Stirnhörner.

Hummerartige Scheren und kräftig entwickelte Beine sind Kennzeichen des **Kaisergranats** oder **Scampo.**

Grönlandshrimps kommen bei uns nur tiefgekühlt oder als Konserve in den Handel.

Die winzigen **Nordseekrabben** kauft man vorzugsweise bereits gepult.

Knoblauch-Garnelen

500 g Garnelen
5 Knoblauchzehen
1 Bund Petersilie
Salz
125 ml Olivenöl
Baguette

Waschen Sie die Garnelen und trocknen Sie sie gründlich ab. Knoblauch und Petersilie fein hacken, mit grobem Salz zu einer Paste verrühren und die Garnelen damit bestreichen. Erhitzen Sie Olivenöl in einer Pfanne. Frittieren Sie die Garnelen nebeneinander im Öl. Lassen Sie die Garnelen 2 Min. abkühlen und servieren Sie sie dann mit ofenfrischem Baguette.

Krabbenbrötchen Büsumer Art

200 g Nordseekrabben, geschält
Salz, schwarzer Pfeffer aus der Mühle
2 EL Zitronensaft
8 Eier
60 ml Sahne
50 g Butter
4 Brötchen
75 geriebener Emmentaler

Die Krabben salzen, pfeffern und mit Zitronensaft beträufeln. Verquirlen Sie die Eier mit der Sahne und würzen Sie die Mischung mit Salz und Pfeffer. Zerlassen Sie die Butter in einer heißen Pfanne und geben Sie die Eiermasse hinein. Wenn sie beginnt, zu stocken, die Krabben untermischen und das Rührei stocken lassen. Schneiden Sie die Brötchen waagerecht auf und höhlen Sie sie etwas aus. Füllen Sie das Rührei hinein, streuen Sie den Käse darauf und backen Sie die Brötchen etwa 10 Min. bei 200 °C.

Frisch vom Fischmarkt schmecken die **Garnelen** am besten.

Garnelen schälen

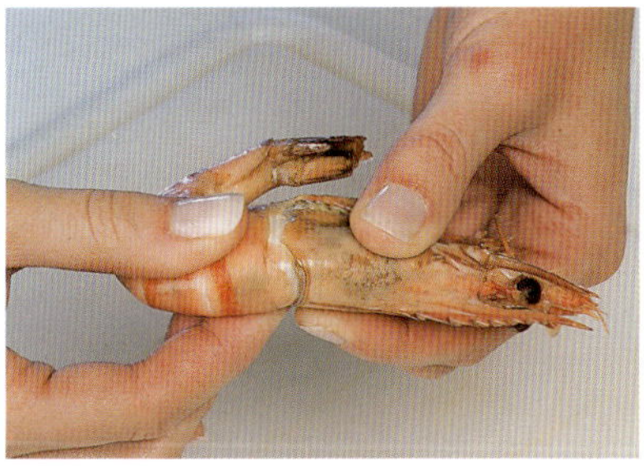

1. Mit einer leicht drehenden Bewegung den Kopf vom Körper trennen.

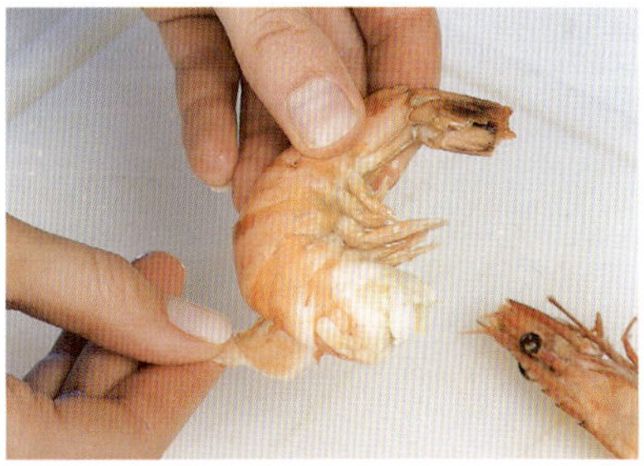

2. Die Schale an der Bauchseite aufbrechen und die Segmente ablösen.

3. Den Darm, der als dunkler Streifen sichtbar ist, entfernen.

Tiefkühlgarnelen im Handel

Tiefgekühlte Garnelen sind in aller Regel in englischer Sprache gekennzeichnet. Hier eine Aufschlüsselung der wichtigsten Abkürzungen auf dem Etikett:

B/F: blockfrozen (als Block eingefroren)

IQF: individually quick frozen (einzeln eingefroren)

IPW: individually poly wrapped (einzeln in Folie eingepackt)

H/O: head on (mit Kopf)

H/L: headless (ohne Kopf)

PD: peeled, deveined (ohne Schale, Darm bereits entfernt)

PUD: peeled, undeveined (ohne Schale, mit Darm)

T/O: tail on (ohne Schale, aber mit der Schwanzflosse)

B/K: broken (in Stücken)

Tipp

Frische Ware lässt sich von aufgetauter ganz eindeutig anhand der Fühler unterscheiden. Nur bei frischen Krustentieren sind die langen Tastorgane intakt, beim Einfrieren brechen sie zwangsläufig ab.

Strandkrabbe

Die häufigste Krabbe in Europa ist die Strandkrabbe. Man findet sie im flachen Wasser aller Küstengebiete, auch an der deutschen Nord- und Ostsee. Im Frühjahr sind die Strandkrabben mancherorts eine hoch geschätzte Spezialität: Unmittelbar nach der Häutung, wenn der neue Panzer noch ganz weich ist, kann man die Tiere im Ganzen braten oder frittieren und mit Rumpf und Stumpf verzehren. In den USA erfreuen sie sich als Softshell Crabs landesweit größter Beliebtheit, in Europa sind sie nur lokal von Bedeutung, so etwa in Italien in der Lagune von Venedig.

Verschiedene andere Krustentiere

Unter den zahlreichen größeren und kleineren Krustentieren, die vor unseren Küsten gefischt werden, ist der *Taschenkrebs* einer der köstlichsten. Besonders gutes Fleisch enthalten die großen Scheren, die nicht leicht zu knacken sind. Daneben gilt auch seine Leber als außergewöhnliche Delikatesse. Der Taschenkrebs kommt von Norwegen bis zur marokkanischen Küste vor, und auch in der Nordsee ist er zu Hause. Hier werden allerdings nicht die ganzen Krebse geschätzt, sondern nur die Scheren abgenommen, die so genannten Knieper, während der Körper wieder ins Meer geworfen wird. Ein gewisser Teil der Tiere überlebt die Prozedur und bildet nach der nächsten Häutung neue Scheren aus. Allergrößter Beliebtheit erfreuen sich Taschenkrebse an der amerikanischen Westküste. Als Hochburg der *Dungeness Crab* kann sich San Francisco rühmen. Hier wird der populäre Leckerbissen gleich am Hafen unter freiem Himmel gekocht und verzehrt.

Vor allem an der spanischen und französischen Atlantikküste beliebt ist die große *Seespinne*, die mit ihrem runden Körper und den vergleichsweise langen, dünnen Beinen tatsächlich einem Spinnentier nicht unähnlich sieht. Ihr Fleisch ist köstlich, aber es bedarf einiger Geschicklichkeit, um es aus dem Brustpanzer, den Beinen und Scheren herauszuholen. Der eindrucksvolle Panzer eignet sich hervorragend zum Füllen.

Zur Familie der Seespinnen gehört auch die *Nordische Eismeerkrabbe*, die vor allem vor der Küste Alaskas und in der Beringsee heimisch ist. Das Fleisch der bis zu 2,5 kg schweren Krustentiere ist hauptsächlich in Japan, aber auch in Nordamerika begehrt. Die köstlichen Scheren dieser Krabbenart kommen gekocht und tiefgekühlt auch in Europa in den Handel.

Ebenfalls ein Bewoher der kälteren Meere ist die *Alaska-Königskrabbe*, die in Tiefen von bis zu 1500 m leben kann. Leuchtend orangerot gefärbt, mit höckrigem Panzer und langen, kräftigen Beinen ist sie nicht nur für ihren Wohlgeschmack, sondern auch für ihre Größe berühmt: Exemplare mit einem Gesamtdurchmesser von einem Meter sind nicht selten und bringen bis zu 5 kg auf die Waage. Verwertet wird vor allem das Fleisch der Beine, das vorwiegend konserviert als „King Crab Meat“ oder „Kamchatka-Crabmeat“ in den Handel kommt, seltener auch tiefgekühlt. Ebenfalls vorwiegend zu Konserven verarbeitet wird das Fleisch der kleineren *Antarktischen Königskrabbe*, die vor dem Südzipfel des amerikanischen Kontinents gefischt wird.

Ein Krustentier von besonders eigenartiger Gestalt ist der *Bärenkrebs*, der im Atlantik und im Mittelmeer früher recht häufig anzutreffen war und heute unter Überfischung leidet. Durch die fehlenden Scheren und die kurzen Antennen ist er leicht vom Hummer zu unterscheiden. Das Fleisch ist von köstlichem, hummerartigem Geschmack, die Ausbeute ist gemessen an der Körpergröße allerdings sehr gering.

Ein Krustentier, das aus dem Fernen Osten nach Europa kam, ist die *Wollhandkrabbe* mit ihren charakteristischen, wollig behaarten Scheren. Dieses Süßwassertier stammt aus China, von wo es Anfang des 20. Jahrhunderts wahrscheinlich in den Wassertanks deutscher Kriegsschiffe in die Elbe gelangte. Heute ist es auch in Frankreich, Belgien, Holland und Skandinavien anzutreffen. In ihrer Heimat im Fernen Osten eine begehrte Delikatesse, ist die Wollhandkrabbe bei uns bedauerlicherweise außerhalb von chinesischen Spezialitätenrestaurants kaum gefragt.

Häufig auf italienischen Fischmärkten zu finden: der **Heuschreckenkrebs**.

An den europäischen Küsten weit verbreitet ist die **Schwimmkrabbe**.

Besonders gutes Fleisch steckt in den großen Scheren des **Taschenkrebses**.

Überaus beeindruckend ist der knöchrige rote Panzer der **Seespinne**.

Flusskrebse

In den Flüssen und Bächen Europas war der Edelkrebs in großen Mengen anzutreffen, bis Ende des 19. Jahrhunderts eine Pilzerkrankung, die so genannte Krebspest, die Bestände fast vollständig vernichtete. Zwar wurden inzwischen pilzresistente Arten aus Osteuropa und Amerika angesiedelt, aber bisher nur mit mäßigem Erfolg. Aus diesem Grund wird der begehrte Zehnfüßler heute meist importiert. Besonders in Skandinavien, der Türkei und in den Südstaaten der USA wird er erfolgreich gezüchtet.

Bis zu 15 cm lang, mit großen Scheren und einem dunkel gefärbten Panzer sieht der *Edel-* oder *Solokrebs* aus wie ein Hummer en miniature. Er stellt hohe Ansprüche an seinen Lebensraum und die Wasserqualität. Sein Fleisch gilt als das feinste, kommt aber leider nur in verschwindend kleinen Mengen in den Handel. Weniger anspruchsvoll ist der *Galizier-* oder *Sumpfkrebs*, der in ganz Europa das Angebot dominiert. Heimisch ist er in Osteuropa und Asien. Vom Edelkrebs unterscheiden ihn die hellere Färbung und die kleineren Scheren. Vor allem die Türkei liefert größere Mengen.

Wie Hummer und Langusten kommen auch Flusskrebse lebend zum Verbraucher. Sie werden ohne weitere Vorbehandlung mit dem Kopf voran in einen großen Topf mit sprudelnd kochendem Sud gegart. Mit diesem Sud, der würzige Kräuter wie Dill oder Estragon enthält, kann man sie auch zu Tisch geben, und so schmecken sie am besten. Nach dem Kochen sollte man unbedingt alle Exemplare aussortieren, deren Schwanz nicht nach innen gebogen ist; diese waren wahrscheinlich schon vor dem Garen tot und werden daher sicherheitshalber nicht mehr verzehrt.

Über die Oderkrebse

„Ich habe selbst noch Wunderdinge davon gesehen, aber freilich nichts im Vergleich zu dem, was die Leute von alten Zeiten her erzählten. Damals, vor hundert Jahren, oder vielleicht auch noch länger, gab es so viele Krebse, dass sie durchs ganze Bruch hin, wenn sich im Mai das Überschwemmungswasser wieder verlief, von den Bäumen geschüttelt wurden, zu vielen Hunderttausenden [...] aber dort in der Gegend lachte man nicht darüber. Die Krebse waren wie eine Plage, natürlich ganz entwertet und bei der dienenden Bevölkerung, die damit geatzt werden sollte, so verhasst und dem Magen der Leute so widerwärtig, dass es verboten war, dem Gesinde *mehr* als dreimal wöchentlich Krebse vorzusetzen. Ein Schock Krebse [60 Stück] kostete einen Pfennig."

Theodor Fontane,
„Frau Jenny Treibel" (1892)

Austern gedeihen in allen gemäßigten und wärmeren Meeren.

Austern

Die *Auster* ist eine der größten Delikatessen, die das Meer für uns bereit hält, und obendrein bedarf sie keiner aufwändigen Zubereitung: pur, nur mit Zitrone und vielleicht etwas Schwarzem Pfeffer gewürzt, verspricht sie allerhöchsten Genuss. Als Begleitung kommt ein gut gekühlter, frischer Weißwein, wie Muscadet oder Sancerre in Frage, auch ein Riesling aus dem Elsass ist denkbar, als Beigabe gebuttertes Graubrot.

Austern gedeihen in allen gemäßigten und wärmeren Weltmeeren. Sie besitzen eine gewölbte und eine flache Schalenhälfte, mit der sie auf einem festen Untergrund aufsitzen. Ihre Nahrung besteht aus Plankton, das sie mit den Kiemen aus dem Meerwasser filtern. Die im Handel erhältlichen Austern stammen ausnahmslos aus speziellen Aquafarmen, wo die Delikatessen in großem Umfang gezüchtet werden: Zunächst werden frei schwimmende Larven eingefangen und an speziell vorbereiteten Plätzen angesiedelt. Nach etwa acht Monaten werden sie umgesiedelt und in geschützte Areale im planktonreichen Wasser der Gezeitenzone gebracht. Im Alter von etwa drei Jahren sind sie dann erntereif und kommen entweder direkt auf den Markt oder werden – zwecks Verfeinerung des Geschmacks – noch 10 bis 12 Monate einer Spezialbehandlung unterzogen, der so genannten Finissage. Diese erfolgt in ehemaligen Salinenbecken, wo das Wasser weniger salzig, aber enorm planktonreich ist. Bevor sie verzehrt werden können, verbringen alle Austern noch einige Tage in speziellen Bassins, um Sandkörner auszuscheiden.

Von Feinschmeckern am meisten geschätzt wird die *Europäische Auster*. Man erkennt sie leicht an ihren runden, relativ flachen Schalen, die einen Durchmesser von 5 bis 12 cm erreichen. Das Fleisch kann Tönungen von sandfarben bis grau-grünlich annehmen. Wie die Färbung hängt auch der Geschmack des Fleischs stark von der Umgebung ab, in der die Tiere heranwachsen. Deshalb tragen die Europäischen Austern gewöhnlich den Namen ihrer Herkunftsgebiete: Belons, Marennes, Gravettes d'Arcachon aus Frankreich, Oostendes aus Belgien, Zeeland und Imperialen aus Holland, Limfjords aus Dänemark, Rossmoie und Galway aus Irland, Colchester und Whitstable aus England und Holsteiner aus Deutschland.

Im Gegensatz zur Europäischen Auster hat die *Felsenauster* längliche, stärker gewölbte Schalen. Während die Portugiesische Felsenauster in Europa schon immer heimisch war, wurde die Japanische Felsenauster – auch Pazifische genannt – in den siebziger Jahren eingeführt und hat seitdem weite Verbreitung gefunden. Bei den Felsenaustern gibt der Name nicht über die Herkunft, sondern über das Zuchtverfahren Auskunft: Die Bezeichnung „Fines de Claires" oder „Speciales de Claires" bedeutet nichts anderes, als dass die Austern vor dem Verkauf noch eine Zeit lang in speziellen Becken gehalten werden, während die so genannten „Huitres du Parc" ohne weitere Behandlung auskommen.

Austern werden heute das ganze Jahr über angeboten, die alte Regel, wonach man sie nur in Monaten mit „R" essen soll, hat aber immer noch gewisse Berechtigung: Im Sommer sind die Tiere vom Laichen geschwächt und weniger delikat, am besten schmecken sie von Oktober bis Mai. Frische, lebende Austern müssen beim Kauf fest geschlossen sein; Tiere, die sich auch auf kräftiges Anklopfen nicht schließen, müssen unbedingt aussortiert werden. Wenn man bereits vom Händler geöffnete Austern kauft, sollte man darauf achten, dass das Fleisch fest ist und die Flüssigkeit klar; der Geruch muss frisch sein, nach Meer und Algen duften, keinesfalls fischig.

Zuhause legt man die Austern in eine Schüssel und deckt sie mit einem feuchten Tuch locker ab; so halten sie sich im Kühlschrank bei 1 bis 7 °C mehrere Tage. Zwischendurch sollte man regelmäßig kontrollieren, ob das Tuch noch feucht genug ist. Austern dürfen keinesfalls in einem Plastikbeutel aufbewahrt werden, sie würden darin ersticken.

Als **Huîtres Creuses** kommen die Felsenaustern in Frankreich in den Handel.

Robust und widerstandsfähig: die **Felsenaustern**.

Genuss pur: Austern bedürfen keiner aufwändigen Zubereitung.

Größenbezeichnungen

Vor dem Verkauf werden Austern nach Gewicht sortiert und gekennzeichnet. Die Systeme können je nach Herkunftsland leicht variieren.

Größe 00	75 g
Größe 000	85 g
Größe 0000	95 g
Größe 00000	105 g
Größe 000000	115 g und mehr

Amerikanische Austern

Ebenfalls zu den Felsenaustern zählt die Amerikanische Auster, die an der gesamten Atlantikküste von Florida bis hinauf zum Golf von St. Lorenz heimisch ist. Sie wird größer als die europäischen Exemplare, geschmacklich bleibt sie allerdings hinter diesen zurück. Im Gegensatz zu den Europäern bevorzugen die Amerikaner ihre Austern übrigens gegart. Während in Europa ca. 80 Prozent der Ernte roh verzehrt wird, ist das Verhältnis in den USA in etwa umgekehrt.

Gebackene Austern

200 ml Fischfond
200 ml
12 große Austern
1 EL geschlagene Sahne
2 TL zerlassene Butter
1 Eigelb
ein Schuss Cava Brut
Salz
eine Prise roter Pfeffer
Petersilie

Heizen Sie den Backofen auf 175 °C vor. Bereiten Sie den Fischfond und die Weißweinsauce vor. Waschen Sie die Austern, öffnen Sie die Schalen mit dem Austernmesser und heben Sie die Tiere aus der Schale. Fangen Sie das Austernwasser auf. Bringen Sie den Fischfond mit dem Austernwasser in einem Topf zum Kochen, pochieren Sie die Austern darin für ein paar Sekunden und geben Sie sie dann zurück in die Schale. Reduzieren Sie dann den Fond bei niedriger Hitze auf die Hälfte. Geben Sie die Weißweinsauce dazu und lassen Sie sie einkochen, bis die Flüssigkeit sämig wird. Nehmen Sie die Sauce vom Herd und lassen Sie sie abkühlen. Lassen Sie die Butter in einem Topf zergehen, rühren Sie das Eiweiß darunter und ziehen Sie die Mischung unter die Weißweinsauce. Geben Sie einen Schuss Cava und Schlagsahne dazu. Nehmen Sie die Sauce vom Feuer und schmecken Sie sie mit Salz und rotem Pfeffer ab. Überziehen Sie die Austern mit der Sauce und backen Sie sie goldgelb. Mit Petersilie garnieren und servieren.

Amerikanische Austern werden deutlich größer als ihre europäischen Artgenossen.

Die Schalen der **Europäischen Auster** sind rund und relativ flach.

Muscheln

So verschieden sie nach Größe, Form, Farbe und Struktur auch sein können, eines haben alle *Muscheln* gemeinsam: Der weiche Körper wird von einem festen Kalkgehäuse geschützt, das aus zwei mehr oder weniger symmetrischen Hälften besteht. Ein starker Muskel sorgt für das Öffnen und Schließen der Schalen.

Die meisten Muscheln sind unbeweglich, mitunter sogar fest auf einem Untergrund verankert, wie etwa Miesmuscheln und Austern; manche Arten jedoch können sich mit Hilfe ihres Fußes fortbewegen, andere sind sogar in der Lage zu schwimmen, beispielsweise die Kammmuscheln.

Als die Muschel schlechthin gilt auf der ganzen Welt die längliche, dunkelblau gefärbe *Miesmuschel*. Sie war schon im antiken Griechenland geschätzt und wird heute vor allem an den europäischen Küsten in großem Umfang gezüchtet. Die wichtigsten Muschelproduzenten sind Spanien und Holland. Der erste Schritt bei der Muschelzucht ist das Einfangen frei schwimmender Larven, die anschließend an Pfählen, ausgespannten Tauen oder einfach auf dem Meeresgrund angesiedelt werden. In den so genannten Muschelgärten wachsen sie heran, bis sie ihre Marktgröße von ca. 5 bis 7 cm erreicht haben.

Neben den Miesmuscheln gibt es noch viele andere Muschelarten, die kommerziell genutzt werden, etwa die *Smaragdmuscheln* mit ihrer charakteristisch grünen Schale. Ihre Heimat ist der Pazifische Ozean, sie werden inzwischen aber weltweit vermarktet. An nahezu allen Küsten der Welt findet man *Venusmuscheln*; ihre Familie umfasst mehr als 500 Arten. Im Mittelmeerraum ist vor allem die Strahlige Venusmuschel verbreitet, unverzichtbar als Zutat für die echten „Spaghetti vongole".

Ebenfalls weit verbreitet sind die *Herzmuscheln*, die ihren Namen dem herzförmigen Profil verdanken, das die beiden

Die Muschelsaat wird mithilfe von Baumwollfäden an starken Tauen befestigt.

An fest verankerten Flößen hängt man die Taue auf.

Die Muschelernte wird nach Größen sortiert.

In Spanschachteln stehen die Schalentiere zum Verkauf bereit.

Bevor man die **Mies-** bzw. **Pfahlmuscheln** in den Handel bringt, werden sie in der Regel vorgereinigt.

stark gewölbten Schalenhälften von der Seite betrachtet bilden. Die kleinen Weichtiere können mit Hilfe ihres starken Fußes Sprünge von bis zu einem halben Meter machen. Vor allem in Frankreich, England und den USA werden die schmackhaften *Trogmuscheln* gefischt. Man erkennt sie an den oval bis dreieckig geformten Schalen, die schmackhaftes Fleisch verbergen.

Durch ihre spezielle Lebensweise zeichnen sich die *Klaffmuscheln* aus, die besonders an der amerikanischen Ostküste beliebt sind: Sie graben sich bis zu 30 cm tief im Meeresboden ein. Über eine kleine Röhre kann die Muschel Wasser einsaugen und ausstoßen. Im Gegensatz zu allen anderen Muschelarten besitzen die *Schwertmuscheln* lang gezogene, fast rechteckige Schalen. Auch sie sind in der Lage, sich mit Hilfe ihres Fußes ruckartig fortzubewegen. Die meisten Arten fühlen sich in warmen, tropischen Gewässern wohl, es gibt sie aber auch im Mittelmeer und in der Nordsee. Nicht zu den Schalen-, sondern zu den Krustentieren zählen die eigenartig geformten *Entenmuscheln*, die vor allem in Spanien ein kostspieliger Leckerbissen sind. Verzehrt wird der „Stiel", dessen feste Haut sich nach dem Kochen leicht abziehen lässt.

Muscheln kommen in aller Regel lebend auf den Markt. Beim Einkauf muss man darauf achten, dass die Schalen fest geschlossen sind. Geöffnete Muscheln, die sich auch nach Klopfen auf einen harten Gegenstand nicht schließen, sollten unbedingt aussortiert werden. Die Muscheln werden unter fließendem Wasser abgespült und keinesfalls in Leitungswasser längere Zeit stehen gelassen. Man kann sie im Kühlschrank bei 4 bis 10 °C mit einem feuchten Tuch bedeckt kurze Zeit aufbewahren.

Vor allem aus der mediterranen Küche sind Muscheln nicht wegzudenken. Sie werden gedämpft und mit etwas Knoblauch und Öl serviert oder bereichern Nudel- und Reisgerichte. Die meisten sind aber auch eine Delikatesse, wenn man sie wie Austern roh verzehrt. Größere Arten wie Mies- und Jakobsmuscheln eignen sich darüber hinaus auch hervorragend zum Füllen und Überbacken. In den Küchen Asiens werden Muscheln gerne zunächst geräuchert, bevor man sie weiterverarbeitet.

Miesmuscheln mit neuen Kartoffeln

2 kg Miesmuscheln
8 neue Kartoffeln, geschält, gekocht und gewürfelt
1 Zwiebel
1 Lorbeerblatt
1 Nelke
5 Stiele Petersilie
1 Zitrone
1 Knoblauchzehe
Salz und schwarzer Pfeffer
125 ml Weißwein

Miesmuscheln waschen und die Bärte entfernen. Waschen Sie die Muscheln mehrmals, damit der Sand ausgespült wird. Verwenden Sie auf keinen Fall beschädigte oder aufgebrochene Muscheln. Geben Sie die Muscheln in einen großen Topf und füllen Sie so viel Wasser dazu, dass die Muscheln bedeckt sind. Kochen Sie sie 5 Min. und geben Sie dann den Wein dazu. Vierteln Sie die Zwiebel und geben Sie sie mit dem Lorbeerblatt, der Nelke, Petersilie, den Zitronenachteln und dem Knoblauch bei schwacher Hitze zu den Muscheln. Lassen Sie das Ganze aufkochen. Salzen und pfeffern. Rühren Sie alle 4 Min. die Muscheln mit einem Holzlöffel von unten nach oben, damit sie gleichmäßig garen und sich alle öffnen. Die Muscheln sollten nicht zu lange erhitzt werden, wenn sie einmal offen sind. Das Fleisch kann schnell hart und schrumpelig werden. Geben Sie die Muscheln mit dem Sud in eine große Schüssel und geben Sie Kartoffeln dazu. Sehr heiß servieren.

Die mehr oder weniger intensive Färbung des Fleischs ist kein Qualitätskriterium.

Beim Einkauf sollte man darauf achten, dass die Schalen fest geschlossen sind.

Kamm-
muschel

Selbst wer Schalentiere sonst lieber meidet, kann kaum verhindern, gelegentlich auf eine Jakobsmuschel zu stoßen, seit sie das Firmenlogo einer großen Ölgesellschaft ziert. Im Mittelalter waren die Schalen dieser Kammmuschelart das Zeichen der Pilger auf dem Weg nach Santiago de Compostela. Aus diesem Grund nennt man sie auch Pilgermuschel. Die Schale einer Kammmuschel nimmt auch in Botticellis Gemälde „Die Geburt der Venus" einen prominenten Platz ein: Venus, die Göttin des Liebe, soll dem Mythos nach aus dem Schaum des Meeres geboren worden sein. Auf der Schale einer Kammmuschel, die sechs Seepferdchen zogen, gelangte sie auf die Insel Cythera. Die Muschel mit der markant geformten Schale verfügt allerdings nicht nur über äußere Reize, auch ihr Inneres vermag den Feinschmecker zu entzücken: Das Fleisch ist fest, weiß und von leicht süßlichem Aroma. Umgeben wird es von einem leuchtend orange-roten Rogensack – eine ganz besondere Delikatesse.

Jakobsmuschel vorbereiten

1. Die Muschel mit der gewölbten Schalenseite nach unten fassen.

2. Ein kurzes, spitzes Messer zwischen die beiden Schalenhälften stoßen und rundum führen.

3. Die obere Schale abnehmen und das Fleisch mit Hilfe des Messers herauslösen.

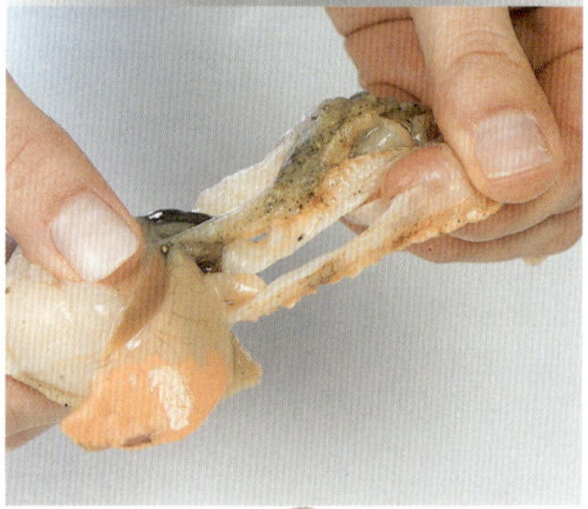

4. Vorsichtig den grauen Rand, der die Muschel umgibt, abnehmen.

5. So vorbereitet, lässt sich die Jakobsmuschel weiterverarbeiten.

Unentbehrlich für „Spaghetti vongole": die **Venusmuscheln**.

Dreiecksmuscheln Die auch a
Wandermuschel bezeichneten
Dreiecksmuscheln finden sich
fast allen größeren Flüssen W
und Mitteleuropas.

Mit Öl und Knoblauch gedünstet eine Delikatesse: die **Schwertmuschel**.

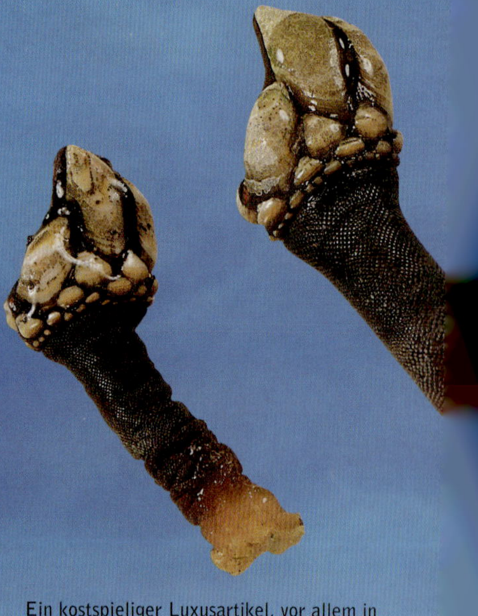

Ein kostspieliger Luxusartikel, vor allem in Spanien: die **Entenmuschel**.

Verschiedene Muschelarten

Charakteristisch für die **Kreuzmuster-Teppichmuschel** sind die drei Reihen strahlig angeordneter Flecken.

Von der Seite betrachtet, haben die beiden Schalenhälften der **Herzmuschel** die Form eines Herzens.

In allen Meeren der Welt verbreitet: die **Miesmuscheln.**

Ein Star der feinen Küche: die **Jakobsmuscheln.**

Schnecken

Funde von Schneckenhäusern in steinzeitlichen Höhlen Südamerikas und Frankreichs belegen, dass die kleinen Kriechtiere schon vor etwa 12000 Jahren als Eiweißlieferanten geschätzt wurden. *Schnecken* sind in zahlreichen Arten über den gesamten Globus verbreitet, sowohl auf dem Land als auch im Wasser.

Unter den wasserbewohnenden Schnecken zählt die *Abalone* zu den begehrtesten. Ihr Haus ist geformt wie ein menschliches Ohr, weswegen sie auch unter dem Namen Meerohr oder Meerschnecke bekannt ist. Die Windungen sind zunächst sehr eng, werden aber zum Rand hin extrem breit, sodass sich eine weite Öffnung für den großen Saugfuß der Schnecke bildet. Mit dessen Hilfe hält sie sich an Felsen oder Steinen fest und ist nur sehr schwer abzulösen. Nicht nur wegen ihres delikaten Inneren stellt man ihr nach, auch wegen des besonders schönen Perlmutts, das die Innenseite ihres Hauses bedeckt. Das Fleisch ist wohlschmeckend, aber sehr fest und muss vor der weiteren Verarbeitung unbedingt weich geklopft werden. Abalonen bevorzugen wärmere Meere und sind vor allem im Mittelmeer und im Pazifischen Ozean zu Hause.

Die kleinste unter den Meerschnecken ist die *Gemeine Strandschnecke* oder *Bigorneau*. Nicht mehr als ca. 4 cm messen die dunkelgrau bis schwarz gefärbten Häuser im Schnitt. Sie werden zumeist nur in Salzwasser gekocht und mit einer kräftigen Vinaigrette oder Mayonnaise serviert. Der kleine Deckel, mit dem die Schnecke ihr Haus verschließt, wird abgezupft und das Fleisch kann mit Hilfe einer Nadel oder eines Hölzchens herausgeholt werden.

Unter den Mittelmeerschnecken sind vor allem die *Herkuleskeule* und die *Purpurschnecke* mit ihren stacheligen Gehäusen erwähnenswert. Aus beiden wurde in früheren Zeiten der rote Farbstoff Purpur gewonnen. Sie sind Räuber, die es verstehen, die Gehäuse anderer Schnecken und Muscheln anzubohren.

Weiteste Verbreitung haben die unterschiedlichen Arten der *Wellhornschnecke*. Manche unter ihnen sind als Aasfresser eine Art Gesundheitspolizei des Meeres, andere haben sich auf das Aufbrechen von Austernschalen spezialisiert. Das gekochte Fleisch dieser Schnecken wird zu Suppen und Füllungen verarbeitet, ausgebacken oder frittiert.

Landschnecken

Als wahre Delikatesse unter den Landschnecken gilt die *Weinbergschnecke*. Das Kriechtier war einst in den Weinbergen Europas ein gefürchteter Schädling, weil ihm die jungen Rebentriebe so gut schmeckten. Heute ist die Weinbergschnecke – ehemals ein typisches Arme-Leute-Essen – selten geworden, woran der zunehmende Einsatz von Pestiziden sicher nicht unbeteiligt ist. Der Bedarf übersteigt die natürlichen Vorkommen bei weitem und wird daher aus Schneckenfarmen gedeckt. In Deutschland stehen Weinbergschnecken sogar unter Schutz und dürfen in freier Natur nicht gesammelt werden.

Wie alle ihre Artverwandten muss die Weinbergschnecke mit ihrem Haus zunächst längere Zeit gekocht werden, bevor sie weiterverarbeitet werden kann. Klassisch sind „Escarcots à la bourguignonne", wozu die Schneckenhäuser mit einer Kräuterbutter ausgestrichen und im Backofen gegart werden. Eine kleinere Verwandte der Weinbergschnecke ist die *Gesprenkelte Weinbergschnecke* oder *Petit gris*, die auf die gleiche Art zubereitet wird.

In würzigem Sud gegarte Purpurschnecken.

Meerschnecken gibt es in unterschiedlichsten Größen und Formen. Meist ist ein einfaches Rezept das beste: in Salzwasser gekocht und mit Mayonnaise oder Vinaigrette serviert.

Die **Purpurschnecken** sind vor allem wegen des von ihnen produzierten, edlen Farbstoffs berühmt; ein Gramm kostet etwa 2000 Euro.

GEFLÜGEL UND FEDERWILD

Einleitung

„Ich bin ein großer Freund der Schöpfungszwecke und fest davon überzeugt, dass die ganze Familie dieser hühnerartigen Vögel nur zu dem Zweck geschaffen wurde, um unsere Speisekammer und unsere Mahlzeiten zu bereichern", schrieb der französische Küchenmeister Jean Anthèlme Brillat-Savarin (1755–1826) voller Anerkennung über das Geflügel. Diese Einschätzung hat nach wie vor Gültigkeit, und nicht zuletzt im Gefolge von Schweinepest und BSE-Skandal steigt der Verbrauch von Geflügelfleisch stetig an. Es wird mittlerweile in vielen unterschiedlichen Formen als ganzes Tier, in Teilen, frisch oder tiefgefroren und immer öfter auch bratfertig vermarktet.

Streng genommen ist mit dem Begriff *Geflügel* das domestizierte Haus- und Hofgeflügel gemeint. Das in freier Wildbahn zu findende Federvieh wie Fasan, Wachtel, Schnepfe, Rebhuhn oder Moorhuhn bezeichnet man als *Wildgeflügel* oder *Federwild*. Die Grenzen zwischen Haus- und Wildgeflügel sind allerdings oftmals fließend. Denn das meiste Wildgeflügel, das zum Kauf angeboten wird, stammt aus Volierenhaltung und wird genauso gezüchtet wie das Haus- und Hofgeflügel. Während Letzteres, etwa das preiswerte Huhn oder der Truthahn, aus der Alltagsküche nicht mehr wegzudenken ist, gelten Enten, Gänse und besonders Perlhühner und Zuchttauben zumeist als Höhepunkte eines Festtagsmenüs.

Der Geschmack von Geflügelfleisch wird im Wesentlichen vom Futter bestimmt, mit dem die Tiere aufgezogen wurden. Gutes Körnerfutter und genügend Auslauf sind die sichersten Garanten für beste Qualität. Dass diese ihren Preis hat, versteht sich von selbst. Aber für den damit einhergehenden kulinarischen Genuss lohnt es sich in jedem Fall, etwas tiefer in die Tasche zu greifen.

Geflügeleinkauf

Geflügel, insbesondere für die Alltagsküche, gibt es mittlerweile frisch und tiefgefroren im Handel. Auch abgepackte, bratfertig hergerichtete Produkte finden sich zuhauf in den Supermärkten. Dem ist selbstverständlich ein schlachtfrisches Tier, im Fachhandel gekauft, vorzuziehen. Aufgrund des günstigeren Verhältnisses von Fleisch zu Knochen ist es in der Regel ratsam, ein größeres Tier zu wählen.
Geflügelfleisch verdirbt schnell. Man sollte daher stets darauf achten, möglichst frische Ware zu kaufen. In Fachgeschäften lohnt es, sich die Innereien des Vogels mitgeben zu lassen – diese können gut für Saucen und Füllungen verwendet werden.

Ideale Bedingungen für **Legehennen** bietet die Freilandhaltung.

Handels-klassen

Für Schlachtgeflügel gelten drei Handelsklassen:

A = Fleisch von bester Qualität mit gleichmäßigem und geringem Fettansatz, einwandfrei gerupft, keine Verletzungen oder Verfärbungen.

B = Geflügel mit ungleichmäßigem Fettansatz und geringfügigen Verletzungen oder Verfärbungen.

C = ausschließlich zur industriellen Verarbeitung.

Rechts: Das berühmte **Bresse-Huhn** stammt aus der Umgebung von Lyon.

Ganz rechts: Die **Schwarzfederhühner** werden ebenfalls nur in Frankreich, und zwar im Departément Landes gezüchtet.

Rechts: **Stubenküken** verwendet man vornehmlich zum Grillen und Braten – sie sind nicht schwerer als 450 g.

Ganz rechts: Gute Legehennen liefern im Jahr bis zu 300 Eier.

Das Huhn & seine Unterarten

Vor etwa 4000 Jahren gelang es dem Menschen, das Huhn zu domestizieren und es an Haus und Hof zu binden. Seitdem entwickelte es sich weltweit zum meistgegessenen Geflügel. Dies ist nicht verwunderlich, wenn man bedenkt, dass ein Huhn preiswert, sein Fleisch mager, sehr eiweißhaltig und bekömmlich ist und das Tier zudem den Menschen mit Eiern versorgt.

Heute ist das Angebot an Hühnern ausgesprochen vielfältig. So unterscheidet man zum einen verschiedene Gewichts- und Altersklassen, darunter das *Stubenküken*, das *Brathähnchen*, die *Poularde*, das *Masthuhn*, den *Kapaun* und natürlich das *Suppenhuhn*. Bis auf das Suppenhuhn ergeben alle einen hervorragenden Braten, ob im Ganzen oder tranchiert. Das zähere Fleisch des 12 bis 15 Monate alten Suppenhuhns dagegen eignet sich, wie der Name schon sagt, als Basis für eine gute Suppe.

Stubenküken oder Poussins sind wenige Wochen alt, bis zu 450 g schwer und werden zum Braten oder Grillen verwendet. Brathähnchen schlachtet man vor der Geschlechtsreife im Alter von etwa fünf Wochen, sie wiegen dann zwischen 700 und 1.200 g. Eine Poularde ist ein ebenfalls noch nicht geschlechtsreifes Junghuhn, das durch spezielle Fütterung und Haltung ca. 2 kg auf die Waage bringt. Als *Masthuhn* bezeichnet man besonders fleischige Tiere mit einem Gewicht von bis zu 5 kg. Der *Kapaun* ist ein kastrierter, 1,5 bis 2 kg schwerer Hahn, dessen Fleisch insbesondere beim Braten im Ofen seinen vollen Geschmack entfaltet.

Neben den Gewichtsklassen unterscheidet man auch verschiedene Rassen und Aufzuchtformen. Das Fleisch von Freilandhühnern schmeckt zum Beispiel wesentlich aromatischer als das von Tieren, die in so genannter Bodenhaltung – also in kleinen geschlossenen Ställen – aufwachsen. Als besonders delikat gilt das französische *Bresse-Huhn*. Diese spezielle Zuchtrasse aus der Umgebung von Lyon ist ein Freilandhuhn, das neben normalem Körnerfutter auch Mais oder Buchweizen erhält.

Huhn und Gesundheit

Geflügel ist anfällig für Salmonellenverseuchung. Beachtet man aber einige Grundregeln, steht dem unbeschwerten Genuss von zartem Hühnerfleisch nichts im Wege. Voraussetzung ist die sachgemäße, in diesem Fall kühle Lagerung (auch nach der Zubereitung). Und natürlich darf man Geflügelfleisch niemals roh verzehren. Daher stets sorgfältige Garproben vornehmen und prüfen, ob sich das Fleisch leicht von den Knochen lösen lässt und der austretende Bratensaft wasserklar ist. Wer auf Nummer sicher gehen will, benutze ein Bratenthermometer. Ab einer gleichmäßigen Fleischinnentemperatur von 60 °C werden Salmonellen abgetötet. Bevor man sich der Zubereitung weiterer, möglicherweise ungekochter Gerichte zuwendet, sollten Hände und Küchenutensilien gründlich mit warmem Wasser und Spülmittel gereinigt werden.

Huhn zerlegen – Step by Step

1. Das unter fließendem Wasser abgespülte und mit Küchenkrepp getrocknete Huhn auf die Brust legen. Geflügelschere und scharfes Messer bereithalten.

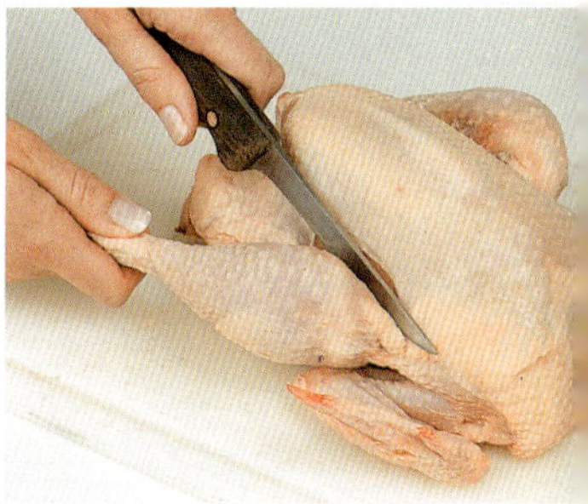

2. Die beiden Schenkel nach außen biegen und mit dem Messer die Haut entlang der Karkasse durchtrennen.

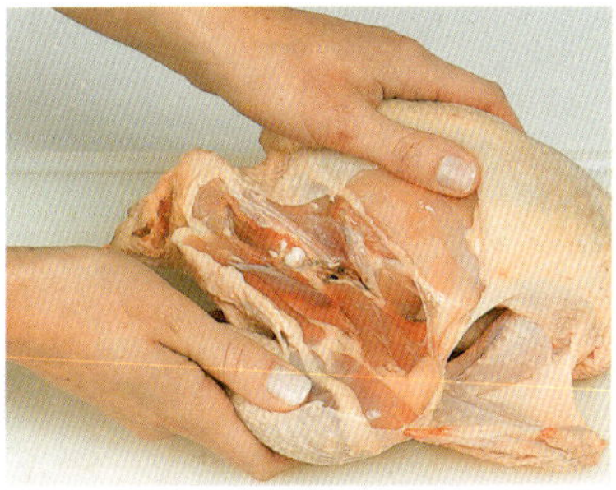

3. Den Schenkel so drehen, dass die Gelenkkugel des Oberschenkelknochens herausspringt. Schenkel mit einem Schnitt durch das Gelenk abtrennen.

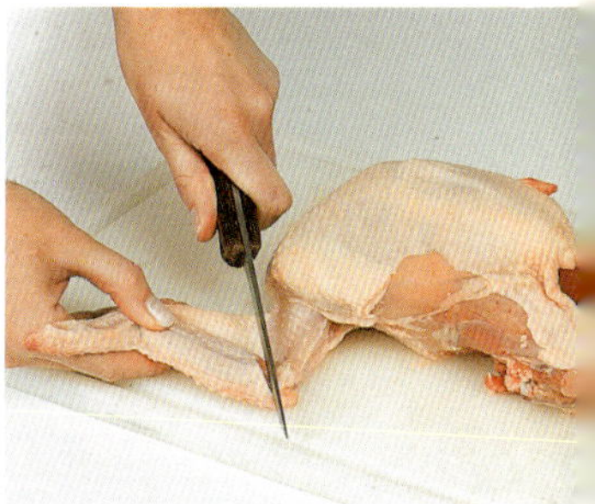

4. Mittel- und Unterflügel durch kräftigen Schnitt abschneiden.

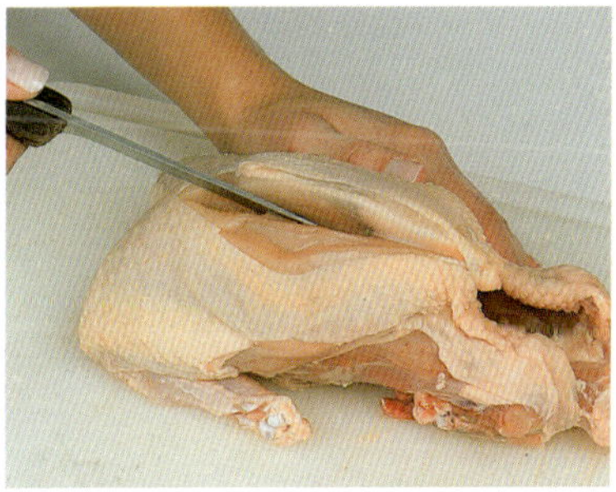

5. Zum Abtrennen der Brust zunächst mit dem Messer am Brustbein entlangschneiden.

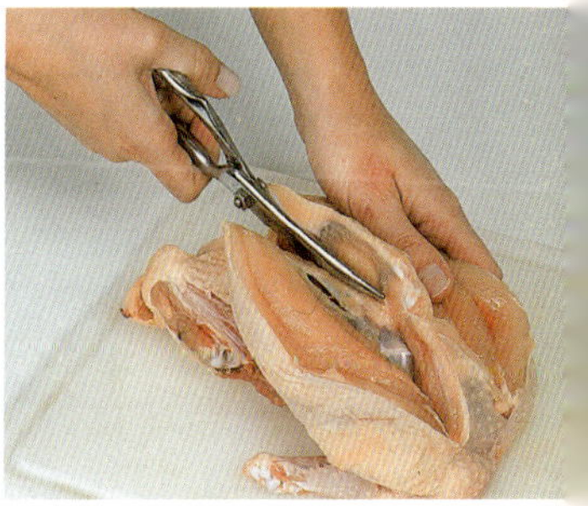

6. Mithilfe der Gefügelschere bis zum Knochen einschneiden und das Brustbein durchtrennen.

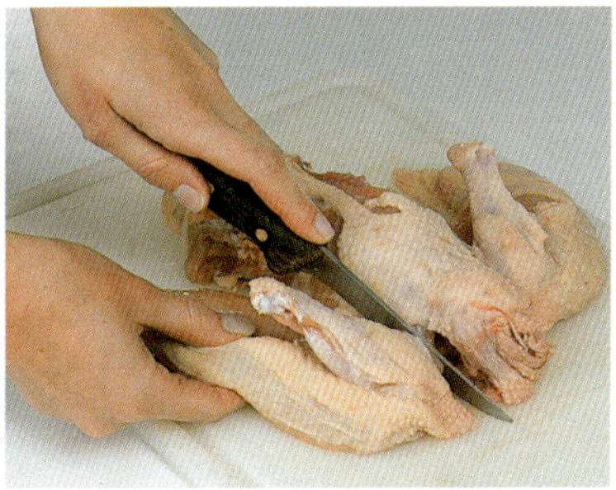

7. Huhn wenden und das Schlüsselbein spalten. Den Rücken seitlich neben dem Rückgrat einschneiden und Rückenknochen mit Rippen von der Brust trennen.

8. Für acht Stücke: Keulen zwischen Ober- und Unterschenkel durchtrennen und Bruststücke schräg halbieren.

Huhn in Wein

1 Huhn, (ca. 1,5 kg)
5 EL Olivenöl
150 g Speck
5 kleine Zwiebeln
1 EL Mehl
1 Flasche Rotwein (roter Burgunder)
Salz, Pfeffer

Zerteilen Sie das Huhn, hacken Sie die Zwiebeln klein und schneiden Sie den Speck. Braten Sie alles kurz in einer flachen Kasserolle an und nehmen Sie es wieder heraus. Rühren Sie das Mehl in den Bratensaft und gießen Sie eine Flasche Rotwein dazu. Geben Sie das Huhn und etwas Wasser dazu und schmecken Sie die Brühe mit Salz und Pfeffer ab. Etwa 75 Min. abgedeckt auf kleiner Flamme garen. Sollte zu viel Brühe vorhanden sein, garen Sie das Huhn die letzten 15 Min. offen.

Geflügelspieße japanisch

450 g Hähnchenbrust
5 EL Sojasauce
5 EL Mirin (süßer Reiswein)
2 cm frischer Ingwer, geschält, fein gerieben und ausgepresst
4 Bambusspieße

Das gewaschene Hähnchenfleisch in gleichmäßig große Würfel (ca. 1,5 cm Kantenlänge) schneiden. Mit der Sojasauce, dem Mirin und dem ausgepressten Ingwersaft eine Marinade zubereiten und die Fleischwürfel damit gut einreiben und 30 Min. ziehen lassen. Stecken Sie das Fleisch auf die Spieße und grillen sie diese von jeder Seite 3 bis 5 Minuten.

Chicken Wings

24 Hühnchenflügel
50 g gesalzene Butter
1–2 EL Tabasco
2 EL Apfelessig
Frittierfett

Schneiden Sie die Spitzen der Hühnchenflügel ab, diese dann am Gelenk in zwei Teile und tupfen Sie sie gut trocken. Erhitzen Sie das Frittierfett auf 175 °C und frittieren Sie die Flügel darin. Verrühren Sie die Butter mit Tabasco und Apfelessig und bepinseln Sie damit die Flügel. Sehr heiß servieren.

Hähnchen auf Salbei

1 Zehe Knoblauch, geschält und fein gehackt
4 Hähnchenbrüste mit Haut
2 Scheiben Parmaschinken
8 Salbeiblätter
Salz, Pfeffer aus der Mühle
1 EL Fenchelsaat, gemörsert
1/2 Limette
4 EL Olivenöl

Heizen Sie den Backofen auf 175 °C vor. Lösen Sie die Haut leicht von den Hähnchenfilets und stecken Sie jeweils 1/2 Scheibe Parmaschinken und ein Salbeiblatt darunter. Schneiden Sie den restlichen Salbei in Streifen. Würzen Sie das Fleisch mit Salz und Pfeffer und reiben Sie es mit Fenchel und Knoblauch ein. Schneiden Sie die Limette in Scheiben. Erhitzen Sie das Olivenöl in einer Pfanne und braten Sie das Fleisch erst von der Haut- und dann von der Fleischseite an. Nehmen Sie das Fleisch heraus und legen Sie es in eine ofenfeste Form. Gießen Sie das Bratenfett darüber und verteilen Sie die Limettenscheiben und die restlichen Salbeiblätter darauf. Garen Sie es im Backofen für ca. 30 Minuten. Auf einer vorgewärmten Platte servieren.

Scharfes Huhn vom Grill

1 frisches Brathähnchen, 600 g
50 ml Olivenöl
Saft von 1/2 Zitrone
1 EL roten Chili, fein gehackt
Salz und Pfeffer aus der Mühle
1 unbehandelte Zitrone

Das Hähnchen sorgfältig waschen und abtrocknen. Legen Sie es dann mit dem Rücken auf ein Brett und schneiden Sie mit einem Sägemesser am Brustbein herunter, bis Sie mit der Klinge auf den Rücken treffen und Sie das Hähnchen auseinander klappen können. Klopfen Sie es mit einem Fleischklopfer flach, ohne die Knochen zu sehr zu zersplittern. Verrühren Sie in einer Schale das Olivenöl mit dem Zitronensaft, dem gehackten roten Chili, Salz und Pfeffer. Reiben Sie das Hähnchen mit dieser Marinade ein und lassen Sie es 40 Min. ziehen. Danach auf dem nicht zu heißen Grill etwa 30 Min. vorsichtig knusprig grillen. Das Hähnchen halbieren und mit Zitronenspalten servieren.

Gefüllter Truthahn

Für 8–10 Personen

Füllung:

750 g Kastenweißbrot
4 EL Butter
2 Zwiebeln, gewürfelt
2 Stangen Staudensellerie, fein geschnitten
4 TL Thymian, getrocknet
3 Eier
2 Äpfel, gewürfelt
80 g Rosinen
50 g Korinthen
80 g getrocknete Kirschen, ersatzweise getrocknete Aprikosen, gewürfelt
50 g Backpflaumen, entsteint, gewürfelt
250 ml Hühnerbrühe
Salz und Pfeffer aus der Mühle

Außerdem:

1 Baby-Pute, ca. 2,5–4 kg, küchenfertig
Salz
Pfeffer
1 l Hühnerbrühe (Instant)
2 EL Butter
2 EL Mehl

Backofen auf 175 °C vorheizen. Legen Sie das Weißbrot in Scheiben auf ein Blech und rösten Sie es ca. 20 Min. auf der mittleren Schiene, dabei einmal wenden. Erhitzen Sie die Butter und dünsten Sie darin Zwiebeln, Sellerie und Thymian für etwa 10 Min. an. Zerbröseln Sie die Brotscheiben in eine große Schüssel. Geben Sie die Zwiebel-Mischung, Eier, Äpfel und die getrockneten Früchte dazu. Vermengen Sie alles miteinander. Gießen Sie dann so viel Brühe an, dass eine feuchte Masse entsteht. Würzen Sie mit Salz und Pfeffer. Die Pute waschen und abtrocknen. Reiben Sie sie innen und außen mit Salz und Pfeffer ein, füllen Sie die Brotmasse hinein und stecken Sie die Öffnung mit Holzstäbchen zu. Stecken Sie die Flügel unter den Körper und binden Sie die Schenkel mit Küchengarn zusammen. Setzen Sie die Pute in die Fettpfanne des Ofens und schieben Sie sie in den Ofen. 3 1/2 bis 4 Stunden garen lassen. Übergießen Sie die Pute nach 1 1/2 Stunden mit 1/3 der Brühe. Bis zum Ende der Garzeit die restliche Brühe angießen. Stellen Sie den Truthahn warm. Gießen Sie den Bratenfond in einen Topf. Verkneten Sie die Butter mit dem Mehl und rühren Sie die Mischung in den Bratenfond ein. 5 bis 8 Min. köcheln lassen. Mit Salz und Pfeffer abschmecken. Pute tranchieren und mit der Sauce anrichten.

Truthahn-Füllungen

Eine Füllung dient dem Zweck, einen Braten einerseits saftig und in Form zu halten und ihn andererseits zu aromatisieren. Und dann ist sie natürlich dazu da, um mit Genuss gegessen zu werden. Ein Puter lässt sich mit Maronen, aber auch mit kräftig gewürztem Hackfleisch und Dörrobst füllen. Schmackhaft ist auch der „Truthahn à la portugaise“ mit Risotto und Tomatenwürfeln. Eine Farce aus Brot, Steinpilzscheiben, Fenchel und Anis verwandelt den großen Hühnervogel in einen „Puter à la russe“. Und die Amerikaner lieben es, ihren traditionellen Erntedankfest-Braten mit einer Maisbrot-Füllung zu servieren. Dazu wird gebratene Truthahnleber mit Maisbrotwürfeln, Stangensellerie, Basilikum, Petersilie und Eiern vermengt. Ergänzen und aufwerten kann man diese Farce durch die Zugabe von ausgelösten Austern.

Truthahn

Der *Truthahn*, auch *Pute* oder *Pockerl* genannt, ist der schwerste aller Hühnervögel, er kann ein Gewicht von mehr als 20 kg erreichen. Das imposante Tier war ursprünglich ein in Nordamerika und Mexiko beheimatetes *Wildgeflügel* und zählte neben dem Hund zu den ersten Haustieren der Azteken. Mit der Entdeckung Amerikas gelangte der farbenprächtige Vogel um 1520 nach Europa, da die spanischen Konquistadoren auch in ihrer Heimat nicht auf sein wohlschmeckende Fleisch verzichten mochten. Der große Feinschmecker Brillat-Savarin hielt ihn für das Beste, was die Neue Welt der Alten Welt gegeben hat. In den USA zählt der Truthahn zu den beliebtesten Geflügelarten überhaupt und fehlt insbesondere an Thanksgiving und zu Weihnachten auf keiner Festtafel.

Angeblich gibt ein einziger Putenbraten siebenerlei Fleisch her. Unbestritten ist, dass zwischen heller, zarter Brust und dunkler, kräftig schmeckender Keule die Färbung und das Aroma des Fleischs stark changieren und man sich je nach Teilstück geschmacklich an Kalbfleisch, Kapaun oder Federwild erinnert fühlt.

Das Fleisch der Henne ist in der Regel zarter als das des größeren Hahns. Während ältere Tiere für gewöhnlich in Eintopfgerichten oder Suppentöpfen enden, geben jüngere Tiere einen herrlichen Braten, geeignet für den Rost oder den Bräter. Wem ein ganzer Putenbraten zu groß ist, der kann natürlich auch – ob frisch oder tiefgefroren – auf die im Handel befindlichen Einzelteile wie Putenschnitzel oder Puterkeulen zurückgreifen.

Truthahn tranchieren Step by Step

1. Den gebratenen Truthahn ca. 15 Min. an einem warmen Ort ruhen lassen. Dann zunächst die unteren Flügelhälften abschneiden.

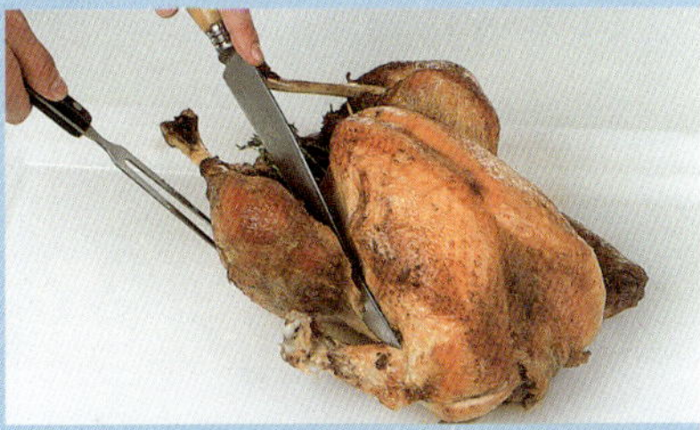

2. Die Tranchiergabel fest unterhalb des Schenkels einstechen, den Schenkel nach außen biegen und am Gelenk durchschneiden.

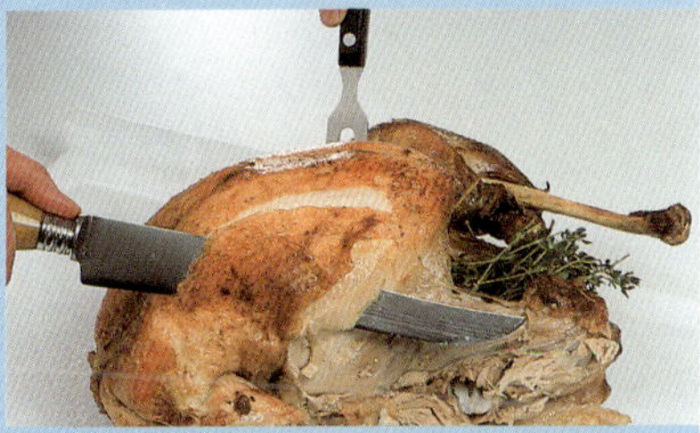

3. Unterhalb des Flügelgelenks einen scharfen Schnitt machen und die Brust parallel zum Brustkorb in Scheiben schneiden.

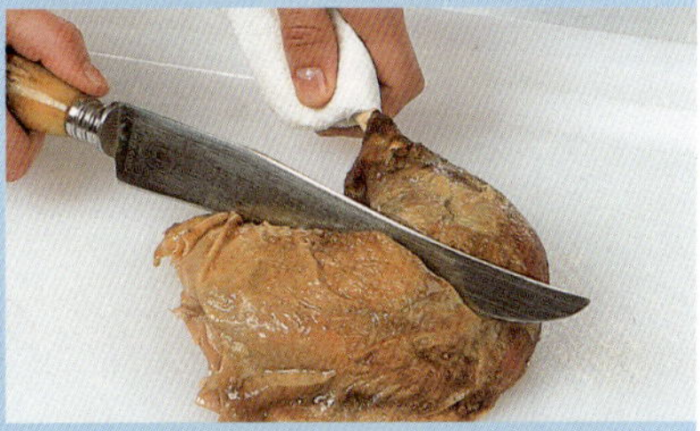

4. Ober- und Unterschenkel am Gelenk durchtrennen und das Fleisch des Oberschenkels parallel zum Knochen in Scheiben schneiden.

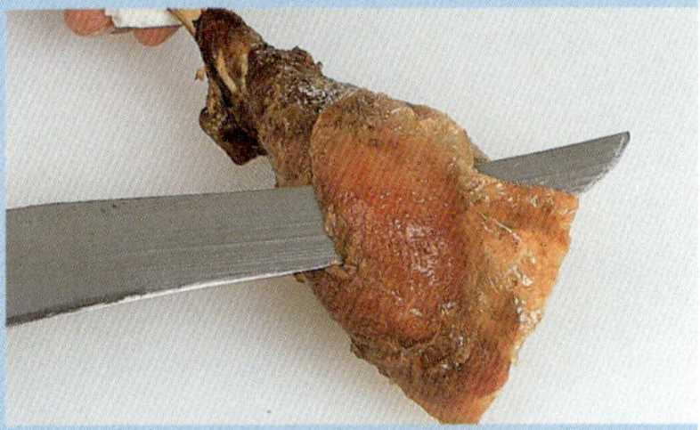

5. Den Unterschenkel am sichtbaren Knochenende festhalten und scheibenweise entlang des Knochens tranchieren.

Gans

Man unterscheidet zahlreiche Gänsearten. Für den Geschmack ihres Fleischs ist das Mastverfahren ausschlaggebend.

Die *Hausgans* ist eine der ältesten domestizierten Geflügelarten. Bereits im Altertum war sie ein hoch geschätzter Leckerbissen. Um den großen Bedarf zu decken, sollen die alten Ägypter sich bereits darauf verstanden haben, Gänseeier künstlich ausbrüten zu lassen. Und was wäre aus dem alten Rom geworden, wenn die Gänse auf dem Kapitol durch ihr Schnattern nicht die vollständige Zerstörung der Stadt durch die Gallier verhindert hätten!

Die Schlachtzeit für Gänse liegt zwischen September und Dezember, je nachdem, ob es sich um eine Frühmastgans (etwa 12 Wochen alt), eine *Martinsgans* oder eine *Weihnachtsgans* handelt. Noch ältere Tiere werden kaum angeboten, da sie nicht mehr sonderlich gut schmecken. Köstlich ist vor allem eine Gans mit einer pikanten Füllung aus Äpfeln, Maronen oder einer Kräuterfarce. Für das Können des Kochs oder der Köchin spricht auch die Konsistenz der Haut – kross und knusprig sollte sie sein. Dazu sind alle Tricks erlaubt, sei es der kalte Salzwasserguss oder das leichte Mehlbestäuben am Ende der Bratzeit, sei es das Einlegen in Salzlake über einen Zeitraum von 24 Stunden oder das stete Begießen mit Wasser, Bratensaft oder Bier. Aber auch ein Gänsegulasch, wie ihn sich Fürst Esterházy zu Joseph Haydns Zeit servieren ließ, ist eine Delikatesse. Überhaupt ist die Gans überaus vielseitig verwendbar. Der Gänsehals mit würziger Farce ist eine delikate Vorspeise, und die Innereien lassen sich zu Füllungen verarbeiten. Die Gänseleber, vor allem die gestopfte, gehört zu den kulinarischen Hochgenüssen. Das ausgelassene Gänsefett wird als Gänseschmalz zum deftigen Brotaufstrich. Eines aber sollte man in puncto Gans nie vergessen: Beifuß – nicht ohne Grund auch Gänsekraut genannt – gehört zu diesem Geflügel wie das Salz in die Suppe. Das würzig-aromatische Kraut macht die fette Gans bekömmlicher.

Gans im Speckmantel

2 Gänsebrüste
Salz
Pfeffer
200 g Speck in Scheiben
40 ml Pflanzenöl
je 100 g Möhren, Zwiebeln, Sellerie
1 Tomate
25 g Butter
40 ml Portwein
500 ml Weißwein
500 ml Wildfond
1 TL Spreisestärke

Heizen Sie den Backofen auf 180 °C vor. Salzen und pfeffern Sie die Gänsebrüste und umwickeln Sie alles mit Speck. Öl in einem Bräter erhitzen und die Gans von beiden Seiten anbraten. Ca. für eine Stunde den Bräter in den Backofen stellen. In der Zwischenzeit das Gemüse klein schneiden. Überbrühen Sie die Tomaten. Nun enthäuten, entkernen und klein schneiden. Nach ca. 20 Min. Bratzeit das Gemüse, die Butter und den Portwein hinzugeben. Nehmen Sie die Gänsebrust aus dem Bräter und stellen Sie sie warm. Gießen Sie den Weißwein und den Wildfond an und kochen Sie es ein. Passieren Sie die Sauce durch ein Sieb, binden Sie sie evtl. mit der Speisestärke und gebe Sie die Tomaten hinzu.

Je jünger eine Ente ist, desto delikater schmeckt ihr Fleisch. Das Alter erkennt man u. a. an der Biegsamkeit des Schnabels.

Ente

Ente ist nicht gleich Ente! Dies sollte man beim Kauf, bei der Zubereitung und beim Verzehr des Wasservogels, der in China bereits um 1000 v. Chr. domestiziert wurde, unbedingt beachten. Differenzieren kann man nicht nur nach der Art – mittlerweile existieren rund 100 verschiedene Arten –, sondern auch nach Alter, Geschlecht und Herkunft der Tiere.

Zu den kulinarisch wichtigsten Enten-Arten zählen u. a. die englische *Aylesbury-Ente*, die fette *Nantes-Ente* sowie die fleischige *Rouen-Ente*. Vergessen werden darf natürlich nicht die *Peking-Ente*, deren traditionelle Zubereitung viel Zeit in Anspruch nimmt. Zusammen mit delikaten Saucen wird dem Gast nach sage und schreibe 18 Stunden – deshalb ist eine Vorbestellung unbedingt nötig – die krosse braune Haut der Peking-Ente und getrennt davon das hauchzarte Fleisch serviert. Köstlich ist auch das Fleisch der Flugenten. Sie haben im Verhältnis zu ihrem Fettanteil recht viel Fleisch zu bieten und ähneln geschmacklich der *Wildente*. In der Feinschmeckerküche zu besonderen Ehren gelangte die *Barbarie-Ente*, berühmt für ihr würziges, festes Fleisch mit einem zarten Moschusaroma. Sie kam erst 1871 aus den Tropen zu Frankreichs Züchtern.

Beim Kauf einer Ente, egal ob *Haus-* oder *Wildente*, sollte man aber das Augenmerk nicht nur auf die Art, sondern auch auf das Alter des angebotenen Tieres richten: Je jünger die Ente, desto besser die Qualität des Fleischs. Ein Erkennungsmerkmal ist der bei Jungtieren noch biegsame Schnabel. Eine *Frühmastente* ist nicht älter als neun Wochen und sollte zwischen 2 und 3,5 kg wiegen, eine *Jungente* sollte maximal acht Monate alt sein. Um sicher sein zu können, dass das Fleisch zart ist, sollte man insbesondere Flugenten möglichst jung auf den Tisch bringen. Einen gewissen Einfluss auf den Geschmack hat auch das Geschlecht des Vogels. Der Braten des weiblichen Tieres ist in der Regel saftiger, der des Erpels dafür würziger.

Für Wild- und Hausenten gibt es viele Zubereitungsarten: am Spieß, im Ofen, in der Pfanne. Das Entenfleisch harmoniert aufgrund seines etwas bitteren Wildgeschmacks hervorragend mit Früchten und süßsauren Saucen. Ein prominentes Beispiel ist die „Ente à l'Orange". Aus Entenfleisch lassen sich auch köstliche Ragouts zubereiten, ebenso Terrinen, Pasteten oder kleine Braten aus Entenkeule oder Entenbrust.

Foie gras

Stopflebern von Gans und Ente sind eine Delikatesse, vor allem im Zusammenspiel mit Trüffeln. Das wird niemand bestreiten. Sehr wohl streiten kann man dagegen über die Methode des Stopfens, die so genannte Gavage. Dabei werden den Tieren über einen Zeitraum von mehreren Wochen zwei Pfund Kraftfutter täglich buchstäblich in den Hals gestopft. In Deutschland, Österreich und in der Schweiz ist diese Form der Zwangsmästung mittlerweile verboten.

Stopflebern können ein Gewicht von bis zu drei Pfund erreichen. Man unterscheidet die „foie gras des canard", die Entenmastleber, und die feinere „foie gras d'oie", die Gänseleber.

Das Schlaraffenland für Liebhaber der „Foie gras" ist Frankreich, wo sich die verschiedenen Gerichte mit Stopflebern größter Beliebtheit erfreuen. Hochburg ist die Gascogne, aber auch aus dem Elsass, aus der Gegend um Toulouse sowie aus Ungarn wird hervorragende Ware geliefert.

Entenbrust auf Ananas-Bananen-Ragout

4 kleine Barbarie-Entenbrüste, à 150 g
Salz
Pfeffer
1/2 frische Ananas, geschält, längs geviertelt
4 kleine grüne Bananen
2 EL Rohrzucker
3 EL Bananenlikör
1 TL Curry-Pulver
1/2 TL Sambal Olek
4 TL Crème double
5 Physalis

Heizen Sie den Backofen auf 170 °C vor. Entenbrüste waschen und trocken tupfen. Ritzen Sie die Hautseite mit einem kleinen Messer kreuzweise ein. Mit Salz und Pfeffer würzen. Erhitzen Sie eine Pfanne und braten Sie die Entenbrüste zuerst auf der Hautseite und dann auf der Fleischseite an. Legen Sie sie in eine feuerfeste Form und garen Sie die Entenbrüste 12 bis 15 Min. im Backofen. Entfernen Sie den Strunk von der geviertelten Ananas und schneiden Sie die Viertel in Stücke. Die Bananen werden geschält, längs halbiert und schräg in Stücke geschnitten. Karamellisieren Sie den Rohrzucker in der Pfanne im verbliebenen Entenfett und schwenken Sie die Fruchtstücke darin. Löschen Sie die Früchte mit dem Bananenlikör ab, bestäuben Sie das Ganze mit Curry und geben Sie das Sambal Olek dazu. Rühren Sie gut um und mischen Sie dann die Crème double darunter. Verteilen Sie das fertige Fruchtragout auf Tellern und ordnen Sie jeweils eine in Scheiben geschnittene Entenbrust darauf an. Mit den Physalis garnieren.

Gefüllte Ente

1 Ente
100 g geräucherter Speck, gewürfelt
1 gebratene Entenleber, klein geschnitten
1 EL Schmalz
2 Schalotten
1 EL Selleriegrün, fein gehackt
2 säuerliche Äpfel, geschält, entkernt, in Scheiben geschnitten
1 EL abgeriebene Orangenschale
3 Scheiben Weißbrot, gewürfelt
Jeweils 125 ml trockener Weißwein und Cidre
Olivenöl
Salz, Pfeffer, 1 Messerspitze Zimt

Bereiten Sie die Ente bratfertig vor. Schmoren Sie den Speck in Öl glasig, geben Sie die Entenleber, Schalotten, Sellerie und die Äpfel dazu und braten Sie alles kurz an. Nehmen Sie den Topf vom Herd, geben Sie die Weißbrotwürfel, Salz, Pfeffer, Zimt und Orangenschale dazu und mischen Sie alles mit dem Cidre zu einer Farce. Füllen Sie die Ente damit, salzen und pfeffern Sie sie und nähen Sie die Füllöffnung zu. Erhitzen Sie das Olivenöl, braten Sie die Ente darin gut an und braten Sie sie im Backofen fertig. Trennen Sie das Fett vom Bratenfond, gießen Sie Wein in den Fond und lassen Sie die Ente noch einige Min. im Backofen ziehen.

Geflügelfond Ente

In einer Kasserolle die zerkleinerten Reststücke einer Ente, also Flügel, Hals und Kropf, mit einem Röstgemüse aus Möhren, Zwiebeln, frischem Knoblauch sowie einem Kräuterbündel scharf anbraten. Die gebräunten Zutaten mit einem halben Liter Weißwein ablöschen und den Fond sehr langsam einkochen. Anschließend durch ein feines Spitzsieb passieren. Der Fond – in gelierter Form eine Jus – ist eine konzentrierte Essenz, in der sich alle Aromen der verwendeten Zutaten wiederfinden. Zusammen mit Bratensaft und einem Schuss Sahne, auch gebunden mit Mehlbutter, ergibt er eine besonders würzige Sauce. Tiefgefroren oder im Kühlschrank lässt er sich gut konservieren.

Ente tranchieren – Step by Step

Ente mit Tranchiergabel festhalten und zwischen Rumpf und Schenkel einschneiden – nicht abtrennen.

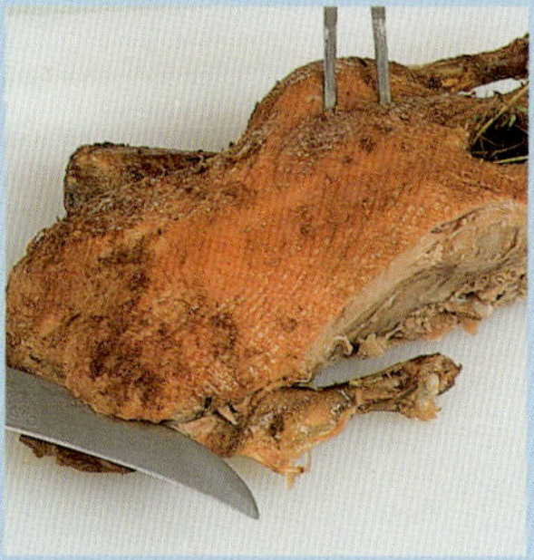

Oberhalb des Flügelgelenks waagerecht das Brustfleisch einschneiden.

Entenbrust parallel zum Brustkorb in gleich dicke Tranchen schneiden.

Oder die ganze Brust von der Karkasse lösen und – quer zur Fleischfaser – in Portionsstücke zerteilen.

Wildgeflügel

Ist von *Federwild* die Rede, meint sowohl der Jäger als auch der Koch jene Tiere in Wald und Flur, die nicht dem Haarwild angehören. Dazu zählen u. a. *Fasan*, *Rebhuhn*, *Moorhuhn*, *Schnepfe*, *Wachtel*, *Wildente*, *Wildtaube* und *Wildgans*. Da die Jagdsaison für Federwild nur kurz ist – sie beginnt je nach Art im September bzw. Oktober und endet Mitte Januar –, ist die Ausbeute dementsprechend gering und der Preis hoch. Das Rebhuhn beispielsweise oder die Schnepfe sind in freier Wildbahn nur noch selten anzutreffen. Einige Vögel wie etwa der *Auerhahn*, dessen Fleisch einen sehr eigenwilligen Geschmack hat, sind sogar vom Aussterben bedroht; hier dürfen nur die Hähne gejagt werden. Ringeltauben, einst scheue Waldbewohner, die man heute immer häufiger in der Nähe menschlicher Siedlungen antrifft, sind neben der so genannten *Türkentaube* die einzigen Wildtauben, die im Gegensatz zu *Hohl-* und *Turteltauben* gejagt werden dürfen.

Um trotzdem den Bedarf des Geflügelhandels zu decken, wird das Federwild vielfach gewerblich gezüchtet und dazu in Volieren gehalten. Es gibt allerdings auch Wildgeflügelarten wie das Schottische Moorhuhn, die sich allen Zuchtversuchen widersetzen und daher auf den Tafeln dieser Welt Seltenheitswert besitzen. Weniger problematisch für die Zuchtbetriebe sind der Fasan, das Perlhuhn, die Wachtel und das Rebhuhn. So ist es trotz der kurzen Jagdsaison möglich, dass die meisten Arten ganzjährig in Wild- und Geflügelhandlungen erhältlich sind. Zwar sind die Zuchttiere durchaus nicht zu verachten, dennoch sind sie mit ihren Artgenossen in freier Wildbahn nicht zu vergleichen; ihr Fleisch schmeckt längst nicht so intensiv nach Wild und kann daher eine besonders kräftige Sauce vertragen. Der Fasan und das Perlhuhn bieten in der Regel genügend Fleisch für zwei Esser, ein gefüllter Fasan ergibt sogar drei bis vier Portionen. Bei Wachteln rechnet man zwei bis drei Vögel pro Person, bei Tauben, insbesondere mit Füllung, reicht ein Vogel aus.

Beim Kauf von Wildgeflügel sollte man möglichst junge Tiere erstehen. Die Bestimmung des Alters ist zwar eine Wissenschaft für sich, aber einige Merkmale von Jungvögeln wie ein biegsames Brustbein, weich beschaffene Füße und noch abgerundete, nicht verhornte Sporen kann man auch als Laie erkennen.

Waldschnepfe

Schnepfen gelten als eines der delikatesten Wildgeflügel. Man unterscheidet die Bekassine, die Sumpf- und die Waldschnepfe. Die erlegten Vögel werden mitsamt Federkleid für einige Tage am Schnabel in einem kühlen Raum abgehängt, damit das dunkle, wohlschmeckende Fleisch mürbe wird oder gar seinen besonderen Hautgout entwickelt. Zum Braten nimmt man die Schnepfe nicht aus, denn da sie ihre Exkremente bei jedem Flug von sich gibt, sind ihre Eingeweide gut essbar. Ja, sie sind sogar eine seltene Gaumenfreude! Die Innereien der Schnepfe nämlich, vermischt mit Semmelbröseln, Speck, Eigelb, Rosmarin und Thymian bereitet man zum köstlichen „Schnepfendreck".

Perlhuhn, Wachtel & Wildente

Das Perlhuhn ist ein anspruchsloser Vogel, der mit Grünzeug zufrieden ist und sich als Unkraut- und Ungeziefervertilger nützlich macht. So bescheiden dies klingt, so sensationell schmeckt das Fleisch dieses Wildhuhns. Zu allem Überfluss wächst es auch noch sehr rasch heran und produziert zudem vorzügliche Eier. Hat es genügend Auslauf, entfaltet sich sein gepunktetes Gefieder zu voller Pracht, und das Huhn wird zur Zierde eines jeden Geflügelhofes. Unangenehm ist lediglich der Schrei, den es vor jedem Beutezug oder angesichts etwaiger Feinde ausstößt. Ansonsten ist das Perlhuhn ein eher scheues Wesen. In der Paarungszeit allerdings geben die Tiere sich gerne zänkisch und sorgen für Unruhe in Gehege und Stall.

Die Wachtel ist ein Zugvogel, der im Herbst in größeren Scharen ins nördliche Afrika fliegt, um dort zu überwintern. Hierzulande ist der rebhuhnähnliche kleine Feldvogel so selten geworden, dass er während des gesamten Jahres in freier Wildbahn Schonzeit genießt. Einem Küchenlexikon des 19. Jahrhunderts lässt sich entnehmen, dass allein in Österreich in einem Jahr etwa 90 000 Wachteln verzehrt wurden – dies ist kaum verwunderlich, da man damals die Tiere mit Netz, Schlinge oder Gewehr erlegte. Auf den Tisch kommen bei uns heute in Volieren gezüchtete bzw. aus Ländern mit ungefährdetem Bestand importierte Tiere. Wachteln eignen sich hervorragend zum Braten – mit oder ohne Füllung.

Wildenten sind Wandervögel, die auf ihren Nord-Süd- bzw. West-Ost-Routen in „v"-förmigen Schwärmen Strecken bis zu 8000 km in großer Höhe zurücklegen. Sie lassen sich gerne an ruhigen Flüssen, Seen, Sümpfen oder am Meeresufer nieder. Man jagt sie vorzugsweise in der Abenddämmerung vom Anstand aus, was viel Geschicklichkeit und einen guten Hund erfordert, der das erlegte Wild apportiert. Da sich Enten sehr vielfältig von Würmern, Fischen, Fröschen, Weichtieren, Insekten, aber auch von Körnern und Gräsern ernähren, kann ihr Fleisch unangenehm ölig schmecken. Ob eine Wildente schmackhaft ist, richtet sich also nach ihrer Nahrung. Zu den essbaren Entenarten gehören in hiesigen Breiten die Stockente, die Schnatterente, die Spieß- und die Löffelente.

Jäger auf der Pirsch nach Federwild. Gejagt werden darf von September/Oktober bis Mitte Januar.

Wildgeflügel: Tipps für die Zubereitung

Für das Zubereiten von Wildgeflügel-Gerichten gibt es ein paar grundsätzliche Tricks, die man beherzigen sollte.

Um das Geflügel in der Bratröhre in Form zu halten, muss es dressiert, d. h. mit Küchengarn zusammengebunden werden. Dabei darf die Haut nicht eingeschnitten werden, denn sonst tritt beim Braten der Fleischsaft vorzeitig aus, und der Braten wird zäh.

Während man bei Gänsen und großen Enten aufgrund ihres hohen Eigenfettanteils kein zusätzliches Bratfett verwendet, ist es bei den meisten Wildgeflügelarten genau umgekehrt. Um hier das Fleisch vor dem Austrocknen zu schützen, sollte man Fasan, Wachtel und Rebhuhn nach dem Würzen in große, dünne Speckklappen einwickeln, also bardieren, und diese mit Küchengarn festbinden.

Wichtig ist ebenfalls, das Geflügel mit der Brust nach unten zu braten und nach dem Ende der Garzeit noch einige Minuten in dieser Position ruhen zu lassen, damit sich der Bratensaft gleichmäßig in der Brust verteilen kann.

Um zu verhindern, dass die Farce ausläuft, sollte diese zum einen nicht zu flüssig sein und zum zweiten das Tier nur zu Dreivierteln gefüllt werden. Tritt sie dennoch aus, kann man sie mit einem Löffel entfernen und die Öffnung mit einem Hautlappen verschließen, den man mehrfach mit heißem Bratfett begießt. Großes Geflügel kann übrigens vor dem Braten wirkungsvoll mit einem Stück Apfel oder einem Stück Brötchen verschlossen werden.

Hat man seine Zweifel hinsichtlich des Alters des Tieres, empfiehlt es sich, den Vogel zu schmoren oder das Fleisch im Vorfeld zu marinieren, um es mürber zu machen. Aber auch ein alter Vogel ist noch lange kein Beinbruch – vorausgesetzt man erkennt das Problem und verarbeitet ihn weiter, beispielsweise zu einer leckeren Wildpastete.

Fasan – Kulturgeschichte

Seinen Namen verdankt der farbenprächtige Hühnervogel einem antiken Fluss. Die ornithologische Bezeichnung *ornis phasianos* bedeutet nichts anderes als „Vogel des Phasis", also aus der Gegend des Flusses Phasis. Schenkt man dem römischen Literaten Martial Glauben, brachten Jasons Argonauten den Fasan zusammen mit dem Goldenen Vlies von ihrem Beutezug aus Kolchis mit nach Griechenland. Aber erst die Römer entdeckten sein kulinarisches Potenzial und sorgten für den Aufstieg des Fasans zum Luxusvogel und zum dekorativen Highlight jeder Festtafel. An den Fürstenhöfen gehörte im Mittelalter der Besitz einer Fasanerie zum guten Ton. Trotzdem wurde aus dem Fasan nie ein Haustier, er zählt nach wie vor zum jagdbaren Wildgeflügel.

Täubchen in Sherrysauce

- *4 bratfertige Täubchen*
- *4 EL Olivenöl*
- *Salz*
- *Pfeffer*
- *6 Schalotten, geschält und gehackt*
- *1/2 EL Knoblauch, fein gehackt*
- *5 mittelgroße Tomaten, geschält, entkernt und gehackt*
- *7 entsteinte grüne Oliven*
- *1–2 Rosmarinzweige*
- *1 EL blanchierte Mandeln*
- *125 ml trockener Sherry*

Das Olivenöl in einer Kasserolle gut erhitzen. Geben Sie die Täubchen hinein und braten Sie sie unter Wenden goldbraun an. Mit Salz und Pfeffer würzen, herausnehmen und beiseite stellen. Bräunen Sie die geschälten und gehackten Schalotten im Bratfett, geben Sie Knoblauch, Tomaten und Oliven dazu und mischen Sie alles gut durch. Legen Sie die Rosmarinzweige hinein und geben Sie die Mandeln dazu. Lassen Sie die Sauce dick einkochen und löschen Sie mit Sherry und etwas Wasser ab. Legen Sie die Täubchen wieder hinein und garen Sie sie bei mäßiger Hitze fertig. Streichen Sie die Sauce durch ein Sieb und gießen Sie sie über das Gericht.

Wildente Rheinische Art

2 kleine, junge Wildenten, küchenfertig
Salz und Pfeffer aus der Mühle
einige zerstoßene Wacholderbeeren
ca. 300 g grüner Speck in Scheiben
250 ml Weißwein
200 g Saure Sahne
1 Packung Bratensaft
400 g Pfifferlinge
2 EL glatte Petersilie, gehackt

Die Wildenten waschen und abtrocknen. Sämtliches Fett ablösen. Lösen Sie auch die Haut ab, vor allem, wenn darunter viel Fett ist. Reiben Sie die Enten mit Salz, Pfeffer und Wacholder ein. Backofen auf 180 °C vorheizen. Wickeln Sie die Ente mit den Speckscheiben ein und binden Sie sie mit Küchengarn fest. Legen Sie die Enten in einen Bratentopf und braten Sie sie etwa 30 Min. im vorgeheizten Backofen. Dann die Enten herausnehmen und warm halten. Löschen Sie den Bratensatz mit Weißwein ab, geben Sie die Saure Sahne und etwas Bratensaft dazu. Kochen Sie die Sauce bis zur richtigen Konsistenz ein. Passieren Sie die Sauce, geben Sie die Pfifferlinge dazu und lassen Sie sie noch 2 bis 3 Min. köcheln. Rühren Sie noch die Petersilie darunter. Den Speck von den Enten entfernen, tranchieren und reichen Sie die Sauce separat dazu.

Salat aus Wachteln mit Pfifferlingen

4 Wachteln
Salz und Pfeffer aus der Mühle
3 EL Öl zum Braten
2 Schalotten
600 g Pfifferlinge
2 Stauden Chicorée
4 EL Himbeeressig
4 EL Öl

Backofen auf 180 °C vorheizen. Salzen und pfeffern Sie die Wachtelbrüstchen. Braten Sie die Wachteln in 2 EL heißem Öl von beiden Seiten goldbraun an und garen Sie sie etwa 5 Min. im Backofen. Danach warm stellen. Schälen und würfeln Sie die Schalotten und dünsten Sie sie in 1 EL Öl an. Geben Sie die Pfifferlinge dazu, garen Sie alles für einige Min., würzen Sie mit Salz und Pfeffer und nehmen Sie das Ganze vom Herd. Halbieren Sie den Chicorée, entfernen Sie den bitteren Strunk und lösen Sie die Blätter ab. Rühren Sie aus Essig, Öl. Salz und Pfeffer eine Salatsauce und marinieren Sie damit den Chicorée. Richten Sie den Salat dekorativ auf Tellern an, legen Sie die gebratenen Wachtelbrüste darauf und verteilen Sie die Pfifferlinge darüber. Zum Schluss geben Sie noch etwas Marinade über den Salat.

Rebhuhn mit Linsengemüse

150 g braune Linsen
30 g Speckwürfel
je 30 g Schalotten, Möhren und Sellerie, gewürfelt
1 EL Schweineschmalz
1 EL Tomatenmark
125 ml Rotwein
250 ml Fleischbrühe
je 1 EL Sherry- und Balsamico-Essig
1 TL Senf
Salz und Pfeffer aus der Mühle
4 küchenfertige Rebhühner
16 Scheiben durchwachsener Speck
Butter für die Form

Linsen über Nacht in kaltem Wasser einweichen. Speck- und Gemüsewürfel im Schmalz anrösten. Geben Sie das Tomatenmark dazu und löschen Sie das Ganze mit dem Wein ab. Geben Sie die Linsen und Fleischbrühe dazu und kochen Sie die Linsen weich. Würzen Sie mit Essig, Senf, Salz und Pfeffer. Heizen Sie den Backofen auf 220 °C vor. Salzen und pfeffern Sie die Rebhühner von innen und außen und umwickeln Sie sie mit den Speckscheiben. Buttern Sie eine feuerfeste Form, geben Sie das Linsengemüse hinein, setzen Sie die Rebhühner darauf und braten Sie alles etwa 15 Min. im Backofen. 5 Min. vor Ende der Garzeit den Speck entfernen.

Eier – Warenkunde

Hühnerei
Hühnereier gibt es je nach Rasse mit weißer oder brauner Schale – für den Geschmack und den Nährwert ist dies allerdings absolut bedeutungslos. Aufgrund ihres vergleichsweise milden Geschmacks sind sie in der Küche vielseitig verwendbar.

Wachtelei
Wachteleier erreichen nur ein Drittel der Größe eines Hühnereis. Ihre beigefarbene, getupfte Schale ist sehr dünn, und man benötigt nicht mehr als 3 Minuten, um sie hart zu kochen. Sie sind wegen ihrer Größe sehr dekorativ z. B. als Mini-Spiegelei oder in Salaten. Als Hauptspeise benötigt man 3 bis 5 Eier pro Person.

Gänseei
Gänseeier wiegen ca. 150 bis 200 g, die Schale ist weiß und hart, der Geschmack intensiv. Man verwendet sie wie Hühnereier.

Chinesisches Ei
Das Chinesische Ei, auch als Tausendjähriges oder Hundertjähriges Ei bekannt, ist eine Spezialität der chinesischen Küche. Rohe Enteneier werden mit einer Mischung aus Schlamm, Asche, Reisspeltz und Teeblättern bedeckt und für 100 Tage in der Erde vergraben. Der Dotter wird in dieser Zeit sahnig und entwickelt ein scharfes Aroma, das Eiweiß wird gelb und fest. Geschält und in Scheiben geschnitten, serviert man das Ei mit eingelegtem Ingwer und einem Essigdip.

Straußenei
Das Straußenei – bei uns leider nur sehr selten erhältlich – ist etwa 20-mal so groß wie ein Hühnerei. Damit ist es hervorragend für die Verarbeitung zu Riesenomelettes geeignet. Die Nährwerte entsprechen denen eines Hühnereis.

Entenei
Besonders in der asiatischen Küche schätzt man die gelblich-weißen Eier. Die Schale ist fest, das Eiweiß gallertartig. Sie sind größer, fettreicher und im Geschmack intensiver als Hühnereier. Weil Enteneier in hohem Maß mit Salmonellen belastet sind, dürfen sie nicht roh verwendet werden. Je nach Größe benötigen sie 10–15 Minuten, um hart zu kochen.

Frischetest

Es gibt verschiedene Methoden, den Frischegrad eines Eis zu bestimmen. Geben Sie das Ei in kaltes Wasser: Bleibt es waagerecht am Boden liegen, ist es frisch; je schräger es im Wasser liegt, desto älter ist es. Eine andere Methode: Halten Sie das Ei gegen eine starke Lichtquelle. Bei frischen Eiern ist der Eidotter nur schwach erkennbar, mit zunehmenden Alter sticht das Eigelb immer deutlicher hervor, und auch die Luftkammer wird größer. Wenn sie das Ei ohne Schale verwenden, schlagen Sie es auf einen Teller: Ist das Eigelb hochgewölbt, rund und prall, handelt es sich um ein frisches Ei. Je älter das Ei, desto flüssiger, flacher und verletzbarer ist der Dotter.

Lagerung

Lagern Sie Eier im Kühlschrank bei ca. 5 °C, mit der spitzen Seite nach unten. So kann die Luftkammer auf der dicken Seite „atmen“. Frische Eier halten sich gekühlt etwa drei Wochen (unbedingt das Mindesthaltbarkeitsdatum auf der Schachtel beachten!), gekochte Eier bis zu zwei Wochen. Eier, deren Mindesthaltbarkeitsdatum abgelaufen ist, dürfen nur noch durcherhitzt verzehrt werden! Aufgrund der Salmonellengefahr sollte man keine Eier mit verschmutzter oder gar gesprungener Schale verwenden. Mit rohen Eiern zubereitete Speisen wie Mayonnaise oder Tiramisu dürfen nur gut gekühlt und möglichst kurz aufbewahrt werden!

Verwendung in der Küche

Eier sind der Tausendsassa unter den Nahrungsmitteln und aus keiner Küche wegzudenken. Verquirlte Eier eignen sich hervorragend, um Suppen zu binden, und frisches Eigelb ergibt – langsam mit Öl verquirlt und mit verschiedenen Gewürzen fein abgeschmeckt – eine köstliche Mayonnaise. Rührkuchen wird besonders locker, wenn man das Eiweiß der angegebenen Eiermenge zu Eischnee aufschlägt und vorsichtig unter den Teig hebt, bevor man ihn in den Backofen schiebt.

Aber natürlich lässt sich aus Eiern auch eine eigenständige Mahlzeit bereiten, sei es ein gekochtes oder pochiertes Ei, Rührei, Spiegelei oder ein Omelette. Mit Ausnahme von Pfannkuchen, Omelettes und Spiegeleiern, die stark erhitzt werden, sollte man Eier nur mäßiger Hitzezufuhr aussetzen, damit ihre Konsistenz nicht gummiartig wird. Eiersaucen wie die Sauce Hollandaise werden nur im warmen Wasserbad aufgeschlagen, da das Ei sonst gerinnt.

Spinateier im Förmchen

150 g Blattspinat, blanchiert, grob gehackt
1 EL Sahne
Salz und Pfeffer aus der Mühle
1 Messerspitze gemahlene Muskatnuss
50 g weiche Butter
100 g junger Parmesan, gerieben
4 große Eier
Butterflöckchen

Heizen Sie den Backofen auf 180 °C vor und stellen Sie ein tiefes Blech mit etwas Wasser hinein. Vermengen Sie den Blattspinat mit der Sahne und den Gewürzen. Fetten Sie mit einem Teil der Butter vier ofenfeste Förmchen ein, füllen Sie den Spinat in gleichen Teilen hinein und streuen Sie eine Teil des Parmesans darauf. Schlagen Sie jeweils ein Ei auf den Spinat, streuen Sie etwas Käse darüber und legen Sie einige Butterflöckchen darauf. Decken Sie die Förmchen eventuell mit etwas Alufolie ab und stellen Sie sie für etwa 5 bis 8 Min. in das Wasserbad im Backofen. Nach dem Garen die Folie entfernen, auf einen Teller stellen und mit frisch geröstetem Vollkorntoast servieren.

Tortilla

800 g Kartoffeln, geschält, in Scheiben oder Würfel geschnitten
8 EL Olivenöl
6 frische Eier
Salz

Erhitzen Sie die Hälfte des Olivenöls in einer Bratpfanne. Geben Sie die Kartoffeln in die Pfanne und braten Sie sie unter Wenden bei geringer Hitze, bis sie gar und leicht angebräunt sind. Schlagen Sie die Eier mit dem Schneebesen schaumig und salzen Sie sie. Geben Sie die Kartoffeln in eine Schüssel und mischen Sie die Eier darunter. Erhitzen Sie die andere Hälfte des Olivenöls in der mit Küchenpapier ausgeriebenen Pfanne. Gießen Sie die Eiermasse hinein und lassen Sie sie bei sehr kleiner Temperatur 2 bis 3 Min. stocken. Wenden Sie die Tortilla mit Hilfe eines flachen Tellers.

DINA
PESO kg
IMPORTE
EL MERCAT
Vedella
1400

FLEISCH UND HAARWILD

Einleitung

Ob Tafelspitz, Entrecôte oder Lammkeule, ob gebraten, gekocht oder geschmort – seit jeher zählt ein perfekt zubereitetes Stück Fleisch zu den größten Delikatessen. Zwar haben Hormonskandale und die Angst vor BSE die Verbraucher in den letzten Jahren mehr und mehr verunsichert, doch immer noch steht Fleisch im Mittelpunkt eines jeden Festtagsmenus. Dabei war frisches Fleisch lange Zeit für die meisten ein unerschwinglicher Luxus, der allein den wohlhabenden Familien vorbehalten war. Erst die moderne Viehzucht und neue Methoden der Haltbarmachung führten ab der Mitte des 19. Jahrhunderts dazu, dass sich auch die unteren Schichten ihren Sonntagsbraten leisten konnten.

Mittlerweile wird sogar des Öfteren vor allzu hohem Fleischkonsum gewarnt. Doch in Maßen genossen (zweimal pro Woche) zählt Fleisch, das unter anderem reich an hochwertigem Eiweiß, verschiedenen B-Vitaminen und Eisen ist, zu den gesündesten Nahrungsmitteln. Und auch der Fettgehalt beträgt im Durchschnitt lediglich 8,6 Prozent. Man unterscheidet zwischen *Schlachtfleisch* (Rind-, Schweine- und Lammfleisch), also den Fleischsorten, die von zur Schlachtung gezüchteten Tieren stammen, und *Wildfleisch* (Reh, Wildschwein, Hase etc.). Im Unterschied zum Schlachtfleisch weist Wildfleisch eine dunklere Farbe und einen höheren Eiweißgehalt auf. Es ist magerer, und der ausgeprägte Wildgeschmack macht es würziger.

Geschmack und Zartheit eines Fleischstücks sind sowohl von der Herkunft und dem Alter eines Tieres als auch von der Haltung, der Schlachtung und der Lagerung (Reife) abhängig. Je jünger das Tier ist und je besser – sprich: artgerechter – die Bedingungen während der Aufzucht sind, desto qualitätsvoller ist das Fleisch. Damit sich die Geschmacksstoffe voll entfalten können und das Fleisch zart und mürbe wird, lässt man es nach der Schlachtung unter kontrollierten Temperatur- und Feuchtigkeitsbedingungen „reifen“: Rindfleisch wird normalerweise zehn bis 20 Tage abgehängt, bevor es in den Verkauf kommt, Kalb- und Lammfleisch vier bis sieben Tage, Schweinefleisch braucht nur zwei bis drei Tage, bis es reif ist.

Fleisch ist leicht verderblich. Rohe, aber auch gegarte Stücke sollten deshalb nicht länger als zwei Stunden bei Zimmertemperatur aufbewahrt werden; mit einer Folie abgedeckt, halten sie sich im kältesten Bereich des Kühlschranks (0 bis 4 °C) zwei bis drei Tage. Größere Mengen können problemlos eingefroren werden. Sofern die einzelnen Portionen luftdicht verschlossen sind, leidet die Qualität des Fleisches nicht.

Einkaufstipp: Woran erkennt man ein gutes Stück Fleisch?

Die schmackhaftesten und zartesten Stücke stammen im Allgemeinen vom mittleren und hinteren Teil des Tieres, da deren Muskelpartien weniger bewegt werden als die von Vorderteilen, Hals und Beinen. Vor allem bei *Rindfleisch* sollte man auf die so genannte Marmorierung achten. Nur ein deutlich marmoriertes, also mit Fett durchwachsenes Stück bleibt beim Garen zart und saftig. Ein weiteres, wichtiges Indiz für die Frische eines Fleischstücks ist seine Farbe. Das Fleisch junger Tiere hat generell eine hellere Farbe als das von älteren. *Schweinefleisch* darf hellrosa, leicht marmoriert, aber auf keinen Fall wässrig aussehen. Allzu helles, zu mageres Schweinefleisch sollte man meiden.

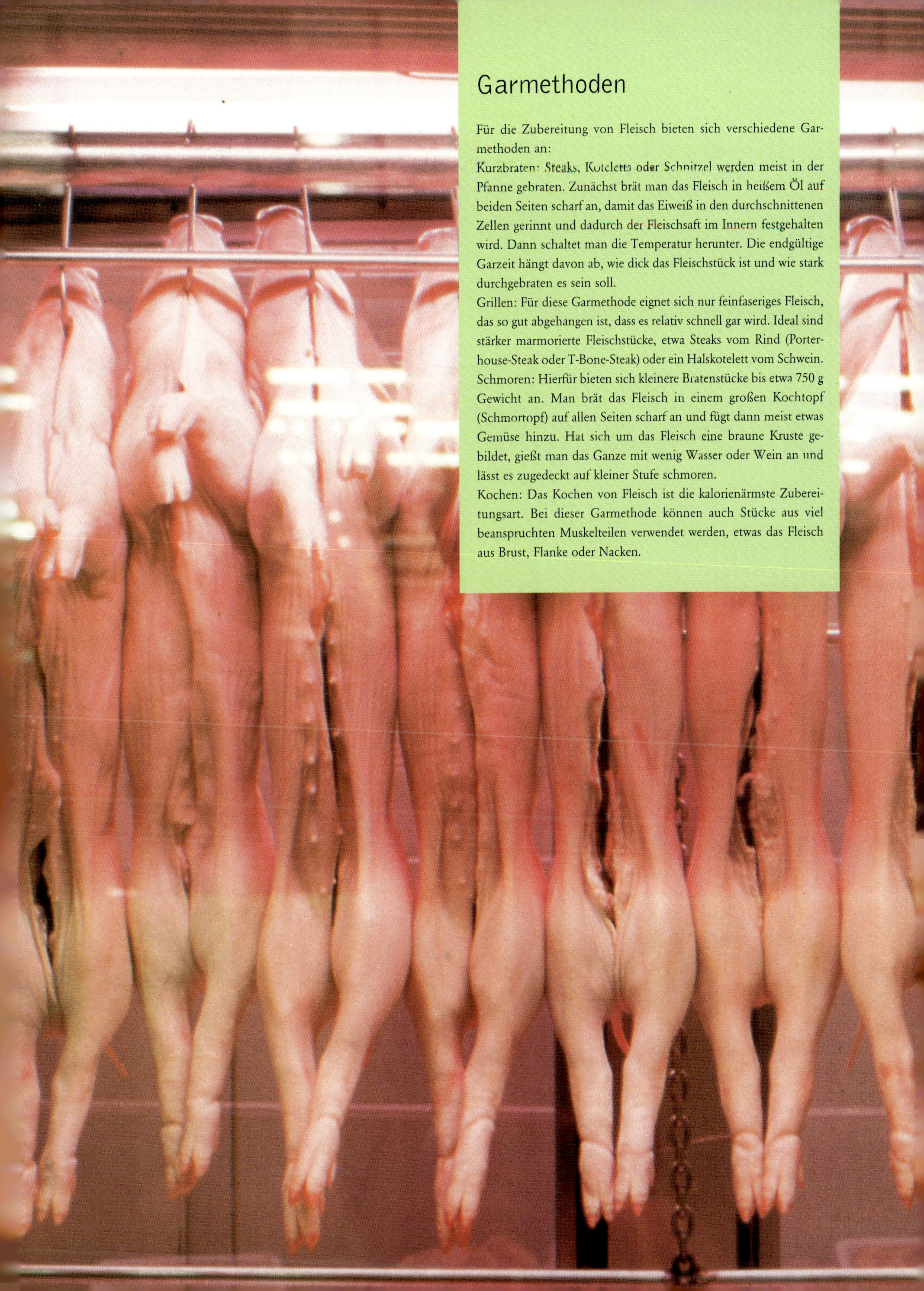

Garmethoden

Für die Zubereitung von Fleisch bieten sich verschiedene Garmethoden an:

Kurzbraten: Steaks, Koteletts oder Schnitzel werden meist in der Pfanne gebraten. Zunächst brät man das Fleisch in heißem Öl auf beiden Seiten scharf an, damit das Eiweiß in den durchschnittenen Zellen gerinnt und dadurch der Fleischsaft im Innern festgehalten wird. Dann schaltet man die Temperatur herunter. Die endgültige Garzeit hängt davon ab, wie dick das Fleischstück ist und wie stark durchgebraten es sein soll.

Grillen: Für diese Garmethode eignet sich nur feinfaseriges Fleisch, das so gut abgehangen ist, dass es relativ schnell gar wird. Ideal sind stärker marmorierte Fleischstücke, etwa Steaks vom Rind (Porterhouse-Steak oder T-Bone-Steak) oder ein Halskotelett vom Schwein.

Schmoren: Hierfür bieten sich kleinere Bratenstücke bis etwa 750 g Gewicht an. Man brät das Fleisch in einem großen Kochtopf (Schmortopf) auf allen Seiten scharf an und fügt dann meist etwas Gemüse hinzu. Hat sich um das Fleisch eine braune Kruste gebildet, gießt man das Ganze mit wenig Wasser oder Wein an und lässt es zugedeckt auf kleiner Stufe schmoren.

Kochen: Das Kochen von Fleisch ist die kalorienärmste Zubereitungsart. Bei dieser Garmethode können auch Stücke aus viel beanspruchten Muskelteilen verwendet werden, etwas das Fleisch aus Brust, Flanke oder Nacken.

Charolais-Rind (Frankreich)

Rubia Gallega (Galizien, Spanien)

Retinta (Extremadura, Spanien)

Angus-Rinder (Argentinien)

Rind

Höhlenmalereien in Frankreich und Spanien zeigen, dass Rindfleisch bereits in der Steinzeit hoch geschätzt wurde. Damals mussten unsere Vorfahren die Rinder allerdings noch auf der Jagd erlegen. Erst um 6500 v. Chr. wurden in den Gebieten des heutigen Makedoniens und der Türkei die ersten Rinder (Auerochsen) als Schlachttiere gezüchtet. Mit dem Begriff *Rind* bezeichnet man übrigens sowohl die männlichen als auch die weiblichen Tiere. *Bulle* oder *Stier* heißen dagegen nur die männlichen Tiere. Der *Ochse* ist ein kastriertes männliches Rind; durch die Kastration wird er ruhiger als ein Stier und sein Fleisch zartfaseriger und feiner marmoriert, allerdings mit stärkerem Fettansatz.

Unsere heutigen Hausrindrassen stammen alle vom *Ur-* oder *Auerochsen* ab. Je nachdem, ob die Tiere vorrangig zur Fleisch- oder Milchproduktion gehalten werden, spricht man von Fleisch- bzw. Milchrassen. In Europa sind die so genannten Zwei- bzw. Doppelnutzungsrassen, die sowohl gutes Fleisch als auch viel Milch liefern sollen, weit verbreitet. Als bedeutendste europäische Rinderrassen gelten die *Schwarzbunte Rasse* (schwarzweiß gefleckt) und das *Fleckvieh* (seine gescheckte Farbe variiert von Weiß bis Dunkelrotbraun). Zu den reinen Fleischrassen gehören das aus Frankreich stammende weiße, massige *Charolais-Rind*, das ausgezeichnete Fleischqualität liefert, sowie das weltweit am weitesten verbreitete englische *Hereford-Rind* (Körper dunkelrot, an Kopf und Bauch weiß). Ebenso geschätzt sind bei Feinschmeckern das tiefrote Fleisch der schwarzen *Angus-Rinder* sowie das überaus zarte, aber hochpreisige Fleisch der *Kobe-Rinder* aus Japan. Letztere werden regelmäßig von Hand massiert, um ein möglichst gleichmäßig marmoriertes Fleisch zu erhalten.

Obwohl die reine Weidehaltung eine hervorragende Fleischqualität garantiert – das Fleisch artgerecht gehaltener Tiere weist eine zartere Marmorierung auf und ist vom Geschmack her kräftiger –, findet man heute nur noch selten Bauern, die ihre Rinder ausschließlich mit Grünfutter und Heu aufziehen. In Europa haben sich die meisten Bauernhöfe auf die so genannte Intensivmast umgestellt. Dabei werden die Rinder ausschließlich in Ställen gehalten und mit einer ausgeklügelten Futterkombination, bestehend aus Silofutter, Kraftfutter, Vitaminen und Mineralstoffen, aufgezogen, sodass sie statt nach zwei oder mehr Jahren bereits nach etwa zehn Monaten ihr Schlachtgewicht (je nach Rasse bis zu 600 kg) erreichen. Hormone als Masthilfe sind in Europa übrigens verboten. Der Einsatz von Medikamenten, etwa von Antibiotika, ist genauestens geregelt.

Die einzelnen Teilstücke des Rinds unterscheiden sich in Struktur, Fettgehalt und Geschmack. Beine, Brust, Flanke und Hals (Kamm) – hier befinden sich die stark beanspruchten Muskelpartien des Tieres – liefern kräftig schmeckendes Fleisch, das allerdings recht lange garen muss, um weich und zart zu werden. Man verwendet es daher zum Schmoren und Kochen sowie zum Garen im Backofen. Am wenigsten bewegt werden die Muskeln am Rücken und im Bereich der Hüfte. Hier liegen die begehrtesten Stücke, etwa das Filet oder Roastbeef. Sie sind wie geschaffen zum Kurzbraten (Rumpsteak, Chateaubriand). Vorderkeule und Schulter (Bug), die größten Fleischpartien beim Rind, liefern vielseitig verwendbare Fleischstücke. Sie eignen sich sowohl als Bratfleisch als auch als Gulasch oder Suppenfleisch. Die Hinterkeule besteht aus den Teilstücken Nuss (Kugel), Oberschale und Unterschale. Aus Nuss und Oberschale gewinnt man insbesondere bindegewebsarme, zartfaserige Fleischstücke, die ideal zum Braten und Schmoren sind; das Fleisch der Oberschale wird auch zu Tartar verarbeitet. Aus der Unterschale stammen unter anderem Sauerbraten und Spickbraten.

Kampfstiere

In der ägyptischen und griechischen Sagenwelt waren Rinder ein Symbol für Stärke und Männlichkeit. Im Stierkampf hat sich diese kultische Bedeutung bis in die Neuzeit erhalten. Aus der Stammform des Auerochsen wurden im Laufe der Jahrhunderte fünf Rassen gezüchtet, die als besonders temperamentvoll und kampfesmutig gelten. Die meisten Kampfstiere werden auf den kargen, ausgedehnten Weiden im Südwesten Spaniens gezüchtet, vorrangig in der Provinz Salamanca. Die Züchter müssen ihre Herden sehr gut bewachen, denn die Tiere dürfen vor ihrer Teilnahme an einer „corrida", die sie meist mit ihrem Leben bezahlen, in keinen Kampf verwickelt gewesen sein, da sie sonst in der Arena sofort angreifen würden.

Fleischschnitt beim Rind

1. Kopf
2. Hals
3. Fehlrippe
4. Hochrippe (hohes Roastbeef)
5. Flachrippe (flaches Roastbeef mit Filet)
6. Hüfte
7. Wamme
8. Blattrippe
9. Lappen
10. Schulter (Bug)
11. Keule (Schlegel)
12. Brust
13. Vorderhesse
14. Hinterhesse
15. Füße

Frische Meerrettichsauce

Frische Meerrettichsauce, eine cremig-scharfe Beigabe zu Tafelspitz oder geräuchertem Fleisch, sollte man im Voraus zubereiten, damit die Aromastoffe Zeit haben, sich zu verbinden: Die frische Meerrettichwurzel wird geschält und zu einer feinen Masse gerieben. Diese drückt man leicht aus und vermischt sie dann langsam mit steif geschlagener Sahne; je mehr Sahne man nimmt, desto milder wird die scharfe Meerrettichmasse. Damit die Sauce glatter wird, kann man noch etwas Öl hinzugeben. Zum Schluss wird sie mit Salz, Pfeffer und etwas Zitronensaft abgeschmeckt.

Rindfleisch bardieren

1. Vor dem Ummanteln mit Speck wird der Rinderbraten mit Kräutern und Gewürzen eingerieben.

2. Dann belegt man ihn rundum der Länge nach mit Speckstreifen.

3. Damit der Speck nicht verrutscht, nimmt man Küchengarn und wickelt es zunächst längs um den Braten, anschließend festknoten.

4. Ein weiteres Stück Schnur mehrmals quer über die gesamte Länge des Bratens binden.

5. Durch das Ummanteln mit Speckstreifen trocknen magere Fleischstücke bei langem Schmoren nicht aus, sie bleiben wunderbar zart und saftig. Vor dem Servieren alle Speckreste entfernen.

Bio-dynamische Tierhaltung

Aufgrund der Fleischskandale der letzten Jahre wie Schweinepest und BSE haben viele Verbraucher ihren Fleischkonsum mehr und mehr eingeschränkt. Man achtet eher auf Qualität und kauft immer häufiger Fleisch aus bio-dynamischer (Demeter) oder organisch-biologischer Zucht (Bioland). Die Bauernhöfe, die unter diesen Markennamen produzieren, haben sich dazu verpflichtet, bestimmte Haltungs-, Fütterungs- und Schlachtungsbedingungen einzuhalten. So verfüttern Biobauern nur eigens angebaute Futtermittel (beispielsweise Kleegras, Heu und Kraftfutter aus Getreide). Vorbeugende synthetische Arzneimittel, Antibiotika oder Leistungsförderer zur Beschleunigung des Wachstums kommen nicht zum Einsatz. Den Sommer verbringen die Tiere meist im Freien. Natürlich hat das Fleisch von artgerecht gehaltenen Tieren seinen Preis. Dafür schrumpft es beim Braten nicht zusammen und hat einen besonders aromatischen Geschmack.

Rinderlende in Granatapfelsauce

800 g Rinderfilet
Salz
Pfeffer
2 fein gehackte Zwiebeln
2 fein gehackte Knoblauchzehen
125 ml Weißwein
100 ml Olivenöl
125 ml trockener Sherry
2 Granatäpfel
6 EL Fleischbrühe

Schneiden Sie das Filet in dünne Scheiben und würzen Sie es mit Salz und Pfeffer. Legen Sie das Fleisch in eine flache Tonschüssel, streuen Sie eine Zwiebel und den Knoblauch darüber. Gießen Sie den Wein und 8 EL Olivenöl an und lassen Sie die Filetscheiben einige Stunden marinieren. Erhitzen Sie 2 EL Olivenöl in einer Pfanne, schmoren sie darin die restliche Zwiebel kurz an und löschen Sie alles mit Sherry ab. Lösen Sie die Kerne eines Granatapfels heraus, geben Sie sie zur Zwiebelmischung, 6 EL Fleischbrühe dazu und lassen Sie alles 20 Min. köcheln. Nehmen Sie die Filetscheiben aus der Marinade, tupfen Sie das Fleisch ab und braten Sie es in 2 EL Öl bei nicht zu starker Hitze, dabei häufig wenden. Legen Sie das Fleisch in die Zwiebel-Granatapfelsauce und lassen Sie es im Backofen bei schwacher Hitze 15 Min. ziehen. Streuen Sie die Kerne des zweiten Granatapfels über die Filets.

Filet Wellington

700 g Rinderfilet am Stück
Salz und Pfeffer aus der Mühle
3 EL Sonnenblumenöl
3 Schalotten, fein gehackt
300 g braune Champignons, fein gehackt
30 g Butterschmalz
3 EL glatte Petersilie, fein gehackt
1 Brötchen vom Vortag
125 ml Milch
250 g Kalbshack
2 mittelgroße Eier
Paprikapulver, edelsüß
Salz, Pfeffer aus der Mühle
600 g Tiefkühl-Blätterteig (6 Platten), aufgetaut
Mehl zum Ausrollen des Teiges
2 Eigelb von mittelgroßen Eiern
2 EL Sahne

Salzen und pfeffern Sie das Rinderfilet und braten Sie es im Bräter etwa 8 Min. an. Dann herausnehmen und abkühlen lassen. Schwitzen Sie die Schalotten und Champignons im Butterschmalz an und fügen Sie die Petersilie hinzu. Dünsten Sie das Ganze unter Rühren, bis die Flüssigkeit verdampft ist. Vom Herd nehmen und auskühlen lassen. Schneiden Sie das Brötchen in dünne Scheiben, gießen Sie die erwärmte Milch darüber und lassen Sie es 10 Min. quellen. Dann das Brot herausnehmen und ausdrücken. Geben Sie das Kalbshack in eine Schüssel und fügen Sie die Champignonmasse und das Brötchen hinzu. Verkneten Sie alles mit den Eiern und Gewürzen zu einer Farce. Heizen Sie den Backofen auf 200 °C vor. Legen Sie die Blätterteigplatten auf einer bemehlten Arbeitsplatte an den Rändern leicht überlappend zu einem Rechteck. Bestäuben Sie den Teig mit Mehl und rollen Sie ihn so groß aus, dass das Rinderfilet darin eingewickelt werden kann. Streichen Sie etwas von der Kalbsfarce auf die Mitte der Teigplatte, legen Sie das Fleisch darauf und bestreichen Sie es mit der restlichen Farce. Verquirlen Sie Eigelb und Sahne und streichen Sie damit die Teigränder ein. Schlagen Sie den Teig über das Fleisch und drücken Sie ihn an den Rändern gut zusammen. Schneiden Sie den überstehenden Teig ab. Spülen Sie ein Backblech mit kaltem Wasser ab und legen Sie das eingepackte Filet mit der Teignaht nach unten darauf. Bestreichen Sie es mit der restlichen Eigelbsahne. Backen Sie den Braten etwa 45 Min. im vorgeheizten Backofen. Nehmen Sie das Filet aus dem Ofen und lassen Sie es 10 Min. ruhen, damit sich der Fleischsaft wieder gleichmäßig verteilt. Schneiden Sie das Fleisch in Scheiben und richten Sie es auf einer Platte an.

Geschmortes Stierfleisch

1 kg Stierfleisch, gewürfelt
5 EL Olivenöl
3 kleine Zwiebeln
4 Knoblauchzehen, fein gehackt
1/2 Sellerieknolle, gekocht und gewürfelt
3 Möhren, in Scheiben geschnitten
3 abgezogene Tomaten, geviertelt
Salz, Pfeffer
3 EL Mehl
500 ml Rotwein
3 Lorbeerblätter und 3 Gewürznelken
1 Messerspitze Zimt
1 Pfefferschote, entkernt und gehackt
750 ml Fleischbrühe
2 EL Petersilie, gehackt

Braten Sie das Stierfleisch an, geben Sie Zwiebeln und Knoblauch dazu, braten Sie diese kurz mit und geben Sie dann das Gemüse hinein. Würzen Sie mit Salz und Pfeffer, mischen Sie alles gut durch, stäuben Sie etwas Mehl darüber und löschen Sie es mit dem Wein ab. Geben Sie die Lorbeerblätter, Gewürznelken und die Pfefferschote dazu. Gießen Sie die Fleischbrühe an und lassen Sie das Gericht etwa 2 Stunden auf kleiner Flamme köcheln. Schmecken Sie das Ragout mit einer Spur Zimt ab und mischen Sie zuletzt die Petersilie darunter.

Braten aufschneiden

1. Vor dem Aufschneiden sollte man den Braten zehn Minuten ruhen lassen, damit der Fleischsaft sich wieder gleichmäßig verteilen kann.

2. Mit einem Fleischmesser in dünne Scheiben schneiden und auf einer Platte anrichten.

Filetsteaks Rossini

8 kleine Filetsteaks à 90 g
Salz und Pfeffer aus der Mühle
50 g Butterschmalz
120 g Gänsestopfleber, in 8 kleine Scheiben geschnitten
10 g schwarze Trüffeln, in 8 feine Scheibchen gehobelt
100 ml Rinderfond
1 Würfel Bratensaft
40 ml Madeira
20 g kalte Butter
1 EL Schnittlauchröllchen

Heizen Sie den Backofen auf 170 °C vor. Reiben Sie die Filetsteaks mit Salz und Pfeffer ein. Erhitzen Sie das Butterschmalz in einer Pfanne und braten Sie die Steaks darin kurz von beiden Seiten an. Legen Sie die Steaks auf ein Backblech. Braten Sie die Gänseleber im verbliebenen Fett kurz an, legen Sie jeweils eine Scheibe auf ein Steak und lassen Sie das Fleisch im Backofen für etwa 8 Min. garen. Geben Sie den Rinderfond zum Bratensatz und kochen Sie ihn, bis er sich löst. Lassen Sie die Sauce etwas einkochen, schmecken Sie sie mit Madeira ab und würzen Sie sie eventuell nach. Passieren Sie die Sauce durch ein feines Sieb, lassen Sie sie kurz aufkochen, nehmen Sie die Sauce vom Herd und rühren Sie die Butter zügig unter. Verteilen Sie die Sauce auf vier Teller und legen Sie jeweils zwei der Tournedos darauf. Legen Sie jeweils eine Trüffelscheibe auf die Gänseleberscheiben. Mit Schnittlauch bestreuen und servieren.

Kalb

Mit *Kalb* bezeichnet man ein männliches oder weibliches Rind im ersten Lebensjahr, wobei die geschlachteten Tiere überwiegend männlich sind, da die weiblichen eher zu Milchkühen aufgezogen werden. Meist haben Kälber ihr Schlachtgewicht von etwa 120 kg bereits nach zehn bis zwölf Wochen erreicht. Kalbfleisch ist in aller Regel sehr fettarm, zart, saftig und leicht verdaulich. Zudem besitzt es einen hohen Nährwert, da es besonders reich an Eiweiß ist.

Als kulinarische Delikatesse schätzt man vor allem das überaus zarte und magere Fleisch von so genannten Milchkälbern. Hierbei handelt es sich um Tiere, die ausschließlich mit Milch gefüttert werden. Da Kalbfleisch, und besonders Milchkalbfleisch, relativ teuer ist – in der Vergangenheit ein Privileg der Reichen –, sollte man es mit ganz besonderer Sorgfalt zubereiten. Die hochwertigsten Stücke schneidet man übrigens aus dem Rücken und der Keule.

Lange Zeit vertraten viele Verbraucher die irrige Meinung, je heller das Fleisch, desto besser die Qualität, heute weiß man jedoch, dass das blassrosa bis weiße Fleisch auf ein extrem eisenarmes Futter und die Haltung in engen Boxen zurückgeht. Die Tiere sind durch den Bewegungsmangel krankheitsanfälliger und müssen somit öfter mit Medikamenten behandelt werden. Zudem enthält ihr Fleisch weniger Nährstoffe. Heute werden Kälber bereits vielfach in größeren Ställen gehalten, wo sie sich freier bewegen können. Abgesehen von der artgerechteren Haltung wird durch die freie Bewegung der Tiere fettärmeres Fleisch produziert, das einen kräftigeren Rosaton aufweist.

Wie beim Rind unterscheidet man auch beim Kalbfleisch verschiedene Teilstücke: Die Rückenpartie des Kalbes besteht aus dem Hals (Kamm), dem Kotelettstück, dem Nierenstück und dem Filet. Aus dem Filet schneidet der Metzger unter anderem die bekannten Kalbsmedaillons. Das Fleisch der Vorderkeule, auch Bug oder Schulter genannt, wird vorrangig für Kalbsbraten und Gulasch verwendet. Rollbraten, Ragouts und Hackfleisch gewinnt man aus der unteren Partie des Kalbs, aus Brust und Bauch. Die Hinterkeule besitzt zarteres Fleisch als die Vorderkeule. Sie besteht – von oben nach unten gesehen – aus der Hüfte (besonders für Schnitzel geeignet), der Nuss sowie der Ober- und der Unterschale. Der unterste Teil der Keule heißt Hesse oder Hachse (in Süddeutschland Haxe); daraus werden die bekannten Kalbshaxengerichte, etwa das berühmte „ossobuco" bereitet. Eine traditionelle Spezialität ist die Kalbsbrust, die meistens gefüllt wird und besonders saftig und aromatisch ist. Beliebt ist außerdem das Bries, die Thymusdrüse des Kalbs, die unterhalb des Halses sitzt.

Da Kalbfleisch sehr mager ist, trocknet es beim Braten leicht aus. Kurzbratstücke werden daher oft durch eine Panade geschützt. Im Ofen zubereitete Braten sollte man immer wieder mit Bratflüssigkeit übergießen.

Kalbsbrust füllen

Da Kalbfleisch verglichen mit anderen Fleischarten relativ mild im Geschmack ist, eignet es sich vorzüglich zum Füllen mit einer würzigen Farce. Mittlerweile gibt es viele verschiedene Füllungen. Sehr bekannt sind die Kalbsbrustfülle auf Münchner Art (eine Mischung aus Kalbshackfleisch, Geflügelleber, Kalbsnierenfett und eingeweichtem Brötchen, das alles durch den Fleischwolf gedreht wird, vermischt mit Ei, Kräutern und Gewürzen) und die Kalbsbrustfülle auf Hamburger Art (in Butter geröstete Schinken-, Zwiebel- und Brötchenwürfel, vermengt mit Ei, Milch und Gewürzen).

Fleischschnitt beim Kalb

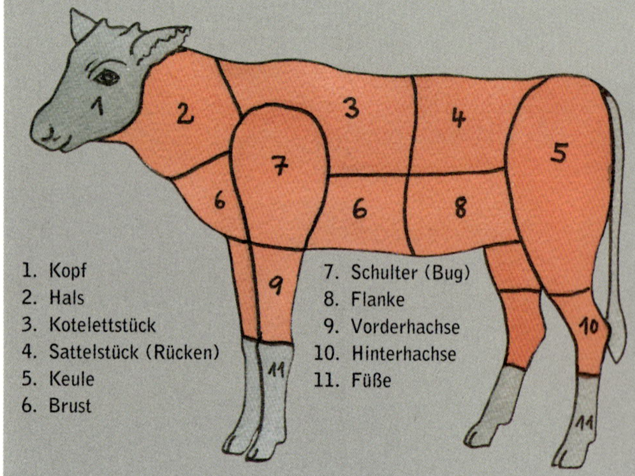

Zehn bis zwölf Wochen alte Kälber, die zudem – wie hier – auf der grünen Wiese leben, liefern das beste Kalbfleisch.

Kalbsjus

Eine gute *Kalbsjus* ist für die Zubereitung und Verfeinerung köstlicher Saucen und Suppen unentbehrlich. Hergestellt wird sie aus Kalbfleisch, Kalbsknochen und in Butter geröstetem Gemüse (Zwiebeln, Karotten, Stangensellerie, Knoblauch). Die Zutaten werden angebraten, mit Wein abgelöscht und die Flüssigkeit stark reduziert. Anschließend füllt man den eingekochten Sud mit Wasser auf, würzt ihn und lässt das Ganze wiederum vier Stunden lang einkochen. Um eine klare Jus zu erhalten, muss man den Schaum öfters abschöpfen. Zum Schluss wird der Fond durch ein Sieb gegossen und nach Erkalten entfettet, indem man das erstarrte Fett an der Oberfläche mit einem Schaumlöffel abhebt. Echter Kalbsfond geliert so stark, dass er zum Einfrieren portionsweise in Würfel geschnitten werden kann.

Kalbsrücken entbeinen

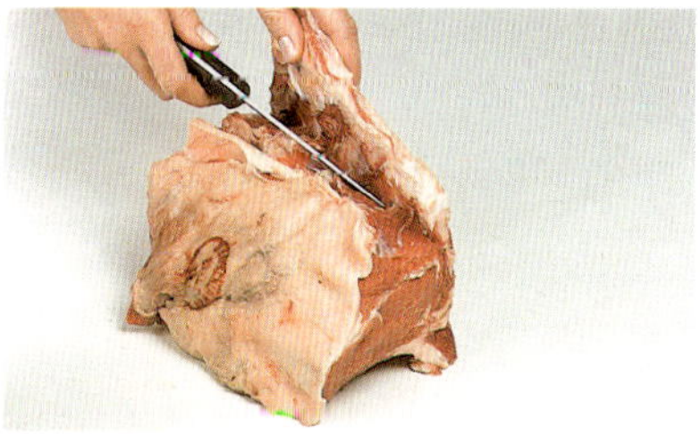

1. Mit der Messerspitze das Fleisch zwischen den Wirbelknochen frei schneiden.

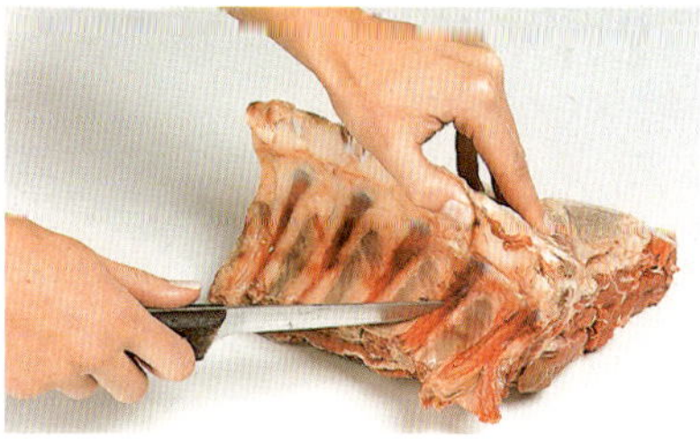

2. Das Filet mit einem scharfen Messer in einem Stück vom Rückgrat lösen.

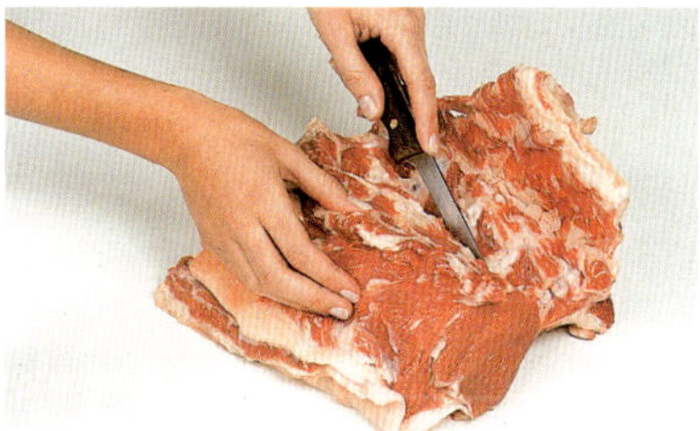

3. Um das Rückgrat in einem Stück zu entfernen, das Messer unter die Knochen führen.

4. Nachdem das Rückgrat abgetrennt wurde, das Fett vom Fleisch abschneiden.

5. Den ausgelösten Kalbsrücken – schräg und quer zur Fleischfaser – in portionsgroße Stücke schneiden.

Wiener Schnitzel

Zu den Klassikern unter den Kalbfleischgerichten zählt das *Wiener Schnitzel*, eine österreichische Spezialität, die es mittlerweile in zahlreichen Variationen gibt. Über die Herkunft dieses Rezepts (ein Kalbsschnitzel wird zunächst in Mehl, dann in verquirltem Ei und schließlich in Semmelbröseln gewendet, bevor es in der Pfanne goldbraun gebraten wird) ranken sich wahre Mythen. Neueste Version: Angeblich hat General Radetzky dem jungen Kaiser Franz Joseph das Rezept aus Mailand in einem Brief übermittelt. Ob er darin jedoch eher von dem bekannten Kotelett auf Mailänder Art (*costoletta alla milanese*, mit einer Panade aus Weißbrotbröseln) sprach, die dann später in Wien zur heutigen Form abgewandelt wurde oder das Wiener Schnitzel tatsächlich in der Lombardei erfunden wurde, sei dahingestellt.

Fest steht, dass die *costoletta alla milanese* aus dem 14. bis 16. Jahrhundert stammt. Vor ihrer Erfindung und damit vor Erfindung der Panade aus Ei und Brotbröseln belegten die Reichen ihre Speisen manchmal mit Blattgold, da die Ärzte der Ansicht waren, Gold stärke das Herz. Mag sein, dass die goldgelb gebackene Panade für die weniger Betuchten ein optischer Ersatz für das Blattgold war. Das echte Wiener Schnitzel stammt übrigens immer aus der Nuss bzw. der Oberschale des Kalbs, die aus sehr magerem, kurzfaserigem Muskelfleisch besteht. Alles andere darf auf der Speisekarte nur als Schnitzel Wiener Art deklariert werden.

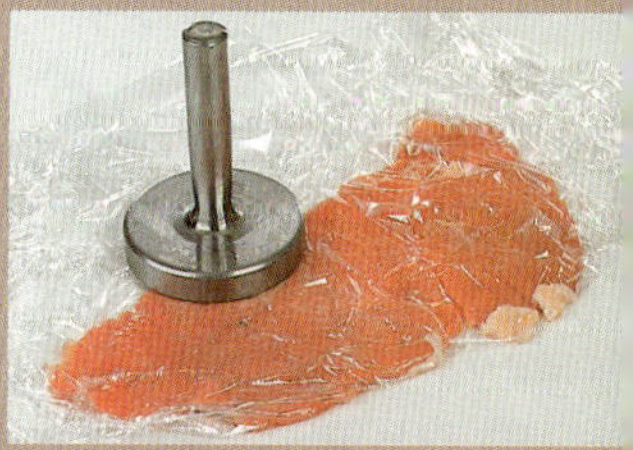

1. Die Schnitzel so dünn wie möglich klopfen, salzen und in Mehl wenden.

2. 2 Eier mit 2 EL kaltem Wasser in einem tiefen Teller mit der Gabel schlagen, Semmelbrösel bereitstellen.

3. Die Schnitzel von beiden Seiten gründlich in die Eiermasse eintauchen und sofort ...

4. ... panieren. Dabei die Brösel nur einmal leicht andrücken, überflüssige Brösel abschütteln.

5. Das Wiener Schnitzel mit einer Panade aus Weißbrotbröseln; man bereitet es aus der Nuss des Kalbes.

Kalbsfilet in Tunfischschaum

Fleisch:

250 g Steckrübe, geschält
200 g Prinzessböhnchen
Salz und Pfeffer aus der Mühle
350 g Kalbsfilet aus dem Mittelstück
6 EL Olivenöl
5 Blatt Lollo Rosso
1 Schalotte, in feinen Würfeln
2 EL weißer Balsamico-Essig
1 Prise Zucker

Sauce:

150 g Tunfisch (aus der Dose), abgetropft
1 TL Sardellenpaste (aus der Tube)
2 Eigelb
1 EL Zitronensaft
150 ml Traubenkernöl
100 ml Olivenöl
5 EL Fischfond (aus dem Glas)
Salz
Cayennepfeffer
1 EL Noilly Prat

Heizen Sie den Backofen auf 180 °C vor. Schneiden Sie kleine Stäbchen aus der Steckrübe und blanchieren Sie sie zusammen mit den Böhnchen ca. 2 Min. in Salzwasser. Das Gemüse abgießen und abschrecken. Stechen Sie mit einem sauberen Wetzstahl seitlich in das Filet und stecken Sie ein Gemüsestäbchen in das Loch. Das Filet von beiden Seiten mit Steckrüben und Böhnchen spicken. Würzen Sie das Fleisch mit Salz und Pfeffer und braten Sie es in einer Pfanne mit heißem Olivenöl an. Nehmen Sie es vom Herd und garen Sie es für weitere 6 bis 8 Min. im Backofen. Danach 24 Stunden kalt stellen.

Die feingehackte Schalotte mit Essig, Öl, Salz, Pfeffer und Zucker zu einer Vinaigrette verrühren.
Pürieren Sie den Tunfisch, die Sardellenpaste, das Eigelb und den Zitronensaft im Mixer sehr fein. Fügen Sie nach und nach die Öle hinzu und verdünnen Sie die den Schaum mit dem Fischfond. Mit Salz, Cayennepfeffer und Noilly Prat abschmecken. Schneiden Sie das kalte Kalbsfilet in Scheiben und legen Sie das Fleisch sternförmig auf vier Teller. Gießen Sie den Tunfischschaum rundherum, setzen sie in die Mitte ein kleines Salatröschen und beträufeln sie es mit Vinaigrette.

Ausgelöster Kalbsrücken – gespickt mit Knoblauchzehen und Peperoncini.

Kalbsmedaillons italiano

Gemüse:

10 feste, reife Flaschentomaten
1 EL Olivenöl
1 Knoblauchzehe, gepresst
1 TL Thymianblättchen
120 g entsteinte schwarze Oliven
Salz und schwarzer Pfeffer aus der Mühle Zucker

Fleisch:

8 Kalbsmedaillons à 60 g
5 EL Olivenöl
Salz und Pfeffer aus der Mühle

Die Tomaten werden enthäutet, halbiert, entkernt und gewürfelt, die Oliven geviertelt. Erhitzen Sie etwas Olivenöl in einer Pfanne, geben Sie Knoblauch und Thymian, dann die Tomaten. Dünsten Sie alles kurz an und geben Sie dann die Oliven in die Pfanne. Eventuell mit Salz, Pfeffer und einem Hauch Zucker würzen.
Erhitzen Sie Olivenöl in einer weiteren Pfanne. Würzen Sie die Medaillons und braten Sie sie von beiden Seiten kurz an. Legen Sie die Medaillons auf die Teller und geben Sie etwas vom Gemüse dazu. Bestreuen Sie das Ganze mit Thymianblättchen und träufeln Sie ein paar Tropfen Olivenöl darauf.

Filetscheiben mit Traubensauce

Sauce:

100 g Mandeln, gehobelt
150 g rote Trauben
150 g weiße Trauben
2 Schalotten
2 EL Butterschmalz
1 TL Zucker
1 EL Rotweinessig
6 EL Rotwein
Salz und Pfeffer aus der Mühle
Frisch geriebene Muskatnuss

Fleisch:

8 Scheiben Kalbsfilet à 70 g
Salz und Pfeffer aus der Mühle
3 EL Butterschmalz

Rösten Sie die Mandeln ohne Fett in einer Pfanne. Halbieren und entkernen Sie die Trauben. Schälen und würfeln Sie die Schalotten und dünsten Sie sie in einer Pfanne mit Butterschmalz glasig. Geben Sie den Zucker hinzu und lassen Sie ihn etwas karamellisieren. Löschen Sie alles mit dem Rotweinessig ab und geben Sie den Rotwein dazu. Lassen Sie das Ganze etwas einkochen und geben Sie die Mandeln und Trauben dazu. Würzen Sie mit Salz, Pfeffer und einem Hauch Muskat. Drücken Sie die Filetscheiben mit den Handballen etwas flach, würzen Sie sie mit Salz und Pfeffer und braten Sie das Fleisch in Butterschmalz von beiden Seiten etwa 3 Min. Richten Sie die Filetscheiben auf vier Tellern an und gießen Sie etwas von der Traubensauce darüber. Servieren Sie dazu Kartoffelbrei und Butterkohl und ein Glas von dem Rotwein, den Sie für die Sauce verwendet haben.

Kalbshaxenscheiben Mailänder Art

4 Scheiben Kalbshaxe (ca. 4 cm dick)
Salz und schwarzer Pfeffer aus der Mühle
Mehl zum Wenden
50 g Butter
125 ml Weißwein
400 g passierte Tomaten
1 unbehandelte Zitrone
1 Zehe Knoblauch
1 Bund glatte Petersilie

Die Fleischscheiben waschen, trocken tupfen und mit Salz und Pfeffer einreiben. Wenden Sie die Scheiben in Mehl und klopfen Sie die Überschüsse ab. Erhitzen Sie die Butter in der Pfanne und braten Sie das Fleisch auf beiden Seiten an. Geben Sie den Wein hinzu und warten Sie, bis die Flüssigkeit sich leicht reduziert hat. Fügen Sie dann die Tomaten mit etwas Salz und Pfeffer hinzu. Lassen Sie alles, unter mehrmaligem Wenden, zugedeckt bei schwacher Hitze gut 1 1/2 Stunden köcheln. Löst das Fleisch sich vom Knochen, ist es gar. Inzwischen waschen und trocken Sie die Zitrone ab. Die Schale abreiben, den Knoblauch fein hacken. Auch die Petersilie waschen, trocknen und klein hacken. Richten Sie die fertigen Fleischscheiben mit einer Mischung aus Zitronenschale, Knoblauch und Petersilie an.

Lamm & Zicklein

Schaf und *Ziege* waren nach dem Hund die ersten Tiere, die mit dem Sesshaftwerden des Menschen und dem Beginn des Ackerbaus domestiziert wurden (um 8000 v. Chr.). Wen wundert's: Von diesen Tieren konnte man nicht nur Fleisch, sondern auch Milch und Wolle gewinnen. Heute noch gibt es allein in Deutschland etwa 60.000 Schafhalter, obgleich für die meisten die Schafzucht nur noch ein Nebenerwerb ist. Rund 70 Prozent der Umsätze eines Schafzüchters entfallen mittlerweile auf den Verkauf von Lammfleisch, mit weiteren 30 Prozent schlagen Erlöse aus der Milch- und Wollproduktion sowie aus der Landschaftspflege zu Buche.

Lammfleisch erfreut sich bei uns in den letzten Jahren einer wachsenden Beliebtheit – schließlich werden Lämmer seit jeher artgerecht auf Weiden gehalten und bekommen nur natürliches Futter, das frei von synthetischen Zusatzstoffen ist. Vor allem bei jungen Köchen steht Lammfleisch seit einiger Zeit hoch im Kurs. Für sie ist die Herkunft des Lammfleischs ein wichtiges Qualitätsmerkmal. Dabei legen sie Wert auf die heimische Erzeugung und sind sogar bereit, für dieses Fleisch mehr zu zahlen als für Importware aus England, Irland und Übersee. Lammfleisch stammt entweder von so genannten Milchlämmern, die bis zu sechs Monate alt sind, oder von Mastlämmern, die höchstens zwölf Monate alt sein dürfen. Als Delikatesse gilt unter Gourmets das besonders aromatische Fleisch von Lämmern, die auf den salzigen Meeresstrandwiesen der Bretagne groß wurden.

Die wichtigsten Fleischteile des Lamms sind die Schulter (Bug), die sich ideal für Rollbraten eignet, der Hals (Nacken, Kamm), aus dem z. B. Eintöpfe wie das bekannte Irish Stew zubereitet werden, der sich daran anschließende Rücken (Sattel), bestehend aus Kotelettstück und Lendenkotelettstück – Feinschmecker bevorzugen den Lammrücken im Stück gebraten – und die hintere Keule (Schlegel). Sie wird oft am Stück mit den Knochen gebraten. Dadurch hält sie besser zusammen und lässt sich auch leichter aufschneiden. Scheiben aus der Keule eignen sich bestens zum Kurzbraten für Lammsteaks oder -schnitzel. Aus der Keule werden auch die delikaten Lammnüsschen geschnitten.

Ziegenfleisch, auch als Kitzfleisch oder Zicklein bezeichnet, war lange Zeit bei uns in Vergessenheit geraten. Mag sein, dass die-

Lammcurry

Ein typisches Gericht der indischen Küche ist das Lammcurry, das sich auch bei uns immer größerer Beliebtheit erfreut. Für diesen würzig-scharfen Eintopf wird das Fleisch in kleine Stücke geschnitten und mit verschiedenen Gemüsen in einer kräftig gewürzten Sauce geschmort. Das A und O eines guten Currys ist dabei die verwendete Gewürzmischung, die meist erst vor der Zubereitung des Gerichts frisch zusammengestellt wird. Sie besteht je nach Region und Vorlieben aus bis zu 30 fein gemahlenen Ingredienzien, darunter Cayennepfeffer, Ingwer, Kardamom, Koriander, Kurkuma, Piment und Zimt. Zum fertigen Lammcurry reicht man körnig gekochten Langkornreis oder Fladenbrot.

Lamm und Zicklein spielten lange Zeit vor allem in der Küche der südlichen Länder eine große Rolle, heute schätzen auch wir wieder mehr und mehr das zarte, magere und sehr aromatische Fleisch dieser Tiere.

Lammkeule auslösen

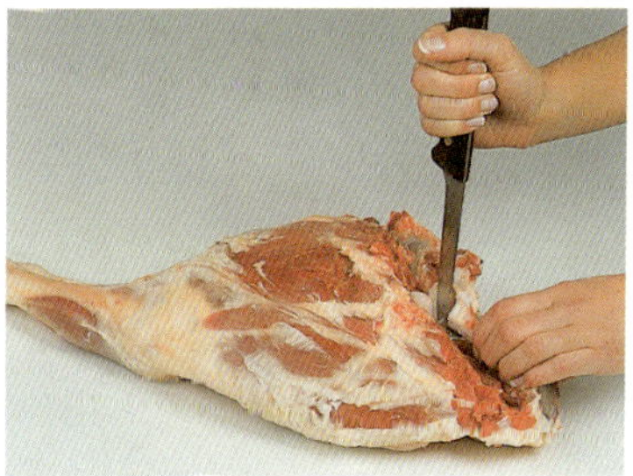

1. Zunächst werden Hüft- und Schwanzknochen voneinander getrennt.

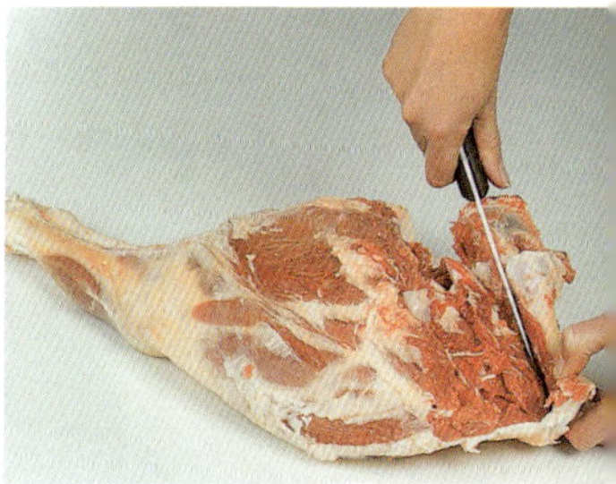

2. Anschließend schneidet man mit einem scharfen Messer um den Hüftknochen herum und legt ihn frei.

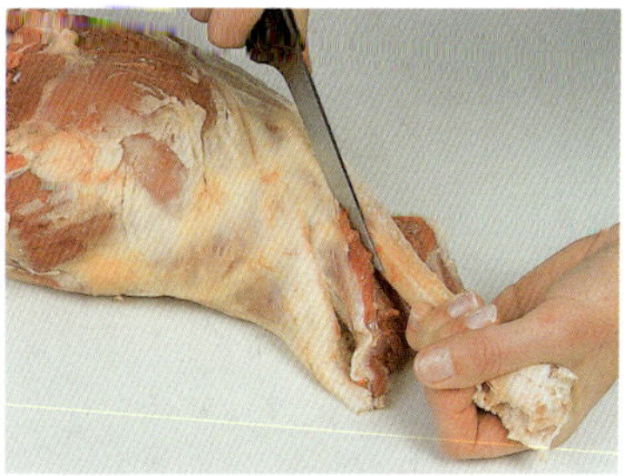

3. Nun den Oberschenkelknochen freilegen und vom Fleisch lösen.

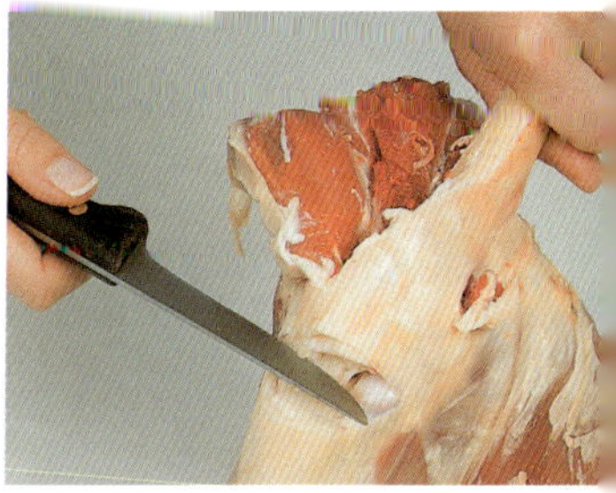

4. Mit dem Messer um das Kniegelenk herumschneiden.

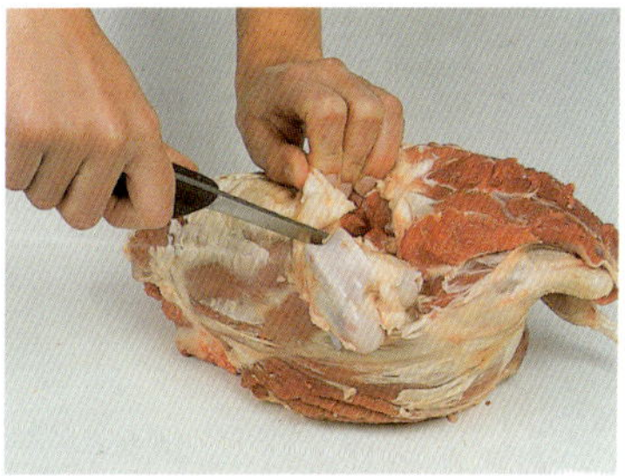

5. Unterschenkelknochen vollständig freilegen.

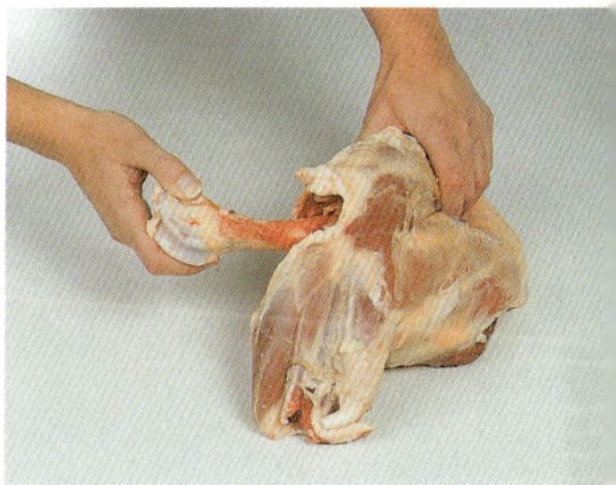

6. Oberschenkelknochen vom Kniegelenk trennen.

sem Tier immer noch das Image der „Kuh des armes Mannes“ anhaftet. Vor allem in den Kriegs- und Nachkriegsjahren waren Ziegen für viele Familien der einzige Fleischlieferant. Doch ähnlich wie die Schafzucht erlebt auch die Ziegenhaltung seit einiger Zeit ein regelrechtes Comeback. Gesundheitsbewusste Verbraucher schätzen nicht nur das eiweißreiche, fett- und cholesterinarme Fleisch, sondern auch Ziegenmilch und -käse. Aufgrund der größeren Nachfrage ist die Ziegenhaltung mittlerweile für viele Landwirte zum wichtigen Nebenerwerb geworden, auch wenn es – im Vergleich mit anderen europäischen Ländern – noch sehr wenige Betriebe gibt, die mehr als 20 Tiere haben.

Das zarte, weiße Fleisch junger Ziegen – sie werden im Alter von zwei bis vier Monaten geschlachtet – galt bereits im Mittelalter als eine Delikatesse. Damals bereitete man Ziegenfleisch für Feste im Frühjahr mit Salbei, Wein und Piment zu. Heute ist das würzige Fleisch von Jungziegen vor allem unter Feinschmeckern sehr begehrt. Zicklein, im Ganzen am Spieß gegrillt, mit Kräutern gewürzt, taucht wieder häufiger, hauptsächlich bei großen Festen, auf dem Speiseplan auf.

Fleischschnitt beim Lamm

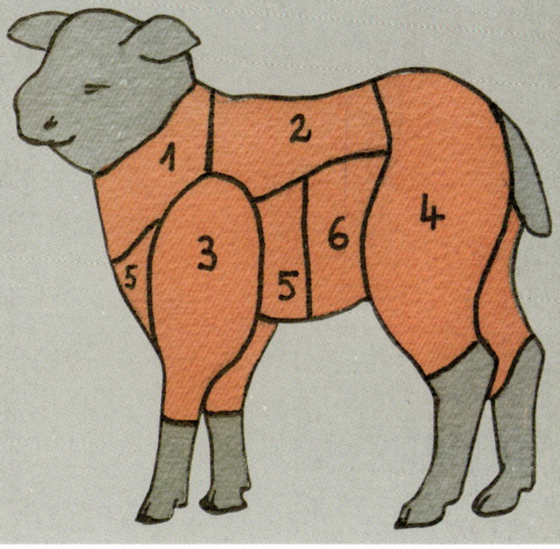

1. Nacken
2. Rücken mit Filet
3. Schulter
4. Keule
5. Brust
6. Bauch (Dünnung)

Lamm mit schwarzen Oliven

Rosmarin, Salbei und Knoblauch
1/2 TL Senf
9 EL Olivenöl
800 g Lammfleisch, in Würfeln
100 g Kichererbsen
1 Stange Lauch
200 g frische schwarze Oliven
1 Bund Koriandergrün
1 Zitrone
Mehl
3 EL Tomatenmark
2 Tomaten, in Würfeln
1 Kartoffel
200 ml Lammfond
Salz und schwarzer Pfeffer aus der Mühle
2 EL Saure Sahne

Mischen Sie Kräuter, Knoblauch, Senf, 5 EL Olivenöl und marinieren Sie damit das Fleisch über Nacht im Kühlschrank. Auch die Kichererbsen werden solange eingeweicht. Entkernen Sie fast alle Oliven und schneiden sie den Lauch in Scheiben. Hacken Sie Koriandergrün und Oliven und schneiden Sie die Zitrone in Scheiben. Trocknen Sie das Fleisch ab und bestäuben Sie es mit Mehl. Braten Sie die Würfel im restlichen Olivenöl an und geben Sie Tomaten und Tomatenmark, Kichererbsen und Lauch hinzu. Die Kartoffel reiben Sie darüber. Alles mit dem Fond übergießen, die Hälfte der Zitrone und des Koriandergrüns dazugeben und mit Salz und Pfeffer würzen. Alles bei geringer Hitze für 45 Min. schmoren lassen. Rühren Sie die Saure Sahne ein und bedecken Sie alles mit den restlichen Oliven, Zitronenscheiben und Korianderblättern.

Griechische Lammhack-Spieße

50 ml Olivenöl
3 EL Rotwein
2 EL Zitronensaft
3 Knoblauchzehen, gehackt
1/2 TL Thymianblätter
400 g Lammschulter, gewürfelt
Salz und Pfeffer aus der Mühle
12 kleine Schalotten

Verrühren Sie Olivenöl, Wein, Zitronensaft, Knoblauch und Thymian. Marinieren Sie das Lammfleisch ca. 12 Stunden darin. Nehmen Sie das Fleisch heraus, würzen Sie es mit Salz und Pfeffer und drehen Sie es zweimal durch die feine Scheibe des Fleischwolfs. Danach walken Sie das Fleisch 5 Min. durch. Formen Sie kleine Bällchen, die im Wechsel mit den Schalotten auf Holzspieße gesteckt werden. Spieße ca. 12 Min. unter Wenden auf dem Grill braten.

Lammfilet auf Gemüsenudeln

4 Lammrückenfilets à 120 g
Salz und Pfeffer aus der Mühle
3 EL Butterschmalz
150 ml Sahne
200 ml Lammfond
5 braune Champignons, in Scheiben
120 g geschälte Möhren
200 g Zucchini
200 g Bandnudeln
3 EL Butter
4 EL Olivenöl

Heizen Sie den Backofen auf 160 °C vor. Butterschmalz erhitzen und die mit Salz und Pfeffer gewürzten Filets darin anbraten und dann für 4 Min. auf einem Teller im Backofen garen. Nach dem Herausnehmen in Alufolie wickeln. Füllen Sie den Bratensatz mit Sahne und Lammfond auf und kochen alles auf die Hälfte ein, dann geben Sie die Champignons hinzu. Die Möhren und die Zucchini in schmale Streifen schälen und in Salzwasser blanchieren, aus dem Wasser nehmen und abschrecken. Die Nudeln im Gemüsewasser kochen, dann abschrecken. Erhitzen sie die Gemüsestreifen in der Butter und dem Olivenöl für ca. 3 Min. Geben Sie die Nudeln dazu und schmecken Sie alles mit Salz und Pfeffer ab. Schneiden Sie die Lammrückenfilets schräg in Scheiben und geben Sie den Bratensaft aus der Alufolie zu der Champignonsauce. Die Nudeln werden auf den Tellern verteilt, das Fleisch darauf gelegt und die Sauce darüber gegeben.

Osterlammbraten

1 Schweinenetz
1 entbeinte Lammkeule (ca. 800 g)
3 Knoblauchzehen
Salz und Pfeffer aus der Mühle
5 Thymianzweige
2 Rosmarinzweige
400 ml Weißwein

Waschen und trocknen Sie die Lammkeule und wässern Sie das Netz. Den Knoblauch zusammen mit 1 TL Salz zerdrücken. Waschen und trocknen Sie die Kräuter. Mischen Sie Knoblauch, Thymianblätter und Pfeffer und bestreichen Sie die Lammkeule damit. Wickeln Sie die Keule in das Schweinenetz, legen Sie die Rosmarinzweige an und geben Sie alles in den Bräter. Bei 175 °C etwa 1 Stunde garen. Begießen Sie das Fleisch zwischendurch mehrmals mit Wein. Nehmen Sie die Keule aus dem Bräter und lassen Sie sie ca. 10 Min. im abgeschalteten Backofen ruhen. Kochen Sie den Bratenfond mit dem restlichen Wein auf, passieren Sie alles durch ein Sieb und schmecken Sie mit Salz und Pfeffer ab. Schneiden Sie das Fleisch in dünne Scheiben, richten Sie es auf einer vorgewärmter Platte an und geben Sie die Sauce darüber. Sofort servieren.

Osterlamm

Der Begriff Milch- oder Osterlamm bezeichnet ein Lamm, das erst zwei bis drei Monate alt ist, wenn es geschlachtet wird. In dieser Zeit wurden die Tiere nur mit Muttermilch ernährt, sodass ihr Fleisch sehr hell und zart ist. Unter Gourmets gilt es als besondere Delikatesse. Weil Schafe nur im Frühjahr lammen, sind frische Milchlämmer also nur in dieser Zeit, oft um Ostern herum, erhältlich – daher auch der Begriff Osterlamm.
Milchlämmer sind vor allem in Italien, Griechenland und dem Mittleren Osten beliebt. Hier darf das über dem offenen Feuer gegrillte Lamm bei keinem Festtagsschmaus fehlen. Gewürzt wird es klassischerweise mit Knoblauch, Kreuzkümmel, Kardamom und schwarzem Pfeffer. Geschmort schmeckt das zarte Fleisch vorzüglich in einer Sauce aus Rosmarin und Essig oder Minze und Tomaten.

Glückliches Schwein – Tiere, die so frei herumlaufen dürfen, liefern besonders schmackhaftes, mageres Fleisch.

Immer mehr Züchter bemühen sich um den Erhalt freilebender Schweinerassen.

Schwein

Lange Zeit war das *Schwein* das einzige Haustier, das allein wegen seines Fleischs gehalten wurde. Anders als Schafe, Ziegen und Rinder liefern sie keine Milch oder Wolle, und auch als Arbeitstiere sind sie nicht zu nutzen. So manche Gourmets halten Schweinefleisch für minderwertiger als das von Rindern oder Schafen. Dabei enthält Schweinefleisch nicht weniger Nährstoffe als das anderer Schlachttiere. Im Gegenteil: Keine andere Fleischart liefert so große Mengen an Vitamin B 1, das vor allem für die Stärkung des Nervenysystems und beim Abbau von Zucker und Stärke wichtig ist.

Bei Schweinefleisch sind die qualitativen Unterschiede sehr groß: Häufig – vor allem wenn Schweinefleisch im Angebot ist – stammt es von hochgezüchteten, stressanfälligen Tieren, etwa der Piétrain-Rasse. Die mageren Teilstücke dieser gestauchten, kurzbeinigen Schweine verraten sich meist durch ihr blasses, schwammiges, wässriges Aussehen. In der Pfanne schrumpfen sie zusammen und bleiben, auch wenn sie perfekt zubereitet werden, zäh und fade. Qualitativ besseres, schmackhafteres Schweinefleisch besitzt einen etwas höheren Fettanteil – immerhin ist Fett ein wichtiger Träger von Aromastoffen –, hat eine rosarote Farbe, trockene Schnittflächen und eine feste Struktur.

Zu den zartesten und magersten Teilen des Schweins gehören die Stücke aus der Hinterkeule (Ober- und Unterschale, Nuss, Schinkenspeckstück) und dem Rücken (Stiel- und Lendenkotelettstück, Filet). Das wichtigste Produkt aus der Hinterkeule ist der Schinken. Aus Oberschale und Nuss schneidet der Metzger z. B. Schnitzel, die übrigens nicht mehr als 3 Prozent Fett enthalten. Schulter und Nackenpartie (Kamm) sind dagegen stärker marmoriert, also fettreicher. Ein Beispiel hierfür ist das Halskotelett, das sich vorzüglich zum Grillen eignet. Die preiswerteren Teile, etwa das Bauchfleisch, sind durchwachsen und grobfaseriger. Sie werden oft in gepökelter oder geräucherter Form angeboten. In der Gourmet-Küche finden eher die edleren Stücke vom Schwein, wie das Filet oder die Stücke der Hinterkeule, Verwendung.

Fleischschnitt beim Schwein

1. Kopf mit Backe und Ohren
2. Nacken (Kamm)
3. Kotelettstück (Karree)
4. Schlegel (Schinken)
5. Schulter (Bug)
6. Bauch (Wamme)
7. Vordereisbein (Haxe)
8. Hintereisbein (Haxe)
9. Füße

Schweinefilet süß-sauer

Für die Marinade:

150 ml Reiswein
2 TL Reisstärke
2 TL Sojasauce
1 TL Sesamöl
Salz und Pfeffer aus der Mühle
2 Messerspitzen chinesisches Fünf-Gewürze-Pulver

Fleisch:

600g Schweinefilet, in ca. 2 cm großen Würfeln
10 EL Erdnussöl
1 Knoblauchzehe, gehackt
20 g Ingwer, gehackt
2 rote Zwiebeln
2 gelbe Paprika, gewürfelt
1/2 Ananas, gewürfelt
2 enthäutete Fleischtomaten, gewürfelt
1/2 Lauchstange ohne das Blattgrün
150 g frische Sojasprossen
2 TL Weinessig
2 TL Honig
1 TL Sambal Oelek
Salz und Pfeffer aus der Mühle

Rühren Sie die Marinade an und legen Sie die Fleischwürfel ca. 3 Stunden darin ein. Tropfen Sie das Fleisch ab und braten Sie es zusammen mit dem Knoblauch und dem Ingwer ca. 2 Min. in dem Öl an, nehmen Sie alles heraus und stellen sie es warm. Schneiden Sie den Lauch in grobe Stücke und die Zwiebeln in Streifen. Geben Sie beides zusammen mit der Paprika und den Sojasprossen in das heiße Fett und braten Sie es unter häufigem Rühren scharf an. Ananas und Tomaten hinzugeben. Fügen Sie den Weinessig und den Honig hinzu und schmecken Sie alles mit Sambal Oelek, Salz und Pfeffer ab. Vor dem Servieren das Fleisch in den Wok geben und kurz erhitzen.

Gefüllte Schweinelende

100 g Datteln, gehackt
2 Knoblauchzehen, gehackt
50 g gebrühte und geschälte Mandeln, gehackt
Schwarzer Pfeffer und Salz aus der Mühle
800 g Schweinefilet
1/2 TL Senf
Saft von 1 Zitrone
3 EL Semmelbrösel
1 Ei
6 EL Olivenöl
1 TL Honig
125 ml Weißwein
3 EL Saure Sahne

Verrühren Sie die Datteln, eine Knoblauchzehe und die Hälfte der Mandeln und würzen Sie alles mit Pfeffer. Heizen Sie den Backofen auf 200 °C vor, schneiden Sie die Filets auf und bestreichen Sie die Innenseiten mit Senf und der Dattel-Mandel-Mischung. Salzen Sie das Fleisch, beträufeln Sie es mit Zitronensaft und drücken Sie die Filets wieder zusammen. Die andere Knoblauchzehe mit den Semmelbröseln, den restlichen Mandeln, dem Ei vermischen und salzen. Braten Sie das Fleisch kurz in 4 EL Öl und dem Honig an. Bestreichen Sie das Filet anschließend mit der Mandel-Semmelbrösel-Mischung und drücken Sie die Masse gut an. Fetten Sie Eine Form mit 1 EL Olivenöl, legen Sie das Fleisch hinein, geben Sie den Rest Öl darüber und garen Sie alles ca. 10 Min. im Ofen. Lassen Sie das Fleisch anschließen zugedeckt ruhen. Erhitzen Sie die Pfanne mit den Resten und dem Weißwein, lassen Sie alles ein wenig köcheln, geben Sie Sahne dazu und würzen Sie mit Salz und Pfeffer. Das Filet in Scheiben schneiden, Sauce darüber geben und servieren.

Wildschwein

Wildschweine, auch *Schwarzwild* genannt, werden hauptsächlich wegen ihres zarten, saftigen und schmackhaften Fleischs an Keulen und Rücken gejagt. Die beste Qualität liefern junge Tiere; besonders das Fleisch von Frischlingen (höchstens ein Jahr alt) ist unter Feinschmeckern sehr begehrt. Es wird ähnlich wie Schweinefleisch zubereitet, schmeckt aber viel aromatischer und ist leichter verdaulich. Bei Frischlingen lässt man die noch zarte Schwarte am Braten.

Da sich frei lebende Wildschweine nur von dem ernähren, was der Wald ihnen bietet, ist auch ihr Fleisch, wie das der anderen Wildtiere, sehr gesund. Es enthält hochwertiges Eiweiß, wenig Fett und viele Vitamine und Mineralien. Importiertes Wildfleisch, das meist tiefgefroren angeboten wird, kann dagegen aus regelrechter Massentierhaltung stammen. Vor allem in Neuseeland, Australien und Südamerika werden auf so genannten Wildfarmen Wildschweine und Hirsche in großer Zahl für den Export nach Europa gemästet. Das Fleisch dieser Tiere ist meist fettreicher und geschmacklich nicht mit heimischem Wildfleisch zu vergleichen. Es lohnt sich also, sein Wildfleisch direkt beim Jäger oder Förster in der Nachbarschaft zu kaufen.

Derzeit ist der durchschnittliche Wildfleischverbrauch in Deutschland zwar mit 0,7 kg pro Jahr noch relativ gering, die Nachfrage nimmt jedoch zu – entgegen der allgemein rückläufigen Tendenz beim Fleischverzehr. Zu den bekanntesten Schwarzwildgerichten gehört Wildschweinbraten aus dem Fleisch der Keule. Damit der Braten schön saftig bleibt, muss man das Fleisch zunächst mit Küchengarn in Form eines Rollbratens zusammenbinden. Danach wird es mit Kräutern und Gewürzen eingerieben und kommt für etwa 70 Minuten in den Backofen. Als fruchtige Ergänzung zum knusprig braunen Wildschweinbraten empfehlen sich gedünstete Birnen mit Preiselbeeren.

Wein zum Wild

Da Wildgerichte – außer Kaninchen – einen recht intensiven Geschmack haben, serviert man dazu in der Regel einen vollmundigen, gehaltvollen Rotwein. Aus dem Piemont stammen die großartigen Weine Barolo und Barbaresco, wobei der Barolo im Allgemeinen noch etwas kräftiger ist als der Barbaresco. Aus der Toscana kommt der Brunello di Montalcino, ein weiterer bukettreicher Wein, der ausgezeichnet zu Wildspezialitäten passt. Unter den französischen Weinen sollte man den ausdrucksvollen Tropfen aus dem Burgund, aber auch bestimmten Weinen aus dem Rhônetal den Vorzug geben, etwa einem Gigondas oder Chateauneuf-du-Pape, einem Côte-Rôtie oder einem Hermitage, deren fruchtig-pfeffriges Aroma hervorragend mit dem würzigen Geschmack von Wild harmoniert. Zum geschmacklich milderen Wildkaninchen hingegen passt auch ein Weißwein, hier bieten sich eine halbtrockene Riesling Auslese oder ein kräftiger Silvaner an.

Wildschweinragout

800 g Wildschweinlende
4 EL Olivenöl
Salz und Pfeffer aus der Mühle
150 g klein gewürfelten Speck
2 kleine, gehackte Zwiebeln
2 Möhren, in dünne Scheiben geschnitten
3 Knoblauchzehen
2 Lorbeerblätter
2 Thymianzweige
5 Pfefferkörner
3 Gewürznelken
2 EL frisch gepresster Orangensaft
1/4 l Rotwein
Fleischbrühe
150 g getrocknete Feigen
1 EL grob gehackte Petersilie

Das Fleisch waschen, trocknen und würfeln. Braten Sie die Würfel in Öl an, würzen Sie dabei mit Salz und Pfeffer. Bräunen Sie das Fleisch von allen Seiten gleichmäßig und nehmen Sie es heraus. Erhitzen Sie den Speck im Bratfond und geben Sie Zwiebeln, Möhren und Knoblauch hinzu. Das Fleisch, Lorbeerblätter, Thymian, Pfefferkörner und Gewürznelken hinzugeben und alles mit Orangensaft und Rotwein auffüllen. Geben Sie Fleischbrühe hinzu, bis das Fleisch bedeckt ist, und garen Sie alles zugedeckt bei mittlerer Hitze ca. 50 Min. Die getrockneten Feigen und die Petersilie 10 Min. vor Ende der Garzeit hinzugeben.

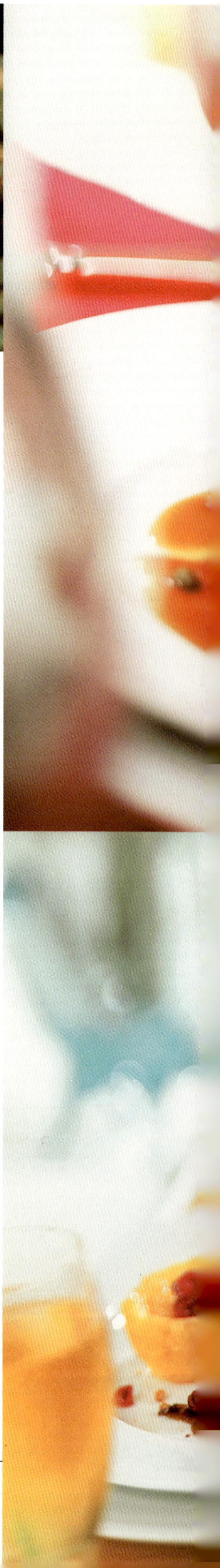

Wildschwein auf Erdbeeren

12 Wildschweinmedaillons à 50 g
Salz und Pfeffer aus der Mühle
2 EL Erdbeermarmelade
2 EL Essig
1 Messerspitze Zimt
100 ml Sahne
2 EL Zucker
100 ml Orangensaft
1 TL grüner Pfeffer
200 ml Wildfond
300 g geputzte und geviertelte Erdbeeren
80 g Butterschmalz

Drücken Sie die Wildschweinmedaillons flach und würzen Sie sie mit Salz und Pfeffer. Kochen Sie die Erdbeermarmelade zusammen mit Essig, Sahne, Zimt, Zucker und Orangensaft auf und lassen Sie alles auf die Hälfte einkochen. Geben Sie Wildfond und grünen Pfeffer hinzu und reduzieren Sie wieder auf die Hälfte. Fügen Sie die Erdbeeren hinzu und nehmen Sie nach kurzem Aufkochen den Topf vom Herd. Braten Sie das Fleisch auf jeder Seite ca. 3 Min. im Butterschmalz. Verteilen Sie die Medaillons auf dem warmen Erdbeerragout und servieren Sie.

Frischlingsrücken mit Hagebuttensauce

1200 g Frischlingsrücken ohne Knochen
Saft von 1 Zitrone
1 gehackte Zwiebel
10 Pfefferkörner
10 Wacholderbeeren
5 g Thymian
2 Lorbeerblätter
40 ml Essig (mild)
50 g Schweineschmalz
400 g gewürfeltes Wurzelgemüse (Möhren, Sellerie, Lauch, Zwiebeln)
80 ml Rotwein
400 ml Wildfond
6 Scheiben Schwarzbrot, gerieben
2 Eier
1/4 TL Zimt
100 g Hagebuttenmarmelade
2 große Äpfel, entkernt und halbiert
Etwas Butter und Zucker
4 El Preiselbeeren aus dem Glas

Marinieren Sie das Fleisch 2 bis 3 Tage in einer Mischung aus Zitronensaft, Wacholder, Thymian, Lorbeer, Zwiebel, Pfeffer und Essig. Tupfen Sie es ab und braten Sie es im Bräter gleichmäßig an. Geben Sie das Wurzelgemüse, einige zerdrückte Wacholderbeeren und nach Bedarf 40 ml Rotwein, Wildfond und Wasser hinzu und lassen Sie alles ca. 1 Stunde garen. Mischen Sie 2/3 des geriebenen Schwarzbrotes, den restlichen Rotwein, die Eier und den Zimt, bestreichen Sie damit das Fleisch und stellen Sie alles für ca. 10 Min. unter den Backofengrill. Sieben Sie den Bratfond, kochen Sie ihn auf, geben Sie das restliche Schwarzbrot und die Hagebuttenmarmelade hinzu und kochen Sie alles ein. Bestreichen Sie die Apfelhälften mit Butter und Zucker, erhitzen Sie sie unter dem Backofengrill und füllen Sie sie mit Preiselbeeren. Fleisch, Sauce und Äpfel servieren.

Unzertrennlich – Beeren und Wild

Klassische Begleiter zu vielen Wildgerichten sind Beeren und Kernobst, meist in gekochter Form, als Kompott, Konfitüre oder als köstliche Sauce zubereitet. Die leichte Süße der Beeren, etwa Preiselbeeren, Brombeeren, Holunder oder Johannisbeeren, harmoniert hervorragend mit den besonders würzigen Wildsorten Reh, Hirsch und Wildschwein. Zudem fällt die Reifezeit der meisten Beeren mit dem Beginn der Jagdsaison zusammen (August/September). Besonders delikat sind natürlich frische Beeren. Aber nicht alle Sorten können frisch verzehrt werden. So sind Holunder- und die selteneren Vogelbeeren roh nicht genießbar, gekocht ergeben sie jedoch eine fein-süße Marmelade – die ideale Ergänzug zu dem kräftigen Geschmack etwa eines Rehrückensteaks. Kernobst wie Äpfel, Birnen und Quitten wird entweder gebraten oder weich gekocht, etwa in Wein und Wasser mit etwas Zitronenschale und Zucker, und anschließend mit Beerenkompott oder -marmelade verziert.

Die relativ weiche **Beretzki-Quitte** muss wie alle Quitten vor dem Verzehr gekocht werden.

Preiselbeeren wachsen fast ausschließlich wild.

Zu Kompott oder Sauce verarbeitet, passen die schwarzvioletten **Brombeeren** hervorragend zu Wild.

Hirsch

Das Fleisch von *Hirschen (Rotwild)* ist leicht an seiner dunkelroten bis schwarzbraunen Farbe zu erkennen. Es ist zwar nicht so zart wie Rehfleisch, dafür aber besonders würzig. Hirsche werden in der Regel im Alter zwischen zwei und drei Jahren erlegt. Am besten schmeckt allerdings das Fleisch von ganz jungen bis zu zweieinhalbjährigen weiblichen Hirschkälbern. Im Vergleich zu älteren Tieren ist das Fleisch der jungen Hirsche noch relativ hell, zart und saftig und braucht nicht lange gegart zu werden, d. h. es eignet sich besonders gut zum Braten und Grillen.

Das Alter eines Hirschs lässt sich auch an der Farbe des Fetts erkennen: Bei jungen Tieren ist es weiß, bei älteren eher gelblich. Um den intensiven Wildgeschmack (Hautgout) von älteren Tieren etwas abzumildern, kann man Hirschfleisch mit Buttermilch übergießen und zugedeckt über Nacht im Kühlschrank durchziehen lassen. Dabei sollte man das Fleischstück mehrfach umdrehen. Meist ist es jedoch gar nicht notwendig, Wildbret in einer Beize einzulegen. Wird der Hirsch gleich nach der Jagd ausgenommen und alsbald gut gekühlt, verströmt er nicht mehr den typischen, strengen Wildgeruch. Damit das Fleisch zart wird und sein Aroma entfaltet, muss zumindest das Fleisch älterer Tiere vier bis sieben Tage abhängen. Schön zart werden auch die preiswerteren Teilstücke des Hirschs, die einer etwas längeren Garzeit bedürfen, etwa die Beinscheiben, wenn man sie zunächst anbrät, dann bei geringer Hitze auf dem Herd schmoren lässt und schließlich zum Fertiggaren in den Backofen schiebt.

Wer gerne Wildfleisch isst, braucht keine Angst zu haben, dass deshalb unser heimisches Wild über Gebühr dezimiert wird. Heute haben alle Wildarten lange Schonzeiten, und die Abschusszahlen des großen Wilds werden von den Jagdbehörden jährlich so festgesetzt, dass nur der Überschuss, den die Natur uns gibt, den Wäldern entnommen wird.

Hirschkalbsnieren

6 Hirschkalbsnieren, enthäutet und ca. 4 Stunden gewässert
40 ml Weinbrand
50 g Mehl
50 g Butterschmalz
4 fein gewürfelte Schalotten
200 ml Wildfond aus dem Glas
200 ml süße Sahne
Salz und Pfeffer aus der Mühle
Evtl. etwas Zucker

Entfernen Sie Gallengänge von den Nieren, bevor Sie sie vierteln und abtupfen. Bedecken Sie die Nieren in einem Gefäß mit dem Weinbrand, verschließen Sie es gut und stellen Sie es 1 Tag lang kühl. Danach trocknen und mehlen Sie die Nieren (heben Sie die Marinade auf). Braten Sie die Nieren im Butterschmalz, nehmen Sie sie heraus und stellen Sie sie warm. Erhitzen Sie die Schalotten im Bratenfett und geben Sie die Weinbrandmarinade, den Wildfond und die Sahne hinzu. Lassen Sie die Sauce kräftig einkochen und würzen Sie sie mit Salz, Pfeffer und je nach Bedarf mit einer Prise Zucker. Geben Sie die Nieren hinzu, kochen Sie alles einmal kurz auf und servieren Sie.

Wickelcarpaccio vom Hirschkalbsrücken

12 Scheiben Hirschkalbsrücken à 20–25 g
Salz und Pfeffer aus der Mühle
4 EL Sonnenblumenöl
50 g Kapuzinerkresseblätter ohne Stielenden
2 EL weißer Balsamico-Essig
1 TL brauner Zucker
1 EL Kürbiskernöl
2 El Kürbiskerne
Einige Kapuzinerkresseblüten

Klopfen Sie die Fleischscheiben zwischen Klarsichtfolie flach. Würzen Sie sie auf einer Seite mit Pfeffer und Salz und braten Sie eine Seite in Sonnenblumenöl für wenige Sekunden an, sodass die Oberseite roh bleibt. Mischen Sie eine Salatsauce aus Balsamico-Essig, Zucker und Kürbiskernöl und würzen Sie evtl. mit einer Prise Salz. Befeuchten Sie die Kresseblätter damit und legen Sie jeweils 3 bis 4 Blätter auf die rohe Seite einer Fleischscheibe. Formen Sie lockere Röllchen und achten Sie darauf, dass die Blättchen nicht gequetscht werden. Die Fleischröllchen auf Tellern anrichten und mit der restlichen Salatsauce benetzen. Die Kürbiskerne in einer trockenen Pfanne rösten und mit den übrigen Kresseblättern und den Kresseblüten um die Röllchen verteilen.

Reh

Rehe sind das beliebteste Wildbret, und das nicht ohne Grund: Bis zum dritten Lebensjahr besitzen sie ein sehr geschmackvolles und feinfaseriges Fleisch. Von Gourmets besonders geschätzt wird das rotbraune Fleisch von Kitzen sowie von weiblichen und männlichen Tieren im zweiten Lebensjahr (so genannte Schmalrehe bzw. Spießböcke). Bedeutende Teilstücke des Rehs sind die Filets unterhalb des Rückens, die Keule (Schlegel) – sie muss vor der Zubereitung enthäutet werden – und der Rehrücken (Sattel), der zwischen den Karrees und den Keulen liegt. Er eignet sich als Ganzes zum Braten; in Scheiben geschnitten ergeben sich aber auch leckere Kurzbratstücke.

Wie bei allen Wildarten enthält auch Rehfleisch weniger Fett als das Fleisch von Haustieren. Es liefert außerdem viele Mineralstoffe und Vitamine, denn die frei lebenden Tiere sind bei der Nahrungsaufnahme ausgesprochen wählerisch. Reh und Hase beispielsweise beschränken sich ausschließlich auf würzige Kräuter und zarteste Knospen.

Frisches Rehfleisch gibt es nur während der Jagdzeit zwischen Mai und Februar im Fachhandel. Doch auch eingefroren schmeckt es vorzüglich. Und das Einfrieren hat sogar einen Vorteil: Portioniertes Wildfleisch wird durch das Tiefgefrieren zart und mürbe. Es muss deshalb vor der Zubereitung nicht unbedingt in eine Buttermilch- oder Essigbeize gelegt werden.

Nur in ausgewählten Metzgereien zu erstehen: Rehschinken, Wildschwein- und Gamssalami.

Ganz wichtig – die Fleischtemperatur

Besonders bei Wildfleisch ist die richtige Gartemperatur wichtig. Um vorhandene Krankheitserreger abzutöten, sollte es mindestens 10 Minuten lang eine Kerntempertur von 80 °C erreichen. Erst dann gilt sein Verzehr als unbedenklich. Der Garzustand eines Bratens lässt sich entweder mit dem Finger prüfen – je mehr er durchgebraten ist, desto weniger gibt er auf den Druck nach –, oder aber sehr viel exakter mit einem speziellen Fleischthermometer. Dessen Nadel sticht man gegen Ende der Bratzeit in die dickste Stelle des Fleischstücks, wobei darauf zu achten ist, nicht in eine Fettschicht oder zu nah am Knochen zu stechen. Am besten bewährt haben sich digitale Thermometer, deren Fühler in kürzester Zeit die Kerntemperatur und damit den Garzustand des Fleischs angeben. Zeigt das Messgerät 50 bis 60 °C an, ist das Fleisch noch blutig, bei 65 bis 70 °C ist es medium, bei 75 °C ganz durchgebraten.

Da Rehfleisch sehr mager ist, trocknet die Oberfläche beim Braten leicht aus. Früher hat man daher zumindest größere Fleischstücke, etwa den Rehrücken, häufig mit Speckstückchen gespickt. Um die Struktur des Fleischs zu schonen, bietet sich jedoch eher das Bardieren an, das Ummanteln des Bratens mit dünnen Speckscheiben. Auf diese Weise bleibt das Fleisch schön saftig und bekommt zudem noch eine besondere Würze.

Grillmix vom Reh

2 fein gewürfelte Schalotten
2 TL Öl
50 ml kräftiger Rotwein
Salz und Pfeffer aus der Mühle
100 g zimmerwarme Butter, schaumig gerührt
4 Rehmedaillons à 50 g
4 Scheiben magerer Speck, mehrmals bis zur Schwarte eingeschnitten
50 ml Bratöl
4 Rehkoteletts
4 Scheiben Rehleber à 50 g
2 halbierte Rehnieren

Erhitzen Sie die Schalotten in 2 TL Öl, geben Sie den Rotwein hinzu, würzen sie mit Salz und Pfeffer und lassen Sie alles köcheln, bis die Flüssigkeit fast verdampft ist. Geben Sie alles zu der Butter und schmecken Sie mit Salz und Pfeffer ab. Füllen Sie die Mischung in einen Spritzbeutel und spritzen Sie kleine Rosetten auf einen flachen Teller, den Sie dann kühl stellen. Die Rehmedaillons mit dem Speck umwickeln und mit Holzspießen befestigen. Braten Sie Medaillons, Koteletts, Leber und Nieren ca. 4 bis 5 Min. in einer Grillpfanne mit dem Bratöl beidseitig medium an. Das Fleisch mit jeweils einer Rosette der Rotweinbutter servieren.

Rehnüsschen mit Vollkorn

400 g Rehnüsschen	*20 g Dijonsenf*
Salz und Pfeffer aus der Mühle	*100 ml Sahne*
50 g Butterschmalz	*50 g Preiselbeeren*
1 geschälte und geviertelte Zwiebel	*1 Apfel, in feine Scheiben geschnitten*
1 geschälte und grob gewürfelte Karotte	*100 g Läuterzucker (1 Teil Wasser und 1 Teil Zucker, aufgekocht)*
1 geschälte und halbierte Knoblauchzehe	*4 Scheiben Vollkorntoast, getoastet*
200 ml Rotwein	

Heizen Sie den Backofen auf 180 °C vor. Salzen und Pfeffern Sie das Fleisch, braten Sie es gleichmäßig im Butterschmalz an, geben Sie das Gemüse hinzu und braten Sie es mit an. Stellen Sie alles ca. 10 bis 15 Min. in den Backofen. Wickeln Sie das Fleisch in Alufolie und lassen Sie es ruhen (stellen Sie den Ofen nicht aus). Erhitzen Sie die Pfanne mit dem Bratensatz erneut und geben Sie den Rotwein, den Senf und die Sahne hinzu, bevor Sie mit Salz und Pfeffer abschmecken. Sieben Sie die Sauce und geben Sie 1 TL Preiselbeeren hinzu. Blanchieren Sie die Apfelscheiben im Läuterzucker und backen Sie sie im Backofen zu Chips. Stechen Sie Scheiben aus dem Toast, legen Sie diese auf die Teller, verteilen Sie Fleischscheiben darauf und richten Sie alles mit Sauce, Preiselbeeren und Apfelchips an.

Rehhack auf exotischen Nudeln

1 rote Zwiebel, gewürfelt
1 Knoblauchzehe, gewürfelt
400 g Rehhack (aus der Schulter)
3 EL Olivenöl
1 Stange gewürfelter Staudensellerie
160 g Tomatenwürfel
Salz und Pfeffer aus der Mühle
1–2 TL gehackte Thymianblättchen
1 TL gehackte Rosmarinnadeln
3 gehackte Salbeiblätter
1 EL gehackte Petersilie
250 ml Barbera
250 g Bandnudeln, al dente gekocht
2 Nektarinen, in dünnen Streifen
40 g Butter
0,1 g Safranfäden
4 Rosmarinzweige

Erhitzen Sie die Zwiebeln und den Knoblauch im Olivenöl und geben Sie das Rehhack hinzu. Braten Sie es an, bis es krümelig wird, geben Sie Staudensellerie, Tomatenwürfel, Salz, Pfeffer, alle Kräuter und Barbera hinzu und lassen Sie alles ca. 30 Min. schmoren. Reduziert sich die Sauce zu stark, ergänzen Sie sie mit Rotwein oder Wasser. Schmelzen Sie die Safranfäden in einer Pfanne mit der Butter, bis sie sich gelb färbt, erhöhen Sie die Temperatur und erhitzen Sie die Nektarinenscheiben kurz darin. Geben Sie die Nudeln hinzu und schwenken Sie sie in der Pfanne. Formen Sie die Nudeln auf den Tellern zu kleinen Nestern und geben Sie das Rehhack hinein. Mit je einem Rosmarinzweig dekorieren.

Wildfond

Ein aromatischer *Wildfond* ist für die Zubereitung delikater Saucen und Suppen unerlässlich, denn er verleiht ihnen eine feine geschmackliche Note. Und so wird es gemacht: Fleisch und Knochen im Backofen (200 °C) kräftig bräunen lassen, dann das Fett abgießen. Alle Teile zusammen mit grob gewürfeltem Suppengemüse in einen großen Topf umfüllen und das Ganze mit so viel Wein und Wasser auffüllen, bis es bedeckt ist. Zwei bis drei Stunden köcheln lassen, dabei immer wieder den Schaum abheben. Ein Sieb mit einem Mulltuch auslegen und den Fond in einen kleineren Topf durchseihen. Anschließend unter leichtem Köcheln wieder reduzieren.

Hasenrücken parieren

Sehnen und Häute von der Oberseite des Hasenrückens entfernen.

Rechts und links am Rückgrat entlang Filetstreifen abschneiden.

Die Filetstreifen – je nach Rezept – im Ganzen oder in Stücken weiterverarbeiten.

Feldhase & Wildkaninchen

Hase und Kaninchen sind für viele Verbraucher nicht leicht voneinander zu unterscheiden. Dabei ist der Hase sehr viel größer als das Kaninchen, bringt das doppelte an Gewicht auf die Waage (3 bis 5 kg), und seine Ohren sind bedeutend länger. Während ein Kaninchen in der Regel nur zwei Personen satt macht, reicht ein Hase dagegen für vier. Auch Geschmack und Farbe des Fleischs differieren. Das helle, fast weiße Fleisch des Wildkaninchens schmeckt leicht süßlich, ähnlich dem Hühnerfleisch, Hasenfleisch hat dagegen eine leuchtend rote Farbe und einen intensiven Wildgeschmack. Beide Sorten sind sehr mager und leicht verdaulich.

Von Feinschmeckern besonders geschätzt werden junge Feldhasen zwischen drei und acht Monaten. Oft werden sie geschmort und gedünstet und mit einer pikanten Sauce serviert. Kaninchenfleisch wird vor allem von den Franzosen und Südeuropäern geliebt. Sie kennen zahlreiche verschiedene Zubereitungsmöglichkeiten, von mariniertem Kaninchen bis zu Kaninchen geschmort in Weißwein mit Knoblauch und Oliven.

Meist werden Hasen und Kaninchen abgezogen als Ganzes angeboten. Mancher Metzger oder Wildhändler zerlegt sie aber auch in Einzelstücke. Wer will, kann das Abtrennen von Kopf und Keulen selbst zu Hause vornehmen. Dazu benötigt man lediglich ein Küchenbeil, eine Geflügelschere und ein scharfes Messer: Zunächst wird der Kopf zusammen mit dem Hals abgehackt. Dann trennt man die beiden Vorderläufe vom Körper, indem man die Läufe etwas vom Körper abhebt und das Schultergelenk durchtrennt. Anschließend schneidet man – am besten mit einer Geflügelschere – das Brustbein längs (vom Bauch zum Hals) auf und trennt Bauchlappen und Rippenbögen auf beiden Seiten ab. Zuletzt werden die Hinterläufe vom Rumpf getrennt, indem man sie oberhalb des Beckens etwas anschneidet und schließlich mit dem Küchenbeil im Bereich der Lendenwirbel abhackt.

Der Feldhase ist eine weitverbreitete Art und ein beliebtes Jagdobjekt. Sein zartes, mageres Fleisch gilt als besondere Wilddelikatesse.

Wer nicht selbst auf Hasenjagd gehen möchte, greift am besten auf ein abgezogenes und bereits vorbereitetes Tier zurück.

Ein Hase versteckt sich vor den Augen des Jägers im Dickicht des Unterholzes.

Nach erfolgreicher Jagd werden die Hasen abgezogen und kommen meist im Ganzen in den Handel.

Wildkaninchen mediterrano

1 Wildkaninchen
Salz und Pfeffer aus der Mühle
50 ml Olivenöl
1 fein gehackte Knoblauchzehe
50 g Butterschmalz
1 grob gewürfelte Zwiebel
1 grob gewürfelte Möhre
1 grob gewürfelte Knollensellerie
1 EL Honig
100 ml Weißwein
400 ml Wildfond aus dem Glas
1 Rosmarinzweig
100 g Crème fraîche
evtl. dunkler Saucenbinder
100 g Oliven
2 El Pinienkerne
2 EL gehackte Petersilie

Waschen, trocknen und zerteilen Sie das Fleisch und reiben Sie es mit Salz, Pfeffer, Olivenöl und Knoblauch ein. Braten Sie die Fleischwürfeln im Butterschmalz an, geben Sie das Wurzelgemüse hinzu und braten Sie es mit an, bevor Sie den Honig, den Weißwein, den Wildfond und den Rosmarin dazugeben. Lassen Sie alles bei geschlossenem Deckel ca. 1 1/4 Stunden köcheln. Das Fleisch herausnehmen und warm stellen. Geben Sie die Crème fraîche in die Sauce, dicken Sie sie falls nötig mit Saucenbinder an und fügen Sie Oliven und Pinienkerne hinzu. Servieren Sie das Fleisch bedeckt mit Sauce und Petersilie.

Gebeiztes Kaninchen

1 Kaninchen (küchenfertig)
1 Kaninchenleber
4 grob gehackte Knoblauchzehen
5 Pfefferkörner
grobes Salz
1 Stück einer Zitronenschale
5 EL Olivenöl
1/4 l Rotwein
1 Stange Zimt
4 Gewürznelken
2 Rosmarinzweige
2 kleine, fein gehackte Zwiebeln
100 g klein gewürfelten Speck
1 TL scharfes Paprikapulver
2 Fleischtomaten, gehäutet, entkernt und geviertelt
1 Messerspitze Kreuzkümmel

Fleisch und Leber waschen, trocknen und das Fleisch in Stücke teilen. Zerstoßen Sie den Knoblauch, die Pfefferkörner, das Salz und die Zitronenschale in einem Mörser, mischen Sie alles mit 3 EL Olivenöl, Wein, Zimt und Gewürznelken, legen Sie die Rosmarinzweige hinein und marinieren Sie das Fleisch und Leber über Nacht darin. Alles herausnehmen, die Marinade sieben und die Leber hacken. Braten Sie Speck und Zwiebeln im restlichen Olivenöl an, geben Sie das Fleisch dazu und braten Sie es gleichmäßig goldbraun. Geben Sie die Leber hinzu, übergießen Sie alles mit der Marinade, geben Sie Paprikapulver und Tomaten hinzu und garen Sie alles bei mittlerer Hitze. Schmecken Sie mit Salz, Pfeffer und Kreuzkümmel ab und servieren Sie.

Exotische Fleischsorten

Bison und Büffel

Die großen, massigen *Bisons* werden in ihrer Heimat Nordamerika speziell zur Fleischproduktion gezüchtet. Ihr Fleisch ist äußerst vitamin- und eiweißreich und mit bestem Rindfleisch zu vergleichen. Leider wird Bisonfleisch hierzulande immer noch selten angeboten.

Büffel leben vorwiegend in Asien und Ägypten, wo sie bevorzugt als Zugtiere und Milchproduzenten genutzt werden. Doch seit einiger Zeit rückt ihre Bedeutung als Fleischlieferant in den Vordergrund, denn ihr dunkles, mageres und zartfaseriges Fleisch wird mehr und mehr geschätzt.

Känguru

In Australien ist *Kängurufleisch* ausgesprochen beliebt, nicht nur wegen seines ganz eigenen, feinen Geschmacks, sondern auch weil es so vielseitig zu verwenden ist. Ob kurz gebraten oder geschmort, Känguru wird ähnlich zubereitet wie Lamm- oder Rindfleisch. Wie anderes Wildfleisch ist Kängurufleisch sehr mager und cholesterinarm. Aus den Lendenteilen lassen sich beispielsweise saftige Steaks zaubern. Im Geschmack erinnert es an Hirsch bzw. Ochsenschwanz. Da Kängurufleisch auch bei uns immer beliebter wird, ist es mittlerweile auch in den Tiefkühltruhen großer Warenhäuser zu finden.

Kamel

Kamelfleisch schmeckt ähnlich wie mageres Rindfleisch, ist allerdings etwas dunkler und grobfaseriger. In der arabischen Küche betrachtet man es als Delikatesse, wobei das beste Kamelfleisch von den männlichen Jungtieren stammt. Für die Beduinen war Kamelfleisch über Jahrhunderte hinweg die wichtigste fleischliche Nahrung. Heute wird es häufig zu Trockenfleisch, Würsten und Konserven verarbeitet.

Strauß

Die Speisekarten internationaler Restaurants verraten, dass *Straußenfleisch* mehr und mehr eine kulinarische Selbstverständlichkeit wird. Das rote, erstaunlich zarte Fleisch dieser hochbeinigen Großvögel besitzt wenig Eigengeschmack und noch weniger Kalorien. Ursprünglich in Südafrika beheimatet, werden Strauße für den neuen europäischen Bedarf seit einigen Jahren vor allem in Spanien gezüchtet.

Krokodil

Krokodilfleisch liegt derzeit voll im Trend. Das äußerst fett- und cholesterinarme Fleisch stammt hauptsächlich von afrikanischen oder australischen, seltener von südamerkanischen Krokodilfarmen. Wer Krokodilfleisch selbst zubereiten möchte, kann es in Spezialgeschäften oder übers Internet beziehen. Vom Geschmack her lässt es sich mit Geflügel- oder Schweinefleisch vergleichen und wird auch ähnlich gewürzt.

Ein Alligator (abgeleitet vom spanischen „el lagarto", die Echse) auf einer Zuchtfarm in Kuba.

Pferd

Pferdefleisch besitzt einen leicht süßlichen Geschmack, den viele Verbraucher hierzulande ablehnen. Für den klassischen Rheinischen Sauerbraten wird allerdings ausschließlich Pferdefleisch verwendet. In Belgien und Frankreich ist es fester Bestandteil der Esskultur. Es wird wie Rindfleisch zerlegt und ist von ähnlicher Struktur, enthält aber weniger Fett und Cholesterin.

Vor allem in Frankreich gilt Pferdefleisch als besondere Delikatesse.

Vogel Strauß – der Exot aus Südafrika wird mittlerweile auf spanischen Farmen gezüchtet. Sein fettarmes Fleisch ähnelt vom Aussehen her einem Rinderfilet.

„Currasco" (Steaks vom Grill oder Rost) ist zur Zeit das beliebteste Straußengericht.

Nicht nur das Fleisch, auch die großen Eier der Strauße werden geschätzt.

Aus Straußeneiern lassen sich beispielsweise äußerst schmackhafte Riesenomeletts herstellen.

Ein ausgeklügeltes Kraftfutter soll die Fleischqualität erhöhen.

Innereien

Alle verwertbaren inneren Teile von Schlachttieren zählen zu den Innereien. Leber, Herz, Nieren, Zunge, Lungen und Milz nennt man Organinnereien, die übrigen sind Hirn, Hoden, Bries, Kutteln sowie Euter, Knochen und Markknochen. Oft werden auch Kopf, Schwanz und Füße mit dazugerechnet. Das Verhältnis zu diesen meist sehr zarten Spezialitäten hat sich im Laufe der Jahrhunderte immer wieder gewandelt: So verspeiste man in prähistorischer Zeit die Organe des getöteten Tiers, weil man davon überzeugt war, so dessen Eigenschaften wie Kraft oder Ausdauer auf sich übertragen zu können. Den Römern hingegen kam es vor allem auf den delikaten Geschmack an. Im Mittelalter wiederum waren die „Abfälle" aus der Schlachtung oft Nahrung für das ärmere Volk, bis die Oberschicht später erneut die geschmacklichen Vorzüge der verschiedenen Innereien entdeckte.

Während Leber, Niere oder Bries auch heute noch unter Feinschmeckern geschätzt werden, verwendet man Lunge, Milz oder auch Herz – ehemals eine begehrte Delikatesse – heutzutage vorwiegend als Tierfutter. Auch Stierhoden, einst in Spanien sehr begehrt, findet man inzwischen selten auf den Speisekarten, wohingegen Kutteln auch heute noch eine beliebte Spezialität in Frankreich, Spanien, Italien oder Süddeutschland sind.

Obwohl delikat, kalorienarm und darüber hinaus reich an Nährstoffen wie Eisen, Vitaminen oder Folsäure, sind Innereien im Zeitalter von BSE und umweltbewusster Ernährung mittlerweile umstritten. So wird vom Verzehr von Rinderhirn und -knochenmark oft ganz abgeraten, Leber oder Nieren können Spuren von Schwermetallen oder Pestiziden enthalten, weswegen der Verbraucher hier besonders auf Qualität und Frische achten sollte. Denn trotz der berechtigten Bedenken wird sich der wahre Gourmet die köstlichen Gerichte mit Innereien keinesfalls entgehen lassen.

Kalbszunge in pikanter Walnusssauce

2 kleinere frische Kalbszungen
2 geschälte und halbierte Zwiebeln
1 klein gehackte Knoblauchzehe
2 Lorbeerblätter
6 Pfefferkörner
1 Stiel Thymian

Für die Sauce:
4 EL Olivenöl
1 klein gehackte Zwiebel
2 klein gehackte Knoblauchzehen
1/2 scharfe, rote Paprika, entkernt und im Mörser zerstoßen
2 große Tomaten, gehäutet, entkernt und gewürfelt
1/8 l Weißwein
100 g gehackte Walnüsse

Legen Sie die Zungen für einige Stunden in kaltes Wasser und spülen Sie sie danach gut ab. Legen Sie sie mit Zwiebeln, Knoblauch, Lorbeerblättern, Pfefferkörnern und Thymian zusammen in warmes, leicht gesalzenes Wasser und kochen Sie alles ca. 45 Min. bei mittlerer Temperatur. Die Zungen im Wasser abkühlen lassen und danach die Haut abziehen. Für die Sauce erhitzen Sie Zwiebeln, Knoblauch, Tomatenwürfel und die zerstoßene Paprikaschote im Olivenöl, lassen alles kurz köcheln, und geben den Weißwein, die Nüsse und eine Prise Salz hinzu. Lassen Sie die Sauce erneut ca. 15 Min. köcheln. Die Zungen in Scheiben dazugeben und 15 bis 20 Min. bei schwacher Hitze mitgaren.

Geflügelinnereien mit Mandeln

600 g Hühnerinnereien (Leber, Magen, Herz und Hals)
4 grob gehackte Knoblauchzehen
2 EL gehackte Petersilie
10 Mandeln, blanchiert, abgezogen und geröstet
1/8 l Wein
Olivenöl
Salz zum Würzen

Waschen und trocknen Sie die Innereien gut und schneiden Sie sie in schmale Streifen, die Sie im Olivenöl braten. Zerstoßen Sie Knoblauch, Petersilie und geröstete Mandeln im Mörser, vermischen Sie alles mit Wein und geben Sie es zu den Hühnerinnereien. Garen Sie alles, bis das Fleisch weich ist und würzen Sie es dann mit Salz. Dazu passt am besten Stangenweißbrot.

Innereien

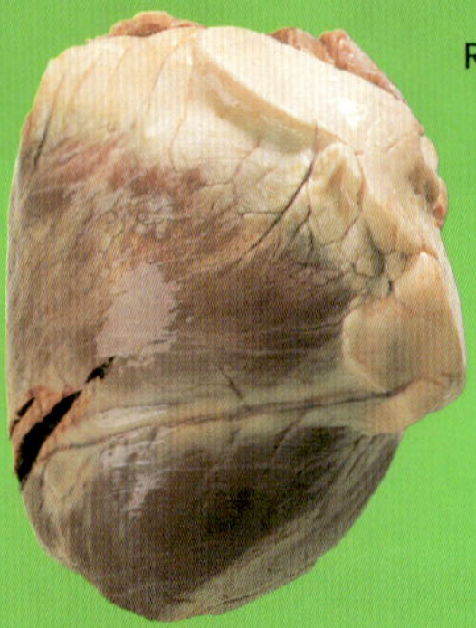

Rinderherz

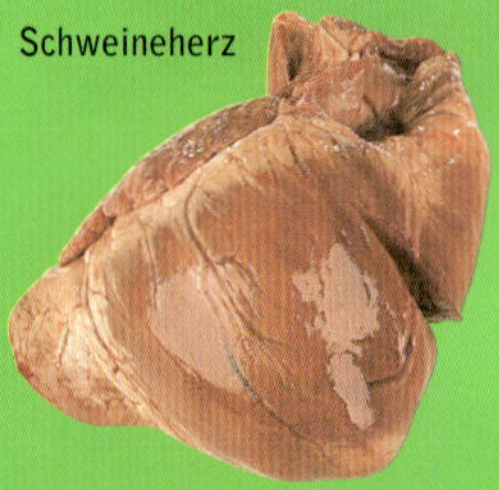

Schweineherz

Rindernieren

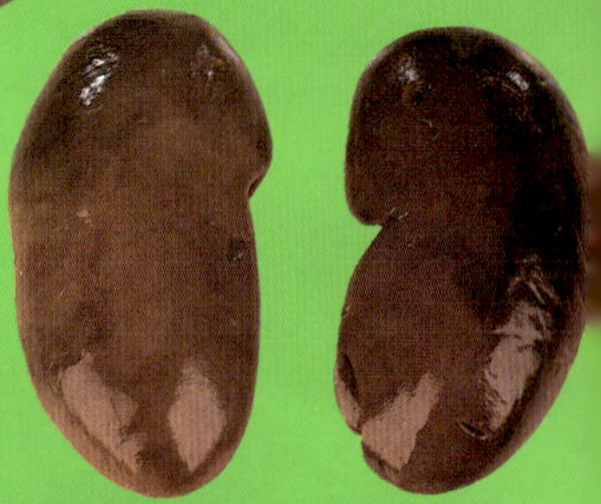

Schweinenieren

Herz

Sicher, es ist nicht jedermanns Sache, denjenigen Teil eines Tiers, der mit den meisten symbolischen Konnotationen behaftet ist, einfach zu verspeisen, gilt doch seit alters her dessen menschliches Äquivalent nicht nur als Sitz der Seele und des Gefühls, sondern auch des Bewusstseins und der Vernunft (so im Buddhismus). Den wahren Gourmet jedoch ficht dies alles nicht an – er weiß das zarte, magere Fleisch dieser fleischlichsten aller Innereien zu schätzen, insbesondere wenn es von Kälbern oder Lämmern stammt und ausreichend lange und langsam gekocht oder geschmort wurde.

Nieren

Im Unterschied zu Schweine- und Schafsnieren, die aus einem einzigen Teil bestehen, sind Kalbs- und Rindernieren mehrteilig. Wie bei der Leber sind auch die Nieren der jungen Tiere besonders zart und aromatisch. Neben Eiweiß und Vitaminen enthalten Nieren viele Mineralstoffe und zudem auch reichlich Cholesterin. Dennoch – sie schmecken sehr gut in gegrillter, gebratener oder sautierter Form. Hervorragend harmonieren sie mit mildwürzigen Wein- oder Sherrysaucen.

Bekannte Gerichte mit Innereien

Auch wenn der ein oder andere schon bei der Nennung entsprechender Gerichte sein Gesicht verzieht – die europäische Küche kennt eine Vielzahl von Speisen, in denen aus Innereien mal schlicht-deftige, mal höchst delikate Mahlzeiten zubereitet werden: In Bayern ist das Angebot besonders groß, dort genießt man saure Kutteln, saures Züngerl, panierten Euter, gespicktes Kalbsherz, Milzwurst, Kuttelflecksuppe, geschmorte Nierchen und vieles mehr. Ungarische Spezialitäten sind Kuttelnpörkölt mit Paprika und Knoblauch oder Kalbsleber à la Szapáry. In Spanien isst man „Sopa de fégadu" (Suppe aus Schweineleber), „Callos a la Madrilena" (Kutteln nach Madrider Art mit Chorizo und Ochsenmaul) oder auch „Mojellas empanadas" (paniertes Kalbsbries). Auch die Haute Cuisine Frankreichs hat die Innereien neu entdeckt und zum Teil unerschwinglich gemacht: Schweinsfüße nach Art von Sainte-Menehold, Straßburger Gänseleberpastete, „Cassolettes de tripes normandes" (Tonpfännchen mit normannischen Kutteln), Kutteln mit Räuchergeschmack im Apfelkästchen oder auch „Tripes à la mode de Caen" (Kutteln mit Äpfeln, Möhren, Gewürzen und Cidre).

Rinderleber

Schweineleber

Leber

Meist wird die Leber vom Schwein, Rind oder Kalb verwendet, aber auch die von Geflügel, Wild und sogar einigen Fischen kann gegessen werden. Leber enthält viel Eiweiß sowie zahlreiche Mineralien und Vitamine, sollte aber wegen eventueller Belastung mit Schwermetallen nicht häufiger als alle 14 Tage verzehrt werden. Die Leber junger Tiere ist wesentlich zarter und enthält auch weniger Schadstoffe als die älterer Tiere. Rinder- und Schweineleber besitzen oft einen etwas strengen Geschmack, der sich mildern lässt, indem man sie für einige Stunden in Milch einlegt. Leber schmeckt am besten gegrillt, gebraten oder geschmort, ist aber auch eine begehrte Zutat für Pasteten und Terrinen.

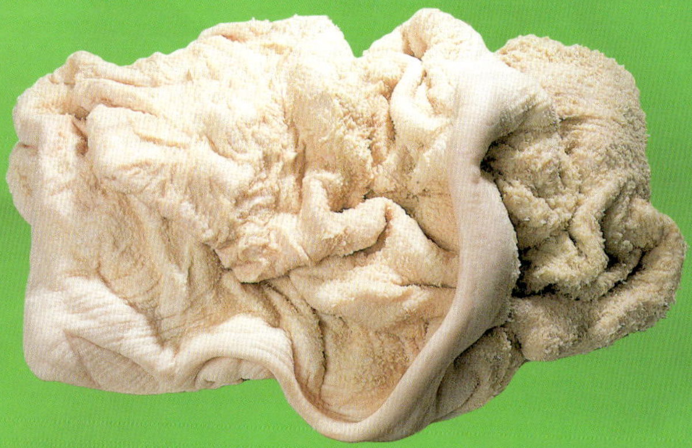

Kutteln

Der Magen von Wiederkäuern – er umfasst Pansen, Netzmagen, Blättermagen und Labmagen – wird oft auch als Kaldaunen oder Gekröse bezeichnet. Vor allem die zarten Kalbskutteln sind im süddeutschen Raum und der Schweiz beliebte Delikatessen. Die mineralstoffreichen Kaldaunen sind beim Kauf üblicherweise schon vorgekocht und werden gerne in einer Sahnesauce aus Fleischbrühe, Gemüse und Kräutern angerichtet.

Rinderlunge

Lunge

Nein, sehr appetitlich sieht sie wahrlich nicht aus – das nährstoffarme Atmungsorgan hat eine schwammig-lockere Konsistenz, aufgrund derer sie sich als gänzlich ungeeignet zum Braten erweist. Aber wenn man sie, wie vor allem in Süddeutschland, als „Saures Lüngerl" auf der Speisekarte entdeckt, also in einem herzhaften Sud aus Zitronensaft, Essig, Lorbeer und Pfeffer gekocht, ist von diesem Äußeren nichts mehr zu sehen – eine Delikatesse, die man sich auf keinen Fall entgehen lassen sollte.

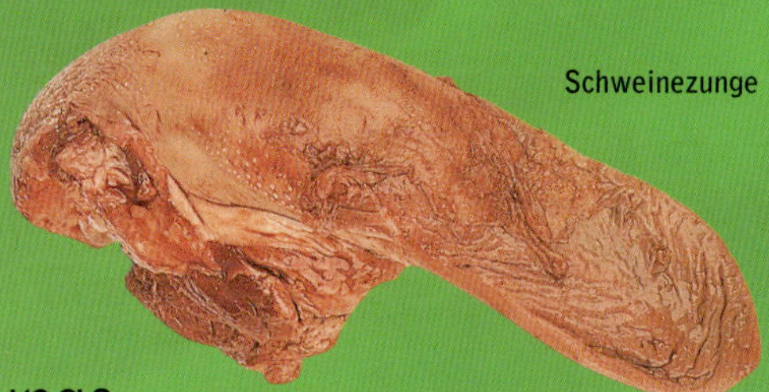

Schweinezunge

Zunge

Am besten, da besonders zart, schmeckt Kalbszunge, die auch die kürzeste Garzeit hat. Im Unterschied zu anderen Innereien kann man die besonders eisenhaltige Zunge nicht nur frisch erwerben, sondern auch gepökelt und geräuchert sowie als Aufschnitt. In einer Béchamel-Sahne-Sauce oder kalt in Salaten schmeckt sie sehr pikant.

Rindermagen

Magen

Spätestens seit Helmut Kohl wissen wir es alle: Der Magen einer Sau ist die Grundlage *der* Pfälzer Delikatesse überhaupt, des Saumagens. Das mittlerweile in vielen Gastwirtschaften der Pfalz als „Kanzlersteak" angebotene Gericht gibt es in unzähligen Rezepten. Des Kanzlers Gattin bereitete ihn mit einer Füllung aus Schweinefleisch (Nacken, Schulter), Kartoffeln und Mett, gewürzt mit Salz, Pfeffer, Muskat, Majoran, Koriander, Nelkenpulver, Thymian, Kardamon, Basilikum, Lorbeerblatt und Zwiebeln zu. Den „Gipfel aller Schlachtgenüsse" kann man mittlerweile sogar online bestellen. Dass sich aber auch aus einem Rindermagen eine deftige Mahlzeit zubereiten lässt, zeigt etwa der so genannte Königsberger Fleck, eine Gericht aus Pansen, Sellerie, Petersilienwurzel, Zwiebeln und Möhren.

Hirn

Aufgrund seines besonders guten Geschmacks wird vor allem das Hirn von Lämmern und Kälbern verwendet, während Schweinehirn so gut wie nie verzehrt wird. Hirn enthält sehr viel Cholesterin und wird im Falle einer BSE-Erkrankung besonders stark angegriffen. Wer auf den Genuss von Kalbshirn dennoch nicht verzichten möchte, sollte daher nur das Hirn von solchen Tieren verzehren, die auf einem Biohof geboren und aufgezogen wurden.

Bries

Unter Bries versteht man die weißliche Thymusdrüse hinter dem Brustbein, die bei jungen Kälbern und Lämmern noch stark entwickelt ist und sich später zurückbildet. Das sehr zarte und wohlschmeckende Bries ist fettarm und mineralreich und enthält sogar Vitamin C. Man sollte nur pralles, glänzendes und angenehm riechendes Bries kaufen, das cremigweiß bis rosa gefärbt ist. Ob gegrillt, gedünstet oder gebraten, die Garzeit darf nicht zu lange sein, da es sonst leicht austrocknet.

SCHINKEN UND WURST

Einleitung

Europa ist weltweit bekannt für seine enorme Vielfalt an Wurst- und Schinkenspezialitäten. Jedes Land und jede Region hat eigene Köstlichkeiten vorzuweisen. Während in Mitteleuropa Würste und Schinken nach dem ersten Abhängen geräuchert werden, ist diese Methode in Südeuropa eher die Ausnahme. Hier werden fast alle Produkte luftgetrocknet – ob dies nur aus klimatischen oder auch aus traditionellen Gründen geschieht, lässt sich nicht immer eindeutig klären. Fest steht allerdings, dass im feuchteren Klima der nördlichen Regionen Europas trocken- oder lakegepökeltes Fleisch nicht lange haltbar wäre.

Schinken wird meist aus der Schweinekeule hergestellt, einem der edelsten Teile des Tiers. Der Geschmack hängt wesentlich von der Nahrung der Tiere ab: Eine ausgewogene Fütterung aus Eicheln, Gräsern, Kräutern, Wurzeln und Getreide sorgt dafür, dass die Tiere Fett ansetzen. Freilandhaltung, also ausreichende Bewegung, hat zur Folge, dass das Fett bis ins Muskelfleisch vordringt und für eine feine Marmorierung sorgt. Auch die Schlachtung hat einen großen Einfluss auf die Qualität des Schinkens. Sind Transport zum Schlachthof und das Schlachten selbst mit viel Stress für die Tiere verbunden, produzieren sie vermehrt bestimmte Enzyme und Hormone, die sich qualitätsmindernd auf das Fleisch auswirken. Man sollte also darauf achten, woher der Schinken stammt, auch wenn der ausgezeichnete Geschmack seinen Preis hat. Generell gilt für den Verzehr: Alle Schinken sollten hauchdünn aufgeschnitten werden, denn nur dann entfalten sie ihr volles Aroma. Viele Länder haben ihren eigenen Schinken und ihre jeweils spezielle Art, ihn herzustellen, sei es nun der bekannte spanische *Serranoschinken*, der nicht minder berühmte *Parmaschinken* aus Italien oder der *Schwarzwälder Schinken* aus Deutschland. Sie alle zählen zu den rohen Schinken, ob sie nun geräuchert oder luftgetrocknet sind. Im Unterschied dazu sind der britische *York-Schinken*, der *Bradenham* oder der *Virginia-Schinken* aus den USA gekochte Schinken, die milder schmecken.

Wurst besteht meistens aus zerkleinertem Schweine- oder Rindfleisch, Speck, Gewürzen und Salz. Diese Masse – Fleischbrät genannt – wird in tierische oder künstliche Därme gefüllt und anschließend durch Kochen, Brühen, Räuchern oder Lufttrocknen haltbar gemacht. Je nach Verarbeitung unterscheidet man verschiedene Gruppen von Würsten: *Rohwürste*, *Brühwürste* und *Kochwürste*. Rohwürste bestehen aus ungegartem Fleischbrät, das zunächst gepökelt und danach luftgetrocknet oder geräuchert wird; das Ergebnis sind entweder schnittfeste Würste wie *Salami, Chorizo, Cervelat* und *Landjäger* oder streichfähige Rohwurst *(Teewurst, Mettwurst)*. Bei Brühwürsten – dazu gehören unter anderem *Mortadella, Cabanossi, Bockwurst, Bratwurst, Leberkäse, Weißwurst* und *Krakauer* – wird das rohe Fleischbrät in Därme gefüllt und bei etwa 75 °C gebrüht, manchmal auch noch geräuchert. Kochwürste bestehen aus vorgekochtem Fleisch, Innereien, Schwarten und Gewürzen; je nach Sorte werden auch noch frische Leber oder Blut hinzugefügt. Nach dem Abfüllen in Därme werden die Würste noch einmal gekocht und eventuell geräuchert. Bekannte Vertreter dieser Wurstart sind beispielsweise *Blutwurst, Leberwurst, Boudin blanc, Presssack, Andouille* und *Sülzwürste*.

Die Vielfalt an Wurst- und Schinkenspezialitäten ist in Italien mindestens genauso ausgeprägt wie bei uns.

In ganz Spanien sieht man in den Tapas-Bars eine Auswahl luftgetrockneter Schinken an der Decke.

Luftgetrockneter Schinken: Serrano

Jamón Serrano – Serranoschinken – ist Spaniens bekanntester Schinken. Sein feiner, leicht süßlicher Geschmack und die zarte, feste Textur sind bei Feinschmeckern seit jeher äußerst beliebt. Schon in der Antike lobte der spanisch-römische Dichter Marcial seinen unvergleichlichen Geschmack, später schloss sich auch Miguel de Cervantes, der Autor des „Don Quijote", diesem Urteil an.

Der Begriff leitet sich ab vom Spanischen „sierra" (Berge) und verweist so auf die Ursprungslandschaft des Schinkens. Traditionell wird er in Trevélez (Sierra Nevada) und Terual (Aragonien) sowie den Provinzen Girona (Katalonien) und Soria (Kastilien-Léon) hergestellt. Stets kommt das Fleisch dabei von weißen Schweinen, die in Intensivmast aufgezogen wurden. Serranoschinken erinnert von der Form her ein wenig an eine Gitarre und besteht aus drei Teilen: der Keule *(maza)*, die stärker durchwachsen und sehr ergiebig ist, der Gegenkeule *(contramaza)*, die kaum Spuren von Fett enthält, eine festere Textur aufweist, aber nicht sehr viel Fleisch besitzt, und schließlich der Spitze *(punta)*, dem unteren, dem Huf gegenüberliegenden Ende, das wie die Keule durchwachsen und daher besonders saftig ist.

Die Herstellung des Bergschinkens besteht aus zwei Phasen. In der ersten erfolgt die so genannte Stabilisierung: Die Schweinekeule wird gesalzen und dann in Trockenräumen bei relativ hoher Luftfeuchtigkeit und niedriger Temperatur gelagert. Nach einiger Zeit lässt man die Temperatur langsam ansteigen, während gleichzeitig die Luftfeuchtigkeit abnimmt. In der anschließenden zweiten Phase, der eigentlichen Reifephase, reift der Schinken in speziell klimatisierten Trockenräumen *(bogedas)* mindestens neun bis zehn Monate aus und entfaltet dabei seine charakteristischen Aroma- und Geschmacksstoffe. Nach diesem Prozess hat er rund 34 Prozent seines Anfangsgewichts verloren.

Serranoschinken schmeckt nicht nur ausgezeichnet, sondern verfügt auch über einen hohen Nährwert. Er ist cholesterinarm und reich an Proteinen, Phosphor und Kalzium, enthält viel Eisen sowie die Vitamine B1 und B2. Sein ausgewogener Gehalt an Fettsäuren macht ihn leicht verdaulich.

Rund 1700 Erzeuger für Serranoschinken gibt es in Spanien, 18 der bedeutendsten haben sich 1990 zum „Consorcio del Jamón Español" zusammengeschlossen; ihre Produkte entsprechen einem sehr hohen Qualitätsstandard und sind mit einem „S" gekennzeichnet. Auf der iberischen Halbinsel wird der Jamón Serrano – hauchdünn geschnitten – zu Festen und Feiern aller Art auf den Tisch gebracht. Man genießt ihn am liebsten roh als Aufschnitt, als Tapas oder mit Melonen; auch viele Salate und Gemüsegerichte bereichert er mit seinem unvergleichlichen Aroma.

Das hochwertige Fleisch der mallorquinischen schwarzen Schweine ist unter Feinschmeckern sehr begehrt.

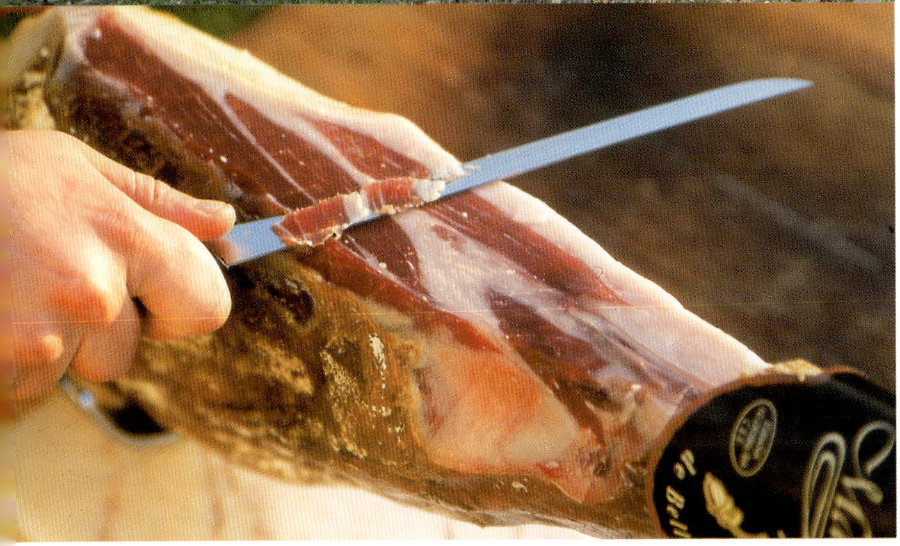

Die Kunst des manuellen Schinkenschneidens ist nicht nur in Spanien, sondern im gesamten mediterranen Raum hoch entwickelt. Das Messer muss schmal und äußerst scharf sein, damit man die gewünschten hauchdünnen Scheiben abschneiden kann.

Iberischer Schinken

Eine weitere spanische Spezialität ist der *Iberico*, der zu den teuersten Schinken der Welt zählt. Er wird auch *Pata negra* genannt, und zwar nach den schwarzen Füßen der iberischen Schweine („Cerdo ibérico"), die in den Stein- und Korkeichenwäldern der Extremadura leben und der Fleischlieferant für diese Köstlichkeit sind. Eine spezielle Eichelmast der Schweine und ein extrem langer Reifungsprozess, der zwischen anderthalb und zwei Jahren dauert, sorgen für den unvergleichlichen, nussartigen Geschmack.

Die spanische Spezialität **Lomo** wird ebenfalls vom iberischen Schwein gewonnen. Man stellt sie aus der luftgetrockneten Lende her, die in eine Marinade eingelegt wird.

Jamón Serrano – ein wichtiges Moment der Reifung betrifft das Ansetzen eines Edelschimmelpilzes, um den Geschmack noch mehr zu verfeinern.

Ibérico oder auch **Pata Negra** reift bis zu 24 Monate und zählt zu den teuersten Schinken überhaupt.

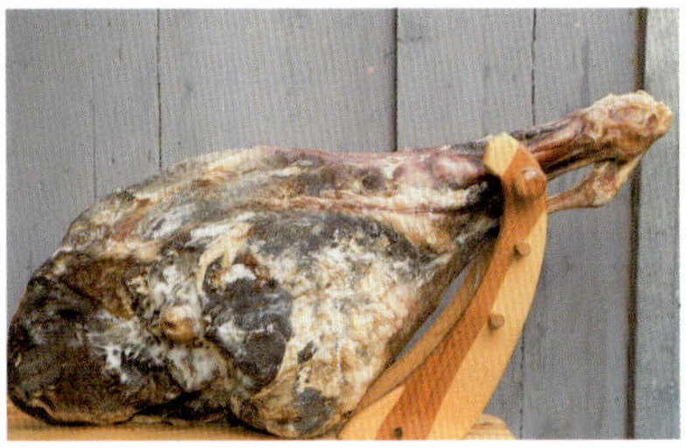

Cecina-Schinken ist eine Dörrfleischspezialität aus Kastilien und kann aus Pferde-, Rind- oder Eselfleisch hergestellt werden.

Oben: Fast ein Jahr lang lagern die Parmaschinkenkeulen in solchen Hallen – bei geringer Luftzufuhr und kühler Temperatur.

Unten links: Nach der ersten Salzphase kommen die Schinkenkeulen in Kühlzellen, bevor sie erneut gesalzen werden.

Unten Mitte: Die Schnittstelle wird mit einer Fettschicht versiegelt, damit das Fleisch hier nicht austrocknet.

Unten rechts: Das Brandzeichen der fünfzackigen Krone mit den Druckbuchstaben PARMA verbürgt die Herkunft jedes einzelnen Schinkens.

Schinken aus Italien

Aus der Provinz Parma, nordwestlich von Bologna, stammt Italiens berühmtester Schinken, der *Prosciutto di Parma.* Man erkennt ihn an seinem Markenzeichen, der fünfzackigen Krone des Herzogtums Parma, und den Namen der Heimatregion, die auf der Keule eingebrannt ist. Seit Jahrhunderten erfreut sich diese Spezialität großer Beliebtheit. Zentrum der Herstellung ist nach wie vor Langhirano in der Nähe von Parma, wo in riesigen, modernen Lagerhallen unzählige Schinken trocknen.

Wie der Serrano- unterliegt auch der Parmaschinken einem langen Reifungsprozess. Zuerst werden die Schweinekeulen eingesalzen und kommen dann für etwa eine Woche in 0 bis 4 °C kalte Kühlzellen (die so genannte erste Salzphase). In einer zweiten Salzphase von ungefähr zweieinhalb Wochen Dauer treiben Salz und Kälte die Feuchtigkeit aus dem Fleisch – ein Vorgang, der wichtig für die Konservierung ist. Danach werden die Keulen teilweise maschinell durchgewalkt, um das Salz besser ins Fleisch dringen zu lassen. Nach einer anschließenden Ruhephase von 60 bis 70 Tagen und einer lauwarmen Waschung des Fleischs beginnt der eigentliche Trockenvorgang. Nach einigen Monaten werden die Schinken mit einer Paste aus Schmalz, Reismehl und Pfeffer verschmiert, um sie vor Austrocknung und Verhärtung zu schützen. Für weitere 10 bis 12 Monate werden die Keulen nun in Keller mit geringer Luftzufuhr und kühler Temperatur eingelagert. Erst danach sind sie reif zum Verzehr.

Parmaschinken lässt sich auf vielfältige Weise genießen: mit Weißbrot, um Melonenstücke oder Spargel gewickelt, mit frischen Feigen oder zusammen mit diversen Salamisorten. Wichtig für den Verzehr ist, die Scheiben wegen der vollen Entfaltung des Aromas hauchdünn zu schneiden.

1 Der **Toscano** ist ein besonders herzhafter, luftgetrockneter Schinken.
2 Der **San Daniele** zählt zu den feinsten luftgetrockneten Schinken überhaupt.
3 Einige der italienischen gekochten Schinken werden leicht geräuchert. Dazu gehört der **Prosciutto Cotto,** den man in Italien meist pur und dünn geschnitten genießt.

Noch beliebter als der Parmaschinken ist unter Feinschmeckern der *Prosciutto di San Daniele*, der aus der Provinz Friaul stammt und sich durch seinen leicht süßlichen Geschmack auszeichnet. Die klimatische Mischung aus frischer Berg- und salziger Meeresluft verleiht dem Schinken beim Reifen sein unverwechselbares Aroma.

Das Fleisch wird nur kurz, etwa 14 bis 16 Tage, gepökelt und dann zu der charakteristischen Mandolinenform gepresst. Dabei verteilt sich das Fett um den ganzen Schinken und die noch vorhandene Feuchtigkeit wird ausgetrieben. Der Fuß der Schweinekeule wird nicht entfernt, damit die unteren Partien nicht austrocknen. Ein San-Daniele-Schinken reift mindestens zehn, oft auch mehr als 12 Monate, bis er zum Verzehr angeboten wird. Sein Markenzeichen ist das Monogramm „SD".

Bündner Fleisch

Bündner Fleisch wird hauptsächlich in Graubünden produziert. Die klimatischen Voraussetzungen ermöglichen eine optimale Trocknung. Heute stellt nur noch ein Betrieb in Parpan Bündner Fleisch auf traditionelle Weise her: Die mit Salz und Gewürzen eingeriebenen Stücke aus der Rinderkeule werden einige Wochen in Bottichen gepökelt, dann gewaschen und als so genannte Binden im Netz für etwa drei Wochen auf einen drahtgeschützten Balkon gehängt und angetrocknet. Im anschließenden Trocknungsprozess wird das Fleisch mehrmals zwischen Holzscheiten gepresst, um eine gleichmäßige Verteilung des Saftes zu erlangen. Das Ganze dauert zweieinhalb bis fünf Monate, und das Fleisch verliert dabei gut die Hälfte seines ursprünglichen Gewichts.

Gekochter Schinken

Ebenso wie beim rohen gibt es auch beim *gekochten Schinken* eine große Auswahl, wobei viele bekannte Sorten aus Großbritannien und den USA stammen. Aber auch in Italien, Frankreich und Deutschland versteht man hervorragende Kochschinken herzustellen. Selten kauft man einen ganzen Schinken, um ihn dann selbst zu kochen (s. Kasten), meist wird er in Scheiben geschnitten angeboten.

Eine sehr würzige und reizvolle Variante stammt aus Italien: der *Prosciutto cotto*, der mit Rosmarin versetzt und manchmal auch mit einer Honigkruste angeboten wird. Ebenfalls sehr pikant ist der *Trüffelschinken*, sein intensiver Geschmack ist allerdings nicht jedermanns Sache. Rauchig und deftig ist dagegen der *Bauernschinken* aus Südtirol; er hat auch nicht die feine Konsistenz der zuvor genannten Sorten, seine kräftige Note passt aber gut zu dem würzigen Südtiroler Brot.

In Frankreich kennt man den *Jambon cuit à l'os*, dieser seltene Schinken wird am Knochen gekocht und anschließend geräuchert. Als *Jambonneau* bezeichnet man einen kleinen Schinken vom Haxenteil der Keule, der mit einer Kruste aus Semmelbröseln überzogen wird.

Auch in Deutschland weiß man einen guten gekochten Schinken zu schätzen, pikante Varianten ergeben sich aus dem *Holsteiner Schinken*, der zuweilen mit Wacholder, in einigen Regionen mit Roséwein und einer Schicht aus Walnüssen versetzt wird.

Der bekannteste britische Kochschinken ist der *Yorkschinken*. Er schmeckt mild und weist eine feste Struktur auf, ist zartrosa gefärbt, sein Fett weiß und durchscheinend. Langsam gepökelt und in rauchiger Luft gedünstet, wird er anschließend mit Knochen, Fett und Schwarte in gewürzter Brühe gekocht.

Eine weitere englische Schinkenspezialität ist der *Bradenham*, ein süßlicher, mild gepökelter Schinken mit schwarzer Haut und tiefrotem Fleisch. Weitere Sorten sind der *Suffolk-Schinken*, der auf traditionelle Weise in Salzlake mit Gewürzen und Honig gepökelt und anschließend geräuchert wird, sowie der *Gammon* oder *Wiltshire-Schinken*, ein milder, wie Speck gepökelter Schinken, der in verschiedenen Teilstücken angeboten und dann gekocht wird.

Die USA, wo traditionell zu Ostern gerne gekochter Schinken gegessen wird, können mit dem *Smithfields*, einem über Hickory-Holz geräucherten und mit einer Pfefferkruste überzogenen Schinken, sowie dem *Virginia-Schinken* aufwarten. Bei diesem werden die Stücke zweimal mit Salz und Salpeter abgerieben und mit einer Honigkruste überzogen. Den *Pennsylvania Dutch* wiederum legt man in Gewürzessig ein und räuchert ihn über Apfel- und Hickory-Holz.

Naturbelassener gekochter Schinken, also keine Pressfleischware, ist eine Delikatesse.

Virginia-Schinken wird mit Salz und Salpeter abgerieben und erhält eine Honigkruste.

Eine gekochte Schinkenkeule – Kochschinken wird übrigens nicht nur gekocht, sondern zuvor auch gepökelt.

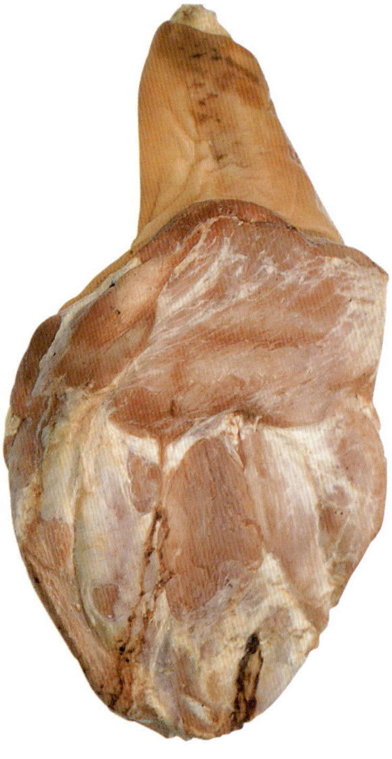

Der **Lacón** ist ein spanischer gekochter Schinken, der in Galizien oft zu einem deftigen Gericht mit Steckrüben serviert wird.

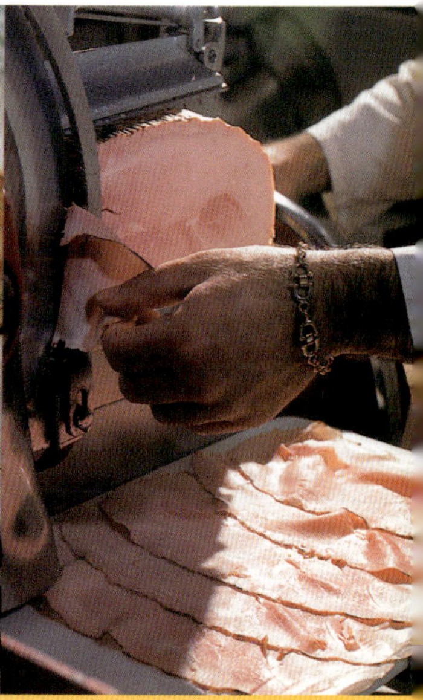

Würzige Bananen-Päckchen auf Pumpernickel

Zutaten für ca. 16 Stück:

Nadeln von 2 Rosmarinzweigen, fein gehackt
500 g Doppelrahm-Frischkäse
80 ml Vollmilch
Weißer Pfeffer aus der Mühle
Kräutersalz
1 Messerspitze frisch geriebene Muskatnuss
16 große Scheiben Parmaschinken, ca. 300 g
2 mittelgroße Bananen, geschält, in ca. 1 cm dicke Scheiben geschnitten
1 Bund Schnittlauch
16 Pumpernickeltaler

Rühren Sie Frischkäse und Milch glatt, fügen Sie den Rosmarin hinzu und schmecken Sie mit Pfeffer, Kräutersalz und Muskat ab. Breiten Sie die Schinkenscheiben aus, streichen Sie ca. 2/3 der Käse-Milch-Mischung in die Mitte der Scheiben und positionieren Sie jeweils eine Bananenscheibe darauf. Führen Sie die Enden der Scheiben nach oben zusammen, sodass Sie sie jeweils mit einem Schnittlauchhalm zusammenbinden können. Den Rest der Frischkäsecreme auf den Pumpernickeltalern verteilen, die Päckchen darauf anrichten und servieren.

Spargel-Schinken-Gratin

1 kg weißer Spargel
Salz
Zucker
50 g Butter
1 Scheibe Kräuterlachsschinken je Spargelstange
30 g Mehl
300 ml Milch
100 ml Sahne
125 g Grünschimmelkäse
3 mittelgroße Eier
Salz und Pfeffer aus der Mühle
1 Bund Schnittlauch, in Röllchen geschnitten

Schneiden Sie die unteren Enden vom Spargel ab, schälen Sie in sorgfältig und kochen Sie ihn in gesalzenem Wasser mit einer Prise Zucker und 10 g Butter etwa 10 Min., bevor Sie ihn herausnehmen und abkühlen lassen. Fetten Sie eine ausreichend große Auflaufform mit Butter. Wickeln Sie jede Stange in je einer Scheibe Schinken ein und legen Sie sie in die Form. 30 g Butter erhitzen und das Mehl unterrühren. Milch und Sahne auf einmal und unter ständigem Rühren dazugeben, aufkochen und bei mäßiger Temperatur etwa 4 bis 5 Min. köcheln. Den Käse in kleinen Stücken dazugeben, dann alles abkühlen lassen. Heizen Sie den Backofen auf 180 °C vor. Trennen Sie die Eier. Eiweiß steif schlagen und Eigelb unter die abgekühlte Mehl-Käse-Schwitze rühren, mit Salz und Pfeffer würzen, die Schnittlauchröllchen und den Eischnee unter die Sauce heben und über dem Spargel verteilen. Alles ca. 10 Min. im Backofen goldbraun überbacken.

Rohen Schinken kochen

Gekochten Schinken kann man auch selbst zubereiten: Man benötigt dazu einen rohen, eingesalzenen Schinken am Stück, den man kurz in Wasser weicht – bei salzigeren Schinkensorten auch bis zu einem Tag lang – und danach in frischem Wasser und unter gelegentlichem Abschäumen des Suds etwa 30 Minuten kocht. Sehr salziges Wasser sollte nach einiger Zeit weggegossen und der Topf neu aufgefüllt werden. Gewürzt wird der Kochsud je nach Vorliebe mit Zwiebeln, Lorbeerblättern, Pfeffer- oder Pimentkörnern und Nelken, aber auch Äpfeln, Wein oder Cidre. Den Schinken gar köcheln – je nach Größe bis zu drei Stunden –, dann abtropfen lassen, die Schwarte abziehen und die Fettschicht weitgehend entfernen. Wer möchte, kann den fertigen Schinken noch mit einer Glasur aus Apfelsaft, Honig oder Ahornsirup oder aber einer Senf-Semmelbrösel-Kruste überziehen und ihn im Ofen kross backen.

Roher Schinken

In vielen Regionen Europas wird der Schinken noch immer mit dem Messer und nicht mit der Maschine geschnitten.

Gefüllte Pfannkuchen in Tomatensauce

Für die Pfannkuchen:

3 Eier
150 g Mehl
1/4 l Milch
Salz
Butter

Für die Füllung:

1 kleine Zwiebel, gehackt
1 Knoblauchzehe, gehackt
4 EL Olivenöl
1 Dose geschälte Tomaten
Salz und Pfeffer aus der Mühle
1 EL gehacktes Basilikum
100 g Parmaschinken
etwas Fett für die Auflaufform
50 g geriebener Parmesan

Verrühren Sie Eier, Mehl und Milch zu einem dünnflüssigen Teig, geben Sie etwas Salz hinzu und lassen Sie alles 30 Min. gehen. Erhitzen Sie jeweils ca. 1 TL Butter in einer kleinen Pfanne und geben Sie nacheinander jeweils eine kleine Schöpfkelle Teig hinein und verteilen Sie ihn gut. Die Pfannkuchen gleichmäßig goldbraun backen. Erhitzen Sie Zwiebel und Knoblauch in 3 EL Öl, geben Sie die Tomaten hinzu, würzen Sie mit Salz, Pfeffer und Basilikum und lassen Sie alles 10 Min. schmoren. Verteilen den Schinken auf den Pfannkuchen und formen Sie daraus kleine Rollen, die Sie nebeneinander in eine gefettete, feuerfeste Form legen und die Tomatensauce darüber verteilen. Parmesan und restliches Olivenöl darüber geben und ca. 15 Min. im 225 °C heißen Ofen gratinieren.

Schwarzwälder Schinken ist ein in ganz Deutschland geschätzter Räucherschinken mit kräftigem Aroma.

Die Qualität eines Räucherschinkens, wie etwa des **Holsteiner Katenschinkens,** hängt entscheidend ab von der Wahl des Holzes und der Temperatur in der Räucherkammer.

Grundsätzlich gilt: Beim rohen Schinken ist die feine Fettmaserung wichtig für die Entfaltung der Aromen.

Der geräucherte **Westfälische Knochenschinken** zählt zu den traditionsreichsten Schinken in Deutschland.

Rinderschinken charakterisiert ein ausgesprochen zarter, milder Geschmack. Rauchfleisch etwa schätzt man als eine Delikatesse, die man am besten pur mit etwas dunklem Brot genießt.

Der herzhaft-kräftige Geschmack des geräucherten **Südtiroler Specks** ist nicht nur in ganz Italien, sondern auch in Deutschland beliebt.

Salamisorten

Der lang haltbare **Salametto** besteht überwiegend aus Kalbs- und Schweinefleisch mit verschiedenen Fettsorten.

Nirgendwo ist die Auswahl an Salamisorten so groß wie in Italien.

Saucisson d'Ardèche: Diese grobe, französische Salami wird mit Knoblauch und Pfeffer gewürzt.

Ungarische Salami

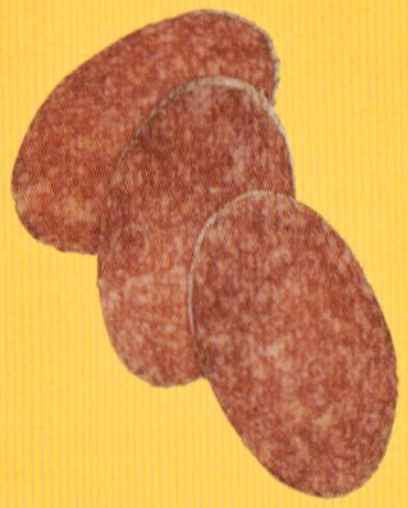

Seit etwa 130 Jahren wird sie nach unverändertem Rezept hergestellt: Echte ungarische Salami enthält nur Schweinefleisch – bevorzugt das von schweren Sauen –, kernigen Speck, Gewürze und Nitritpökelsalz. Bei niedriger Temperatur (10 bis 12 °C) wird sie intensiv 10 bis 12 Tage lang geräuchert. Zu dem unnachahmlichen Aroma der sehr lange haltbaren Delikatesse trägt auch die lange Reifezeit von drei Monaten bei, wobei auf den Zusatz jeglicher Reifebeschleuniger verzichtet wird.

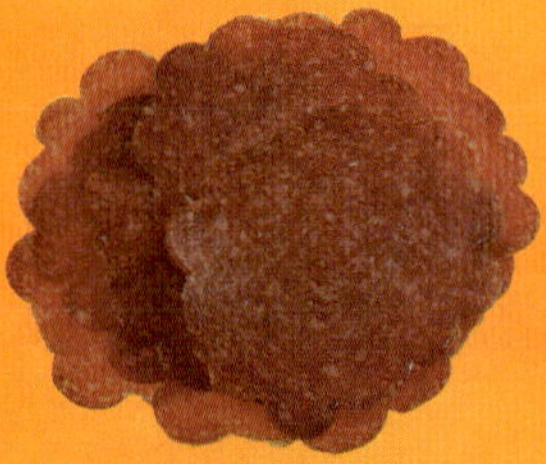

Mailänder Salami ist äußerst feinkörnig und besteht aus Schweine- und Rindfleisch.

Die edle spanische **Salchichón** ist eine salamiartige Rohwurst aus bestem Schweinefleisch; besonders renommiert sind die Sorten aus Vic, Lugo und Toledo.

Salchichón del Pirineo stammt aus den Pyrenäen und ist eine der Salami ähnelnde Hartwurst.

Die im Naturdarm gereifte, herkunftsgeschützte **Salamei di Varzi** stammt aus der Lombardei, wo sie seit dem 12. Jahrhundert produziert wird.

Entscheidend für die Qualität einer Salami ist die Brät aus Schweinefleisch – zuweilen ergänzt durch Rind-, Schaf- oder Pferdefleisch – und rohem Schweinespeck.

Drei bis vier Monate müssen die Salamis aus Varzi reifen, um ihr Aroma zu entfalten.

Die Gewürzmischung ist das A und O einer jeden Salami-Spezialität.

Seit 1989 ist die Salame di Varzi eine durch das Prädikat DOC geschützte Wurstspezialität.

Salami

Die *Salami* ist wohl die bekannteste Dauerwurst Italiens, allein dort gibt es rund 40 verschiedene Sorten, die bis auf wenige Ausnahmen alle luftgetrocknet sind. Das Wort geht auf das indogermanische „sal" (Salz) zurück. Schon bei den Sumerern, Babyloniern und Römern war die Herstellung von Dauerwurst bekannt, und in italienischen Schriften aus dem Mittelalter werden diverse Salamisorten erwähnt. Aber erst im 18. und 19. Jahrhundert wurde diese Art von Wurst in ganz Europa bekannt. Damals wie heute ist die Emilia Romagna das Zentrum der Dauerwursthersteller, doch auch andere Regionen Italiens produzieren Salamis; je südlicher der Ursprung, desto kleiner, schärfer und grobkörniger sind die Würste. Doch in den Metzgereien ist es selbstverständlich, Spezialitäten des ganzen Landes anzubieten.

Salamis gehören zu den schnittfesten Rohwürsten und bestehen aus zerkleinertem, rohem Muskelfleisch vom Schwein – zuweilen ergänzt durch Fleisch vom Rind, Schaf oder Pferd – sowie aus rohem Schweinespeck. Diese Zutaten werden vermischt, gesalzen und gewürzt, in Därme gefüllt und luftgetrocknet (selten auch geräuchert). Während des Reifeprozesses bildet sich auf der Haut ein Schimmelbelag, der regelmäßig abgewaschen wird und eine wichtige Rolle für das Aroma spielt.

Zu den beliebtesten Salamisorten Italiens gehören die *Mailänder Salami*, die heutzutage fast ausschließlich industriell hergestellt wird, die *Salame d'oca* aus Gänsefleisch, die *Salame Felino*, die wegen ihrer „Süße" und ihres Duftes geschätzt wird – sie besteht nur aus Schweinefleisch und Speck –, und die *Salame Napoletano*, die neben Schweinefleisch auch Fleisch junger Ochsen enthält; gewürzt mit reichlich Peperoni ist sie sehr feurig.

In ganz Europa hat die Salami viele Nachahmer gefunden, berühmt ist die würzige, fein gekörnte *ungarische Salami*, die seit dem Ende des 19. Jahrhunderts traditionell in Budapest und Szeged produziert wird. Als ebenfalls sehr delikat gilt die *französische Salami*, die vorwiegend aus dunklem Schweinefleisch mit erbsengroßen Speckstücken, Knoblauch und Cognac hergestellt ist. Meist ist sie luftgetrocknet; eine Ausnahme bildet die geräucherte *Salami de Strasbourg* oder *d'Alsace*. Salami-ähnliche Rohwürste gibt es auch in Spanien zuhauf: sei es der *Chorizo*, die *Longaniza* oder die *Sobrasada*.

Därme für die Wurstherstellung

Bei den Hüllen der Würste unterscheidet man zwischen Kunstdärmen und Naturdärmen, wobei die Ersteren oft für ungeräucherte Würste verwendet werden. Auch die Blase von Schlachttieren dient mitunter als Wursthülle. Naturdärme werden direkt nach dem Schlachten gründlich gesäubert und danach entweder eingesalzen oder getrocknet. Die Größe der einzelnen Därme ist unterschiedlich: Ihr Durchmesser kann je nach Wurstart von 1,5 bis zu 10 cm reichen, der Vielfalt dieser natürlichen „Verpackung“ sind kaum Grenzen gesetzt.

Spanien ist für seine geräucherten Wurstspezialitäten bekannt.

Spanische Rohwürste

Chorizo de ciervo ist eine Hartwurst aus den Pyrenäen. Das Fleisch stammt von Hirschen.

Chorizo de Léon ist eine Hartwurst-Spezialität aus Kastilien und enthält viel Knoblauch. Sie eignet sich nicht nur roh zum Verzehr, sondern auch zum Kochen.

Chorizo ist die bekannteste spanische Rohwurst. Sie besteht meist aus Schweine- und Rindfleisch und hat wegen des vielen Paprikas, der zur Würze verwendet wird, eine rötliche Färbung. Es gibt eine Vielzahl unterschiedlicher Sorten, einige werden geräuchert, andere luftgetrocknet. Beliebte Würzzutaten sind neben Paprika auch Knoblauch, Peperoni, Oregano oder Thymian, manchmal sogar Kartoffeln („Chorizo de Patatero de Monroy“ aus der Extremadura). Sie werden als Tapas serviert und oft auch für Eintöpfe verwendet.

Sobrasada ist eine balearische Streichwurst, deren besondere pikante Würze durch Hinzufügung von Paprikapulver erzielt wird.

Auf diesem Eingangsschild eines Sobrasada-Herstellers auf Mallorca präsentiert eine Frau stolz die balearische Köstlichkeit.

Kichererbsen mit Chorizo

500 g Kichererbsen
200 g gepökelter Bauchspeck
1 große Zwiebel, klein gewürfelt
2 Knoblauchzehen, klein gewürfelt
2 rote Paprika, in Streifen geschnitten
200 g Chorizo, in Scheiben geschnitten
4 EL Olivenöl
1 kleine Dose geschälte Tomaten, zerkleinert
2 EL Tomatenmark
Salz und Pfeffer aus der Mühle
1 Messerspitze Cayennepfeffer

Legen Sie die Kichererbsen über Nacht in reichlich kaltem Wasser ein. Kochen Sie sie danach mit frischem Wasser auf, schäumen Sie das Wasser ab, legen den Speck dazu und kochen Sie alles bei geringer Temperatur ca. 1 1/2 Stunden, bis die Erbsen weich sind. Zwiebeln und Knoblauch im Olivenöl erhitzen, die Wurst kurz mitbraten, dann die Paprika, die Tomaten, den Tomatensaft aus der Dose und das Tomatenmark hinzugeben. Kochen Sie die Mischung auf, fügen Sie die Kichererbsen und ca. 1/2 l Erbsensud hinzu, kochen sie alles für 30 Min. und schmecken Sie es dann mit Salz, Pfeffer und Cayennepfeffer ab.

Links: Sobrasadas werden an einem luftigen, kühlen Ort getrocknet.

Rechts: Ihre charakteristsiche Farbe erhält diese balearische Delikatesse erst im Laufe der bis zu 50 Tagen dauernden Trocknungsphase.

Die Deutschen und ihr Verhältnis zur Wurst

In keinem anderen Land gibt es so viele verschiedene Wurstsorten wie in Deutschland, zwischen 1500 und 1700 sollen es sein. So beliebt die Wurst hierzulande auch ist, sprachlich gesehen führt sie ein wahrhaft stiefmütterliches Dasein. Sei es nun der „Hanswurst“, die „beleidigte Leberwurst“, die „Wurstfinger“ oder das „kleine Würstchen“ – immer haftet dem Begriff etwas Negatives an. Dabei ist die Herkunft des Wortes eher unspektakulär: Sprachwissenschaftlern zufolge stammt es vom indoeuropäischen „uert“ ab, was „drehen“ oder „Walze“ bedeutet und auf das Herstellungsverfahren verweist. Aber eigentlich kann einem das alles ja auch Wurst sein – Hauptsache, selbige schmeckt!

Brühwürste

Von allen Wurstgruppen ist die der *Brühwürste* die umfangreichste. Aus rohem, zerkleinertem Schweine-, Kalb- oder Rindfleisch wird zusammen mit Speck, Gewürzen und zerstoßenem Eis ein Wurstbrät hergestellt, das in Därme gefüllt und dann bei etwa 75 °C gebrüht wird, wodurch die Würste ihre jeweilige Konsistenz erhalten. Bei Knackern oder Wiener Würstchen folgt nach dem Brühen noch eine Räucherung, um den Geschmack abzurunden.
Brühwürste sind beliebte Imbissmahlzeiten, sei es nun die in ganz Deutschland vertretene *Bockwurst*, die *Weißwurst* oder die *Bratwurst*, die als *Thüringer* und *Nürnberger Rostbratwurst* ebenso reißenden Absatz findet wie als *Currywurst*.

Sie gehört einfach zur Kirmes oder zum Wochenmarkt wie der Tannenbaum zu Weihnachten: Die **Bockwurst** ist immer noch eines der beliebtesten „Fast food"-Gerichte: So essen die Deutschen im Durchschnitt fast doppelt so viele Würstchen wie Hamburger. Mal mit einem Klecks Senf, mal mit gebratenenen Zwiebeln oder mit Ketchup – die unscheinbare Wurst behauptet ihren Platz in der Welt von Fritten, Burgern & Co.

Überall auf der Welt kennt man **Wiener Würstchen**, nur in der österreichischen Hauptstadt heißen sie **Frankfurter**. Die längliche, schlanke und knackige Wurst ist heute als Imbiss zwischendurch oder als Partysnack nicht mehr wegzudenken.

Die berühmte **Weißwurst** wurde 1857 in München von einem Wirt „erfunden". Sie besteht zumeist aus Kalbfleisch, ist feinkörnig und fast weiß. Entgegen anders lautenden Behauptungen wird sie nicht mit den Fingern und nicht mitsamt der Haut gegessen, allerdings auch nicht ausgesaugt – „echte" Weißwurstesser schneiden die bayrische Delikatesse mit dem Messer auf und lösen die Haut ab. Zur Weißwurst gehört unbedingt süßer Senf.

Die **Krakauer** ist eine herzhafte Brühwurst aus Polen, die sich auch gut zum Braten eignet. Sie besteht zum überwiegenden Teil aus Schweinefleisch sowie aus Speck und Rindfleisch und wird mit frischem Knoblauch, Pfeffer und oft auch mit Kümmel gewürzt.

Die **Lyoner Wurst** stammt aus Lyon, einer Hochburg des französischen Metzgerhandwerks. Sie besteht aus qualitativ hochwertigem Schweinefleisch (oft Schinken- und Schulterstücke) und hat einen relativ geringen Fettanteil. Nach dem Füllen in Naturdärme wird die Wurst etwa anderthalb Monate getrocknet, bevor sie reif für den Verzehr ist.

Die **Mortadella** ist eine sehr bekannte italienische Brühwurst, die aus gehacktem Schweinefleisch besteht und oft grüne Pistazienstücke oder weiße Fettwürfel enthält; die beste Mortadella findet man in Bologna, wo sie mit Koriander und Wein gewürzt wird; in ganz dünne Scheiben geschnitten entfaltet sie ihr Aroma am besten.

Kochwürste

Zu den *Kochwürsten* zählt man alle Sorten, die aus vorgekochtem Fleisch, Innereien, Schwarten und Gewürzen bestehen. Außerdem werden, je nach Art der Wurst, Leber oder Blut hinzugefügt. Nach dem Abfüllen in Därme werden die Würste noch einmal gekocht. Um den Geschmack zu verfeinern und die Haltbarkeit zu erhöhen, werden manche Sorten abschließend noch einige Stunden kalt geräuchert.

Kochwürste sind in ganz Europa beliebt. So gibt es die verschiedensten Blutwurstvarianten in Spanien (Morcilla, Butifarrós), in Frankreich (Boudin noir), in Großbritannien (Black Pudding), in Polen (Kaszanka) oder in Deutschland (Rheinische Blutwurst). Eine immense Sortenvielfalt gibt es auch bei den Leberwürsten und Sülzwürsten.

Morcilla de arroz ist eine Blutwurst mit frugalem Aroma, der Pieniekerne und andere Nüsse sowie Zimt, Anis und Nelken zu einem ganz und gar eigenen Geschmack verhelfen.

Butifarra negra, eine Blutwurst-Spezialität aus Katalonien, besteht überwiegend aus Schweinefleisch, Speck und Schwarte. Charakteristische Gewürze sind Pfeffer und Muskat.

Butifarra blanca besteht immer aus einer Mischung aus Schweinefleisch, Speck, Schwarte und Innereien, allerdings gibt es viele unterschiedliche Sorten und regionale Eigenheiten.

Sangminaccio ist eine höchst deftige Blutwurst. Die spanische Küche schätzt sie als Zutat für Eintöpfe.

Grobe Leberwurst ist dann eine Delikatesse, wenn sie aus besten Zutaten bereitet wird. Sie besteht überwiegend aus Schweinefleisch, Schweineleber und ungeräuchertem Speck.

Grobe Blutwurst ist ein wichtiger Bestandteil für einige regionale Spezialitäten, zum Beispiel „Himmel und Erde". Bestandteile sind u.a. Speck, Schweinebacke und Blut.

Matança – das mallorquinische Schlachtfest

Im November finden überall auf Mallorca so genannte Matanças statt – Schlachtfeste, die eine sehr lange Tradition auf der Insel haben. Einige Mallorquiner halten sich auch heute noch ein Schwein, viele aber kaufen eines vom befreundeten Bauern. Meist schlachten sie es nicht selbst, sondern lassen diese Arbeit von einem professionellen Schlachter erledigen. Alles außer Schinken und Rücken wird zu Wurst verarbeitet, wobei alle Familienmitglieder und die Nachbarn mithelfen. Wichtigste Produkte sind die berühmten *Sobrasadas* (feurige Paprikawürste) und die *Butifarros* (kleine Blutwürste).

Große Speckstücke sind charakteristisch für die **Morcilla Asturiana**, eine geräucherte und mit Paprika gewürzte spanische Blutwurst.

Geschichte der Pastete

Die Pastete hat eine lange und wechselvolle Geschichte. So wurden schon in der Antike während Theateraufführungen Pasteten in den Pausen verkauft, in griechischen Schriften finden sich Hinweise auf die damals sehr beliebte Speise, und auch die Römer, allen voran Kaiser Nero, waren geradezu versessen darauf. Im Mittelalter gab es regelrechte Pastetenbuden, die durchaus Ähnlichkeit mit unseren heutigen Imbissständen aufwiesen.
Aber auch daheim schätzte man Pasteten, da sie eine Art „Geschmacksmaskerade" für nicht mehr ganz frisch, ja, oft auch bereits verdorbene Rohprodukte waren. Diese etwas unappetitliche Form der Pastetenbäckerei änderte sich im Laufe des 16. Jahrhunderts, als man die feinen Sitten wieder entdeckte, und spätestens im 18. Jahrhundert wurde mit der Erfindung der Gänseleberpastete in Straßburg diese Speise in königlichen Rang gehoben – Ludwig XV. soll davon begeistert gewesen sein. Im Laufe der folgenden Jahrhunderte eroberte sich das Bürgertum diese Köstlichkeit zurück. Heute gelten sie als Gaumenschmeichler par excellence, als wahre Kunstwerke des Genusses und sind besonders zu hohen Festtagen eine beliebte Ergänzung des Menus.

Pasteten

Sei es nun die feine, getrüffelte Gänseleberpastete („Foie Gras") oder eine einfache, kräftige Landterrine, sei es eine Bouchée (kleine Pastete) oder gar der in England so beliebte Pie: All diese kulinarischen Köstlichkeiten laufen unter dem Sammelbegriff Pastete. Streng genommen gibt es aber große Unterschiede: So sind Pasteten immer mit einem Teigmantel umhüllt, Terrinen dagegen präsentieren sich als pure Farce in Porzellan- oder Keramikformen. Erstere werden oft heiß, letztere in der Regel kalt als Vorspeise genossen.

In Frankreich und Belgien sind Pasteten beinahe schon Grundnahrungsmittel wie bei uns die Wurst, es gibt sie in unendlicher Vielfalt zu kaufen. Sogar ein eigener Beruf, der „charcutier" (Fleischkocher), hat sich hier herausgebildet. Pasteten und Terrinen sind so beliebt, dass fast jede zweite Familie in Frankreich ihr eigenes Hausrezept hat. Bei der Füllung, der so genannten Farce, sind der Fantasie kaum Grenzen gesetzt: Zwar sind die Leberpasteten und -terrinen die bekanntesten, doch lassen sich auch Geflügel, Wild, Fisch und Gemüse zu feinen Köstlichkeiten verarbeiten.

Die berühmte Gänseleberpastete wird meist von einem Brioche-Teig umgeben, allerdings kommt sie häufig auch ohne Ummantelung, als Gänseleberterrine, vor. Neben der Gänseleber wird in Frankreich auch gerne Enten-, Fasanen- oder Kalbsleber zu delikaten Pasteten verarbeitet. Oft wird der Füllung neben Gewürzen auch Alkohol beigemengt, in Frankreich etwa Gin oder Cognac, in Spanien und auch in Österreich Sherry, in Italien Weinbrand – so ergibt sich jeweils ein ganz eigener Geschmack.

Für Wildpasteten lassen sich Rebhuhn, Wildschwein, Wachteln, Springbock, Reh, Kaninchen, Hase oder Fasan verwenden, bei Geflügel sind Enten, Perlhühner, Poularden oder Tauben beliebt. Auch bei den Fischen sind die Variationsmöglichkeiten schier unendlich: sei es Aal, Lachs, Hecht, Seezunge, Forelle, Steinbutt oder Languste. Gleiches gilt für das Gemüse, auch hier ergeben etwa Artischocken, Broccoli oder Pilze, manchmal in Kombination mit Fleisch, wahre Kunstwerke für Gaumen und Auge.

Wie und aus was auch immer die Pastete oder Terrine hergestellt wird: Erlesene Zutaten und große Sorgfalt bei der Zubereitung sind unerlässliche Bedingungen für ein gelungenes Ergebnis.

Leberwurst

Natürlich kann man Leberwurst nicht mit einer echten (Gänse-) Leberpastete vergleichen, die Unterschiede in der Zubereitung sind einfach zu groß. Dennoch kann zum Beispiel eine getrüffelte, feine Leberwurst eine preisgünstigere Alternative zu der fast unerschwinglich teuren „Foie Gras" sein.
Leberwürste gehören zur Gruppe der Kochwürste und werden aus vorgekochten Fleischteilen, Speck und Schweine- oder Kalbsleber hergestellt. Eine besondere Spezialität ist die mit Majoran gewürzte Pfälzer Leberwurst. Ihre etwas unansehnliche graue Färbung ist ein positives Zeichen, zeigt sie doch an, dass die Wurst mit natürlichem Kochsalz behandelt wurde und nicht, wie viele andere, mit Nitritpökelsalz.

Wildterrine

500 g Kalbsbrät
100 ml Sahne
1 Ei
200 g Wildfleisch, zweimal durch den Fleischwolf gedreht
Salz und Pfeffer aus der Mühle
1 TL Gewürz für Pasteten
150 g gepökelte, gekochte Rehzunge, in kleine Würfel geschnitten
40 ml Weinbrand
200 g grüner Speck, in Scheiben
1 Lorbeerblatt

Vermischen Sie das Kalbsbrät mit der Sahne, dem Ei und dem Wildfleischhack, würzen Sie alles mit Salz, Pfeffer und dem Pastetengewürz und stellen Sie die Mischung ca. 1 Stunde kühl. Legen Sie die Zungenwürfel in den Weinbrand ein und kühlen Sie alles ebenfalls für ca. 1 Stunde. Dann beides vermischen und erneut kühl stellen. Legen Sie eine Terrinenform mit Speckscheiben aus und füllen Sie die Wildpaste ein. Um mögliche Luftbläschen aus der Paste zu entfernen, stoßen Sie die Terrinenform mehrmals auf ein Tuch. Bedecken Sie die Oberfläche der Wildpaste mit Speckscheiben, geben Sie das einzelne Lorbeerblatt darauf und schließen Sie die Form. Stellen Sie sie bis zur Hälfte in ein Wasserbad und garen Sie alles bei 150 °C für etwa 1 bis 1 1/2 Stunden im Backofen. Lassen Sie die Terrine in der Form über Nacht im Kühlschrank auskühlen und richten Sie später 1 bis 2 Scheiben Terrine pro Teller mit etwas grünem Salat an.

Fleisch-Pastetchen

Zutaten für etwa 8 Pastetchen

Für den Mürbeteig:

500 g Mehl
200 g Butter
1 mittelgroßes Ei
100 ml kaltes Wasser
etwas Salz
1 Eigelb

Für die Schinkenfüllung:

1 frische Bratwurst
100 g Schweinefleisch, durch den Fleischwolf gedreht
80 g fetter, geräucherter Speck, fein gewürfelt
80 g Hinterschinken, fein gewürfelt
1 Knoblauchzehe, fein gehackt
1 EL Pistazien
Thymian
Majoran
Salz und Pfeffer aus der Mühle

Geben Sie die Teigzutaten in eine kalte Schüssel und reiben Sie sie so lange zwischen den Fingern, bis sich ein krümeliger Teig bildet, dann kräftiger kneten (evtl. wenige Tropfen Wasser hinzugeben) und alles zu einer Kugel formen. Diese in Frischhaltefolie gewickelt 30 Min. in den Kühlschrank legen. Befreien Sie die Bratwurst von der Pelle und mischen Sie die Masse mit dem Schweinehack, dem Speck, dem Schinken, dem Knoblauch, den Pistazien und den Gewürzen. Teilen Sie den Mürbeteig in 8 gleiche Teile, formen Sie diese zu Quadern und stellen Sie sie kalt. Dann die Stücke auf einer bemehlten Fläche zu Rechtecken von etwa 4 mm Dicke ausrollen. Heizen Sie den Backofen auf 180 °C (Umluft) vor und teilen Sie die Fleischmischung ebenfalls in 8 Portionen, formen Sie die Teile zu kleinen Rollen und schlagen Sie je eine Fleischrolle in ein Mürbeteigrechteck ein. Legen Sie die Päckchen mit den Enden nach unten auf ein mit Backpapier ausgelegtes Blech. Verquirlen Sie das Eigelb mit etwas Wasser, bepinseln Sie die Teigtaschen damit und stechen Sie sie mit einer Gabel mehrmals leicht ein. Backen Sie die Päckchen ca. 15 bis 20 Min. und servieren Sie sie lauwarm oder kalt.

Pastetengewürze

Gewürze spielen bei Pasteten eine wichtige Rolle, erst sie liefern die entscheidende Geschmacksnote. Statt auf fertige Gewürzmischungen zurückzugreifen, lohnt es, sich – je nach Pastetenart und persönlichen Vorlieben – eine eigene Mischung frisch zusammenzustellen: Für Fleischragouts eignen sich Chilis, Cayennepfeffer oder Paprika, zu Fischpasteten passen Fenchel, Ingwer oder Piment. Wildfleisch kombiniert man mit Wacholder, Leber- und Geflügelpasteten harmonieren mit Lorbeer und Vanille. Auch bei der Verwendung von Kräutern sind der Fantasie keine Grenzen gesetzt. Beifuß und Rosmarin verfeinern Geflügelpasteten, Salbei, Estragon und Thymian passen zu Fisch, Basilikum und Petersilie verleihen Gemüsepasteten eine delikate Note. Eine gewisse Vorsicht sollte man lediglich bei Zwiebeln und Knoblauch walten lassen – wegen ihres durchdringenden Geschmacks eignen sie sich allenfalls für kräftige Fleischpasteten.

Piment, wegen seines an Zimt und Nelken erinnernden Aromas auch Nelkenpfeffer genannt, ist die unreife Beerenfrucht der Pfeffermyrthe.

Zubereitung einer Pastete

Unabdingbar sind Frische und gute Qualität der Zutaten, sie tragen ganz entscheidend zum Geschmack bei. Für eine Pastete wird gerne Mürbeteig, aber auch Blätter- oder Hefeteig verwendet. Zum Backen sind so gut wie alle Formen möglich, solche aus Metall eignen sich jedoch am besten, da der Teig darin gleichmäßiger backt. Für eine Terrine dagegen wird die Form mit Speck (oder Alufolie) ausgekleidet, gefüllt und mit Speckscheiben verschlossen.

Das Allerwichtigste bei einer Pastete und Terrine ist jedoch die so genannte Farce (französisch für Schabernack), die Füllung. Die klassische Fleischfarce besteht aus drei Teilen: dem Geschmacksträger – dies kann Kalbfleisch, Wild oder Geflügel sein –, Schweinefleisch und Schweinespeck. Letzterer lockert die Farce auf und verleiht ihr den sanften Schmelz. Dazu kommen noch verschiedene Gewürze, um den Geschmack zu unterstreichen. Um die nötige Bindung durch das fleischeigene Eiweiß zu erhalten, muss die Farce unbedingt bei möglichst niedriger Temperatur zubereitet werden, da das Eiweiß sonst gerinnt. Alternativ zur reinen Fleischfarce lässt sich das Ganze mit Eiern, Brot, Mehlpanaden oder Reis binden – ein Verfahren, das für Puristen allerdings undenkbar ist.

Aspik-Speise

1. Grundlage für eine einfache Aspikspeise: geklärter Fleisch- oder Gemüsefond, kleingeschnittenes Gemüse (Karotten, Sellerie, Porree) sowie in Würfel geschnittenes Schweinefleisch oder Schinken.

2. Die Zutaten kommen zusammen mit dem gelierten Fond in eine Schüssel, wobei der besseren Optik wegen darauf geachtet werden sollte, dass alles gleichmäßig verteilt ist.

3. Das Ganze muss mindestens zwei Stunden kalt gestellt werden, bis die Masse fest ist. Dann löst man den Aspik vom Rand, legt einen Teller auf die Form und stürzt sie um.

Burns Supper

Die Ode „To a Haggis“, in der Robert Burns (1759–1796) das schottische Nationalgericht pries, ist bis heute untrennbar mit dem Dichter und seiner Heimat verbunden: Alljährlich findet an seinem Geburtstag, dem 25. Januar, in Schottland und England das „Burns Supper“ statt. Der Ablauf dieser Zeremonie ist genau festgelegt: Unter Dudelsackklängen wird auf einem Tablett der Haggis in den Saal getragen. Während das „Heiligtum“ angeschnitten wird, rezitiert ein Gast das berühmte Gedicht. Natürlich darf auch der Whisky nicht fehlen. Er wird meist nach dem Essen serviert, wenn die genau festgelegten Trinksprüche an der Reihe sind. Zuerst wird der Queen gedacht, danach folgt eine lange Rede über Burns’ Leben und Werk, und schließlich macht sich der Redner über anwesende oder den Gästen bekannte Personen lustig und trägt damit zur allgemeinen Erheiterung bei. Das Essen endet traditionsgemäß damit, dass alle Gäste sich erheben und „Auld Lang Syne“ anstimmen.

Aspik & Sülze

Aspik, auch Gelee genannt, wird wie eine Kraftbrühe aus geklärtem Fleischfond zubereitet. Seine feste Konsistenz erhält er meist durch die Zugabe von Gelatine, wobei nicht zu viel verwendet werden darf, da das Ganze schnell eine gummiähnliche Beschaffenheit bekommt. Um dem Gelee mehr Geschmack zu verleihen, kann man der Kraftbrühe durchgedrehtes Rindfleisch, Geflügel oder fein gehacktes Gemüse hinzufügen und den Fond mit einem Schuss Wein verfeinern. Aspik wird in vielen Gegenden der Welt auf vielfältige Weise eingesetzt, sei es der norddeutsche „Aal in Aspik" oder das englische „Huhn in Gelee", die mit Sherry überzogene Putenbrust aus den USA oder das marinierte Fleisch in Marsala-Aspik aus Italien.

Mit dem Begriff *Sülze* hingegen bezeichnet man klein geschnittenes Schweine- oder Geflügelfleisch, das von Aspik umhüllt ist. Auch hier gibt es unendlich viele Variationsmöglichkeiten. So kann eine Sülzwurst aus groben Schwartenteilchen bestehen oder eine raffinierte Komposition aus Gemüse- und Fleischstücken bilden. Eine Spezialität besonderer Art ist der „Jambon persillé", der im Burgund hergestellt wird. Hierzu benötigt man Schweineschulter und Schweinsfüße sowie verschiedene Suppengemüse wie Porree, Möhren und Staudensellerie. Zusammen mit Lorbeerblättern, Thymian und Gewürznelken müssen die Zutaten in einem Topf mit Wasser und Weißwein etwa 3 Stunden köcheln. Anschließend wird der Fond abgegossen und als Gelee zubereitet, wobei auch hier ein Glas guter weißer Burgunder nicht fehlen darf. Ist das Fleisch klein gehackt, gibt man in einzelnen Schichten Fond, viel Petersilie und die Schinkenstücke in eine Terrine. Die Sülze sollte mindestens 12 Stunden im Kühlschrank ruhen, vor dem Servieren gestürzt und in fingerdicke Scheiben aufgeschnitten werden.

Sogar in der Nouvelle Cuisine des Paul Bocuse finden sich Rezepte für den „Fromage de tête de porc", die **Schweinskopfsülze**.

Das Tier kocht sich selbst

„Im Skythenlande verfährt man beim Kochen folgendermaßen. Dem gehäuteten Tier wird das Fleisch von den Knochen gelöst und in den Kessel geworfen, falls ein solcher zur Stelle ist. Ist kein Kessel zu Stelle, so wird das ganze Fleisch in den Magen des Tiers gesteckt, Wasser hinzu gegossen und mit Hilfe der Knochen gekocht. Die Knochen brennen sehr gut, und der Magen nimmt bequem das von den Knochen gelöste Fleisch auf. So kocht also das Rind, oder was für ein Tier es sonst ist, sich selber."

Herodot (nach 490 bis um 425 v. Chr.)

Ungeklärter Aspik

Nicht für alle Aspik- oder Sülzgerichte wird geklärter, also durchsichtiger Gelee verwendet; gerade rustikale Speisen wie etwa die Schweinskopfsülze bereitet man mit gelatinereichem Fleisch (also Schweinskopf) sowie einem Stück Schwarte zu. Im Unterschied zum geklärten Aspik wird beim ungeklärten die Flüssigkeit eingekocht, bis sie eine geleeartige Konsistenz erhält, und dann mit dem zerkleinertem Fleisch vermischt. Man kann auch Fleisch und Flüssigkeit lagenweise einfüllen wie beim „Bœuf à la mode en gelée". Eine weitere Variante mit ungeklärtem Aspik sind die zahlreichen Aspiksalate aus den USA.

Wurstähnliche Spezialitäten

Meist sind sie verrufen, bestenfalls belächelt: gefüllte Tiermägen wie Pfälzer Saumagen, Haggis oder Andouille. Dabei handelt es sich um traditionsreiche und äußerst schmackhafte Arten von Wurst, die sogar Eingang in Politik und Kunst gefunden haben. So lud der frühere Bundeskanzler und überzeugte Pfälzer Helmut Kohl seine Staatsgäste gerne zu seinem Leibgericht ein: Saumagen. Und der Dichter Robert Burns widmete der schottischen Variante, dem Haggis, gar ein eigenes Gedicht. Das heute eher selten genutzte Verfahren, den Fleischbrei in Tiermägen zu füllen und anschließend zu garen, ist übrigens die älteste Art der Wurstzubereitung. Sie wurde schon bei den Babyloniern angewandt, und auch Homer berichtet in der Odyssee von einer Blutwurst im Ziegen- und Schweinemagen.

Beim *Pfälzer Saumagen* wird Schweinefleisch zusammen mit Mett und verschiedenen anderen Zutaten, beispielsweise Schalotten, Eiern, Brötchen und Kartoffelstücken, in einen Schweinemagen gefüllt und in heißem Wasser gesiedet (siehe auch Seite 215). Der die Füllung umgebende Magen wird übrigens nicht mitgegessen. *Haggis* wird dagegen im Schafsmagen zubereitet, und auch die Zutaten sind andere: Leber, Herz und Lunge (manchmal auch Kutteln) vom Schaf sowie Schafsnierenfett, Zwiebeln, grobes Hafermehl, Salz und Pfeffer.

Die französischen Varianten eines gefüllten Tiermagens, Andouille und Andouillette, sind unter Feinschmeckern hochgeschätzt, aber außerhalb Frankreichs nicht jedermanns Sache. Bei der *Andouille* handelt es sich um Gekrösewurst: Die klein geschnittenen, in Salz und Pfeffer eingelegten und geräucherten Innereien (darunter auch Bauch, Magen und Därme) werden in Schweinedärme gefüllt, in gut gewürzter Bouillon gekocht und zur vollständigen Reifung aufgehangen, bis die Haut eine dunkle Färbung annimmt. Auf ähnliche Weise werden die längeren und dünnen *Andouillettes* hergestellt. Sie werden allerdings nicht geräuchert, sondern in einem Sud aus Zwiebeln, Karotten, Thymian, Lorbeer, Weißwein und Essig mariniert, bevor sie anschließend gekocht werden.

KÄSE

Einleitung

Käse, die „Laune Gottes“, wie ein französischer Hersteller sein Produkt nennt, ist eines der ältesten und gehaltvollsten Nahrungsmittel. Hatte er zunächst nur in der einfachen bäuerlichen Küche seinen Platz, so begann der Siegeszug des Käses in der Gourmetküche in einer Zeit, in der dank optimaler Transport- und Kühlmöglichkeiten seine enorme Vielfalt entdeckt wurde.

Dass die Käseherstellung bereits im 3. Jahrtausend v. Chr. bekannt war, zeigt ein Wandfries aus dem Tempel von El-Obeid im heutigen Irak. Vom Zweistromland aus verbreiteten sich die Kenntnisse der Käseproduktion in östlicher Richtung über Persien und Afghanistan bis nach Indien, Nepal und Tibet. Über das antike Griechenland, wo Käse als Speise der Götter galt, und über Rom eroberte das Milchprodukt ganz Europa. So kannte man im alten Rom neben Frischkäse schon verschiedene Sorten Hartkäse, die sich vorzüglich zum Handel und als Marschverpflegung für die Legionäre eigneten. Im Mittelalter entwickelten vor allem die Klöster diverse Käsespezialitäten, wie z. B. Gruyère, Chester, Emmentaler, Appenzeller, Roquefort oder Munster, die eine willkommene Bereicherung des meist fleischlosen Speiseplans der Mönche darstellten. Schließlich verbreiteten europäische Kolonialisten die Kunst der Käseherstellung rund um den Globus. Lediglich die Völker Ost- und Südostasiens können dieser europäischen Spezialität, die weltweit in schätzungsweise 4000 Sorten vorliegt, keinen Reiz abgewinnen.

Grundlage aller Käseherstellung ist das bekannte Phänomen, dass unbehandelte Milch nach einiger Zeit sauer wird und gerinnt. Dabei trennen sich die festen Bestandteile – im Wesentlichen Fett, Eiweiß und Mineralsalze – von der flüssigen Molke ab. Diese natürliche „Dicklegung“ der Milch wird durch die gezielte Zugabe von Milchsäurebakterien oder Lab gesteuert. Neben tierischem Lab, einem Enzym aus dem Magen von Kälbern, Lämmern oder jungen Ziegen, wird in der industriellen Produktion vornehmlich mikrobiell oder gentechnisch erzeugtes Lab verwendet. Der Einsatz von pflanzlichen Labaustauschstoffen aus Distelblüten, Labkraut oder Feigenbaumholz ist sehr gering. In allen Fällen werden Aussehen und Geschmack des gewünschten Endprodukts durch mehrere Faktoren bestimmt: Art der Säuerung (Bakterien- oder Labsäuerung), Labmenge, Temperatur, Dauer der Dicklegung sowie Zugabe weiterer Bakterienkulturen.

Die gallertartige Masse, die „Dickete“, wird mit der Käseharfe, einer Art großem Metallkamm, gerührt, sodass sich die festen Bestandteile besser von der Molke absetzen. Je feinkörniger dieser so genannte Bruch ist, desto trockener und fester wird der Käse. Durch „Brennen“, d. h. durch Nachwärmen auf 35 ° bis 55 °C, kann dem Bruch weitere Flüssigkeit entzogen werden. Mittels Tüchern wird er anschließend aus der Molke gehoben und in Formen gefüllt. Während die Molke abläuft, wird der Laib mehrfach gewendet und – je nach Käsesorte – mehr oder weniger stark gepresst. Der auf diese Weise geschaffene Käserohling wird in ein Salzbad gelegt, um die Rindenbildung zu fördern und unerwünschte Bakterien zu vernichten. Anschließend reift der Rohling in kühlen Räumen bei relativ hoher Luftfeuchtigkeit einige Tage bis zu mehreren Monaten. Zur optimalen Geschmacksentfaltung und Ausbildung sortentypischer Merkmale werden die Käselaibe mehrmals gewendet, mit Salzlösung abgewaschen oder gebürstet.

Kennzeichnung

Ob in der Selbstbedienungstheke oder im Fachgeschäft – jeder Käse muss eine gesetzlich vorgeschriebene Kennzeichnung aufweisen. Sie gibt Auskunft über Name und Hersteller, Käsegruppe und Fettgehalt, Mindesthaltbarkeitsdatum und Gewicht sowie über die Verwendung von Zutaten und Zusatzstoffen. Weiterhin wird der Verbraucher darüber informiert, ob der Käse aus Rohmilch oder pasteurisierter Milch hergestellt und ob Schafs- oder Ziegenmilch verwendet wurde – bei Kuhmilch ist keine gesonderte Angabe erforderlich. Bedauerlicherweise erfährt der Verbraucher nicht, ob der Käse tierisches oder pflanzliches, mikrobielles oder gentechnisch erzeugtes Lab enthält.

Wff – Water fat free

Die Konsistenz des Käses hängt ab vom Verhältnis des Wassergehalts zur Trockenmasse, die im Wesentlichen aus Fett, Eiweiß und Mineralsalzen besteht. Der in der fettfreien Käsemasse enthaltene Anteil an Wasser (Wff, Water fat free) wird international zur Klassifizierung der einzelnen Käsesorten verwendet:

Extrahartkäse max. 51 % Wff
Hartkäse 49–56 % Wff
Schnittkäse bzw. Halbhartkäse 54–63 % Wff
Halbfester Schnittkäse 61–69 % Wff
Weichkäse mind. 67 % Wff
Frischkäse mind. 73 % Wff

In Frankreich erfolgt die Klassifizierung üblicherweise nach der Herstellungsmethode, indem zwischen nachgewärmt, gepresst, gewaschene Rinde und Edelschimmel unterschieden wird.

Hartkäse & Extrahartkäse

Zu der Gruppe der Hartkäse zählen die Käse mit der größten Trockenmasse und einer sehr festen bis harten, körnig-bröckeligen Konsistenz. Für die Herstellung von einem Kilogramm Hart- oder Extrahartkäse werden mindestens 12 l Milch benötigt, wobei überwiegend Kuhmilch, aber auch Schafsmilch, etwa beim italienischen *Pecorino*, verwendet wird. Die große Festigkeit des Käses wird durch eine optimale Trennung von festen und flüssigen Milchbestandteilen erreicht. Zu diesem Zweck wird der zu Reiskorngröße zerkleinerte Bruch nachgewärmt und in der Form gepresst. Während der mehrmonatigen Reifezeit in kühlen, luftigen Kellern oder Höhlen verliert der Käse durch Verdunstung weitere Flüssigkeit. Durch regelmäßiges Wenden verteilt sich das verbleibende Wasser gleichmäßig im Käselaib, wodurch Verformungen vermieden werden. Die Oberfläche der Käselaibe wird regelmäßig mit Salz abgerieben oder mit Salzlake abgewaschen, um die Ausbildung der Rinde zu fördern, die vor allem bei großen, schweren Käselaiben besonders stabil sein muss.

Wegen seiner guten Lagerungsfähigkeit wurde Hartkäse früher insbesondere in abgelegenen Bergregionen hergestellt. Ein bekannter Vertreter ist der *Schweizer Emmentaler*, der in großen Laiben von 70 bis 120 kg produziert wird. Sein Merkmal sind die zahlreichen, haselnussgroßen Löcher, die sich durch eine anfänglich relativ warme Lagerung bilden. Käse nach Emmentaler Art wird auch in Deutschland und Frankreich hergestellt. Eng verwandt mit dem Emmentaler ist der *Berg-* oder *Alpkäse*, der im gesamten Alpenraum auf hoch gelegenen Almen hergestellt wird. Je nach Region kann er in Größe, Geschmack und Konsistenz variieren. Zu den Bergkäsen zählen auch der französische *Comté* und *Beaufort* sowie der Schweizer *Gruyère (Greyerzer)*. Eine besondere Bruchbehandlung durchlaufen der italienische Reibkäse *Provolone*, der zur Gruppe der Filata-Käse gehört, sowie der aus England stammende *Cheddar* (siehe Seite 262–263).

Die etwa 40 kg schweren, mühlensteinförmigen Comté-Käselaibe reifen 4 bis 6 Monate in kühlen Kellern.

Allgäuer Bergkäse wird aus Rohmilch mit mind. 45 % F. i. Tr. hergestellt und reift mind. 4 Monate. Er hat ein mild-würziges bis pikantes Aroma.

Beaufort ist ein herkunftsgeschützter, vollfetter Rohmilchkäse aus der französischen Region Savoyen mit mild-aromatischem, später leicht salzigem Geschmack. Er wird gerne als Fondue- und Raclette-Käse, wenn er älter ist, als Reibkäse verwendet.

Emmentaler wird seit dem 16. Jahrhundert im Schweizer Emmental bei Bern hergestellt. Sein geschmeidiger Teig mit mind. 45 % Fett i. Tr. ist angenehm nussig im Geschmack.

Comté, ein Rohmilchkäse aus dem Franche-Comté, ist eng mit dem Gruyère verwandt. Der hellgelbe Teig ist kräftig-aromatisch im Geschmack.

Gruyère, 1115 erstmals erwähnt , wird nach traditionellem Verfahren aus vollfetter Rohmilch hergestellt. Der Teig weist wenige erbsengroße Löcher und gelegentlich Risse auf, hat einen kräftigen Geschmack und eignet sich gut zum Überbacken und für Fondues.

„Wo kommen die Löcher im Käse her?"

Die Frage wird in Kurt Tucholskys unter diesem Titel erschienenen satirischen Gesellschaftskritik nur unbefriedigend beantwortet: Die Akademiker einer kleinen Abendgesellschaft überbieten sich gegenseitig mit unsinnigen Erklärungen, die sie auch nach Konsultation des Lexikons noch rechthaberisch verteidigen. Der Streit eskaliert in persönlichen Beleidigungen, die sogar ein Nachspiel vor Gericht haben. Doch woher kommen denn nun die Löcher? Bei den chemischen Prozessen während der Käsereifung entsteht u. a. gasförmige Kohlensäure, die insbesondere bei Hartkäse mit fester Rinde nur schwer entweichen kann. Also muss sie sich im Käselaib Platz verschaffen, indem sie den Teig an zahlreichen Stellen zusammendrückt. Diese Lochbildung ist umso ausgeprägter, je wärmer der Käserohling anfänglich lagert, so z. B. beim Emmentaler und Leerdamer.

F. i. Tr. – Fett in der Trockenmasse

Neben der Festigkeit ist der Fettgehalt des Käses ein wichtiges Qualitätsmerkmal. Da Fett ein guter Aromaträger ist, schmeckt fetter Käse meist besser und ist zudem geschmeidiger. Nicht nur Käse, sondern auch andere Milchprodukte werden anhand des Fettgehalts in insgesamt acht Gruppen eingeteilt, die von der Magerstufe über die Fettstufe bis hin zur Doppelrahmstufe reichen. Da sich der Wassergehalt im Käse durch Verdunstung ständig verändert, wird der Fettgehalt im Verhältnis zur Trockenmasse (F. i. Tr.) angegeben. Das hat zur Folge, dass der absolute Fettgehalt eines Hart- oder Schnittkäses etwa die Hälfte – eines Frischkäses sogar ein Drittel – des Fettanteils in der Trockenmasse beträgt.

Parmigiano-Reggiano

Der berühmteste Vertreter der Extrahartkäse ist zweifelsohne der Parmesan. Dieser trockene, mürbe Käse mit der pikanten, fast scharfen Geschmacksnote eignet sich hervorragend zum Reiben und stellt in der italienischen Pasta-Küche ein unverzichtbares Würzmittel dar. Vom Stück gebrochen, schmeckt er hervorragend zu Wein. Aber nur der „echte" Parmesan, der nach streng kontrollierten Verfahren in der Gegend um Parma, Mantua und Bologna produziert wird, erhält als Gütesiegel die in die Rinde eingebrannte Kennzeichnung „Parmigiano-Reggiano". Durch die Mischung von entrahmter Abendmilch und vollfetter Morgenmilch weist Parmesan einen relativ geringen Fettgehalt von 32 % i. Tr. auf. Er darf nur zwischen dem 1. April und 11. November produziert werden und muss mindestens bis zum Herbst des folgenden Jahres reifen. Die 24 bis 35 kg schweren zylindrischen Laibe sind von einer goldbraunen, 6 Millimeter dicken Rinde umgeben. Die feinkörnige Struktur des strohgelben Teigs weist winzige Löcher und schuppenförmige Risse auf.

Von sehr ähnlicher Konsistenz ist der italienische *Grana Padano*, worauf auch sein Name hinweist („Grana" = Korn). Da er ganzjährig produziert und bereits nach zehnmonatiger Reifezeit verkauft werden darf, wird er häufig als billigerer Parmesan-Ersatz verwendet. Aber auch Grana Padano wird durch das in die Rinde eingebrannte Kleeblatt herkunftsgeschützt. Das je nach Reifegrad zarte, nussartige bis würzig süßliche Aroma ist bei den Käsen am stärksten ausgeprägt, die zwischen April und Juni hergestellt werden.

Sbrinz

Weniger berühmt, aber von gleich hoher Qualität wie sein italienischer Verwandter ist der Sbrinz, ein Rohmilchkäse aus der Innerschweiz. Durch eine verhältnismäßig lange Reifezeit von eineinhalb bis zwei oder mehr Jahren ist er so gut bekömmlich, dass er sogar als Hausmittel bei Magenverstimmungen empfohlen wird. Aufgrund seines relativ hohen Fettgehalts von mindestens 45 % i. Tr. bleibt der sehr harte Teig auch noch im Alter geschmeidig. Zu feinen Spänen gehobelt, ist er ein köstliches Dessert. Da er kaum Fäden zieht, eignet er sich hervorragend als Würzmittel in der warmen Käseküche.

In hölzernen Modeln erhält der Parmesan seine typische zylindrische Form.

Das in die Käserinde eingebrannte Gütesiegel weist den echten Parmesan aus und garantiert einwandfreie Qualität.

Mit einem stabilen Messer können vom Parmesanlaib Stücke gebrochen werden.

Parmigiano-Reggiano, Italiens berühmter Würzkäse, hat einen strohgelben Teig mit schuppenförmigen Rissen.

In den Reifekellern von Parma reifen die Parmesan-Laibe mindestens bis zum Spätsommer des auf die Herstellung folgenden Jahres.

Parmesanherstellung

1 Mit einem Schneidegerät wird die dickgelegte Milch zu reiskorngroßem Bruch zerkleinert.

2 Mithilfe eines Tuchs wird der Bruch aus der Molke gehoben.

3 Das Tuch mit dem Bruch wird in zylindrische Formen gepresst.

4 Die Form wird mit Gewichten beschwert, damit die restliche Molke besser abfließt.

Im Mittelmeerraum ist das Schaf der Milchlieferant Nummer 1.

Pecorino

In den Mittelmeerländern, wo das Weideland oftmals für die Rinderhaltung zu schlecht ist, wird für die Herstellung von extraharten Hart- und Reibkäsen auch würzige und fettreiche Schafsmilch verwendet. Jüngere Käse werden als Tafelkäse angeboten, die reiferen finden als Reibkäse Verwendung. Aus Spanien stammen der *Manchego* mit ausgeprägtem Schafsaroma, der pikante *Roncal* sowie der würzige *Idiazabal*. In Griechenland lässt man *Kefalotiri*, dem auch Ziegenmilch zugefügt werden darf, zum Reibkäse heranreifen. Bekanntester Vertreter der Schafskäse ist aber zweifelsohne der italienische Pecorino.

Hinter der Bezeichnung Pecorino, die von „pecora" (Milchschaf) abgeleitet ist, können sich diverse Käsesorten aus Schafsmilch verbergen. Weideland, Herstellungsmethode, Reifezeit, die Verwendung von Kälber-, Lämmer- oder Zickleinlab sowie die Beimischung von Ziegen- oder Kuhmilch bestimmen die Sortenvielfalt. Das Herkunftssiegel tragen die würzigen, fast scharfen Reibkäse *Pecorino Romano* aus Latium, *Pecorino Sardo* bzw. *Fiore Sardo* aus Sardinien und *Pecorino Siciliano* bzw. *Canestrato* aus Sizilien. Sie werden ausschließlich aus Schafsmilch gemacht, sodass ihre Produktion auf die Laktationszeit der Schafe von November bis Juni beschränkt ist. Der *Pecorino Romano* wird mit Lämmerlab dickgelegt, während für die fettreicheren (mind. 40 % F. i. Tr.) und geschmeidigeren Sorten aus Sardinien und Sizilien auch das pikantere Zickleinlab verwendet wird. Während der Reifezeit, die oft mehr als 8 Monate beträgt, werden die Käselaibe wiederholt mit Öl eingerieben, wodurch ihre harte Rinde entsteht.

Manchego

„Wenn's um Käse geht, Manchego, schön mit Öl gesättigt, doch was zarte Fraun betrifft, nur die von Albacete."

Manchego – das ist der spanische Käse schlechthin. Das AOC-Siegel garantiert, dass er ausschließlich aus der fettreichen rohen Milch der Manchega-Schafe von der Kastilischen Hochebene nach traditionellen Verfahren produziert wird. Nach zwei bis drei Monaten Reifezeit wird er bereits als *Manchego semi curado* angeboten, nach sechs Monaten darf er den Zusatz *Viejo* tragen. Das ausgeprägteste Aroma entfaltet der *Añejo*, der über 12 Monate reifen muss. Als kostbare Spezialität gilt *Manchego en aceite*, der bis zu zwei Jahre in Olivenöl reift. Das volle Bouquet der letzten beiden Sorten harmoniert mit dem süßlichen Geschmack eines Sherry Amontillado. Markantes Erkennungszeichen des Manchego sind die in die Rinde eingeprägten traditionellen Flechtmuster oder Blumenmotive.

Casumarzu

Diese sardische Käsespezialität wird nicht jeden Gaumen entzücken, handelt es sich doch um eine sehr „lebendige" Köstlichkeit: Ein leicht gereifter Pecorino wird angebohrt und mit kleinen weißen Maden geimpft. Diese werden mit einigen Tropfen Milch an ihre neue Umgebung gewöhnt, fühlen sich dann rasch recht wohl und vermehren sich in wenigen Tagen im gesamten Käselaib. Wenn der Pecorino von Maden nur so wimmelt, wird er „genossen".

Markantes Erkennungszeichen des Manchego sind die in die Rinde eingeprägten traditionellen Flechtmuster oder Blumenmotive.

In der bäuerlichen Herstellung werden die Pecorino-Rohlinge noch per Hand trocken gesalzen.

Käseplatte

Die klassische Käseplatte bietet eine Auswahl von ein oder zwei Käsen aus jeder Gruppe. Die Zusammenstellung kann aber auch thematisch, z. B. nach Milchart oder Herkunft, erfolgen. Die Käse werden im Uhrzeigersinn beginnend mit der mildesten Sorte auf einer Marmorplatte oder einem Holzbrett arrangiert. In dieser Reihenfolge werden sie auch probiert. Etwa eine Stunde vor dem Verzehr muss der Käse ausgepackt und temperiert werden, damit er seinen vollen Geschmack entfalten kann. Zum Dessert reichen etwa 80 g Käse pro Person, als eigenständige Mahlzeit sind etwa 200 g vorzusehen. Verschiedene Brotsorten, frische und getrocknete Früchte sowie Nüsse runden das Käsesortiment ab. Zum Portionieren müssen für die unterschiedlichen Käsesorten jeweils spezielle Käsemesser bereitgelegt werden.

Idiazabal, ein herkunftsgeschützter Käse aus dem Baskenland, wird aus der unpasteurisierten Sommermilch von Lacha- und Carranzana-Schafen hergestellt. Nach mindestens zweimonatiger Reifezeit wird der Käse über Buchen- oder Weißdornholz geräuchert.

Die Milch von Lacha- und Rasa-Schafen wird für die Herstellung von **Roncal**, ein herkunftsgeschützter Käse aus der Provinz Navarra, verwendet. Er muss mindestens 4 Monate reifen.

Charakteristisch für den **Pecorino Sardo** ist der gewölbte Rand. Er entsteht dadurch, dass zwei junge Käse zum Reifen aufeinandergelegt werden.

Der weiße bis strohfarbene Teig des **Pecorino Romano** ist je nach Fettgehalt entweder geschmeidig oder körnig-schuppig und weist vereinzelte Löcher auf.

Unter dem Namen **Pecorino Toscano** werden in der Toscana unterschiedliche Käse aus verschiedenen Milchsorten und -mischungen hergestellt.

Schnittkäse und halbfester Schnittkäse

Die größte Menge an Schnittkäse, auch als Halbhartkäse bezeichnet, wird in den Niederlanden mit ihren ausgedehnten Wiesenflächen produziert. Schon im Mittelalter war Käse ein Exportschlager des Landes, worauf die alten Wiegehäuser, etwa in Alkmaar verweisen. Die ältesten Sorten sind *Gouda* und *Edamer*, deren Herstellungsverfahren heute weltweit kopiert werden. Der milde Geschmack und die Geschmeidigkeit der jungen Käse machen sie zu einem beliebten Allrounder, der keine hohen Ansprüche an Gaumen und Nase stellt. Mit zunehmender Reife werden sie allerdings pikanter und im Alter finden sie auch als Reibkäse Verwendung. Für die Produktion von 1 kg Schnittkäse werden 8,5 bis 10 l Milch benötigt. Der Bruch wird in der Regel nicht nachgewärmt, sodass sich der Wasseranteil zunächst auf 55 bis 62 % beläuft und erst nach mehrmonatiger Reifezeit durch Verdunstung abnimmt. Weitere typische Vertreter der Halbhartkäse sind *Appenzeller* und *Raclette* aus der Schweiz, *Morbier* aus Frankreich, *Fontina* und *Asiago* aus Italien, *Tilsiter* aus Deutschland und *Havarti* aus Dänemark.

Halbfeste Schnittkäse mit einem höheren Wassergehalt von 62 bis 69 % sind weicher und geschmeidiger, lassen sich aber noch gut schneiden. Ein idealer Brotbelag sind die mild-sahnigen *Butter-* und *Trappistenkäse*, die in recht unterschiedlicher Beschaffenheit in vielen Ländern verbreitet sind. Eine rustikalere Note zeigen *Tomme de Savoie* und *Saint-Nectaire.* Würzig im Geschmack sind die mit Rotflora behandelten Käse wie *Reblochon, Pont l'Evêque, Taleggio* oder *Rabiola.* Je nach Wassergehalt und Reifegrad ist der Übergang dieser halbfesten Schnittkäse zu den Weichkäsen im wahrsten Sinne des Wortes fließend. Einen besonderen Gaumen- und Augenschmaus bieten die hauchdünnen Rosetten des *Tête de Moine*, die sich auf der „Girolle", einem speziellen Schneidegerät, vom „Mönchskopf" abschaben lassen. Zu den halbfesten Sorten gehören auch viele Käse mit blauem Innenschimmel wie beispielsweise französischer *Roquefort* oder italienischer *Gorgonzola.*

Der Saint Nectaire reift etwa 2 Monate auf Strohmatten gebettet in kühlen, feuchten Höhlen oder Naturkellern.

Ist die Käserinde essbar?

Die Rinde, die durch Salzen, Bürsten oder Waschen der Käseoberfläche entsteht, dient zum Schutz des Käses und ist eine Art natürliche Verpackung. Bei den großformatigen und schweren Hart- und Schnittkäselaiben muss die Rinde besonders dick und stabil sein und ist deshalb nicht genießbar. Außerdem sammeln sich hier während der Reifezeit auch bittere Gärstoffe an. Da die Oberfläche von Hart- und Schnittkäsen aus industrieller Produktion zur Schimmelverhütung oftmals mit dem Antibiotikum Natamycin behandelt wird, sollte die Rinde großzügig, bis zu einem halben Zentimeter tief, entfernt werden. Ob halbfester Schnittkäse oder Weichkäse mit oder ohne Rinde verzehrt wird, ist hingegen Geschmacksache. Für die einen ist die Hülle aus Weiß- oder Blauschimmel oder Käserotflora zu intensiv und übertönt den feinen Geschmack des Käseteigs, für die anderen trägt sie zum typischen Charakter des Käses bei.

Gesundheit

Käse schmeckt nicht nur gut, sondern ist auch gesund: 100 g Käse decken 35 bis 45 % des täglichen Eiweißbedarfs und können den Kalziumbedarf zu 30 Prozent – Quark und Hartkäse gar zu 100 Prozent – decken. Sie sind Träger der fettlöslichen Vitamine A, D, E und K sowie essenzieller Fettsäuren, regen die Darmtätigkeit an und hemmen sogar die Entstehung von Karies. Käse, kombiniert mit Kohlehydraten (z. B. in Form von Brot oder Nudeln) und Ballaststoffen (z. B. in Form von Salat), stellt unter ernährungsphysiologischen Aspekten eine ideale Mahlzeit dar. Sauermilchprodukte und Käse enthalten nur geringe Mengen Milchzucker (Laktose) und können deshalb auch bei Laktoseunverträglichkeit relativ bedenkenlos verzehrt werden. Kalorienbewusste sollten beachten, dass fettere Käsesorten 250 bis 380 Kilokalorien bzw. 1000 bis 1500 Kilojoule pro 100 g enthalten.

Saint-Nectaire, ein Bauernkäse aus dem französischen Zentralmassiv, hat eine ausgeprägte, aber trockene Oberflächenflora.

Fontina, ein süßlich-würziger Rohmilchkäse aus dem Aosta-Tal, wird aus der im Sommer gewonnenen Gebirgsmilch hergestellt. Er eignet sich wegen der guten Schmelzeigenschaften als Kochkäse.

Erkennungszeichen des **Morbier** ist die Ascheschicht, die urspüngLich aufgestreut wurde, um den Bruch der Abendmilch bis zur Weiterverarbeitung vor Fliegen zu schützen. Den Namen „Morbier fermier" dürfen ausschließlich Käse aus Rohmilch tragen.

Reblochon hat einen cremigen Teig mit nussig-milchigem Geschmack und wird von einer trockenen, hellgelben Rotflora-Rinde geschützt. Der Name deutet an, dass der Käse aus der fetteren Milch der zweiten Melkung hergestellt wurde.

Der rustikale Geschmack des **Tomme de Savoie** reicht je nach Reifegrad von mild-säuerlich über nussartig bis erdig.

Der berühmte holländische **Gouda** wird in verschiedenen Reifegraden angeboten, von jung bis überjährig.

Appenzeller, eine Schweizer Rohmilch-Spezialität, hat nach 7 Monaten Reifezeit einen würzig-feinen Kräutergeschmack. Charakteristisch ist seine feste, genarbte Rinde, die durch regelmäßiges Waschen der Oberfläche mit einem Weingemisch entsteht.

Havarti, der dänsiche Tilsiter, ist mild-sahnig bis säuerlich im Geschmack und weist viele unregelmäßige Löcher auf.

Taleggio, ein ursprünglich höhlengereifter Käse aus dem Val Taleggio, wird heute in verschiedenen Varianten in Oberitalien produziert. Mit Olivenöl beträufelt wird er gerne zu Ciabatta und Oliven gegessen.

Sehr schmackhaft ist der **Tête de Moine**, eine Spezialität aus der Schweiz.

Edamer, Hollands zweite große Käsemarke, wird traditionsgemäß zu Kugeln geformt und mit roter Paraffinhaut überzogen. Ein schwarzer Paraffinüberzug kennzeichnet mindestens 4 Monate gereifte Laiber.

Käsewerkzeuge

Parmesan- und Käsemühlen mit verschiedenen Einsätzen sind unentbehrliche Hilfsmittel, um Extrahartkäse und Hartkäse frisch zu reiben oder zu raspeln.

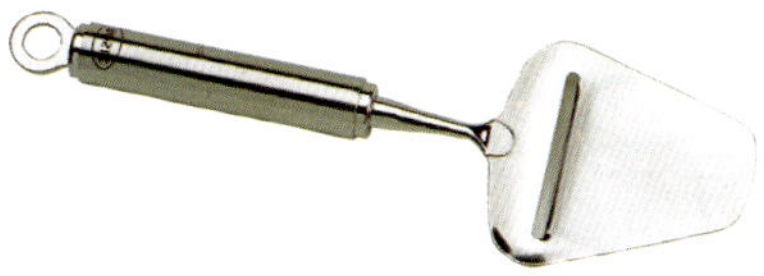

Mit dem Tischhobel kann man von geschmeidigen Hartkäsen hauchdünne, schmackhafte Späne abheben.

Das Käsemesser mit zweizackiger Spitze, die zum Aufspießen dient, oder das Käsebeil eignen sich zum Abschneiden mundgerechter Stücke von weicheren Käsen.

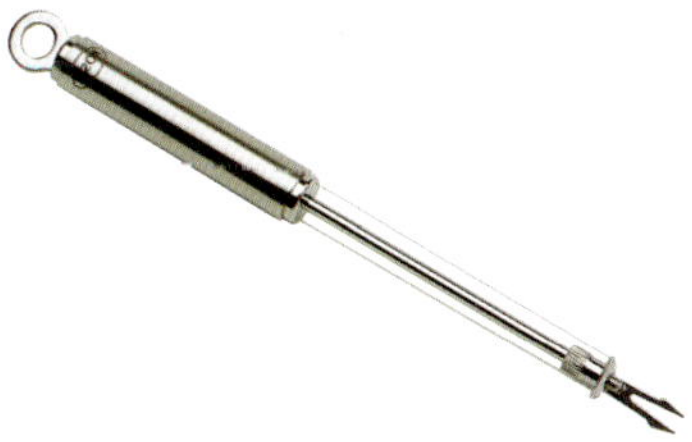

Mit dem Käsespieß lassen sich Käsescheiben und -würfel aufnehmen.

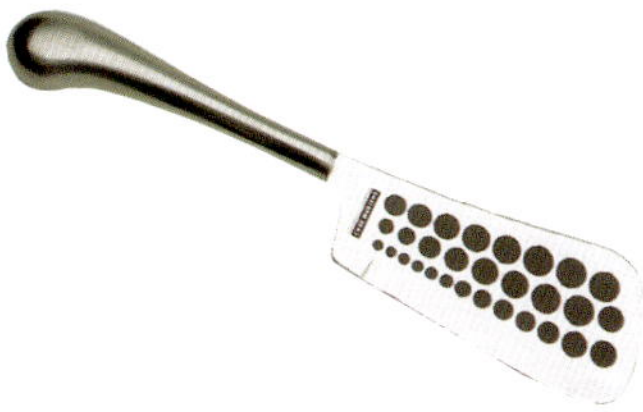

Hartkäse und feste Schnittkäse teilt man mit einem großen, stabilen Messer mit breiter Klinge. Die Gravur verhindert das Ankleben des Käses.

Gorgonzola-Birne auf Blattsalat

Für den Salat:

1 kleiner Radicchio
100 g Lollo bionda
100 g Eichblattsalat
1 rote Zwiebel, in feine Ringe geschnitten
1 geschälte Avocado
Saft von 1 Limette
4 EL frische Linsensprossen, kalt abgebraust und abgetropft
weißer Pfeffer aus der Mühle
Zucker
Salz
4 EL Walnusskernöl

Für die Birnen:

100 g Gorgonzola, fein gewürfelt
2 EL Crème fraîche
weißer Pfeffer aus der Mühle
2 kleine, vollreife Birnen, halbiert und entkernt

Mischen Sie die in mundgerechte Stücke zerteilten Blattsalate in einer Schüssel. Schneiden Sie die Avocado in feine Streifen, gießen Sie ca. 2 EL Limettensaft darüber und geben Sie den restlichen Limettensaft in eine Schüssel. Fügen Sie Pfeffer, Zucker, Salz und Walnusskernöl hinzu, verteilen Sie die Sauce über dem Salat und rühren Sie alles gut durch. Richten Sie den Salat zusammen mit den Zwiebeln, der Avocado und den Linsensprossen auf 4 Tellern an. Den Gorgonzola zerdrücken und mit der Crème fraîche und einer Prise Pfeffer glatt rühren. Jeweils eine Birnenhälfte auf eine Salatportion legen und die Aushöhlung der Birnen mithilfe eines Spritzbeutels mit der Käsepaste füllen.

Höhlenkäse

Natürliche Höhlen, vor der Erfindung der Elektrizität ein idealer Reife- und Lagerplatz für Käse, spielen bei der industriellen Massenproduktion eine untergeordnete Rolle. Allerdings ist das sortentypische Aroma einiger Käse allein darauf zurückzuführen, dass sie im speziellen Mikroklima natürlicher Höhlen reifen. So muss z. B. ein echter, mit dem AOC-Siegel versehener Roquefort in den Höhlen des Cambalou-Plateaus in Südfrankreich reifen. Dieses Felsplateau ist von langen Spalten, den so genannten „Fleurines“, durchzogen, durch die stets ein kühl-feuchter Luftzug weht, der zu jeder Jahreszeit für eine konstante Luftfeuchtigkeit von 95 % und eine Temperatur von 8 °C sorgt.

Lagerung

Vorzugsweise sollte man Käse am Stück kaufen und jeweils frisch aufschneiden, weil geschnittener Käse austrocknet und an Aroma verliert. Käse ist dunkel und kühl bei etwa 10 bis 12 °C aufzubewahren. Liegt Käse zu kalt, wird er bitter – zu warm gelagert, reift er zu schnell. Käsestücke sollten immer einzeln und möglichst im Originalpapier verpackt werden. Bewährt hat sich die Aufbewahrung in einer luftdicht schließenden Plastikdose im Gemüsefach des Kühlschranks. Eine Apfel- oder Birnenspalte in der Dose sorgt für die nötige Feuchtigkeit. Hartkäse hält sich am besten, indem er in ein mit Salzwasser befeuchtetes Tuch eingewickelt und in einem lasierten Tontopf aufbewahrt wird. Käse mit grünlichem Schimmelbefall, ähnlich dem Brotschimmel, ist gesundheitsschädlich und sollte daher nicht mehr verzehrt werden.

Der Bruch für den *Cabrales* bleibt ein Tag in sortentypischen Formen *(arnios)*, sodass die Molke ablaufen kann.

Die pikierten Käserohlinge reifen drei Wochen in kühlen, luftigen Räumen und werden regelmäßig gewendet.

Drei Monate lagern die Laibe in feuchten Berghöhlen, wo sie allmählich blaugrünen Innenschimmel entwickeln.

Der fertige Käse wird in schwarzes Silberpapier mit aufgedrucktem Markennamen verpackt.

BLAUSCHIMMELKÄSE

Die Erfindung der edlen Blauschimmelkäse verdanken wir dem Zufall. In Roquefort, dem Herkunftsort des berühmten, französischen Blauschimmelkäses wird erzählt, dass ein verliebter Hirtenjunge seine Mahlzeit aus frischem Schafskäse und Brot in einer Felshöhle unterbrach, um einer Schönen nachzustellen. Wochen später fand er den Käse wieder, der nun aber mit grün-blauen Schimmeladern durchzogen war. Hungrig kostete er davon und fand ihn so wohlschmeckend, dass die Bewohner von Roquefort ihre Käse fortan zur Reifung in die umliegenden Höhlen brachten. Der dort wachsende Edelpilz, der den Käse verfeinert, gehört zur Familie des Penicillium roqueforti und wird heute im Labor kultiviert.

Blauschimmelkäse wird aus Kuh-, Schafs- oder Ziegenmilch hergestellt und kann je nach Sorte eine feste, bröckelige oder auch cremige Konsistenz haben. Der berühmte *Roquefort* entsteht im Unterschied zu seinen französischen Verwandten *Bleu de Causses, Bleu d'Auvergne, Fourme d'Ambert* – sie werden aus Kuhmilch hergestellt – aus Schafsmilch. Die Käserohlinge werden mit Nadeln pikiert, um die Entfaltung der Schimmeladern in ihrem Innern zu begünstigen. Nach drei Wochen verpackt man die Käselaibe in Zinnfolie, wodurch das Wachstum des Pilzes unterbrochen wird. Mindestens zwei weitere Monate allmählicher Reifung in Kühlräumen geben dem Käse sein ausgewogenes, kräftiges Aroma.

Weitaus cremiger und milder im Geschmack ist der aus Kuhmilch gefertigte, italienische *Gorgonzola*, der sein Aroma dem Schimmelpilz Penicillium gorgonzola verdankt. In Nordwestspanien wird bei der Produktion der Sorten *Cabrales* und *Picón*, die in Platanen- bzw. Ahornblättern reifen, der Kuhmilch auch Ziegen- und Schafsmilch beigemischt. Seinen Kollegen vom Festland ebenbürtig in Geschmack und Qualität ist der englische *Stilton*. Den Briten mundet ihr „Königlicher" am besten, nachdem er mehrere Tage in Portwein oder Madeira gelagert wurde. Kopien der berühmten Blauschimmelkäse sind u. a. dänischer *Danablu* und *Mycella* sowie *Bayerhofer* und *Montagnolo* aus Deutschland. Neben dem kräftigen Geschmack von Blauschimmelkäsen können nur edelsüße Weine oder körperreiche Rotweine bestehen.

Fourme d'Ambert, ein herkunftsgeschützter Kuhmilchkäse aus dem Zentralmassiv, hat wegen der mehrmonatigen Reifung und der Oberflächenflora einen sehr kräftigen Geschmack. Die Herstellung des Fourme d'Ambert ist seit mehr als 1000 Jahren überliefert.

Bleu de Gex, aus dem Haut-Jura, reift nur 1 bis 4 Monate; jung ist er mild im Geschmack, erst später wird er kräftig-pikant.

Gorgonzola wird bevorzugt zur Aromatisierung von Saucen verwendet. Der haselnussgroße Bruch aus entrahmter und teilentrahmter Kuhmilch wird in mit dünnen Tüchern ausgelegte Formen gefüllt.

Bleu d'Auvergne, ein weiterer herkunftsgeschützter Kuhmilchkäse aus dem Zentralmassiv, ist geschmeidig im Teig und pikant im Geschmack.

Das volle Aroma des edlen **Roquefort** schätzte bereits Karl der Große. Der AOC-Käse darf ausschließlich aus der rohen Milch von Lacaune-Schafen aus dem näheren Umland von Roquefort hergestellt werden.

Bleu Termignon ist nach dem gleichnamigen Ort am Fuß des Mont Cenis in Savoyen benannt. In den vielen kleinen Bruchlöchern wächst ein natürlicher blauer Schimmel, der dem Käse ein kräftiges Aroma verleiht.

Stilton ist der einzige herkunftsgeschützte Käse der Britischen Inseln. Die zylinderförmigen Käselaibe werden in unterschiedlichen Größen angeboten. Charakteristisch ist die feste, runzlige, braune und leicht feuchte Rinde.

Weichkäse mit Rotflora

Zu der großen Gruppe der Weichkäse zählen sowohl würzige Sorten mit einer rötlich-gelben Rinde, die so genannten Rotschmierkäse, als auch duftende Sorten mit Weißschimmel. Beide zeichnen sich durch eine vergleichsweise weiche Konsistenz aus, die bei einigen Sorten mit zunehmenden Alter cremig bis fließend werden kann.

Die *Rotschmierkäse* stammen aus Nordfrankreich, Ostbelgien, Luxemburg und den angrenzenden deutschen Gebieten. Sie werden traditionell aus Kuhmilch hergestellt und können sowohl rechteckige als auch runde Formen haben. Der Milch wird zusammen mit dem Lab das „Bakterium linens“ zugegeben, das für die Bildung der dunkelgelben bis rotbraunen essbaren Rinde verantwortlich ist. Die Rotschmierbakterien verleihen dem Käse außerdem ein kräftiges Aroma und mit zunehmender Reife einen strengen Geruch. Während der zwei- bis sechsmonatigen Reifung werden die Laibe regelmäßig gewendet und mit schwacher Kochsalzlösung abgewaschen. In Frankreich klassifiziert man sie deshalb als „Weichkäse mit gewaschener Rinde“. Zur Entwicklung sortentypischer Geschmacksnuancen werden die Käse auch mit alkoholhaltigen Getränken wie Cidre, Bier, Wein oder Trester abgerieben. Eine trockene, hellgelbe Oberfläche verrät den jungen, unreifen Käse, während überreifer Käse eine dunkle, schmierige Rinde und einen stechenden Geruch hat.

Der prominenteste Vertreter der Rotschmierkäse, der herkunftsgeschützte *Munster*, wurde im Mittelalter von elsässischen Benediktinermönchen „erfunden“. Nur für den limitiert produzierten *Munster fermier* wird noch heute Rohmilch verwendet. Eine weitere, tausendjährige Klosterspezialität, der eckige *Maroilles* aus Flandern, gilt mit seiner anfangs eher ungewöhnlichen Form als Prototyp vieler Rotschmierkäse. Ein durchdringender Geruch und strenges Aroma kennzeichnen den *Epoisses*, der mit dem Tresterbrand „Marc de Bourgogne“ gewaschen wird. Diese Behandlung wird auch dem *Aisy cendré* zuteil, der zusätzlich in Asche gewendet wird. Eine auffällig eingebuchtete Oberfläche zeigt der *Langres*, da er während der Reifung nicht regelmäßig gewendet wird. Markenzeichen des normannischen *Livarot* ist die schmale Papierbanderole, die ursprünglich das Verlaufen des reifen Käses verhindern sollte. Den stangenförmigen *Limburger* oder *Romadur*, oft als „Stinker“ missachtet, genießen Kenner zu einem frisch gezapften Bier.

Die Vollendung des Käses beim Affineur

Milch, Labart und Herstellungsverfahren bestimmen die grundsätzlichen Eigenschaften und die Qualität eines Käses. Über die Entfaltung der sortentypischen Geschmacksnuancen entscheidet jedoch die Reifezeit. Dem Affineur, dem Käseverfeinerer also, obliegt es, den Käserohling zur perfekten Vollendung zu führen. Welche Temperatur und Luftfeuchtigkeit im Reifekeller herrschen, wie oft und mit welchen Zusätzen (z. B. Cidre, Bier, Wein oder Trester) der Käse gewaschen oder gebürstet wird und wie oft man ihn wendet – all dies ist das Geheimnis des Fachmanns. Die größte Aufmerksamkeit benötigen dabei Rotschmierkäse, die viele Male mit schwacher Salzlösung abgewaschen werden müssen. Vor allem in Frankreich erfolgt die Reifung des Käses vielfach in Käsefachgeschäften. Diese beziehen von kleinen, traditionell arbeitenden Käsereien oder Bauern Käserohlinge und vollenden sie in eigenen Kellern, um ihren Kunden perfekt gereifte Produkte anbieten zu können.

Der **Langres** ist sehr kräftig im Geschmack und streng im Geruch. Im Reifekeller wird er mit Champagner-Trester (Marc de Champagne) abgewaschen. Typisches Merkmal ist die eingefallenes Oberfläche.

Der herb-säuerliche **Livarot** aus der Normandie, wurde traditionell mit fünf Halmen Schilfgras umwickelt. Heute verwendet man Papierbänder.

Ein durchdringender Geruch und strenges Aroma kennzeichnen den **Epoisses**, der im Burgund hergestellt wird.

Munster mit AOC-Siegel stammt aus einem fest umrissenen Gebiet im Elsass.

Der Bruch des Munster wird in perforierte Plastikformen gefüllt, aus denen die Molke langsam abtropfen kann.

Munster, benannt nach dem elsässischen Munstertal, wird mit einem Gewicht von 500 g oder von 150 g als „Petit Munster" angeboten. Mit Kümmel versetzt heißt er „Munster au cumin". Nur „Munster fermier" wird noch heute aus Rohmilch der Region hergestellt.

Elsässische Spezialitäten aus Munster

Traditionell lassen sich die Elsässer ihren Munster mit Pellkartoffeln und frischer Landbutter schmecken, wobei Kümmel dem Gericht die richtige Würze verleiht. Selbstverständlich wird dazu ein Gewürztraminer serviert. Eine besonders köstliche Variante besteht darin, die Pellkartoffeln mit dem Käse zu überbacken. Auf dem Lande wird sogar ein süßes Dessert aus Munster kreiert, indem man einen frischen, ungereiften Käse mit Zucker bestreut, mit reichlich frischem Rahm übergießt und mit einem Schuss Kirschwasser aromatisiert. Bon appetit!

Munster erkennt man an der orangeroten, feuchten Rinde. Der geschmeidige, hellgelbe Teig schmeckt kräftig-aromatisch.

Kontrollierte Herkunftsbezeichnungen

Seit langem ist es in Frankreich und Italien üblich, hochwertige regionaltypische Lebensmittel, so auch Käse, mit den Herkunftsprädikaten AOC (Appelation d'Origine Controllée) bzw. DOC (Denominazione di Origine Controllata) auszuzeichnen. Für den Verbraucher stellen sie ein Garant höchster Qualität und Originalität dar, denn von der Herkunft der Milch über das Herstellungsverfahren bis hin zu Fettgehalt, Aussehen und Größe sind alle sortentypischen Merkmale exakt definiert und regelmäßiger Kontrolle unterworfen. Gleichzeitig dienen die Bezeichnungen dem Schutz traditioneller Käserezepturen vor minderwertigen Kopien und tragen sogar zum Erhalt gewachsener Ökosysteme bei, etwa der traditionellen Weidewirtschaft auf den französischen Causses. Auch der gesicherte Bestand an Manchega-Schafen auf der kastilischen Hochebene verdankt sich dem Gütesiegel des bekanntesten spanischen Käses.

Weichkäse mit Weißschimmel

Echter Camembert stammt ausschließlich aus der Normandie. Die besten Sorten kommen aus dem Pays d'Auge.

Diese typisch französische Käsespezialität gibt es in einer schier unübersehbaren Vielfalt. Die beiden bekanntesten Weißschimmelsorten, *Brie* und *Camembert*, wurden in vielen Ländern kopiert und variiert. Die Angebotspalette reicht vom Kräuter- und Pfefferbrie über Camembert mit Blauschimmel, wie *Cambozola* und *Bresse bleu*, bis zu Camembert aus Ziegenmilch. Das AOC-Gütesiegel erhält jedoch nur ein Camembert aus der Normandie bzw. ein Brie aus Meaux oder Melun. Falls diese beiden Käsesorten außerdem nach traditionellem Verfahren aus Rohmilch produziert werden, dürfen sie durch die Angaben „moulé à la louche" (handgeschöpft) und „au lait cru" (aus roher Milch) spezifiziert werden.

Neben dem Brie, der bereits Karl dem Großen mundete, weist auch der *Neufchâtel* eine lange Geschichte auf. Er wird eckig und rund, in Herzform und als Rolle (Bondard) angeboten. Gemäß dem Brie-Verfahren, jedoch in kleineren Laiben, wird der *Coulommiers* hergestellt. Ihm ähnlich sind *Fougerou*, dessen Oberfläche ein Farnblatt ziert, sowie *Frinault* mit bläulichem Schimmel, den es auch als „cendré" (mit Asche bestäubt) gibt. Die Auflage von Blättern oder Farn schützte die Käse ursprünglich bei längerer Lagerung vor dem Austrocknen, während die Asche zum Abtrocknen und Entsäuern diente. Als Bindeglied zwischen Frischkäse und leicht gereiftem Weichkäse stehen Sorten wie der fettreiche *Boursault* mit einer weißen oder auch rötlich-braunen Oberflächenflora, der frische, samtige *Chaource* aus der Champagne und die beiden Italiener *Tomino* und *Formagella*.

Bei einem Wassergehalt von über 67 % werden für die Produktion von 1 kg Weichkäse nur 8 l Milch benötigt. Die Dickete wird gar nicht oder nur grob zerteilt und mit Schöpfkellen in mehreren Etappen in Formen gefüllt. Nach etwa 24 Stunden wird die abgetropfte und zusammengewachsene Bruchmasse mit dem Schimmelpilz „Penicillium candidum" bestäubt und anschließend, im Abstand von einem Tag, zuerst auf der einen, dann auf der anderen Seite mit Salz bestreut. Zur Ausbildung des pelzigen Weißschimmelrasens werden die Käselaibe zunächst einige Tage in gut gelüfteten Trockenräumen bei etwa 15 °C gelagert, bevor sie in kühleren Kellern mehrere Wochen von außen nach innen reifen. Zur gleichmäßigen Ausbildung der Weißschimmelrinde müssen die Käse anfänglich häufig gewendet werden.

Junge Käse, deren Duft und Geschmack an Champignons erinnern, erkennt man an einem dichten, schneeweißen Schimmelrasen und einem weißen, quarkigen Kern, vollreife Käse hingegen an der dünnen Schimmelschicht mit leicht rötlicher Färbung und dem zerlaufenden Teig. Die strenge Note des vollreifen Camemberts verglich der französische Dichter Léon-Paul Fargue überschwenglich mit dem Geruch von Gottes Füßen. Überreifer Käse entwickelt ein scharfes Ammoniak-Aroma.

Mit der Käseharfe wird der Bruch von Weichkäse nur vorsichtig gerührt.

Camembert mit dem Vermerk „moulé à la louche" wird in Handarbeit in Formen geschöpft.

Nach wenigen Tagen im Trockenraum bildet sich auf dem frischen Camembert ein dichter weißer Schimmelrasen.

Je nach Reifegrad verändert sich die Oberflächenflora des **Brie de Meaux**, Geschmack und Aroma werden würziger.

Der leicht säuerliche, cremige **Chaource** ist eine Spezialität der Champagne.

Nach einer Reifezeit von zwei Monaten kann man den aus der Extremadura stammenden **Queso de la Serena** genießen.

Der halbkugelförmige **Gaperon** aus dem Zentralmassiv wird mit Baststreifen umwickelt.

Italienischer **Tomina** wird sowohl frisch als auch mit zartem Weißschimmel angeboten und hat dann einen milden Champignongeschmack.

Der mild-herzhafte **Neufchâtel** aus der Normandie wird in unterschiedlichen Formen hergestellt.

Bio-Käse

Das Label „Bio-Käse" bürgt nicht nur für eine Käseherstellung nach traditionellen, handwerklichen Verfahren, sondern auch für eine umweltverträgliche und artgerechte Tierhaltung sowie für die Bewirtschaftung der Weiden nach althergbrachten, ökologischen Richtlinien, ohne Dünge- und Pflanzenschutzmittel. Dass die Tiere auf kräuterreichen Wiesen grasen und auch im Winter kein Silagefutter erhalten, wirkt sich positiv auf den Geschmack ihrer Milch und damit des Käses aus. Industriell hergestellter Käse kann gesundheitlich bedenkliche Stoffe enthalten, wie etwa das Antibiotikum Natamycin, das zur Schimmelverhütung auf die Rinde von Hart- und Schnittkäse aufgebracht wird, oder den nicht deklarierunspflichtigen gentechnisch erzeugten Lab-Ersatzstoff Chymosin. Im Unterschied dazu wird Bio-Käse garantiert ohne derartige Lab-Ersatzstoffe und ohne Zusatzstoffe wie Farben, Nitrate, Geschmacksverstärker oder Antibiotika produziert.

Rohmilch-Käse

Die Verarbeitung von Rohmilch (frz. „lait cru") erfordert besondere Sorgfalt und unterliegt strengen Kontrollen. Wegen der schnellen Verderblichkeit wird die Milch in der Regel direkt im bäuerlichen Betrieb oder von regionalen, nach traditionellen Verfahren arbeitenden Käsereien verarbeitet. Die Rohmilch darf dabei nicht über 38 °C erwärmt werden, damit die Vielzahl von Bakterien, die mit dem Futter aufgenommen wurden und für die Ausbildung vielfältiger, feiner Geschmacknuancen verantwortlich sind, erhalten bleiben. Im Unterschied dazu werden diese Bakterien bei der Pasteurisierung, d. h. bei der kurzzeitigen Erhitzung der Milch auf bis zu 72 °C abgetötet. Rohmilchkäse variiert je nach Weidegrund, Jahreszeit, Tierrasse und Melkverfahren wesentlich stärker im Geschmack als Käse, der industriell aus pasteurisierter Milch hergestellt wird.

Obatzter

„Nomen est omen" – denn Basis dieser beliebten bayerischen Käsezubereitung ist ein vollreifer Camembert, der mit einer Gabel zerdrückt wird (bayerisch „batzen" = kneten, zerdrücken). Dabei wird im Verhältnis 1 : 2 Butter oder auch Quark untergemischt. Gewürzt wird die Masse mit ein bis zwei sehr fein gehackten Zwiebeln und Paprikapulver. Je nach Belieben können ein Stück fein geschnittene rote Paprika sowie ein Schuss Bier zugefügt werden.

Immer mehr Bio-Höfe spezialisieren sich auf die Ziegenzucht und die Herstellung von Ziegenkäse.

Ziegenkäse

Ziegenkäse wurde in vielen Ländern vor allem für den Eigenbedarf produziert, und erst in den letzten Jahren haben auch Feinschmecker den würzigen Geschmack dieses Käses schätzen gelernt. Vor allem in kargen Landschaften, die Kühen keinen Weidegrund bieten, ist die Ziegenzucht beheimatet. Die größte Vielfalt an Ziegenkäse, teils mit dem AOC-Prädikat versehen, bietet Frankreich, und hier vor allem die Region südlich der Loire-Schleife. Die Bezeichnung „chèvre" bürgt dafür, dass ein Käse zu 100 % aus Ziegenmilch gemacht ist. Wegen der geringen Milchleistung – Ziegen geben von Frühling bis Spätherbst etwa 4 bis 6 l Milch pro Tag – wird Ziegenmilch in der Regel in kleinen bäuerlichen Betrieben zu Frisch- und Weichkäse, seltener zu Schnittkäse verarbeitet. Durch die traditionelle Verarbeitung bewahrt insbesondere Rohmilchkäse den würzigen Geschmack der Ziegenmilch sowie feine rassentypische und regionale Geschmacksnuancen.

Die kleinen appetitlichen Weichkäselaibe, deren Rinde immer mitgegessen werden kann, gibt es in unterschiedlichen Formen (Rollen, Barren, Pyramiden, Kugeln, Kegel) und mit unterschiedlichen Oberflächen. Die Käse werden mit Asche oder Holzkohlenpulver bestäubt, in Kräutern oder Gewürzen gewendet, mit Wein oder Trester abgewaschen oder in Blätter gehüllt. Bei vielen Sorten aus Rohmilch ist der weiß-bläuliche Schimmelbewuchs ein Zeichen von optimaler Reife. Ziegenkäse hat in der Regel mindestens 45 % F. i. Tr., eine weißliche bis hellgelbe Farbe und ist zunächst von weicher bis halbfester Konsistenz. Mit zunehmendem Alter sinkt der Wassergehalt, der Käse wird bröckelig bis hart und entwickelt das typische, kräftige Ziegenaroma, sodass Einsteiger die milden, jungen Käse vorziehen sollten. Ziegenkäse eignet sich hervorragend für die leichte Sommerküche. Das pikante Ziegenaroma harmoniert mit Vinaigrette und knackigem, grünen Salat ebenso gut wie mit fruchtig-säuerlichem Beerenobst, pikantem Chutney oder mit Honig und Walnüssen. Delikat schmecken auch Ziegenkäse, die in aromatisiertes Öl eingelegt wurden.

Überbackene Ziegenkäse-kartoffeln

6 mittelgroße Kartoffeln (am besten gleich groß)
Salz und Pfeffer aus der Mühle
1 Knoblauchzehe, fein gewürfelt
1 Schalotte, fein gewürfelt
1 EL Rosmarinnadeln, gehackt
200 g Ziegenfrischkäse aus der Rolle
3 Eigelb

Kochen Sie die gewaschenen Kartoffeln ca. 20 Min. in Salzwasser, pellen Sie sie und schneiden Sie sie der Länge nach durch. Mischen Sie Ziegenkäse und Eigelbe und heben Sie Knoblauch, Schalotte und Rosmarin unter. Bestreichen Sie die Kartoffelhälften mit der Mischung, legen Sie sie auf ein geöltes Backblech und gratinieren Sie sie ca. 3 Min. unter dem Grill.

Die Kuh des kleinen Mannes

Ziegen sind äußerst genügsame Tiere, die keine großen Ansprüche an das Weideland stellen und am Weg- und Feldrand ihr Futter suchen. Da Ziegen traditionell in ärmeren Gegenden, wo man sich keine Kühe leisten konnte, gehalten wurden, bezeichnete man sie abwertend als die „Kuh des kleinen Mannes". Ziegenmilch zählte über Jahrhunderte zu den Grundnahrungsmitteln der mittellosen Bevölkerung. So prangert der französische Philosoph Montaigne Ende des 16. Jahrhunderts an, dass Ammen gezwungen seien, für einen Hungerlohn die Kinder der Reichen zu stillen, ihrem eigenen Nachwuchs aber oftmals nur Ziegenmilch geben konnten. Galt Ziegenkäse früher als Nahrungsmittel der ärmeren Schichten, ist er heute en vogue, und vor allem Bio-Höfe spezialisieren sich auf die Haltung von Ziegen und die Produktion von Ziegenkäse.

Der stangenförmige **Sainte-Maure** von der Loire hat ein sehr dezentes Ziegenaroma.

Sainte-Maure fermier wird mit Holzasche bestäubt. Ein Strohhalm verleiht der Rolle Stabilität.

Picodon de la Drôme, ein würziger AOC-Käse aus Südfrankreich, wird nach einmonatiger Reifezeit mit Wein abgewaschen und in Weinblätter gewickelt.

Valencay, ein mit Holzkohle bestäubter Weichkäse in abgeflachter Pyramidenform, besitzt ein ausgeprägtes Ziegenmilcharoma.

Typisch für den **Selles sur Cher** sind die abgeschrägten Kanten und die Oberfläche mit einer feinen Schicht aus Holzkohlestaub.

Der **Ziegenkrotzen** ist ein handgemachter Ziegenkäse aus der Vulkaneifel.

Crottin de Chavignol, ein AOC-Weichkäse, reift zwischen zwei Wochen und zwei Monaten in trockenen, gut belüfteten Kellern. Bei älteren Käsen erinnert die schrumpelige, harte Rinde mit bräunlich-grauem Schimmelbelag an einen Pferdeapfel (französisch „crottin").

Ziegenfrischkäse mit Früchten

4 kleine Ziegenfrischkäse Mató
Verschiedene Obstsorten je nach Jahreszeit: Äpfel, Feigen, Kirschen, Erdbeeren, Kiwi, Mandarinen, Nüsse (Walnüsse, Haselnüsse), Mandeln, Pinienkerne
4 EL Honig
Trockenobst: Pflaumen, Rosinen
Puderzucker

Das Wichtigste bei diesem fruchtigen Nachtisch ist eine ansprechende Dekoration. Legen Sie jeweils einen der Käse auf einen Teller und richten Sie das Obst, ganz nach Geschmack zurechtgeschnitten, an. Legen Sie die Nüsse, Mandeln und Pinienkerne dazu, geben Sie den Honig darüber, das Trockenobst hinzu und dekorieren Sie zum Schluss mit Puderzucker.

Lebene

In den Ländern des Nahen und Mittleren Ostens sind in gewürztes Öl eingelegte Frischkäsebällchen aus Ziegen- oder Schafsmilch, die Lebene, Lebney oder Labaneh heißen, eine beliebte Speise. Die Milch säuert einen Tag in einer Ziegenhaut und wird dann in einem Fässchen geschüttelt, sodass sich die festen Bestandteile von den flüssigen trennen. Die verbleibende Frischkäsemasse wird gesalzen, zu kleinen Kugeln geformt und zusammen mit aromatisierenden Kräutern in Krüge mit Olivenöl eingelegt. Diese schmackhaften Käse kann man auch in der eigenen Küche aus Joghurt, vorzugsweise aus Schafs- oder Ziegenmilch, zubereiten. Dazu muss gesalzener Joghurt drei Tage in einem Baumwolltuch gut abtropfen. Die trockene Käsemasse wird zu kleinen Bällchen geformt, die mit gewürztem Öl bedeckt und gekühlt bis zu 3 Wochen aufbewahrt werden können.

Ricotta herstellen

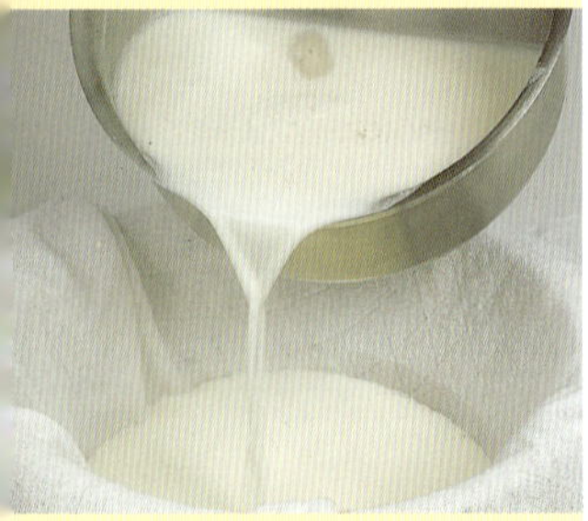

Die aufgekochte Molke wird langsam durch ein Tuch in eine Schüssel gegossen.

Nach einer Ruhephase hat sich das Molkeneinweiß im Tuch abgesetzt. Die restliche, flüssige Molke tropft noch ab.

Die fertige Frischkäsemasse kann beliebig geformt und mit Gewürzen und Kräutern verfeinert werden.

Frischkäse ist ein nicht oder nur kurz gereifter Käse, der in überaus großer Sorten- und Formenvielfalt angeboten wird.

Fein gehackter Schnittlauch verleiht diesem **Frischkäse** einen leicht pikanten Geschmack.

Ricotta di pecora hat einen weißlichen, geschmeidigen Teig. Er wird traditionell aus der Schafsmilchmolke gewonnen, die bei der Herstellung von Pecorina anfällt.

Robiola di Roccaverano ist ein mild-säuerlicher Frischkäse mit rötlicher Haut aus Italien.

Der **Mascarpone** aus der Lombardei wird für die Zubereitung von Süßspeisen, Tortenfüllungen oder Saucen verwendet.

Cottage Cheese (Hüttenkäse) ist ein körniger, sehr milder Frischkäse aus England.

Manouri, ein griechischer Molkenfrischkäse, wird mit Sahne verfeinert und weist einen erhöhten Fettgehalt von 70–80 % i. Tr. auf. Getrocknet und luftdicht verpackt ist er mehrere Wochen haltbar.

Speisequark, in Bayern und Österreich „Topfen" genannt, gibt es in verschiedenen Fettstufen. Er kann sowohl mit Kräutern als auch mit Früchten angereichert werden und ist Bestandteil von Käsetorten.

Frischkäse

Frischkäse ist ein nicht oder nur kurz gereifter Käse, der einen sehr hohen Wassergehalt – über 73 % – aufweist und daher nur kurze Zeit haltbar ist. Im Gegensatz zu den festeren Käsen mit höherem Anteil an Trockenmasse werden zur Herstellung von 1 kg Frischkäse lediglich 4 bis 5 l Milch benötigt. Frischkäse wird in einer überaus großen Sorten- und Formenvielfalt angeboten: pur, mit Kräutern oder Gewürzen verfeinert, in Form von Torten oder Pasteten, mit Nüssen, Schinken oder Lachs. Der Fettgehalt kann stark schwanken, erreicht aber selbst in der Doppelrahmstufe auf Grund des hohen Wassergehalts absolut gesehen nur einen niedrigen Wert.

Die Milch, die von Kuh, Schaf und Ziege stammen kann, muss vor der Verarbeitung pasteurisiert werden. Diese Vorschrift gilt auch für Frischkäse vom Bio-Bauern. Zur Milchgerinnung wird normalerweise Milchsäure unter Zufügung geringer Labmengen eingesetzt. Der Bruch wird grob zerkleinert und tropft nur relativ kurze Zeit ab. So entstehen Speisequark (bzw. Topfen) und diesem ähnliche Käsesorten wie der italienische *Rabiola, Flor de oro* in Spanien oder *Petitsuisse* in Frankreich. *Burgos*, ein in Spanien weit verbreiteter Frischkäse aus Schafsmilch, wird allein mit Lab, ohne Milchsäurebakterien dickgelegt.

Mascarpone entsteht aus 30-prozentiger Sahne, die auf 90 °C erhitzt und mittels Zitronensäure zum Gerinnen gebracht wird. Beim körnigen *Cottage Cheese* wird der fein zerkleinerte Bruch leicht erwärmt und nach Abtropfen der Molke mit kaltem Wasser gewaschen. Italienischer *Ricotta*, griechischer *Manouri* und korsischer *Proccio* werden aus Schafsmolke gewonnen. Durch Salzen, Pressen, Einlegen, Trocknen oder Räuchern kann die Haltbarkeit von Frischkäse verlängert werden. Beispiele für solche Sorten sind der gepresste und in Salzlake eingelegte *Feta* oder der gesalzene und geräucherte *Ricotta salata affumicata.* Zu den Frischkäsen zählt auch der im Filata-Verfahren hergestellte *Mozzarella.*

Die fertige Tiramisù wird dick mit Kakao bestäubt.

Der Tiramisù kann kein Schleckermaul widerstehen.

Tiramisù herstellen

Besonders köstlich: Tiramisù mit selbst gebackenen Biscuits

Mascarpone verleiht der Tiramisù ihren cremigen Schmelz.

Eigelb, Zucker und Espresso werden in die Mascarpone eingerührt.

In Amaretto getränkte Biscuits und Mascarpone wechseln einander ab.

Mozzarella aus Kuhmilch ist weitaus verbreiteter als das Original aus Büffelmilch.

Echter **Mozzarella** wird aus der fett- und eiweißreichen Milch von Büffelkühen hergestellt.

Der elastische Filata-Teig kann zu Zöpfen und anderen fantasievollen Formen verarbeitet werden.

Der über Weizenstroh, Laub und Hölzern geräucherter **Mozzarella affumicata** besitzt einen leicht herben, rauchigen Geschmack.

Mozzarella

Auch diese italienische Käsespezialität konnte – wie der Parmesan – die Speisekarten der Welt erobern und das, obwohl meist nur die Kopie aus Kuhmilch angeboten wird. Die weißblütige „Fiore di latte" (Milchblume) ist als leichte sommerliche Vorspeise in Kombination mit Tomaten und Basilikum ebenso beliebt wie als klassischer Pizzabelag. Selbst Figurbewusste müssen den mildsäuerlichen, elastischen Käse bei einem absoluten Fettgehalt von unter 20 % nicht scheuen.

Meist wird er in etwa 125 g schweren Kugeln in leichter Salzlake angeboten. Es gibt ihn aber auch zu Blöcken geformt und in Plastikfolie eingeschweißt oder als *Bocconcini*, mundgerechte, kleine Mozzarella-Bällchen. Der Allrounder gehört zur Gruppe der Frischkäse, unterscheidet sich aber von dieser durch die Herstellung im so genannten Filata-Verfahren. Hierbei wird der grob zerteilte Bruch mit 45 °C heißer Molke übergossen und zu einem elastischen Teig geknetet, der zunächst in Stücke geteilt („mozzare") und dann zu Strängen gezogen („filare") wird. Diese werden erneut in erhitzte Molke getaucht und geknetet. Anschließend wird die Käsemasse portioniert und geformt. Ohne weitere Reifung werden die Käse in Salzlake gelegt, um die empfindliche, weiche Oberfläche vor dem Austrocknen zu schützen. Dem Oberflächenschutz dient auch das Räuchern über Weizenstroh, Laub und Hölzern, das dem *Mozzarella affumicata* einen rauchig-herben Geschmack verleiht.

Eine gehaltvolle Spezialität aus dem Süden Italiens ist der *Burrata*: Die elastische Mozzarellamasse umschließt ein Stück gesüßte Butter („burro") oder kleine, mit süßem Rahm getränkte Stücke Filata-Käse. Letztere Variante wird mit den schmalen Blättern eines im Mittelmeer verbreiteten Liliengewächses umwickelt. Nach ein bis zwei Wochen Reifung gewinnt der milde, süßliche Käse an Aroma.

Exoten

Während in Europa neben Kuh, Schaf und Ziege nur die Büffelkuh eine – allerdings untergeordnete – Rolle für die Milchwirtschaft spielt, werden in anderen Teilen der Erde uns eher befremdlich anmutende Milchtiere genutzt. Im hohen Norden wird aus Rentiermilch Käse hergestellt. In den Steppen Nordafrikas sowie Südwest- und Zentralasiens werden Kamele nicht nur als Lasttiere, sondern auch als Lieferanten von Milch genutzt, die zu Getränken vergoren und zu Käse verarbeitet wird. Die Reitervölker Zentralasiens haben eine große Schwäche für Kumys, ein leicht berauschendes Gebräu aus vergorener Stutenmilch. Im zentralasiatischen Hochland wird die Milch von Yak-Kühen zu Sauermilchgetränken, kleinen, luftgetrockneten Käsen und Butter verarbeitet.

Roggentaler mit Mozzarella

Für etwa 10 bis 12 Stück

200 g Roggenschrot
400 ml Gemüsebrühe
1 fein gewürfelte Zwiebel
20 g Butter
2 kleine, fein gehackte Knoblauchzehen
1 Topf Basilikum
2 Eier
1 TL Dijonsenf
2–3 TL Thymianblättchen
Salz und Pfeffer aus der Mühle
80 g Semmelbrösel
100 ml Olivenöl zum Braten
150 g Mozzarella, in Scheiben geschnitten

Kochen Sie den Roggenschrot bei mittlerer Hitze unter mehrmaligem Umrühren ca. 40 Min. in der Gemüsebrühe. Danach alles ca. 15 Min. auskühlen und ausquellen lassen und danach gut abtropfen. Erhitzen Sie die Zwiebel in der Butter, fügen Sie die Knoblauchzehe und ein paar feingehackte Basilikumblätter hinzu. Vermischen Sie alles mit dem Roggenschrot und rühren Sie nacheinander die Eier unter. Würzen Sie die Masse mit Senf, Pfeffer, Salz und Thymian. Rühren Sie die Semmelbrösel ein, sodass eine gleichmäßige Masse entsteht. Bilden Sie aus der Masse ca. 10 bis 12 Bratlinge und bräunen Sie sie bei mäßiger Temperatur in dem Öl goldbraun. Jeweils eine Mozzarellascheibe auf einen Taler legen und im Backofen überbacken. Jeweils mit einem Basilikumblättchen garniert servieren.

Mozzarella di Bufala

So darf sich nur das gesetzlich geschützte Original aus der Milch von Wasserbüffeln nennen. Mozzarella-Kugeln aus der fett- und eiweißreichen Büffelmilch sind mit ca. 300 g nicht nur größer, sondern mit 50 % F. i. Tr. auch gehaltvoller, geschmeidiger und aromatischer als die Kopie aus Kuhmilch. Die Wasserbüffel wurden seit dem 16. Jahrhundert in den Flussniederungen in Latium und Kampanien als Last- und Arbeitstiere gehalten und zusätzlich als Milchtiere genutzt. Der wachsende Bedarf an Mozzarella konnte schließlich nicht mehr mit Büffelmilch befriedigt werden.

Schnelles Mozzarella- Sandwich

1 Büffelmilchmozzarella (ca. 300 g)
8 dünne Scheiben Weißbrot
Salz und Pfeffer aus der Mühle
1/8 l Milch
2 Eier
Mehl
Olivenöl

Schneiden Sie den Mozzarella in vier gleichmäßige Scheiben, kleiner als die Weißbrotscheiben. Legen Sie sie auf 4 der Brotscheiben, würzen Sie mit Salz und Pfeffer und legen Sie die restlichen Brotscheiben darauf. Wenden Sie die Sandwiches kurz in der Milch und drücken Sie nun die Brotscheiben am Rand fest zusammen. Verquirlen Sie die Eier und Wenden Sie die Brote erst darin und dann in Mehl. Die Sandwiches in Öl goldbraun backen und sofort servieren.

Ausgefallene Herstellungsmethoden

Filata-Käse

Die „*Formaggi a pasta filata*", zu deutsch „Käse mit gezogenem Teig" (Brüh- und Knetkäse), weisen bereits im Namen auf das besondere Herstellungsverfahren hin, das ihnen zuteil wird. Die Filata-Käse stammen aus Süditalien und Südosteuropa und können je nach Reife und Herkunft unterschiedlichen Käsegruppen zugeordnet werden. Ihr bekanntester Vertreter ist der Frischkäse *Mozzarella* (siehe Seite 260 bis 261). Als Prototyp der gereiften Brühkäse gilt der *Caciocavallo*, ein delikater Hartkäse, der im Alter gerne als Reibkäse verwendet wird. Eng verwandt mit ihm ist der *Provolone*, der in den Geschmacksrichtungen „dolce" und „picante" hergestellt wird. Bei der würzigeren Sorte wird Zickleinlab eingesetzt. Im Unterschied zum Mozzarella lässt man den Bruch der gereiften Filata-Käse nachsäuern, bevor er mit Molke übergossen, geknetet und gezogen wird. Der elastische Teig kann zu Quadern, Kugeln, Würsten, Birnen oder, wie im Fall des *Scamorza*, auch zu Schweinchen geformt werden. Der Teig ist anfangs faserig und wird mit zunehmender Reife homogener und feinkörnig. In Rumänien und auf dem Balkan sind gebrühte und geknetete Käse als *Kaschkaval* bzw. *Cascaval* bekannt, in der Türkei heißen sie *Kasar*, in Griechenland *Kasseri*.

Cheddar-Familie

Ein vornehmlich in England eingesetztes Produktionsverfahren, das „cheddaring", wird heute weltweit angewendet und spielt vor allem in Nordamerika, Australien und Neuseeland eine wichtige Rolle. Die „im Bruch gesäuerten und gesalzenen Käse" vom *Cheddar-Typ* zählen zur Gruppe der Hart- oder Schnittkäse und werden aus Kuhmilch hergestellt. Bei der Produktion von Cheddar lässt man die etwa erbsengroßen Bruchkörner zu einem Kuchen zusammenwachsen. Dieser wird in Streifen geschnitten, die aufeinandergelegt und mehrfach umgeschichtet werden („cheddaring"), wobei sie nachsäuern. Ist der vorgesehene Säuregehalt erreicht, wird die Bruchmasse klein geschnitzelt und gesalzen. Die Schnitzel, der so genannte „curd", werden in runde, mit Tüchern ausgelegte Formen gefüllt und zweimal gepresst. Die ursprüngliche Reifezeit von mindestens neun Monaten bis zu 2 Jahren wurde in der industriellen Produktion auf drei bis 6 Monate verkürzt. Die auffällige gelb-orange Färbung vieler Cheddar-Sorten rührt von der Pflanzenfarbe Annatto. Bekannte Mitglieder der Cheddar-Familie sind u. a. *Cheshire*, der auf dem Kontinent *Chester* genannt wird, sowie *Gloucester*, *Derby*, *Lancashire* und *Wensleydale*. Zu den im Bruch gesäuerten und gesalzenen Käsen gehört auch *Cantal*, ein herkunftsgeschützter Käse aus dem französischen Zentralmassiv.

Lakekäse

Durch das Einlegen in Salzlake können frische, nur kurz gereifte Käse ohne Rinde längere Zeit aufbewahrt werden. Der Käse reift in der Flüssigkeit nach, die seine empfindliche Oberfläche vor Schimmel- und Bakterienbefall sowie vor dem Austrocknen schützt. Je nach Käsesorte und Lakekonzentrat können Käse auf diese Weise bis zu mehreren Monaten konserviert werden. Diese Art der Konservierung war besonders bei den Hirten- und Nomadenvölkern in Südosteuropa und dem Nahen Osten verbreitet, die ihre Vorräte in Ziegen- oder Schafshäuten aufbewahrten und transportierten. Der bekannteste und vielfach kopierte Lakekäse ist der griechische *Feta*, der im Original aus roher Schafs-, eventuell auch aus Ziegenmilch hergestellt wird. Die Frischkäsemasse wird geformt und gepresst und kann dann drei bis vier Wochen in 5 bis 15-prozentiger Salzlake aufbewahrt werden. Der porzellanfarbene, bröckelig-feste Käse entwickelt bei längerer Reifung einen intensiven Schafgeschmack. In Mitteleuropa und im Nahen Osten

Mittels des Käsebohrers zieht der Fachmann eine Probe aus dem Käselaib und überprüft Reifegrad und Qualität.

ist *Brinza*, ein frischer Schafskäse, der in gesalzener Milch oder Molke konserviert wird, weit verbreitet. Aus diesen Ländern kommt auch *Halloumi*, ein Brüh- und Knetkäse aus Kuh-, Schafs- oder Ziegenmilch, der in Lake eingelegt wird.

Räucherkäse

Sowohl der Geschmack als auch die Haltbarkeit von Käse werden durch das Räuchern positiv beeinflusst. Der Rauch entzieht dem Käse die Flüssigkeit und schützt seine Oberfläche vor Schimmelbefall. Außerdem verleiht er dem Käse eine würzige Geschmacksnote und eine ansprechende goldgelbe bis dunkelbraune Farbe. Geräucherte Käsespezialitäten sind in allen Käsegruppen zu finden. Das Angebot reicht von den geräucherten Frischkäsen *Ricotta salata affumicata* und *Mozzarella affumicata* über einen spanischen Blauschimmelkäse, *Liebana Picón*, bis zu Schnitt- und Hartkäsen, wie z. B. *Queso ahumado, San Simón* und *Idiazabal* aus Spanien oder geräucherter *Emmentaler* aus den Alpen.

Schafskäse

Käse aus Schafsmilch wird traditionell in kargen Regionen der südlichen und südöstlichen Mittelmeerländer sowie auf dem Balkan produziert. Aufgrund der relativ geringen Milchleistung der Schafe – zwischen Ende November und Juli gibt ein Schaf täglich ca. 2 bis 4 l Milch – wird Schafskäse auch heute noch vielfach in kleinen, handwerklich arbeitenden Käsereien aus Rohmilch hergestellt, sodass die regionaltypischen Geschmacksunterschiede gewöhnlich sehr gut zu schmecken sind. Die Milch ist würzig und aromatisch, sehr fett- und eiweißreich und aufgrund ihrer besonderen Eiweißstruktur meist auch für Kuhmilchallergiker verträglich. Um die wachsende Nachfrage zu decken, werden ursprünglich aus Schafsmilch hergestellte Käse heute vielfach aus Kuhmilch erzeugt, wie z. B. der griechische Feta. Hier gilt die Erkenntnis: „Wo Schafskäse draufsteht, ist nicht zwingend Schaf enthalten" – außer bei Bio-Käse genügt ein Anteil von nur 15 % Schafsmilch!

Zu Beginn der Cheddarherstellung wachsen die erbsengroßen Bruchkörner zu einem Kuchen zusammen.

Der geschnitzelte Bruch, der so genannte *curd*, wird gesalzen und umgeschichtet.

Der Curd wird in mit Tüchern ausgelegte Formen gefüllt.

Die Käserohlinge lagern mehrere Monate bei niedriger Temperatur.

Traditionell wird **Cheddar** zu zylindrischen Laiben mit bis zu 27 kg Gewicht geformt. Die kleineren, Truckles genannten Käse wiegen nur etwa 4–6 kg.

Scamorza stammt aus den Abruzzen und ist ein enger Verwandter des Mozzarella.

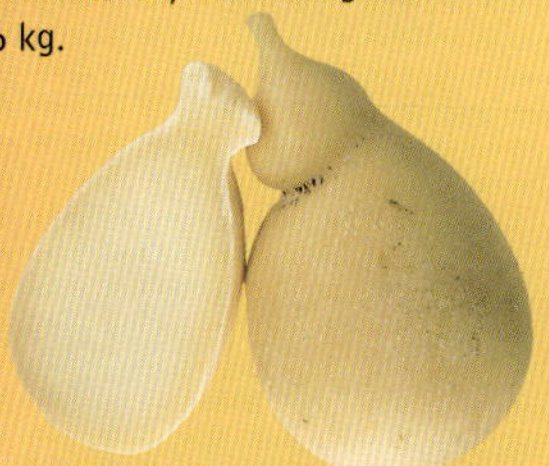

Junger **Caciocavallo** ist süßlich-mild im Geschmack, später wird er als pikant-würziger Reibkäse verwendet.

Der Zusatz von Salbei verleiht dem **Sage Derby** das typische Kräuteraroma und die lebhafte grüne Marmorierung.

Eine besondere Köstlichkeit: Der **Cheddar Red Wine** wird bei der Produktion mit Rotwein veredelt.

Provolone wird in verschiedenen Formen und Gechmacksnuancen angboten. Ältere Käse eignen sich zum Reiben und zum Überbacken.

Der **Cantal** schmeckt leicht säuerlich bis scharf-aromatisch.

Feta wurde ursprünglich nur aus Schafsmilch hergestellt. Eingelegt in Lake kann der griechische Frischkäse mehrere Monate konserviert werden.

Sauermilchkäse

Ein sehr deutscher Beitrag zur Käsepalette stellt der Sauermilchkäse dar. Die Dicklegung der Milch, die zwischen 10 Minuten und zwei Stunden dauern kann, erfolgt ausschließlich mit Milchsäurebakterien. Sie wandeln den Milchzucker in Milchsäure um, die das Eiweiß zum Gerinnen bringt. Dabei entsteht ein Sauermilchquark, der gesalzen, mit Reifungsbakterien vermischt und traditionell mit der Hand geformt wird, weshalb auch die Bezeichnung „Handkäse" gebräuchlich ist. Je nach Sorte – Gelbkäse oder Edelschimmelkäse – werden die kleinen, runden Käselaibe mit Gelb- bzw. Rotschmierebakterien behandelt oder mit Weißschimmel besprüht. Anschließend reifen sie nur wenige Tage. Ihrem Wassergehalt von 60 bis 73 % Wff entsprechend, sind sie der Gruppe der Weichkäse oder halbfesten Schnittkäse zuzuordnen.

Sauermilchkäse hat einen weiß-gelben, transparenten Teig, der ihm im Volksmund den makabren Namen „Leichenfinger" verliehen hat. Junge Käse, die einen milden Geschmack und Geruch aufweisen, erkennt man am weißen, quarkigen Kern. Gereifte Käse entwickeln einen würzig-scharfen Geschmack und Geruch, weshalb sie oft als „Stinker" verschrieen sind. Wegen des hohen Eiweiß- und vergleichsweise geringen Fettgehalts von unter 10 % i. Tr. eignen sich Sauermilchkäse optimal für die kalorienreduzierte Ernährung. Die bekanntesten Sorten sind *Harzer, Mainzer* und *Olmützer*. Alpenländische Varianten sind der *Tiroler* oder *Steirische Graukäse* und der *Glarner Schabzi(e)ger*, die länger gereift sind und getrocknet als Reibkäse Verwendung finden. „Handkäse mit Musik" – ein mit Essig und Öl sowie Kümmel und Zwiebelringen, die später die „Musik" erzeugen, zubereiteter Sauermilchkäse – passt sehr gut zu Bier, einem kräftigen, säurereichen Weißwein oder zu einem Apfelwein.

Milchprodukte

Milch wird nicht nur zu Käse, sondern auch zu Sauermilchprodukten sowie zu Sahne und Butter verarbeitet. Lässt man naturbelassene Milch bei Zimmertemperatur stehen, so wird sie sauer und es entsteht Dickmilch. Durch die Zugabe bestimmter Bakterienkulturen und Fermente lässt sich diese Säuerung der Milch gezielt steuern. So enthält z. B. Joghurt die Bakterienstämme „Lactobacillus bulgaricus" und „Streptococcus thermophilu", die bei einer Temperatur von 42 °C optimal gedeihen. In Ost- und Südosteuropa und Teilen Indiens ist das frische, leicht säuerlich schmeckende Milchprodukt, dem lebensverlängernde Eigenschaften zugeschrieben werden, traditioneller Bestandteil der täglichen Ernährung. Heilsame Wirkung wird auch dem auf dem Kaukasus beheimateten *Kefir* attestiert. Zur Säuerung wird der Milch Kefirpilz zugesetzt, der gleichzeitig eine Vergärung des Milchzuckers bewirkt, wodurch geringfügige Mengen an Alkohol entstehen.

Gietost entsteht durch Eindampfen aus Kuh- oder Ziegenmilchmolke.

Harzer Käse, hier mit Weißschimmel und Kümmel, ist ein typisch deutscher Beitrag zur Käsepalette.

Mysost – Norwegischer Molkekäse

Eine besondere Form des Sauermilchkäses, der aus Molke (norwegisch „Myse") hergestellt wird, ist der in Norwegen produzierte Mysost. Wird nur Ziegenmilch verwendet, handelt es sich um „Ekte Gjetost" (echter Ziegenkäse), während "Gudbransdal Gjetost" aus Kuhmilch oder einem Gemisch von Kuh- und Ziegenmilch hergestellt wird. Die Molke wird langsam eingekocht, wobei der Milchzucker karamellisiert und eine bräunliche Paste entsteht. Nach der Zugabe von Sahne oder Milch, die über Geschmack und Fettgehalt (bis zu 35 % F. i. Tr.) bestimmen, wird die Masse in rechteckige Blöcke gegossen. Der schnittfeste, karamellig-süßliche Käse ist in Norwegen als Brotbelag sehr beliebt.

Raffinierte Süßspeisen

Flockiger, süßer Rahm ist seit alters her ein begehrtes Nahrungsmittel, aus dem findige Schleckermäuler durch die Zugabe von Eiern und Zucker, Kakao, Kaffee, Nüssen, Früchten oder Alkoholika verführerische Süßspeisen zauberten. Ob „Panna cotta", „Crème brûlée", „Mousse au chocolat", „Bavarois" oder „Charlotte" – sie alle sind krönender Abschluss einer guten Mahlzeit und zählen zu den Spitzenleistungen der Kochkunst. Als Grundlage für viele feine Cremes müssen zunächst Eier in der Bainmarie aufgeschlagen werden. Die Zugabe von Gelantine verleiht der Creme eine halbfeste Konsistenz. Während die zart schmelzende Panna cotta („gekochte Sahne") ausschließlich durch Gelantine gebunden wird, erhält die luftige Mousse ihre Festigkeit durch Schokolade.

Immer noch die Nummer 1 unter den Streichfetten: die Butter.

Kumys aus der Mongolei und türkischer *Airag* bezeichnen leicht berauschende Getränke aus gesäuerter Stutenmilch.

Begehrter Bestandteil der Milch ist Milchfett in Form von *Rahm* bzw. *Sahne*. Wird Vollmilch in einer großen Pfanne auf bis zu 65 °C erhitzt und kühlt dann langsam ab, so setzt sich auf der Oberfläche dicker, flockiger Rahm ab. Nach diesem Grundprinzip stellt man in Südengland Clotted cream (verdickte Sahne) her. Milchfett und Magermilch können auch in der Zentrifuge durch Schleudern getrennt werden. Je nach Fettanteil variiert Sahne in ihrer Konsistenz und Beschaffenheit. Handelsübliche *süße Sahne* enthält mindestens 30 % Fett. In konzentrierter, löffelfester Form wird sie als *Crème double* mit mindestens 43 % Fett angeboten. Durch die Versetzung mit Milchsäurekulturen entsteht aus süßer Sahne *Sauerrahm* (10 % Fett) bzw. *Schmand* (20 bis 29 % Fett). Mild gesäuert ist auch die französische *Crème fraîche* (mindestens 30 % Fett).

Frischer oder gesäuerter Milchrahm stellt das Ausgangsprodukt für die Butterherstellung dar. Hierbei wird der Rahm so lange geschlagen oder gestampft, bis sich die Fettkügelchen zu einer Fettmasse, der *Süßrahmbutter* bzw. *Sauerrahmbutter*, verdichten. Beim Schlagen der Butter fällt als Nebenprodukt *Buttermilch* an, die fast fettfrei, aber reich an Vitaminen und Mineralstoffen ist.

Panna Cotta

1 Vanilleschote
500 ml Sahne
60 g Zucker
4 Blatt weiße Gelatine
500 g Waldbeeren
3 EL Puderzucker

Schneiden Sie die Vanilleschote auf, kratzen Sie das Mark heraus und kochen Sie Schote und Mark mit der Sahne auf. Rühren Sie den Zucker ein und lassen Sie das Ganze etwa 15 Min. köcheln. Die Gelatine in der Zwischenzeit in kaltem Wasser quellen lassen. Gießen Sie die heiße Vanillesahne durch ein Sieb und lösen Sie die abgetropften Gelatineblätter darin auf. Spülen Sie 4 kleine Soufflèförmchen kalt aus, füllen Sie die Vanillecreme hinein und lassen Sie alles abgedeckt über Nacht im Kühlschrank fest werden. Fast alle Beeren mit dem Puderzucker einmal aufkochen, durch ein Sieb streichen und auskühlen lassen. Stürzen Sie das Panna Cotta auf Dessertteller und richten Sie alles mit Beerensauce und den restlichen Beeren an.

Die fast fettfreie **Buttermilch** ist reich an Vitaminen und Mineralstoffen.

Joghurt entsteht aus gesäuerter Milch unter Zugabe bestimmter Bakterienstämme.

Handelsübliche süße **Sahne** enthält mindestens 30% Fett.

Crème fraîche ist eine mildgesäuerte, löffelfeste Sahne mit mind. 30 % Fett.

Crème double muss mindestens 43 % Fett enthalten.

FRÜCHTE

Einleitung

Ganz unabhängig davon, ob einheimische Früchte, Exoten oder Zitrusfrüchte: Obst ist nicht nur gesund, sondern auch schmackhaft, erfrischend und süß zugleich. Nicht zufällig gilt der Apfel als erste große Versuchung des Menschen – bis heute ist er ein Symbol der Verführung geblieben. In früheren Zeiten ein Luxusgut und nur auf den Tischen der Reichen anzutreffen, ist Obst heutzutage jedermann verfügbar. Auf Wochenmärkten, aber auch auf den Obstständen der Supermärkte bieten sich dem Verbraucher eine Fülle an Farben, Formen, Düften und Geschmacksnuancen. Und die meisten Obstsorten werden auch nicht mehr wie früher nur wenige Monate im Jahr angeboten; moderne Transportmethoden und Kühlsysteme ermöglichen eine große Auswahl rund ums Jahr. Allerdings sollte man darauf achten, dass die präsentierten Früchte tatsächlich genussreif sind, denn oftmals wird Obst zu früh gepflückt und kommt unreif auf den Markt. Man erkennt unreife Früchte am harten, trockenen Fruchtfleisch und am geringen Duft. Es empfiehlt sich daher, Obst in der jeweiligen Saison, oder besser noch Hochsaison, zu kaufen und wenn möglich, die Früchte vor dem Kauf zu probieren. Auf Wochenmärkten ist das kein Problem. Früchte, die vollreif sind, also zum richtigen Zeitpunkt gepflückt und rasch auf den Markt gebracht werden, schmecken einfach besser, sind saftiger, weicher – und süßer, weil sie mehr Zucker bilden konnten. Zudem enthalten sie mehr Vitamine und sind weniger mit Schadstoffen belastet, da sie aus dem Freiland kommen. Bei vielen Obstsorten gilt: Je kleiner die Früchte, desto geschmackvoller, denn kleinere Früchte enthalten weniger Wasser. Die meisten Früchte schmecken ohne Zutaten am besten, doch manch einer mag sie lieber in Kombination mit Sahne, Eis oder edlem Käse. In Kuchen, Soufflés und Obstsalat erfreuen sie sich großer Beliebtheit, in Fisch- und Geflügelgerichten haben sie eine lange Tradition.

Obst schenkt uns eine geballte Ladung Energie und Gesundheit: Es ist reich an Vitaminen, Mineral- und Ballaststoffen, Fruchtsäuren, Pektinen, Gerbstoffen und leicht resorbierbaren Kohlenhydraten – viele gute Gründe, täglich mehrmals Obst, möglichst verschiedene Sorten, zu essen. Auf Grund seines hohen Wasseranteils hat Obst wenig Kalorien, und einige Sorten löschen bei heißem Wetter hervorragend den Durst.

Auch außerhalb der Saison braucht niemand auf seine Lieblingsfrüchte zu verzichten. Wer nicht zu importierter Ware greifen möchte, kann Früchte in verarbeiteter Form genießen: frisch gepresst als Saft, eingelegt in Alkohol, eingefroren, getrocknet, kandiert oder einfach als Marmelade oder Gelee.

Grob unterscheidet man drei verschiedene Obstsorten: Beeren, Steinobst und Kernobst. Beerenobst (z. B. Weintrauben, Erdbeeren, Johannisbeeren) ist vor allem wegen seiner süß-säuerlichen Frische und seines teilweise hohen Vitamin- und Mineralstoffgehalts sehr beliebt. Da Beeren sehr empfindlich sind, sind für die Erhaltung der Qualität eine schonende Verpackung und kurze Transportwege wichtig. Alle Früchte, die zum Steinobst gehören (Pfirsiche, Aprikosen, Pflaumen, Kirschen), besitzen ein weiches, saftiges Fruchtfleisch und einen einzelnen Stein. Typisch für Kernobst (Äpfel, Birnen, Quitten) dagegen ist der Stiel, das Überbleibsel der Blüte und im Innern ein festes Kerngehäuse mit braunen Kernen. Darüber hinaus werden auf unseren Märkten mehr und mehr Zitrusfrüchte und exotische Sorten angeboten, die mittlerweile unverzichtbarer Bestandteil des Warenkorbs sind.

Verbraucherschutz

Zum Schutz des Verbrauchers gibt es eine Reihe von Bestimmungen und Gesetzen, die den Verkauf von Obst überschaubarer machen sollen. Im gesamten EG-Bereich gelten Handelsstufen für Äpfel, Birnen, Aprikosen, Kirschen, Pfirsiche, Pflaumen, Erdbeeren, Tafeltrauben, Zitrusfrüchte und Kiwis. Für Beeren gibt es eine Einteilung in Handelsklassen (Klasse Extra, Klasse I, Klasse II). Frische Früchte, die lose verkauft werden, sind mit der Herkunftsbezeichnung, der Klasse (EG-Norm oder Handelsklasse) und der Sortenbezeichnung ausgewiesen. Verpacktes Obst trägt ein Etikett mit Name und Anschrift des Abpackers, Artikelbezeichnung, Mengenangabe zum Zeitpunkt des Abpackens und Mindesthaltbarkeitsdatum.

Für die relativ großen Trauben der blauen **Alphons Lavallé** ist ein festes Fruchtfleisch charakteristisch.

Italia gehört zu den am meisten verbreiteten, weißen Tafeltrauben mit Kernen.

Süßes, saftiges Fruchtfleisch macht die **Sultana** überaus beliebt.

Weintrauben

Weintrauben (Vitis vinifera) gehören zu den ältesten Kulturfrüchten der Menschheit. Grabmalereien belegen, dass sie bereits von den Ägyptern 3000 v. Chr. angebaut wurden. Und auch die alten Griechen und Römer schätzten Trauben – sowohl als Obst als auch als Rohstoff für die Herstellung von Wein.

Die Weintraube gedeiht besonders gut in Regionen mit mildem Klima, aber kühlen Nächten; in Europa sind das vor allem die Mittelmeerländer Italien, Spanien und Frankreich. Geerntet werden Weintrauben zwischen August und November. Doch mittlerweile bereichern sie nahezu das ganze Jahr über das heimische Obstangebot. Außerhalb der Traubensaison kommen die Früchte aus Südafrika, Chile und Argentinien.

Wer hätte gedacht, dass etwa 85 % der Weintraubenernte als so genannte Keltertrauben in die Weinproduktion gehen, lediglich 10 % kommen als Tafeltrauben (größere Früchte, mit dünnerer Schale) in den Handel; die restlichen 5 % werden getrocknet (Rosinen, Sultaninen, Korinthen).

Tafeltrauben gibt es mit und ohne Kerne, hell oder blau, groß- oder kleinbeerig, dick- oder dünnschalig. Zu den beliebtesten weißen Traubensorten gehören die große rundliche *Italia* (mit Kernen, grünlich-gelber Schale und leicht moschusartigem Aroma), die kleine kernlose *Perlette* (schmeckt eher säuerlich und hat eine dünne Haut) und die längliche Sultana (mit grün-goldener und bereifter Schale, süßes, saftiges Fruchtfleich). Unter den blauen Trauben sind zwei Sorten erwähnenswert: die große runde *Alphonse Lavallée* (mit Kernen, violett-schwarzer Haut und festem Fruchtfleich) und die ovale *Cardinal* (rotviolette Schale, festes Fruchtfleisch, etwas fade im Geschmack). Als Star unter den Trauben gilt die große *Muskattraube* mit ihrem honigartigen Aroma. Es gibt sie weiß und blau. Die weiße Muskattraube ist je nach Reifegrad blassgrün bzw. goldfarben, die blaue Sorte rot bzw. fast schwarz. Aus der Muskattraube wird auch ein beliebter, süßer Dessertwein hergestellt. Beim Kauf von Trauben sollte man darauf achten, dass die Früchte prall und unbeschädigt sind, eine gleichmäßige Färbung haben und fest an ihren Stielen sitzen. Eine leicht gelbe Tönung der Schale signalisiert Süße. Immer beliebter werden die kleinen, kernlosen Trauben. Bei Raumtemperatur schrumpeln Trauben zwar rasch, doch wenn man sie kühl aufbewahrt, bleiben sie einige Tage frisch. Kombiniert mit Käse und Walnüssen sind Weintrauben ein Klassiker unter den Delikatessen. Zusammen mit anderen Früchten schmecken sie vorzüglich im Obstsalat oder im Müsli, solo ergeben sie einen köstlichen Belag für Kuchen und Torten.

Rosinen, Korinthen & Sultaninen

Rosine

Sultanine

Korinthe

Rosinen, die beliebtesten Trockenfrüchte, werden aus verschiedenen hellen und dunklen Tafeltrauben hergestellt, unter anderem aus der saftigen Muskattraube. Couscous und diverse Reisgerichte sind ohne sie kaum denkbar. Die besten Rosinen (groß, bernsteinfarben, besonders süß) stammen angeblich aus Kalifornien und Spanien. Im Unterschied zu Rosinen werden *Korinthen* nicht in der Sonne, sondern im Schatten getrocknet. Zudem sind sie immer kernlos, feinhäutiger und dunkler, fast schwarz. Benannt wurden sie nach der griechischen Hafenstadt Korinth, wo man sie schon vor 2.000 Jahren schätzte. Bei *Sultaninen* handelt es sich um getrocknete Beeren der Sultanatraube – kleine, runde, goldgelbe bis goldbraune Früchte, ohne Kerne und sehr süß. Die qualitätsvollsten Sorten werden aus der Türkei, Griechenland, Kalifornien und Australien importiert. Luftgetrocknet und ungeschwefelt schmecken Trockenbeeren am besten. Künstlich getrocknete und geschwefelte Früchte sollten idealerweise vor der Verwendung mit kochendem Wasser übergossen werden und einige Minuten darin weichen.

Mit kaum einer anderen Pflanze wird in Laboratorien so viel experimentiert wie mit den Rebstöcken. Insbesondere für die Weinproduktion ist entscheidend, möglichst viele „Störfaktoren" auszuschalten. Aber auch bei den Tafeltrauben gibt es neue Züchtungen, etwa kernlose Weintrauben.

Ajo Blanco Knoblauchsuppe mit Mandeln und Trauben

1 altbackenes Brötchen
4 geschälte Knoblauchzehen
200 g geschälte Mandeln
Salz
1/8 l Olivenöl
2 cl Sherry
300 g weiße Trauben, halbiert

Weichen Sie das Brötchen einige Min. in lauwarmem Wasser ein, drücken Sie es aus, geben Sie es zusammen mit Knoblauch, einer Prise Salz und den Mandeln in eine Schüssel und pürieren Sie alles mit einem Mixstab. Fügen Sie langsam das Olivenöl und den Sherry hinzu. Sieben Sie die Mischung und richten Sie die Suppe mit den Trauben an.

Obstbrände

Fermentierte Sommerbeeren, etwa Erd-, Him- oder Brombeeren, werden gerne zu Likör oder Schnaps verarbeitet. Auf eine besonders große Auswahl an Obstbränden trifft man im Elsaß. Allen gemeinsam ist der hohe Alkoholgehalt (45%), die Farblosigkeit sowie der reine Duft und Geschmack der Basisfrucht – und dass sie nicht gesüßt sind. Kühl und in kleinen Portionen serviert, passen Obstbrände zu diversen Desserts und speziellen Obstkuchen auf Mandelcremebasis, die mit derselben Frucht belegt sind, aus der der Obstbrand hergestellt wurde.

Die so genannten Kulturerdbeeren gibt es in vielen Sorten. Geerntet wird bei uns ab Juni.

Himbeeressig

Fruchtessige, allen voran Himbeeressig, genießen unter Feinschmeckern ein besonderes Ansehen. Mittlerweile gibt es in jedem gut sortierten Supermarkt aromatisierte Essigspezialitäten in ausgezeichneter Qualität. Beim Selbermachen sollte man beachten, dass sämtliche Zutaten frisch und die Flaschen, in die sie gefüllt werden, sterilisiert und trocken sind. Die ideale Basis für rosigen Himbeeressig ist Weißweinessig. Er wird zusammen mit den Himbeeren (und eventuell Gewürzen, etwa Estragon) in Flaschen gefüllt und mindestens 14 Tage stehen gelassen. Die feine Fruchtsäure von Himbeer- oder auch Erdbeeressig harmoniert hervorragend mit erfrischenden Sommergetränken, Obst- und Gemüsesalaten, mit Blattsalaten oder gebratenem Wildgeflügel.

Erdbeeren & Himbeeren

In Deutschland werden Erdbeeren erst seit Ende des 19. Jahrhunderts gezüchtet. Diese so genannten *Garten-* oder *Kulturerdbeeren (Fragaria x ananassa)* gibt es mittlerweile in zahlreichen Sorten. Sie unterscheiden sich in Größe, Farbe, Form, Geschmack und der Festigkeit des Fruchtfleischs. Als Faustregel gilt: je kleiner und dunkler die Beeren, desto aromatischer ihr Fruchtfleisch. Erdbeeren zählen zu den Scheinfrüchten. Die Beere ist eigentlich nur die verdickte Blütenachse. Die kleinen, gelblichen Samen darauf sind die wirklichen Früchte. Geerntet werden Gartenerdbeeren bei uns im Juni und Juli. Man spricht auch von Sommererdbeeren. Zu den besonders delikaten Sorten zählen die mittelgroße *Cambridge Favourite*, die etwas größere und sehr süße *Elsanta*, die ovale und tiefrote *Elvira* sowie die dunkelrote, konisch geformte *Gorella* mit blassem Fruchtfleisch. Den ganzen Herbst hindurch wachsen die „ständig tragenden Erdbeeren". Sie sind saftiger, aber weniger süß als die Sommererdbeeren. Unsere heimischen *Walderdbeeren (Fragaria vesca)*, die Vorfahren der Kulturerdbeere, sind überwiegend an Waldrändern, Böschungen, Waldwegen und Lichtungen zu finden. Sie sind wesentlich kleiner, aber geschmacksintensiver als die Gartenerdbeeren. Die kleinsten unter ihnen gehören zur *Hautbois*-Sorte, etwas größer und aromatischer sind die *Alpenerdbeeren*. Es gibt auch gelbe und weiße Sorten, die leicht nach Vanille schmecken.

Himbeeren (Rubus spp.) gehören wie die Erdbeeren zur Familie der Rosengewächse und sind in den hügeligen Regionen Europas und Asiens zu Hause. Die großen *Gartenhimbeeren* mit ihrem ausgeprägten süßsäuerlichen Aroma werden von Ende Juni bis September angeboten. Weitaus intensiver schmecken *Wilde Himbeeren*, die auf sonnigen Lichtungen und an Waldrändern wachsen. Es gibt unzählige Himbeersorten, meist in Dunkelrot, manchmal auch in Gelb, und ständig kommen neue Züchtungen hinzu, etwa *Heritage*, eine Spätsorte, die außergewöhnlich gut schmeckt, oder die sehr ertragreiche *Malling Jewel*. Himbeeren sollten am Tag des Einkaufs verzehrt werden, notfalls halten sie sich jedoch im Kühlschrank bis zu zwei Tagen.

Himbeeren kennzeichnet ein ausgeprägtes süß-säuerliches Aroma.

Besonders delikat sind die Sorten **Elsanta** und **Cambridge Favourite**.

Die **Erdbeerpflanze** zählt zu den Staudengewächsen; sie bevorzugt gut drainierte, fruchtbare Böden.

Rot-gelbe Quarknocken

5 Blatt helle Gelatine
2 kleine Eier
80 g Zucker
1 Päckchen Vanillezucker
250 g Sahnequark (40 % F. i. Tr.), abgetropft
150 g frische Aprikosen
100 g Himbeeren
2 TL Honig
50 g gehobelte Mandeln
50 g Kokosraspel

Lassen Sie die Gelatineblätter ca. 10 Min. in Wasser quellen. Trennen Sie die Eier und füllen Sie Eigelb und Eiweiß in jeweils unterschiedliche Gefäße. Schlagen Sie das Eigelb mit dem Handmixer schaumig und fügen Sie unter Rühren Zucker und Vanillezucker hinzu, dann den Quark einrühren. Die Gelatine ausdrücken, in heißem Wasserbad auflösen, etwas Quarkmasse unterrühren und dann rasch in die restliche Quarkmasse einrühren. Alles ca. 20 Min. kühl stellen. Pürieren Sie die Aprikosen und die Himbeeren getrennt voneinander und fügen Sie jeweils einen TL Honig hinzu. Schlagen Sie das Eiweiß steif und mischen Sie es unter die gekühlte Quarkcreme. Ziehen Sie das Fruchtmus getrennt voneinander in die Creme, damit ein rotes und ein gelbes Muster entsteht. Kühlen Sie die Creme solange, bis Sie vollständig fest ist. In der Zwischenzeit die Mandelblättchen zusammen mit den Kokosraspeln trocken anrösten. Stechen Sie mit einem Esslöffel kleine Nocken aus der Quarkcreme und richten Sie diese auf Desserttellern an. Abschließend mit der Mandel-Kokos-Mischung bestreuen und servieren.

Mandelreis mit Erdbeergarnitur

50 g Mandelgrieß
1/8 l Schlagsahne
1/4 l Milch
50 g Zucker
1 Prise Salz
80 g Rundkornreis
4 Tropfen Bittermandelöl
30 g Butter
60 g Puderzucker
80 g Mandelblättchen
2 EL Sonnenblumenöl
125 g Johannisbeergelee
250 g Erdbeeren, geputzt und halbiert
2 EL Cassis

Mischen Sie Mandelgrieß, Sahne, Milch, Zucker und eine Prise Salz und kochen Sie alles auf. Fügen Sie den Rundkornreis und das Bittermandelöl hinzu und lassen Sie alles bei geringer Temperatur und mehrmaligem Umrühren ca. 30 Min. aufgehen und danach auskühlen. Die Mandeln und den Puderzucker in einer Pfanne mit der Butter erhitzen und rühren, bis alles eine goldbraune Farbe erhält. Drücken Sie die noch warme Mandelmasse mit einem gefetteten Holzlöffel auf einer eingeölten Fläche platt und lassen Sie es abkühlen. Erwärmen Sie das Johannisbeergelee bis es flüssig wird, fügen Sie Erdbeeren und Cassis hinzu und lassen Sie das ganze 30 Min. ziehen. Stechen Sie mit einem nassen Löffel Nocken aus dem Mandelreis, richten Sie sie auf Tellern an, geben Sie jeweils Erdbeeren hinzu und dekorierten alles mit Krokant.

Eingelegte Früchte

Frische Früchte lassen sich wunderbar in hochprozentigen Alkohol einlegen. Von dieser Kombination profitieren beide: Die Früchte nehmen den Geschmack des Likörs oder anderer Spirituosen auf, und die Flüssigkeit wird durch die Früchte, die darin liegen, aromatisiert. Rum, Gin und Weinbrand harmonieren hervorragend mit Sommer- oder Herbstfrüchten, Kirschwasser mit Himbeeren, Brombeeren, Loganbeeren und Ananas. Zu Weintrauben und Aprikosen passt Whisky sehr gut. Zum Einlegen nur reife, jedoch keine überreifen Früchte verwenden, damit sie in Form bleiben.

Beeren, Aprikosen und Pfirsiche kann man roh einlegen, Birnen, Äpfel und manche Pflaumen sollten vorher blanchiert werden. Wichtig: Die Früchte müssen ganz mit dem Alkohol bedeckt sein. Vor dem luftdichten Verschließen eventuelle Luftblasen beseitigen. Der Rumtopf ist eine beliebte deutsche Spezialität aus Rum oder Arrak und Früchten der Saison, die nach und nach zugefügt werden.

Heidelbeeren, Brombeeren & Johannisbeeren

Heidelbeeren (Vaccinium myrtillus) sind die Hauptvertreter der Heidekrautgewächse. Die kleinen schwarzblauen, leicht bereiften Früchte, deren verbreitetste Art die *Blaubeere* ist, gedeihen wild auf den kargen und lichten Waldböden der deutschen Mittelgebirge. Frisch gepflückt, schmecken die saftigen, vom Aroma her süß bis leicht bitteren, vitaminreichen Früchte natürlich am besten. Doch im heimischen Angebot dominieren die Kulturheidelbeeren, die hauptsächlich aus Polen importiert werden. Diese wesentlich größeren Früchte haben ein festeres Fleisch und sind innen nicht blau gefärbt. Oft fehlt ihnen das typische Heidelbeeraroma, doch auch sie schmecken angenehm aromatisch und süß. Da Heidelbeeren sehr empfindlich sind, sollten sie möglichst rasch verzehrt und beschädigte Früchte sofort nach dem Kauf aussortiert werden, dann halten sie sich im Kühlschrank ein paar Tage. In der Küche werden sie gern für die Zubereitung von Pfannkuchen, Pies, Muffins oder Kompott verwendet.

Brombeeren (Rubus fruticosus) gehören wie Erdbeeren und Himbeeren zur Familie der Rosengewächse. Die schwarz-roten bis schwarzen Früchte wachsen meist wild an Wald- und Wegrändern. Von August bis September werden auf den Märkten aber auch kultivierte Sorten angeboten. Frische Früchte erkennt man an dem glatten, glänzenden und festen Fruchtfleisch. Brombeeren lassen sich gut einfrieren, ändern aber dabei ihre Farbe und werden dunkelviolett. Die kleinen Früchte werden zu Kompott, Konfitüre und Gelee, Likör, Saft und Wein verarbeitet. Frisch sind sie eine Delikatesse in Torten oder im Obstsalat. Heiß schmecken sie zu Eis.

Bei *Johannisbeeren (Ribes spp.)* unterscheidet man zwischen weißen, roten und schwarzen Sorten, die auch einen recht unterschiedlichen Geschmack aufweisen. Die roten Beeren schmecken erfrischend säuerlich, die weißen bis gelblichen etwas süßer, die schwarzen herb-aromatisch bis leicht bitter. Lediglich die roten Johannisbeeren sind ab Mitte Juni bis September auf dem Markt zu haben. Die anderen Sorten wachsen vornehmlich in Gärten. In Jogurt- und Quarkdesserts sowie in Mixdrinks sind die roten Winzlinge eine beliebte Zutat, als Gelee eine Köstlichkeit mit Tradition, und als Bestandteil der Cumberlandsauce passen sie hervorragend zu kaltem Wild und Pasteten. Schwarze Johannisbeeren sind die Basis für „Cassis“, einen französischen Likör, den man für den berühmten Aperitif „Kir Royal“ benötigt.

Eine Mischung roter und schwarzer Beerenfrüchte als Obsalat nennen die Italiener „Macedonia" – man serviert ihn eiskalt.

Cranberry Muffins

Die Zutaten ergeben etwa 12 Muffins

1 großes Ei
150 g Zucker
1 Päckchen Vanillezucker
100 ml Pflanzenöl
1/8 l Buttermilch
280 g Mehl
2 TL Backpulver
1/2 TL Natron
1 Prise Salz
340 g Cranberries
Puderzucker

Heizen Sie den Backofen auf 200 °C vor. Fetten Sie ein Muffin-Backblech oder setzen Sie Papierbackförmchen in die Mulden. Mischen Sie das Ei mit Zucker und Vanillezucker und gießen Sie das Öl und die Buttermilch dazu. Verrühren Sie das Mehl mit Backpulver, Salz und Natron und rühren Sie es unter die Buttermilchcreme. Die Cranberries einstreuen. Füllen Sie die Teigmasse in die Papierförmchen und backen Sie die Muffins 25 bis 30 Min. auf der mittleren Schiene im Backofen. Abkühlen lassen und zum Servieren mit Puderzucker bestäuben.

Stachelbeeren haben einen sehr hohen Vitamin-C-Gehalt, bereits 100 g decken den Tagesbedarf.

In den Handel gelangen überwiegend aus Polen importierte **Kulturheidelbeeren**.

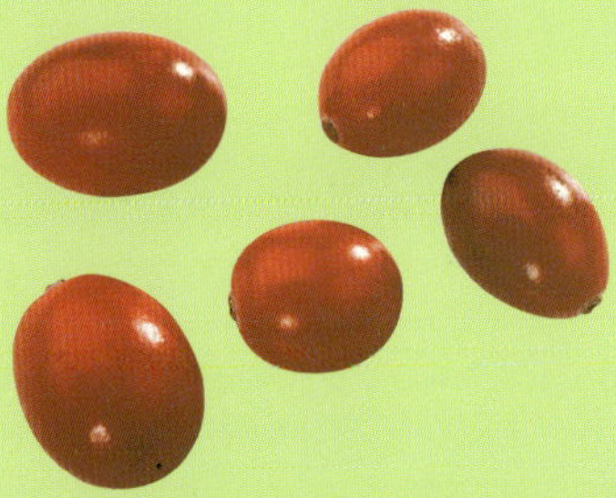

Cranberries sind mit Heidel- und Preiselbeeren verwandt, letzteren ähneln sie auch im Geschmack.

Die schwarz-roten oder ganz schwarzen **Brombeeren** wachsen zumeist an Wald- oder Wegrändern. Die Früchte sind reich an Vitamin E.

Rote **Johannisbeeren** haben einen deutlich geringeren Vitamin-C-Gehalt als schwarze.

Boysenbeeren

Aus Himbeeren und Brombeeren gibt es zahlreiche Kreuzungen, etwa die *Loganbeere*, die vorwiegend an der amerikanischen Pazifikküste und in Neuseeland kultiviert wird. Aus Logan-, Him- und Brombeere entwickelte Rudolph Boysen 1925 die *Boysenbeere*. Sie ähnelt einer großen, rotvioletten Brombeere und beeindruckt durch ein kräftiges Aroma. Verglichen mit der Loganbeere schmeckt sie wesentlich süßer. Die länglichen, sehr saftigen Früchte sind höchstempfindlich und ungeeignet für lange Transporte. Deshalb gelangen sie entweder tiefgekühlt, als Püree oder Saftkonzentrat nach Europa, um hierzulande zu Kompott oder Marmelade verarbeitet zu werden.

Schwarze Johannisbeeren

Beeren, Rinden und Blätter der *Schwarzen Johannisbeere (Ribes nigrum)* werden oft für medizinische Zwecke gesammelt. Schon im 16. Jahrhundert wusste man um die Heilkräfte dieser Pflanze mit ihren entwässernden, pilzabtötenden und antiviralen Eigenschaften. Aus den Blättern wird meist Tee gekocht, der Erkältungskrankheiten, Magenschmerzen und Rheuma- und Gelenkbeschwerden lindern soll. Gurgeln mit Johannisbeertee hilft bei Entzündungen in der Mundhöhle. Die schwarzen Beeren übertreffen alle anderen Früchte an Vitamin-C-Gehalt, sodass ihr Saft zu den gesündesten Säften überhaupt gehört. Man sagt ihm sogar nach, dass er vor Lungenentzündung schützt.

Holunderbeeren

Schwarzer Holunder (Sambucus nigra) ist einer der wenigen Vertreter der Familie der Geißblattgewächse, dessen Früchte genießbar sind – allerdings nur, nachdem sie erhitzt wurden. Wild wächst Holunder an Waldrändern und in Hecken, oft wird er aber auch in Gärten kultiviert. Vor allem in der Nähe alter Klöster und Gutshöfe entdeckt man den Strauch mit seinen gelblichweißen, stark duftenden Blüten. Dort wurde er einst wegen seiner heilsamen, harn- und schweißtreibenden Wirkung angepflanzt. Auch heute noch gilt Holundersaft, der übrigens aus den Blüten gewonnen wird, als ein wichtiges Hausmittel gegen Erkältungen. Der Holunderstrauch war angeblich auch ein wirksamer Schutz gegen böse Geister und wurde daher gerne in der Nähe von Häusern angepflanzt. Dem Volksglauben nach wohnte die Schutzgöttin Frau Holle im Hollerbusch; ihr sprach man die Macht über Tod und Wiedergeburt sowie über das Wetter zu. Früher wurden die kleinen, violett-schwarzen Holunderbeeren auch als Färbemittel eingesetzt oder zur Weinherstellung verwendet. In späteren Zeiten mussten sie zum Aufpeppen qualitativ schlechter Weine herhalten.

Die Blüten des **Holunderstrauchs** sind essbar, in einen flüssigen Pfannkuchenteig getunkt und frittiert schmecken sie vorzüglich.

Abate

Gute Luise

Boskop

Braeburn

Nashi-Birne

Williams

Cox Orange

Granny Smith

Boscs Flaschenbirne

Nordhauser Winterforelle

Elstar

Kaiser Wilhelm

Äpfel & Birnen

Äpfel (Malus spp.) gehören zu den ältesten Früchten überhaupt. In der Antike galt der Apfel als Symbol der Fruchtbarkeit, in der christlichen Mythologie ist er die verbotene Frucht. Darüber hinaus verkörpern Äpfel Liebe, Jugend und Schönheit. Es gibt über 100 verschiedene Sorten, doch nur 20 besitzen eine wirtschaftliche Bedeutung. Spitzenreiter sind *Golden Delicious* und *Cox Orange*, dicht gefolgt von *Boskop, Granny Smith, Jonagold* und *James Grieve*. Neuere Sorten, vor allem die mit roter Schale – *Elstar, Gloster, Jamba* und *Braeburn* gehören dazu – steigen immer mehr in der Gunst des Verbrauchers. Frische, ausgereifte Äpfel – sie werden bei uns von August bis in den November hinein geerntet – sind ausgesprochen gesund. Aber bitte nicht schälen! Denn die gesunden Inhaltsstoffe (reichlich Vitamin C, Ballaststoffe sowie Flavonoide, die angeblich vor Herzinfarkt schützen) sitzen in bzw. direkt unter der Schale. Am liebsten werden Äpfel roh gegessen oder im Kuchen verarbeitet. So gibt es kaum ein Land, das nicht sein spezielles Apfelkuchenrezept hat: Die Deutschen lieben ihren *Schwäbischen Apfelkuchen* und den *Rahmapfelkuchen* aus dem Odenwald, die Franzosen ihre *Tarte* und die Engländer ihr *Apple Crumble with Custard*.

Birnen (Pyrus communis) standen und stehen immer noch im Schatten der Äpfel, obwohl auch sie bereits seit 3000 Jahren kultiviert werden. Im Vergleich zu Äpfeln weisen sie einen wesentlich geringeren Säuregehalt und meist höheren Zuckeranteil auf. Je nach Saison unterscheidet man verschiedene Birnensorten: Eine begehrte Sommersorte ist *Clapps Liebling*, im Herbst reift die edle *Williams Christ*, im Winter findet sich die *Alexander Lucas* im Obstangebot. Birnen werden meist geerntet, bevor sie richtig reif sind, denn voll ausgereifte Früchte können ein unerwünscht körniges Fruchtfleisch haben. Beim Einkauf auf glatte, feste, nicht zu harte Früchte mit einer unbeschädigten Schale achten. Überreife Früchte erkennt man an weichen Stellen rund um den Stiel. Größtenteils werden Birnen frisch verzehrt, doch mancher mag sie noch lieber in Kuchen und Desserts, etwa als *Birne Helene* (Birne und Vanilleeis, überzogen mit heißer Schokoladensauce) oder kombiniert mit Camembert oder Roquefort-Käse.

Granny Smith werden mittlerweile auch in Europa angebaut (insbesondere Spanien). Auch wenn die Früchte schon weit entwickelt sind, kann man die Blüten noch erkennen.

Gedeckter Apfelkuchen

Zutaten ergeben etwa 12 Stücke

Für den Teig:

400 g Mehl

1/2 TL Salz

350 g Butter, kalt, in Würfel geschnitten

1 Ei

6 EL kaltes Wasser

Für die Füllung:

6 Äpfel (Cox Orange oder Boskop)

2 TL Zitronensaft

je 80 g weißer und brauner Zucker

2 TL Zimt

2 TL Mehl

2 EL Butter

1 Eigelb

Verkneten Sie Mehl, Salz und Butter mit ihren Händen in einer Schüssel. Verquirlen Sie Ei und Wasser und geben Sie es zu dem Teig, sobald er bröselig ist. Dann zügig zu einem glatten Teig verkneten, in Frischhaltefolie wickeln und für 1 Stunde kühl stellen. Den Backofen auf 200 °C vorheizen. Schälen, vierteln und entkernen sie die Äpfel, nochmals halbieren und mit Zitronensaft beträufeln. Mischen Sie den weißen und den braunen Zucker mit Zimt und Mehl und streun Sie die Mischung über die Äpfel. Rollen Sie die Hälfte des Teigs auf einer leicht bemehlten Fläche aus und verteilen Sie ihn in einer Apple-Pie-Backform, sodass der Boden und der Rand der Form mit Teig bedeckt sind. Verteilen Sie die Äpfel gleichmäßig darauf und legen Sie die zweite Hälfte des Teigs ausgerollt auf die Äpfel. Drücken Sie die Teigränder zusammen, bepinseln Sie den Teig mit Eigelb, stechen Sie ihn mit einer Gabel mehrmals ein und backen Sie ihn ca. 35 bis 45 Min. auf mittlerer Schiene.

Glühweinbirnen

1 Flasche vollmundigen Rotwein (750 ml)

250 g Zucker

1 Stange Zimt

2 Gewürznelken

1 kg kleine feste Kochbirnen

Kochen Sie die Mischung aus Rotwein, Zucker, Zimt und Gewürznelken langsam auf. Die gewaschenen Birnen mit dem Stil nach oben in eine feuerfeste Form stellen. Übergießen Sie die Birnen mit dem Rotwein und garen Sie sie im 150 °C vorgeheizten Backofen ca. 1 Stunde bis sie weich sind, ohne zu zerfallen. Alles auskühlen lassen und lauwarm oder kalt servieren.

Pflaume ist ein Sammelbegriff für verschiedene Fruchtarten: Zwetschge, Mirabelle, Reneklode u. a.

Zwetschgen haben eine charakteristische längliche Form und ein goldgelbes Fruchtfleisch.

Pflaumenkuchen

Pflaumen sind die idealen Früchte zum Backen, und fast jede Region besitzt mittlerweile ihr eigenes Rezept. Hierzulande hat im Spätsommer der Zwetschgenkuchen Hochsaison, ein lockerer Hefeteig mit dickem, schuppenartigem Zwetschgenbelag. Die Bayern und Schwaben nennen ihn „Datschi“ (gedatscht = flach gedrückt), in Baden heißt er Zwetschgenwaihe. Eine ähnliche Pflaumenspezialität kommt aus Passau: Gebackene Zwetschgen. Dabei werden Zwetschgen durch einen Ausbackteig gezogen, in heißes Fett gegeben und anschließend in einer Kakao-Zuckermischung gewälzt. In Thüringen kennt man den „Zwetschgenmichel“, einen üppigen Auflauf mit köstlicher Zimtsauce. Eine berühmte böhmische Mehlspeise sind Buchteln, gefüllt mit Pflaumen und einem Stück Würfelzucker. Die Österreicher begeistern sich für Zwetschgenknödel, die in Tschechien und in der Slowakei Powidlknödel heißen und dort mit Pflaumenmus (Powidl) gefüllt werden.

Kirschen & Pflaumen

Kirschen (Prunus spp.) gedeihen seit vielen Jahrhunderten in allen gemäßigten Klimazonen der Erde. In Deutschland kommen Ende Mai die ersten *Süßkirschen* aus dem Rhein-Maingebiet, aus der Pfalz und Baden. Süßkirschen *(Prunus avium)* gibt es in vielen Farbabstufungen – gelbe, rote und schwarze. Am begehrtesten sind die tiefroten Knorpelkirschen mit ihrem bissfesten, saftigen Fruchtfleisch. Beim Einkauf auf pralle Früchte mit glänzender und makelloser Haut achten, idealerweise hängen sie noch am Stiel. *Sauerkirschen* (Prunus cerasus) eignen sich besonders zum Kochen und Backen (z. B. die bekannte Schattenmorelle). Eine Besonderheit unter den Kirschen ist die *Maraschino*-Sorte, eine winzige Wildkirsche, die vor allem von Barkeepern geschätzt wird. Frische Kirschen verderben leicht, doch ungewaschen und in einer perforierten Plastiktüte halten sie sich ein paar Tage im Kühlschrank, dabei möglichst nicht neben stark riechenden Lebensmitteln aufbewahren. Neben dem puren Genuss gibt es unendlich viele Möglichkeiten, Kirschen zu verarbeiten: zu Kompott, Konfitüre oder Saft; frisch passen sie zu Quarkspeisen, Joghurts, Kuchen und Torten; kandiert sind sie eine hübsche Dekoration für verschiedene Speisen, und in Schnäpsen (Schwarzwälder Kirschwasser) und Likören (Maraschino-Likör) regelrecht berühmt.

Pflaumen (Prunus spp.) ist ein Sammelbegriff und umfasst verschiedene Fruchtarten. Darunter fallen *Zwetschge, Mirabelle, Reneklode* und *Eierpflaume.* Die meisten Früchte sind rund mit einer ausgeprägten Mittellinie und haben ein weiches, saftiges, leicht säuerlich schmeckendes Fruchtfleisch, das fest um den Stein sitzt. Nur die blauvioletten Zwetschgen oder Zwetschen sind eher länglich mit spitzen Enden und einem goldgelben Fruchtfleisch, das sich leicht vom Stein lösen läßt, ähnlich wie das der Mirabelle. Reife Pflaumen sind sehr empfindlich, deshalb nur pralle, feste Früchte kaufen, die auf Druck etwas nachgeben und angenehm duften. Sie eignen sich hervorragend zum Kuchenbacken, Einkochen und als Mus bzw. Konfitüre, dienen aber ebenso zur Weiterverarbeitung in flüssiger Form, z. B. Slibowitz.

Die Kirschblüte beginnt in Deutschland Anfang März. Geerntet werden kann je nach Sorte ungefähr vier Monate später.

Die **Schattenmorelle** ist eine Sauerkirsch-Sorte mit saftigem, süß-sauren Fruchtfleisch.

Die **Schwarze Süßkirsche** gehört zu den besonders begehrten dickfleischigen, süßen Sorten.

Grießnocken mit beschwipsten Schattenmorellen

100 ml Milch
1 EL Rohrzucker
40 g Hartweizengrieß
1 Päckchen Zitro-Back
4 Eigelb von mittelgroßen Eiern
7 Eiweiß
1 Prise Salz
80 g Zucker
10 g Mehl
10 g Weizenpuder
1 Päckchen Vanillezucker
8 EL Butterschmalz
250 g entsteinte Schattenmorellen
100 g Puderzucker
2 EL Grenadinesirup
4 EL Kirschwasser
1 gestr. TL Weizenpuder
Puderzucker zum Bestäuben

Kochen Sie Milch und Zucker auf, geben sie den Grieß und das Zitro-Back hinzu, rühren Sie so lange, bis die Masse sich als ein Kloß vom Topfboden löst und geben Sie die Masse zum Auskühlen in eine Schüssel. Schlagen Sie das Eiweiß zusammen mit dem Salz und 1/3 des Zuckers fest und fügen Sie dann den restlichen Zucker hinzu. Rühren Sie Eigelb, Mehl, Weizenpuder und Vanillezucker unter die Grießmasse und ziehen Sie anschließend den Eischnee unter. Kochen Sie die Schattenmorellen zusammen mit dem Zucker und dem Grenadinesirup auf, mischen Sie das Weizenpuder mit dem Kirschwasser und geben Sie die Mischung in die heißen Kirschen. Formen Sie aus der Griesmasse Nocken und braten Sie diese vorsichtig auf jeder Seite 1 Min. im heißen Butterschmalz. Geben Sie die Nocken auf Teller, übergießen Sie sie mit den Kirschen und dekorieren Sie alles mit Puderzucker.

Pfirsiche, Nektarinen & Aprikosen

Der *Pfirsichbaum (Prunus persica)* bevorzugt warm-gemäßigte Klimazonen; überwiegend wird er in Italien, Griechenland und Kalifornien angebaut. Aus China stammend gelangte er über die Seidenstraße nach Persien, von dort nach Griechenland und Rom. Den apfelgroßen Steinfrüchten mit ihrer pelzig-samtigen, gelbroten Haut wurde schon immer eine besondere Bedeutung zugeschrieben. In China galten Pfirsiche als Symbol für die Unsterblichkeit und sollten vor bösen Geistern schützen. Die Franzosen waren von dieser sinnlichgeformten Frucht so begeistert, dass sie einer Sorte den Namen *Téton de Vénus (Brust der Venus)* gaben. Je nach Sorte besitzen Pfirsiche ein weißes, gelbes oder rotes Fruchtfleisch. Für den deutschen Markt ist mittlerweile Italien Hauptlieferant, wobei sich die Italiener auf den Anbau von gelbfleischigen Pfirsichen konzentriert haben. Frische Pfirsiche sind zwischen Mai und September erhältlich. Sie sollten reif gekauft und rasch verzehrt werden, denn sie sind empfindlich und schimmeln leicht. Es gibt eine ganze Reihe köstlicher Desserts und Kuchen mit Pfirsichen. Ein Dessert mit Weltruhm ist *Pfirsich Melba*, bestehend aus Pfirsich, Vanilleeis, Himbeerpüree und Waffeln. Der französische Meisterkoch August Escoffier widmete dieses Dessert der australischen Opernsängerin Nelli Melba.

Der kleine Unterschied zwischen *Nektarinen (Prunus persica var. nucipersica)*, (eine Mutation des Pfirsichs) und Pfirsichen besteht in der Fruchthaut: Bei Nektarinen ist sie glatt, unbehaart und farbiger. Ihr Fruchtfleisch, das gelb, weiß oder gar rötlich sein kann, enthält etwas mehr Säure. Die Nektarinensaison reicht vom Frühjahr bis in den frühen Herbst hinein. Käufer sollten auf einen angenehmen Duft und ein makelloses Äußeres achten. Die Früchte dürfen nicht zu fest sein. Pur sind sie eine wahre Köstlichkeit, doch ihre Liebhaber verwenden sie auch im Fruchtsalat, als Carpaccio mit Limettensaft, für Marmeladen und Chutneys, Kuchen und Torten.

Aprikosen oder *Marillen (Prunus armeniaca)* gedeihen in allen subtropischen Gebieten; spezielle Züchtungen wachsen aber auch im gemäßigten Klima und somit sowohl in der Rheinebene als auch in der Wachau in Österreich. Je nach Sorte sind die Früchte rundlich-oval mit orangegelber, manchmal leicht rosagefärbter, glatter Haut und ebensolchem Fruchtfleisch, das ein leicht säuerliches Aroma besitzt. Aprikosen haben von Mai bis August Saison: Ab Mai kommen sie aus Tunesien, Italien und Kalifornien, im Juni und Juli aus Griechenland. Deutsche Erzeugnisse sind ab Juli zu haben, vorausgesetzt sie haben die Frühjahrsfröste überstanden. Nur reife Früchte entfalten ihre optimale Süße, das heißt sie sollten beim Einkauf weder zu hart noch zu weich sein. Überreifen Früchten fehlt der Saft, sie schmecken mehlig und fad. Harte Früchte reifen bei Zimmertemperatur noch etwas nach. Ein Teil der Ernte kommt als Dörraprikosen auf den Markt – hier unbedingt auf ungeschwefelte Erzeugnisse achten. Sehr beliebt ist die kleine Frucht in den arabischen Ländern – eine unentbehrliche Zutat in vielen Lammgerichten. Die aromatische Marillenmarmelade bereichert jeden Frühstückstisch.

Der **Pêche blanche** hat weißes, sehr aromatisches Fleisch.

Gelbfleischige Pfirsiche stammen bei uns überwiegend aus Italien.

Weinbergpfirsiche haben ein leuchtend rotes Fruchtfleisch.

Nektarinen sind eine Mutation des Pfirsichs. Auch bei ihnen unterscheidet man Sorten mit weißem und gelbem Fleisch.

Es gibt über 40 verschiedene **Aprikosen**-Sorten.

Weinberg-Pfirsiche eignen sich hervorragend für Marmelade.

Mandelpfirsiche

4 feste gelbe Pfirsiche
1 EL Zitronensaft
75 g Zitronat, fein gehackt
75 g Amaretti, zerbröselt
3 EL Zucker
1 Eigelb
4 cl Marsala
8 geschälte Mandeln
Butter zum Fetten
1/4 l Weißwein

Waschen und halbieren Sie die Pfirsiche und beträufeln Sie die Hälften mit Zitronensaft. Vermischen Sie das Zitronat und die Amarettini mit Zucker, Eigelb und Marsala. Füllen Sie diese Masse in die Pfirsichhälften und setzen Sie je eine Mandel darauf. Fetten Sie eine feuerfeste Auflaufform mit Butter aus, setzen sie die Pfirsiche hinein, übergießen Sie das Ganze mit dem Weißwein, backen Sie es für 15 bis 20 Min. bei 175 °C im Ofen und servieren Sie alles warm oder kalt.

Aprikosen-Marzipan-Tarte

Eine Tarte von 26 bis 28 cm Ø
Für den Mürbeteig:

300 g Weizenmehl
1 mittelgroßes Ei
100 g Zucker
1 Messerspitze Jodsalz
etwas Schale einer unbehandelten Zitrone
200 g kalte Butter oder Margarine, in Flöckchen geteilt
Mehl zum Ausrollen
Fett für die Backform

Für den Belag:

700 g Aprikosen
150 g Marzipan-Rohmasse, in dünne Scheiben geschnitten
150 g saure Sahne
2 mittelgroße Eier
20 g Zucker
2 EL Rum
3 EL Pistazien, gehackt

Sieben Sie das Mehl in eine Schüssel und fügen Sie Salz, Ei, Zucker, Zitronenschale und Butter hinzu. Verkneten Sie alles rasch zu einem glatten Teig, formen Sie eine Kugel daraus, wickeln Sie diese in Frischhaltefolie und stellen Sie sie 30 Min. kühl. Rollen Sie den Teig anschließend auf einer bemehlten Fläche aus und legen Sie den Boden und den Rand einer gefetteten Springform damit aus. Stechen Sie den Boden mehrfach mit einer Gabel ein. Schneiden Sie die Haut der Aprikosen kreuzweise ein, gießen Sie kochendes Wasser darüber, ziehen Sie die Haut ab und halbieren und entkernen Sie die Früchte. Heizen Sie den Ofen auf 175 bis 200 °C vor. Legen Sie den Teigboden mit den Marzipanscheiben aus, geben Sie die halbierten Aprikosen mit der Wölbung nach oben darauf und backen Sie alles ca. 15 Min. Mischen Sie Sahne, Eier, Zucker und Rum und verteilen Sie die Masse auf den Aprikosen. Alles für weitere 25 Min. im Ofen backen. Mit Pistazien bestreut warm servieren.

Obstbananen – hier Früchte der Sorte Sixola – wandeln während des Reifungsprozesses Stärke in Zucker um.

Kochbananen, die weniger süß sind als Obstbananen, haben zunächst eine grüne Schale, die sich je nach Reifegrad bis zu schwarz verfärbt.

Rote Obstbananen ähneln im Geschmack ihren gelben Verwandten und sind bei uns relativ selten im Handel.

Baby-Bananen charakterisiert ein besonders aromatisches Fruchtfleisch.

Flambierte Honigbananen

Olivenöl
5 EL Honig
3 Orangen
1 Zitrone
4 Bananen, geschält
1 Schuss goldbrauner Rum
Schlagsahne

Erhitzen Sie den Honig und den Saft der ausgepressten Zitrone und der Orangen in heißem Öl. Geben Sie die Bananen dazu und erhitzen Sie sie bei geringer Temperatur unter mehrmaligem Wenden. Den Rum hinüber geben und alles flambieren. Die Bananen mit Schlagsahne sofort servieren.

Bananen

Die stärkereichen *Bananenfrüchte (Musa paradisiaca)* sind Früchte der 3 bis 8 m hohen, palmenähnlichen Pisangpflanze. Aus den rotvioletten Blüten wachsen die Bananen (arab. „Finger“) um eine Mittelachse in mehreren Reihen von jeweils 10 bis 25 Früchten. Neben den bekannten Obstbananen *(Dole, Chiquita)*, die aus Westindien, Mittel- und Südamerika sowie von den Kanarischen Inseln auf unsere Märkte kommen, findet man in letzter Zeit auch die aromatischen, kleingezüchteten *Babybananen* aus Kolumbien, Malaysia und Thailand im Angebot der Obsthändler. Aus Afrika stammen die weniger bekannten *Koch-* oder *Gemüsebananen*. Diese relativ großen Bananen gelten in den Anbauländern als Grundnahrungsmittel, und allmählich gewinnt auch ihr Export an Bedeutung. Bananen werden grün, also unreif geerntet und hierzulande in speziellen Bananenreifereien unter genau kontrollierten Temperatur- und Feuchtigkeitsbedingungen gelagert, bis sie nach etwa 20 Tagen den gewünschten Reifegrad erreicht haben.

Die älteste Kulturpflanze der Welt steht in Deutschland zusammen mit dem Apfel auf der Beliebtheitsskala an der Spitze. Fix geschält stärkt sie mit ihren vielen gesunden Inhaltsstoffen Jung und Alt. Möglichst keine Bananen mit beschädigter Schale oder überreife Früchte kaufen. Sie schmecken schnell mehlig. Bananen gehören nicht in den Kühlschrank, denn dort wird die Schale schwarz, das Fruchtfleisch verliert an Aroma und verdirbt rasch.

Der Feigenbaum gehört zu den Maulbeerbaumgewächsen. In vielen alten Kulturen, besonders in Indien, gilt die **Feige** als mystische Frucht.

Das Innere der Feige weist rosa bis rötliches Fruchtfleisch auf – botanisch sind dies dicht gedrängte Blütenstände.

Feigen

Feigen (Ficus carica) gab es bei uns früher nur getrocknet, heute werden sie dagegen das ganze Jahr über frisch angeboten. Von Dezember bis Mai kommen die tropfen- bzw. birnenförmigen Früchte aus Brasilien und Kalifornien, im Juni und Juli aus Spanien und von August bis Oktober aus Italien, Griechenland, Frankreich und der Türkei. Je nach Sorte sind sie außen grüngelb bis violett; unter der Schale verbirgt sich ein rosa bis rötliches Fruchtfleisch mit kleinen, genießbaren Kernen, das aromatisch süß schmeckt. Frische Feigen fühlen sich weich und gleichzeitig prall an und haben einen fest sitzenden Stiel. Mit zunehmender Reife bildet sich auf der Schale ein weißer Film. Unreife Feigen erkennt man daran, dass sie einen weißen Milchsaft abgeben. Feigen sind extrem druckempfindlich, deshalb nur am Stiel anfassen. Im Kühlschrank halten sie sich höchstens zwei Tage. Sie können frisch und mit Schale gegessen werden, vorher eventuell nur kurz waschen oder abreiben. Wer die Schale nicht mag, halbiert die Früchte und löffelt das Fruchtfleisch aus. Etwas Zitronen- oder Limettensaft darüber geträufelt, hebt das Aroma. Feigen passen zu Käse und Bratenaufschnitt, als Kompott zu Vanilleeis und Sahne, und getrocknet gehören sie ins Feigenbrot.

Gefüllte Feigen

Zutaten für 2 Personen

4 frische Feigen
75 g Ziegenfrischkäse
30 g gehackte Erdnusskerne
schwarzer Pfeffer aus der Mühle
Evtl. frische Feigenblätter zum Servieren

Schneiden Sie das obere Drittel der Feigen wie einen Deckel ab, höhlen Sie die Frucht aus und hacken Sie das Fruchtfleisch. Mischen Sie Fruchtfleisch, Frischkäse und Erdnusskerne und würzen Sie alles mit Pfeffer. Füllen Sie die ausgehöhlten Feigen mit der Masse, stellen Sie sie mindestens 1 Stunde kalt und servieren Sie sie mit Feigenblättern garniert.

Kiwis der Sorte **Hayward** sind besonders süß.

Hort-Kiwis kennzeichnet ein Melonen-Zitrus-Geschmack.

Aufgeschnittene Kiwi aus Neuseeland, dem Ursprungsland des Kiwi-Anbaus.

Kiwi – Neuseeland

Die Verbreitung der Kiwi in Neuseeland erfolgte eher zufällig als gezielt. Alexander Allison, ein Neuseeländer, bekam 1906 Kiwisamen geschenkt, aus dem er versuchsweise Ranken zog. Erste unbeachtete Züchtungsversuche folgten, doch erst 1937 investierte ein neuseeländischer Hobbygärtner in den professionellen Anbau dieser weinrebenähnlichen Kletterpflanze. In der „Bucht des Überflusses" fand er ideale Bedingungen für den Plantagenanbau. 16 Jahre nach diesen ersten Versuchen wurden Kiwis erstmals nach Amerika exportiert. Auf Anregung eines Händlers in San Francisco hieß die Exotin fortan Kiwi, in Anlehnung an den Namen des neuseeländischen Nationalvogels.
Seit den 70er Jahren des 20. Jahrhunderts ist die Kiwi in Europa bekannt. Animiert von dem sensationellen Erfolg der Frucht bei den Verbrauchern, begannen auch europäische Länder mit dem Anbau. Inzwischen ist die Kiwi ganzjährig zu haben: Von Mai bis November kommt sie nach wie vor aus Neuseeland, die übrige Zeit aus Italien, das sich zu einem starken Konkurrenten entwickelt hat, aber auch aus Chile, Frankreich, Griechenland und Spanien.

Kiwi

Die *Kiwi (Actinida chinensis)* hieß ursprünglich Chinesische Stachelbeere, und als solche gelangte sie um 1906 aus der Heimat China nach Neuseeland. Inzwischen gibt es vier nennenswerte Sorten der zart behaarten, eiförmigen Frucht: die kleine *Monty* mit leicht bitterem, sauren Aroma; die etwas süßere *Bruno*; die noch süßere *Abbot*, die erkennbar nach Stachelbeere schmeckt; sowie die *Hayward*, die süßeste und dickste aller Kiwis. Unter ihrer Schale verbirgt sich ein saftiges, grünes und Vitamin-C-reiches Fruchtfleisch mit zahlreichen strahlenkranzartig angeordneten dunklen Samen. Reife Kiwis geben auf Fingerdruck nach. Für den täglichen Genuss am besten mittelharte Kiwis kaufen, denn sie reifen bei Zimmertemperatur noch nach. In der Obstschale oder in einer Papiertüte zusammen mit Äpfeln oder Bananen geht das besonders schnell. Da Kiwis gut lagerfähig sind, halten sich reife Früchte im Kühlschrank etwa eine Woche. Kiwis enthalten das eiweißspaltende Enzym Actinidin, deshalb sollten sie in Kombination mit Gelatine oder Milchprodukten nicht roh verarbeitet werden: Gelatinehaltiges wird nicht fest, Milchprodukte reagieren bitter. Solo und gelöffelt schmecken Kiwis ausgesprochen erfrischend. Doch man schätzt sie auch im Obstsalat oder zu Eis, als Konfitüre oder Belag für Kuchen und Torten. Sie sind Eyecatcher für alle kalten Häppchen und wirken in Drinks und Crémes als Vitaminspritze.

Exotische Früchte

Die **Maracuja** *(Passiflora edulis)*, eine der vielen Passionsfrüchte, ist wegen ihres hohen Saftgehalts und ihres prägnanten Aromas bekannt. Geschätzt wird hierzulande vor allem ihr Saft.

Die pflaumengroße **Litchi** *(L chi chinensis)* wird wie ein E gepellt und roh wie eine Kirs gegessen. Im Obstsalat harm niert sie bestens mit Mango, Melone und Kirsche. In ihrer Heimat China verschenkt ma Litchis als Glücksbringer am Neujahrstag.

Die **Durian** oder auch **Stinkfrucht** *(Durio zibethinus)* ist 15–30 cm lang. Geschmacklich ist sie angenehm aromatisch, ihr Fruchtfleisch leicht cremig – doch sie riecht unangenehm.

Rambutan *(Nephelium lappaceum)* werden aufgrund ihres Aussehens auch falsche, haarige Litchi genannt. Ihr weißes Fruchtfleisch schmeckt süß-säuerlich.

Die **Kaktusfeige** *(Opuntia ficus-indica)* erinnert geschmacklich an eine Birne, ist saftig erfrischend und sollte wegen der Stacheln nur mit der Serviette oder mit Handschuhen angefasst werden.

Die **Ananas** *(Ananas comosus)* gilt als Königin der exotischen Früchte. Ihre Reife erkennt man am aromatischen, süßen Duft und braunen Schuppenspitzen. Rund 90 Prozent der in Deutschland angebotenen Früchte kommen von der Elfenbeinküste.

Die **Mango** *(Mangifera indica)*, zweitwichtigste Tropenfrucht, wird bis zu zwei Kilogramm schwer. Ihr faseriges Fruchtfleich, das im Geschmack an Pfirsiche erinnert, eignet sich hervorragend für Konfitüren und Chutneys, passt aber auch vortrefflich zu grünen Salaten, etwa Rucola.

Der **Granatapfel** *(Punica granatum)*, botanisch gesehen eine Beere, galt im Altertum als Sinnbild der Liebe und Fruchtbarkeit. Gegessen wird nicht nur das Fruchtfleisch, sondern auch die süß-säuerlichen Kerne, die besonders in der gehobenen Küche beliebt sind.

Die **Kaki** *(Diospyros kaki)*, aus Ostasien stammend, besitzt eine dünne, glänzende, orangefarbene bis rote Schale und ein glasiges, geleeartiges Inneres. Ähnlich wie Karotten enthalten Kakis sehr viel Provitamin A.

Die süße **Papaya** *(Carica papaya)* wird in den englischsprachigen Ländern gerne zum Frühstück gegessen. Reife Früchte (orangegelb) sind sehr druckempfindlich und nur kurze Zeit haltbar.

Die äußerst Vitamin-C-reiche **Guave** *(Psidium guajaba)*, eine apfel- bzw. birnenförmige Frucht, hat ihren Ursprung in Mexiko und Peru. Ihr weißes, grüngelbes bzw. rosa Fruchtfleich schmeckt süß-säuerlich.

Die **Karambole** *(Averrhoa carambola)*, wegen ihrer Form – fünf scharfkantige Längsrippen – auch Sternfrucht genannt, kommt als Deko auf Torten oder Desserts gut an. Sie kann aber auch frisch verzehrt werden.

Mit seiner angenehmen Säure erinnert das Fruchtfleisch der **Physalis** *(Physalis peruviana)* geschmacklich an das von Ananas und Papaya. Die orangefarbenen, beerenförmigen Früchte haben eine dünne, glatte Schale.

Allen **Passionsfrüchten** *(Passiflora spp.)* wie Curuba, Granadilla, Maracuja gemeinsam ist ein saftiges gallertartiges Fruchtfleisch, das zahlreiche Samen umhüllt. Zum Essen die Früchte halbieren und auslöffeln.

Exotischer Obstsalat

Zutaten für 4 Portionen

70 g weiße und 70 g blaue Trauben, gewaschen, halbiert und entkernt
2 Orangen, filetiert
1 Rosa Grapefruit, filetiert
100 g kleine Erdbeeren, gewaschen und halbiert
1 roter und 1 grüner Apfel, gewaschen, geviertelt, entkernt und in Scheiben geschnitten
3 EL Limettensaft
1 EL klein gezupfte Korianderblättchen
1 EL klein gezupfte Pfefferminzblättchen
1 EL rote Chili, entkernt und in feine Streifen geschnitten
1 EL Knoblauch, geschält, in Scheiben geschnitten und in Öl angeröstet
1 EL Erdnüsse, geröstet und gesalzen
1 EL Schalottenjulienne, in Öl knusprig gebraten
1 EL Rohrzucker
1 TL frischer Ingwer, geschält, fein gerieben

Bereiten Sie alle Früchte fertig vor. Schichten Sie alle Früchte Lage für Lage in einer Schüssel übereinander, geben Sie den Limettensaft und die anderen Zutaten dazu und rühren Sie erst kurz vor dem Servieren alles durch.

Tropische Früchte auf dem heimischen Markt

Exotische Früchte kommen aus den Tropen und Subtropen in unsere Geschäfte. Dank weltweiter Handelsbeziehungen und moderner Transportmöglichkeiten sind sie mittlerweile bei uns nichts Ungewöhnliches mehr. Mit Hilfe von Kühlcontainern ist es möglich, auch leicht verderbliche Ware ohne Qualitätsverlust auf dem langen Seeweg zu transportieren. Meist werden die Früchte gepflückt, bevor sie ganz ausgereift sind. Während des Transports können sie noch nachreifen. Vollreif geerntete Früchte werden mit dem Flugzeug zu uns gebracht. Sie schmecken natürlich sehr viel aromatischer, sind aber auch entsprechend teuer. Vor allem im Winter, wenn bei uns das Angebot an einheimischem Obst rar wird, bringen Exoten Farbe und Vielfalt auf die Märkte. Einige von ihnen haben sich mittlerweile ihren festen Platz im heimischen Angebot erobert, beispielsweise Ananas, Kiwi, Mango und Avocado sowie getrocknete Feigen und Datteln.

Melonen

Melonen sind erfrischende und saftreiche Kürbisgewächse, von denen es rund 750 Arten gibt. Grob gegliedert werden sie in Wasser- und Zuckermelonen. *Wassermelonen (Citrullus lanatus)*, große, runde bis ovale Früchte mit fester, dunkelgrüner oder auch hell gestreifter Schale, stammen ursprünglich aus Zentralafrika. Bis zum 13. Jahrhundert waren sie in Europa unbekannt, heute werden sie im gesamten Mittelmeerraum kultiviert. Das rosa bis rote Fruchtfleisch ist mit flachen, schwarzen, essbaren Kernen durchsetzt. Die besonders süße Sorte *Sugar Baby* erkennt man an der grünen Schale und dem roten Fruchtfleisch. Bei *Tiger-Melonen* ist die Schale dagegen gelb oder grün gestreift. Neuerdings gibt es neben kernarmen bis kernlosen Sorten auch eine Melone mit leuchtend gelbem Fruchtfleisch *(Goldene Wassermelone)*, das wesentlich zarter schmeckt als das rote. Auf Grund ihres sehr hohen Wassergehalts (bis zu 95 %) wird die Wassermelone im Sommer als kalorienarmer und erfrischender Durstlöscher geschätzt. Sie schmeckt aber auch hervorragend als Sorbet, Kaltschale und im Obstsalat.

Zuckermelonen (Cucumis melo) gehören zu den Kürbisgewächsen. Typisches Kennzeichen ist eine Höhlung in der Mitte der Frucht, in der die ungenießbaren Kerne sitzen. Am bekanntesten ist die gelbe *Honigmelone*, am feinsten die *Charentais-Melone*. In Abhängigkeit von Form und Farbe werden innerhalb der Zuckermelonen drei Gruppen unterschieden: Honigmelonen oder *Wintermelonen, Netzmelonen* oder *Sommermelonen* und *gerippte Melonen* (z. B. die *Charentais*). Je nach Sorte haben Zuckermelonen einen süß-aromatischen bis leicht würzigen Geschmack. Beim Einkauf sollten Sie auf einen intensiven aromatischen Duft, ein weiches Stielende und eine makellose Schale achten. Zuckermelonen schmecken frisch, als Vorspeise kombiniert mit luftgetrocknetem Schinken und in Salaten, aber auch als Kaltschale und in Mixgetränken.

Parmaschinken mit Feigen und Melone

150 g Parmaschinken, in hauchdünne Scheiben geschnitten
4 frische Feigen, ohne Stilansatz und geviertelt
1 kleine Zuckermelone (am besten Galia oder Cantaloupe)

Richten Sie Parmaschinken und Feigenviertel dekorativ an. Vierteln und entkernen Sie die Melone und schneiden Sie sie in schmale Spalten. Legen Sie die Melone zu dem Schinken und den Feigen und kühlen Sie alles für ca. 30 Min. vor dem Servieren.

Qualität von Melonen bestimmen

Nur wenn Melonen vollausgereift sind, schmecken sie richtig aromatisch. Zwar reifen die Früchte nach der Ernte noch etwas nach, aber ihr volles Aroma können sie dann nicht mehr entfalten. Also möglichst reife Früchte kaufen. Um eine reife Melone zu erkennen, sollte man sich die Früchte genau ansehen, beschnuppern und gut hinhören: Melonen müssen fest sein und intensiv duften, wenn man am Blütenende riecht. Auf Druck sollten sie an dieser Stelle leicht nachgeben und auf vorsichtiges Klopfen hin hohl klingen. Eine blasse Stelle auf der Schale ist bei Wassermelonen ein sicheres Zeichen dafür, dass die Frucht reif gepflückt wurde. Melonenstücke mit farblosem Fleisch und weißen Kernen am besten liegen lassen.

Honigmelonen *(Cucumis melo L.)* gehören zu den Zuckermelonen. Das helle, weißlich-grüne Fruchtfleisch ist süß und sehr aromatisch.

Die relativ kleinen **Cantaloupe-Melonen** stammen ursprünglich aus dem italienischen Ort Cantalupo nahe Ascona, werden heute aber im gesamten Mittelmeerraum angebaut.

Galiamelonen *(Cucumis melo C.)* sind Zuckermelonen. Unter der grünen Schale mit einem rauhen, gelben Netz verbirgt sich ein sehr aromatisches Fruchtfleisch.

Die zu den Zuckermelonen zählende **Casabamelone** *(Cucumis melo L.)* kennzeichnet eine gelbe Schale mit grünen Flecken oder Streifen. Ihr Fleisch ähnelt dem der Honigmelone.

Pepino Melone *(Cucumis melo L.)* zählen ebenfalls zu den Zuckermelonen. Wichtigstes Erkennungsmerkmal sind ihre violetten Streifen auf der Schale.

Die Ananasmelone *(Citrullus lanatus)*, eine Wassermelonenart, hat gelbes Fruchtfleisch mit kleinen schwarzen Kernen.

Wassermelonen *(Citrullus lanatus)* gehören wie alle Melonen zu den rankenden Kürbisgewächsen. Ihr rotes Fruchtfleisch ist ausgesprochen saftig.

Zitronen & Limetten

Zitronen (Citrus limon) werden seit dem Mittelalter in Südeuropa kultiviert. Heute kommen die beliebten Früchte des immergrünen Zitronenbaums vorwiegend aus Spanien und Sizilien in unsere Läden. Beim Einkauf Früchte mit fester, möglichst dunkelgelber Schale aussuchen, denn je heller sie sind, desto weniger Saft und Säure enthalten sie. Glattschalige Zitronen sind gute Saftlieferanten, großporige Sorten lassen sich gut reiben. Zitronen mit Flecken, Druckstellen oder gar runzeliger Schale sollte man liegen lassen. Da Zitronen nicht mehr nachreifen, können sie bei Zimmertemperatur gelagert oder im Kühlschrank mindestens eine Woche aufbewahrt werden. Die Zitrone ist ein beeindruckendes Allroundtalent mit unzähligen Verwendungsmöglichkeiten. Das gilt sowohl für ihren Saft als auch für die Schale. Ätherische Öle in der Schale haben ein besonderes Aroma, das vielen Gerichten das gewisse Etwas verleiht. *Zedratzitronen* sind eine etwa kopfgroße Zitronenart, die in Italien, Griechenland und auf Korsika angebaut wird. Aus ihrer Schale wird Zitronat hergestellt. Dafür wird die Schale in Salzwasser eingelegt und mit Zucker eingekocht.

Die kleine, feine Schwester der Zitrone, die *Limette* oder *Limone (Citrus aurantifolia)*, ist sehr kälteempfindlich und wächst nur im tropischen Klima (Südostasien, Sri Lanka, Karibik, Florida, Mexiko, Südafrika). Limetten sind zwar kleiner, aber wesentlich saftiger als Zitronen, sie haben entweder keine oder wenig Kerne, überzeugen durch ein sehr aromatisches Fruchtfleisch und haben eine recht dünne, tiefgrüne, leicht glänzende Schale. Qualitativ hochwertige Früchte sind makellos, prall und fest mit unverletzter Schale ohne Druckstellen. Gelbe Limetten möglichst meiden, da sie bereits etwas von ihrem Aroma eingebüßt haben; ein sicherer Hinweis für vertrocknete Früchte sind braune Flecken auf der Schale. Man verwendet Limetten in der Küche ähnlich wie Zitronen. Die Schale eignet sich zum Würzen und Aromatisieren, während Limonensaft hervorragend zu Fisch passt.

Und wer kennt und liebt sie nicht – die wunderbaren Erfrischungsdrinks Daiquiri und Margharita, in denen die Exotin dominiert. Limonenblüten werden als Tee zubereitet oder für Eiscreme und Süßspeisen verwendet.

Zitronen werden meist grün geerntet und reifen dann einige Monate in Lagerhäusern nach. Ihr Säuregehalt variiert von Sorte zu Sorte.

Die in Spanien angebaute **Interdonatos** gehört zu den eher säurearmen und großen Zitronensorten.

Die kleine **Eureka** zählt zu den Sorten, die man auch bei uns anpflanzen kann. Dann allerdings weniger um der Ernte willen, denn alle Citrusfrüchte brauchen viel Sonne.

Nicht nur in vielen Cocktails, auch in zahlreichen Saucen und Desserts bringen der nachhaltig saure Saft der **Limetten** *(Citrus aurantifolia, Rutaceae)* und ein ebenso intensiv saures Fruchtfleisch eine unverwechselbare frische Note.

Vom Ursprung

Urmutter sämtlicher Zitrusfrüchte ist der Überlieferung nach die dickschalige große Zedratzitrone, aus der heute Zitronat hergestellt wird. Sie wird bevorzugt in Italien, Griechenland und auf Korsika angebaut. Doch der Belesene kennt die Zitronen bereits aus den Gärten in Pompeji. In römischen Gräbern fand sich die *Citrus medica*, ebenfalls eine Zitronatszitrone, in Ägypten und beim jüdischen Laubhüttenfest spielt eine weitere Zitronats-Zitronenart, die *Etrog*, eine wichtige Rolle. In Deutschland wurden Zitronen erstmals in den Gärten der Fugger in Augsburg angebaut. Zur gleichen Zeit tauchen sie bei Nürnberger Gewürzhändlern auf. Um 1714 beschreibt und zeichnet der Kaufmann und Botaniker Johannes Volckamer in seinem Buch über die Nürnbergischen Hesperiden die Zitrusfruchtarten, die zu seiner Zeit in Nürnbergs Gärten zu sehen waren. Prunkstück seines eigenen Gartens war ein Pomeranzenhaus aus dem Jahre 1701. Volckamer selbst machte sich einen Namen, indem er die seltenen Früchte und Pflanzen malte und in Kupfer stechen ließ.

Mit einem so genannten **Zesteur** lässt sich für entsprechend aromatisierte Gerichte die Schale von allen Zitrusfrichten hauchdünn abschälen. Auch zu dekorativen Zwecken können Früchte hiermit verziert werden.

„Kennst du das Land,
wo die Zitronen blühn,
im dunklen Laub die
Goldorangen glühn
Ein sanfter Wind vom
blauen Himmel weht,
Die Myrte still und hoch
der Lorbeer steht?"

J. W. v. Goethe

Wildente auf Limettensauce

2 Wildenten
Salz und Pfeffer aus der Mühle
2 EL Öl
2 Limetten
125 ml trockener Weißwein
1/2 EL Weizenmehl
125 ml Sahne
2 EL bunter Pfeffer

Schneiden Sie jede Wildente in vier Teile, hacken Sie die Knochen und verteilen Sie diese auf einem Backblech. Pfeffern Sie Brust und Keule, legen Sie alles mit der Haut nach oben auf die Knochen und bestreichen Sie das Fleisch mit Öl. Heizen Sie den Backofen auf 170 °C vor. Kochen Sie die in Streifen geschnittene Limettenschale mit etwas Weißwein auf. Backen sie die Enten auf den Knochen ca. 40 Min. und stellen Sie anschließend das Fleisch warm. Die Knochen bestäuben Sie mit Mehl, übergießen sie auf dem Blech mit Wasser und etwas Wein, füllen sie in eine Kasserolle und geben die Sahne hinzu. Sieben sie die Sauce und dekorieren Sie sie mit den Limettenstreifen und dem Pfeffer und servieren Sie sie zum Fleisch.

Avocadosorbet

Zutaten für 2 Gläser
1 vollreife Avocado, Fruchtfleisch im Mixer gehackt
2 Limetten
2 EL Akazienhonig (ca. 40 g)
125 g gerührter, gut gekühlter Magermilchjoghurt

Waschen Sie die Limetten und geben Sie die abgeriebene Schale einer der Früchte zum Avocadofruchtfleisch. Halbieren Sie die Limetten (lassen Sie 2 Scheiben für die Garnitur übrig), pressen Sie sie aus und geben Sie den Saft ebenfalls zu der Avocadomasse. Pürieren Sie alles und geben Sie den Honig dazu. Geben Sie das Mus in eine Edelstahlschüssel und gefrieren Sie es für 2 Stunden, rühren Sie es dabei jede halbe Stunde gut durch. Rühren Sie dann den Joghurt unter und füllen Sie die Masse in 2 vorgekühlte Gläser. Dessert mit Strohhalmen und Limettenscheiben dekoriert servieren.

Zitronensaft und -schale

Für alle Zitrusfrüchte gelten die von der Europäischen Union definierten Qualitätsnormen. Demnach dürfen Zitrusfrüchte äußerlich gegen Schimmelbefall mit Konservierungsmitteln bearbeitet werden. Damit die Früchte nicht austrocknen, kann man sie zusätzlich mit Wachs behandeln, um so die Poren der Früchte zu schließen und zu verhindern, dass Pilzkeime in die Frucht eindringen. Gleichzeitig bietet die Wachsschicht den Früchten einen gewissen Verdunstungsschutz, wodurch der Saftanteil länger erhalten bleibt. Zwar müssen konservierte Zitronen auch als behandelt gekennzeichnet werden, doch oft genug wird dies unterlassen. Daher sollten Sie Zitronen, bevor Sie die Schale abreiben, immer mit heißem Wasser abspülen.

Orangen, Grapefruits & Mandarinen

Orangen (Citrus sinensis) oder *Apfelsinen* (gebildet nach dem französischen „pomme de Sina", Apfel aus China) gehören wie die Zitronen zur Familie der Rautengewächse. Man unterscheidet *Süßorangen* wie die Sorten Navel-, Blond- (z. B. Jaffa), Blut- und Spätorangen (z. B. Valencia) und *Bitterorangen* (Pomeranzen). Pur schmecken die Vitamin-C-reichen Früchte am besten, doch sie lassen sich vielseitig verwenden für Desserts, Kuchen und Torten, Salate und Rohkost und harmonieren perfekt mit Ingwer, Kardamom und Zimt. Möglichst nur feste Früchte mit einwandfreier Schale auswählen und diese bei Zimmertemperatur oder im Kühlschrank höchstens zwei Wochen aufbewahren. Saft und abgeriebene Schale können auf Vorrat eingefroren werden. Orangenschalen enthalten ätherische Öle, die sowohl in der Küche als auch für die Herstellung von Parfums verwendet werden.

Mandarinen (Citrus reticulata) sind kleine apfelsinenähnliche Zitrusfrüchte. Sie unterscheiden sich nicht nur in der Größe von den Orangen, sondern besitzen auch eine dünnere, leichter abziehbare Schale und weniger Säure. Bekannt sind auch einige Untergruppen, beispielsweise die *Satsuma* aus der gleichnamigen japanischen Provinz, die sich durch Mutation entwickelt hat, sowie die *Tangerine*, entstanden aus Mandarine und Bitterorange. Zu den Tangerinen zählt die bei uns sehr beliebte süße *Klementine*, die es erst seit Beginn des 20. Jahrhunderts gibt. Weitere Mandarinensorten sind die kernreichen, sehr saftigen *Tangors* (Kreuzungsprodukt zwischen Mandarine und Orange) und die oft birnenförmigen *Tangelos* (Kreuzung zwischen Mandarine und Grapefruit).

Die saftige *Grapefruit (Citrus paradisi)* ist eine Kreuzung aus Apfelsine und Pampelmuse. Im Vergleich zur Pampelmuse sind Grapefruits kleiner, süßer und besitzen eine dünnere Schale. Der Name Grapefruit geht zurück auf das englische „grape" (Traube), denn Grapefruits hängen wie Trauben dicht nebeneinander am Baum. Die runden Zitrusfrüchte, die auch *Paradiesäpfel* genannt werden, haben ein glatte Schale; das Fruchtfleisch schmeckt zwar etwas herb, manchmal gar bitter, aber auf jeden Fall sehr erfrischend. Übrigens: Je dunkler das Fruchtfleisch, desto milder und süßer sind die Früchte. Für den leicht bitteren Geschmack ist der Bitterstoff Naringin verantwortlich, dessen Anteil je nach Reifegrad und Sorte unterschiedlich hoch ist.

Orange

Green Orange

Blutorange

Grapefruit

Rote Grapefruit

Pink Grapefruit

Klementine

Die kleinen **Kumquats** werden nicht größer als 3 bis 5 cm.

Kumquats

Kumquats (Fortunella sp.) sind orangegelbe, pflaumengroße Zitrusfrüchte mit essbarer, würziger Schale und einem süßsäuerlichen, äußert Vitamin-C-reichen Fruchtfleisch. Diese Miniausgaben der Orange, auch Zwergorangen genannt, kommen aus Brasilien, Israel, Spanien, Argentinien und Südafrika. Erhältlich sind sie in jedem Laden, der regelmäßig exotische Früchte im Sortiment führt. Aus Kumquat und Limette entstand eine weitere Zitrusfrucht, die grünschalige Limequat. Sie wird aus Israel, USA, Italien und Südafrika importiert. Im Gegensatz zu Kumquats, die ähnlich wie Orangen schmecken, erinnern Limequats vom Geschmack her eher an Zitronen. Wer die beiden Früchte für den Frischverzehr kauft, sollte auf feste, glänzende und unbeschädigte Früchte achten. Wegen ihrer dünnen Schale sind sie leicht verderblich, doch im Kühlschrank halten sie sich etwa eine Woche. Besonders gut schmecken sie in Sirup pochiert oder in Alkohol eingelegt. Roh harmonieren sie mit Eis, rotem Fleisch und Käse. Und in Schokolade getaucht sind sie eine außergewöhnliche Delikatesse.

Mango-Orangen-Mousse

Zutaten für 6 Personen
Für das Mousse:

200 g Mangofruchtfleisch
100 ml Orangensaft
6 Blatt helle Gelatine
3 mittelgroße Eier
100 g Zucker
100 ml Sahne
6 Orangenscheiben
12 Blättchen Zitronenmelisse

Für das Krokant:

50 g grob gehackte Mandeln
2 EL brauner Zucker

Schneiden Sie das Mangofruchtfleisch klein und geben Sie es mit dem Orangensaft in eine Schüssel. Das Ganze mit einem Pürierstab fein pürieren. Die Gelatineblätter in Wasser einweichen und etwa 10 Min. quellen lassen. Trennen Sie die Eier sorgfältig und geben Sie Eigelbe und Eiweiße in getrennte Schüsseln. Eiweiße kühl stellen. Schlagen Sie die Eigelbe mit den Rührbesen des Handmixers auf und geben Sie unter Rühren etwa 2/3 des Zuckers dazu, sodass eine hellgelbe Creme entsteht. Mischen Sie das Mangomus unter. Die Gelatine ausdrücken und im heißem Wasserbad auflösen. Mischen Sie etwas von der Eigelb-Mango-Masse direkt unter die Gelatine und rühren Sie den Rest zügig unter. Stellen Sie die Creme für 30 Min. in den Kühlschrank. Sobald die Creme anfängt einzudicken, schlagen Sie die Eiweiße steif und ziehen sie mit einem Schneebesen gleichmäßig unter. Die Creme kann nun wieder in den Kühlschrank. Schlagen Sie in der Zwischenzeit die Sahne steif und ziehen Sie sie ebenfalls unter die Creme. Verteilen Sie das Mousse auf Dessertschalen und lassen Sie es im Kühlschrank in etwa 1 1/2 Stunden fest werden. Gehackte Mandeln mit Zucker in eine beschichtete Pfanne geben, erhitzen und unter Rühren rösten, bis der Zucker geschmolzen ist und die Mandelstückchen mit Karamell überzieht. Den abgekühlten Krokant zusammen mit jeweils 1 Orangenscheibe und 2 Melisseblättchen auf das Mangomousse geben und servieren.

Orangenkuchen

6 Eier
150 g Zucker
3 Orangen
Salz
300 g Mandeln
75 g Zucker
Weinbrand

Heizen Sie den Backofen auf 175 °C vor. Bringen Sie Wasser in einem Topf zum Kochen und brühen Sie die Mandeln darin ab. Abkühlen lassen, schälen und fein mahlen. Bestäuben Sie eine kleine, bereits gefettete Springform mit Mehl. Reiben Sie die Orangenschale ab, schlagen Sie Eigelb und Zucker schaumig und vermischen Sie die Masse mit der Orangenschale, den Mandeln und einer Prise Salz. Schlagen Sie das Eiweiß steif und heben Sie es unter. Füllen Sie den Teig in die Springform und lassen Sie den Kuchen 45 Min. backen. In der Zwischenzeit den Saft von 2 Orangen auspressen. Die dritte Orange schälen, die weiße Haut abziehen und die Orange in feine Scheiben schneiden. Erhitzen Sie den Orangensaft mit 75 g Zucker in einer Pfanne und lassen Sie das ganze bei schwacher Hitze vor sich hin köcheln. Geben Sie einen Schuss Weinbrand hinzu. Den Kuchen nach Ablauf der Backzeit aus dem Ofen holen, abkühlen lassen und aus der Form nehmen. Legen Sie die Orangenscheiben auf den Teig, gießen Sie den Orangensaft darüber und stellen Sie den Kuchen vor dem Servieren für 30 Min. kühl.

NÜSSE UND SAMEN

Einleitung

Kerniges Müsli, knusprige Brötchen und köstliche Kuchen sind nicht die einzigen Produkte, die von dem ausgeprägten Aroma von Nüssen und Samen profitieren. Die fetthaltigen, aber äußerst gesunden Nahrungsmittel verfeinern auch Desserts, süße Füllungen und pikante Saucen, passen hervorragend zu Obstgerichten, Käse, Salat und Wild oder dienen als schmackhaftes „Knabberfutter für zwischendurch". So vielseitig wie die Verwendungsmöglichkeiten sind auch die Verarbeitungsstufen, in denen Nüsse und Samen angeboten werden: Man erhält sie gemahlen, gehackt, als ganze Kerne, Blättchen, Stifte oder Splitter, geröstet, gesalzen, kandiert, mit Schokolade überzogen, im Honigmantel oder pur.

Nüsse und Samen gehören zu den ältesten Nahrungsmitteln der Menschheit. Schon unsere frühesten Vorfahren, die Jäger und Sammler, ernährten sich von Nüssen und Samen und ergänzten damit ihre Wintervorräte. In der Antike wurden zumindest Mandeln, Walnüsse, Pistazien und Sesam bereits kultiviert und hatten als Handelsware eine große Bedeutung. Damals schätzte man sie nicht nur als wichtiges Nahrungsmittel, sondern schrieb ihnen oft auch eine heilende Wirkung zu.

Unter botanischen Gesichtspunkten sind übrigens nur die wenigsten Nusssorten wirklich Nüsse. Ob *Erdnuss* oder *Cashew*, *Paranuss* oder *Pistazie* – bei den meisten Arten handelt es sich genau genommen um Samen- oder Fruchtteile. „Echte" Nüsse sind dagegen zum Beispiel *Haselnüsse* und *Esskastanien*. Allen gemein ist jedoch ihr nicht zu unterschätzender Wert für unsere Gesundheit. Sowohl Nüsse als auch Samen wie Mohn, Sesam oder Kürbiskerne enthalten viel Eiweiß, cholesterinfreie Fette, Vitamine sowie Mineral- und Ballaststoffe.

Es empfiehlt sich, Nüsse immer in der Schale zu kaufen. Zum einen halten sie länger, zum anderen schmecken sie frisch aus der Schale gelöst am besten. Daher sollte man sie auch zum Kuchenbacken stets direkt vor der Zubereitung mahlen. Außerdem ist beim Einkauf darauf zu achten, dass die Schalen der Nüsse keinen Schimmel und keine Risse aufweisen; verkratzte, gerissene Schalen deuten auf alte, womöglich ausgetrocknete Nüsse hin.

Da wir Nüsse und Samen aus aller Welt importieren, kann man eigentlich das ganze Jahr über frisch geerntete Produkte kaufen. Um die Weihnachtszeit ist allerdings die Auswahl am größten. Aufheben sollte man Nüsse und Samen gut verschlossen und kühl, da alle Arten außer Kastanien relativ viel Öl enthalten. Unter Einfluss von Luft, Licht, Wärme und Feuchtigkeit verlieren sie schnell ihr Aroma und werden ranzig. Am besten halten sie sich im Kühlschrank. Besonders bei gehackten und gemahlenen Nüssen sollte man immer auf das Mindesthaltbarkeitsdatum achten. Sie sind sehr leicht verderblich und sollten innerhalb kürzester Zeit aufgebraucht werden.

Nüsse in einer spanischen Boqueria (Markthalle).

PIPAS
CHUFAS
FRIT
HIGOS
PAJAREROS
699
pts

Walnüsse

Die Urheimat des *Walnussbaums* liegt vermutlich in Persien, von dort brachten Händler ihn auch ins südöstliche Europa. Heute gedeihen die verschiedenen Arten des Baumgewächses *(Juglans ssp.)* im gesamten Mittelmeerraum, in Mitteleuropa und in den USA (Kalifornien). Eigentlich ist die Walnuss gar keine richtige Nuss, sondern zählt wie Pflaume und Pfirsich zum Steinobst. Um den Kern, die so genannte Nuss, liegt das grüne, glatte Fruchtfleisch, das wir als Schale ansehen. Sobald die Frucht reif ist, platzt das Fruchtfleisch auf und gibt die hölzerne Schale des Kerns frei.

Walnüsse sind zwar sehr ölhaltig (62 % Fett), doch das Fett besteht zu über 80 % aus ungesättigten Fettsäuren, die eine positive Wirkung auf den Cholesterinspiegel haben können. Außerdem enthalten sie viel hochwertiges Eiweiß (15 %), relativ wenig Kohlenhydrate (nur 16 %) und reichlich Vitamine, insbesondere Carotin und Vitamin B 6, das gegen Müdigkeit, Nervosität und Konzentrationsschwäche hilft.

Die ersten reifen Nüsse, die von September bis Mitte November in den Handel kommen, nennt man Schälnüsse. Gemeint sind damit frische Walnüsse, von deren Kern man noch leicht die bittere Haut abziehen kann. Schälnüsse sind ein beliebter Snack zu Käse und neuem Wein, schmecken aber auch hervorragend zu Obstsalat. Walnüsse, die nicht unmittelbar nach der Ernte verzehrt werden, müssen, damit sie nicht schimmeln, getrocknet werden. Zur Advents- und Weihnachtszeit sind dann nur noch getrocknete Walnüsse auf dem Markt. Damit sie schöner aussehen, bleicht man sie heute nach der Ernte mit schwefeliger Säure.

Walnüsse sind sehr vielseitig zu verwenden. Man isst sie ganz oder gehackt in Müsli und Salaten, reicht sie zu Wild und Sandwiches. Sie eignen sich aber auch für Füllungen in Geflügel und für Panaden. Außerdem schmecken sie sehr lecker in Kuchen, Kleingebäck und Eiscreme.

In vielen Geschäften erhält man mittlerweile auch das Öl aus kaltgepressten Walnüssen, das zwar recht teuer ist, aber bereits in kleinen Mengen allen grünen Salaten ein besonderes Aroma verleiht. In Frankreich werden auch unreife Früchte mit grüner, weicher Schale eingelegt und als Beilage gereicht.

Pekannüsse

Mit der Walnuss verwandt ist die in den Südstaaten der USA heimische und dort hoch geschätzte *Pekannuss (Carya pecan)*. Die Frucht des mächtigen Hickorybaums – er kann bis zu 1000 Jahre alt werden – ist etwas länger und besitzt eine dünnere, glattere und dunklere Schale als Walnüsse, doch ihr Kern besteht wie diese aus zwei Hälften. Im Geschmack ist sie milder und zarter als ihre Verwandte. Bereits die Indianer schätzten sie als wertvolles Nahrungsmittel, das sich auch zur Vorratshaltung eignet. In den USA verwendet man Pekannüsse für köstliche Süßspeisen (Pecan pie) und Kekse (Sandies), füllt damit Hühner und Gänse und schätzt sie als Zutat für leckere Eiscreme. Beliebt sind sie aber auch einfach als Knabbersnack. Sie enthalten besonders viel Vitamin A und B1 sowie wertvolle Mineralien wie Eisen, Phosphor, Calcium und Magnesium.

Walnüsse – Früchte der Götter

Die Walnuss, auch Welsche Nuss oder Baumnuss genannt, hat eine lange Geschichte. Man nimmt an, dass ihr Ursprung in Persien liegt. Dort wurde sie bereits zu biblischen Zeiten hoch geschätzt; man sprach ihr magische Heilkräfte zu. Doch auch in Europa war der Walnussbaum schon relativ früh heimisch. Die Griechen wussten die vielseitigen, fetthaltigen Nüsse bereits zur Ölgewinnung zu nutzen, den Römern galt der majestätische Walnussbaum sogar als heilig. Er war ein Symbol für Fruchtbarkeit und Kindersegen. Kein Wunder: Ein Walnussbaum kann bis zu 150 Jahre alt werden, und noch in hohem Alter trägt er jährlich bis zu 100 kg Nüsse. Da Walnussbäume sehr langsam wachsen, liefern sie zudem ein wertvolles, hartes Holz. Im 18. Jahrhundert brachten Franziskanermönche den Walnussbaum nach Amerika, wo er sich vor allem im milden Klima Kaliforniens ausbreitete und ab 1867 wirtschaftlich genutzt wird.

Haselnuss-Auflauf

100 g Haselnüsse
125 ml Milch
30 g Butter
1 Prise Salz
50 g Zucker
60 g Mehl
4 Eier
Butter zum Einfetten

Den Backofen auf 200 °C vorheizen, rösten Sie die auf einem Backblech verteilten Haselnüsse 15 Min. und verteilen Sie sie dann auf einem Tuch. Um die Häute zu lösen, müssen Sie sie auf dem Tuch reiben. Nach dem Abkühlen drehen Sie sie durch die Mandelmühle. Mischen Sie Milch, Butter, Salz und Zucker und kochen Sie diese Mischung kurz auf. Geben Sie nun Mehl hinzu, bis eine glatte Masse entsteht, die sich vom Topfboden löst. Lassen Sie alles auskühlen und rühren Sie dann die verquirlten Eigelbe, die Haselnüsse und das steif geschlagene Eiweiß unter. Geben Sie den Teig in eine gefettete, feuerfeste Form und backen Sie ihn bei 180 °C bis er goldbraun ist.

Haselnüsse sind reif, wenn ihre blattartigen Hüllen aufreißen.

Haselnüsse

Durch archäologische Funde weiß man, dass Haselnüsse bereits die karge Kost der Steinzeitmenschen bereicherten. Damals bedeckten *Haselnusssträucher (Corylus avellana)* weite Teile Europas und Asiens. Auch heute noch wächst die Pflanze bei uns teilweise wild. Erwerbsmäßig angebaut wird der Strauch allerdings eher in südlicheren Breiten, hauptsächlich im Mittelmeerraum und an der Schwarzmeerküste. Die meisten geschälten Nüsse, die bei uns auf dem Markt sind, stammen aus der Türkei, die aromareicheren mit Schale vorrangig aus Frankreich (z. B. die bekannte Sorte „Fertile de Contard") und den USA (Oregon). Die rundlichen, ölhaltigen Nüsse wachsen in Gruppen von zwei bis drei Nüssen, wobei jede Frucht von einer blattartigen Hülle umgeben ist, die erst aufreißt, wenn die Nuss reif ist.

Haselnüsse sind geschält oder ungeschält, gemahlen, gehackt oder ganz auf dem Markt. Am liebsten werden sie immer noch für Kuchen und Plätzchen verwendet. Dafür nimmt man vorrangig die dünnschaligen Nüsse aus der Türkei. Mittlerweile kommt aber auch kaum ein Frühstücksmüsli mehr ohne Haselnüsse aus. Eine besonders delikate Süßigkeit stellen Haselnüsse in Verbindung mit Schokolade und Nougat dar. Haselnüsse schmecken aber auch in pikanten Wildgerichten und zu Fisch, am besten selbstverständlich frisch gemahlen. Um ihr Aroma zu intensivieren, sollte man die Nüsse vorher im Backofen rösten (10 Minuten bei 200 °C). Danach lässt sich auch die bittere braune Haut leicht abreiben. Geschält und gemahlen sind Haselnüsse bei Zimmertemperatur leicht verderblich, daher sollte man gemahlene Nüsse recht schnell aufbrauchen. Im Kühlschrank halten sich geschälte ganze Haselnüsse drei bis vier Monate.

Wegen ihres Fettgehalts (61 %) sind Haselnüsse recht kalorienreich, aber dafür – wie alle Nüsse – cholesterinfrei. Außerdem enthalten sie viel Vitamin E, das die Zellen vor Krebskrankheiten schützen kann.

Drei Haselnüsse für Aschenbrödel

Wer erinnert sich nicht an den wunderschönen tschechoslowakischen Märchenfilm „Drei Haselnüsse für Aschenbrödel"? Drei Haselnüsse waren es, die Aschenbrödel ihrem Prinzen näher brachten, indem sie für die jeweilige Gelegenheit das passende Kostüm hervorzauberten: zuerst den Jagdanzug, dann das Ballkleid und schließlich das Hochzeitskleid.

Bircher Müsli

Das klassische Müsli führt seinen Namen auf den Schweizer Arzt Maximilian Bircher-Benner zurück, der es um 1900 als Bestandteil einer von ihm entwickelten Diät zusammenstellte: Man gebe zu einem geriebenen Apfel 2 EL Honig und etwas Zitronensaft. Diese Mischung wird dann mit 3 EL Haferflocken, 3 EL Milch und gehackten Nüssen zu einem Brei verrührt. Heutzutage gibt es Bircher-Müsli auch fertig zu kaufen, am besten schmeckt es jedoch frisch zubereitet.

Haselnuss-Soufflé

1. Mehl, Butter, Milch, Zucker, Eier und Haselnüsse – mehr benötigt man nicht für die Zubereitung eines leckeren Haselnuss-Soufflés.

2. Aus Mehl und Butter eine Mehlschwitze zubereiten, heiße Milch und Zucker zugeben und zu einer dicklichen Masse einkochen.

3. Die gemahlenen Haselnüsse und die Eigelbe unterrühren. Das steif geschlagenen Eiweiss vorsichtig unterheben.

4. Mit Butter ausgepinselte Förmchen mit der Masse füllen und bei 180 °C 20 bis 30 Minuten backen.

In den mediterranen Ländern Europas kann man sich oft schon im Februar des blühenden Mandelbaums erfreuen.

Seine ersten Früchte trägt der Mandelbaum erst nach sechs bis acht Jahren.

Das spanische Mandel-Nougat Turrón wird vor allem zu Weihnachten genossen.

Mandeln

unbehandelte Mandel

blanchierte Mandel

Ursprünglich war der kleine *Mandelbaum* oder *-strauch* wohl in Mittel- und Kleinasien beheimatet. Von dort aus verbreitete sich das Steinobstgewächs *(Prunus amygdalus)*, das nur in mildem Klima gedeihen kann, im gesamten Mittelmeerraum. Die bei uns erhältlichen Mandeln kommen heute vorwiegend aus Kalifornien, das mittlerweile 60 Prozent der weltweiten Produktion erzeugt. Mandeln finden bereits im Alten Testament Erwähnung. In der Antike schätzte man die mild-süßlichen Samenkerne nicht nur als Nahrung, sondern auch als Heilmittel.

Es gibt süße und bittere Mandeln, wobei man bei den süßen, die in der Küche heute den Hauptanteil ausmachen, wiederum zwei Sorten unterscheidet: die *Steinmandel*, die eine ausgesprochen harte Schale besitzt, und die *Krach-* oder *Knackmandel* mit einer leicht aufzubrechenden Schale. Bittere Mandeln enthalten etwa 4 Prozent Amygdalin, durch dessen Abbau Blausäure entsteht. Ihr Genuss ist nicht ungefährlich, sodass die Bittermandel kaum noch im Handel ist; Bittermandel-Essenz wird lediglich zu Aromastoffen verarbeitet.

Ob als ganze Frucht, gemahlen, geröstet oder gehobelt – Mandeln sind eine beliebte Zutat zu vielen Süßspeisen, vom Kuchen bis zum Praliné. In gehackter Form bereichern sie das Frühstücksmüsli. Eine besondere Delikatesse sind gebrannte Mandeln. Vor allem in der Vollwertküche verfeinern süße Mandeln aber auch würzige Aufläufe, Gemüse, Fisch- und Fleischgerichte.

Eine wichtige Bedeutung haben süße Mandeln auch in der Süßwarenherstellung. So fertigt man aus geriebenen Mandeln, Zucker, Rosenwasser und Honig das köstliche Marzipan. Bittermandeln und das daraus entzogene Bittermandelöl werden in sehr kleinen Mengen zum Würzen von Backwaren – durch Kochen oder Backen verflüchtigt sich die giftige Blausäure – und zum Aromatisieren von Mandellikören (Amaretto) eingesetzt.

Mandeln besitzen eine sehr harte Schale, die maschinell, in so genannten Crackern, geknackt wird. Um die länglichen Fruchtkerne von ihrer braunen Haut zu befreien, legt man sie zwei bis drei Minuten in kochend heißes Wasser. Anschließend lässt sich die Haut leicht zwischen Daumen und Zeigefinger abstreifen. Trocken und kühl gelagert, bleiben gehäutete und zerkleinerte Mandeln vier bis sechs Wochen frisch. Ganze, ungehäutete Mandeln halten sich bei etwa 5 °C drei bis vier Monate.

Süßmandeln enthalten neben Öl, Eiweiß und Zucker wertvolle Vitamine, so Vitamin A, Vitamine der B-Gruppe und Vitamin E, außerdem die Mineralstoffe Calcium, Magnesium, Eisen und Phosphor. Man sagt ihnen eine beruhigende Wirkung auf das Nervensystem nach. Durch ihren hohen Anteil an ungesättigten Fettsäuren wirken sie sich positiv auf den Cholesterinspiegel aus. Zudem soll der Genuss von Mandeln die Sehkraft steigern und insbesondere Mandelmilch Magen-Darm-Entzündungen lindern.

Mandelcreme

50 g Mandeln, gemahlen
50 g Puderzucker
60 g weiche Butter
1 Ei
10 ml Rum

Kneten Sie die Butter und geben Sie dann eine Mischung aus den Mandeln und dem Puderzucker hinzu. Vermengen Sie das Ei gut mit der Masse. Gießen Sie dann den Rum dazu und stellen Sie alles kalt. Lassen Sie die Creme eine halbe Stunde vor dem Servieren wieder bei Zimmertemperatur aufwärmen.

Mandelpudding

200 g Mandeln, püriert
250 ml Milch
250 ml Sahne
4 Eier
3 EL Zucker
Butter zum Einfetten

Kochen Sie die Milch auf, geben Sie sie über die Mandeln und lassen Sie alles ca. 30 Min. ziehen. Sieben Sie die Mischung durch ein Tuch und fangen Sie die Milch dabei auf. Die Milch mit Sahne erneut aufkochen. Verrühren Sie die Eier mit dem Zucker und gießen Sie die kochende Milch-Sahne-Mischung unter ständigem Rühren langsam darüber. Füllen Sie die Masse in eine gefettete Puddingform. Lassen Sie sie im Wasserbad 45 Min. garen und servieren Sie den Pudding kalt.

Mandelkuchen

Zutaten für etwa 12 Stück
Zubereitungszeit etwa 1 1/4 Std.

8 Eigelb
8 Eiweiß
Mark einer Vanilleschote
1 TL Zimt
250 g Puderzucker
Abgeriebene Schale von einer unbehandelten Zitrone
250 g gemahlene Mandeln
Salz
2 EL Pflanzenöl
Puderzucker zum Bestreuen

Mischen Sie Eigelb, Zimt, Puderzucker und Vanillemark und fügen Sie dann die Zitronenschale und die Mandeln hinzu und verrühren Sie alles gründlich. Schlagen Sie das Eiweiß mit einer Prise Salz steif und rühren sie den Schnee ein. Füllen Sie den Teig in eine gefettete Springform und backen Sie den Kuchen im 180 °C vorgeheizten Backofen 50 Min. Abgekühlt und mit Puderzucker bestreut servieren.

Kokosnüsse

Die Frucht der *Kokospalme (Cocos nucifera)* besitzt eine sehr harte holzige Schale, die aufgeschlagen werden muss. Im Inneren der tropischen Nuss befindet sich eine wässrige Flüssigkeit. Das weiße Fruchtfleisch isst man entweder frisch oder verwendet es geraspelt zum Backen und für Süßspeisen.

Weitere Nüsse

Macadamia-Bäume gedeihen nur im feuchten, subtropischen Klima und so stammen die süßlichen, etwa zwei bis drei Zentimeter großen **Macadamia-Nüsse** ausschließlich von der südlichen Erdhalbkugel.

Pur oder gesalzen, geröstet oder mit Schokolade überzogen – Erdnüsse sind eine allseits beliebte Knabberei. Botanisch korrekt ist die **Erdnuss** *(Arachis hypogaea)* eine Hülsenfrucht: Die Schale ist die getrocknete Schote der Pflanze.

Paranüsse sind die dunkelbraunen Samenfrüchte des südamerikanischen Brasilnussbaums *(Bertholletia excelsa)*. Sie sind sehr fetthaltig und sollten daher möglichst frisch verzehrt werden, da sie schnell ranzig werden.

Die geschmacklich zwischen Haselnüssen und Macadamia-Nüssen liegenden indonesischen **Kemiri** werden auch „Kerzennüsse" genannt: Aufgrund ihres hohen Fettgehalts können sie brennen.

Cashew-Nüsse: Die weißen, geboger Nüsse – eigentlich Steinfrüchte des C. baums *(Anacardium occidental)* – wa in Indien, Südamerika und Afrika. M ihrem mandelartigen Aroma schmeck geröstet und leicht gesalzen besonde lecker.

Pistazien: Der hellgrüne Fruchtkern des Pistazienbaums *(Pistazia vera)*, der vorwiegend im östlichen Mittelmeerraum gedeiht, wird meist geröstet und gesalzen in der Schale angeboten.

Kokosnussmilch

Fälschlicherweise wird oft der wasserklare, erfrischende Saft der Kokosnuss als *Kokosnussmilch* bezeichnet. Doch eigentlich wird Kokosnussmilch gewonnen, indem man das saftige, weiße Fruchtfleisch reibt oder raspelt, mit heißer Milch oder Kokoswasser übergießt und das Ganze nach einigen Stunden durch ein Tuch drückt. Wer es eilig hat, kann die Kokosraspel mit der Flüssigkeit auch bei schwacher Hitze 30 Minuten köcheln lassen und danach durch das Tuch pressen.

Hauptanbaugebiete für Nüsse

Viele Nussbaumarten gedeihen im milden Klima Kaliforniens ausnehmend gut, so dass der amerikanische Bundesstaat sich mittlerweile zur Hauptanbauregion für Mandeln und Walnüsse entwickelt hat. Die großflächigen Plantagen liefern rund zwei Drittel der Welternte. Die dort wachsenden Walnüsse zeichnen sich durch besonders große, helle Kerne aus, wodurch man sogar auf eine nachträgliche Bleichung verzichten kann. Allerdings hat der extensive Anbau auch seinen Nachteil: Die Monokultur macht den Einsatz von Pflanzenschutzmitteln notwendig. Anders in Frankreich: Die Nüsse, die von dort importiert werden, etwa die bekannte Walnusssorte „Noix de Grenoble", stammen hauptsächlich aus Gärten und schmecken aromatischer. Haselnüsse wachsen zwar auch in unseren Breiten, kommen aber zum Großteil aus dem Mittelmeerraum, vor allem aus der Türkei, Italien, Spanien und Frankreich.

Pistazien – vielseitig verwendbar

Geröstet und gesalzen sind *Pistazien* in vielen Ländern ein beliebter Knabberspaß, der oft erst beendet wird, wenn die Packung leer ist. Pistazien werden aber nicht nur wegen ihres nussigen, leicht süßen Geschmacks geschätzt, sondern vor allem auch wegen ihrer dekorativen leuchtend grünen Farbe. Als Faustregel gilt: je grüner die Nuss, desto besser die Qualität. Die schmackhaftesten Pistazien kommen aus der Türkei und Sizilien, die größten aus Syrien. Ob ganz oder gehackt – mit Pistazien lassen sich viele Süßspeisen, Desserts, Konfekt, Gebäck, aber auch verschiedene Wurstsorten, Saucen und Fleischfüllungen verfeinern. Und nicht zu vergessen Pistazieneis, das seit vielen Jahren in keiner Eisdiele fehlen darf.

Muscheln in Kokos-Sauce

2 Dosen Safranfäden à 1 mg
100 ml Hühnerbrühe
100 ml trockener Weißwein
4 TL gehackte glatte Petersilie
1/4 TL rote, fein gehackte Pfefferschote
1/4 TL Zitronenpfeffer
200 ml Kokosmilch aus der Dose
2 EL Speisestärke
20 Neuseeländische Grünmuscheln, tiefgefroren und aufgetaut

Kochen Sie Safranpulver und Hühnerbrühe auf, nehmen Sie den Topf von der Platte und geben Sie Wein, 2 TL Petersilie, die Pfefferschote und den Zitronenpfeffer dazu und verrühren Sie alles gründlich. Erhitzen Sie alles erneut und lassen Sie es zur Hälfte einkochen, dann fügen Sie die Kokosmilch und die in 2 EL Wasser angerührte Speisestärke hinzu. Dicken Sie den Sud damit sämig an und erhitzen Sie die Muscheln kurz bei geschlossenem Deckel darin. Legen Sie die Muscheln auf eine Platte und bestreuen Sie sie mit der restlichen Petersilie. Die erste leere Muschelschale benutzt man als Zange zum Entnehmen der restlichen Muscheln aus ihrer Schale.

Die Frucht des Kastanienbaums ist gut geschützt in einer dicken stacheligen Hülle.

Kastanienpudding

200 g Kastanienpüree
40 ml Milch
Das Mark einer Vanilleschote
4 Eigelb
4 EL Zucker
3 EL Rum

Kochen Sie die Milch mit dem Kastanienpüree und dem Vanillemark auf. Eigelb und Zucker verquirlen, Rum hinzugeben und gekochte Milch einrühren. Alles wieder erhitzen, aber nicht kochen. Solange rühren, bis die Masse dick genug ist, dann von der Platte nehmen und gute 2 Min. weiterrühren. Anschließend 2 bis 3 Stunden kalt stellen.

Oben: Geschälte **Maronen (Edelkastanien)** auf dem Grill.

Unten: Kastanienbäume erkennt man leicht an ihren fingerförmig geteilten Blättern.

Esskastanien

Wie viele Nusssorten stammt auch die Esskastanie ursprünglich aus Kleinasien. Längst ist sie aber auch in Italien, Frankreich, Spanien, Portugal sowie in wärmeren Regionen Deutschlands heimisch. Ebenso gedeiht der *Kastanienbaum (Castanea sativa)* in Nordamerika, Japan und China. Erwerbsmäßig genutzte Anpflanzungen von Esskastanien sind vorwiegend in den Mittelmeerländern Italien und Spanien zu finden. Die Samen des langlebigen, bis zu 20 Meter hohen Baumes, der übrigens nicht mit der Rosskastanie verwandt ist, sitzen einzeln, selten zu zweit, in einem mit dünnen Stacheln besetzten Fruchtbecher, der zum Zeitpunkt der Reife aufspringt. Maronen sind eine besondere Züchtung von Esskastanien. Sie eignen sich sehr gut zum Kochen, sind größer und schmecken weitaus aromatischer als die gewöhnlichen Esskastanien.

Der weiße, in rohem Zustand mehligherb schmeckende Kern sitzt unter einer glatten rotbraunen Schale, die sehr fest an der Nuss haftet. Um sie abzulösen, gibt man die Kastanien für einige Minuten in kochendes Wasser und zieht anschließend von den noch heißen Nüssen die Haut mit einem Messer ab. Alternativ kann man sie aber auch im Backofen rösten, bis die Schale zerspringt. Dazu schneidet man die harte Haut der Kastanien vorher auf der gewölbten Seite kreuzweise ein. In gerösteter Form schmecken Esskastanien besonders gut zu jungem Wein; sie sind sehr nahrhaft und sättigend. Gekochte, geschmorte oder pürierte Maronen werden gerne als Füllung für Geflügel verwendet. In vielen südeuropäischen Ländern wird aus Esskastanien Mehl gewonnen, das zum Brotbacken verwendet wird.

Außer einer bestimmten Sorte (den so genannten Dauermaronen) lassen sich Esskastanien, die ab September geerntet werden, nur kurze Zeit lagern. Bei Raumtemperatur halten sie sich etwa eine Woche, in luftdichten Behältern im Kühlschrank einen Monat. Früchte, die nicht gleich verzehrt werden, trocknet man – entweder mehrere in der Sonne oder auf Holzleisten über einem niedrigen Feuer.

Um zu vermeiden, dass die Schalen der Maronen beim Rösten explosionsartig aufspringen, muss man sie zuvor mit einem Spezialmesser anritzen.

Maronen – geröstet, glasiert und püriert

An kalten Wintertagen sieht man in vielen Städten die kleinen Verkaufsstände, die geröstete heiße *Maronen* anbieten – eine leckere und nahrhafte Zwischenmahlzeit, denn Esskastanien besitzen mehr Stärke als Kartoffeln und sind reich an Vitamin C. Auch die Gourmetküche weiß die süßlichen Samen zu schätzen – immerhin eignet sich keine andere Nusssorte so gut als Füllung für großes Geflügel wie etwa Gans, Ente oder Pute. Vor allem in Frankreich gelten Maronen als Spezialität. Man reicht sie beispielsweise geröstet oder glasiert als Beilage zu Fleisch oder Rotkraut, oder man stellt daraus köstliche Desserts her, etwa „Marons glacés" (kandierte und glasierte Bruchmaronen) und das puddingähnliche „Montblanc" (Kastanienpüree mit Rum, schaumig gerührt und mit Sahne serviert).

Samen

Sonnenblumenkerne: Die getrockneten Samen der Sonnenblume *(Helianthus anuus)*, die ursprünglich aus Peru und Mexiko stammt, sind bei uns besonders beliebt, nicht zuletzt aufgrund der sich ausweitenden Tendenz zur vollwertigen Ernährung. Man verwendet sie nicht nur für kräftige Brotsorten, sondern auch für Kuchen und, in gerösteter Form, für grüne Salate oder Gemüsegerichte.

Sesamkörner stammen von dem einjährigen Sesamkraut *(Sesamum indicum)*, einer Ölpflanze, die vor allem in Indien, China und Mexiko angebaut wird. Bei uns wird Sesam zur Verfeinerung von Brot und Brötchen, aber auch für Gebäck und Kuchen verwendet. In der arabischen Küche bereitet man aus gerösteten, gemahlenen Körnern, Zitronensaft und Gewürzen die Würzpaste Tahin, mit der viele Gerichte verfeinert werden.

Pinienkerne sind die Samen aus den Zapfen der Pinienkiefer *(Pinus pinea)*, die vorwiegend im Mittelmeerraum wächst. Meist isst man sie geröstet, da sich ihr apartes, nussiges Aroma erst dann entfaltet. Geröstete Pinienkerne schmecken besonders gut zu Salaten und Gemüse, gemahlen sind sie ein wichtiger Bestandteil der italienischen Pesto-Sauce.

Der in der Küche verwendete **Mohn** stammt nicht von dem leuchtend rot blühenden Klatschmohn, sondern von dem rosa blühenden Schlafmohn *(Papaver somniferum)*, der vorrangig in China, Südostasien, Indien und Rumänien angebaut wird. Ungemahlen findet man die kleinen, blaugrauen Mohnsamen auf Brötchen und würzigem Käsegebäck; gemahlen – erst dann entwickeln sie ihr intensiv nussiges Aroma – sind sie eine beliebte Zutat für Kuchen und Desserts.

Die etwa haselnussgroßen Früchte der indischen Lotosblume erinnern geschmacklich an Mandeln; sie werden in vielen asiatischen Ländern als Beilage zum Knabbern gereicht. Man kann sie auch sauer einlegen und kandieren. Gekocht und geröstet bilden **Lotossamen in** Vietnam die Grundlage einer süßen Suppe oder dienen als Füllung von Geflügel.

Kürbiskerne sind die Samen des riesigen Buschölkürbisses *(Cucurbita pepo)*, der ursprünglich wohl aus Brasilien oder Mexiko stammt. Die dunkelgrünen flachen Kerne, die im Gegensatz zu den Kernen des Gartenkürbisses keine Schale haben, schmecken wunderbar nussig und sind äußerst vielseitig zu verwenden – im Müsli, über Salaten, im Brot oder gemahlen in Saucen und Soufflés.

Die berauschende Wirkung des Mohns

Der *Schlafmohn* (auch *Opiummohn* genannt) ist eine der ältesten Kulturpflanzen. Bereits im alten Ägypten und Griechenland mochte man den nussartigen Geschmack der reifen Mohnsamen. Doch noch mehr schätzte man die berauschende Wirkung des Mohns, die allerdings nicht durch die reifen Samen hervorgerufen wird: Nur die unreifen Fruchtkapseln des Mohns enthalten einen milchigen, alkaloidhaltigen Saft – das Opium –, aus dem man unter anderem Rauchopium herstellt. Seit 1961 sind Anbau und Konsum von Opium in Nordeuropa verboten. Hauptanbaugebiet des Schlafmohns ist heute das „Goldene Dreieck", die Grenzregion von Thailand, Laos und Burma, mit einer geschätzten Produktion von über 700 Tonnen pro Jahr.

Gesundheit

Von den großen Kürbiskernen bis zu den winzigen Sesamkörnern – Samen sind eines der gesündesten Nahrungsmittel überhaupt. Sie weisen zwar einen hohen Fettgehalt auf, doch das Fett besteht zum Großteil aus einfach und mehrfach ungesättigten Fettsäuren, die unter anderem den Cholesterinspiegel positiv beeinflussen. Außerdem enthalten Samen hochwertiges, leicht verdauliches Eiweiß und reichlich Vitamine, vor allem der B-Gruppe. Sie liefern mehr Mineralstoffe (Eisen und Calcium) und mehr Spurenelemente (Magnesium, Fluor, Jod, Folsäure) als die meisten anderen Lebensmittel. Sonnenblumenkerne beispielsweise enthalten so viel Eisen wie kein anderes pflanzliches Produkt und sind daher speziell in der vegetarischen Küche ein wertvolles Nahrungsmittel. Sesamkerne zeichnen sich durch ihren hohen Anteil an nervenstärkendem Lecithin aus.

Pinienkugeln

250 g Puderzucker
1 Päckchen Vanillinzucker
1 Prise Salz
2 Eier
400 g gemahlene Mandeln
1/2 TL Zimt
1 Eigelb
1 EL Sahne
200 g Pinienkerne

Mischen Sie Puderzucker, Vanillinzucker, Salz und Eier und rühren Sie die Mandeln und den Zimt unter. Verquirlen Sie die Sahne mit dem Eigelb. Formen Sie aus dem Teig kleine Kügelchen und wenden Sie diese erst in der Eigelbmischung und anschließend in den Pinienkernen. Backen Sie die Kugeln bei 200 °C 8 bis 10 Min. im Ofen.

ZUCKER, HONIG UND SÜSSES

Einleitung

Zucker ist ein lebenswichtiger Energiespender, der in fast jedem Nahrungsmittel enthalten ist. Bei süßem Naschwerk jedoch müssen Honig, Zucker oder Früchte zugesetzt werden, um den gewünschten Geschmack zu erzielen. Schokolade, Kuchen und Eis bereichern unseren Speiseplan – wer kann diesen Gaumenschmeichlern schon widerstehen?

Über Jahrtausende war Honig das wichtigste Süßmittel. Erste Zeugnisse der Honiggewinnung liefern Höhlenmalereien in der Nähe von Valencia. Die Griechen schätzten Honig auch wegen seiner medizinischen Wirksamkeit, die Römer liebten, was den Arabern selbstverständlich war: die Kombination von Fleisch und Honig, die sich als Spezialität bis ins Mittelalter halten sollte. Ebenfalls schon lange als Süßmittel bekannt sind Sirup und konzentrierte Obstsäfte. In Babylon verwendete man lange vor unserer Zeitrechnung Palmsirup zur Herstellung süßer Speisen.

Weitere Süßmittel sind Trockenfrüchte und Marmeladen. Das alte Testament berichtet von „Obstkuchen", wahrscheinlich getrocknete und zusammengepresste Datteln oder Feigen, ähnlich denen, die wir noch heute in den Geschäften finden. Obst zu Marmeladen und Gelees zu verarbeiten, besitzt ebenfalls eine lange Tradition, die ihren Ursprung vermutlich in Persien hat. Erst seit dem ausgehenden 19. Jahrhundert ist Marmelade ein fester Bestandteil des bürgerlichen Speiseplans und wird in vielerlei Früchtekombinationen im Handel angeboten.

Doch erst die Einführung des Zuckers revolutionierte unseren süßen Speiseplan. Er wurde vermutlich schon vor über über 8000 Jahren aus Zuckerrohr gewonnen und gelangte von Asien über Arabien in den südlichen Mittelmeerraum. Bis zum 18. Jahrhundert galt er in Europa als Luxusartikel. Seine Verbreitung steht in engem Zusammenhang mit der von Tee, Kaffee und Kakao, deren bittere Geschmacksanteile durch Zucker auf ein angenehmes Maß reduziert werden. 1747 entdeckte Andreas Markgraf den großen Zuckeranteil im Saft der Wurzelrübe. Seitdem wird Zucker industriell auch aus Rüben gewonnen und gehört heute zu den Grundnahrungsmitteln.

Mit der Kolonialisierung Südamerikas kam der Kakao im 16. Jahrhundert nach Spanien. Es gehörte an europäischen Höfen sehr bald zum guten Ton, täglich den Genuss einer Tasse Kakao zu zelebrieren. Im Zuge der industriellen Revolution gelang es, aus Zucker und Kakao Essschokolade herzustellen und in alle Welt zu transportieren. Heute erscheint sie uns selbstverständlich wie das tägliche Brot – und selig diejenigen, die sie tatsächlich so genießen können, ohne auf ihre Figur achten zu müssen.

Konfekt, Trüffel und Pralinen hingegen sind noch immer mit einem Hauch von Luxus behaftet. Die Kunst, Pralinen und süßes Backwerk herzustellen, entwickelte sich nördlich der Alpen erst relativ spät und wurde an den europäischen Adelshäusern zur Meisterschaft geführt.

Lange vor den Europäern kannten die Chinesen Möglichkeiten, aus Fruchtsäften Eis herzustellen. Über die arabischen Länder lernten die Römer „Sherbets" kennen, eisgekühlten Fruchtsirup mit Eisschnee, aber erst als Marco Polo die Technik zur Eisherstellung aus China mitbrachte, war die Basis für die Verbreitung des Speiseeises gelegt.

Zucker, Sirup & Dicksaft

Egal, ob man Süßspeisen zubereitet oder ein herzhaftes Gericht zur vollen Geschmacksentfaltung bringt: Ohne Süßungsmittel wäre unsere Küche um viele Aromen und Geschmacksrichtungen ärmer. Der meist genutzte Süßstoff ist *weißer Zucker*. Diese raffinierte, also industriell gereinigte Sorte, ist für die feine Küche unentbehrlich. Da sie süßt, aber kaum Eigengeschmack besitzt, ist sie für zarte Desserts und helle Saucen, für Speiseeis und leichtes Gebäck hervorragend geeignet. Alle weißen Zucker haben den gleichen Süßegrad, aber je feiner der Ausmahlgrad, desto schneller löst sich der Zucker auf und desto süßer erscheint er uns. *Puderzucker* etwa ist staubfein gemahlen und eignet sich hervorragend für die Herstellung von Zuckerglasuren oder Baisermasse, der grobkörnige *Hagelzucker* wird meist für die Dekoration von Gebäck genutzt. Die relativ großen Zuckerkristallstücke des *Kandiszucker* werden gerne zum Süßen von Heißgetränken wie Tee oder Grog verwendet.

Brauner Zucker ist nur gering raffinierter Vollrohrzucker. Er wird aus Zuckerrohr gepresst, gefiltert und zu Sirup eingekocht. Beim Abkühlen bilden sich die Zuckerkristalle, die anschließend gemahlen werden. Für die braune Farbe und den dezenten Eigengeschmack dieses Zuckers ist die Melasse verantwortlich.

Eine aromatische Alternative zum weißen Zucker bietet der *Sirup*. Zu den köstlichsten Sorten gehört zweifelsohne der Ahornsirup. Er verfeinert nicht nur Waffeln und Pfannkuchen, sondern auch Salatsaucen, Marinaden und süß-saure Gerichte. Seine Süßkraft ist weitaus stärker als die von Industriezucker. Gleiches gilt auch für den aus Dattelpalmen gewonnenen Palmsirup.

Von ähnlicher Konsistenz ist *Dicksaft*. Durch das Eindampfen von Obstsäften wird die natürlich enthaltene Süße konzentriert, und die typischen Geschmacks- und Aromastoffe bleiben erhalten. Schon kleine Mengen reichen, Marmeladen oder fruchtigen Desserts eine angenehme Süße zu verleihen. Bekannt sind Apfel- und Birnendicksaft. Relativ neu auf dem Markt ist Agavendicksaft mit einer höheren Süßkraft als Zucker, jedoch weniger Kalorien.

Zuckersirup ist eine konzentrierte, klargekochte Lösung aus Zucker und Wasser, in der beispielsweise bestimmte Kuchenarten getränkt werden.

Aromatisierte Zucker

Aromatisierter Zucker ist weißer Kristallzucker, dem Aromastoffe hinzugefügt wurden. Die bekanntesten Sorten sind Vanille- bzw. Vanillinzucker. Vanillezucker – weißer Kristallzucker, dem echte, fein geriebene Vanille zugesetzt ist – wird heute meist durch den wesentlich billigeren Vanillinzucker ersetzt, der seinen Geschmack durch ein synthetisch hergestelltes Vanille-Aroma, das Vanillin, erhält. Aromatisierter Zucker lässt sich auch selbst herstellen, indem man dem normalen Raffinadezucker, je nach Geschmack, ein bis zwei eingeschnittene Vanilleschoten, Zimtstangen oder Lavendelzweige hinzugibt. Die Mischung in einem Schraubglas zwei Wochen verschlossen halten, zwischendurch ein- bis zweimal kräftig durchschütteln – fertig!

Weißer Zucker

Weißer Kandis

Brauner Kandis

Weißer Friesenkandis

Der ursprünglich aus Kanada stammende **Ahornsirup** wird aus dem äußerst aromatischen Saft junger Ahornbäume gewonnen.

Brauner Zucker

Hagelzucker

Karamel-Körbchen herstellen

1. Den Zucker gleichmäßig in einem unbeschichteten Topf mit schwerem Boden verteilen und bei mittlerer Temperatur erhitzen, bis der Zucker flüssig wird.

2. Nach und nach nimmt der Zucker die typische Bernsteinfarbe an; es entwickelt sich der charakteristische bitter-süße Röstgeschmack.

3. Den Topf mit dem kochenden Sirup kippen, um so die Färbung des Karamels zu überprüfen. Für die Körbchen nimmt man hellen Karamel.

4. Den Topfboden in einer Schüssel mit kaltem Wasser kurz abkühlen und so den Kochvorgang beenden; etwa 1 bis 2 Min. abkühlen lassen, bis der Karamel Fäden zieht.

5. Eine Suppenkelle mit Öl bepinseln und mit Hilfe eine Esslöffels kreuz und quer dünne Fäden über die Kelle legen.

6. Wenn man das erstarrte Karamelkörbchen vorsichtig dreht, lässt es sich in der Regel gut von der Form lösen.

TÜRKISCHER HONIG

Heute nennt man diese leckere, zähe Zuckerware, die ihren Ursprung im Orient hat, „weißen Nugat". Sie wird aus Zucker, Honig, Eischnee und Gelatine hergestellt, häufig mit kandierten Früchten, gerösteten Mandeln oder Nüssen versetzt und manchmal auch in Sesam gewälzt oder von Waffelblättern umhüllt. Aus Frankreich importierter weißer Nugat trägt die Bezeichnung „Montélimar".

Ron Miel (Rum mit Honig) – ein köstliches Getränk, nicht nur pur, sondern auch in vielen Cocktails.

Honig

Obwohl *Honig* seine führende Rolle in der süßen Küche mittlerweile an den Zucker verloren hat, bleibt er aufgrund seines intensiven Aromas ein ideales Nahrungs- und Süßungsmittel. Er ist nicht nur ein köstlicher Brotaufstrich, sondern auch ein ideales Würzmittel für Lebkuchen, Hefegebäck und Desserts. Und auch herzhafte Fleischgerichte, die in Honig mariniert oder mit Honig bestrichen im Backofen zubereitet werden, bekommen eine herrlich knusprige Kruste. Da Honig schnell karamellisiert, sollte die Temperatur nicht über 220 °C liegen!

Der Geschmack eines Honigs hängt weitgehend von der Erntepflanze (Trachtpflanze) ab. Es gibt Sorten mit sehr feinen, mit blumigen, aber auch säuerlichen oder würzig-herben Aromen. Helle, klare Honigsorten sind eher mild, während dunkle Sorten zumeist kräftig ausfallen. Ähnlich wie beim Wein kann man auch beim Honig eine Jahrgangsqualität feststellen. Je nach Wetterlage oder Temperatur schmeckt Honig jedes Jahr anders, selbst wenn er vom gleichen Imker stammt und das Etikett die gleiche Sorte ausweist.

Sortenhonig muss zu mindestens 51 % von Bienenweiden gesammelt worden sein, die hauptsächlich aus einer Trachtpflanze bestehen. Der milde, helle Blütenhonig wird zur Hauptblütezeit aus dem Nektar von Blumen und Pflanzenblüten gesammelt. Blatt- oder Waldhonig wird aus „Honigtau" gesammelt, der entsteht, wenn Blattläuse die Blatthaut einer Pflanze anstechen. Er ist dunkler und von eher herbem Geschmack, beliebte Sorten sind Linden- oder Tannenhonig.

Honig sollte luftdicht verschlossen und möglichst an einem dunklen Ort bei etwa 15 °C aufbewahrt werden. Je nach Sorte behält er so ein bis zwei Jahre sein volles Aroma. Ist der Honig fest geworden, kann man ihn kristallisiert genießen, oder man erwärmt ihn in kleinen Portionen unter behutsamen Rühren langsam im Wasserbad (der Honig sollte nicht wärmer als 40 °C werden!). Wer Zucker durch Honig ersetzen möchte, sollte die im Rezept angegebene Zuckermenge um ein Viertel, die Flüssigkeitsmenge um ein Achtel verringern.

Keksburger

Zutaten für 1 Person
- *4 Vollkornbutterkekse*
- *4 EL Magerquark*
- *1/2 kleine Banane, in dünne Scheiben geschnitten*
- *2 TL Honig*

Bestreichen Sie die Kekse mit dem Quark und verteilen Sie die Bananenscheiben auf zwei Kekse. Geben Sie den Honig über die Bananen und decken Sie jeweils einen der übrigen Kekse darüber.

Feigen in Honigsauce

- *300 g getrocknete Feigen*
- *150 g Walnüsse*
- *1/4 l Rotwein*
- *1/4 l süßer Sherry*
- *6 EL Honig*
- *Saft von 2 Orangen*
- *250 ml Schlagsahne*

Lassen Sie die Feigen über Nacht in Rotwein und Sherry ziehen. Kochen Sie danach alles auf und geben Sie den Saft der Orangen, die Walnüsse (4 Stück aufbewahren) und den Honig hinzu und köcheln Sie alles 15 Min. bei geringer Temperatur. Lassen Sie alles auskühlen und servieren Sie es mit den restlichen Wahlnüssen und der Schlagsahne dekoriert.

Auf eine reich gedeckte Frühstückstafel gehört unbedingt auch ein Glas Honig.

Solche Körbe als Behausungen für Bienen werden in der Imkerei „Beuten" genannt.

Ein spanischer Honigtopf, wie man ihn heute nur noch selten sieht.

Die Trachtpfanze des **Akazienhonigs** ist zumeist die Robinia, auch Falsche Akazie oder Scheinakazie genannt. Dieser zartgelbe Blütenhonig ist sehr mild im Geschmack und bleibt aufgrund seines hohen Fruchtzuckergehalts lange flüssig.

Waldhonig ist ein so genannter Tauhonig, seine Trachtquelle ist der Honigtau von Eichen, Fichten, Ulmen und Buchen. Er hat eine kräftige rötlich-braune Farbe und einen mild-würzigen Geschmack.

Bei **Kleehonig** handelt es sich meist um einen sehr hellen, leicht kristallisierenden Honig mit ganz mildem Aroma. In Deutschland wird er häufig den Sommertrachten- und Wiesenblütenhonigen beigemischt, aber auch Sortenhonige finden sich im Angebot, etwa Steinkleehonig oder der leicht säuerliche Hornkleehonig.

Wie alle Waldhonige aus dem Honigtau von Nadelhölzern ist auch der dunkle **Tannenhonig** sehr fermentreich. Dadurch bleibt er lange dickflüssig. Er schmeckt kräftig und aromatisch-würzig.

Honigsorten

Für die Kennzeichnung von Honig gibt es keine Norm, deshalb weisen die Etiketten neben den Trachten, aus denen das Produkt gesammelt wurde, auch auf die Art der Herstellung hin. *Presshonig* wird gewonnen, indem Wabenhonigstücke in Tücher geschlagen und in einer Spindelpresse ausgedrückt werden. *Waben-* oder *Scheibenhonig* wird aus unbebrüteten, verdeckelten Waben verschiedener Trachten aufgefangen. Er wird oft zusammen mit einer im Honig liegenden Wabe angeboten. *Schleuderhonig* wird kalt oder erhitzt aus brutfreien Waben geschleudert: Bei der Kaltschleuderung werden die verdeckelten Honigwaben bei Zimmertemperatur entdeckelt und anschließend in die Schleuder gehängt. Durch die Fliehkraft in der Schleuder wird der Honig an die Wand des Geräts geworfen, unten aufgefangen und mit Hilfe eines Siebes gefiltert, um Fremdkörper, Wachsreste und Polleneiweiß zu entfernen. Seine Nährstoffe – Vitamine und Mineralien – bleiben auf diese Weise erhalten, der Honig kristallisiert allerdings schnell. Für die Herstellung industrieller Honige wird der Honig häufig erhitzt, da sich der in den Waben kristallisierte Honig so schneller auffangen lässt. Nicht selten liegen die Temperaturen dabei über 70 °C, damit der Honig später nicht kandiert und seine geschmeidige Konsistenz behält.

Konfitüre, Marmelade, Gelee & Kompott

Konfitüren, Marmeladen und Gelees sind uns als süßer Brotaufstrich so selbstverständlich, dass es unglaublich scheint, dass sie erst mit der Einführung billigen Zuckers vor gut 150 Jahren den bürgerlichen Speiseplan eroberten. Heute sind sie nicht nur ein beliebter Aufstrich, sondern werden auch als fruchtig-süßer Zusatz in Milchprodukten und Backwaren in der Küche genutzt.

Konfitüre muss pro Kilogramm einen Fruchtanteil von 350 Gramm ausweisen, Konfitüre extra sogar 450. Aus ganzen bzw. grob geschnittenen Fruchtstücken mit Wasser, Zucker und Pektin verkocht, weist die fertige Substanz deutlich erkennbare Obstbestandteile aus. Beliebte Sorten sind Pflaumenkonfitüre, oft mit Zimt und Nelke gewürzt, sowie Aprikosen- oder Erdbeerkonfitüre. Anders als die Konfitüre muss *Marmelade* einen Fruchtanteil von nur mindestens 200 g/kg haben. Mit Ausnahme der Zitrusmarmeladen aus England sollte das zu einem feinen Brei verkochte Produkt keine Fruchtstücke mehr enthalten. Brombeeren, Erdbeeren und Himbeeren haben als heimische Früchte Tradition, von nördlichen Küstenregionen kommt die Sanddornmarmelade. *Gelee* hat eine kräftige, klare Farbe und ist dekorativer als Marmelade oder Konfitüre. Die Herstellung ist etwas aufwändiger, da zunächst der Saft der zu verarbeitenden Früchte kalt aus dem Fruchtpüree gewonnen werden muss. Dieser wird dann mit Zucker und Verdickungsmittel eingekocht. Holunderbeeren, Quitten und rote Johannisbeeren eignen sich wegen ihres hohen Pektinanteils besonders gut. *Gelee extra* weist einen Fruchtsaftanteil von 450, Gelee einen Anteil von 350 Gramm pro Kilo auf.

Im Unterschied zu Konfitüre, Marmelade und Gelee handelt es sich bei *Kompott* nicht um einen Brotaufstrich, sondern um eine kalt oder warm servierte Speise, die als Dessert oder als Bestandteil süßer Hauptmahlzeiten zu Knödeln oder Pfannkuchen gereicht wird. Für ein Kompott wird das Obst je nach Sorte entkernt, geschält oder grob zerkleinert und leicht gezuckert in Wasser, Fruchtsaft oder Rotwein gedünstet. Einige Kompotts wie Schlehen- und Preiselbeerkompott passen wegen ihres fein-herben Geschmacks hervorragend zu herzhaften Gerichten, insbesondere zu Wild.

Bei vielen Rezepten für **Kürbismarmelade** werden zusätzlich Orangen und Äpfel, aber auch Ingwer und Aprikosen verarbeitet.

Pflaumenmus

Brombeer-Konfitüre

Schwarzkirschen-Konfitüre

Erdbeer-Konfitüre

Marmelade Step by Step

Das Verhältnis von Gelierzucker und Frucht ist sehr variabel, zwischen $1/3 : 1$ und $1 : 1$. Bei Aprikosenmarmelade kommt auf 1 kg Frucht etwa $1/2$ kg Zucker.

Die vom Stein befreiten und gewürfelten Aprikosen mit dem Zucker vermengen und 10 Minuten stehen lassen. Dann unter ständigen Rühren etwa 3 Minuten kochen; den Schaum abnehmen.

Noch einen Spritzer Zitronensaft hinzugeben, umrühren und abtropfen lassen.

Die Marmelade in zuvor ausgekochte Gläser geben und diese sofort verschließen und kühl lagern – oder direkt servieren.

Konfitüre aus grünen Tomaten

Dieses Rezept aus dem Süden Frankreichs liefert nicht nur einen köstlichen Brotaufstrich, sondern ist auch eine ökonomische Methode, Tomaten, die nicht mehr reif werden wollen, zu verwerten. 2 kg grüne Tomaten vom Stielansatz befreien und in Scheiben schneiden. Die Scheiben in einer Schüssel übereinander schichten, dabei jede Lage mit Einmachzucker bestäuben – insgesamt werden 2 kg Einmachzucker benötigt. Das ganze im Kühlschrank 24 Stunden ziehen lassen, dabei zwei- bis dreimal mit einem Holzlöffel gut durchrühren. Die Masse in einen Einmachtopf oder einen rostfreien Topf geben, auf großer Flamme kurz aufkochen, dann die Hitzezufuhr reduzieren. In der Zwischenzeit drei unbehandelte Zitronen halbieren, ungeschält in feine Streifen schneiden und nach dem Aufkochen zu den Tomaten geben. Alles bei geringer Hitze für etwa eine Stunde leise köcheln lassen. Anschließend den Schaum abschöpfen, die Tomatenmasse in zuvor ausgekochte Einmachgläser geben und fest verschließen.

Quitten-Gelee

Feigen-Marmelade

Schwarze Johannisbeeren-Konfitüre

Orangen-Marmelade

Getrocknete Früchte

Getrocknete, kandierte und glasierte Früchte sind das ganze Jahr über erhältlich, aber zur Weihnachtszeit allgegenwärtig, denn das ist die Zeit für Stollen, Früchtebrot, Datteln und Feigen. Das Trocknen frischer Früchte wird bereits seit Jahrtausenden praktiziert. Das Obst wird so lange in der Sonne oder im Schatten getrocknet, bis ihm das Wasser weitgehend entzogen ist. Die so konservierten Früchte – richtig gelagert halten sie über Monate – sind sehr süß und regelrechte Nährstoffbomben. Im Handel werden oft Trockenfrüchte angeboten, die durch zusätzliches Schwefeln vor Ungezieferbefall geschützt werden. Der Gesundheit zuliebe sollte man auf den Kauf dieser Früchte verzichten oder sie vor dem Verzehr gründlich waschen.

Getrocknete Früchte lassen sich sowohl in süßen als auch herzhaften Speisen verwenden: Die hellen, kernlosen Sultaninen aus der Türkei würzen Saucen und Fleischfüllungen, während die kleineren, dunklen und kernlosen Korinthen aus Griechenland in Müslis, Kuchen und Broten zum Einsatz kommen. Datteln, Feigen und Pflaumen verfeinern Fleischsaucen und -füllungen und bilden, eingelegt in Portwein oder Sherry, einfache, aber feine Desserts. Neben Äpfeln, Aprikosen, Beeren, Birnen, Kirschen und Pfirsichen bereichern seit einigen Jahren auch Exoten wie Ananas, Bananen, Mango oder Papaya das Angebot.

In der Feinbäckerei spielt das Aussehen der verwendeten Früchte eine entscheidende Rolle. Hier greift man daher auf kandierte oder glasierte Früchte zurück. Kandierte Früchte werden für die Dekoration von Kuchen, Torten und Cocktails verwendet, aber auch im englischen Plum Pudding oder der italienischen Cassata. Vor dem Kandieren werden die Früchte kurz abgebrüht und anschließend in heißem Zuckersirup eingekocht. Am weitesten verbreitet sind kandierte Kirschen oder Ingwer, aber auch Orangenscheiben und Limettenschalen werden kandiert angeboten. Orangeat und Zitronat wiederum werden aus der Schale der Bitterorangen bzw. der Sedratzitrone hergestellt. Glasierte Früchte hingegen werden nur mit Zuckersirup überzogen und sind daher nicht ganz so süß wie die kandierte Variante. Erhältlich sind vor allem glasierte Kirschen und Orangen, aber auch Blüten von Veilchen und Holunder sowie Rosenblätter lassen sich glasieren.

Getrocknete Datteln verfeinern Fleischsaucen und -füllungen; eingelegt in Portwein oder Sherry oder gefüllt mit Pistazien, Nougat oder Käse sind sie ein köstliches Dessert.

Auch **getrocknete Pflaumen** sind reich an Vitaminen (A, B und C) und Mineralstoffen (Kalzium, Kalium, Magnesium und Eisen).

Getrocknete Feigen: Ihr feines, süß-saures Aroma passt gut zu Hase, Fasan und Schweinefleisch.

Getrocknete Apfelringe bereichern nicht nur das Frühstückmüsli, sondern sind auch wichtiger Bestandteil zahlloser Rezepte, etwa Curry-und Schokoladen-Muffins und Apfellebkuchen.

Die beliebtesten Trockenfrüchte sind **Rosinen**, also getrocknete Tafeltrauben – unerlässlich für Couscous und viele Reisgerichte.

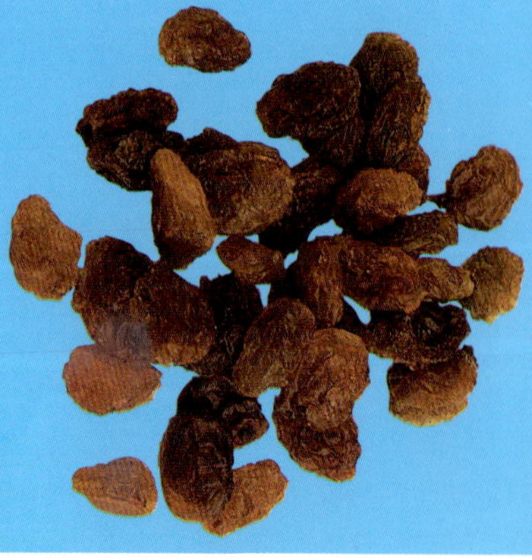

Obst-Nuss-Müsli

Zutaten für 2 Personen

2 kleine Ananasscheiben (frisch oder aus der Dose)
1 kleine Banane, geschält
100 g Mangofruchtfleisch
2 EL grob gehackte Walnusskerne
6 EL kernige Haferflocken
1 EL Honig
250 g gerührter Magermilchjoghurt

Schneiden Sie die Früchte in mundgerechte Stücke und verteilen Sie diese auf zwei Schälchen. Mischen Sie jeweils die Hälfte der Nüsse und Haferflocken hinein. Verrühren Sie Joghurt und Honig und geben Sie ihn zu den Müslis.

Kandieren von Obst

Bis auf Erdbeeren und Aprikosen werden die Früchte vor dem Kandieren blanchiert.

Um das in den Früchten enthaltene Wasser durch Zucker zu ersetzen, werden die Früchte in immer konzentriertere Zuckersiruplösungen gelegt, bis der Sirup die Frucht vollständen durchdrungen hat.

Damit sie nicht kristallisieren oder karamellisieren wird die Siruplösung erhitzt. Bei ganzen Früchten kann dieser Konservierungsprozess bis zu zwei Monaten dauern.

Das Konservieren von Früchten durch Kandieren war war schon den alten Ägyptern bekannt. Kühl und trocken in einem luftdicht verschlossenen Behälter aufbewahrt, hält sich **kandiertes Obst** bis zu einem halben Jahr.

Blockschokolade enthält relativ viel Zucker, 50–60 %; ihr Kakaoanteil liegt bei mindestens 40 %. Meist wird sie zum Backen verwendet.

Kakaobohnen erhalten ihr charakteristisches bittersüßes Aroma erst durch das Fermentieren, Trocknen und Rösten.

Beim **Kakaopulver** werden die Bohnen gemahlen und die Kakaobutter abgepresst. Bei einem Anteil von 10 bis 12 % Kakaobutter spricht man von stark entöltem Kakao, schwach entölter enthält über 20 %.

Geraspelte Bitterschokolade ziert nicht nur Kuchen und Torten, sondern verfeinert auch das Aroma vieler Früchtedesserts.

Schokolade

Schokolade besteht aus Kakaomasse, Kakaobutter und Zucker. Je höher der Kakaoanteil, desto geringer ist der Zuckeranteil, die Schokolade wird dunkler und der Kakaogeschmack intensiver. Die Kakaomenge bei *Halbbitterschokolade* liegt bei mindestens 50 %, bei *Bitterschokolade* bei mindestens 60 % und bei *Edelbitterschokolade* bei mindestens 70 %. Alle bitteren Schokoladen sind zur Weiterverarbeitung in Backwaren und Desserts geeignet, weniger dafür geeignet ist *Vollmilchschokolade*. Sie schmeckt sehr mild und cremig, da ihr Zucker- und Fettanteil relativ hoch ist und Milchanteile zugesetzt wurden. *Weiße Schokolade* ist keine Schokolade im eigentlichen Sinne, sondern ein schokoladenähnliches Erzeugnis, bei dem der Kakao gänzlich durch Kakaobutter ersetzt wird. *Blockschokolade* schmiltzt nur langsam und wird gerne in Kuchen verbacken, der Schokoladenstücke aufweisen soll. Kuvertüre oder Schokoladenüberzugsmasse gibt es als helle, dunkle oder neuerdings auch weiße *Kuvertüre*. Ihr Kakaobutteranteil beträgt 31 %, sodass die Kuvertüre geschmeidig und glänzend bleibt und sich somit gut für das Überziehen von Kuchen und Gebäck eignet. Kuvertüre kann auch zum Backen oder zur Herstellung von Konfekt eingesetzt werden. Bei *Kakaoglasuren* wird der Kakaobutteranteil durch ein anderes Pflanzenfett ersetzt, ist somit weniger geschmacksintensiv, leichter schmelzbar und damit perfekt für Kuchenglasuren.

Kakaopulver ist der Grundstoff für Kakaogetränke, Süßspeisen und Zuckerwaren. Es wird durch feine Zerkleinerung von Kakaopresskuchen, also gepressten Kakaobohnen, gewonnen. Entöltes Kakaopulver enthält mindestens 20 % Fett aus der Kakaobutter, stark entölter Kakao 10 %. Kakaopulver kann mit Zucker versetzt als „gezuckertes Kakaopulver“ in den Handel kommen. Holländischer Kakao ist zwar sehr dunkel, aber mild. Er wird gerne für aufgekochten Kakao verwendet. Auch Trinkschokolade, gehackte Schokolade mit mindestens 70 % Kakaoanteil, muss aufgekocht werden. Ihr sind meist schon Zucker und Vanille beigemischt.

Wie aus Kakao Schokolade wurde

Von der Einführung des Kakaos bis zur industriellen Herstellung von Trink- und Tafelschokolade bedurfte es einiger Erfindungen: Fast zeitgleich entstanden um die Mitte des 18. Jahrhunderts in England, Deutschland und Amerika Schokoladenfabriken. 1828 entwickelte der Holländer Coenraad Johannes van Houten eine Methode, Kakaopulver mit geringem Fettanteil zu produzieren: Er behandelte das Pulver mit Alkalisalzen, wodurch es milder, aber auch dunkler wurde. 1826 setzte Philippe Suchard den ersten „mélangeur“ ein, der Zucker und Kakaopulver maschinell vermischte. 1847 gelang es der Firma J. S. Fry & Sons, geschmolzene Kakaobutter mit Kakaopulver und Zucker so zu vermischen, dass der entstandene Teig in Formen zu Tafeln gegossen werden konnte. 1849 wurde die erste Tafel Essschokolade in Birmingham verkauft. 1879 fügte der Schweizer Daniel Peter der Kakaomasse Milchpulver zu, dessen Gewinnung erst kurz zuvor von Henri Nestlé entdeckt worden war – die erste Milchschokolade war entstanden. Im gleichen Jahr entwickelte Rudolphe Lindt ein Verfahren, mit deren Hilfe die Schokolade besonders zart wird. Diese Methode wird heute noch angewendet.

Karobe

Aus den ganz vermahlenen Schoten des im Mittelmeerraum heimischen *Johannisbrotbaums (Ceratonia siliqua)* wird *Karobe* bzw. Johannisbrotmehl gewonnen. In Farbe und Konsistenz ähnelt es dem Kakaopulver, und auch im Geschmack erinnert es an süße Schokolade. Karobe enthält allerdings weniger Fett und Reizstoffe und wird daher gerne als Kakaoersatz verwendet. Wenn man Karobe als Getränk genießen möchte, kann man wegen seiner starken Eigensüße getrost auf den Zusatz von Zucker verzichten, mit etwas Zimt lässt sich sein Geschmack noch unterstreichen. Auch in Puddings oder Eiscremes bietet Karobe eine interessante Alternative zu Kakao.

Schokoplätzchen

Zutaten für etwa 30 Stück

125 g weiche Butter
75 g weißer Zucker
75 g brauner Zucker
1 Päckchen Bourbon-Vanillezucker
1 Prise Salz
1 großes Ei
150 g Mehl
1 TL Backpulver
150 g Schokoladenplättchen oder fein gehackte Zartbitter-Schokolade
75 g fein gehackte Haselnusskerne

Heizen Sie den Backofen auf 200 °C vor. Quirlen Sie die Butter schaumig und rühren Sie nach und nach Zucker, Vanillezucker, Salz und das Ei ein, sodass eine cremige Masse entsteht. Mischen Sie Mehl mit Backpulver, sieben Sie es über die Teigmasse und rühren Sie es gut unter. Schokolade und gehackte Haselnüsse unterheben. Legen Sie ein Backblech mit Backpapier aus und verteilen Sie, in ausreichendem Abstand, mit einem EL Häufchen auf dem Blech. Backen Sie die Plätzchen 12 bis 15 Min. auf mittlerer Schiene.

Kaninchen in Schokoladensauce

1 küchenfertiges Wildkaninchen
40 g geriebene Zartbitter-Schokolade
2 fein geschnittene Schalotten
3 fein gehackte Knoblauchzehen
2 kleine Möhren, in Stifte geschnitten
1 EL Mehl
1/2 l Weißwein
2 Lorbeerblätter
3-4 Gewürznelken
1 Msp. Zimt
2–6 EL Fleischbrühe oder Wasser
Olivenöl
Salz und Pfeffer aus der Mühle

Teilen Sie das Fleisch in gleichmäßige Stücke und würzen Sie diese mit Salz und Pfeffer. Braten Sie sie in dem Olivenöl gleichmäßig an. Erhitzen Sie die Schalotten, die Möhren und den Knoblauch kurz mit, streuen Sie Mehl darüber und rühren Sie es ein. Gießen Sie den Weißwein hinzu, kochen Sie alles auf und geben Sie dann Lorbeerblätter, Nelken und Zimt hinzu und lassen Sie alles bei mäßiger Temperatur 45 Min. köcheln. Gießen Sie bei Bedarf etwas Wasser oder Fleischbrühe an. Nehmen Sie das Fleisch heraus und stellen Sie es warm, während Sie die Schokolade in der Sauce schmelzen lassen. Das Fleisch wieder in die Sauce geben und heiß servieren.

Konfekt, Pralinen & Marzipan

Belgische Pralinen

Darüber, wer die Praline erfunden hat, wird viel spekuliert. Der Name geht auf den Herzog Choisol du Plessis-Praslin zurück, ob der jedoch beim „immerwährenden Reichstag" zu Regensburg im Jahr 1663 von seinem Koch mit einer besonderen Süßigkeit überrascht wurde – mit Schokolade überzogenes Reichstagskonfekt, eine beliebte Mandelspeise –, oder es sich um einen Küchenunfall handelte, bei dem eine Schüssel geschälter Mandeln und ein Topf gebrannter Zucker sich auf dem Küchenboden zu dem berühmten Naschwerk vereinten, ist unklar. Sicher ist, dass der Sohn des Chocolatiers Jean Neuhaus 1912 die erste kompakte Schokoladenhülle schuf und damit der Belgischen Praline zu ihrem Ruf verhalf. Musste man bis dahin einen festen Pralinenkörper mit Schokolade überziehen, war es fortan möglich, Pralinen auch mit flüssigen Füllungen wie Obstbränden, Likören oder Ganaches zu veredeln. Manon ist wohl die bekannteste belgische Pralinenspezialität. Neuhaus entwickelte auch die berühmte Verpackung, die „Ballotins", die den Versand der Pralinen in alle Welt ermöglichte.

Konfekt – schon der Name zergeht auf der Zunge. Dahinter verbergen sich feine Zuckerwaren in der Größe mundgerechter Häppchen: Geleefrüchte, in Schokolade getauchte Nüsse, Kokosflocken oder Fondants wie Pfefferminzplätzchen. Auch Gebäckstücke dürfen verarbeitet werden. Das wohl beliebteste Konfekt ist die *Praline*. Sie nimmt eine Sonderrolle ein, da sie bestimmte Richtlinien erfüllen muss: Ihr Körper bzw. die Füllung muss von einem Schokoladenmantel umhüllt sein und der Schokoladenanteil insgesamt mindestens 25 % betragen. Gefüllt werden dürfen sie mit Alkohol, mit Nougat, Marzipan und Krokant oder auch mit einem Gemisch verschiedener Zutaten, wie etwa Nüssen, Sahne, Trüffel- oder Fondantmasse, niemals jedoch Mehl. Die süßen Kostbarkeiten sollten möglichst frisch verzehrt werden. Das gilt auch für die zart-schmelzenden *Trüffel*, die mit Butter und frischer Sahne zubereitet werden und bei denen man häufig auf den Kuvertüremantel verzichtet.

Eine besondere Nascherei ist auch das *Marzipan*, das vermutlich aus dem Orient nach Nordeuropa kam. Grundbestandteile sind gemahlene Mandeln und Puderzucker. Diese Masse, der je nach Rezeptur verschiedene Farb-, Inhalts- und Aromastoffe beigemengt sein können, wird geformt, mit Zucker bestäubt, getrocknet, mit Zuckerguss oder Kuvertüre überzogen oder mit kandierten Früchten dekoriert. Königsberger Marzipan wird zu Figuren geformt, mit kandierten Früchten dekoriert, getrocknet und abgeflämmt. Beim Lübecker Marzipan, das schon 1530 erstmals erwähnt wird, handelt es sich um eine geheime Rezeptur, bei der das Verhältnis von Zucker und gemahlenen süßen Mandeln für die erstklassige Qualität ausschlaggebend ist. Die kleinen Laibe sind meist von Kuvertüre überzogen.

Aus Pfirsich- und Aprikosenkernen gewinnt man eine dem Marzipan ähnliche Masse, das *Persipan*, die häufig als preiswerter Ersatzstoff im Gebäck verwendet wird.

In solch edlen Verpackungen verbirgt sich meist auch feinstes Konfekt.

Marzipanfrüchte wirken oft erstaunlich echt – fast zu schade, um hinein zu beißen.

Marzipantorten gibt es in zahllosen Varianten – ob mit Schokolade, Pistazien oder Erdbeeren: Das charakteristische Bittermandelaroma lässt sich hervorragend mit anderen Geschmacksnoten kombinieren.

Marzipanherstellung Step by Step

1. Für 500 g Marzipan benötigt man 300 g Zucker, 180 g feingeriebene Mandeln und gut 175 ml Wasser.

2. Die Temperatur des aus Wasser und Zucker gekochten Sirups wird geprüft, indem man mit dem zuvor in Eiswasser gekühlten Dauem und …

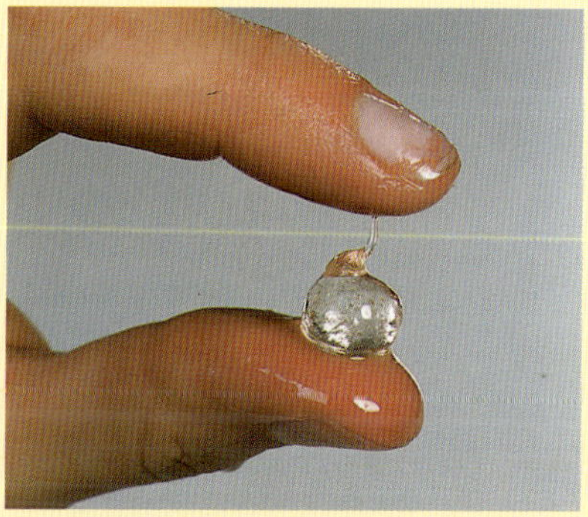

3. … Zeigefinger etwas Sirup aufnimmt und sofort wieder in Eiswasser taucht; der Sirup sollte sich zu einer festen, geschmeidigen Kugel formen lassen.

4. Die gemahlenen Mandeln werden mit etwas Wasser zu einer geschmeidigen Masse vermengt. Den leicht abgekühlten Zuckersirup – es dürfen keine Blasen mehr nach oben steigen – über …

5. … die Mandeln gießen und wiederum gut durcharbeiten, bis die Masse glatt und geschmeidig ist. Die fertige Paste sollte 12 Stunden an einem kühlen Ort durchziehen.

Torten & Gebäck

Grundlage der süßen Konditorkunst ist der Teig. *Hefeteig* aus Mehl, Eigelb, Salz, Milch, Zucker und Hefe eignet sich für süße Brote und Brioche, Obstkuchen, Guglhupf und Plunderteilchen. Für Pasteten, Strudel, Torten und Kleingebäck verwendet man *Blätterteig*, der, wie auch der *Mürbeteig*, mit einer kräftigen Portion Butter zubereitet wird. Letzterer ist ein guter Auslegeteig und bildet, nachdem er „blind" gebacken wurde, eine gute Grundlage für frischen Obstbelag. Für Spritzkuchen und Windbeutel arbeitet man mit *Brandteig*, während der leichte, ohne Butter hergestellte *Biskuitteig* sehr gut zu Sahne- und Cremefüllungen und -auflagen passt. Der beispielsweise für Marmor- oder Rosinenkuchen verwendete *Rührteig* ist ein halbflüssig gerührter Teig, der in der Form gebacken wird, da er sonst zerlaufen würde. Leichte Baisers werden aus mit viel Zucker steif geschlagenem Eiweiß gebacken; fügt man noch Nüsse, Mandeln oder Kokosflocken hinzu und setzt den Teig auf kleine Oblaten, erhält man Makronen. Neben Marzipan und Nougat, Nüssen, Früchten, Gelees und Sahne gehören Cremes und Glasuren zu den wichtigen Zutaten bei der Herstellung von Feingebäck. Tradition hat die *Buttercreme*, die aber wegen ihres hohen Fettgehalts an Popularität verloren hat, die *Konditorcreme* hingegen verzichtet ganz auf die Butter. Sie wird aus Milch, Eigelb, Zucker und Mehl geschlagen und lässt sich mit Vanille, Schokolade, Alkohol oder Kaffee hervorragend aromatisieren. Neben der *Schokoladenkuvertüre* verwendet man gerne Glasuren, die aus gebundenem Zucker bestehen und mit Saft oder Alkohol aromatisiert und gefärbt werden können. Weiße *Eiweißglasuren* – Eiweiß mit Puderzucker verrührt – und *Fondant*, eine dick eingekochte Zuckermasse, werden gerne zum Dekorieren oder Überziehen von Gebäck eingesetzt.

Schwarzwälder Kirschtorte

Für den Biskuitboden: 8 Eier trennen, das Eiweiß mit etwas Salz steif schlagen. Unter ständigen Rühren 300 g Zucker, 60 ml lauwarmes Wasser, 300 g Mehl, 2 EL Kakao und 1 Päckchen Backpulver vermischen und zu der Eimasse geben. Alles in eine gebutterte Springform geben und bei 150 °C eine Stunde backen. Für die Creme: 3 Blatt Gelatine in kaltem Wasser einweichen. 250 ml süße Sahne steif schlagen. 2 Eigelb mit 50 g Zucker gut vermischen, 250 ml Milch aufkochen und hinzufügen. Gelatine durch ein Sieb in die Creme streichen, etwas abkühlen lassen und die Sahne ebenfalls hinzufügen. Alles im Kühlschrank erkalten lassen. 125 ml Sahne steif schlagen. Den Biskuitboden in drei gleich große Teile schneiden und diese mit etwas Schwarzwälder Kirschwasser beträufeln. Die Hälfte der Creme auf den unteren Boden streichen, und reichlich mit gekochten, mit Kirschwasser aromatisierten Kirschen belegen. Den zweiten Boden auflegen und wiederum mit Kirschen belegen und der restlichen Creme bestreichen, mit dem dritten Boden bedecken. Mit 3/4 der Sahne den Kuchen rundherum bestreichen, das restliche Drittel in eine Spritztüte geben und den Rand des Deckels damit dekorieren. Anschließend mit Schokoladensplittern bestreuen.

Blätterteigherstellung Step by Step

1. 250 g Mehl, 150 g kalte Butter, 1/4 TL Salz, 1 TL Zitronensaft, 125 ml kaltes Wasser. Das Mehl auf die Arbeitsfläche sieben und in die …

2. … Mitte eine Mulde drücken. 30 bis 45 g Butter, in kleine Stücke geschnitten, und die anderen Zutaten nach und nach mit dem Mehl zu …

3. … einer bröseligen Masse verarbeiten und mit Hilfe eines Teigspachtels mehrmals hacken und wenden. Den entstandenen Teigkloß oben …

4. … einkerben und 15 Minuten in Karsichtfolie eingewickelt ruhen lassen. Erst dann den Teig ausrollen.

5. Die restliche Butter in die Mitte der Teigplatte legen und den Teig darüber zusammenfalten.

6. Abschließend die Nahtstellen fest zusammendrücken.

Sachertorte

Die *Sachertorte* ist eine Wiener Spezialität aus dem 19. Jahrhundert, die den Namen ihres Erfinders trägt: 160 g Halbbitterschokolade im Wasserbad schmelzen. 6 Eier trennen und das Eiweiß mit einer Prise Salz steif schlagen. 150 g Butter mit 130 g Zucker schaumig schlagen, die Eigelbe, ein Päckchen Vanillezucker hinzufügen, zuerst die geschmolzene Schokolade, dann die Eiweißmasse behutsam unterheben. Abschließend vorsichtig 150 g gesiebtes Mehl zugeben, den Teig in eine gefettete, mit Paniermehl ausgekleidete Springform füllen und bei 180 °C etwa 40 Minuten backen. Den ausgekühlten Kuchen in zwei Hälften schneiden, einen Boden mit 200 g Aprikosenmarmelade bestreichen, die Hälften wieder zusammensetzen und mit dunkler Kuvertüre überziehen.

Zimt

Zimt, für viele das klassische Gewürz für Weihnachtsgebäck, Glühwein und Punsch, wird aus der Rinde des immergrünen Zimtbaums gewonnen. Das mit dem Lorbeerbaum verwandte Gewächs kommt ursprünglich aus Asien, wird aber mittlerweile auch in anderen tropischen Regionen der Erde kultiviert. Um das aromatische Gewürz zu erhalten, löst man von den jungen Baumtrieben die Rinde ab, entfernt die äußere Borkenschicht – nur das Rindeninnere enthält das für den süßlich-herben Geschmack verantwortliche ätherische Öl, das Zimtaldehyd – und fermentiert die übrig bleibende Rindenhaut. Anschließend werden jeweils fünf bis zehn dieser hauchdünnen, leicht eingerollten Stücke zu schmalen Zimtstangen – so genannten Quills – zusammengesteckt und getrocknet. Als beste Sorte gilt der hellbraune *Ceylon-Zimt (Cinnamomum verum)*, auch Kaneel genannt. Neben Sri Lanka gehören heute Madagaskar und die Seychellen zu den Anbaugebieten. Kräftiger, aber dennoch weniger aromatisch ist der dunklere *Kassia-Zimt (Cinnamomum aromaticum)*, auch China-Zimt genannt, der in China, Myanmar und Indonesien wächst. Beide Sorten werden in Stangenform oder gemahlen angeboten.

Zimtstern

Vanille

Vanille (Vanilla planifolia) wird aus den Fruchtkapseln einer tropischen Kletterpflanze gewonnen, die zur Familie der Orchideen gehört. Die schmalen Schoten enthalten unzählige kleine Samen, die in einem Milchsaft eingebettet sind. Ihr süßliches Aroma erhalten sie erst während eines aufwändigen Fermentierungsverfahrens, dem die geernteten Früchte mehrere Monate lang unterzogen werden. Dabei färben sich die Schoten und ihr Inhalt dunkelbraun bis schwarz und bilden den begehrten Duftstoff Vanillin aus. Herausgeschabt und in etwas Flüssigkeit aufgelöst, verleiht das Fruchtmark Süßspeisen, Kakao oder auch Likören ein unverwechselbares, fein-würziges Aroma. Die beste Qualität liefert die Bourbon-Vanille, die seit dem 19. Jahrhundert auf der östlich von Madagaskar gelegenen Insel Réunion kultiviert wird. Da Echte Vanille recht teuer ist, greifen Bäcker und Konditoren vielfach auf synthetisch hergestelltes Vanille-Aroma zurück, das allerdings in keiner Weise mit dem Original konkurrieren kann.

Mürbeteigherstellung Step by Step

1. Für einen Torten-oder Kuchenboden benötigt man 250 g Mehl, 2 Teelöffel Zucker, 75 g Butter, 75 g Backfett, 4 EL Wasser, 1 Prise Salz.

2. Die Zutaten werden zu einer krümeligen Masse vermengt.

3. Der Teig sollte weich, aber nicht klebrig sein – wenn er zu trocken ist, noch etws Wasser hinzugeben.

4. Mit dem Teigspachtel wird der Teig zusammengeschoben und leicht zusammengedrückt.

5. Den Teig zu einem Kloß formen und fest in …

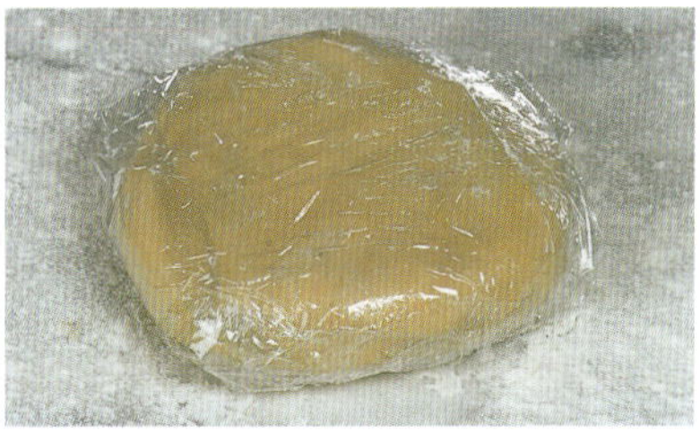

6. … Klarsichtfolie wickeln; wenn er nach 30 Minuten durchgekühlt ist, kann der Teig weiterverarbeitet werden (Kneten und Ausrollen).

Eis

Ein Sommer ohne Eis? Undenkbar! Die kühlende Süßigkeit hat mittlerweile sommers wie winters ihren festen Platz auf unseren Speiseplänen: Softeis, amerikanische und skandinavische Spezialitäten, Joghurt- oder Tofueis – für jeden Geschmack und Bedarf ist gesorgt, und die Eisdielen scheinen alljährlich um die Entdeckung neuer Geschmacksrichtungen zu buhlen.

Im Wesentlichen unterscheidet man zwischen *Fruchteis*, mit einem Anteil von 20 % Obstfruchtfleisch, *Milchspeiseeis*, das zu 70 % aus Milch besteht, und Rahm- bzw. *Sahneeis* mit 60 % Sahneanteil. Abgesehen von den herrlichen Erfrischungen, mit denen die Eisdiele an der Ecke aufwartet, gibt es auch besondere Spezialitäten, die bevorzugt als Dessert gereicht werden: Beim *Parfait* werden Eier oder Eigelbe zuerst im warmen, dann im kalten Wasserbad mit Zuckersirup aufgeschlagen und mit Alkohol, Früchten, Nüssen oder Schokolade verfeinert, bevor ungesüßte Sahne untergezogen und die Masse in einer hohen „Parfaitform" gefroren wird. *Sorbet* (auch: Sherbet oder Schnee-Eis) ist ein leicht gefrorenes Eisgetränk, das aus frischem, gesüßtem Fruchtsaft oder -mark, ersatzweise würzigem Wein oder Champagner und Eisschnee besteht. Ähnlich verhält es sich mit der *Granita*, einer italienischen Eisspezialität. Beim *Halbgefrorenen* oder *Semifreddo* handelt es sich um eine Eisspezialität auf der Basis von Sahne, Joghurt und Früchten. Aufwändig in der Herstellung ist die *Eisbombe*, ein Dessert, das aus meist zwei Schichten Cremeeis und einem Kern aus Parfaitmasse besteht. Die italienische Eisspezialität *Cassata* ist eine typische Variante dieser Dessertköstlichkeit. Ebenfalls beliebt sind *Eistorten*: In einer Springform wird auf einen Biskuitboden eine mit Schokolade überzogene Baiserplatte gelegt, auf die mehrere Eisschichten aufgetragen werden. Die oberste Eisschicht wird mit Früchten, Schlagsahne, Schokoraspeln und gehackten Pistazien garniert und wie eine Torte aufgeschnitten serviert.

Zur Kulturgeschichte des Eis

Über Konfuzius ist überliefert, dass er Eisliebhaber war, und schon früh gab es in China auf Eiszubereitung spezialisierte Restaurants. Von den Chinesen sollen die Araber gelernt haben, Fruchtsirup mit Eisschnee herunter zu kühlen; sie nannten dies „Sherbet". Von den Arabern haben es Griechen und Römer erlernt, doch erst als Marco Polo eine chinesische Technik publik machte, die es ermöglichte, mit einer Mischung aus Wasser und Salpeter Kälte zu erzeugen, sodass man darin Behälter aufbewahren konnte, war der Grundstein für die Eisherstellung gelegt. Die Speiseeiszubereitung aus Fruchtsaft und Wasser wurde zunächst in Italien zur Meisterschaft geführt. Von hier brachte es Katharina de Medici im 16. Jahrhundert mit ihren Köchen an den französischen Hof. Im Jahr 1651 eröffnete die erste Eisdiele in Paris und sorgte dafür, dass sich das Eis in den Kaffeehäusern ganz Europas verbreitete. Anfang des 20. Jahrhunderts tauchten die ersten italienischen Eiswagen nördlich der Alpen auf.

Grand Marnier-Sorbet

1 Biskuit-Tortenboden
4 TL Grand Marnier
5 Eigelb von mittelgroßen Eiern
Abgeriebene Schale von einer 1/2 unbehandelten Orange
Saft von einer 1/2 Orange
120 g Rohrzucker
4 EL Grand Marnier
350 ml steif geschlagene Sahne
1 Orange
Kakaopulver zum Bestäuben

Legen Sie den Boden von zylindrischen Backförmchen jeweils mit einer Biskuitplatte aus und beträufeln sie diese mit Grand Marnier. Legen Sie den Rand jedes Förmchens so mit Pergament- oder Backpapier aus, dass es 3 cm über den Rand steht. Verquirlen Sie die Eigelbe in einer Edelstahlschüssel und bringen Sie in einem Topf Wasser zum Kochen. In einem anderen Topf die Orangenschale, den Orangensaft und den Rohrzucker aufkochen und um die Hälfte reduzieren. Anschließend zusammen mit dem Grand Marnier zu dem Eigelb geben. Die Schüssel in den Topf mit dem kochenden Wasser stellen und rühren, bis die Masse so dick ist, das sie nicht mehr vom Schneebesen tropft. Lassen Sie dann die Schüssel in kaltem Wasser auskühlen. Die Masse nun kalt schlagen, die Schlagsahne unterheben und alles bis zum oberen Pergamentrand auf die Förmchen verteilen. Förmchen 6 Stunden einfrieren. Entfernen Sie danach das Pergamentpapier und dekorieren Sie jedes Förmchen mit etwas Orangenschale und Kakaopulver.

Ein köstliche Erfrischung – nicht nur an heißen Sommertagen.

Ein kaltes Buffet der besonderen Art.

Zitronen-Granita

2 unbehandelte Zitronen
1/4 l frisch gepresster Zitronensaft
250 g feiner Zucker
1/4 l trockener Weißwein
4 große Zitronen

Waschen und trocknen Sie die Zitronen, bevor Sie die Schale abreiben, die weiße Haut entfernen, das Fruchtfleisch entkernen und pürieren. Erhitzen Sie das Fruchtfleisch unter Rühren zusammen mit der Schale, dem Saft, dem Zucker, dem Wein und 1/8 l Wasser, bis der Zucker sich aufgelöst hat. Alles auskühlen lassen und 3 Stunden unter mehrmaligem Umrühren gefrieren. Von den großen Zitronen einen Deckel abschneiden, Fruchtfleisch entfernen und ebenfalls 15 Min. gefrieren. Die Granita mit dem Pürierstab durchrühren, in einen Spritzbeutel füllen, in die Zitronen füllen und servieren.

Eisherstellung

1. Die Basis bilden Zucker, Sahne und Eier – dazu alle möglichen Früchte oder Schokolade, Nüsse etc. sowie Aromastoffe und Bindemittel.

2. Zu Beginn des Produktionsprozesses wird die zuvor pasteurisierte Eier-Zucker-Sahne-Masse in die Eismaschine gegeben.

3. Unter gleichzeitigem, ständigem Rühren und Kühlen wird die Eismasse langsam fest.

4. Die Konsistenz der Eismasse wird in regelmäßigen Abständen überprüft.

5. Ist die gewünschte Konsistenz erreicht, wird das Eis entnommen und in Behälter gefüllt.

6. Endlich kann die süße Köstlichkeit an kleine wie große Schleckermäuler verkauft werden.

KAFFEE UND TEE

Einleitung

Lieselotte von der Pfalz, die spätere Elisabeth Charlotte von Orléans, klagte im Jahre 1699 über die befremdlichen Trinksitten in Frankreich: „Viele Leute hier trinken Tee und Kaffee und Schokolade, aber ich nehme gar nichts von diesem Zeug (...). Tee kommt mir wie Heu und Mist vor, Kaffee wie Ruß und Feigbohnen, und Schokolade ist mir zu süß, tut mir weh im Magen. Was ich aber wohl essen möchte, wäre eine gute Kaltschale oder eine Biersuppe".

Inzwischen haben sich die Geschmäcker auch in Europa geändert: Tee und Kaffee sind heute neben Wasser die häufigsten Getränke, ihr nahezu weltweiter Siegeszug durch die Jahrhunderte konnte weder durch Zölle noch durch Verbote aufgehalten werden. Allein der Anstieg der weltweiten Nachfrage nach Kaffee ließ diesen im 20. Jahrhundert zum wichtigsten Handelsgut nach Erdölprodukten werden, und heute noch werden die Bohnen im Notfall von der Weltbank als Ersatzwährung eingesetzt.

Doch nicht nur wirtschaftlich, auch politisch haben Tee und Kaffee eine Rolle gespielt: Gerade in den Kaffeehäusern Europas wurden seit dem 18. Jahrhundert bürgerliche oder gar revolutionäre Ideen geboren: Hier gab es keine Standesunterschiede, hier durfte man ungehindert rauchen, dem Genuss des braunen Getränkes frönen und seinen Gedanken freien Lauf lassen. Das Pariser Café Procope wurde so zu einem Treffpunkt für Bauern und Adlige, Herren und Knechte. Und 1773 war bei der „Bostoner Teaparty" der Tee zwar nicht die Ursache, wohl aber einer der Auslöser des amerikanischen Unabhängigkeitskriegs, denn aus Protest gegen Steuern und Bevormundung seitens des englischen Mutterlandes warfen als Indianer verkleidete Siedler mehrere Hundert Kisten Tee ins Meer – geplant wurde diese weit reichende Aktion übrigens in einem Kaffeehau in Boston! Ein weiterer Konflikt, der so genannte Opiumkrieg (1840–1842) zwischen China, dem damals wichtigsten Teelieferanten, und dem Britischen Empire entflammte, als die britische Ostindien-Gesellschaft im 19. Jahrhundert die steigende Nachfrage nach Tee hauptsächlich mit Opium finanzierte und die Chinesen sich schließlich weigerten, das für die Bevölkerung verheerende Zahlungsmittel weiter in ihr Land zu lassen. Erst die Verlagerung des Teeanbaus nach Indien löste dieses Problem.

Vor allem im Zeitalter des Kolonialismus betrieben die europäischen Staaten einen einträchtigen Handel mit Kaffee und Tee, die sie in Übersee mit Hilfe von Sklaven anbauen und ernten ließen. England, das um 1700 noch den höchsten Kaffeeverbrauch in Europa aufwies, wurde bis Mitte des 19. Jahrhunderts eine Nation der passionierten Teetrinker – was die Staatseinnahmen in die Höhe schnellen ließ, denn für jedes importierte Pfund Tee musste Zoll bezahlt werden. Heute zählen zu den führenden Kaffeeproduzenten Brasilien, Kolumbien, Mexiko, Vietnam, Indonesien und die Elfenbeinküste. Tee wird hauptsächlich in Indien, China, Sri Lanka, Indonesien, aber auch in Kenia, Russland und der Türkei produziert. Die Lage der Tee- und Kaffeepflücker hat sich im Laufe der Jahrhunderte nicht überall wirklich verbessert. Inzwischen gibt es allerdings eine Reihe entsprechender Initiativen. Für den Endverbraucher hat dies zwar seinen Preis, dafür kann er aber auch seinen Tee oder Kaffee besseren Gewissens genießen.

FÈ de L' ÒPERA
de BARCELONA

Geröstete Kaffeebohnen: Erst durch die Röstung erhalten die zuvor graugrünen und fast geruchslosen Bohnen ihr Aroma und ihre charakteristische Farbe.

Kaffee

Der Ursprung des *Kaffees* liegt wahrscheinlich im Äthiopien des 9. Jahrhunderts, und zwar – so vermuten zumindest einige Forscher – in der Provinz Kaffa. Dort soll man die stimulierende Wirkung der Kaffeebohnen entdeckt haben: Zunächst kauten die Einheimischen die koffeinhaltigen Samen des Kaffeestrauchs, später kochten sie daraus auch ein anregendes Getränk. Die Verbreitung des Kaffees allerdings begann im Jemen, und zwar in der Hafenstadt Mokha, eine der Handelsmetropolen der damaligen Welt. Der Name „Mocca" deutet auf diese Ursprünge. Spätestens im 15. Jahrhundert war Kaffee in der arabischen und osmanischen Welt ein beliebtes und verbreitetes Genussmittel. Europa entdeckte das Getränk erst 200 Jahre später: 1615 brachten die Venezianer die Kaffeebohnen mit in ihre Heimat, und schon bald eröffneten in allen Metropolen des Kontinents die ersten Kaffeehäuser. Trotz aller Verbote seitens der Regierenden erfreute sich das Genussmittel in allen Schichten großer Beliebtheit und entwickelte sich schließlich zu einem wahren Volksgetränk. Und auch heute ist Kaffee neben Tee eines der beliebtesten Getränke.

Kaffee wird aus den Samen der Kaffeepflanze gewonnen, einem immergrünen tropischen Strauch, der bis zu sechs Meter hoch werden kann und, einmal reif für die Ernte, fast 30 Jahre lang ganzjährig Früchte trägt. Diese haben eine kirschähnliche Form und enthalten zwei abgeflachte grünliche Samen, die so genannten Kaffeebohnen. Die gepflückten Kaffeekirschen werden zuerst einer Reinigung unterzogen und danach vom Fruchtfleisch und der Pergamenthülse befreit. Die freigelegten Bohnen werden lediglich getrocknet und kommen dann ungeröstet in den Welthandel. Auf diese Weise können sie mehrere Jahre ohne Qualitätsverlust gelagert werden.

Für den Kaffeehandel von Bedeutung sind vor allem zwei Bohnensorten: die *Coffea arabica* und die *Coffea robusta.* Erstere macht etwa 70 Prozent der Weltproduktion aus und ist die ältere Sorte. Sie wird wegen ihres milden, aber sehr aromatischen Geschmacks hoch geschätzt und vorwiegend in Arabien, Äthiopien, Indien, Brasilien, Mexiko und Kolumbien angebaut. Die Robusta-Sorte wächst hauptsächlich in Afrika, besitzt doppelt so viel Koffein wie ihre Verwandte und hat einen weniger aromatischen, leicht bitteren Geschmack. Sie ist allerdings widerstandsfähiger und etwas preiswerter als die Arabica.

Die hier gezeigte Kaffeesorte Arabica dominiert heute die Anbaugebiete zwischen dem 23. Grad nördlicher und dem 25. Grad südlicher Breite. Im Vergleich zur kälteempfindlicheren Robusta ist sie aromatischer, enthält aber nur halb so viel Koffein wie ihre vor allem in Vietnam, Indonesien, Brasilien, der Elfenbeinküste und Uganda angebaute Verwandte.

Sehr grob gemahlener Kaffee eignet sich am besten für die so genannte Kannenzubereitung, wenn also der aufgebrühte Kaffee etwas längere Zeit ziehen kann und der zurückbleibende Kaffeesatz anschließend herausgefiltert wird.

Fein gemahlener Kaffee muss nicht so lange mit dem Brühwasser in Kontakt bleiben wie gröberes Kaffeemehl und entsprechend verwendet man es vor allem für die Kaffeemaschine, also den so genannten Filterkaffee. Noch feiner muss das Mehl sein, wenn wie beim Espresso das heiße Wasser unter hohem Druck hindurchgepresst wird.

TRANSFAIR-Kaffee

TRANSFAIR ist ein eingetragener Verein von rund 40 gemeinnützigen Organisationen aus den Bereichen Kirche, Entwicklungshilfe, DGB-Bildungswerk und Verbraucherschutz. Der „Verein zur Förderung des Fairen Handels mit der ‚Dritten Welt' e. V." möchte nicht nur den fairen Handel fördern, sondern auch umweltschonende Anbaumethoden unterstützen. Während beim Handel mit Tee versucht wird, die Lebens- und Arbeitsbedingungen der Teepflückerinnen und Plantagenarbeiter zu verbessern, wendet sich TRANSFAIR beim Kaffeehandel in Lateinamerika und Afrika unter Ausschaltung der Zwischenhändler direkt an die Kleinbauern, die sich zu Genossenschaften zusammengeschlossen haben. Mindestpreise, längerfristige Abnahmegarantien und feste Entwicklungszuschläge sollen so die Existenz der Kleinbauern sichern. Kaffee mit dem TRANSFAIR-Siegel gibt es in Deutschland seit 1993 zu kaufen. In mittlerweile rund 25 000 Geschäften – Bioläden, aber auch Supermärkten – werden über 50 verschiedene Sorten angeboten.

Kaffeeröstverfahren

Kaffeebohnen sind von Natur aus graugrün und nahezu geruchslos. Erst durch das Rösten erhalten sie ihre charakteristische Farbe und ihr unverwechselbares Aroma. In speziellen Öfen werden die Bohnen bei Temperaturen von fast 300 °C erhitzt; dabei müssen sie in ständiger Bewegung sein, um eine gleichmäßige Röstung zu garantieren und eine Verbrennung zu verhindern. Während dieses Vorgangs löst sich die Zellstruktur der Bohnen auf, und die Kaffeefurche platzt unter lautem Knallen, ähnlich wie bei Popcorn. Die Länge des Röstvorgangs hängt von den jeweiligen Kaffeebohnen ab. So wird äthiopischer Kaffee weniger stark geröstet als der mexikanische. Die längste Röstung erhalten die Bohnen in Italien, der daraus gekochte Kaffee ist besonders dunkel. Allgemein lässt sich jedoch feststellen, dass die Qualität bei immer dunklerer Röstung abnimmt und sich der eigentliche Charakter der Bohnen verliert.

Nur wenn die Bohnen während des Röstvorgangs ständig in Bewegung bleiben, ist garantiert, dass sie gleichmäßig geröstet werden und nicht verbrennen.

Espressomaschinen finden sich in Deutschland mittlerweile auch in vielen Privathaushalten. Entscheidend ist der hohe Druck, mit dem das heiße Wasser durch das Kaffeemehl gepresst wird.

Die aufgeschäumte Milch wird beim **Cappuccino** mit Kakaopulver oder Schokostreuseln bestreut.

Unten: **Espresso** ist für viele der Inbegriff des Kaffeegenusses.

Rechts: Frühstücken wie Gott in Frankreich: Kaffee und Croissant

Kaffeehäuser

Schon bald nach der Kultivierung des Kaffees auf der arabischen Halbinsel eröffneten auch die ersten Kaffeehäuser. In den Räumen konnten die ausschließlich männlichen Gäste nicht nur das neue Getränk genießen, sondern auch miteinander reden, Brettspiele spielen und musizieren. Nach Mekka, wo die noch religiös geprägten Häuser „Kaveh Kanes" hießen, folgten bald weitere in Aden, Medina und Kairo, und 1554 wurde von syrischen Kaufleuten auch in Konstantinopel das erste Kaffeehaus gegründet. Erst 100 Jahre später konnte Venedig mit dem ersten Kaffeehaus Europas aufwarten. Ihm folgten sehr bald weitere in Oxford und London, Paris und Amsterdam, Hamburg und natürlich in Wien. Die Cafés entwickelten sich auch im Westen zum beliebten Treffpunkt für Angehörige aller Schichten; hier wurden Themen aller Art diskutiert und mitunter auch Revolutionen geschmiedet, weswegen die Herrschenden immer wieder Verbote über das „aufrührerische" Getränk verhängten – ohne nennenswerten Erfolg. Nach dem Zweiten Weltkrieg gab es – außer in Wien – nicht mehr viele Kaffeehäuser in Europa, doch im Lauf der letzten Jahrzehnte hat eine Rückbesinnung stattgefunden, und mittlerweile kann, wer eine Tasse Kaffee genießen will, in fast allen Städten zwischen der schicken Caféteria, dem traditionsreichen Kaffeehaus oder der Filiale eines modernen Coffee-Shops wählen.

Kaffeevariationen

Im gesamten Mittelmeerraum ist der **Espresso** als erstes Frühstück ebenso beliebt wie nach einem guten Essen.

Eine Spezialität der Kanarischen Inseln: Der **Café bonbon** oder **Café canario** ist ein Espresso mit Kondensmilch.

Milchkaffee schmeckt am besten, wenn die hinzugegebene Milch heiß ist und zuvor aufgeschäumt wurde.

Cafe con hielo – eine herrliche Erfrischung im sommerlich heißen Spanien: In ein Glas mit Eiswürfeln gießt man einen Espresso.

Beim italienischen **Latte macchiato** gibt man einen Schluck Espresso in ein Glas mit aufgeschäumter Milch.

Beim spanischen **Carajillo** wird Brandy oder Anisschnaps mit Zucker verrührt und mit einem starken schwarzen Kaffee aufgefüllt.

Tee

Seit Jahrtausenden haben Menschen aller Kontinente aus den verschiedensten Kräutern, Blättern oder Wurzeln Getränkeaufgüsse zubereitet und ihre heilsame Wirkung genossen. Der Schwarze und Grüne Tee allerdings, den wir heute in erster Linie genießen, wird aus den getrockneten Blättern des *Teestrauches (Camellia sinensis)* gewonnen. Die Heimat dieses immergrünen Gewächses liegt in China, wo Tee schon vor Jahrtausenden angebaut wurde.

Obgleich in Asien schon seit langem bekannt, gelangte der Tee erst zu Anfang des 17. Jahrhunderts nach Europa. Es war Grüner Tee, der zuerst nach Holland, später auch nach England und Deutschland eingeführt wurde. Schnell entwickelten sich die zerkleinerten Blätter zur begehrten Handelsware, deren Bezahlung in Silber erfolgte. Waren es zunächst hauptsächlich die Holländer, die den Tee importierten, liefen ihnen bald die Engländer den Rang ab. Im Laufe des 18. Jahrhunderts wurden aus den passionierten Kaffeetrinkern mit dem höchsten Pro-Kopf-Verbrauch in Europa ein Volk von Teetrinkern, dessen Lebensphilosophie ohne die „Tea time" heute nicht mehr vorstellbar wäre.

Fast 100 Jahre lang kann eine Teepflanze immer wieder neue Blätter hervorbringen, die leuchtend grün, oval und leicht behaart sind. Bis zu 30-mal im Jahr können die jungen Blätter an den Zweigspitzen gepflückt werden, wobei die besten Tees aus den Blattknopsen („Pekoe") und den beiden obersten Blättern hergestellt werden. Weniger hochwertige Tees gewinnt man aus den dritten, vierten und fünften Blättern. Die Verarbeitung der geernteten Blätter entscheidet darüber, in welcher Form der Tee in den Handel kommt: Während Schwarzer Tee aus fermentierten Blättern besteht, werden die Blätter des Grünen Tees lediglich gedämpft und getrocknet. Der dunkelgrüne Oolong-Tee wiederum entsteht, indem man den Fermentierungsprozess nach nur kurzer Zeit abbricht.

Die bekanntesten Anbaugebiete liegen in Asien, hier vor allem in Indien, wo in der Hochebene von Assam im Norden des Landes das größte zusammenhängende Teeanbaugebiet der Erde liegt. Assam-Tees sind duftig, blumig und zeichnen sich durch ein kräftiges Aroma aus. Der „Champagner" unter den Tees, der Darjeeling, kommt von den Südhängen des Himalaja und ist besonders lieblich und zart, seine First Flush-Ernten erzielen auf den Auktionen Höchstpreise. Weitere Anbaugebiete liegen in Nilgiri und Travancore in Südindien; diese Tees ähneln im Aroma dem Ceylon-Tee und werden fast nur für Mischungen verwendet.

Obwohl erst seit etwas über 100 Jahren im Geschäft, ist Sri Lanka mit seinen Anbaugebieten Uva, Dimbula und Nuwara Eliya heute der zweitgrößte Tee-Exporteur der Welt. Ceylon-Tee hat einen angenehm herben Geschmack und liegt farblich zwischen Darjeeling und Assam.

Auf die älteste Teetradition kann China zurückblicken; in 14 chinesischen Provinzen wird Tee angebaut, und zwar überwiegend Grüner Tee. Weitere fernöstliche Teeproduzenten sind Taiwan, das den Oolong-Tee herstellt, Japan, das allerdings seinen Grünen Tee vorwiegend für den Eigenverbrauch produziert und Indonesien, dessen Tees aufgrund des äquatorialen Klimas keinen Schwankungen unterliegen, aber auch von keiner großen Qualität sind. Sumatra-Tees werden gerne für ostfriesische oder englische Mischungen verwendet. Die Anbaugebiete in Mittelasien schließlich mit den klassischen Teetrinker-Nationen Russland, Georgien, Türkei und Iran produzieren fast ausschließlich für den Eigenbedarf. In jüngerer Zeit haben sich auch einige afrikanische Länder zu bedeutenden Tee-Exporteuren entwickelt. Tees aus Kenia, Tansania, Mosambik und Südafrika werden in Europa immer beliebter.

Hibiskusblütensuppe mit Tannenhonig-Parfait

500 ml Hibiskusblütentee
1/2 TL Agar-Agar (Geliermittel aus Algen, Reformhaus)
1 EL Tannenhonig
Saft von einer Orange
1/2 TL abgeriebene Schale einer unbehandelten Zitrone

Für das Parfait:
3 Eigelb von mittelgroßen Eiern
1 mittelgroßes Ei
3 EL Tannenhonig
250 ml geschlagene Sahne

Für die Garnitur:
100 ml Champagner
250 g Beeren der Saison
2 TL geschnittene Pfefferminzeblätter

Nehmen Sie von dem Hibiskustee eine Tasse ab und lassen sie abkühlen. Rühren Sie das Agar-Agar-Pulver ein und gießen Sie die Tasse in den restlichen Tee zurück und erhitzen Sie alles wieder bis zum Siedepunkt. Geben Sie Honig, Orangensaft und Zitronenschale hinzu und stellen Sie alles kalt. Rühren Sie Eigelb, Ei und Tannenhonig in einer Schüssel über Wasserdampf schaumig, bis die Masse nicht mehr vom Schneebesen tropft. Stellen Sie alles in ein kaltes Wasserbad und schlagen Sie das Ganze kalt. Schüssel aus dem Wasserbad nehmen und die Schlagsahne einrühren. Verteilen Sie das Parfait auf kleine Förmchen und gefrieren Sie sie. Gießen Sie den Champagner zu der Teemischung, füllen Sie sie in gekühlte Teller und verteilen Sie die Beeren darin. Lösen Sie das Parfait aus den Formen, richten Sie jeweils eins an und servieren Sie es mit Minzstreifen bestreut.

Panitola – ein sehr malziger,
elkräftiger, würziger **Assam-Tee.**

ıer **Sencha** ist reich an Vitamin C
der beliebteste Alltagstee in Japan.

l bei Erkältungen: **Salbeitee** lindert
ündungen in Mund und Rachen.

ferminztee wirkt beruhigend
Magen und Darm und regt die
enproduktion an.

Kräutertees

Seit Urzeiten werden Kräuter und Heilpflanzen für Tees verwendet, schon in der Antike und im alten China wusste man um die heilsame Wirkung der verschiedenen Kräutertees. Wurden sie noch im 19. Jahrhundert von der ärmeren Bevölkerung als Ersatz für den „echten" Tee genutzt, dienen sie heute, lose verpackt oder fertig dosiert in Beuteln, vorwiegend der Gesundheit und dem allgemeinen Wohlbefinden. Beinahe alle Kräuter lassen sich getrocknet zu Tee verarbeiten. So werden Fenchel-, Hagebutten-, Kümmel- oder schwarzer Johannisbeertee aus den entsprechenden Früchten hergestellt, bei Kamille, Lindenblüten, Holunder oder Malve liefern die Blüten den Grundstoff. Pfefferminz und Melisse wiederum sind Blättertees. Beim Baldrian-, Bibernelle- oder Ginsengtee sorgen die Wurzeln für die entsprechende Wirkung.

Indien, das Teeland

Im Gegensatz zu China, dessen Teekultur schon seit Jahrtausenden besteht, haben sich in Indien Spuren einer solchen Tradition nirgendwo erhalten, obwohl sich viele indische Märchen und Sagen um die Entstehung der Teepflanze ranken. Erst die Briten erweckten vor gut 200 Jahren die indische Teetradition wieder zu neuem Leben: Am Fuß des Himalaja-Gebirges entdeckten sie wild wachsende Teesträucher und kultivierten diese nach Art der Chinesen. Inzwischen sind die indischen Anbaugebiete Assam oder Darjeeling weltberühmt. Indien ist mittlerweile der führende Teehersteller der Welt, allein in der Region Darjeeling lebt die Bevölkerung ausschließlich vom Teeanbau. Auch heute noch werden in den Plantagen die Pflanzen per Hand gepflückt, und zwar überwiegend von Frauen, die für ihre schwere Arbeit meist nur einen minimalen Lohn erhalten.

Die Farbe von Tee sagt nichts über seine Qualität aus.

Aromatisierte Tees

Aromatisierte Tees kennt man schon seit einigen Jahrhunderten, der bekannteste dürfte der Earl Grey sein, ein mit Bergamottöl parfümierter Schwarztee. In den letzten 30 Jahren hat sich die Auswahl enorm vergrößert. Inzwischen gibt es eine große Palette an aromatisierten Tees: sei es nun Vanille-, Apfel-, Kiwi-, Karamel- oder Zimttee – der Geschmacksvielfalt sind keine Grenzen gesetzt. Grundlage ist meist ein Tee mittlerer Qualität, der mit ätherischen Pflanzenölen besprüht wird. Eine andere Methode besteht darin, den Tee mit Zusätzen wie Blüten, Frucht- oder Schalenstückchen zu mischen, um so das jeweilige Aroma zu erreichen. Das eigentliche Teearoma ist nur noch die Basis. Aus diesem Grund lehnen Puristen diese Teesorten ab, allenfalls der Earl Grey findet Gnade. Dies ändert jedoch nichts an der Tatsache, dass sich aromatisierte Tees besonders bei jungen Leuten großer Beliebtheit erfreuen.

Gesundheit und Tee

Dass Tee wohltuend auf Körper und Geist wirkt, steht außer Frage, seine anregende bzw. beruhigende Wirkung hat wohl jeder schon einmal erfahren. Darüber hinaus gibt es jedoch eine ganze Reihe spezieller Tees, die wahre Gesundheitselixiere sind, da sie allesamt viele Vitamine, Mineralien und Spurenelemente enthalten. Der bekannteste und älteste dürfte der Grüne Tee sein, der vielen Erkrankungen vorbeugt oder ihre Heilung positiv beeinflusst (Schnupfen, Magen-Darm-Beschwerden, Zahnschmerzen, Entzündungen und sogar Krebserkrankungen). Ebenfalls aus China stammen der Pu-Erh-Tee, der bei uns mittlerweile als Schlankheitstee beliebt ist, sowie der Kombucha-Tee, der das Immunsystem stärkt und eine entwässernde Wirkung hat. Aus Südamerika sind der Mate-Tee und der Lapacho-Tee bekannt: Ersterer entspannt die Muskulatur der Bronchien und ist bei Asthmatikern geschätzt, der Lapacho stärkt das Immunsystem und hilft, äußerlich angewandt, auch bei Hautproblemen. Dem südafrikanischen Rotbusch-Tee schließlich wird ebenfalls eine positive Wirkung auf Krebserkrankungen nachgesagt, zudem beugt er durch seinen positiven Einfluss auf den Fettstoffwechsel Gefäßerkrankungen vor.

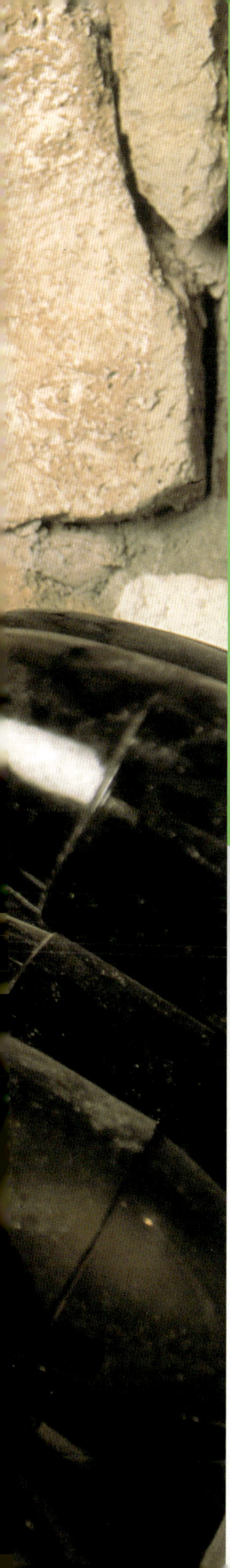

WEIN UND CHAMPAGNER

Einleitung

„Auf grünen Bergen wird geboren,
der Gott, der uns den Himmel bringt.“

Novalis, „Der Wein“

Um Wein zu genießen, muss man kein Weinkenner sein – aber es kann nicht schaden, einer zu werden, denn das Wissen vom Wein erhöht die Freude daran. Man kann einen Wein noch mehr genießen, wenn man weiß, woher er kommt, aus welchen Reben er gemacht ist, ob er sortenrein (also aus einer einzigen Rebe) ist oder wie und warum er sich von anderen unterscheidet.

Die Beschäftigung des Menschen mit dem Wein reicht weit in die Geschichte zurück. In Mesopotamien und in Ägypten wurde bereits vor etwa 6000 Jahren Wein angebaut, und den alten Griechen war Wein so vertraut und selbstverständlich, dass Rebstöcke zur „Grundaustattung“ der griechischen Stadtgründungen im Mittelmeerraum gehörten. Mit den Griechen kamen die Reben im 6. Jahrhundert v. Chr. über Marseille auch an die Südküste Frankreichs und später mit den Römern entlang der großen Flüsse ins heutige Burgund und Bordelais, an die Loire, ins Elsass, an Rhein, Mosel und Donau, ja bis nach Britannien.

Im frühen Mittelalter wurden die Klöster – unterstützt von den Königen – zu Zentren des Weinbaus. Die Mönche legten Weinberge an, die teilweise noch heute Bestand haben, und im Laufe der Zeit verbesserten sie die Weinqualität. Zunächst produzierten sie Messwein, dann aber in immer stärkerem Maße auch Wein für den Verkauf, der allerdings – wie in der Antike – verdünnt und mit Honig oder Sirup gemischt werden musste, um trinkbar zu sein.

Ab dem 16. Jahrhundert gelangte die Weinkultur durch spanische Missionare auch auf den amerikanischen Kontinent; zunächst nach Argentinien und Chile, im 18. Jahrhundert auch nach Südkalifornien. Britische Siedler wiederum brachten zu Anfang des 19. Jahrhunderts europäische Reben nach Australien und Neuseeland. Während sich der Weinanbau in der neuen Welt langsam ausbreitete, hatte er es im nördlichen Europa seit dem Spätmittelalter zunehmend schwerer: Die beginnenden Aktivitäten der Hanse und ihre Importe „süffigerer“ Weine aus Spanien und Italien ließen den Umsatz und die Anbaugebiete der heimischen Weinregionen ebenso zurückgehen wie später die Zerstörungen während des Dreißigjährigen Krieges und die zum Teil durchgreifenden Säkularisationen der Klöster im 19. Jahrhundert, wodurch viele Weinberge verwilderten oder zerstört wurden. Als die 1863 (nach England) und 1874 (nach Frankreich und Deutschland) aus Amerika eingeschleppte Reblaus die Rebenbestände ganzer Regionen ruinierte, erholte sich der europäische Weinbau nur langsam durch den Import widerstandsfähiger amerikanischer Reben aus Kalifornien, denen die Winzer europäische Edelreben aufpfropfen.

Im 20. Jahrhundert, insbesondere nach dem Zweiten Weltkrieg, gewannen die Weinproduktionen aus Übersee – USA, Südamerika, Australien, Neuseeland und Südafrika immer größere Bedeutung. Durch teilweise hohe Qualitäten haben diese Erzeuger mit dazu beigetragen, das Niveau der Weine insgesamt anzuheben, und wenn es auch immer noch Millionen Hektoliter billigen Konsumweins gibt (für 2 Euro kann man keine Flasche anständigen Weins produzieren!): Für den aufmerksamen und kritischen Weinfreund ist neben der eigenen Informiertheit auch die Internationalität des Weinmarkts ein Garant für gute Qualität zu vernünftigen Preisen.

Das Weingut „Bodegas Nekeas“ in Navarra

Die Wildrebe

Funde von versteinerten, etwa 60 Millionen Jahre alten Traubenkernen belegen, dass es wilde Reben schon lange vor dem Menschen gab. Die Wildrebe wuchs in den unendlichen Waldregionen der Erde (daher ihr wissenschaftlicher Name: *Vitis silvestris*), von Afghanistan und Ägypten bis Mexiko, in der Karibik und in Nordamerika. In einem Erdklima, das weitaus wärmer war als heute, entwickelte sich die Pflanze als Kletterstrauch mit Beeren. Die verschiedenen Eiszeiten jedoch drängten die Wildrebe zurück in die gemäßigten Zonen Nordamerikas, Ostasiens und ins Mittelmeergebiet – wo sie heute, als Kulturrebe veredelt *(Vitis vinifera)*, der Weinherstellung dient.

Aus roten Trauben bestehende Maische.

Herstellung des Weines

Mit der Weinlese – in den Mittelmeerländern ab Anfang September, in den anderen Weinbaugebieten Europas von Mitte September bis Ende Oktober – beginnt der Prozess der Weingewinnung, die von ihrer Grundstruktur für alle Weine gleich ist. Nach dem Sammeln der Trauben werden sie entrappt, also von Stielen und Kämmen abgetrennt, und in Mühlen zur Maische zerquetscht. Der austretende Saft ist bei allen Trauben farblos.

Bei *Weißwein* wird die Maische nach kurzer Zeit gekeltert (entsaftet). Dabei entsteht der Most und der Pressmost (der unter Druck abgelaufene Saft). Dieser wird in Zentrifugen von Trübstoffen gereinigt und zur Gärung in Gärbehälter gefüllt (Holzfässer, Stahl- und Kunststofftanks). Die übrig bleibenden, gepressten Rückstände nennt man *Trester*, der wiederum zu *Branntwein* (Trester, Marc, Grappa) destilliert werden kann.

Bei *Rotwein* wird die Maische zuerst in Gärbehältern gerührt und der Gärung ausgesetzt (Maischegärung), damit sich die roten Farbstoffe der Beerenhaut und die Gerbstoffe mit dem Most verbinden. Die Dauer dieses Prozesses – er kann von zwei Tagen bis zwei Wochen dauern – entscheidet über Farbton und Gehalt an Gerbstoff, der den Geschmack des Weines prägt. Für leichtere Rotweine wird die Dauer der Maischgärung verkürzt. Wird die Maische roter Trauben sofort gekeltert, entsteht Weißwein (Blanc de noirs), wird sie nach einigen Stunden der Gärung gekeltert, erzielt man Roséwein.

Bei der alkoholischen Gärung entstehen – beeinflusst von Hefeenzymen, die sich durch die im Lesegut enthaltene Hefe bilden – aus den Zuckermolekülen des Mostes Äthylalkohol und Kohlendioxyd. Der jeweilige Zuckergehalt des Mostes ist dabei ausschlaggebend für den Alkoholgehalt, der bei natürlicher Gärung höchstens 15 Vol.-% erreicht. Um diesen bei zuckerschwachen Mosten zu erhöhen, wird gegebenenfalls – nach strengen gesetzlichen Vorschriften – Zucker oder Traubenmostkonzentrat hinzugefügt. Eine Gefahr während des Gärens besteht darin, das sich das Gärgut auf bis zu 40 °C erhitzt. Bei dieser „stürmischen Gärung“ verliert es wichtige Geruchs- und Geschmacksstoffe, und der Alkoholgehalt wird zu dominant. Um das zu verhindern, wird das Gärgut gekühlt und die Gärtemperatur konstant gehalten. Von weiterer Bedeutung ist die Kontrolle und gegebenenfalls die Korrektur des Säuregehalts des Weines. Ist dieser zu hoch, wird er durch Calciumkarbonat gemildert, ist er zu gering, gibt man Wein- oder Zitronensäure hinzu.

Ist die Gärung beendet, wird der Wein „abgestochen“: Er wird aus dem Weinfass, in dem er vergoren wurde und auf dessen Boden die abgestorbene Hefe und Trubstoffe lagern, in ein anderes Fass gepumpt. Hat dieser Wein noch Restbestände etwa an Hefe oder Zucker, wird eine weitere Gärung eingeleitet und ein zweiter Abstich vorgenommen. Dann noch verbleibende Trubstoffe werden durch Filteranlagen beseitigt.

Eine wichtige Rolle bei der weiteren Verarbeitung des Weines spielt der Kellermeister, der Jungweine (wenn sie nicht sortenrein gehalten werden sollen) mit anderen, gleichwertigen kombiniert. Dies geschieht, um den Geschmack bei Bedarf zu verbessern und um mit seiner Komposition eine bestimmte Geschmacksvorstellung zu erzielen – für viele Weingüter ein Markenzeichen.

Der so entstandene Jungwein wird – insbesondere bei Rotwein, seltener bei Weißwein, bei dem heute eher Frische, Sortenreinheit und Frucht gewünscht sind – vor dem Abfüllen zur weiteren Veredlung und Reifung häufig in Holzfässern gelagert, zumeist „Barriques“ aus Eiche, zunehmend aber auch in Edelstahltanks.

Reben

Es gibt Tausende Rebsorten, und alle unterscheiden sich mehr oder weniger deutlich in Größe, Form, Farbe, Geschmack, Duft, Reifezeit und Resistenz gegen Bakterien. Die oft gleichen Reben wachsen in unterschiedlichen Klimazonen und Erdteilen. Die meisten Trauben jedoch stammen von *Vitis vinifera* (die wohl ursprünglich aus dem Kaukasus kommt) ab, und der größte Teil der Weltweinproduktion wird aus Varianten dieser Traube gekeltert. Ihr natürlicher, hoher Zuckergehalt befördert die Gärung (Fermentation) mit einem Alkoholgehalt von ca. 10 Prozent und mehr. Hinzu kommt eine relativ dezente Säure, die eine für die Weinherstellung förderliche Komponente darstellt. Darüber hinaus sind die verschiedenen Varianten bestens geeignet für die Komposition (Cuvée) miteinander.

Weinherstellung Step by Step

1. In der Traubenmühle werden die zuvor gegebenenfalls entrappten Trauben zur Maische vermahlen.

2. Die Maische wird gekeltert, also entsaftet. Der so gewonnene Most wird dann in Zentrifugen von Trübstoffen gereinigt.

3. Der Druck der pneumatischen Pressen wird beim Keltern genauestens überwacht.

4. Der gereinigte Most wird in Stahl- oder Kunststofftanks gefüllt, wo dann durch die Gärung der Wein entsteht.

5. Blick in einen Gärungstank: Hier verwandeln Hefeenzyme den Zucker des Mostes in Äthylalkohol.

6. Beim Abstich wird durch Umfüllen der klare junge Wein vom Bodensatz, dem so genannten Trub, getrennt.

Stahl oder Eiche

Die traditionelle Nutzung von Holzfässern für Ausbau und Lagerung von Wein schwindet mehr und mehr. Heute werden Holzfässer (aus Eiche, Kastanie, Akazie und anderen Holzsorten) fast nur noch zum Ausbau von Barrique-Weinen herangezogen, also zur geschmacklichen Definierung eines Weines. Tanks aus rostfreiem Edelstahl haben sich durchgesetzt und sind aus der modernen Weinherstellung nicht mehr wegzudenken, im Gegenteil: In gewisser Weise sind sie Voraussetzung für den kontrollierten Ausbau, denn sie garantieren ein Höchstmaß an Hygiene und können als optimale Temperaturleiter den jeweiligen Bedürfnissen entsprechend exakt temperiert werden. Dieser Vorteil ist besonders für die Weinherstellung in wärmeren Klimazonen von Bedeutung, deren im Fass oder Betonbehälter ausgebauter Wein häufig flache und säurearme Weine ergeben hatte.

Frankreich

Frankreich gilt den meisten Weinliebhabern als das Weinland par excellence. Allein die Tatsache, daß im 7. Jahrhundert v. Chr. der Weinbau für Frankreich im Midi begann und sich von dort über ganz Gallien – ins heutige Burgund, ins Bordelais, in die Champagne sowie die Täler von Rhône und Loire – ausbreitete, belegt nicht nur eine mehr als 2500-jährige Tradition, sie ist auch Hinweis auf die große Erfahrung und den Kenntnisreichtum der französischen Winzer, die selbstverständlich auch in die heutigen hochmodernen Methoden der Weinherstellung einfließen.

Zudem schuf sich Frankreich frühzeitig Institutionen, die sich um den Weinbau, seine Qualität und die Vermarktung kümmerten. Bereits 1855 wurden die Weine im Médoc (im Bordelais) als Cru Classé-Weine eingestuft, und 1932 gründete man in Paris das Institut National des Appellations d'Origine, das den Qualitätsweinbau fördert und klassifiziert. Die Reputation, die französische Weine dadurch erlangten, ist bis heute ungebrochen.

Neben den beiden berühmten Weingebieten Bordelais und Bourgogne gibt es in Frankreich eine Vielzahl guter und ob ihrer bemerkenswerten Qualität geschätzte Appellationen. Ihnen allen gemeinsam ist das hohe Niveau ihrer Produkte. Aber jede Region – zum Teil nur kleine Gebiete wie Chablis (das zu Burgund gezählt wird), Tursan oder Jurançon – hat Weine eigenen Charakters entwickelt, hat bevorzugte Rebsorten und gelegentlich sogar besondere Flaschenformen.

Geordnet und in drei Qualitätskategorien festgelegt wird der Weinbau durch das erwähnte Pariser Institut. Die höchste Stufe ist die *Appellation (d'origine) controllée* (AC oder AOC – kontrollierte Ursprungsbezeichnung). Sie garantiert die Herkunft der Reben aus dem jeweiligen Gebiet, die Beschränkung des Ertrags pro Hektar (i. d. R. 40 hl/ha), die Verarbeitungsmethoden und den Alkoholgehalt. Im Rahmen dieser Vorgaben variiert die Anwendung der AC, und so bezeichnet sie etwa im Bordelais als kleinste Appellation ein Dorf, in der Champagne dagegen die gesamte Region.

Die zweite Stufe ist der *Vin delimité de qualité supérieure* (VDQS – Wein aus begrenztem Anbaugebiet von höherer Qualität). Sie bezeichnet einen guten Wein von Eigenart und Tradition, der einem AC nahe kommt. Diese Klassifizierung verschwindet jedoch nach und nach, und an ihre Stelle schiebt sich mehr und mehr die dritte Kategorie, der *Vin de pays* (Landwein). Sein Ausbau hat in den letzten Jahren teilweise beste Ergebnisse gezeitigt, und sein Fortschritt wird forciert vorangetrieben. Diese Entwicklung spiegelt sich in der Klassifizierung der EU wider, die nur noch unterscheidet zwischen *Vin de qualité produit dans une région déterminée* (VQPRD – Qualitätswein eines bestimmten Anbaugebietes) und *Vin de table* (Tafelwein). Die relativ eindeutige Erkennbarkeit der Weinqualitäten anhand ihrer Einordnung kommt dem Verbraucher zugute, und sie gilt für alle Weinbauregionen.

Die mit der *Champagne* nördlichste Weinbauregion ist das *Elsass*, berühmt für seinen Riesling und Gewürztraminer. Es hat nur eine Appellation: Alsace, und Alsace Grand Cru bezeichnet bestimmte Lagen. Aber Winzer und Traubensorte sind immer eindeutig abgegrenzt, und der Weinfreund weiß, was er kauft. An der *Loire* werden beliebte Weißweine aus den Rebsorten Sauvignon blanc, Chenin blanc und – im Westen, an der Mündung der Loire in den Atlantik – Muscadet gewonnen, aber auch beachtliche Rote aus Cabernet franc und der Gamay-Traube. *Jura* und *Savoyen* sind zwei kleinere Weingebiete im Osten Frankreich bis hin zum Südufer des Genfer Sees (Haute-Savoie). Neben guten Weiß- und Roséweinen ist im Jura der Vin jaune eine würzig-kräftige, leicht oxydierte Weinspezialität, die an Sherry erinnert. Die Weine aus Savoyen sind zu etwa 70 Prozent weiß und leicht, und der Rousselle, gelb in der Farbe und kraftvoll im Geschmack, ist eine lokale Kreation.

Die Weine der *Rhône* kommen aus dem Gebiet südlich von Lyon bis zum Midi. Namen wie Crozes-Hermitage, Côte du Rhône oder Châteauneuf-du-Pape signalisieren gute Weine aus den „Lieblingstrauben" der Gegend, Syrah (oder Sérine – für Rote), Viognier und Roussanne (für Weiße). Von der Provence im Osten bis zu den Pyrennäen im Westen reiht sich

Ein Weingut in Sauternes

Rotweinsorbet

Zucker
Zimt
300 ml junger Rotwein
abgeriebene Schale einer unbehandelten Orange
2 Eiweiß, leicht geschlagen
Minzblätter zum Dekorieren

Bereiten Sie aus erhitztem Zucker, Zimt und etwas Wasser einen Zuckersirup zu. Lassen Sie ihn auskühlen und geben Sie dann Rotwein, Orangenschale und das geschlagene Eiweiß hinzu. Gefrieren Sie alles für 4 bis 5 Stunden im Eisfach, lassen Sie es antauen und rühren Sie es nochmals durch. Mit den Minzblättern garniert servieren.

die Kette der Weinbaugebiete des *Midi* und des *Sud-Ouest*: von der Appellation Bandol über Minervois, Corbières und Banyuls zum Madiran, Jurançon und Tursan (und etwas nördlich davon in den Haut-Pays, dem Hochland, die Appellationen Bergerac, Cahors und Gaillac), Gebiete, die, von spritzigen, frischen Weißweinen und aromatischen Rosés bis zu kräftigen, robusten Roten (etwa im Madiran aus der lokalen Tannat-Traube) alle Vorzüge französischer Weinbaukunst in sich vereinen, man muss sie nur für sich entdecken – und genießen.

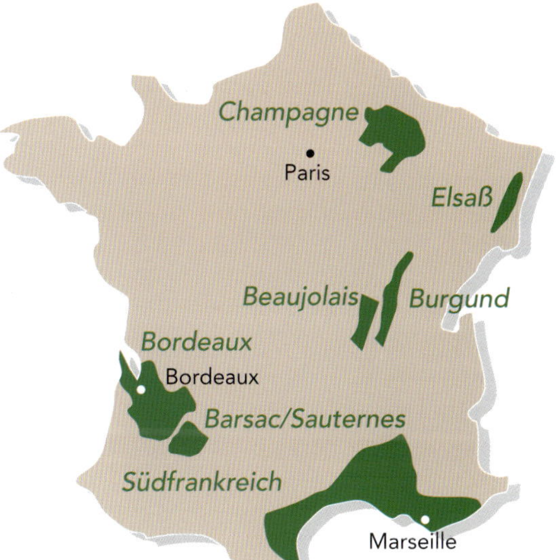

Ein Mouton Cadet aus dem berühmten Château Mouton-Rothschild

Ein Weingut in einem der bedeutendsten
Weinbaugebiete der Welt: Burgund

Burgund

Im *Burgund* liegen einige der bedeutendsten Weinanbaugebiete der Welt: die Côte d'Or (Côte d'Nuits, Côte d'Beaune), die Côte Chalonnaise, das Mâconnais und das Beaujolais. Hier finden wir jene Orte, deren Pinot-noir-Weine Legende sind: Vosne-Romanèe mit dem wohl rundesten, duftigsten und komplettesten Roten der Côte d'Nuits, Chambolle-Musigny (Côte d'Nuits) mit frischen, leichten, am deutlichsten Pinot-Bouquet präsentierenden Weinen, oder Gevrey-Chambertin (Côte d'Nuits), dessen hohe Hanglagen kräftige, volle Weine liefern.

Die Côte de Beaune ist – neben ihren vorzüglichen Rotweinen – berühmt für ihren Weißen Burgunder, der ausschließlich aus der Chardonnay-Traube gewonnen wird. Appellationen wie Meursault mit seinen runden, harmonisch-weichen Weißen, Puligny-Montrachet, dessen Chardonnays die Weinliebhaber die Krone des Weißweins zugestehen oder Chassagne-Montrachet, der seinem Namensvetter kaum nachsteht, sind Musterbeispiele höchster Weinkultur.

Aber auch im Mâconnais und im Beaujolais, vielen nur bekannt durch den Massenwein „Primeur", stellen die Winzer sehr gut Weine her, den Roten allerdings im Gegensatz zum übrigen Burgund aus der Gamay-Traube, und Namen wie Pouilly-Fuissé oder St-Véran (weiß) und Juliénas, Fleurie, Chénas oder Brouilly lassen jeden Weinkenner allemal aufhorchen.

Die Weinlese ist noch immer eine mühevolle Handarbeit.

Vom Château Palmer (Appellation Margaux) stammt dieser 98er Médoc – ein echter Spitzenwein.

Der Chablis, hier ein 96er Premier cru vom Weingut Domaine Long Depaquit, ist einer der beliebtesten französischen Weißburgunder.

Dieser Premier cru stammt aus dem Herzen Burgunds, von der Côte d'Or (Gevrey-Chambertin).

Bordelais

Das *Bordelais* gilt seit langem als das bedeutendste Weinbaugebiet der Erde. Bodenbeschaffenheit und Meeresklima, die Traubensorten und die große Tradition haben über Jahrhunderte eine Weinkultur geschaffen, die auch heute noch für Winzer in aller Welt Maßstäbe setzt. Vom Médoc in der Appellation Bordeaux über St. Estéphe, Paulliac, St. Julien, Margaux, Graves bis Sauternes im Süden finden wir eine großarige Vielfalt an Weinen, die dennoch alle ihre Verwandtschaft nicht leugnen: Bordeaux.

Die Traubensorten Cabernet Sauvignon, Cabernet Franc und Merlot und ihre Assemblagen sind die Basis für die unverwechselbaren und langlebigen Roten des Bordelais. Weingüter wie Château d'Yquem (im Sauternes) mit seinen berühmten, aromatischen Weißwein-Auslesen, die Châteaux Lafite-Rothschild, Mouton-Rothschild, Latour (im Paulliac), Margaux, Palmer (im Margaux), Haut-Brion (in Graves) oder Pétrus (im Pomerol) – sie alle liefern große Weine von höchster Intensität und Finesse, die Jahrzehnte lagerfähig bleiben und erst nach einem halben Jahrhundert oder später ihre perfekte Struktur und Klasse erreichen. Für die, die nicht warten können: Man kann sie auch schon früher trinken.

Maultaschen in Rotweinsauce

250 g Hirschfleisch, gewürfelt
100 g fetter Speck, gewürfelt
4 EL Sahne
7 Eier
20 ml Weinbrand
Salz und Pfeffer aus der Mühle
Wildgewürz
200 g Mehl
50 g Weizengrieß
2 EL Pflanzenöl
10 getrocknete Shiitake-Pilze, eingeweicht
100 g Butter
1 kleine, gehackte Zwiebel
125 ml Rotwein

Geben Sie Fleisch, Speck, Sahne und ein Ei in den Blitzhacker und stellen Sie eine feine Farce her. Würzen Sie alles mit dem Weinbrand, Salz, Pfeffer und Wildgewürz. Kneten Sie das Mehl, den Weizengrieß, das Öl und 5 Eier zu einem Teig, wickeln Sie diesen in Frischhaltefolie und lassen Sie ihn ca. 1 Stunde im Kühlschrank ruhen. Rollen Sie den Teig aus und verteilen Sie die Farce portionsweise auf der einen Hälfte. Den Teig am Rand der Farceportionen mit einem verquirlten Ei bestreichen, die Füllung mit der anderen Teighälfte bedecken und mit einem Ausstecher kleine Maultaschen ausstechen. Geben Sie die Maultaschen in reichlich kochendes Salzwasser und lassen Sie sie 8 bis 10 Min. garen, bevor Sie das Wasser abgießen. Pilze ausdrücken, in Streifen schneiden und bei geringer Temperatur in Butter dünsten. Erhitzen Sie die Zwiebelwürfel in der restlichen Butter, gießen Sie den Rotwein hinzu und geben Sie die Pilze und die Rotweinsauce über die Maultaschen.

Chablis

Chablis, das Weingebiet um die gleichnamige Stadt, ist eine kleine Appellation controllée von etwa 1700 Hektar Rebfläche nordwestlich von Dijon und wird zum Burgund gerechnet. Die Weine dieses Anbaugebietes waren einst der Inbegriff des weißen Burgunder, und auch heute noch ist Chablis-Wein ein besonderer Tropfen. Die Premier Cru und Grand Cru knüpfen an den einstigen Ruhm an. Ihre erfreulich deutliche, dabei feine Säure und ihr differenziert reichhaltiges Bukett machen die Fülle und Kraft dieser Weine zu einem Vergnügen. Domänen wie Maison Joseph Drouhin, Long-Depaquit oder Jean-Marie Raveneau erzielen Weine, die zum Besten gehören, was man an Weißwein trinken kann. Ein Premier Cru von einem guten Winzer ist sowohl preislich als auch hedonistisch ein Glücksfall.

Champagner

Die *Champagne* ist das nördlichste Weingebiet Frankreichs – und eines der besten. Zwischen der Montagne de Reims, der Vallé de la Marne und der Côte des Blancs wachsen alle jene guten Trauben der Sorten Pinot noir und Chardonnay, deren Cuvée (Mischung) – oft sind es mehr als 20 aus verschiedenen Lagen kommend – den Geschmack eines Champagners prägen. Dom Pérignon de Hautvillers (ein bekannter Champagner ist nach ihm benannt) soll die „Méthode champenoise" um 1668 erfunden haben.

Die Champagnerherstellung ist bis einschließlich der Gärung identisch mit der des Weines. Dann jedoch folgt die so genannte Assemblage, die Mischung von Lagen, Sorten und Jahrgängen entsprechend der Vorstellung des Kellermeisters oder des Unternehmens. Diese Assemblage wird zusammen mit Hefe und Zucker einer zweiten Gärung in der Flache unterzogen. Dabei entstehen Kohlensäure und eine Ablagerung von Trubstoffen, die sich bei den auf Rüttelpulten kopfüberstehenden Flaschen durch regelmäßiges Rütteln und schrittweises Aufstellen der Flasche am Korken niederschlägt. Diese Prozedur wird regelmäßig über zwölf Monate durchgeführt, bei Jahrgangs-Champagner bis zu drei Jahren. Nach der Vereisung des Altkorkens und seiner Entfernung – das besorgt explosionsartig der Druck der Kohlensäure in der Flasche – erhält der Champagner eine so genannte Versanddosage („Liqueur d'expédition", ein je nach Bedarf geschmacklich abgestimmter Likör), die ihm – von süß bis trocken – die gewünschte Geschmacksrichtung gibt und ihn abrundet.

Aber auch in anderen Weinbauländern werden Schaumweine produziert, etwa in Italien (Spumante, Prosecco), in Spanien (Cava) oder in Deutschland (Winzersekt). Sie werden im Grunde nach der Méthode champenoise hergestellt, und viele Winzer vermerken das auch auf den Flaschenetiketten. Sie dürfen sich allerdings nicht „Champagner" nennen, denn dieses Markenzeichen ist geschützt für die Schaumweine der AC Champagne.

Weingut in der Champagne

Dom Perignon, der Mönch und Kellermeister der Abtei von Hautvillers, entwickelte die „Méthode champenoise".

Champagner-Sorten

Lanson
Black Label, Brut

Moët & Chandon
Dom Perignon

Veuve Clicquot-Ponsardin
La Grande Dame

Moët & Chandon
Brut Imperial

Piper-Heidsieck
Rare

Pommery
Pommery Dry

Piper-Heidsieck
Brut millésimé

Taittinger
Comtes de champagne

Krug
Grande Cuvée

Roederer
Cristal Champagne

Wichtige Champagner-Häuser

J. Bolliger (1829) – Deutz (1838) – Drappier (1802) – Gosset (1884) – Heidsieck (1851) – Krug (1843) – Lanson (1760) – Laurant-Perrier (1812) – Moët & Chandon (1743) – Mumm (1827) – Perrier-Jouët (1811) – Piper-Heidsieck (1785) – Pol Roger (1849) – Pommery (1836) – Louis Roederer (1776) – Taittinger (1734) – Veuve Clicquot-Ponsardin (1772)

Italien

In unseren Vorstellungen ist *Italien* das romantische Weinland, voller Musik und Chianti, Urlaubsfreuden und fröhlich zechender Runden in Pergolagärten und Tratorien mit Blick aufs Meer – dabei spielt die Qualität des Weines keine allzu große Rolle. Doch als Weinland hat Italien eine bedeutende Wandlung vollzogen, vom Lieferanten des Massenrotweins zum Erzeuger von Spitzenqualität.

Seit der Antike werden in Italien Reben angebaut. Die Griechen nannten das südliche Italien „Oinotria" (von griech. „oinos", Wein), und der große römische Dichter Horaz feierte den Wein nicht nur lyrisch, er überlieferte auch die Grundregeln für die Weinprobe, indem er die drei Kriterien zur Beurteilung eines Weines nannte: C-O-S (color-Farbe, odor-Duft, sapor-Geschmack), die heute noch ihre Gültigkeit haben.

Die lange Tradition der italienischen Weinherstellung hat bis weit ins 20. Jahrhundert zumeist nur wenige gute Weine hervorgebracht. Wein war eine Alltagsgetränk, gehörte zum Essen und war ein lokales, im besten Fall regionales Thema. Was in Frankreich geschah, nämlich der Aufbau einer streng kontrollierten Weinproduktion und die stetige Steigerung der Qualität, war in Italien in der Form nicht geläufig. Darüber dürfen auch die Bezeichnungen „Denominazione di origine controllata (e garantita)" (DOC und DOCG – kontrollierte und garantierte Ursprungsbezeichnung), die für mehr als 300 Gebiete und über 1000 Weine gilt, nicht hinwegtäuschen. Sie sagen über die Qualität eines Weines wenig aus.

Erst in den 60er Jahren begannen die Winzer ernsthaft, neue Wege zu gehen: Sie fingen an, die Mischkulturen aus Rebstöcken, Obstbäumen und Feldfrüchten in reine Weinberge umzuwandeln, beschränkten die Erntemengen, nutzten neue, moderne Techniken und begannen, Kühltechnik zur Gärung bei geregelter Temperatur einzusetzen. Damit gelang es innovativen Winzern wie Angelo Gaja, Elio Altare oder Paolo Scavino, der Weinproduktion einen deutlichen Qualitätsschub zu geben, der im Laufe der Zeit immer mehr italienische Winzer überzeugte. Das bedeutete aber auch, dass die neuen Ideen und der Einsatz ausländischer Rebsorten und neue Gechmacksverschnitte an den traditionellen DOC-Bestimmungen vorbeigingen. So sind häufig heutige Spitzenerzeugnisse des italienischen Weinbaus ohne das verkaufsfördernde DOC als „Vino da tavola" (Tafelwein) klassifiziert und seit einigen Jahren auch als „Indicazione geografica tipica" (IGT), die den für eine Gegend typischen Wein bezeichnet. Beide stellen die untere Stufe einfacher Verschnittweine dar. Das stört die meisten der Qualitätswinzer wenig, denn ihre Vini da tavola sind gefragt, auch nicht billig und als Schrittmacher italienischen Spitzenweines bekannt und gesucht.

Italien gehört mit seinen mehr als 900 000 Hektar Rebfläche und etwa 60 Millionen Hektolitern Wein neben Frankreich zu den größten Weinproduzenten der Erde, die Anbauflächen reichen von den Alpen bis nach Sizilien. Die meisten Weingebiete sind uns vertraut, liegen sie doch in Gegenden, die zu den bevorzugten Reisezielen der Nordeuropäer gehören. Man braucht nur an Südtirol (Trentino), Venetien, Toscana oder Sizilien zu erinnern. Aber in allen Provinzen der Halbinsel gibt es außergewöhnliche Weine: Barolo und Barbaresco, die großen Roten aus der Nebbiolo-Traube im *Piemont*; im *Trentino* Cabernet und Merlot (rot) sowie der Trentino bianco; Bardolino und Amarone im *Veneto*; in der *Toscana* den berühmten Chianti classico, die anspruchsvollen Vino nobile di Montepulciano und Brunello di Montalcino, den Morellino di Scansano oder den weißen Vernaccia di San Gimignano; in den *Marken* den weißen Verdicchio dei Castelli di Jesi oder den Rosso Conero; die Weine in der Region Orvieto in *Umbrien*; der Frascati und brillante Rote – Montiano 1996 – aus Montefiascone in *Latium*; der weiße Greco di Tuffo oder der hervorragende rote Montevetrano in *Kampanien*; in der *Basilicata* die Weine der roten Aglianico-Traube (zum Beispiel Aglianico del Vulture) oder die autochthonen (bodenständigen) Weißweine – Verdeca, Bombino bianco, Greco und Pampanuto – in *Apulien*; die Roten in Kalabrien aus der Gaglioppo-Traube, die etwa im Gravello von Librandi höchstes Niveau erreichen, und schließlich die Weine in *Sizilien*. Bei einigen Winzern werden sie von Jahr zu Jahr hochkarätiger oder sind bereits heute von exzeptioneller Qualität. Winzer wie Salvatore Murana (Moscato Passito Martignana, ein Süßwein von Weltniveau) oder das berühmte Weingut Tasca d'Almerita, mit dem ausgezeichneten Cabernet Sauvignon 1995 oder dem herrlichen Weißen Nozze d'Oro begeistern jeden Weinfreund. Das sind nur Hinweise, doch Italien – besonders der Süden – birgt viele Überraschungen an außergewöhnlichen Weinen.

Prosecco

Prosecco ist eine weiße Rebsorte, die in Julisch Venetien hauptsächlich zur Herstellung von Schaumwein (Wein mit 3 bar Überdruck mit dauerhaftem Schaum) und Perlwein (durch Kohlensäure schäumender Wein mit 1–2,5 bar) genutzt wird. Im DOC-Gebiet Conegliano-Valdobbiadene – es umfasst 15 Gemeinden – werden entweder sortenreiner Prosecco oder Verschnitte mit Chardonnay, Verdisio, Pinot bianco und Pinot grigio ausgebaut. Neben Perlwein (frizante, lieblich und trocken) und Schaumwein (spumante) produziert man mit der Prosecco-Traube gelegentlich auch einen tranquillo, einen stillen Weißen.

Weinberg an der ligurischen Küste

Prosecco-Sorten

La Versa Brut

Franciacorta

Prosecco di Conegliano

Moscato d'Asti

Trimani Brut

Cerraia
Vino Nobile di Montepulciano

Aldo Conterno
Barolo

Maurizio Zanella
Rosso del Sebino

Bonfante & Chiarle
Dolcetto d'Alba

Montelio
Bonarda

Pinot Grigio

Blick in einen alten italienischen Weinkeller

In diesem italienischen Weinkeller lagern unermessliche Schätze.

Sachgerechte Lagerung eines Nebbiolo-Weins im Piemont

Spitzenweine Italiens

Die Entstehung eines so genannten Spitzenweins hängt von vielen Faktoren ab: von der Rebe, dem „Terroir“ (franz., „Erdreich“, also alle Faktoren, die einen Weinberg beeinflussen), dem Ausbau und – last but not least – dem Können und Gespür des verantwortlichen Oinologen, der den Wein komponiert. Von ihm hängt die Qualität ab, nicht von der Kategorisierung staatlicher Institutionen. Sind all diese Bedingungen optimal, entstehen Weine wie die von Angelo Gaja und seinem Oinologen Guido Rivella. Aber die Weinkellerei Gajas mit Weltklasseweinen wie den beiden Barbaresco Corte Russi 1995 oder Sori San Lorenzo 1995 oder dem hinreißenden Weißen Langhe Sauvignon Alteni di Brassica 1996 ist nur die Spitze einer Pyramide von exzellenten Winzern. Maurizio Zanella (Ca' del Bosco) in Brescia liefert einen Schaumwein (Franciacorta Cuvée Annamaria Clementi), der in Italien unerreicht ist und einen Chardonnay von 1996, der seinesgleichen sucht. Winzer wie Elio Altare im Piemont (Langhe Aborina 1996 oder Barolo Vigneto Aborina 1993), Weingüter wie Tenuta Fontodi in der Toscana (Syrah Case Via 1995) oder Vinnaiola Jerman in Friaul-Julisch Venetien (Tunina 1996, ein großer Weißer aus Chardonnay und Sauvignon) stehen für ein Niveau, das kaum zu überbieten ist.

Vin Santo

Der „heilige Wein“ (ursprünglich ein Messwein) ist eine köstliche Dessertweinspezialität aus der Toscana oder dem Trentino. Meist wird er aus Trebbiano- und Malvasiatrauben gekeltert, die zunächst hängend oder auf Strohmatten ausgelegt zwei Monate angetrocknet und erst dann – fast schon Rosinen – ausgepresst werden. Dabei gewinnt man aus einem Doppelzentner Trauben durchschnittlich 30 Liter Most. Dieser wird in kleinen Eichen- oder Kastanienfässern (Caratelli) zwischen zwei und sechs Jahren vergoren. Anschließend assembliert der Winzer die geschmacklich unterschiedlich ausgeprägten Fassweine zu seinem Vin Santo. In der Toscana sind „Cantuccini“, ein trockenes (und zuweilen auch hartes) Mandelgebäck, das man in ein Glas Vin Santo eintaucht, ein beliebtes Dessert.

Spanien

Spanien ist seit der Antike ein Weinland. Besonders die Römer schätzten Weine aus den Regionen Andalusien und Taragona. Obwohl das Land heute die größte Rebfläche der Erde aufweist, liegt Spanien in puncto produzierter Weinmenge hinter Italien und Frankreich erst an dritter Stelle. Das hat seinen Grund: Die zum Teil extreme Trockenheit in weiten Gebieten des Landes und die geringe Pflanzdichte der Rebstöcke verhindern höhere Erträge. Das Ergebnis waren über lange Zeit hinweg zwar angenehme, aber unspektakuläre Weine zum sofortigen Genuss.

Nach dem Ende des Franco-Regimes, dessen Qualifizierungs- und Kontrollsysteme sehr traditionell ausgerichtet waren und – mit Ausnahme der Gebiete der Rioja und des Jerez – eigenständige oder gar innovative Entwicklungen kaum zuließen, hat sich Einiges geändert. Einzelne Weinbaugebiete besannen sich wieder auf ihre lokalen Qualitäten und setzten – teilweise nur zögerlich ihre Traditionen überwindend – auf moderne Kellertechniken und Ausbaumethoden. Das bisher weit verbreitete Ziel, trinkfertige Weine zu präsentieren, wich (im Blick auf den Export) zunehmend der Intention, hochwertige und lagerfähige Weine zu kreieren. So ist es kein Wunder, dass heute bereits über 50 Regionen mit der Ursprungsbezeichnung „Denominación de Origen" (Calificada) – DO oder DOCa klassifiziert sind und die Hälfte der spanischen Weinproduktion ausmachen. Mit der sich weiter festigenden Qualitätssteigerung hat Wein aus Spanien in den letzten Jahren einen immer klangvolleren Namen auf dem Weltmarkt gewonnen hat – nicht nur für Rioja oder Sherry, sondern ebenso für Weine aus Navara, Penedés, Ribera del Duero oder Valdepeña.

Auch wenn französische Rebsorten Einzug halten, sind die originären spanischen die Basis der Weinproduktion. Dabei ist für die Rotweinherstellung die *Garnacha-Traube* (verwandt mit der Grenache im Rhônetal), was die Menge angeht, die bedeutendste: Sie ist unempfindlich gegen Trockenheit – wichtig besonders für die Weinbauern im Süden –, alkoholreich und wird auch als Verschnittwein verwendet. Die „große" Traube für Vinos tintos ist *Tempranillo*, die lagerfähige, elegante Weine ergibt. Sie ist die „Haustraube" in den Regionen Rioja, in Navara und in Ribera del Duero. Für die Vinos blancos sind die *Viura-* oder *Macabeo-Traube* in Nordspanien von Bedeutung sowie die *Granache blanca* und, besonders im Penedés, die *Parellada*. Im Süden, in Andalusien, spielt die *Palomino-Traube* für die Sherry-Herstellung eine wichtige Rolle (aber auch als Wein), in Montilla-Moriles und Malaga die Traube *Pedro Ximines*. Die verbreitetste Rebsorte jedoch ist *Arien* in La Mancha in Zentralspanien, südlich des Tajo. Sie ist dürrefest und liefert leichte Weiße, hauptsächlich jedoch den Brennwein für Brandy de Jerez.

Die Vielfalt der spanischen Weine ist wie in anderen Weinländern auch kategorisiert. Das hat für den Konsumenten den Vorteil, bei aufmerksamer Lektüre des Etiketts feststellen zu können, welchen Wein in welcher Qualität die Flasche in der Hand bereithält. Der *Vino joven* ist ein einfacher Winzerwein mit Jahrgangsangabe, auch als *Vino sin crianza* (ohne Holzfassausbau) oder *Vino de cosechero* bezeichnet. Er ist frisch und fruchtig und zu baldigem Trunk gedacht. Fruchtig ist auch der *Vino de crianza*, aber runder, denn er liegt bis zu einem Jahr in Barricas (225 Liter Bordeaux-Eichenfässer) und kommt erst nach zwei Jahren in den Verkauf. Wenigstens drei Jahre ausgebaut wird der *Reserva*, davon mindestens ein Jahr im Barrica. Die dazu ausgewählten Weine bringen bereits entwickelte Duftstoffe mit, die sich beim Altern zu komplexeren Buketts verfeinern (können). Für Reserva – Weißweine und Rosés – setzt man gewöhnlich eine Ausbau von zwei Jahren an, davon etwa sechs Monate im Fass. Als *Gran Reserva* klassifizierte Weine werden aus ausgesuchten Trauben eines besonders guten Jahrgangs gewonnen. Fünf Jahre ausgebaut, davon zwei im Fass und drei auf der Flasche, erwecken sie auf ihrem Höhepunkt von der ersten Begegnung mit dem Duft bis zum langen Abgang alle jene Assoziationen an Aromen und Geschmäcker, die zu benennen aus einem Weinfreak einen Dichter macht. Solche Weine bilden das Renommee einer Bodega (Weingut). Sie zu kreieren bedeutet perfektes Wissen, viel Arbeit, modernste Kellertechnik und ein Terroir, auf dem dann unter guten Bedingungen herrliche Weine heranwachsen können.

Zwei Rioja-Kostbarkeiten aus den Jahren 1954 und 1920

Weinberge im Rioja Alta

Lagunilla
Rioja

Faustino Martínez
Faustino de Autor

Campillo
Reserva Campillo

Portugal

Neben dem *Portwein* und dem *Madeira* bietet Portugal eine breite Palette roter und weißer Weine. Der populärste Wein des Landes, der spritzige, leicht kohlensäurehaltige *Vinho verde* aus der Provinz Minho im Norden von Porto, ist dem englischen „Weinpapst" Hugh Johnson zufolge der „originellste und erfolgreichste portugiesische Beitrag zum Weinkeller der Welt". Gute Rotweine, *Vinhos duros*, werden in der Region *Dão* erzeugt, Spitzenweine, die auch international bestehen können, im *Douro*. Lohnenswert in dem Gebiet *Birrada* sind die Roten aus der lokalen Traube Baga und die Weißen aus der ebenfalls heimischen Bical-Traube. Die *Estremadura*, nördlich von Lissabon, ist eine Landweinregion, umfasst aber auch die DOC-Appellationen Bucelas, Colares und Carcavelos. Hier liegen Weingüter, die zum Teil sehr ansprechende Gewächse liefern. Kategorisiert sind die portugiesischen Weine in DOC (Denominação de origem controlada), die höchste Stufe für 20 Gebiete, in IPR (Indicação de proveniência regulamentada) und in VQPRD (Vinho de qualidade produzido em região determinado). Die Weine dieser drei Kategorien machen etwa 50 Prozent der Gesamtproduktion Portugals aus (5 Millionen Hektoliter), der Rest sind Landweine.

BEADE Primacía

Marques de Monistrol Chardonnay-Macabeo

Solmayor Syrah

Mallorca

Wie auf dem spanischen Festland ist auf *Mallorca* bereits in der Antike Wein angebaut worden, den kein Geringerer als der römische Schriftsteller Plinius lobte. Heute werden auf den Balearen in nennenswertem Umfang nur auf Mallorca Weine erzeugt (auf etwa 300 Hektar): in der Appelation *Binissalem* in der gleichnamigen Ebene. Geschützt von umgebenden Bergen wächst dort auf Kalkböden ein bemerkenswerter Wein. Die Roten sind zumeist aus 50 Prozent der lokalen Traube *Manto Negro* gekeltert und mit Spaniens großer Rotweintraube *Tempranillo* und/oder Cabernet Sauvignon verschnitten. Die Weißweine, die kaum 20 Prozent der Lese ausmachen, werden aus der heimischen *Prensal blanc*, aber auch aus Parellada, Chardonnay und Macabeo gekeltert. Mallorcas Weine kommen praktisch nicht in den Export, und man muss Glück haben, diese immer attraktiver werdenden Weine in Nordeuropa zu finden. Am besten: Man trinkt ihn auf der Insel.

Ein mallorquinisches Weingut

Albariño-Weine

Martin Códax
Albariño

Bodegas Terras Gauda
Abadia de San Campio

Bodega Fefiñanes Albariño de Fefiñanes

Pazo de Señorans
Albariño

Weinanbaugebiet auf Lanzarote

Ein großer Portwein-Produzent: Tio Pepe in Jerez de la Frontera

Sherry & Portwein

Spanien und Portugal haben sich nicht nur als Produzenten hervorragender Weiß- und Rotweine einen Namen gemacht. Weltweit berühmt sind die beiden Länder auch für ihre Dessertweine Sherry, Portwein und Madeira.

Sherry ist ein alkoholreicher spanischer Dessertwein aus dem Gebiet um die Stadt Jerez de la Frontera im Südwesten der iberischen Halbinsel. Die Bezeichnung ist die anglisierte Version des Ortsnamens, die sich seit langem durchgesetzt hat. Hergestellt wird er – aus den Trauben Pedro Ximénes und Palomino – ähnlich wie Weißwein: Der Traubensaft wird abgepresst und der Säuregehalt durch Hinzufügen von Gips intensiviert. Dann werden neue Eichenfässer zu Dreiviertel gefüllt, und bei hohen Temperaturen beginnt eine heftige Gärung. Der Wein erzielt schließlich einen Alkoholgehalt von 12 bis 16 Vol.-%. Zusätzlich wird noch weiterer Alkohol hinzugefügt, um bis zu 20 Vol.-% zu erreichen. Dann setzt der Alterungsprozess ein, bei dem eine Hefe (Flor-Sherryhefe) entsteht, die die Weinoberfläche schließlich zentimeterdick abschließt. Sie schützt den Wein vor Oxydation und fördert seine Reifung.

Nach fünf Jahren ist der Sherry ausgereift, wobei das Alter an sich keine Bedeutung hat, denn er wird in dem so genannten Solera-Verfahren verschnitten, um bestimmte Geschmacks- und Farbvorstellungen sowie eine Gleichmäßigkeit des Produktes zu erreichen, die viele Kunden erwarten. Bei diesem traditionellen Verfahren werden die Fässer in mehreren Reihen übereinander gelagert, mit dem ältesten Wein in der untersten (der „solera“), dem jüngsten in der obersten Reihe. Etwa ein Drittel aus den Fässern mit dem ältesten Wein wird in Flaschen abgefüllt, anschließend werden die so entstandenen Fehlmengen aus den jeweils darüberliegenden nachgefüllt bis zum jüngsten Wein in der obersten Reihe, der neu hinzukommt. Dieses System garantiert, dass der neu eingefüllte Wein im „Durchlauf“ durch mehrere Fassreihen altert und den Charakter der älteren Weine annimmt.

Je nach Ausbau entstehen unterschiedliche Sherry-Typen: Der Fino ist ein heller, früh trinkreifer schwerer Wein von Finesse und Würze. Er gilt allgemein als die beste Sherry-Qualtität, die z.B. im Manzanilla und Amontillado das weite Spektrum des Sherry-Geschmacks darstellt. Der erstere ist weich, fast mild, der zweite älter und trocken. Der Oloroso (oder Raya) reift im Fass ohne die Florhefeschicht. Aufgrund der Oxydation ist er dunkelbraun und von intensivem Duft und Geschmack. Der Palo Cortado verbindet die Qualitäten das Oloroso mit denen des Fino. Daneben gibt es süßen Sherry wie Old Brown oder auch Cream Sherry und so genannte Entre Finos (vorsichig ausgedrückt: weniger gute Finos), die den Ruf des Sherrys nicht gefördert haben.

Portwein

Portwein ist ein weltweit sehr beliebter Dessertwein, besonders bei den Engländern, denn es waren Engländer, die in Portugal den Port „erfanden“. Nicht zufällig sind die wichtigsten Portweinhandelshäuser – wie Cockburn, Croft, Forester oder Sandeman – britische Initiativen und die Labels (Flaschenetiketten) zumeist in Englisch abgefasst. Wie der Sherry ist auch der Portwein – benannt nach der Hafenstadt Porto südlich des Anbaugebietes Duoro – ein Wein, der weiterverarbeitet verschnitten, wird.

Portwein hat bis zu 25 Prozent Alkohol und wird in den verschiedensten Arten angeboten: von *red* und *ruby* über *tawny, pale white* und *straw coloured* bis *golden white*, von süß bis trocken (*very sweet, rich sweet, medium sweet, dry finish und very dry*).

Die Qualitätsspitze der Portskala nimmt der *Vinage Port* (Jahrgangsportwein) ein, der aus Trauben eines überdurchschnittlich guten Jahres hergestellt wird. Nach dem Fassausbau von 21 bis 31 Monaten wird er auf schwarze Flaschen gezogen, in denen er mindestens fünf Jahre weiter reift. Ihn kann man fast unbegrenzt lagern, da er sich weiter ausbaut. Dabei entsteht an den Flaschenwänden eine Art Kruste aus Tannin- und Pigmentablagerungen, die beim Ausgießen nicht abbröckeln sollte. Daher ist vorsichtiges Dekantieren dringend geraten. Der *Late Bottled Vintage* (LBV) lagert drei bis sechs Jahre im Holzfass und ist entsprechend heller und leichter als der Vintage Port. Der normale *Vinho de Porto* ist einfacher (und daher auch preisgünstiger) und präsentiert eine Fülle von Geschmacksrichtungen, die aufgrund der Verschnittmöglichkeiten mehr oder weniger konstante Duft- und Geschmacksnoten einhalten.

Perlzwiebeln mit Sherryessig

500 g Perlzwiebeln
2 EL Olivenöl
Sherry-Essig
$^1/_8$ l Oloroso
1 EL Honig
1 frischer Thymianzweig
1 Lorbeerblatt
2 Nelken
1 Chili
Salz und Pfeffer aus der Mühle

Braten Sie die Perlzwiebeln in Olivenöl an und gießen Sie einen Schuss Sherry-Essig und dann den Oloroso darüber. Geben Sie Honig, Thymian, Lorbeerblatt, Nelken und die Chili dazu, kochen Sie alles einmal auf, lassen Sie es 5 Min. schmoren und schmecken Sie mit Salz und Pfeffer ab.

Madeira

Der *Dessertwein Madeira* stammt von der gleichnamigen portugiesischen Insel etwa 600 km vor der marokkanischen Küste. Er ist ein Verschnittwein aus verschiedenen Sorten und Jahrgängen. Wird auf dem Etikett eine Weinsorte genannt, besteht der Madeira aus wenigstens 85 Prozent dieser Sorte, wird ein Jahrgang verzeichnet, wird der jüngste der Verschnittweine angegeben.
Die Hauptrolle bei der Herstellung von Madeira spielt die so genannte Spritzung – die Zugabe von Alkohol –, die je nach Wein in unterschiedlichen Gärstadien vorgenommen wird. Danach wird der Wein drei bis fünf Monate wärmebehandelt (45 °C sind als Mindesttemperatur vorgeschrieben), anschließend reift er zuweilen mehr als 30 Jahre in Fässern.
Vier Madeira-Traubensorten, die auch dem fertigen Wein die Namen geben, sind die wichtigen: Sercial (fein, leicht und trocken), Verdelho (habtrocken), Bual (duftig, halbsüß) und Malmsey (süß und fruchtig). Madeira ist unbegrenzt haltbar – und wird immer besser.

Royal Oporto

Dry Sack Medium Dry

Sandeman Rich Golden

Valdespino Jerez Dulce No. 1

Gonzales Byass Fino Muy Seco

Pedro Ximenez Romate

El Rocío

Osborne 10 RF Medium

Osborne Fino Quinta Pale Dry

Harvey's Bristol Cream

Deutschland

Wein und Weinbau kamen bereits mit den Römern an Rhein und Mosel. Doch trotz dieser langen Tradition ist *Deutschland* ein weniger bedeutendes Weinland als Italien oder Frankreich. So machen beispielsweise die deutschen Rebflächen nur etwa 10 Prozent der französischen aus – allerdings mit einer Traube, die ihresgleichen sucht: der Rieslingtraube. Im 19. Jahrhundert waren die Rheingauer Rieslinge die teuersten Weine der Welt. Diese einst hohe Wertschätzung hat sich inzwischen geändert, nicht zuletzt dank des Weingesetzes von 1971 (und seinen späteren Modifizierungen), das überschaubare Qualitätskriterien für den Konsumenten im Lande – ganz zu schweigen von ausländischen Weinfreunden – nicht gerade nachvollziehbarer gemacht hat. Die festgelegten Qualitätskriterien bieten wenig qualitätsbewussten Winzern viele Möglichkeiten der Manipulation.

Das bedeutet aber nicht, dass in Deutschland kein guter, ja sogar hervorragender und hoch geschätzter Wein hergestellt würde. In den 13 Weinbaugebieten, die in fünf Zonen zusammengefasst werden können – das Rheintal, Mosel-Saar-Ruwer, Baden, Franken mit Saale-Unstrut und Sachsen sowie Württemberg –, gibt es eine (jüngere) Generation von Winzern, die sich hohe Qualitätsmaßstäbe gesetzt hat. Sie hat die Hektarerträge drastisch reduziert, teilweise auf die Hälfte der vom Gesetz erlaubten Höchstmenge für die einzelnen Qualitätsstufen. Darüber hinaus haben viele Winzer die schillernden, nichtssagenden Namen von Lagen aufgegeben und damit begonnen, ihre Weine umzubenennen und – ähnlich wie in Frankreich – den eigenen Namen als Winzer zu einem Markennamen aufzubauen. Es hat den Anschein, dass immer mehr Weinbauern die weit gefassten Bestimmungen des Weingesetzes ignorieren zugunsten qualitätvoller Weinherstellung, die in absehbarer Zeit Anschluss finden soll an das hohe Niveau der französischen, italienischen oder spanischen Produktion.

Für das deutsche Weingesetz gibt es im Grunde zwei Kategorien von Wein: den Qualitätswein und den Tafelwein (jeweils mit weiteren Differenzierungen). Der *Tafelwein*, zumeist aus Verschnittweinen, die, wenn das Wort „deutscher“ auf dem Etikett fehlt, auch aus Importen stammen können, ist ein anspruchsloses, leichtes Getränk, von dem man nicht viel erwarten wird. 1982 wurde mit dem Landwein ein zweiter Tafelwein kategorisiert, der allerdings seinem gleichnamigen Vetter (Vin de pays) in Frankreich nicht Paroli bieten kann.

Der *Qualitätswein*, die obere Einstufung, wird unterschieden in *Qualitätswein bestimmter Anbaugebiete* (QbA) und *Qualitätswein mit Prädikat* (QmP). Die QmP-Weine bieten auf dem Etikett Informationen, die über den Reifegrad der Trauben Auskunft geben: *Kabinett* für reife Trauben des Leseguts, *Spätlese* für noch reifere, spät gelesene Trauben, *Auslese* für vollreife, ausgelesene. *Beerenauslese* wiederum bezeichnet einen Wein aus ausgesuchten Beeren von höchster Reife, und *Trockenbeerenauslese* den Einsatz edel-fauler, geschrumpfter Trauben. Dieser Wein ist, im Gegensatz zu seinem Namen, keineswegs „trocken“, sondern süß. Für den Eiswein werden gefrorene Trauben ausgepresst. Das so gewonnene Mostkonzentrat ist fast wasserlos, aber voll Zucker, Säuren und Aromastoffen. *Eiswein* herzustellen birgt ein relativ hohes Risiko, weil die Trauben unter Umständen bis Januar am Rebstock bleiben und damit den Wetterunbilden oder Vogelfraß ausgesetzt sind. Und auch wenn alles gutgeht, beträgt der Hektarbetrag an Trauben nur ein Fünftel des normalen Weins.

Bocksbeutel

Es ist die Ähnlichkeit mit dem Hodensacks des Ziegenbocks, der ihm den Namen gab: In den bauchig-runden, stark abgeflachten Bocksbeutel kommen nur fränkische Qualitäts-und Prädikatsweine sowie einige badische Weine aus dem Bereich Tauberfranken und der Umgebung von Neuweiler. Das Recht zur Verwendung dieser besonderen Flaschenform erhielten die Winzer einst vom Würzburger Erzbischof.

Weinberg an der Ahr

Federweißer und Apfelwein

Zur Zeit der Weinlese ist der angegorene Traubensaft (2 bis 4 Vol.-% Alkohol) ein sehr beliebtes und gelegentlich gefährlich süffiges Getränk in den – hauptsächlich – nördlichen Weinbaugebieten. Er heißt *Federweißer*, aber auch *Rauscher* (weil bei der Gärung die austretende Kohlensäure „rauscht") oder *Sauser* (weil er die Verdauung aktiviert). In Österreich ist er bekannt als *Heuriger* (heurig = aus diesem Jahr), der jeweils ab dem 11. November viele Weinfreunde in das Weingebiet am nördlichen Stadtrand von Wien zieht.

Apfelwein wird aus frischen Äpfeln gewonnen und enthält etwa 5 Vol.-% Alkohol. Er ist als Ebbelwei und Äbbelwoi in Frankfurt bekannt, als Moscht im Württembergischen, als Viez in der Trierer Gegend. Aus der Bretagne und Normandie (wo er auch die Basis für den Calvados bildet) kennen wir ihn als Cidre, aus England als Cider und aus Spanien, wo er in Eichen- und Kastanienfässern veredelt wird, als Sidra.

Winzergenossenschaft
Pfaffenweiler
Gutedel

Winzergenossenschaft
Königschaffhausen
Spätburgunder Weißherbst

Weingärtnergenossenschaft Brackenheim
Lemberger

Heger
Spätburgunder

Deutscher Wein – ein Vorurteil

„Die Deutschen haben Rheinwein. Er wird in Flaschen gefüllt und für ein gutes Getränk gehalten. Vom Essig unterscheidet er sich durch das Etikett.“ Dieses Verdikt des amerikanischen Schriftstellers Mark Twain spiegelt in überzogener Form etwas vom Image wider, das deutscher Wein lange Zeit außerhalb Deutschlands hatte. Auch wenn es Ausnahmen gab, waren wenig gepflegt ausgebaute Weine – geprägt von oberflächlicher Süffigkeit – bestimmend für das Ansehen. Zudem reduzierte sich deutscher Wein größtenteils auf Riesling, die Nachfrage bestimmte die (Massen-)Produktion. Gute Tropfen aus kleineren Anbaugebieten wurden kaum wahrgenommen. Seit dem Glykolskandal (1985) hat deutscher Wein dank der strengen Qualitätsanforderungen, die der Verband deutscher Prädikatsweingüter (VDP) von seinen etwas mehr als 200 Mitgliedern verlangt und denen einzelne Winzer außerhalb des VDP ebenfalls nachkommen, wieder einen guten Namen erlangt, der von Jahr zu Jahr besser wird.

Goldener Oktober in Rheinhessen

Riesling

Die *Riesling-Traube* ist die Traube Deutschlands und eine der hochwertigsten der Erde. Zusammen mit Chardonnay gehört sie zu den besten (Weißwein-)Trauben überhaupt. Sie liefert rassige, erfrischend duftende und schmeckende Weine mit markanter Säure und fruchtig-eleganter Struktur. Darüber hinaus eignet sich der Riesling zu langer Lagerung (auch Jahrzehnte!), ohne die genannten Qualitäten einzubüßen. Mittlerweile wird die Riesling-Rebe in fast allen Weinbauländern der Erde angebaut, wobei der Riesling im Elsass wohl seine typischste und differenzierteste Ausprägung erreicht. Dabei ist seine Farbe, je nach Ausbau, von lichtem Grün bis zu goldfarben changierend.

Der Riesling ist die deutsche Traube.

Gefüllte Mangoldblätter

Für das Fleisch:

4 Mangoldblätter
4 Putenbrustmedaillons
200 g Wein-Sauerkraut aus der Dose, gehackt
2 Frühlingszwiebeln, in Röllchen geschnitten
3 EL Butter
40 g geröstete Kürbiskerne
Salz und Pfeffer aus der Mühle
100 ml Weißwein
2 EL Butterschmalz

Für die Sauce:

2 Schalotten, gewürfelt
3 EL Butter
1 EL Tomatenmark
250 ml Geflügelfond aus dem Glas
4 mittelgroße Tomaten, enthäutet, entkernt und gewürfelt
2 EL Crème fraîche
Salz und Pfeffer aus der Mühle
Zucker
evtl. 1 EL hellen Saucenbinder
2 EL Schnittlauchröllchen

Mangoldblätter blanchieren, abschrecken und abtrocknen. Die Putenmedaillons durch Klopfen zwischen Frischhaltefolie auf die gleiche Größe wie die Blätter bringen. Dünsten Sie das Sauerkraut zusammen mit den Frühlingszwiebeln in der Butter an, geben Sie die Kürbiskerne hinzu und würzen Sie alles mit Salz und Pfeffer. Gießen Sie den Weißwein hinzu und lassen Sie es 10 Min. köcheln. Heizen sie den Backofen auf 150 °C vor. Salzen und Pfeffern Sie die Mangoldblätter und verteilen Sie das Fleisch darauf. Legen Sie jeweils auf die Mitte des Fleischs ein Sauerkrauthäufchen, schlagen Sie alles zur Mitte hin ein und rollen Sie es zusammen, sodass ein viereckiges Packet entsteht, das Sie mit Fleischerfaden verknoten. Braten Sie jedes Päckchen gleichmäßig 3 Min. im Butterschmalz an. Legen Sie die Pakete in eine ofenfeste Form und garen Sie sie ca. 15 Min. im Backofen. Dünsten Sie die Schalotten in heißer Butter, geben Sie das Tomatenmark hinzu und erhitzen Sie beides 3 Min. lang. Gießen Sie den Gemüsefond hinzu und lassen Sie die Flüssigkeit auf die Hälfte einkochen. Geben Sie die Tomaten hinzu, lassen Sie alles kurz aufkochen, fügen Sie die Crème fraîche hinzu und würzen Sie mit Salz, Pfeffer und Zucker. Falls nötig, die Sauce mit dem Saucenbinder leicht andicken. Geben Sie den Schnittlauch in die Sauce, gießen Sie sie auf große Teller und richten Sie die Mangoldblätter auf der Sauce an.

Prüfungsnummern

Viele deutsche Weine tragen eine amtliche Prüfnummer deutscher Qualitäts- und Prädikatweine (A.P.Nr.), wie zum Beispiel 1 22 033 044 99. Sie besagt folgendes: 1 = Prüfstelle, 22 = Ort des Winzers, 033 = Winzerbetrieb, 044 = geprüfte Partie, 99 = Prüfungjahr. Dieses Zahlenspiel sagt dem Käufer nichts und soll wohl eher strenge Kontrolle und höchst Sorgfalt suggerieren. Beides hat der deutsche Wein nötig, doch es gibt immer mehr gute Winzer, deren Weine in aller Welt Freude und Genuss bereiten.

Deutsche Spitzenweine

Deutschlands Rebflächen (ca. 105 000 Hektar) sind zu 80 Prozent mit Weißweinreben bestockt. Fraglos ist der Riesling der berühmteste Weißwein, dessen Frische und sublim säuerliche Frucht Millionen von Weintrinker begeistert. An Rhein (Schloß Johannisberg, Schloß Vollrads, Erbacher Marcobrunn, Geisenheimer Rothenberg, Rauenthaler oder Robert Weil) und Mosel-Saar-Ruwer (Maximin Grünhäuser oder Piesporter Domherr) finden wir hervorragende Rieslings und Weingüter wie Fritz Haag, von Hövel und Dr. Loosen, die den Ruf deutschen Weines gefestigt haben. Aber auch in anderen Gebieten wird Qualität erzielt, und neben Riesling erbringen Rebsorten wie Grau- und Weißburgunder, Gewürztraminer oder die roten Spätburgunder, Trollinger oder Portugieser eine breite Vielfalt bester Weine. Weingüter wie Schloß Diehl an der Nahe, Gunderloch in Rheinhessen, Dr. Bürklin-Wolf, Koehler-Ruprecht, Herbert Messmer, Müller-Catoir in der Pfalz, Fürst und Juliusspital in Franken, Heinrich, Staatsweingut Weinsberg, Wöhrwag in Württemberg oder Bercher, Dr. Heger, Bernhard Huber, Salwey in Baden sind Produzenten, die mit ihrer Spitzenproduktion eindrucksvoll belegen, wozu der deutsche Weinbau fähig sein kann.

Ein Weinberg in der Steiermark

Österreich & Schweiz

Auch in *Österreich* waren es die Römer, die den Weinbau im 1. Jahrhundert v. Chr. ins Land brachten und damit eine Weinkultur eröffneten, die immer ohne großes Aufsehen existierte und erst mit dem Glykolskandal ins breite Bewusstsein drang. Der Reinigungsprozess, der daraufhin in Österreichs Weinbau einsetzte, hatte durchschlagenden Erfolg: Die Weingesetzgebung von 1985 mit ihren Kontrollen ist die strengste weltweit. Die Winzer begannen, sortenreine Lagenweine von bester Qualität auszubauen (oft mit gewöhnungsbedürftigen Phantasienamen), und die jüngeren unter ihnen gingen daran, im „Weißweinland" Österreich nach internationalem Vorbild Rotweine anzubauen (Cabernet Sauvignon, Zweigelt, Merlot).

Aber der Weißwein dominiert. Die große Traube ist der *Grüne Veltliner*, der ein Drittel der gesamten Rebfläche (knapp 60 000 Hektar) des Landes einnimmt. Er liefert die Basis vom herbfrischen, leichten, an Pfeffer erinnernden Weißwein bis hin zu bemerkenswerten Dessertweinen. Aufsehen erregen die Rieslingweine (zwei Prozent der Gesamtproduktion) etwa von Franz Hirtzberger und F. X. Pichler (beide in der Wachau), die jedem Vergleich standhalten und daher sehr gefragt und entsprechend rar sind. Die Weinsprache Österreichs, die man auf den Etiketten findet, weist einige Eigenheiten auf. So bezeichnet *Ausbruch* einen süßen Prädikatswein, *Schilcher* einen oft hervorragenden Rosé und *Smaragd* eine trocken ausgebaute Spätlese.

Weine aus der *Schweiz* spielen im internationalen Markt kaum eine Rolle, produziert das Land doch nur 0,2 Prozent der Weltproduktion. Hinzu kommt, dass – bei einem Pro-Kopf-Verbrauch von etwa 40 Litern – der schweizerische Wein größtenteils im Land selbst getrunken wird (90 von 100 Flaschen). Die größten Weinregionen sind das Waadtland (Vaud), das Wallis (Valais) und die Gegend an Neuburger See (Lac de Neuchâtel), das Tessin (Ticino) und die Weinregionen in Graubünden, rund um den Zürichsee und über den Bodensee den Rhein hinunter ins Baselland.

Größtes Weinbaugebiet (4 500 Hektar) ist das Wallis am Oberlauf der Rhône. Von dort kommen zwei der bekanntesten schweizer Weine, der rote *Dôle* – auf der Basis von Pinot noir und Gamay – und der weiße *Fendant*. Er wird aus der Haupttraube des Wallis, der Chasselas, gemacht, die am Nordufer des Genfer Sees hervorragende Ergebnisse erzielt. Im Kanton Waadt (3500 Hektar Rebland an der unteren Rhône und am Genfer See) werden exzellente Weiße hergestellt, wie der Dézaley oder der Calamin, aber auch Rote wie Les Colondeys von Henri Delarze. In den deutschsprachigen Gebieten ist der Pinot noir die rote Haupttraube, die weiße der Riesling-Sylvaner. Im Tessin, in dem fast nur Rotwein angebaut wird, herrscht die Merlot-Traube vor. In allen Weinbaugebieten gibt es eine Fülle ansprechender Weine, gelegentlich von großer Klasse – nur finden muss man sie!

Der Grüne Veltliner ist in Österreich konkurrenzlos. Meist ist der Wein aus dieser Rebsorte köstlich frisch, rassig und pfeffrig.

Mit der Mostwaage wird der Oechslegrad, also der Zuckergehalt des Mostes gemessen.

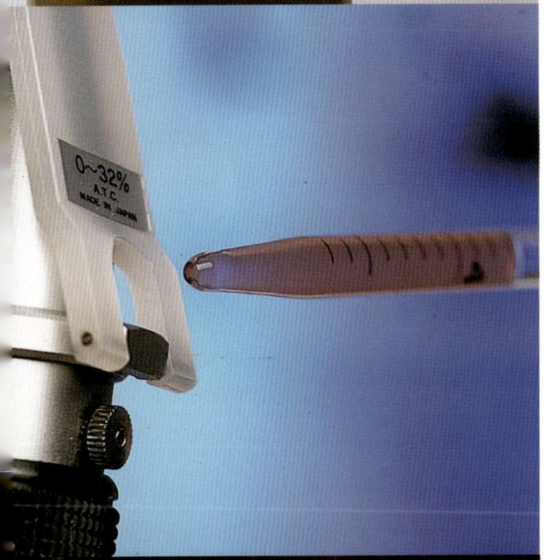

Mit dem Refraktometer misst man das so genannte Mostgewicht einzelner Beeren, also deren Naturzuckergehalt und damit Reifegrad.

Bei der Weinproduktion verwendet man für die Holzfässer in der Regel mindestens 80 Jahre altes Eichenholz. Um die Dauben biegen zu können, werden sie zunächst erhitzt …

… und anschließend mit Metallreifen bespannt.

Fünf Fragen zum Wein

1. Was ist Barrique?

Der französische Begriff Barrique bezeichnet das 225-Liter-Eichenholzfass aus dem Bordelais, in dem Wein gelagert und ausgebaut wird. Weine, rote wie weiße, werden in Barriques gefüllt, um dem Wein einen Holzton zu geben. Körperreiche, kraftvolle Weine können hierbei fraglos gewinnen, aber sie verlieren, wenn der Holzton zu dominant wird. Barrique-Weine sind in den letzten Jahren beliebt geworden, und manche Winzer erzeugen das begehrte Bouquet, indem sie Säcke mit Holzspänen in die Weintanks hängen oder Holzplatten an den Wänden ihrer Gärtanks befestigen.

2. Was ist Tannin?

Tannin ist ein natürlicher Gerbstoff, der in Tee, Holz und Wurzeln, aber auch in Weintrauben enthalten ist. Sein Geschmack ist bitter und hat im Mund eine adstringierende Wirkung. Bei der Weinherstellung wird der Tanningehalt eines Mostes umso höher, je mehr Stiele, Hülsen und Kerne in der Maische sind und ausgepresst werden. Wein von entrappten Trauben ist daher milder. Allerdings darf der Gerbstoff-Gehalt nicht zu gering sein, da Tannine für den Geschmack, das Aroma und die Haltbarkeit besonders von Rotweinen bedeutsam sind.

3. Schimmel – Depot – Weinstein: Gefahr für den Wein?

Schimmel, der sich zwischen Kapsel und Korken bildet, ist in der Regel bedeutungslos und stört den Wein nicht, weil er kaum je durch den Korken zum Wein dringen kann. Man muss ihn allerdings sorgfältig vom Flaschenrand entfernen, damit er nicht beim Ausschenken des Weines Schaden anrichtet. Das Depot entsteht aus Feststoffen im Wein, die ausflocken oder kristallisieren und sich am Flaschengrund niederschlagen. Es ist bei Rotweinen dunkelbraun bis schwarz, bei Weißweinen hell kristallin (da nennt man es Weinstein). Den Geschmack des Weins beeinflussen sie nicht, allerdings das Trinkvergnügen, wenn unvorsichtig ausgeschenkt wird – am besten ist es, den Wein zu dekantieren.

4. Soll man dekantieren?

Dekantieren ist das Umfüllen aus der Flasche in eine Glaskaraffe. Sinn macht es nur aus zwei Gründen: wenn ein Wein Depot hat oder wenn man bei einem jungen Jahrgang durch „Lüften" die Aromastoffe verstärken und die Tannine mildern will. Bei Flaschen mit Depot sollte man vorsichtig verfahren und vor einer Lichtquelle hinter der Flaschenschulter solange aufmerksam ausgießen, bis sich die Ablagerungen in der Schulterbiege zeigen. Achtung: Ältere Weine reagieren mitunter negativ auf den Sauerstoffschock, sie verlieren an Geschmack und Ausgewogenheit.

5. Kork oder Kunststoff?

Es gibt Millionen Weinfreunde, die sich bei dem Gedanken, eine Weinflasche ohne das leise „Plopp" beim Herausziehen des Korkens öffnen zu sollen, schütteln. Aber die Qualität des Korks wird schlechter (weil er zu früh geerntet wird) und sein Angebot geringer, während die Weinproduktion weiter steigt. Dieses Dilemma wird sich nur beheben lassen, wenn Schraubverschlüsse, Silikonkorken und Kronkorken für weite Bereiche der Weinproduktion eingesetzt werden. Denn eines ist unbestreitbar: Sie gefährden nicht den Wein, weil sie geschmacksneutral sind, dicht und hygienischer als der traditionelle Korken aus der Korkeiche. Die völlige Dichte, die diese modernen Verschlussarten bieten, ist jedoch nicht nur von Vorteil, unterbindet sie doch jene minimale Luftzufuhr in den Wein, die er für seine Reifung braucht.

Weitere europäische und mediterrane Weinbauländer

Die Palette unbekannter, aber interessanter Weine aus den europäischen Ländern und den Anrainerstaaten des Mittelmeers ist groß, und auch wenn manches Produkt im internationalen Vergleich über einfachstes Landweinniveau nicht hinausgeht – im jeweiligen Land wird der Besucher immer wieder akzeptable Weine zum Essen genießen können.

Von Griechenland, das Europa den Wein brachte, der Türkei über Zypern, den Libanon, Israel und die Nordküste Afrikas entlang bis nach Marokko gibt es seit der Antike Weinbau. Über Jahrhunderte produzierten diese Länder Wein – soweit es ihn beim muslemischen Alkoholverbot überhaupt gab – nur für den lokalen Bedarf, doch heute beginnt man, den Weinbau zu intensivieren, um über das Zuliefertum von Verschnittweinen hinauszukommen.

Die Peloponnes und Kreta bilden die Schwerpunkte des *griechischen* Weinbaus. Die oft noch traditionellen Geschmacksvorstellungen (Retsina) unterliegende Produktion wandelt sich zusehends hin zu leichteren, feineren Weinen. Wichtige Produzenten sind zum Beispiel Achaia-Clauss, Boutari, Semeli, Skouras. Auch die *Türkei* mit 600 000 Hektar Rebfläche in den Hauptgebieten Thrakien, Ägäische Küstenregion sowie Zentral- und Ostanatolien verbessert ihre Qualität konstant. Weingüter wie Doluca und Kavaklidere liefern gute Weine aus heimischen Trauben, aber auch Riesling und Cabernet Sauvignon. *Zyperns* Wein war einst berühmt, hat mittlerweile allerdings deutlich an Gewicht verloren. Es gibt jedoch angenehme, leichte Tafelweine wie den weißen Nefli aus der heimischen Traube Xynisteri, gute Rote aus der Grenache-Traube und den bekannten Likörwein Commandaria.

In den Weinländern der Levante, *Libanon* und *Israel*, werden sehr gute, ja sogar hervorragende Weine produziert, wie der Cabernet Sauvignon des Château Musar nördlich von Beirut, wo auch ein beachtlicher Weißer aus lokalen Trauben entsteht. Wichtigste Rebsorten in Israel sind Chardonnay, Cabernet Sauvignon und Merlot, aus denen heute in etwas mehr als 20 Weingütern eine Jahresproduktion von 25 Millionen Flaschen den Weg in den Markt finden.

Die nordafrikanischen Weinbauländer am Mittelmeer, Tunesien, Algerien, Marokko, sind auf dem besten Weg, ihre Weinproduktionen mit Hilfe moderner Kellertechniken zu verbessern: *Tunesische* Produzenten wie Office des Terres Dominales, die Société Lomblot oder Château Feriani präsentieren bereits bemerkenswerte Weine. Auf knapp 15 000 Hektar werden in *Marokko* die wohl besten Weine der drei nordafrikanischen Länder kul-

Weinpanscherei

Der so genannte Glykolskandal machte es 1985 mit einem Schlag deutlich: Wein panschen war in Deutschland, Österreich und Italien (Methanolskandal 1986) offensichtlich weiter verbreitet als angenommen. Der einfache Alkohol „Glykol“ (griech. „glykos“, lieblich, angenehm, süß) machte seinem Namen in vielen Weinen alle Ehre und half dabei, die zu jener Zeit bevorzugten „lieblichen“ Weine an der Natur vorbei dem Markt in ausreichenden Mengen zur Verfügung zu stellen. Die Folgen für die Weinwirtschaft waren katastrophal, denn wenn auch Glykol nicht gesundheitsschädlich ist, das Image des Weinbaus (und die Umsätze!) litten erheblich, weil die Verbraucher bei dem (wie es bis dahin schien) „Naturprodukt an sich“ den Betrug als besonders perfide empfanden.

Weinbaugebiet am ungarischen Plattensee

tiviert. Einige sind, in Parallele zu Frankreich, klassifiziert als AOG (Apellation d'Origine garantie). In der Region Fes-Meknès, im Bereich Gouerrounane und Ben M'Tir finden sich außergewöhnlich gute Rot- und Roséweine. Weißweine werden in Marokko nicht hergestellt. *Algerien* hatte als französische Kolonie 360 000 Hektar Rebland und lieferte hauptsächlich Verschnittweine ins „Mutterland". Heute beginnt sich, durch Einsatz der kühlen Gärung, Qualität abzuzeichnen. Ein Weißer wie Mascara oder die beiden Roten Mazouna und Aïn Merane sind bereits beachtliche Weine.

Im Osten Europas ist *Ungarn* das wichtigste Weinland und hat seit dem Zerfall des so genannten Ostblocks wieder an Bedeutung gewonnen. Sein Tokajer ist schon immer weltbekannt gewesen. Er ist „édes" (süß) oder „száraz" (trocken), und es gibt diesen Süßwein von „szamorodni" (einfach) bis zu in Eichenfässern ausgebauter „eszenzia". Auch viele andere *osteuropäische Staaten* sind dabei, mit unterschiedlicher Intensität ihren Weinbau auf Vordermann zu bringen. Bis 1989 blieb der gesamte Wein, bis auf wenige Ausnahmen alles Landweine, im „sozialistischen Lager", stellte sich nicht der Konkurrenz der übrigen Weinländer. Dieser Schritt wird jetzt getan, doch dauern die Umstellung auf neue Rebsorten und die Verbesserung heimischer Reben ihre Zeit. Zudem sind die Kellerausstattungen zum großen Teil unbefriedigend und bedürfen dringend moderner Techniken – und das kostet Geld.

Likörweine

Likörweine sind zumeist süße Weine, deren Basisweine durch Zugabe von Alkohol und/oder Traubenmost auf einen Alkoholgehalt von 17,5 bis 22 Vol.-% „aufgespritet" werden. Sie gewinnen dadurch an Aroma, müssen aber nicht immer süß sein. Die klassischen Likörweine sind portugiesischer Madeira und Portwein, sizilianischer Marsala, griechischer Samos und spanischer Sherry. Qualitätslikörweine (seit 1993 gibt es diese Kategorie) werden hergestellt in Italien – dort heißen Vino dulce – und in Spanien, Vino generoso de licor.

Retsina

Retsina (griech. „rétine", Harz) ist Griechenlands bekanntester Weißwein – zumindest bei den Touristen – und eine ausgesprochene Spezialität, die es nur dort gibt. Bei der Gärung wird dem Wein aus der Savatiano-Traube Harz der Aleppo-Kiefer (Seekiefer) beigemischt, das den typischen, herb-harzigen Geschmack verursacht und eine harmonische Ergänzung zum eher deftigen griechischem Essen darstellt. Dieser Weintyp, der EU-rechtlich zu den „traditionellen Weinen" gezählt wird, stammt aus der Umgebung von Athen in Attika, aus Viotia und aus Euböa. Retsina ist ein Überbleibsel aus der Antike, wo Harz zur Vermeidung von Oxydation die Transportbehälter (Amphoren, Darmschläuche) abdichtete. Für die Griechen selbst verliert der Retsina als Konsumwein mehr und mehr an Bedeutung.

Retsína Boutari

Weinanbaugebiet in Kalifornien. Von dort stammen 95 Prozent aller Weine der USA.

Amerika

Weine aus *Nord- und Südamerika* erfreuen sich – dank ihrer oft ausgezeichneten Qualitäten – auf dem Weltmarkt immer größerer Beliebtheit, bieten sie doch Kreszenzen, die den Spitzenweinen der berühmtesten Weinregionen Europas in nichts nachstehen.

Die Weinproduktion der *USA* ballt sich an der Westküste: Kalifornien liefert etwa 95 Prozent aller Weine und hat die USA an die fünfte Stelle der Wein erzeugenden Länder gebracht. Eingesetzt hat die Entwicklung Kaliforniens zur qualitativ wie quantitativ führenden Weinregion nach der Aufhebung der Prohibition 1933. Regelrecht explodiert ist die Produktion jedoch seit Mitte der 60er Jahre. Seither hat sich die Zahl der Betriebe vervierfacht – Ende des 20. Jahrhunderts waren es über 800. Die Anbaufläche verdoppelte sich auf 120000 Hektar – 15000 Hektar mehr als in Deutschland. Mit diesem Schub gewann *Kalifornien* im Weltweinhandel immer mehr Bedeutung, und Weinregionen (American Viticultural Areas – AVAs –, das Pendent zu Appellation in Europa) wie Napa Valley, Sonoma, Santa Barbara oder Mendocino sind Fixpunkt amerikanischer Weinkultur. Sie liefern Weine, die jeden Weinfreund begeistern. Weingüter wie Chappellet (im Napa Valley mit Weinen aus Chenin blanc, Chardonnay, Cabernet), Dry Creek Vineyard (Sonoma – Sauvignon blanc, Cabernet Suvignon), Gundlach-Bundschu Winery (Sonoma – Merlot, Riesling, Chardonay), Heitz Wine Cellars (Napa – Cabernet ‚Martha's Vineyard'), Robert Mondavi Winery (Napa – Cabernet Sauvignon, Fumé blanc, Suavignon blanc), Joseph Phelps Vineyards (Napa – Late Harvest Riesling, Syrah), Ridge Vineyards (Santa Clara – Geyserville Zinfandel), Simi Winery (Sonoma – Alexander Valley Cabernet, Chardonnay), Wente Vineyard (Alameda – Chardonnay, Riesling) oder Williams & Selyem (Sonoma – Pinot noir) präsentieren die gesamte Palette roter und weißer Weine, wie sie nur in Kalifornien wachsen. Die Roten sind dank des sonnigen Klimas oft konzentriert und kräftig, fast überwältigend in Duft und Geschmack, und die Weißen sind würzig, in ihrer besten Form ohne falsche Üppigkeit und überladene „parfumes".

Im pazifischen Norden mit jüngeren Weingütern aus den 80er Jahren sind Pinot noir, Riesling und Chardonnay die bevorzugten Trauben. Die Weine dieser Region – sie liegt auf demselben Breitengrad wie Mittelfrankreich – ähneln eher den europäischen. Argyle-The Dundee Wine Company (Dundee, Oregon) erzeugt sehr guten Pinot noir, Riesling und den besten Schaumwein der USA; Erath Vineyard and Winery (Dundee, Oregon) gleichguten Pinot noir und exzellente Gewürztraminer; Bridgeview Vineyard (Rouge Valley, Oregon) hervorragenden Pinot gris, Riesling und Pinot noir. Aber auch im Staate Washington, in Yamika Valley (Chinook Winery – Merlot, Chardonnay; Washington Hill Cellars – Cabernet, Sauvignon blanc) und Walla Walla Valley (Chateau Ste. Michelle – Cabernet Suvignon, Chardonnay, Merlot) haben die Weine ein Niveau erreicht, das über die USA hinaus wahrgenommen wird. Der Weinbau im Staate *New York* hat eine eigene Tradition, aufgebaut auf heimischen Trauben, zumeist Hybriden der Vitis labrusca, die südlich des Ontario-Sees um die Figer Lakes ausgebaut werden und heute noch fast die Hälfte der Weinproduktion des Staates ausmachen. Aber immer stärker werden Riesling, Pinot noir, Cabernet Sauvignon und Cabernet franc sowie Chardonnay oder Gewürztraminer eingesetzt, und inzwischen gibt es eine Reihe Winzer, die mithalten können mit Kalifornien, wie Dr. Frank's Vinifera Wine Cellars, Hargrave Vineyard oder Wagner Vineyards.

Neben den USA entwickeln sich auch Süd- und Mittelamerika zu zunehmend bedeutsamen Produzenten. In den letzten beiden Jahrzehnten hat der Weinbau dort beachtliche Fortschritte gemacht und häufig schon Anschluss an internationales Niveau gewonnen. Nach *Argentinien, Chile* und *Mexiko* beginnen nun auch *Brasilien, Peru* und *Uruguay*, deren Weine in Europa nur selten zu finden sind, den Weinbau zu intensivieren. Chile und Argentinien (der viertgrößte Weinproduzent der Erde) sind heute die beiden wichtigsten Weinbauländer Südamerikas. In beiden Ländern dominieren die „klassischen" Trauben Merlot, Pinot noir, Malbec, Cabernet Sauvignon, Sangiovese, Barbera und Nebbiolo bei den Roten, bei den Weißen Chardonnay, Sauvignon blanc, Chenin blanc, Riesling und die in Argentinien heimische Torrontes, und in beiden Ländern gibt es bemerkenswerte Weinbaubetriebe, deren Weine sich immer lohnen: Carmen Vineyards, Discover Wine, Viña Porta, Undurraga, Valdiviero (Chile), Bodegas Catena, M. Chandon, Norton, Bodegas La Rual (Argentinien).

Südafrika

Muratie Pinot Noir

Klein Constantia Marlbrook

Im letzten Viertel des 20. Jahrhunderts schickte *Südafrika* sich an, eines der wichtigsten Weinländer der Erde zu werden, und zwar aufgrund teilweise hervorragender Weine, die im Export internationalen Qualitätskriterien standhielten und es noch immer tun. Cabernets vom Kap, Sauvignon blanc, Shiraz und Chardonnay werden in einer Güte hergestellt, die staunen lässt, ebenso der einfache Wein für den täglichen Gebrauch aus der Traube Stee (Chenin blanc). Einige Weingüter in Paarl, Franschhoek oder Stellenbosch sind Spitzenadressen für Weinkenner: Im Gebiet Paarl: Backsberg (Chardonnay), Glen Carlou (Chardonnay, Cabernet), im Gebiet Stellenbosch: Hartenberg (Riesling), Meerlust (Cabernet-Merlot-Verschnitte, Grappa), Neethlingshof (Gewürztraminer), Rustenberg (Cabernet Sauvignon), Warwick Estate (Cabernets), im Gebiet Franschhoek: Boschendal (Sauvignon blanc).

Australien

Rosemount Cabernet Sauvignon

Rosemount Shiraz

Baileys Shiraz

Parallel zum Auftritt Neuseelands Mitte der 1980er Jahre gelangte auch australischer Wein ins Bewusstsein der Weinwelt, obwohl schon lange davor sehr gute Weine hergestellt worden waren. Die wichtigsten Rebsorten sind Chardonnay, Riesling, Semillion, Shiraz (der Syrah von der Rhône) und Cabernet Sauvignon. Darüber hinaus findet sich in Australien fast die gesamte Bandbreite europäischer Trauben, die gelegentlich auch sortenrein ausgebaut, zumeist aber als Verschnittweine eingesetzt werden (die australischen Winzer verschneiden mit Begeisterung). Einige Betriebe, deren Weine jedem Genießer nichts als Freude bereiten: Lake Folly (Chardonnay, Cabernet), Lindemans (Chardonnay), Rosemount Estate (Shiraz), Chateau Tahbilk (Shiraz), Bailey's (Desertwein), Petaluma (Riesling), Henschke (Shiraz), Penfolds (Rot- und Weißweine), Houghton (White Burgundy).

Kalifornien

Mondavi Cabernet Sauvignon

Heitz Cabernet Sauvignon

Chile

Las Condes Merlot

Santa Isabel Chardonnay

Church Road Cabernet Sauvignon Merlot

Neuseeland

Neuseeland hat erst spät begonnen, sich um den Anbau guter Reben und die Herstellung akzeptabler Weine zu kümmern. Bis in die 60er-Jahre waren die Weine von sehr bescheidener Qualität. Mitte der 80er-Jahre präsentierte der neuseeländische Weinbau dann Weißweine, deren hohes Niveau die Fachwelt überraschte. Brillante Chardonnays, Chenin blancs, Sauvignon blancs, Rieslings und Gewürztraminer katapultierten gleichsam neuseeländische Weißweine in die Weltspitze. Bald folgten die Rotweine (Cabernet Sauvignon, Zinfandel, Syrah und Sangiovese) und etablierten Neuseelands Weine im Wunschkatalog der Weinfreunde weltweit. Kreszenzen aus Weingütern wie Ata Rangi (Pinot noir), Cloudy Bay (Sauvignon blanc), Dry River (Pinot gris), Montana Wines (Sauvignon blanc), Morton Estate (Chardonnay), Rippon Vineyard (Pinot noir), Te Mata Estate (Cabernet-Merlot) verdienen uneingeschränkte Aufmerksamkeit.

Weinanbaugebiet in Chile

Wein probieren und servieren

Beim Probieren von Wein, ob in einem Weinkontor oder bei einer privaten Weinprobe mit Freunden, gelten im Grunde die selben Kriterien wie bei einer professionellen Verkostung. Beurteilt wird ein Wein auch heute noch nach der vom römischen Dichter Horaz überlieferten Formel C-O-S – color, odor, sapor –, die in knappester Weise die Wahrnehmungsfolge eines Weines darstellt. Die Farbe (color) ist die erste Information, die ein Wein uns liefert, der Duft – auch Nase – (odor) die zweite, die überleitet zum Geschmack (sapor), der sich über die Zunge im Mund verbreitet hin zum so genannten Abgang, dem Nachgeschmack. Wein probieren heißt, sich auf den Moment des Degustierens zu konzentrieren und zu bedenken, dass die möglichst präzise Wahrnehmung des Duftes, den die flüchtigen Stoffe im Wein abgeben, den sichersten Hinweis auf den Charakter des Geschmacks liefert. Daher ist nach der optischen Prüfung der Farbe und Klarheit das ausgiebige Schnuppern von großer Bedeutung. Beim Schwenken des Weines im Glas riecht man die Duftstoffe, der Wein gibt sich gleichsam zu erkennen. Dann folgt ein guter Schluck (nicht lediglich nippen!), den man im Munde „kaut“, um den Wein überall hin zu verteilen. Die flüchtigen Duftstoffe, die in die Nasenhöhle aufsteigen, der Geschmack auf der Zunge und im Rachenbereich sowie der anschließende Abgang – länger anhaltend oder nur kurz – bieten mit dem Prüfen der Farbe zum Schluss die Kriterien, um den verkosteten Wein zu beurteilen. Diese Fähigkeit erreicht man nicht von heut auf morgen, man sollte sich eine Art Übungsprogramm aufstellen: eine Weinprobe mit nicht mehr als sechs Weinen einer Rebsorte aus einem oder verschiedenen Jahrgängen, oder aber verschiedene Rebsorten (weiß oder rot) aus einem Jahrgang oder aus einem Anbaugebiet. Dabei erfährt man überraschende Geschmacksunterschiede innerhalb einer Rebsorte, übt das Erschmecken von Traubensorten und lernt, die unterschiedlichen Qualitäten einzuschätzen. Dieses „learning by drinking“ ist die Voraussetzung, Weingenuss auch wirklich zu erfahren.

Bei einer Verkostung sollten einige wenige Grundregeln für die Reihenfolge der Kreszenzen beachtet werden (wählt man nicht die oben erwähnten), damit sich die verschiedenen Geschmäcker der servierten Weine nicht stören: Den Beginn machen leichte Tischweine, die man steigert zu fruchtigen Sorten bis hin zur Beerenauslese, wobei die Roten vor den Weißen, die jüngeren vor den älteren und die herben vor den weicheren ihre Auftritte haben sollten. Bei Allem spielt die Trinktemperatur eine nicht unerhebliche Rolle, wobei zu bedenken ist, dass Wein im Glas schnell wärmer wird. Weißweine serviert man zwischen 8 °C (leichte Weine wie Vinho verde, Prosecco) und 12 °C (volle, komplexe Weine wie große Chardonnays, Jahrgangschampagner, aber auch Rosés), Rote zwischen 14 °C (junge) und 18 °C (voll ausgereifte). Das sind Richtwerte, und kein Wein fällt um, wenn er 1 °C kälter oder wärmer ist – allerdings: über 18 °C sollte kein Wein getrunken werden.

Die Farbe liefert einige Aufschlüsse über die Qualität eines Weines. Bei guten Rotweinen sind die Violetttöne entscheidend.

Etikett

Das Etikett soll den Käufer informieren über den Wein in der Flasche, auf dem es klebt. Allerdings ist die Aussagekraft von Weinetiketten unterschiedlich, je nachdem, wie viel Spielraum die jeweilige Gesetzgebung eines Weinlandes lässt und wie viel Auskunftsbereitschaft ein Weinbaubetrieb da mitbringt, wo er gesetzlich nicht verpflichtet ist, Informationen zu liefern. Bei Massenweinen bleibt das Etikett meist (oft aus schlechtem Grund) vage. Qualitätsweine der AOC in Frankreich, der DOC in Italien und Spanien, des QbA in Deutschland oder der AVA in den USA hingegen geben in der Regel ausreichende Auskunft über Herkunft, Rebsorte, Jahrgang, Qualitätskategorie und Weinbaubetrieb bzw. Abfüllerunternehmen. Dass damit nicht notwendigerweise auch etwas über die Qualität eines Weines gesagt wird – siehe z.B. Italien, wo einige der Spitzenprodukte in die unterste Kategorie der Vini da tavola eingeordnet sind, obwohl sie die meisten DOCs zum Teil sogar weit übertreffen –, liegt in der diesen Einstufungen innewohnende Fixierung auf Gebietsgrenzen, Rebsorten und Verschnittvorschriften, die – länderunterschiedlich – oft an moderner Weinherstellung vorbeigehen.

Durch das Schwenken des Glases kann der Wein atmen und sein Bukett voll entfalten.

Bereits das Bukett eines Weines liefert dem Kenner wichtige Informationen.

Der Geschmack umfasst die Eindrücke im gesamten Mundraum, also auch am Gaumen.

Subskribieren

Wein zu subskribieren, erfordert nicht mehr Risikobereitschaft als in einer Weinhandlung vor den Regalen zu stehen und seine Wahl zu treffen. Subskribieren heißt, einen noch nicht fertig ausgebauten Jahrgang zu kaufen, von dem Probierflaschen abgefüllt sind, die man beim Weinhändler degustiert, ordert und sofort bezahlt – um sie erst nach fertigem Ausbau des Weins zu erhalten.

Geliefert wird der Wein, wenn der Winzer den Ausbau für abgeschlossen erachtet, etwa nach ein oder zwei Jahren. Da sind natürlich die eigenen Geschmacksnerven und Fantasie gefragt. Auf diese Weise lassen sich also in aller Regel Weine günstiger einkaufen, denn wenn sie abgefüllt in den Handel gehen, sind ihre Preise gewöhnlich höher als die subskribierten.

Der Marathon du Médoc illustriert das harmonische Miteinander von Gesundheit und Wein.

Wein und Gesundheit

Unsere Zeit gibt sich sehr gesundheitsbewusst, und so ist es kein Wunder, dass auch der Wein, sein Genuss und die Konsequenzen daraus wissenschaftlich erforscht wurden und werden. Dabei stellt sich heraus, dass Wein gesund ist, wenn man ihn mäßig – ruhig auch regelmäßig – trinkt, was bedeutet: am Tag ca. 0,3 Liter für Frauen, ca. 0,5 Liter für Männer. Dann ist Wein krankeitsvorbeugend, er mindert das Risiko von Herz- und Kreislaufbeschwerden, fördert die Durchblutung des Gehirns, erhöht die Widerstandskraft gegen Infektionen und regt – was bei gutem Essen von einigem Vorteil ist – die Verdauung an. Insgesamt gesehen ist Wein ein probates Mittel, die natürlichen Abwehrkräfte des Körpers zu stärken – kann man sich eine angenehmere Medizin vorstellen?

RIVES
GIN
APOSTOLES
DEL DUQUE

Spirituosen

Einleitung

Seitdem es schriftliche Überlieferungen gibt, wird auch immer wieder das Produkt Alkohol in den Chroniken erwähnt. „Wie schön ist der Tempel des Amun, wenn der Tag mit Feiern vergeht, wie eine berauschte Frau, die draußen vor ihrem Zimmer sitzt mit offenen Haaren auf ihrem schönen Busen", heißt es beispielsweise in einer altägyptischen Inschrift. Der Rausch, für viele Jahrtausende nur durch den Wein oder das Bier hervorgerufen, spaltete schon schnell die Gemüter. Plinius d. Ä. berichtete ein halbes Jahrhundert vor der Zeitenwende: „Wenn man sieht, wie viel Mühe und Geld manche von uns aufwenden, um Wein zu beschaffen, hat man fast das Gefühl, es gebe für diese Menschen kein anderes Lebensziel und kein anderes Lebensglück."

Der gute Plinius ahnte damals noch nicht, dass die Kunst der Destillation und damit die Herstellung auch wahrhaft hochprozentiger Getränke erfunden war. Um 800 v. Chr. kannte man in Indien bereits den Arrak, und auch die Ägypter kannten die Technik der Destillation. Ägyptische Mönche, so nimmt man an, brachten die Kunst des Alkoholbrennens dann nach Irland, von wo diese Fertigkeit schnell in ganz Nordeuropa bekannt wurde. In den Süden des Kontinents führten die Sarazenen bei der Ausbreitung ihres Glaubens die neue Technik ein. Und nachdem die Destillation von Wein erst einmal bis in die Feinheiten berherrschbar war, wandten sich die experimentierfreudigen Trinker anderen Rohstoffen zu, ließen sich doch aus allen Arten von Getreide, aus Obst und Beeren, Zuckerrohr und Kartoffeln hochprozentige Schnäpse herstellen. Vor allem die Mönche waren es, die hinter ihren abgeschirmten Klostermauern das ereignisarme Leben durch den einen oder anderen Schluck auffrischten und immer weiter verfeinerte Destilliertechniken entwickelten.

In wirklich großem Stile begannen jedoch erst die Holländer im 15. Jahrhundert von der Hafenstadt Schiedam aus, die unterschiedlichen Grundstoffe in die verschiedensten Alkoholika zu verwandeln. 200 Jahre später produzierten hier dann schon mehr als 400 Destillen Schnäpse aller Art, und der hochprozentige Brannt entwickelte sich in ganz Europa zu einem beliebten Volksgetränk. Die unliebsamen Folgen allerdings bekämpften schon früh eine Vielzahl von meist christlichen Vereinigungen, und auch die Herrschenden machten sich über die Trunksucht im Volke so ihre Sorgen. Also besteuerten sie den Brannt, was ihre Untergebenen jedoch nicht davon abhielt, weiter dem Laster des ausgiebigen Becherns zu frönen. Immerhin war das Steuersäckel nun stets prall gefüllt. Wie wenig der Staat Einfluss nehmen kann, bewies in Amerika die Prohibition. Von 1919 bis 1933 waren Herstellung und Verkauf von Alkohol verboten, schnell entwickelte sich ein Schwarzhandel, der 800 000 Menschen Arbeit bot – zu jener Zeit war dies das größte Gewerbe der USA.

Die Kunst der Alkoholherstellung

Wenn wir von Alkohol sprechen, dann meinen wir in aller Regel den Äthylalkohol – chemisch CH_3CH_2OH –, der in der Umgangssprache auch Weingeist heißt. Diese Namensgebung zeigt, dass man als Ausgangsprodukt für den Alkohol liefernden Brennvorgang zunächst den Wein bzw. den vergorenen Traubensaft kannte. Vor der Destillation muss allerdings zuerst durch einen Gärprozess der Alkohol aus den Grundstoffen gewonnen werden. Dies geschieht durch den Zusatz von Hefe, die den in den Ausgangsprodukten (Trauben, Getreidekörnern, Kartoffeln etc.) enthaltenen Zucker in Alkohol umwandelt. Anschließend wird die nun schwach alkoholhaltige Maische in einer kupfernen Brennblase über einer Flamme erhitzt. Dadurch verflüchtigt sich der Alkohol, steigt als Dampf in einem Schwanenhals auf und gelangt in den Kondensator, eine gewundene Kühlschlange, in der die gasförmigen Dämpfe abkühlen und sich wieder verflüssigen. Dieser so genannte Rauhbrannt fließt zurück in die Brennblase und wird weitere zwei- bis dreimal destilliert. Beim letzten Durchgang werden der „Kopf" – das, was zuerst – und der „Schwanz" – das, was zuletzt aus der Brennblase fließt – abgetrennt. Nur der so genannte Mittellauf wird zur Fassreifung einbehalten.

Pub „Blanco y negro" in El puerto de Santa Maria (Spanien)

Whisky

Irische Mönche waren es, die im 6. oder 7. Jahrhundert die Technik des Whisky-Brennens entwickelten, und fortan sprachen die gläubigen Brüder dem „geistigen“ Getränk kräftig zu. Schon bald sah sich der irische Abt Columban genötigt, drakonische Strafmaßnahmen gegen seine trunkenen Brüder auszusprechen, und ein Mönch, der aufgrund von zu viel „uisge beatha“ – gälisch für Lebenswasser – seine Gebete nur noch lallen konnte, musste zwölf Tage bei Wasser und Brot darben.

Im Osten Schottlands, entlang des River Spey und seinen lieblichen Nebentälern, konzentrieren sich heute eine ganze Anzahl von Destillen und brennen aus Gerste und Wasser den echten Malz-Whisky, den *Pure Single Malt*. Dazu wird die Gerste (barley) in so genannten Darrehäusern (malt kin) mit ihren charakteristischen pagodenförmigen Kamintürmen zunächst zu Darrmalz verarbeitet: Die angefeuchteten Getreidekörner werden zum Keimen gebracht und dann über dem Torffeuer wieder getrocknet. Anschließend wird die gemälzte Gerste im Maischehaus (mash house) gemahlen (grist) und in das auf etwa 65 °C erhitzte Wasser der hauseigenen Quelle gerührt. Das heiße Waser löst die Zuckerbestandteile aus dem Malzschrot, und es entsteht eine süße Flüssigkeit, die Maischwürze (wort). Diese Maischwürze wird nun in den Bottichraum (tun room) gepumpt, und zusammen mit der hinzugegebenen Hefe (yeast) beginnt die Gärung (fermentation) in riesigen, viele tausend Liter fassenden Fässern aus Lärchen- oder Tannenholz. Durch die Hefe wird der Zucker in Alkohol umgewandelt; während dieses Vorgangs blubbert es im Innern der Bottiche, auf der Oberfläche türmen sich schmutziggraue Schaumberge, und in der Luft hängt ein süßlicher, leicht ekliger Geruch.

Nach einer Gärzeit von 48 Stunden hat sich eine rund 6-prozentige Alkoholflüssigkeit gebildet, der so genannte wash. Dieser wird nun in das Herz einer jeden Brennerei geleitet, in das stillhouse. Hier stehen die zwiebelförmigen kupfernen Brenndestillen (pot stills), Brennblasen, durch die der Alkohol destilliert wird. Jede Destille im schottischen Hochland hat für ihre pot stills ein eigenes Design, denn lange Kondensatorenhälse der Kessel bringen einen leichten Whisky, kurze Hälse einen schwereren, öligen Brannt hervor. Durch diese pot stills wird der wash nun zweimal destilliert. Dabei erhitzt der Brennmeister die Alkohollösung so lange, bis die Flüssigkeit verdampft, in den oberen Teil des Brennkessels aufsteigt und dann in der Kühlanlage kondensiert. Durch diese erste Destillation (wash still) wird der Alhohol von allen Unreinheiten getrennt. Das gereinigte Destillat (low wines) läuft nun nach seiner Abkühlung in die zweite Brennblase. Hier werden der Vorlauf (foreshot), also das, was zuerst destilliert wurde, und der Schwanz (feints), das, was zuletzt herausläuft, wieder zu den nächsten erstgebrannten low wines gegeben. Nur der mittlere Teil (middle cut) dieser zweiten Destillation, das „Herzstück“, wird vom Brennmeister (stillman) zur weiteren Reife zurückbehalten. Glasklar fließt dieser nun etwa 63-prozentige Whisky durch den zollamtlich versiegelten „spirit safe“ – auch in Großbritannien kennt man eine Alkoholsteuer – und wird dann in Eichenfässer zur Reifung (maturation) abgefüllt. Zwischen 10 und 50 Jahre ruht der Brannt nun in den Fässern und erhält dort seine goldgelbe Farbe. Bevor er auf Flaschen gezogen wird, verdünnt der Brennmeister den Whisky durch die Zugabe von Wasser auf etwa 43 Vol.-%.

Irischer Whiskey, der im Gegensatz zum schottischen Brannt mit einem „e“ geschrieben wird, und auch der *amerikanische Bourbon*, der seit dem Ende des 18. Jahrhunderts in den Vereinigten Staaten gebrannt wird, durchlaufen den gleichen Herstellungsweg.

Locke's
Single Malt Irish Whiskey

Black & White
Choice Old Scotch Whisky

Jack Daniel's
Old No. 7 Brand
Tennessee Sour Mash Whiskey

Aberlour
Single Highland Malt
Scotch Whisky

Dalwhinnie
Single Highland Malt
Scotch Whisky

Chivas Regal
Premium Scotch
Whisky

Johnny Walker
Red Label
Old Scotch Whisky

Jim Beam
Kentucky Straight
Bourbon Whiskey

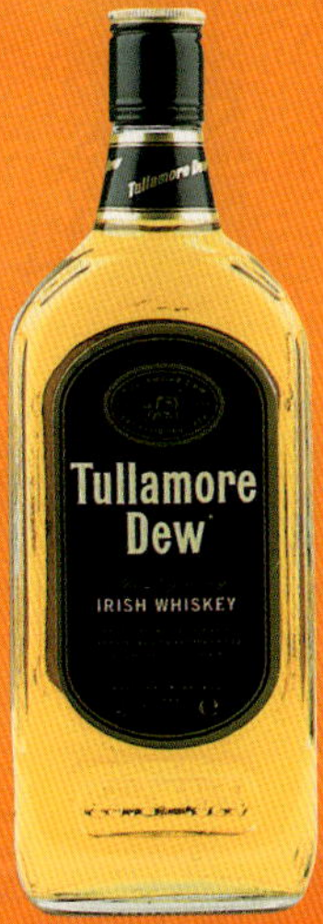

Tullamore Dew
Irish Whiskey

Robert Burns und der Whisky

„Oh Du, meine Muse! Guter alter schottischer Trank! Feure mich an, bis ich stammelnd und zwinkernd deinen Namen preise!" So bejubelte Robert Burns, der schottische Nationaldichter und ein profunder Trinker, seinen hochprozentigen Ideengeber, der ihn zu seinem Hauptwerk „Tam O'Shanter" inspirierte. In diesem langen Gedichtepos reitet besagter Tam, voll wie eine Strandhaubitze, auf seinem Pferd Meg vom Pub nach Hause. Als er am Kirchhof verbeikommt, wähnt sich der whiskytolle Tam plötzlich von Hexen bedroht. Er gibt seinem Pferd die Sporen und galoppiert auf eine Brücke zu, da die besenstielbewehrten Weiber kein fließendes Gewässer überqueren können. Doch eine der kreischenden Hexen ist Tam gefährlich nahe auf den Fersen und packt sich den Schwanz von Meg, als diese gerade zum Sprung auf die Brücke ansetzt: „Ein Sprung noch – Tam ist neugeboren./Doch ging Megs Schwanz dabei verloren./Die Hex behielt ihn in der Hand./Und Meg mit blankem Arsch dastand."

Schottische Whisky-Sorten:

Single Malt, Grain und Blended

Neben dem oft sehr teuren Pure Single Malt Whisky werden im Handel auch zahlreiche Sorten des so genannten Blended Whisky angeboten. Dieser Whisky wird aus ‚grain' gebrannt, also aus Getreide aller Art. Häufig wird eine Maismaische verwendet, aber auch ungemälzte Gerste nehmen die Brenner gerne. Nur selten wird ein Grain-Whisky auf Flaschen gezogen, vielmehr verschneidet man ihn mit einem Pure Single Malt zu einem meist preiswerteren Blended Whisky (blending). Der Blendmaster muss über viel Erfahrung verfügen, um die richtige Auswahl und die Menge des zugegebenen Malt zu bestimmen. Denn nur wenn die „Marriage" stimmt, dann ist ein Blended Whisky auch ein trinkbares Produkt. Übrigens werden 95 Prozent des destillierten Malt für das „blending" von Grain Whiskys verwendet.

Weinbrände

Cognac

Die Herstellung des heute wohl berühmtesten Weinbrands, des *Cognacs*, entstand eigentlich aus einer Notlösung: Die Weine der Charente rund um die Handelsmetropole Cognac litten beim Export stark unter der langen Seereise, und so blieb den Händlern der Charente nichts anderes übrig, als ihre Weine zu destillieren. Als wenige Jahre später eine Wirtschaftskrise die Schnapsvorräte unverkäuflich machte, entdeckten die Brenner, dass die lange Lagerzeit dem Brannt nicht etwa geschadet, sondern den Geschmack eindeutig verbessert hatte. Damit begann der Siegeszug des Cognacs. Der edle Brannt wird aus den weißen Trauben Ugni blanc, Folle blanc und Colombard hergestellt. Zum Destilliervorgang wird der Wein auf etwa 60 °C erwärmt und dann über dem offenen Feuer in den Alambics, den traditionellen Brennblasen, zweimal gebrannt. Zur Reife darf der Cognac nur in Fässern aus Eichenholz des Limousin oder Tronçais gebracht werden. Als in der zweiten Hälfte des 19. Jahrhunderts aufgrund des großen internationalen Erfolgs immer mehr Brennereien ihr Destillat ebenfalls Cognac nannten, riefen die Bewohner der Charente nach dem Staat. 1909 bestimmte ein Gesetz, das nur der Brannt aus sechs Regionen den Namen Cognac tragen darf. Es sind dies die bereits seit 1860 sich herausgebildeten Anbaugebiete der Grande Champagne rund um die Stadt Cognac, die Petit Champagne, Les Borderies, Fins Bois, Bons Bois und die Bois Ordinaire.

Armagnac

Immer noch – wenn auch zu Unrecht – steht der *Armagnac* im Schatten seines jüngeren, aber berühmteren Bruders, des Cognacs. Drei Kulturen, so heißt es, haben die Voraussetzungen für diesen Weinbrand geschaffen: Die Römer mit ihren Weinbaukenntnissen, die Gallier mit der Fassherstellung und die arabischen Eroberer mit der Technik der Destillation. Deren Brennkolben, der Alambic, ist ein Vorläufer der heute benutzten Destillationsgeräte. Dass der Wein aus dem Südosten Frankreichs überhaupt gebrannt wurde, lag daran, dass es Transporthindernisse auf der Garonne gab. Um den Wein lagerfähig zu machen, blieb den Bewohnern der Region – ähnlich wie später den Händlern aus Cognac – nichts anderes übrig, als ihn zu brennen. Für die Verbreitung des Brannts sorgten dann die Armagnacken, die sich als Söldner in ganz Europa verdingten. 1909 wurde von der Regierung festgelegt, dass nur die Trauben aus den Regionen Bas-Armagnac, Ténarèze und Haut-Armagnac, allesamt im Südwesten Frankreichs gelegen, den begehrten Titel tragen dürfen. Aufgrund des spezifischen Brennverfahrens bleiben im Armagnac Bestandteile des Weins erhalten, die etwa bei der Cognac-Destillation ausgeschieden werden. Nach der Destillation ruht der Brannt in Eichenfässern zur Reife.

Metaxa

In Griechenland ist der *Metaxa* ein äußerst beliebtes Destillat. Gegen Ende des 19. Jahrhunderts gründete Spyros Metaxa in Piräus eine Brennerei. Viele Jahre hatte er zuvor bei zahllosen Experimenten eine ausgefeilte Destilliermethode entwickelt, deren Geheimnis bis heute nicht preisgegeben ist. Für das neue Produkt wählte Spyros nur die besten Rotweintrauben aus. Metaxa wird aus Wein, Weindestillat und verschiedenen Aromastoffen in sorgfältig ausbalanciertem Verhältnis hergestellt. Dann erfolgt die Lagerzeit, wobei erfahrene Kellermeister unterschiedliche Destillate miteinander verschneiden und dieses Endprodukt noch einmal in Eichenfässern zur Reife lagern.

Hennessy Privilège
V.S.O.P. Cognac

Rémy Martin
Fine Champagne
Cognac VSOP

Rémy Martin
V.S Grand Cru AOC
Petite Champagne
Cognac

Albagnan
Fine Armanac

Metaxa
Grand Olympian
Reserve

Metaxa
Amphora

Reklame-Stier der andalusischen Brandy-Brennerei Osborne, in der Nähe von Algaida, Mallorca

Zur Verkostung wird der Brandy mit Hilfe eines schmalen Silberbechers dem Fass entnommen.

Keller eines spanischen Weinguts

Wie Sherry wird auch Brandy nach dem Solera-Verfahren produziert (siehe Seite 356).

Brandy

Für die Herstellung des *Brandys* gibt es in Spanien so gut wie keine einheitlichen Vorschriften, und so ist die geschmackliche Variationsbreite außerordentlich groß. Fast 90 Prozent der gesamten Produktion stammt aus der Sherry-Metropole Jerez de la Frontera. Der feurige Brannt wird aus den Airén-Trauben destilliert, die in der La Mancha, einer riesigen, trockenen Ebene südlich von Madrid, angebaut werden. Nach dem Brennvorgang in der Stadt Tomelloso wird der frische Brandy nach Jerez transportiert, um dort bei den Vertreibern zur Reife gelagert zu werden. Im Gegensatz zum Cognac oder zum Armagnac ist das junge Destillat geschmacklich noch weitgehend ohne Charakter, erst die Reife in ehemaligen Sherryfässern sowie die Zugabe von Versatzstoffen fördern die Entwicklung des Brannts. Entscheidend für Duft und Geschmack des Brandys ist es, welcher Sherry-Typ einst einmal in dem Fass lagerte, in dem nun der Brandy zur Reife kommt.

Lepanto
Brandy de Jerez

Vecchia Romagna Etichetta Nera
italienischer Brandy

Carlos I
Brandy de Jerez

Gran Duque d'Alba
Brandy de Jerez

Conde de Osborne
Brandy de Jerez

Obstbrände & Schnäpse

Calvados

Ein Schiff der spanischen Armada, El Calvador mit Namen, strandete 1588 vor der französischen Normandie-Küste. Seitdem heißt das Département Calvados und ebenso der in der Region hergestellte Apfelbrannt. Doch schon vor dieser Zeit wurde in der rebenlosen Normandie der Cidre, der Apfelwein hergestellt und auch gebrannt. Dass der Calvados jedoch nicht nur aus Äpfeln gebrannt wird, wissen nur die wenigsten. Zur Abrundung des Geschmacks und zur Verbesserung des Aromas wird Birnenmost beigemischt, allerdings nur in einer Konzentration von 15 %. Nach der Kelterung gärt der Most für einen guten Monat. Sein Alkoholanteil liegt bei etwa 4 Vol.-%. Bevor es nun ans Destillieren geht, lagert der Cidre in einigen Fällen noch bis zu einem Jahr. In zwei unabhängigen Destillationsvorgängen wird der Apfelwein in Rückfluss-Brennkolben gebrannt. Der Alkoholgehalt erhöht sich dabei auf 72 Vol.-%. Das Destillat wird dann in Cidre-Fässer aus Limousin-Eiche zur Reife gelagert. Seit 1995 ist eine Mindestdauer von zwei Jahren vorgeschrieben.

Tequila

Der Agavenbrannt *Tequila* wurde einer breiteren Öffentlichkeit in Europa durch den Roman „Unter dem Vulkan" des Engländers Malcolm Lowry bekannt. Für die Produktion des mexikanischen Kultschnapses zugelassen ist ausschließlich die Blaue Agave. Nach acht bis zehn Jahren blüht das anspruchslose Gewächs ein einziges Mal, und während dieser Zeit ernten die Landarbeiter eine 30 bis 70 Kilogramm schwere Frucht. Diese wird gekocht, ausgepresst und bringt dann eine milchigweiße Flüssigkeit hervor, die man Aguamiel, Honigwasser, nennt. Durch den Zusatz von Hefe beginnt dieses Flüssigkeit zu gären und es entsteht Pulque, ein schwach alkoholhaltiges Getränk. Pulque wird für die Tequila-Destillation laut behördlicher Vorschrift zweimal gebrannt. Der Mittellauf des zweiten Durchgangs ist der Tequila, der einen Alkoholgehalt von 55 Vol.-% besitzt. Nach der Destillation wird der Brannt für einige Wochen oder bis zu einem halben Jahr im Tank gelagert. White und Silver sind die Bezeichnungen für die Standardqualitäten, während der gelblich-braune Tequila Gold mindestens ein Jahr lang im Fass zur Reife gebracht worden ist.

Genever

Zentrum der Geneverproduktion ist der im Südosten Hollands gelegene Küstenort Schiedam. Denn hier wird der Moutwijn, der in Holland vorgeschriebene Grundstoff für die Genever-Herstellung, produziert, genauer gesagt für die Herstellung des Oude, des Alten Genever. Dieses Moutwijn besteht zu gleichen Teilen aus Gerste, Mais und Roggen. Durch Hinzugabe vom Malz ensteht eine Maische, die vergoren und dann dreimal gebrannt wird. Heraus kommt mit einem Alkoholanteil von 46 Vol.-% der Moutwijn. Dem werden nun die Aromaspender zugegeben, unvergorene Wacholderbeeren, Anis, Kümmel und Koriander. Dann wird alles noch einmal destilliert, wobei man den Vor- und Nachlauf sorgfältig abtrennt. Die Reifezeit ist nicht gesetzlich geregelt, ein lange ruhender Brannt hat den Zusatz Zeer Oud oder Z. O. auf dem Etikett. Traditionell wird der Oude Genever in einer rustikalen Steingutflasche abgefüllt. Der Jonge Genever ist ein Kornbranntwein, der ohne Moutwijn-Anteil hergestellt wird. Während dieser ein unverkennbares Wacholder-Aroma besitzt, hat der Oude Genever einen ausgeprägt malzig-körnigen Geschmack.

Calvados Dauphin Pays d'auge

Gordon's Special London Dry Gin

Sierra Tequila Gold

Quadenhofer Beeren Genever

De Kuyper, Bessen

Die Halme des Zuckerrohrs können bis zu sieben Meter hoch werden.

Rum

Rum, der Branntwein aus Zuckerrohr, wurde von den Holländern erfunden, sie produzierten 1655 ein Destillat aus der tropischen Pflanze und nannten es Tafia. Woher der Name Rum kommt, weiß man nicht genau, unterschiedliche Erklärungsvarianten sind in Umlauf. Eine davon besagt, dass die Bezeichnung auf das englische Wort Rumbellion zurückgeht, was soviel wie Aufruhr bedeutet. Das Produktionsverfahren des Zuckerrohrschnapses beginnt mit dem Maischen. Diese Maische besteht aus einem Nebenprodukt der Zuckerherstellung und ist eine braune dickflüssige Zuckerrohrmelasse. Diesem „Sirup" mischt man Skimmings unter, ein Schaum, der bei der Zuckerrohrverkochung entsteht, sowie Dunder, ein alkoholfreier Rückstand aus vorherigen Brennvorgängen. Dann werden Hefe und Aromastoffe wie Rosinen, Vanille oder Zimtäpfel hinzugegeben. Die Destillation dieser vergorenen Mischung bringt einen Brannt von 85 bis 95 Vol.-% hervor, der nun noch gelagert werden muss. In früheren Tagen füllte man den jungen Rum in ausgebrannte Eichenfässer, die dem Destillat die dunkle Färbung und den Holzgeschmack brachten. Heutzutage reift er für drei bis sechs Monate im Stahltank. Der „Original-Rum" ist im karibischen Raum gebrannt und abgefüllt worden; sein Alkoholgehalt liegt bei etwa 80 Vol.-%. „Echter Rum" ist ein Original-Rum, dessen Alkoholgehalt auf bekömmliche 38 bis 55 Vol.-% heruntergesetzt wurde.

Poire Williams
Birnenbranntwein aus der Williams-Birne

Szatmari Szilva
Slibowitz

Pott 54 %
Rum

Réga Fulô
brasilianischer Brandy

Bacardi
weißer Rum

Grappa

„Die" *Grappa*, wie es korrekt heißt, entstand schon vor vielen Jahrhunderten, als die Winzer versuchten, aus den Rückständen der Weinkelterung ein hochprozentiges Produkt zu brennen. Diese Form der Resteverwertung wurde in allen Weinbaugebieten Italiens praktiziert, aber erst um die Wende vom 19. zum 20. Jahrhundert spezialisierten sich vor allem im Norden des Landes einige Destillen darauf, die Brennvorgänge zu verfeinern und den Brannt zu kultivieren. Zur Destillationshochburg entwickelte sich das Städtchen Bassanone del Grappa am Oberlauf der Brenta.

Grundlage für den Brennvorgang sind die festen Rückstände der Trauben nach der Kelterung, der so genannte Trester. Anders als früher werden die Trauben heute entrappt, d. h. von Stengeln und Stielen befreit, sodass die darin enthaltenen Bitterstoffe nicht mehr in den Most gelangen. Auch werden die Weinbeeren nicht mehr bis zum letzten Tropfen ausgepresst; die Brenner erhalten somit einen Rohstoff mit einem hohen Feuchtigkeitsgehalt. Grundsätzlich eignet sich jede Rebsorte für die Grappa-Herstellung, hauptsächlich finden jedoch die vollständig vergorenen Hülsen von Rotweintrauben Verwendung. Der Brennvorgang gestaltete sich früher als schwierig, da die Trester-Feststoffe auf dem Sudboden festbrannten. Das konnte erst Mitte der 60er-Jahre durch die Einführung des doppelwandigen Kessels verhindert werden, der einen Brennvorgang im Wasserbad ermöglichte. Nach der Destillation muss der Brannt mindestens sechs Monate gelagert werden, und alle Destillen probieren heutzutage unterschiedliche Fasshölzer und Lagerzeiten aus. Beliebt vor allem in Italien sind aromatisierte Grappe; das geht wahrscheinlich darauf zurück, dass man in früheren Tagen den Grappa als Basis für Kräuterschnäpse nahm. Zur Aromatisierung wird eine Vielzahl von Kräutern, Gewürzen und Früchten verwendet.

Während Grappa in Deutschland erst in den letzten 25 Jahren richtig zu Ehren gekommen ist, zählt der französische Marc (sprich: Mar) schon seit langem zur Créme der Spirituosen. Prinzipiell ist die Herstellung des Marc die gleiche wie beim Grappa, es liegen in Frankreich aber eine Reihe von gesetzlichen Regelungen vor. Und so ist die Bezeichnung „Marc" mit einem genau definierten Herstellungsprozess verbunden. Der Alkoholgehalt darf beispielsweise nicht oberhalb von 70 Vol.-% liegen, und nichtalkoholische Bestandteile dürfen eine Mindestgrenze nicht überschreiten. Die Kelterrückstände werden in einem luftdicht verschlossenen Behälter gesammelt, später wird dann Wein hinzugegeben und es entwickelt sich ein Gärprozess, bei dem der Zucker in Alkohol umgewandelt wird. Nehmen die Winzer hingegen weiße Trauben, so wird der Gärprozess durch Wasser und die Zugabe von Hefe eingeleitet. Ist die Gärung abgeschlossen, beginnt die Destillation. Früher zogen Wanderbrennereien durch das Land, heute haben sich viele Betriebe auf die Herstellung des Marc spezialisiert und verwenden in der Regel Rückfluss-Brennkolben, die auch bei der Cognac-Destillation eingesetzt werden. Erhitzt wird der Trester entweder durch Dampf oder im Wasserbad, denn die Traubenrückstände vertragen keine direkte Flamme. Wie die feinen Grappe werden auch viele Marc aus Traubenschalen gebrannt, bei denen zuvor die Kerne und Stiele entfernt wurden, damit keine Gerbsäure den Geschmack beeinflusst. Nach der Destillation ruht der Brannt für drei Jahre im Holzfass, Spitzenprodukte lagern aber noch wesentlich länger.

Die eleganten Flaschen, in denen der Grappa in den Handel kommt, haben sicherlich ihren Teil zu seinem Aufstieg zum Modegetränk beigetragen.

Bei der Grappa-Destillation darf die Temperatur des Tresters nicht höher als 100 °C steigen.

Blick in einen Brennkolben

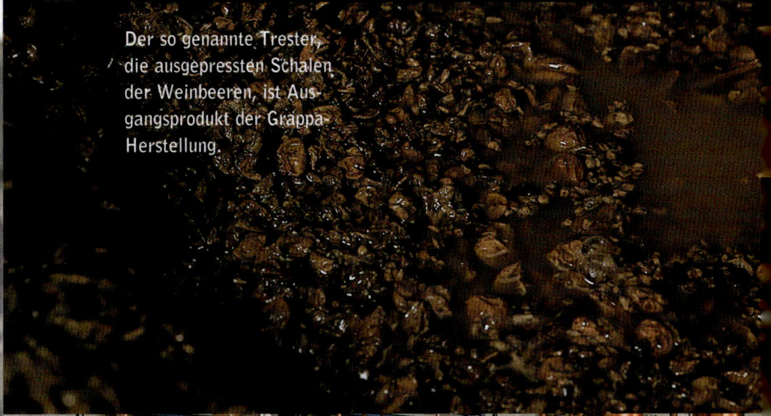

Der so genannte Trester, die ausgepressten Schalen der Weinbeeren, ist Ausgangsprodukt der Grappa-Herstellung.

Beim Destillieren steigen Alkohol und Aromen auf und kondensieren in einer Kühlschlange.

Der Kupferkessel mit dem Trester wird in einen Wasserbad vorsichtig erwärmt. Die Temperatur muss ständig kontrolliert werden.

Villa Mazzolini
Grappa Bianca

Barbero
Grappa Bianca

Aperitive, Digestive & Liköre

Seine Farbe hat er von einer Schildlaus, man genießt ihn mit Soda, Orangensaft oder pur – **Campari**, was sonst!

Ob Rosso, Bianco, Extra Dry oder Rosé – **Cinzano** ist in Deutschland einer der beliebtesten Wermuts.

Martini – James Bond trinkt den italienischen Wermut mit Wodka statt Gin, gerührt, nicht geschüttelt.

Aquavit – das im Norden Europas beliebte „Wasser des Lebens" ist ein aromatisierter Kümmelschnaps.

Averna ist ein italienischer Bitterlikör, den man pur oder mit einem Spritzer Zitrone genießt.

Kabänes – der im Rheinland beliebte „Halbbitter aus erlesenen Kräutern" wird eiskalt getrunken.

Noilly Prat – ein aufwändig produzierter, traditionsreicher französischer Weißweinwermut.

Wodka Moskowskaya – dieses russische „Wässerchen" erfreut sich auch bei uns zunehmender Beliebtheit.

Wodka Grasovka – dieser polnische Wodka mit dem Halm aus Büffelgras hat bei uns fast Kultcharakter erlangt.

Amaretto – die Geschichte dieses Bittermandellikörs lässt sich bis ins 16. Jahrhundert zurückverfolgen.

Marsala – dieser aromatische Likörwein stammt aus der gleichnamigen sizilianischen Stadt.

Crème de Cassis – der französische Johannisbeerlikör wird gemixt mit Champagner zum Kir Royal.

Cointreau – der hochprozentige französische Likör wird aus Orangenschalen destilliert.

Southern Comfort wird in St. Louis aus Bourbon, Pfirsichlikör, Pfirsichen und Kräutern hergestellt.

Grand Marnier – eine hochprozentige französische Mischung aus Cognac und haitianischer Bitterorange.

Zitronenlikör wie diesen „Ciemme Liquore di Limoni" aus dem Friaul genießt man eiskalt.

Crème de Menthe ist ein ca. 30-prozentiger Pfefferminz-Likör mit sehr hohem Zuckergehalt.

Crème de Cacao – der mit Vanille verfeinerte Kakaolikör enthält etwa 28 Vol.-% Alkohol.

Fernet-Branca – dieser Bitterlikör wird aus über 40 verschiedenen Pflanzen und Heilkräutern hergestellt.

Punt e Mes – der bittere Aperitif auf Wermut-Basis stammt aus Turin und ist in Deutschland noch recht unbekannt.

Raki – der türkische Anisbranntwein kann bis zu 50 % Alkohol enthalten. Die griechische Variante heißt Ouzo.

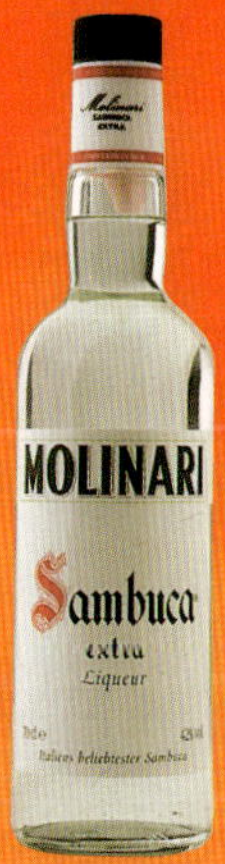

Sambuca – in Italien kaut man frisch geröstete Kaffeebohnen zu diesem 40-prozentigen klaren Anislikör.

Der aus den ausgelaugten Schalen der Curaçao-Orangen destillierte **Blue Curaçao** ist Bestandteil zahlloser Cocktails.

Curaçao of Curaçao von der gleichnamigen Antilleninsel gibt es in blau, grün, rot, gelb oder farblos.

Chocolat & Curaçao: Curaçao gibt es auch in den Geschmacksrichtungen Schokolade, Kaffee und Rum.

Eierlikör enthält mindestens 240 g frisches Hühnereigelb pro Liter; Alkoholgehalt mindestens 20 Vol.-%.

Pernod – dieser traditionsreiche französische Pastis enthält zahlreiche ätherische Öle, die in 45 % Alkohol gelöst werden.

Wer trinkt was in Europa?

In Skandinavien ist der aromatische Kümmelschnaps Aquavit sehr beliebt. Die Schotten und Iren sprechen natürlich gerne ihrem Whisky zu. Den mögen auch die Engländer, aber die sind dem London Dry Gin auch nicht abgeneigt. In Deutschland kippt man zum Bier gerne einen klaren Korn. Die Belgier greifen dagegen lieber zu einem der aromatischen Fruchtspirituosen auf Genever-Basis, während die Holländer den reinen Genever vorziehen. In Frankreich wird neben dem Cognac und Armagnac auch gerne ein Pastis getrunken. Mit Brandy, Sherry und Portwein versüßen sich Spanier und Portugiesen den Alltag. Die Italiener tun dies neben dem Wein auch mit einem Grappa. Nicht nur in Griechenland, sondern auf dem ganzen Balkan wird gerne der Ouzo getrunken. Und in ganz Osteuropa steht der Wodka an der Spitze der Beliebtheitsskala.

All dies stimmt – und stimmt auch wieder nicht, geht doch mit der Erweiterung der Europäischen Union auch ein kultureller Austausch einher, der selbstverständlich vor den Geschmacksgrenzen der europäischen Länder nicht Halt macht.

Gläser

„Schnaps ist Schnaps“ – und doch passt längst nicht jeder in das gleiche Glas: Fast so vielfältig wie das Angebot an Schnäpsen und Likören ist das der jeweiligen Trinkgefäße – und das mit gutem Grund: Bei vielen Spirituosen gilt, dass deren Duft möglichst präzise wahrgenommen werden will, wird doch das sich anschließende Geschmackserlebnis vom Geruchssinn gleichsam vorgeprägt. Um sein Bukett zur vollen Entfaltung bringen zu können, benötigt beispielsweise ein Cognac das entsprechende Glas, in dem er zuvor ausreichend geschwenkt werden und atmen kann. Ist das hochprozentige Getränk eher zum Nippen und Kippen geeignet, etwa der in Deutschland gern zum Bier getrunkene Klare, ist ein kleines Glas das ideale Gefäß. Ein Sakrileg wiederum wäre es, aus einem solchen „Pinnchen“ einen Single Malt Whisky zu trinken – der will genossen werden, am besten in einem die verschiedenen Düfte einschließenden, sich nach oben leicht verjüngenden „nosing glass“. Im Zweifelsfall gilt: Sparen Sie nicht am falschen Ende und lassen Sie sich im Fachhandel beraten!

Register

A

B

C

D

E

F

G

M

N

O

P

Q

R

S

T

U

V

W

Y

Z

Bildnachweis

Bürkle, Hans, Nierstein: 360 (oben links)

C.I.V.C., Epernay: 346; Fulvio Roiter 346 (Champagne)

ditter.projektagentur gmbh, Köln / Schulzki: 144 (Wels), 148/149 (Stör)

Kirchherr, Jo, Köln: 21 (Rezeptfoto), 28 (Rezeptfoto unten), 36 (Rezeptfoto), 37 (Artischockenzubereitung oben links), 41 (Rezeptfoto oben links), 49 (Rezeptfoto), 68 (oben rechts), 71 (kl. Foto unten rechts), 77 (oben links), 84 (oben rechts), 85 (oben links), 89 (Rezeptfoto), 95 (Rezeptfoto unten rechts), 128 (Rezeptfoto), 177 (Rezeptfoto oben rechts), 183 (Rezeptfoto oben), 267 (Rezeptfoto), 273 (Rezeptfoto unten rechts), 278/279 (Rezeptfoto), 284 (Litschi), 285 (Rezeptfoto), 318 (oben links), 324, 334/335 (Rezeptfoto), 337 (unten rechts), 343 (unten rechts), 368/369 (oben), 371 (unten rechts)

Koch, M., Hamburg: 358

Konze, Michael, Köln: 281 (oben)

Kurtenbach, Martin, Köln: 16 (Rezeptfoto) 18 (Rezeptfoto), 19 (alle), 20 (alle außer Rezeptfoto), 23 (Rezeptfoto oben rechts), 25 (Eiertomaten), 26 (Rezeptfoto unten links), 30 (oben links), 37 (Rezeptfoto Mitte rechts), 38/39 (alle außer weiße Trüffeln), 47 (Rezeptfoto), 53 (Rezeptfoto oben rechts), 54/55 (Ciabatta, Schüttelbrot), 56 (unten), 57 (Rezeptfoto oben rechts), 59 (kleine Fotos oben), 60 (links), 63 (Rezeptfoto), 64/65, 69 (alle außer Rotes Basilikum), 70 (oben rechts), 71 (oben rechts), 79 (unten links, unten rechts), 92/93 (alle außer Kreuzkümmel), 94/95 (Pepperoni Mitte, Cayennepfeffer Mitte, Rezeptfoto oben rechts), 100/101 (alle außer Sherryessig, Reisessig), 102, 120 (Zahnbrasse), 121, 124, 130 (unten rechts), 150 (kleine Fotos), 153, 157 (Seespinne), 172 (Rezeptfoto unten links), 174, 197 (Rezeptfoto unten links), 199 (oben rechts), 206 (oben rechts), 208/209 (Hasenjagd außer kleines Foto unten rechts), 214 (alle Rinder-Innereien), 215 (alle außer Zunge), 218/219, 222/223 (alle außer Bündner Fleisch), 225 (oben rechts), 226 (Rezeptfoto), 228/229 (alle außer Salametto, Mailänder Salami, Ungarische Salami, Salchichon), 232 (Mortadella), 233 (Sangminaccio), 237, 244/246, 247 (alle Pecorino-Sorten), 255 (Tomina), 258 (Ricotta di pecora, Robiola di Roccaverano, Mascarpone), 259 , 260 (alle Produktfotos außer oben links), 261 (Rezeptfoto unten rechts), 263 (Provolone, Scamorza, Caciocavallo), 264/265 (Rezeptfoto), 270/271 (Rebstock), 274/275 (Rezeptfoto, Cranberrys), 277 (Apfelkuchen), 281 (Gefüllte Pfirsiche), 286 (oben links), 290 (Blutorange), 302/303 (alle Fotos Mitte), 316/317 (alle außer Rezeptfoto), 319 (unten links), 321 (Marzipanfrüchte), 325, 331 (unten rechts), 332 (alle außer Kaffee und Croissant), 340/341, 344 (unten rechts), 349, 350 (Montelio), 351 (oben rechts), 380/381 (alle außer Produktfotos)

Lohmeyer, Till, Taching am See: 40

ÖWM, Wien: Faber 362 (oben)

Schulzki, Jürgen, Köln: 2/3, 15 (alle außer Eisbergsalat, Batavia, Lollo Bionda), 16 (Feldsalat, Feinblättrige Rauke), 17 (Löwenzahn), 18 (Roter Chicorée), 21 (Rotstieliger Mangold), 22/23 (alle Produktfotos außer Rotkohl, Weißer Chinakohl, Brokkoli), 25 (alle außer Flaschentomate, Ochsenherztomate, Eiertomaten), 27 (alle Produktfotos außer Pala-Aubergine, aufgeschnittene Aubergine), 29 (alle Produktfotos außer Kürbis-Zucchini, Kapuzinerkresseblüten), 30 (rote Paprika, gelbe Paprika, Mini-Paprika, Sivri), 32 (alle außer Linda), 33 (alle Produktfotos außer Pastinake, Rettich, Yam), 34 (Spargel schälen), 35 (alle), 36 (Cynar), 37 (Artischocke, Mini-Fenchel), 39 (Weißer Trüffel), 41 (Steinpilze), 42 (alle), 43 (Pfifferlinge), 45 (alle Produktfotos außer Morcheln), 46/47 (alle Produktfotos), 52 (Dinkel, Hirse, Grünkern), 54 (Pumpernickel), 55 (Brot backen), 58/59 (Ruote, Tortellini, Farfalle, Spaghetti, Lungkownudeln, Chinesische Eiernudeln, Pasta a Riso, Nudel-Herstellung), 62/63 (alle Produktfotos außer Naturreis, Reismehl), 68 (Mitte links), 69 (Rotes Basilikum), 71 (alle Produktfotos), 72/73 (Frischer Lorbeer, Oregano), 75, 76, 77 (Dill), 78 (Gartenkresse, Shiso-Kresse), 80/81 (Minze, Zitronenmelisse), 82/83 (alle außer wild wachsendes Zitronengras), 85 (Kardamomkapseln), 87, 88 (Nelkenknospen, Sternanis), 89 (Pernod), 90/91 (Rezeptfotos, Wacholder), 90/91 (Gin, Kreuzkümmel), 93 (Kreuzkümmel), 94 (getrocknete Chilischoten, Rosenpaprika, Edelsüßpaprika, Cayennepfeffer), 96/97 (alle außer Grüner Pfeffer, Weißer Pfeffer), 98/99 (alle außer Senfkörner, Rezeptfoto), 100 (Sherryessig, Reisessig), 104/105 (Kapern, Kapernäpfel, Oliven mit Mandeln, Oliven mit Paprika), 106/107 (alle Produktfotos), 112 (Sardelle, Sardine), 113 (Rezeptfoto), 114/115 (alle Produktfotos außer Rogen und Forelle), 116/117, 118/119 (alle außer Petersfisch), 120 (Goldbrasse), 122, 123 (Red Snapper), 125, 127 (Rezeptfoto Mitte rechts), 128 (Wildlachs), 132 (Thunfischfilet), 134/135 (alle Produktfotos), 136/137 (Rezeptfotos, Schillerlocke), 138 (alle außer Kalmar und kleiner Sepia), 141, 142/143, 145, 146/147 (alle außer Hecht), 149 (Produktfotos), 152, 154 (alle außer Kaisergranat), 155 (Rezeptfoto unten links, Garnelen schälen), 156, 158 (Felsenaustern), 161 (Produktfotos), 162 (Jakobsmuscheln vorbereiten), 164/165, 171, 172/173 Rezeptfoto (oben Mitte), 175 (Truthahn tranchieren), 177 (Ente tranchieren), 182 (alle außer Gänseei, Entenei), 185 (Rezeptfoto), 189 (Rindfleisch bardieren), 190 (Rezeptfoto unten rechts), 191 (alle außer Rezeptfoto oben links), 193 (alle außer Kälber), 194, 195 (oben), 197 (Lammkeule auslösen), 198 (Rezeptfoto unten rechts), 201 (Rezeptfoto unten links), 204 (Preiselbeeren), 208 (Hasenrücken parieren), 221 (Ibérico), 223 (Bündner Fleisch), 224 (alle außer Lacón), 225 (Rezeptfoto oben Mitte), 226/227 (alle außer Rezeptfoto, Holsteiner Katenschinken, Rinderschinken), 228 (Mailänder Salami), 332 (alle außer Mortadella), 235 (Piment), 236, 240/241, 242/243, 248/249, 250/251 (Rezeptfoto, alle Produktfotos), 252/253, 254/255 (alle außer Queso de la Serena, Tomina), 256/257 (alle außer Rezeptfotos), 258 (Ricotta-Herstellung, Frischkäse, Frischkäse mit Kräutern, Cottage Cheese, Manouri), 260 (Mozzarella oben links), 262/263 (alle außer Provolone, Scamorza, Caciocavallo), 264/265 (alle außer Rezeptfoto, Butter), 270 (Traubensorten), 272 (Himbeere, Erdbeere Mitte), 273 (Rezeptfoto oben rechts), 275 (Heidelbeeren, Johannisbeeren, Brombeeren), 276 (alle außer Boskop, Boscs Flaschenbirne, Nordhauser Winterforelle, Kaiser Wilhelm), 279 (Kirschsorten), 280 (alle außer Aprikose), 282 (Bananensorten), 283 (alle außer aufgeschnittene Feige, aufgeschnittene Kiwi), 284/285 (Ananas, Durian, Kaktusfeige, Mango, Kaki, Guave, ganze Karambole, Physalis), 286 (Rezeptfoto), 287 (alle außer Wassermelone), 288 (alle Zitronensorten), 290/291 (Orange, Clementine, Kumquats, Mango-Orangen-Mousse), 296/297 (Nüsse, Haselnuss-Soufflé), 300 (alle Produktfotos außer Macadamia), 302 (Kastanie links oben), 304 (alle außer Sesamkörner), 310/311, 312 (Rezeptfoto links unten), 313 (Honig-Sorten), 314/315 (alle außer großes Foto), 316/317 (Rezeptfoto), 318 (Kakaopulver, Schokoladenraspel), 320/321 (alle außer Marzipantorte, Marzipanfrüchte), 322/323 (Blätterteigherstellung, Mürbeteigherstellung, Vanille), 331 (gemahlener Kaffee), 334/335 (alle Tee-Sorten), 345 (Weine), 347, 350 (alle außer Montelio), 357 (Royal Oporto, Dry Sack, Sandemann Rich Golden), 359 (Weine), 361 (Rezeptfoto), 362 (unten rechts), 365 (unten), 374/375,

376/377 (alle Produktfotos), 378/379 (alle Produktfotos), 381 (Produktfotos), 382/383;

Sopexa Deutschland, Düsseldorf: 342 (unten rechts), 344 (oben), Marc de Tieda 368/369 (Bordeaux, Médoc, unten)

Stempell, Ruprecht, Köln: 10/11, 12/13, 14, 15 (Eisbergsalat, Batavia, Lollo Bionda), 16 (Breitblättrige Rauke), 18 (Chicorée), 20 (Rezeptfoto), 21 (Weißstieliger Mangold), 22/23 (Rotkohl, Weißer Chinakohl, Brokkoli), 24 (Rezeptfoto), 25 (Flaschentomate, Ochsenherztomate), 26 (Rezeptfoto oben rechts), 27 (Rezeptfoto oben links, Pala-Aubergine, aufgeschnittene Aubergine), 28 (oben rechts), 29 (Kürbis-Zucchini, Kapuzinerkresseblüten), 30 (alle außer oben links, rote Paprika, gelbe Paprika, Mini-Paprika, Sivri), 31, 32 (Linda), 33 (Rezeptfoto, Pastinake, Rettich, Yam), 34 (Spargelanbau), 37 (Fenchel), 41 (Rezeptfoto unten links),43 (Rezeptfoto oben links), 44, 45 (Rezeptfoto oben rechts, Morcheln), 48/49, 50/51, 52/53 (alle außer Rezeptfoto oben rechts, Dinkel, Hirse, Grünkern), 54 (alle Produktfotos außer Ciabatta, Pumpernickel), 56 (oben), 57 (alle außer Rezeptfoto oben rechts), 58/59 (kurze und lange Maccheroni, Tagliatelle, Vollkorn-Fussili, Penne, Lasagne, Conchiglie, Cannelloni), 60/61 (alle außer oben links), 62/63 (Reisernte, Naturreis, Reismehl), 66/67, 68 (unten links), 70 (unten links), 72/73 (Rezeptfoto, Majoran, getrocknete Lorbeerblätter), 74, 78 (Rezeptfoto, Kapuzinerkresse), 79 (Rezeptfoto oben rechts), 80/81 (alle außer Minze, Zitronenmelisse), 82 (rechts), 84 (Ingwer), 85 (Brauner Kardamom), 86, 88 (Nelkenpulver, Anissamen), 89 (Muskatnuss, Muskatpulver), 94 (Chilischoten, Pfefferschoten, Habanero-Chilis), 96/97 (Grüner Pfeffer, Weißer Pfeffer), 98/99 (Senfkörner, Rezeptfoto), 103, 104/105 (großes Foto, eingelegte Oliven, schwarze Oliven), 107 (Rezeptfoto), 108/109, 110/111, 112/113 (Sardellen-Reportage), 115 (Forelle, Rogen, Aal, Sprotten), 119 (Petersfisch), 120 (Rotbrasse, Geißbrasse), 123 (Pomfret), 126, 127 (Kabeljau, Rezeptfoto unten links), 128 (Zuchtlachs), 129, 130 (Rezeptfoto oben links), 131, 132/133 (alle außer Thunfischfilet), 134 (oben), 135 (Rezeptfoto), 136 (Rochen), 137 (oben rechts), 138 (Kalmar, Kleiner Sepia), 139, 140, 144 (oben rechts, Mitte rechts), 146 (Hecht), 148/149 (Rezeptfotos), 150 (großes Foto), 151, 155 (Rezeptfoto oben Mitte, frische Garnelen), 154 (Kaisergranat), 157 (alle außer Seespinne), 158/159 (alle außer Felsenaustern), 160/161 (alle außer Produktfotos), 162/163, 166/167, 168/169, 170, 172/173 (Rezeptfotos oben links, unten Mitte), 175 (oben rechts, unten rechts), 176, 177 (oben Mitte), 178/179, 180/181, 183 (Rezeptfoto unten), 184/185 (großes Foto), 186/187, 188/189 (alle Rinder), 190 (Rezeptfoto oben links), 191 (Rezeptfoto oben links), 192/193 (Kälber), 196, 198 (Rezeptfotos oben), 200, 201 (Rezeptfoto oben rechts), 202/203, 204/205 (alle Fotos außer Preiselbeeren), 206/207 (alle Rezeptfotos), 208/209 (Rezeptfotos, Hasen Mitte rechts), 210/211 (alle außer Alligator), 212/213, 214 (alle Schweine-Innereien), 215 (Zunge), 216/217, 220/221 (alle außer Ibérico), 224 (Lacón), 225 (Rezeptfoto oben links), 227 (Holsteiner Katenschinken, Rinderschinken), 228 (Salametto, Ungarische Salami, Salchichón-Sorten), 230/231, 233 (Grobe Leberwurst, grobe Blutwurst, Morcilla-Sorten, Butifarra-Sorten), 234/235 (Rezeptfotos), 238/239, 246, 247 (Manchego, Idiazabal, Roncal), 250/251 (Cabrales-Herstellung), 255 (Queso de la Serena), 256/257 (Rezeptfotos), 258 (Quark), 261 (Rezeptfoto oben links), 265 (Butter), 266/267 (großes Foto), 268/269, 270 (Rosine, Korinthe, Sultanine), 271 (Rezeptfoto), 272 (Foto oben, Erdbeere unten links, Erdbeerpflanze), 274 (Mitte rechts), 275 (Stachelbeeren, Holunderbeeren),), 276 (Boskop, Boscs Flaschenbirne, Nordhauser Winterforelle, Kaiser Wilhelm), 277 (alle außer Apfelkuchen), 278/279 (Pflaume, Zwetschge, Kirschblüte), 280 (Aprikose), 281 (Aprikosentarte), 282 (Rezeptfoto oben rechts, Banane unten rechts), 283 (aufgeschnittene Feige, aufgeschnittene Kiwi), 284/285 (Maracuja, Rambutan, Granatapfel, Papaya, aufgeschnittene Karambole, Stachelannone), 287 (Wassermelone), 288/289 (Zitronenbaum, Zesteur, Wildente), 290 (alle außer Orange, Blutorange, Clementine), 291 (Rezeptfoto unten rechts), 292/293, 294/295, 296 (Rezeptfoto), 297 (oben links), 298/299 (alle außer unbehandelte und Rezeptfoto unten links, Foto oben rechts), 304 (Sesamkörner), 305, 306/307, 308/309, 312/313 (alle außer Rezeptfoto unten links, Honigsorten), 314/315 (großes Foto), 316, 318 (Kakaobohne), 319 (unten rechts), 321 (Marzipantorte), 322/323 Schwarzwälder Kirschtorte, Zimt, Zimtstern), 326/327, 328/329, 330, 331 (Kaffeebohnen), 332 (Kaffee und Croissant), 333, 335 (Teetasse), 336/337 (großes Foto), 338/339, 342/343 (Rezeptfoto), 345 (Rezeptfoto), 351 (oben links), 352/353, 354/355, 356, 357 (alle außer Royal Oporto, Dry Sack, Sandemann Rich Golden), 360 (unten links), 363, 364, 370/371 (großes Foto), 362/363, 367 (Produktfotos), 376/377 (Brandy-Herstellung), 379 (oben links)

Tourismus & Service GmbH, Bad Neuenahr-Ahrweiler:
Rike Bouvet 359 (oben)

Waleczek, Christa, Bochum: 191 (Rinderschnitt), 194 (Kalbsschnitt), 199 (Lammschnitt), 201 (Schweineschnitt)

Windheuser, Georg, Herdecke: 210 (Alligator)

Wine & Partners, Wien: Vi'a Errázuriz 376 (unten rechts)

Wine Institute of California, Wiesbaden, www.california-wine.org: 366